說文解字

（简体本）

【汉】许慎 撰
【宋】徐铉 等校

上海古籍出版社

图书在版编目（CIP）数据

说文解字：简体本/(汉)许慎撰；(宋)徐铉等校. —上海：上海古籍出版社，2025.5.
ISBN 978-7-5732-1631-1

Ⅰ.H161

中国国家版本馆 CIP 数据核字第 2025FQ2754 号

国学典藏
说文解字

［汉］许慎　撰
［宋］徐铉　等校

上海古籍出版社出版发行

（上海市闵行区号景路 159 弄 1—5 号 A 座 5F　邮政编码 201101）

（1）网址：www.guji.com.cn
（2）E-mail：guji1@guji.com.cn
（3）易文网网址：www.ewen.co

江阴市机关印刷服务有限公司印刷

开本 890×1240　1/32　印张 24.125　插页 5　字数 648,000
2025 年 5 月第 1 版　2025 年 5 月第 1 次印刷
印数：1-2,100
ISBN 978-7-5732-1631-1
H・289　定价：108.00 元

如有质量问题，请与承印公司联系

出版说明

《说文解字》，简称《说文》，东汉许慎（约58—约147）撰。原正文十四篇，末叙目一篇，共十五篇。其子许冲以一篇为一卷，上书表曰"凡十五卷"，后代遂沿称十五卷。慎字叔重，汝南召陵（今河南郾城）人，古文经学家、文字学家。师事贾逵，攻古文经学。"少博学经籍，马融常推敬之，时人为之语曰：'五经无双许叔重。'"（《后汉书·儒林传下》）曾为郡功曹，举孝廉，任太尉南阁祭酒（清段玉裁云，"阁"当作"閤"。"閤为闺閤小门"，"太尉南閤祭酒，谓太尉府掾曹出入南閤者之首领也"）及洨长等职。著有《五经异义》十卷，已佚。他编写《说文解字》，始于汉和帝永元十二年（100），迄至汉安帝建光元年（121），倾耗心血达二十余年，方告完成。

《说文解字》是我国第一部分析字形、说解字义、辨识声读的字典，是研究汉民族语言文字系统的专著。作者称单体字为文，合体字为字，前者指象形字、指事字，后者指会意字、形声字。"说文"重点在字形分析，"解字"重点在字义解释。依本书《自叙》，全书收字9353个，重文（指古文、籀文等）1163个，说解字数133441个。清段玉裁《说文解字注》依宋徐铉校本统计，则收字9431个，增78字；重文1279个，增116字；说解字数122699个，少10742字。

许氏首创部首编排法，将书中所收字分540部，每部第一字称部首。关于部次，据汉阴阳五行家"万物生于一，毕终于亥"说，以"一"部开始，以"亥"部终结。部首排列"据形系联"，大抵将形体相近的部首排在一起。部内字"以类相从"，一般将字义相近或事物相类的字聚集一处。每字解释，基本先释义，次说形，再标音，最后常援引典籍或通人说等以证字义、字形、字音。释义系解释本义；说形是依"六书"原理分析字形；标音有两种方法，一是采取形声系统说明字的音读，二是用"读若"构拟汉人读音。又按汉字造字方法"六书"，把字分为象形、指事、会意、形声、转注、假借六种类型（转注、假借实是使用方法）。据清王筠统计，象形字264个，指事字129个，会意字1260个，形声字7700个。又据清朱骏声《说文通训定声·说文六书爻列》统计，形声字共7697个。

《说文解字》通过对小篆形体的分析，说明造字的本义，从而可以明白汉字引申义、假借义的由来；同时汇集十分丰富的古汉语语言及词汇资料，因此它是研读古代语言文字、整理古代文化遗产必备的基础书，是探研古文字学不可或缺的阶梯。又因其内容还蕴藏着有关古代社会生产、社会制度、科学、医疗等方面众多的珍贵资料，也成为后世研讨中国古代历史的重要参考书籍。

毋庸讳言，《说文解字》是有缺陷的。东汉时期，钟彝铭识罕见，甲骨文远未出土，作者无缘目睹某些字的原始字形，解释本义不免产生错误。此外，许氏将儒家、道家以及阴阳五行、谶纬诸说运用到《说文解字》中，乃受时代局限所致。

《说文》历经数百年辗转传写，有失原貌。唐代宗时，李阳冰善篆书，好以私意说文字，不守许叔重之说，对该书擅予改窜，谬误百出，南唐徐锴曾痛加驳斥。今李本已不传。宋太宗雍熙年间诏徐铉、句中正等校定《说文解字》，雍熙三年（986）十一月竣事，交付国子监雕板刊行，世称大徐本，流传至今。

徐铉（916—991），字鼎臣，扬州广陵（今江苏扬州）人。五代宋初文字学家。初仕南唐，入宋后，官至散骑常侍。其弟锴与之齐名，亦通文字学，著有《说文解字系传》四十卷。人称大徐、小徐，是中国文字学史上代表人物。

徐铉的校订，除校正讹误外，还做了以下工作。一、新补19字于正文中（如诏、志、件诸字），此是《说文》缺载，注文及序例、偏旁有者。二、每部正文后增加新附字，系经典相承及时俗要用之字，共402字。三、以时俗讹谬不合六书之体28字及篆文笔迹相承小异者附于全书之末。四、略加注释,题"臣徐铉等曰"以示区别,并引李阳冰、徐锴说。五、许慎时代无反切,据唐孙愐《唐韵》增反切于每字下。六、增标目于卷首。七、鉴于卷帙繁多,遂将每卷分上、下,原十五卷分成三十卷。或谓第十五卷下篇首句"此十四篇"上"叙曰"二字为徐铉误增,经段玉裁考证,两字当移至第十五卷上篇许氏叙文首句"古者庖牺氏之王天下也"之前,段注本已移置。

徐铉有校订之功,但前人指出仍有疏失,于形声之例不能悉通,往往除去声字而为会意之训。又徐铉校订仅加简单校语和案语,对读者理解原著裨益不大。清代学者研究《说文》卓有成就,其中以段玉裁、桂馥、王筠、朱骏声四大家堪称巨擘,其著述对许书均有发挥和补充,对读通《说文》有较大启发和指导作用。而当代《甲骨文字典》《金文大字典》等书,则可弥补许氏错解字形、误释字义之不足。

《说文》版本,清代通行本如次:孙星衍仿宋小字本、额勒布藤花榭本、丁艮善影宋监本,皆出自宋椠,其中以嘉庆时孙星衍重刊宋本最善,惜正文连贯而下,眉目不清。同治十二年(1873)番禺陈昌治据孙本翻刻,每一篆文字头改为另行起,清晰便读,现用作底本。

此次整理本书,作了如下工作。

首先,为了便于阅读,加新式标点。

其次,对正文中明显的错误,用小括号括注底本误字,后用中括号括注正字。对正文中一些疑误,加"今按"校语以说明或指正。两处重文误作另一字头另起一行,予以连排纠正。至于每部末"文"若干、"重"若干统计数字,偶有与部内字头、重文不太吻合,考虑到历代版本嬗变诸多因素,不予核校。篆文字头则加以楷化,以便阅识。又原书部与部之间仅凭部末文若干字样来区分,现于每部前加标某部,醒目易别。

再次,编制三种索引附于书末,分别为部首、笔画、音序检字表,供检索之用。

印刷字体(即"宋体")的字形,自1964年12月中国文字改革委员会颁布《印刷通用汉字字形表》后,遂有新旧字形之分。此后印刷厂都通用新字形,如"花",艹头不再印成旧字形"⺾"加以分开,而是连笔作"艹"。本书字头楷化多用印刷通用的新字形。

上海古籍出版社

2021年3月

此次改版,将原书使用的繁体字、异体字改为现代规范简化字,原则上以《通用规范汉字表》所收录的8105字为限,表外字不类推简化。《说文》一书成于东汉,收字古奥,释义简略,多属先秦用字,难以用现代标准改为整齐一律。我们适当兼顾《说文解字》原书的特性与现代读者的阅读需求,对于原书各个部分的用字做了变通处理,说明如下。

一、卷十五许慎《自叙》等文章,除个别讨论字形的用字外均改。后附陈昌治重刻孙星衍本《校字记》,所标误字与改字一般不改。

二、卷一至十四字头与说解,形音义分别讨论,侧重不同:

1. 部首与字头:均不改,在字头后小字括注简体字或通行字。新旧字形问题,独体字视同繁简字处理,合体字径用新字形。如:奐后括注奂,并后括注并,从奐、从并之字则不出旧字形,以免繁琐。

2. 说形部分:简化偏旁与一一对应、构意相似的繁简字,径用简体,读者可以意会,如:馬马、務务、堯尧等。《说文》本书别为两字的,无论是否意义相同,均保留原字,如幾几、麗丽、離离、葉叶、憂忧等。

3. 注音部分:注音包括《说文》原有的读若和徐铉附注的反切。今之繁简字、异体字,在古代有可能音韵地位不同,如:於属影母、于属云母;并属帮母、並属並母;乾、幹(榦)、干读音互异。此类均不可混淆,故保留原字。

4. 释义部分:不引起歧义的情况下改,以便识读。单字训释、互训、古今字、联绵词等比较特殊的情况,保留原字。

三、旧版索引仍可使用，音序检字表在相应字头后括注简化字、通行字，笔画检字表后另编今体字笔画检字表，收录括注的简化字、通行字。

上海古籍出版社
2024年12月

目 录

出版说明 …………………………………………… 1

说文解字弟一上 …………………………………… 1
说文解字弟一下 …………………………………… 14
说文解字弟二上 …………………………………… 34
说文解字弟二下 …………………………………… 51
说文解字弟三上 …………………………………… 67
说文解字弟三下 …………………………………… 85
说文解字弟四上 …………………………………… 102
说文解字弟四下 …………………………………… 123
说文解字弟五上 …………………………………… 142
说文解字弟五下 …………………………………… 160
说文解字弟六上 …………………………………… 175
说文解字弟六下 …………………………………… 194
说文解字弟七上 …………………………………… 211
说文解字弟七下 …………………………………… 230
说文解字弟八上 …………………………………… 251
说文解字弟八下 …………………………………… 273
说文解字弟九上 …………………………………… 283
说文解字弟九下 …………………………………… 297
说文解字弟十上 …………………………………… 312
说文解字弟十下 …………………………………… 333
说文解字弟十一上 ………………………………… 353
说文解字弟十一下 ………………………………… 374

说文解字弟十二上…………………………… 387
说文解字弟十二下…………………………… 406
说文解字弟十三上…………………………… 427
说文解字弟十三下…………………………… 446
说文解字弟十四上…………………………… 462
说文解字弟十四下…………………………… 479
说文解字弟十五上…………………………… 497
说文解字弟十五下…………………………… 511

《说文》校字记……………………………… 518
新刻《说文》跋……………………………… 525

部首检字表…………………………………… 527
笔画检字表…………………………………… 533
今体字笔画检字表…………………………… 622
音序检字表…………………………………… 642

说文解字弟一 上

汉太尉祭酒　许慎 记
宋右散骑常侍　徐铉等 校定

十四部　六百七十二文　重八十一　凡万六百三十九字
　　　　文三十一新附

一　部

一　惟初太始，道立于一，造分天地，化成万物。凡一之属皆从一。于悉切。弌，古文一。

元　始也。从一，从兀。徐锴曰："元者，善之长也，故从一。"愚袁切。

天　颠也，至高无上。从一、大。他前切。

丕　大也。从一，不声。敷悲切。

吏　治人者也。从一，从史，史亦声。徐锴曰："吏之治人，心主于一，故从一。"力置切。

文五　重一

丄　部

丄　高也。此古文上。指事也。凡丄之属皆从丄。时掌切。上，篆文丄。

帝　谛也。王天下之号也。从丄，朿声。都计切。帝，古文帝。古文诸丄字皆从一，篆文皆从二。二，古文上字，辛、示、辰、龙、童、音、章皆从古文丄。

旁　溥也。从二，阙，方声。步光切。旁，古文旁。旁，亦古文旁。旁，籀文。

丅　底也。指事。胡雅切。下，篆文丅。

文四 重七

示 部

示 天垂象,见吉凶,所以示人也。从二;二,古文上字。三垂,日月星也。观乎天文,以察时变。示,神事也。凡示之属皆从示。神至切。⟪,古文示。

祜 上讳。臣铉等曰:"此汉安帝名也。福也。当从示,古声。"候(今按:《广韵》作"侯")古切。

禮(礼) 履也,所以事神致福也。从示,从豊,豊亦声。灵启切。⟪,古文礼。

禧 礼吉也。从示,喜声。许其切。

禛 以真受福也。从示,真声。侧邻切。

禄 福也。从示,录声。卢谷切。

禠 福也。从示,虒声。息移切。

祯(祯) 祥也。从示,贞声。陟盈切。

祥 福也。从示,羊声。一云善。似羊切。

祉 福也。从示,止声。敕里切。

福 祐也。从示,畐声。方六切。

祐 助也。从示,右声。于救切。

祺 吉也。从示,其声。渠之切。禥,籀文,从基。

祇 敬也。从示,氏声。旨移切。

禔 安福也。从示,是声。《易》曰:"禔既平。"市支切。

神 天神,引出万物者也。从示、申。食邻切。

祇 地祇,提出万物者也。从示,氏声。巨支切。

祕(秘) 神也。从示,必声。兵媚切。

齋(斋) 戒,洁也。从示,齐省声。侧皆切。𪗆,籀文斋,从𢌿省。𢌿,音祷。

禋 洁祀也。一曰:精意以享为禋。从示,垔声。于真切。𩓣,籀文,从宀。

祭　祭祀也。从示，以手持肉。子例切。

祀　祭无已也。从示，巳声。详里切。禩，祀或从异。

祡　烧祡樊燎以祭天神。从示，此声。《虞书》曰："至于岱宗，祡。"仕皆切。𥙫，古文祡，从隋省。

禷　以事类祭天神。从示，类声。力遂切。

祪　祔、祪，祖也。从示，危声。过委切。

祔　后死者合食于先祖。从示，付声。符遇切。

祖　始庙也。从示，且声。则古切。

祊　门内祭，先祖所以彷徨。从示，彭声。《诗》曰："祝祭于祊。"补盲切。𥛱，祊或从方。

祰　告祭也。从示，从告声。苦浩切。

祏　宗庙主也。周礼有郊宗石室。一曰：大夫以石为主。从示，从石，石亦声。常只切。

祕　以豚祠司命。从示，比声。汉律曰："祕祉司命。"卑履切。

祠　春祭曰祠。品物少，多文词也。从示，司声。仲春之月，祠不用牺牲，用圭璧及皮币。似兹切。

礿　夏祭也。从示，勺声。以灼切。

禘　谛祭也。从示，帝声。周礼曰："五岁一禘。"特计切。

祫　大合祭先祖亲疏远近也。从示、合。周礼曰："三岁一祫。"侯夹切。

祼　灌祭也。从示，果声。古玩切。

禴　数祭也。从示，毳声。读若春麦为𪌮之𪌮。臣铉等曰："春麦为𪌮。今无此语。且非异文，所未详也。"此芮切。

祝　祭主赞词者。从示，从人、口。一曰：从兑省。《易》曰："兑为口为巫。"之六切。

𥛦　祝𥛦也。从示，留声。力救切。

祓　除恶祭也。从示，犮声。敷勿切。

祈　求福也。从示，斤声。渠稀切。

· 3 ·

禱(祷) 告事求福也。从示，寿声。都浩切。𥙷，祷或省。𥚢，籀文祷。

禜 设绵蕝为营，以禳风雨、雪霜、水旱、疠疫于日月星辰山川也。从示，荣省声。一曰：禜，卫，使灾不生。《礼记》曰："雩，禜。祭水旱。"为命切。

禳 磔禳祀，除疠殃也。古者燧人禜子所造。从示，襄声。汝羊切。

禬 会福祭也。从示，从会，会亦声。《周礼》曰："禬之祝号。"古外切。

禅 祭天也。从示，单声。时战切。

禦(御) 祀也。从示，御声。鱼举切。

祜 祀也。从示，昏声。古末切。

禖 祭也。从示，某声。莫杯切。

禝 祭具也。从示，胥声。私吕切。

祳 社肉，盛以蜃，故谓之祳。天子所以亲遗同姓。从示，辰声。《春秋传》曰："石尚来归祳。"时忍切。

祴 宗庙奏祴乐。从示，戒声。古哀切。

禡 师行所止，恐有慢其神，下而祀之曰禡。从示，马声。《周礼》曰："禡于所征之地。"莫驾切。

禂 祷牲马祭也。从示，周声。《诗》曰："既禡既禂。"都皓切。𦒎，或从马，寿省声。

社 地主也。从示、土。《春秋传》曰："共工之子句龙为社神。"周礼：二十五家为社，各树其土所宜之木。常者切。𥙿，古文社。

禓 道上祭。从示，易声。与章切。

祲 精气感祥。从示，侵省声。《春秋传》曰："见赤黑之祲。"子林切。

祸 害也，神不福也。从示，呙声。胡果切。

祟 神祸也。从示，从出。虽遂切。𥚢，籀文祟，从𩠹省。

祅(妖) 地反物为祅也。从示，芺声。于乔切。

祘 祘 明视以筭之。从二示。《逸周书》曰："士分民之祘，均分以祘之也。"读若筭。苏贯切。

禁 禁 吉凶之忌也。从示，林声。居荫切。

禫 禫 除服祭也。从示，覃声。徒感切。

文六十　重十三

禰 禰（祢）亲庙也。从示，尔声。一本云：古文禮也。泥米切。

祧 祧 迁庙也。从示，兆声。他雕切。

祆 祆 胡神也。从示，天声。火千切。

祚 祚 福也。从示，乍声。臣铉等曰："凡祭必受胙。胙即福也。此字后人所加。"徂故切。

文四新附

三　部

三 三 天地人之道也。从三数。凡三之属皆从三。稣甘切。弎，古文三，从弋。

文一　重一

王　部

王 王 天下所归往也。董仲舒曰："古之造文者，三画而连其中谓之王。三者，天、地、人也。而参通之者，王也。"孔子曰："一贯三为王。"凡王之属皆从王。李阳冰曰："中画近上，王者则天之义。"雨方切。𠙻，古文王。

閏 閏（闰）余分之月，五岁再闰。告朔之礼，天子居宗庙，闰月居门中。从王在门中。《周礼》曰："闰月'王居门中'终月也。"如顺切。

皇 皇 大也。从自。自，始也。始皇者，三皇，大君也。自，读若鼻。今俗以始生子为鼻子。胡光切。

5

文三 重一

玉 部

玉 石之美。有五德：润泽以温，仁之方也；䚡理自外，可以知中，义之方也；其声舒扬，専以远闻，智之方也；不桡而折，勇之方也；锐廉而不忮，絜之方也。象三玉之连，丨，其贯也。凡玉之属皆从玉。阳冰曰："三画正均，如贯玉也。"鱼欲切。𠙻，古文玉。

璙 玉也。从玉，尞声。洛箫切。

瓘 玉也。从玉，雚声。《春秋传》曰："瓘斝。"工玩切。

璥 玉也。从玉，敬声。居领切。

琠 玉也。从玉，典声。多殄切。

玪 玉也。从玉，瓔声。读若柔。耳由切。

璐 玉也。从玉，殸声。读若鬲。郎击切。

璠 玙璠，鲁之宝玉。从玉，番声。孔子曰："美哉，玙璠。远而望之，奂若也；近而视之，瑟若也。一则理胜，二则孚胜。"附袁切。

玙(玙) 玙璠也。从玉，与声。以诸切。

瑾 瑾瑜，美玉也。从玉，堇声。居隐切。

瑜 瑾瑜，美玉也。从玉，俞声。羊朱切。

玒 玉也。从玉，工声。户工切。

㻆 㻆瓄，玉也。从玉，来声。落哀切。

瓊(琼) 赤玉也。从玉，夐声。渠营切。璚，琼或从矞。瓗，琼或从巂。瓗，琼或从旋省。臣铉等曰："今与璿同。"

珦 玉也。从玉，向声。许亮切。

瓈 玉也。从玉，刺声。卢达切。

珣 医无闾珣玗琪。《周书》所谓夷玉也。从玉，旬声。一曰：器。读若宣。相伦切。

璐 璐 玉也。从玉，路声。洛故切。

瓒 瓒（瓒） 三玉二石也。从玉，赞声。《礼》：天子用全，纯玉也；上公用駹，四玉一石；侯用瓒；伯用埒，玉石半相埒也。徂赞切。

瑛 瑛 玉光也。从玉，英声。于京切。

璑 璑 三采玉也。从玉，無声。武扶切。

珛 珛 朽玉也。从玉，有声。读若畜牧之畜。许救切。

璿 璿 美玉也。从玉，睿声。《春秋传》曰："璿弁玉缨。"似沿切。瑢，古文璿。𤩰，籀文璿。

球 球 玉声也。从玉，求声。巨鸠切。璆，球或从翏。

琳 琳 美玉也。从玉，林声。力寻切。

璧 璧 瑞玉圜也。从玉，辟声。比激切。

瑗 瑗 大孔璧。人君上除陛以相引。从玉，爰声。《尔雅》曰："好倍肉谓之瑗，肉倍好谓之璧。"王眷切。

環 環（环） 璧也。肉好若一谓之环。从玉，睘声。户关切。

璜 璜 半璧也。从玉，黄声。户光切。

琮 琮 瑞玉。大八寸，似车釭。从玉，宗声。藏宗切。

琥 琥 发兵瑞玉，为虎文。从玉，从虎，虎亦声。《春秋传》曰："赐子家双琥。"呼古切。

瓏 瓏（珑） 祷旱玉，龙文。从玉，从龙，龙亦声。力钟切。

琬 琬 圭有琬者。从玉，宛声。于阮切。

璋 璋 剡上为圭，半圭为璋。从玉，章声。《礼》："六币：圭以马，璋以皮，璧以帛，琮以锦，琥以绣，璜以黼。"诸良切。

琰 琰 璧上起美色也。从玉，炎声。以冉切。

玠 玠 大圭也。从玉，介声。《周书》曰："称奉介圭。"古拜切。

瑒 瑒 圭。尺二寸，有瓒，以祠宗庙者也。从玉，易声。丑亮切。

瓛 瓛（𤪊） 桓圭。公所执。从玉，献声。胡官切。

珽 珽 大圭。长三尺，抒上，终葵首。从玉，廷声。他鼎切。

瑁 瑁 诸侯执圭朝天子，天子执玉以冒之，似犁冠。《周礼》曰：

说文解字

"天子执瑁四寸。"从玉、冒，冒亦声。莫报切。珇，古文省。

璬 璬 玉佩。从玉，敫声。古了切。

珩 珩 佩上玉也。所以节行止也。从玉，行声。户庚切。

玦 玦 玉佩也。从玉，夬声。故穴切。

瑞 瑞 以玉为信也。从玉、耑。徐锴曰："耑，谛也。会意。"是伪切。

珥 珥 瑱也。从玉、耳，耳亦声。仍吏切。

瑱 瑱 以玉充耳也。从玉，真声。《诗》曰："玉之瑱兮。"臣铉等曰："今充耳字更从玉旁充，非是。"他甸切。䩬，瑱或从耳。

琫 琫 佩刀上饰。天子以玉，诸侯以金。从玉，奉声。边孔切。

珌 珌 佩刀下饰，天子以玉。从玉，必声。卑吉切。

璏 璏 剑鼻玉也。从玉，彘声。直例切。

瑵 瑵 车盖玉瑵。从玉，蚤声。侧绞切。

瑑 瑑 圭璧上起兆瑑也。从玉，篆省声。《周礼》曰："瑑圭璧"。直恋切。

珇 珇 琮玉之瑑。从玉，且声。则古切。

璪 璪 弁饰，往往冒玉也。从玉，綦声。渠之切。璂，璪或从基。

璪 璪 玉饰。如水藻之文。从玉，喿声。《虞书》曰："璪火黺米。"子皓切。

瑬 瑬 垂玉也。冕饰。从玉，流声。力求切。

璹 璹 玉器也。从玉，𠷎声。读若淑。殊六切。

珊 珊 玉器也。从玉，畾声。臣铉等案："畾字注，象回转之形，畾不成字，凡从畾者，并当从畾省。"鲁回切。

瑳 瑳 玉色鲜白。从玉，差声。七何切。

玼 玼 玉色鲜也。从玉，此声。《诗》曰："新台有玼。"千礼切。

瓒 瓒 玉英华相带如瑟弦。从玉，瑟声。《诗》曰："瑟彼玉瓒。"所栉切。

瓅 瓅 玉英华罗列秩秩。从玉，栗声。《逸论语》曰："玉粲之璱兮，其瓅猛也。"力质切。

· 8 ·

瑩（莹）玉色。从玉，熒省声。一曰：石之次玉者。《逸论语》曰："如玉之莹。"乌定切。

璊（璊）玉䞓色也。从玉，㒼声。禾之赤苗谓之虋，言璊玉色如之。莫奔切。𤩁，璊或从允。

瑕 玉小赤也。从玉，叚声。乎加切。

琢 治玉也。从玉，豖声。竹角切。

琱 治玉也。一曰：石似玉。从玉，周声。都僚切。

理 治玉也。从玉，里声。良止切。

珍 宝也。从玉，㐱声。陟邻切。

玩 弄也。从玉，元声。五换切。貦，玩或从贝。

玲 玉声。从玉，令声。郎丁切。

瑲（玱）玉声也。从玉，仓声。《诗》曰："鎗革有瑲。"七羊切。

玎 玉声也。从玉，丁声。齐太公子伋谥曰玎公。当经切。

琤 玉声也。从玉，争声。楚耕切。

瑣（琐）玉声也。从玉，𧴪声。苏果切。

瑝 玉声也。从玉，皇声。乎光切。

瑀 石之似玉者。从玉，禹声。王矩切。

玤 石之次玉者，以为系璧。从玉，丰声。读若《诗》曰："瓜瓞菶菶。"一曰：若蚌蛤。补蠓切。

玪 玪䃁，石之次玉者。从玉，今声。古函切。

䃁 玪䃁也。从玉，勒声。卢则切。

琚 琼琚。从玉，居声。《诗》曰："报之以琼琚。"九鱼切。

璓 石之次玉者。从玉，莠声。《诗》曰："充耳璓莹。"息救切。

玖 石之次玉黑色者。从玉，久声。《诗》曰："贻我佩玖。"读若芑。或曰：若人句脊之句。举友切。

㺉 石之似玉者。从玉，臣声。读若贻。与之切。

䃉 石之似玉者。从玉，䝄声。语巾切。

瑿 石之似玉者。从玉，曳声。余制切。

璅 璅 石之似玉者。从玉，巢声。子浩切。
瑾 瑾(玡) 石之似玉者。从玉，进声。读若津。将邻切。
璿 璿 石之似玉者。从玉，晉声。侧岑切。
璁 璁 石之似玉者。从玉，恖声。读若葱。仓红切。
璓 璓 石之似玉者。从玉，号声。读若镐。乎到切。
瑂 瑂 石之似玉者。从玉，眉声。读若眉。武悲切。
璒 璒 石之似玉者。从玉，登声。都腾切。
玽 玽 石之似玉者。从玉，厶声。读与私同。息夷切。
玗 玗 石之似玉者。从玉，于声。羽俱切。
瑴 瑴 玉属。从玉，殳声。读若没。莫悖切。
瑎 瑎 黑石，似玉者。从玉，皆声。读若谐。户皆切。
碧 碧 石之青美者。从玉、石，白声。兵尺切。
琨 琨 石之美者。从玉，昆声。《虞书》曰："杨州贡瑶琨。"古浑切。
瑻，琨或从贯。
珉 珉 石之美者。从玉，民声。武巾切。
瑶 瑶 玉之美者。从玉，䍃声。《诗》曰："报之以琼瑶。"余招切。
珠 珠 蚌之阴精。从玉，朱声。《春秋国语》曰"珠以御火灾"，是也。章俱切。
玓 玓 玓瓅，明珠色。从玉，勺声。都历切。
瓅 瓅(珠) 玓瓅。从玉，乐声。郎击切。

珌 玭 珠也。从玉，比声。宋弘云：淮水中出玭珠。玭，珠之有声。步因切。蠙，《夏书》玭从虫、宾。"

璑 玲 蜃属。从玉，劦声。礼：佩刀，士珕琫而珧珌。臣铉等曰："劦亦音丽，故以为声。"郎计切。

珧 珧 蜃甲也。所以饰物也。从玉，兆声。礼云：佩刀，天子玉琫而珧珌。余昭切。

玟 玟 火齐，玫瑰也。一曰：石之美者。从玉，文声。莫杯切。

瑰 瑰 玫瑰。从玉，鬼声。一曰：圜好。公回切。

璣 璣（玑） 珠不圜也。从玉，幾声。居衣切。

琅 琅 琅玕，似珠者。从玉，良声。鲁当切。

玕 玕 琅玕也。从玉，干声。《禹贡》："雍州球、琳、琅玕。"古寒切。琾，古文玕。

珊 珊 珊瑚，色赤，生于海，或生于山。从玉，删省声。稣干切。

瑚 瑚 珊瑚也。从玉，胡声。户吴切。

珋 珋 石之有光，璧珋也。出西胡中。从玉，丣声。力求切。

琀 琀 送死口中玉也。从玉，从含，含亦声。胡绀切。

瑿 瑿 遗玉也。从玉，欧声。以周切。

瑒 瑒（玚） 金之美者，与玉同色。从玉，汤声。礼：佩刀，诸侯瑒琫而璆珌。徒朗切。

靈 靈（灵） 灵巫。以玉事神。从玉，霝声。郎丁切。靈，靈或从巫。

文一百二十六　重十七

珈 珈 妇人首饰。从玉，加声。《诗》曰："副笄六珈。"古牙切。

璩 璩 环属。从玉，豦声。见《山海经》。彊鱼切。

瑼 瑬 玉爵也。夏曰瑬，殷曰斝，周曰爵。从玉，戋声。或从皿。阻限切。

琛 琛 宝也。从玉，深省声。丑林切。

璫 璫（珰） 华饰也。从玉，当声。都郎切。

琲 琲 珠五百枚也。从玉，非声。普乃切。

珂 珂 玉也。从玉，可声。苦何切。

玘 玘 玉也。从玉,己声。去里切。
珝 珝 玉也。从玉,羽声。况主切。
璀 璀 璀璨,玉光也。从玉,崔声。七罪切。
璨 璨 玉光也。从玉,粲声。仓案切。
琡 琡 玉也。从玉,叔声。昌六切。
瑄 瑄 璧六寸也。从玉,宣声。须缘切。
珙 珙 玉也。从玉,共声。拘竦切。

文十四新附

珏 部

珏 珏 二玉相合为一珏。凡珏之属皆从珏。古岳切。瑴,珏或从㱿。
班 班 分瑞玉。从珏,从刀。布还切。
㻏 㻏 车笭间皮箧。古者使奉玉以藏之。从车、珏。读与服同。房六切。

文三 重一

气 部

气 气 云气也。象形。凡气之属皆从气。去既切。
氛 氛 祥气也。从气,分声。符分切。雰,氛或从雨。

文二 重一

士 部

士 士 事也。数始于一,终于十。从一,从十。孔子曰:"推十合一为士。"凡士之属皆从士。鉏里切。
壻 壻(婿) 夫也。从士,胥声。《诗》曰:"女也不爽,士贰其行。"士者,夫也。读与细同。稣计切。壻,壻或从女。
壮 壮(壯) 大也。从士,爿声。侧亮切。
壿 壿 舞也。从士,尊声。《诗》曰:"壿壿舞我。"慈损切。

文四　重一

丨 部

丨　丨　上下通也。引而上行,读若囟;引而下行,读若退。凡丨之属皆从丨。古本切。

中　中　内也。从口、丨,上下通。陟弓切。ᇢ,古文中。ᇣ,籀文中。

屰　屰　旌旗杠貌。从丨,从放,放亦声。丑善切。

文三　重二

说文解字弟一　上

说文解字弟一下

汉太尉祭酒　许慎 记
宋右散骑常侍　徐铉等 校定

中　部

屮　艸木初生也。象丨出形,有枝茎也。古文或以为艸字。读若彻。凡屮之属皆从屮。尹彤说。臣铉等曰:"丨,上下通也,象艸木萌芽通彻地上也。"丑列切。

屯　难也。象艸木之初生,屯然而难。从屮贯一。一,地也;尾曲。《易》曰:"屯,刚柔始交而难生。"陟伦切。

每　艸盛上出也。从屮,母声。臣铉等案:"《左传》'原田每每',今别作莓,非是。"武罪切。

毒　厚也。害人之艸,往往而生。从屮,从（毒）[毐]。徒沃切。𦸣,古文毒,从刀、葍。

芬　艸初生,其香分布。从屮,从分,分亦声。抚文切。𦭬,芬或从艸。

熏　菌熏,地蕈,丛生田中。从屮,六声。力竹切。𦺇,籀文熏,从三熏。

熏　火烟上出也。从屮,从黑。屮黑,熏黑也。许云切。

文七　重三

艸　部

艸　百卉也。从二屮。凡艸之属皆从艸。仓老切。

莊（庄）　上讳。臣铉等曰:"此汉明帝名也。从艸,从壮,未详。"侧羊切。𨈏,古文庄。

蓏　在木曰果,在地曰蓏。从艸、从㼌。郎果切。

芝 神艸也。从艸,从之。止而切。

荋 荋莆,瑞艸也。尧时生于庖厨,扇暑而凉。从艸,建声。土洽切。

莆 荋莆也。从艸,甫声。方矩切。

虋 赤苗嘉谷也。从艸,釁声。莫奔切。

荅(答) 小尗也。从艸,合声。都合切。

萁 豆茎也。从艸,其声。渠之切。

藿 尗之少也。从艸,靃声。虚郭切。

苬 鹿藿之实名也。从艸,狃声。敕久切。

蓈 禾粟之采,生而不成者,谓之童蓈。从艸,郎声。鲁当切。稂,蓈或从禾。

莠 禾粟下生莠。从艸,秀声。读若酉。与久切。

萉 枲实也。从艸,肥声。房未切。藣,萉或从麻、贲。

芓 麻母也。从艸,子声。一曰:芓即枲也。疾吏切。

蕬 芓也。从艸,異声。羊吏切。

蘇(苏) 桂荏也。从艸,穌声。素孤切。

荏 桂荏,苏。从艸,任声。如甚切。

芙 菜也。从艸,矢声。失匕切。

薳 菜之美者。云梦之薳。从艸,豈声。驱喜切。

葵 菜也。从艸,癸声。彊惟切。

蓳 御湿之菜也。从艸,彊声。居良切。

蓼 辛菜,蔷虞也。从艸,翏声。卢鸟切。

菹 菜也。从艸,祖声。则古切。

蘮 菜也,似苏者。从艸,豦声。彊鱼切。

薇 菜也,似藿。从艸,微声。无非切。𦯴,籀文薇省。

萑 菜也。从艸,唯声。以水切。

茝 菜,类蒿。从艸,近声。《周礼》有"茝菹"。巨巾切。

蘘 菜也。从艸,釀声。女亮切。

15

苋(苋) 苋菜也。从艸，见声。侯涧切。

芌 大叶实根，骇人，故谓之芌也。从艸，于声。徐锴曰：芌，犹言吁。吁，惊辞。故曰骇人。王遇切。

莒 齐谓芌为莒。从艸，吕声。居许切。

蘧 蘧麦也。从艸，遽声。彊鱼切。

菊 大菊，蘧麦。从艸，匊声。居六切。

蕫(荤) 臭菜也。从艸，军声。许云切。

蘘 蘘荷也。一名葍蒩。从艸，襄声。汝羊切。

菁 韭华也。从艸，青声。子盈切。

蘆(芦) 芦菔也。一曰荠根。从艸，卢声。落乎切。

菔 芦菔，似芜菁，实如小尗者。从艸，服声。蒲北切。

苹 蓱也，无根，浮水而生者。从艸，平声。符兵切。

茞 艸也。从艸，臣声。积邻切。

薲 大蓱也。从艸，宾声。符真切。

藍(蓝) 染青艸也。从艸，监声。鲁甘切。

蕙(萱) 令人忘忧艸也。从艸，宪声。《诗》曰："安得蕙艸？"况袁切。蕿，或从媛。萲，或从宣。

营 营䓖，香艸也。从艸，宫声。去弓切。芎，司马相如说：营或从弓。

䓖(䓖) 营䓖也。从艸，穷声。渠弓切。

蘭(兰) 香艸也。从艸，阑声。落干切。

葌 艸，出吴林山。从艸，姦声。古颜切。

荽 薑属，可以香口。从艸，俊声。息遗切。

芄 芄兰，莞也。从艸，丸声。《诗》曰："芄兰之枝。"胡官切。

蘺 楚谓之蓠，晋谓之䕲，齐谓之茝。从艸，嚻声。许娇切。

蘺(蓠) 江蓠，蘼芜。从艸，离声。吕之切。

茝 䕲也。从艸，臣声。昌改切。

蘪 蘪芜也。从艸，麋声。靡为切。

薰 香艸也。从艸，熏声。许云切。
薄 水萹茿。从艸，从水，毒声。读若督。徒沃切。
萹 萹茿也。从艸，扁声。方沔切。
茿 萹茿也。从艸，筑省声。陟玉切。
藒 藒舆也。从艸，楬声。去谒切。
芞 芞舆也。从艸，气声。去讫切。
苺 马苺也。从艸，母声。武罪切。
茖 艸也。从艸，各声。古额切。
苷 甘艸也。从艸，从甘。古三切。
芧 艸也。从艸，予声。可以为绳。直吕切。
藎(荩) 艸也。从艸，尽声。徐刃切。
莍 艸也。从艸，述声。食聿切。
葱 葱冬艸。从艸，忍声。而轸切。

萇(苌) 萇楚，銚弋。一名羊桃。从艸，长声。直良切。
薊(蓟) 芙也。从艸，魝声。古诣切。
薑 艸也。从艸，里声。读若厘。里之切。
藋 薑艸也。一曰拜商藋。从艸，翟声。徒吊切。
芨 薑艸也。从艸，及声。读若急。居立切。
葥 山苺也。从艸，前声。子贱切。
蔆 毒艸也。从艸，殳声。莫候切。
蓩 卷耳也。从艸，务声。亡考切。
蓡(参) 人蓡，药艸，出上党。从艸，浸声。山林切。
蘪 凫葵也。从艸，犛声。洛官切。
莨 艸也，可以染留黄。从艸，戾声。郎计切。
莜 蚍䘃也。从艸，收声。渠遥切。
蕊 蒿也。从艸，毗声。房脂切。
萭 艸也。从艸，禹声。王矩切。
荑 艸也。从艸，夷声。杜兮切。

薜 薜 艸也。从艸,辟声。私列切。

苦 苦 大苦,苓也。从艸,古声。康杜切。

菩 菩 艸也。从艸,音声。步乃切。

蕾 蕾 薏苢,从艸,畗声。一曰:蕾英。于力切。

茅 茅 菅也。从艸,矛声。莫交切。

菅 菅 茅也。从艸,官声。古颜切。

蘄 蘄（蕲） 艸也。从艸,䔒声。江夏有蘄春亭。臣铉等案:"《说文》无䔒字,他字书亦无。此篇下有䖆字,注云江夏平春亭名,疑相承误,重出一字。"渠支切。

莞 莞 艸也。可以作席。从艸,完声。胡官切。

蘭 蘭（蔺） 莞属。从艸,閵声。良刃切。

蒢 蒢 黄蒢,职也。从艸,除声。直鱼切。

蒲 蒲 水艸也。可以作席。从艸,浦声。薄胡切。

蒻 蒻 蒲子。可以为平席。从艸,弱声。而灼切。

葆 葆 蒲,蒻之类也。从艸,深声。式箴切。

蓷 蓷 萑也。从艸,推声。《诗》曰:"中谷有蓷。"他回切。

萑 萑 艸多貌。从艸,隹声。职追切。

茥 茥 缺盆也。从艸,圭声。苦圭切。

莙 莙 井藻也。从艸,君声。读若威。渠殒切。

莧 莧 夫䕲也。从艸,睆声。胡官切。

蒿 蒿 夫䕲上也。从艸,鬲声。力的切。

苢 苢 芣苢,一名马舄。其实如李,令人宜子。从艸,㠯声。《周书》所说。羊止切。

蕁 蕁（荨） 芜藩也。从艸,寻声。徒含切。 蕁,蕁或从爻。

薂 薂 艸也。从艸,毄声。古历切。

蓲 蓲 艸也。从艸,区声。去鸠切。

茴 茴 艸也。从艸,固声。古慕切。

薂 薂 艸也。从艸,榦声。古案切。

藷 藷 藷蔗也。从艸,诸声。章鱼切。

蔗 諸蔗也。从艸，庶声。之夜切。
䔯 祥䔯，可以作縻绳。从艸，毀声。女庚切。
蕩 艸也。从艸，賜声。斯义切。
苆 艸也。从艸，中声。陟宫切。
蕡 王蕡也。从艸，负声。房九切。
芙 艸也。味苦，江南食以下气。从艸，夭声。乌皓切。
茲 艸也。从艸，弦声。胡田切。
䉵 艸也。从艸，䪧声。䪧，籀文囿。于救切。
莩 艸也。从艸，孚声。芳无切。
蒖 兔苽也。从艸，寅声。翼真切。
荓 马帚也。从艸，并声。薄经切。
蕕 水边艸也。从艸，猶声。以周切。
䓉 艸也。从艸，安声。乌旰切。
蘩 蘩，月尔也。从艸，緐声。渠之切。
莃 兔葵也。从艸，稀省声。香衣切。
夢 灌渝。从艸，梦声。读若萌。莫中切。
蕧 盗庚也。从艸，复声。房六切。
苓 卷耳也。从艸，令声。郎丁切。
贛 艸也。从艸，贛声。一曰：薏苢。古送切，又古禫切。
葭 茅，葍也。一名蕣。从艸，叚声。渠营切。
葍 葍也。从艸，富声。方布切。
葍 葍也。从艸，畐声。方六切。
蓨 苗也。从艸，脩声。徒聊切，又汤雕切。
苗 蓨也。从艸，由声。徒历切，又他六切。
蕩 艸。枝枝相值，叶叶相当。从艸，易声。楮羊切。
薁 婴薁也。从艸，奥声。于六切。
葴 马蓝也。从艸，咸声。职深切。
蕅 艸也。可以束。从艸，鲁声。郎古切。𦯳，蕅或从卤。

蔽 艸也。从艸，厳声。臣铉等案："《说文》无厳字，当是敝字之省，而声不相近。未详。"苦怪切。

蒌(蒌) 艸也。可以亨鱼。从艸，娄声。力朱切。

藟 艸也。从艸，畾声。《诗》曰："莫莫葛藟。"一曰：秬鬯也。力轨切。

菀 棘菀也。从艸，冤声。于元切。

茈 茈艸也。从艸，此声。将此切。

藐 茈艸也。从艸，貌声。莫觉切。

萴 乌喙也。从艸，则声。阻力切。

蒐 茅搜，茹藘。人血所生，可以染绛。从艸，从鬼。所鸠切。

茜 茅搜也。从艸，西声。仓见切。

䔡 赤䔡也。从艸，隶[声]。息利切。

薜 牡赞也。从艸，辟声。蒲计切。

芒 杜荣也。从艸，忘声。武方切。

苞 艸也。南阳以为粗履。从艸，包声。布交切。

艾 冰台也。从艸，乂声。五盖切。

葷 艸也。从艸，章声。诸良切。

芹 楚葵也。从艸，斤声。巨巾切。

甄 豕首也。从艸，甄声。侧邻切。

蔦(茑) 寄生也。从艸，鸟声。《诗》曰："茑与女萝。"都了切。樢，茑或从木。

芸 艸也，似目宿。从艸，云声。《淮南子》说：芸艸可以死复生。王分切。

蔽 艸也。从艸，敫声。齎最切。

葎 艸也。从艸，律声。吕戌切。

莱 莉也。从艸，束声。楚革切。

苦 苦娄，果蓏也。从艸，昏声。古活切。

葑 须从也。从艸，封声。府容切。

薺(荠) 蒺棃也。从艸，齊声。《诗》曰："墙有荠。"疾咨切，又徂礼切。

莿 茦也。从艸，刺声。七赐切。

董 鼎董也。从艸，童声。杜林曰：藕根。多动切。

虊 狗毒也。从艸，系声。古诣切。

薻 艸也。从艸，嫂声。苏老切。

苄 地黄也。从艸，下声。《礼记》："鉶毛：牛、藿；羊、苄；豕、薇。"是。侯古切。

薓(参) 白薓也。从艸，㑴声。良冄切。蓡，薓或从㑴。

䒷 黄䒷也。从艸，金声。具今切。

芩 艸也。从艸，今声。《诗》曰："食野之芩。"巨今切。

藨 鹿藿也。从艸，麃声。读若剽。一曰：蔽属。平表切。

䓞 绶也。从艸，鶂声。《诗》曰："卬有旨䓞。"是。五狄切。

蔆(菱) 芰也。从艸，凌声。楚谓之芰，秦谓之薢茩。力膺切。𦼫，司马相如说：蔆从遴。

芰 蔆也。从艸，支声。奇记切。𦯄，杜林说：芰从多。

薢 薢茩也。从艸，解声。胡买切。

茩 薢茩也。从艸，后声。胡口切。

芡 鸡头也。从艸，欠声。巨险切。

蘜 日精也。以秋华。从艸，鞠省声。居六切。鞠，蘜或省。

䕆 爵麦也。从艸，龠声。以勺切。

藗 牡茅也。从艸，遬声。遬，籀文速。桑谷切。

私 茅秀也。从艸，私声。息夷切。

蒹 萑之未秀者。从艸，兼声。古恬切。

薍 菼也。从艸，乱声。八月薍为苇也。五患切。

菼(炎) 萑之初生，一曰薍，一曰鵻。从艸，剡声。土敢切。𦵼，菼或从炎。

薕 蒹也。从艸，廉声。力盐切。

蕜 青蕜，似莎者。从艸，烦声。附袁切。

茚 昌蒲也。从艸，卬声。益州云。五刚切。

茀 茆茀也。从艸，邪声。以遮切。

芀 苇华也。从艸，刀声。徒聊切。

苅 芀也。从艸，列声。郎㒸切。

菡 菡萏也。从艸，函声。胡感切。

萏(菡) 菡萏，芙蓉华，未发为菡萏，已发为芙蓉。从艸，阎声。徒感切。

蕑(莲) 芙蕖之实也。从艸，连声。洛贤切。

茄 芙蕖茎。从艸，加声。古牙切。

荷 芙蕖叶。从艸，何声。胡哥切。

蔤 芙蕖本。从艸，密声。美必切。

蕅(藕) 芙蕖根。从艸、水，禺声。五厚切。

蘢(龙) 天蘥也。从艸，龙声。卢红切。

蓍 蒿属。生十岁，百茎。《易》以为数。天子蓍九尺，诸侯七尺，大夫五尺，士三尺。从艸，耆声。式脂切。

䒗 香蒿也。从艸，臤声。去刃切。𦯬，䒗或从坚。

莪 萝莪，蒿属。从艸，我声。五何切。

蘿(萝) 莪也。从艸，罗声。鲁何切。

菻 蒿属。从艸，林声。力稔切。

蔚 牡蒿也。从艸，尉声。于胃切。

蕭(萧) 艾蒿也。从艸，肃声。苏雕切。

萩 萧也。从艸，秋声。七由切。

芍 凫茈也。从艸，勺声。胡了切。

蔿 王彗也。从艸，湔声。昨先切。

蔿(芳) 艸也。从艸，为声。于鬼切。

茏 艸也。从艸，尢声。直深切。

鞠 治墙也。从艸，鞠声。居六切。

蘠 蘠靡，虋冬也。从艸，墙声。贱羊切。

芪 芪母也。从艸，氏声。常之切。

菀 茈菀，出汉中房陵。从艸，宛声。于阮切。

茵 贝母也。从艸,朙省声。武庚切。

朮 山蓟也。从艸,术声。直律切。

蓂 析蓂,大荠也。从艸,冥声。莫历切。

莪 莖藒也。从艸,味声。无沸切。

莖 莖藒,艸也。从艸,至声。直尼切。

藒 莖藒也。从艸,猪声。直鱼切。

葛 絺绤艸也。从艸,曷声。古达切。

蔓 葛属。从艸,曼声。无贩切。

藁 葛属,白华。从艸,皋声。古劳切。

苀 荔余也。从艸,杏声。何梗切。蔳,苀或从行,同。

荾 荔余也。从艸,妾声。子叶切。

藡 艸也。从艸,翼声。古浑切。

芫 鱼毒也。从艸,元声。愚袁切。

薷 大苦也。从艸,霝声。郎丁切。

稊 稊芺也。从艸,稊声。大兮切。

芺 稊芺也。从艸,失声。徒结切。

芌 芌䓘,胸也。从艸,丁声。天经切。

蒋(蒋) 苽蒋也。从艸,将声。子良切,又即两切。

苽 雕苽。一名蒋。从艸,瓜声。古胡切。

菅 艸也。从艸,育声。余六切。

蘢 艸也。从艸,罢声。符羁切。

蘿 艸也。从艸,难声。如延切。

莨 艸也。从艸,良声。鲁当切。

葽 艸也。从艸,要声。《诗》曰:"四月秀葽。"刘向说:"此味苦,苦葽也。"于消切。

薖 艸也。从艸,过声。苦禾切。

菌 地蕈也。从艸,困声。渠殒切。

蕈 桑荑。从艸,覃声。慈衽切。

23

蔱 木耳也。从艸,奭声。一曰薪芘。而充切。

葚 桑实也。从艸,甚声。常衽切。

蓲 果也。从艸,狗声。俱羽切。

芘 艸也,一曰芘茮木。从艸,比声。房脂切。

蕣 木堇。朝华暮落者。从艸,舜声。《诗》曰:"颜如蕣华。"舒闰切。

萸 茱萸也。从艸,臾声。羊朱切。

茱 茱萸,茮属。从艸,朱声。市朱切。

茉 茉莍。从艸,朱声。子僚切。

莍 茉、椒实,裹如表者。从艸,求声。巨鸠切。

荆 楚。木也。从艸,刑声。举卿切。㭵,古文荆。

苔 水衣。从艸,治声。徒哀切。

芽 萌芽也。从艸,牙声。五加切。

萌 艸芽也。从艸,明声。武庚切。

茁 艸初生出地貌。从艸,出声。《诗》曰:"彼茁者葭。"邹滑切。

莖(茎) 枝柱也。从艸,巠声。户耕切。

莛 茎也。从艸,廷声。特丁切。

葉(叶) 艸木之叶也。从艸,枼声。与涉切。

蘮 艸之小者。从艸,剢声。剢,古文锐字。读若芮。居例切。

芣 华盛。从艸,不声。一曰芣苢。缚牟切。

葩 华也。从艸,皅声。普巴切。

芛 艸之皇荣也。从艸,尹声。羊捶切。

虉 黄华。从艸,虉声。读若坏。乎瓦切。

薸 苕之黄华也。从艸,票声。一曰末也。方小切。

英 艸荣而不实者。一曰黄英。从艸,央声。于京切。

薾 华盛。从艸,尔声。《诗》曰:"彼薾惟何。"儿氏切。

萋 艸盛。从艸,妻声。《诗》曰:"菶菶萋萋。"七稽切。

菶 艸盛。从艸,奉声。补蠓切。

薿 茂也。从艸，疑声。《诗》曰："黍稷薿薿。"鱼已切。

葇 艸木华垂貌。从艸，矞声。儒佳切。

葼 青齐沇冀谓木细枝曰葼。从艸，嵏声。子红切。

莎 艸萎莎。从艸，移声。弋支切。

蒝 艸木形。从艸，原声。愚袁切。

荚（荚） 艸实。从艸，夹声。古叶切。

芒 艸耑。从艸，亡声。武方切。

蓨 蓝蓼秀。从艸，随省声。羊捶切。

蔕（蒂） 瓜当也。从艸，带声。都计切。

荄 艸根也。从艸，亥声。古哀切，又古谐切。

荺 茭也。茅根也。从艸，均声。于敏切。

茇 艸根也。从艸，犮声。春艸根枯，引之而发土为拨，故谓之茇。一曰：艸之白华为茇。北末切。

芃 艸盛也。从艸，凡声。《诗》曰："芃芃黍苗。"房戎切。

蒪 华叶布。从艸，傅声。读若傅。方遇切。

蓻 艸木不生也。一曰：茅芽。从艸，执声。姊入切。

菥 艸多貌。从艸，斫声。江夏平春有菥亭。语斤切。

茂 艸丰盛。从艸，戊声。莫候切。

蔼 艸茂也。从艸，畼声。丑亮切。

蔭（荫） 艸阴地。从艸，阴声。于禁切。

蓙 艸貌。从艸，造声。初救切。

兹 艸木多益。从艸，兹省声。子之切。

葋 艸旱尽也。从艸，俶声。《诗》曰："蒥蒥山川。"徒历切。

蔽 艸貌。从艸，歊声。《周礼》曰："毂獘不蔽。"许娇切。

蔇 艸多貌。从艸，既声。居味切。

薋 艸多貌。从艸，资声。疾兹切。

蓁 艸盛貌。从艸，秦声。侧诜切。

莦 恶艸貌。从艸，肖声。所交切。

芮 芮芮，艸生貌。从艸，内声。读若汭。而锐切。

茬 艸貌。从艸，在声。济北有茬平县。仕甾切。

薈(荟) 艸多貌。从艸，会声。《诗》曰："荟兮蔚兮。"乌外切。

莪 细艸丛生也。从艸，孜声。莫候切。

芼 艸覆蔓。从艸，毛声。《诗》曰："左右芼之。"莫抱切。

蒼(苍) 艸色也。从艸，仓声。七冈切。

葻 艸得风貌。从艸，风。读若婪。卢含切。

萃 艸貌。从艸，卒声。读若瘁。秦醉切。

蒔(莳) 更别穜。从艸，时声。时吏切。

苗 艸生于田者。从艸，从田。武镳切。

苛 小艸也。从艸，可声。乎哥切。

蕪(芜) 薉也。从艸，無声。武扶切。

薉 芜也。从艸，岁声。于废切。

荒 芜也。从艸，巟声。一曰：艸淹地也。呼光切。

薀 艸乱也。从艸，寙声。杜林说：艸茡薀貌。女庚切。

茡 茡薀貌。从艸，争声。侧茎切。

落 凡艸曰零，木曰落。从艸，洛声。卢各切。

蔽 蔽蔽，小艸也。从艸，敝声。必袂切。

擇(择) 艸木凡皮叶落，陊地为择。从艸，择声。《诗》曰："十月陨择。"它各切。

蕰 积也。从艸，温声。《春秋传》曰："蕰利生孽。"于粉切。

蔫 烟也。从艸，焉声。于干切。

菸 郁也。从艸，於声。一曰：矮也。央居切。

萦 艸旋貌也。从艸，荣声。《诗》曰："葛藟萦之。"于营切。

蔡 艸也。从艸，祭声。苍大切。

茷 艸叶多。从艸，伐声。《春秋传》曰："晋籴茷。"符发切。

菜 艸之可食者。从艸，采声。苍代切。

茒 艸多叶貌。从艸，而声。沛城父有杨茒亭。如之切。

芝 艸浮水中貌。从艸,乏声。匹凡切。

薄 林薄也。一曰蚕薄。从艸,溥声。旁各切。

苑 所以养禽兽也。从艸,夗声。于阮切。

藪(薮) 大泽也。从艸,数声。九州之薮,杨州具区,荆州云梦,豫州甫田,青州孟诸,沇州大野,雍州弦圃,幽州奚养,冀州杨纡,并州昭余祁是也。苏后切。

菑 不耕田也。从艸、甾。《易》曰:"不菑畬。"徐锴曰:"当言从艸,从巛,从田。田不耕,则艸塞之,故从巛。巛音灾。若从甾,则下有甾缶字相乱。侧词切。𦿈,菑或省艸。

蕛 艸盛貌。从艸,(繇)[䌛]声。《夏书》曰:"厥艸惟繇。"余招切。

薙(剃) 除艸也。《明堂月令》曰:"季夏烧薙。"从艸,雉声。他计切。

茉 耕多艸。从艸、耒,耒亦声。卢对切。

蓺 艸大也。从艸,致声。陟利切。

蕲 艸相蕲苞也。从艸,斩声。《书》曰:"艸木蕲苞。"慈冉切。𦿚,蕲或从槧。

茀 道多艸,不可行。从艸,弗声。分勿切。

苾 馨香也。从艸,必声。毗必切。

蔎 香艸也。从艸,设声。识列切。

芳 香艸也。从艸,方声。敷方切。

蕡 杂香艸。从艸,贲声。浮分切。

藥(药) 治病艸。从艸,乐声。以勺切。

麗 艸木相附麗土而生。从艸,麗声。《易》曰:"百谷艸木麗于地。"吕支切。

蓆 广多也。从艸,席声。祥易切。

芟 刈艸也。从艸,从殳。所衔切。

荐 荐席也。从艸,存声。在甸切。

藉 祭藉也。一曰:艸不编,狼藉。从艸,耤声。慈夜切,又秦昔切。

苴 茅藉也。从艸，租声。礼曰：封诸侯以土，苴以白茅。子余切。

蕝 朝会束茅表位曰蕝。从艸，绝声。《春秋国语》曰："致茅蕝，表坐。"子说切。

茨 以茅苇盖屋。从艸，次声。疾兹切。

葺 茨也。从艸，咠声。七入切。

蓋（盖） 苫也。从艸，盍声。古太切。

苫 盖也。从艸，占声。失廉切。

蔼 盖也。从艸，渴声。于盖切。

茁 刷也。从艸，屈声。区勿切。

藩 屏也。从艸，潘声。甫烦切。

菹 酢菜也。从艸，沮声。侧鱼切。𦵔，或从皿。𦵢，或从缶。

荃 芥脆也。从艸，全声。此缘切。

䪡 韭郁也。从艸，䀛声。苦步切。

蘫 瓜菹也。从艸，（监）[滥]声。鲁甘切。

𦳅 菹也。从艸，泜声。直宜切。盬，𦳅或从皿。皿，器也。

藨 干梅之属。从艸，僚声。《周礼》曰："馈食之笾，其实干藨。"卢皓切。𦽁，藨或从潦。

䴻 煎茱萸。从艸，䫅声。汉律：会稽献䴻一斗。鱼既切。

莘 羹菜也。从艸，宰声。阻史切。

若 择菜也。从艸、右。右，手也。一曰：杜若，香艸。而灼切。

蒪（莼） 蒲丛也。从艸，专声。常伦切。

茵 以艸补缺。从艸，丙声。读若陆。或以为缀。一曰：约空也。直例切。

蕈 丛艸也。从艸，尊声。慈损切。

莜 艸田器。从艸，条省声。《论语》曰："以杖荷莜。"今作蓧。徒吊切。

䕫 雨衣。一曰：衰衣。从艸，卑声。一曰：䕫蔍，似乌韭。扶历切。

葹 艸也。从艸，是声。是支切。

苴 履中艸。从艸,且声。子余切。

蘦 艸履也。从艸,麤声。仓胡切。

蕢(蒉) 艸器也。从艸,贵声。求位切。𠤱,古文蕢,象形。《论语》曰:"有荷臾而过孔氏之门。"

蔓 覆也。从艸,侵省声。七朕切。

茵 车重席。从艸,因声。于真切。鞇,司马相如说:茵从革。

芻(刍) 刈艸也。象包束艸之形。叉愚切。

茭 干刍。从艸,交声。一曰:牛蕲艸。古肴切。

莝 乱艸。从艸,㘴声。薄故切。

茹 饲马也。从艸,如声。人庶切。

莝 斩刍。从艸,坐声。麤卧切。

萎 食牛也。从艸,委声。于伪切。

薂 以谷萎马,置莝中。从艸,敕声。楚革切。

苗 蚕薄也。从艸,曲声。丘玉切。

蔟 行蚕蓐。从艸,族声。千木切。

苣(炬) 束苇烧。从艸,巨声。臣铉等曰:"今俗别作炬,非是。"其吕切。

蕘(荛) 薪也。从艸,尧声。如昭切。

薪 荛也。从艸,新声。息邻切。

蒸 折麻中榦也。从艸,烝声。煮仍切。菸,蒸或省火。

蕉 生枲也。从艸,焦声。即消切。

茵 粪也。从艸,胃省。式视切。

薶 瘗也。从艸,狸声。莫皆切。

葠 丧藉也。从艸,侵声。失廉切。

𣂚(折) 断也。从斤断艸。谭长说。食列切。𣂛,籀文折,从艸在仌中,仌寒,故折。𢫦,篆文折,从手。

卉 艸之总名也。从艸、屮。许伟切。

艽 远荒也。从艸,九声。《诗》曰:"至于艽野。"巨鸠切。

蒜 荤菜。从艸,祘声。苏贯切。

左文五十三　重二　大篆从艸

芥　菜也。从艸，介声。古拜切。

蒽（葱）　菜也。从艸，恩声。仓红切。

萑　艸也。从艸，隹声。《诗》曰："食郁及萑。"余六切。

䔰　亭历也。从艸，单声。多殄切。

苟　艸也。从艸，句声。古厚切。

蕨　鳖也。从艸，厥声。居月切。

莎　镐侯也。从艸，沙声。苏禾切。

萍　苹也。从艸，泙声。薄经切。

蓳　艸也。根如荠，叶如细柳，蒸食之，甘。从艸，堇声。居隐切。

菲　芴也。从艸，非声。芳尾切。

芴　菲也。从艸，勿声。文弗切。

虉　艸也。从艸，鹝声。呼旰切。

萑　薍也。从艸，隹声。胡官切。

葦（苇）　大葭也。从艸，韦声。于鬼切。

葭　苇之未秀者。从艸，叚声。古牙切。

萊（莱）　蔓华也。从艸，来声。洛哀切。

荔　艸也。似蒲而小，根可作𠂇。从艸，劦声。郎计切。

蒙　王女也。从艸，冡声。莫红切。

藻（藻）　水艸也。从艸，从水、巢声。《诗》曰："于以采藻。"子皓切。𦸼，藻或从澡。

菉　王刍也。从艸，录声。《诗》曰："菉竹猗猗。"力玉切。

曹　艸也。从艸，曹声。昨牢切。

茜　艸也。从艸，卤声。以周切。

䕬　艸也。从艸，沼声。昨焦切。

菩　艸也。从艸，吾声。《楚词》有菩萧艸。吾乎切。

范　艸也。从艸，泛声。房麦切。

艿　艸也。从艸，乃声。如乘切。

苉 艸也。从艸，血声。呼决切。

萄 艸也。从艸，匋声。徒刀切。

芑 白苗嘉谷。从艸，己声。驱里切。

蕡 水舄也。从艸，𧶠声。《诗》曰："言采其蕡。"似足切。

苳 艸也。从艸，冬声。都宗切。

蔷（蔷）蔷虞，蓼。从艸，啬声。所力切。

苕 艸也。从艸，召声。徒聊切。

蘇 艸也。从艸，㮴声。莫厚切。

萺 艸也。从艸，冒声。莫报切。

芣 𦳝葵也。从艸，不声。《诗》曰："言采其芣。"力久切。

荼 苦荼也。从艸，余声。同都切。 臣铉等曰："此即今之茶字。"

蘩 白蒿也。从艸，（繁）[緐]声。附袁切。

蒿 菣也。从艸，高声。呼毛切。

蓬 蒿也。从艸，逢声。薄红切。𦷟，籀文蓬省。

藜 艸也。从艸，黎声。郎奚切。

蘬 芞实也。从艸，归声。驱归切。

葆 艸盛貌。从艸，保声。博褒切。

蕃 艸茂也。从艸，番声。甫烦切。

茸 艸茸茸貌。从艸，聪省声。而容切。

津 艸貌。从艸，津声。子仙切。

叢 艸丛生貌。从艸，丛声。徂红切。

草 草斗，栎实也。一曰：象斗子。从艸，早声。自保切。 臣铉等曰："今俗以此为艸木之艸，别作皂字为黑色之皂。案，栎实可以染帛为黑色，故曰草。通用为草栈字。今俗书皂，或从白、从十，或从白、从七，皆无意义，无以下笔。"

菆 麻蒸也。从艸，取声。一曰：蓐也。侧鸠切。

蓄 积也。从艸，畜声。丑六切。

萅（春）推也。从艸，从日，艸春时生也；屯声。昌纯切。

菰 艸多貌。从艸，孤声。江夏平春有菰亭。古狐切。

萷 艸木倒。从艸，到声。都盗切。

文四百四十五　重三十一

芙 芙蓉也。从艸，夫声。方无切。

蓉 芙蓉也。从艸，容声。余封切。

蒝 艸也。《左氏传》楚大夫蒝子冯。从艸，远声。韦委切。

荀 艸也。从艸，旬声。臣铉等案："今人姓，荀氏，本郇侯之后，宜用郇字。"相伦切。

莋 越嶲县名，见《史记》。从艸，作声。在各切。

蓀（苏）香艸也。从艸，孙声。思浑切。

蔬 菜也。从艸，疏声。所菹切。

芊 艸盛也。从艸，千声。仓先切。

茗 茶芽也。从艸，名声。莫迥切。

薌（芗）谷气也。从艸，乡声。许良切。

藏 匿也。臣铉等案："《汉书》通用臧字。从艸，后人所加。"昨郎切。

蒇（蒇）《左氏传》："以蒇陈事。"杜预注云："蒇，敕也。"从艸，未详。丑善切。

蘸 以物没水也。此盖俗语，从艸，未详。斩陷切。

文十三新附

蓐　部

蓐 陈艸复生也。从艸，辱声。一曰：蔟也。凡蓐之属皆从蓐。而蜀切。䕼，籀文蓐，从茻。

薅 拔去田艸也。从蓐，好省声。呼毛切。𦱚，籀文薅省。茠，薅或从休。《诗》曰："既茠荼蓼。"

文二　重三

茻　部

茻 众艸也。从四屮。凡茻之属皆从茻。读与冈同。模朗切。

莫　日且冥也。从日在茻中。莫故切，又慕各切。
莽　南昌谓犬善逐菟艹中为莽。从犬、从茻，茻亦声。谋朗切。
葬　藏也。从死在茻中。一其中，所以荐之。《易》曰："古之葬者，厚衣之以薪。"则浪切。

文四

说文解字弟一　下

说文解字弟二上

汉太尉祭酒　许慎 记
宋右散骑常侍　徐铉等 校定

三十部　六百九十三文　重八十八　凡八千四百九十八字
　　　　文三十四新附

小　部

川 小　物之微也。从八，丨见而分之。凡小之属皆从小。私兆切。
屶 少　不多也。从小，丿声。书沼切。
尐 尐　少也。从小，乁声。读若辍。子结切。

文三

八　部

八 八　别也。象分别相背之形。凡八之属皆从八。博拔切。
汃 分　别也。从八，从刀。刀以分别物也。甫文切。
尒 尒　词之必然也。从入、丨、八，八象气之分散。儿氏切。
曾 曾　词之舒也。从八，从曰，囪声。昨棱切。
尚 尚　曾也。庶几也。从八，向声。时亮切。
㒸 㒸　从意也。从八，豕声。徐醉切。
詹 詹　多言也。从言，从八，从厃。臣铉等曰："厃，高也；八，分也；多故可分也。"职廉切。
介 介　画也。从八，从人。人各有介。古拜切。
兆 兆　分也。从重八。八，别也，亦声。《孝经说》曰："故上下有别。"兵列切。
公 公　平分也。从八，从厶。音司。八犹背也。《韩非》曰："背厶为

必 分极也。从八、弋,弋亦声。卑吉切。

余 语之舒也。从八,舍省声。以诸切。㒰,二余也。读与余同。

文十二　重一

釆　部

釆 辨别也。象兽指爪分别也。凡釆之属皆从釆。读若辨。蒲苋切。𠂸,古文釆。

番 兽足谓之番。从釆;田,象其掌。附袁切。蹯,番或从足、从烦。𥸨,古文番。

宷 悉也,知宷谛也。从宀,从釆。徐锴曰:"宀,覆也。釆,别也。包覆而深别之,宷,悉也。"式荏切。审,篆文宷,从番。

悉 详尽也。从心,从釆。息七切。𢚊,古文悉。

释(释) 解也。从釆,釆,取其分别物也;从睪声。赏职切。

文五　重五

半　部

半 物中分也。从八,从牛。牛为物大,可以分也。凡半之属皆从半。博幔切。

胖 半体肉也。一曰:广肉。从半,从肉,半亦声。普半切。

叛 半也。从半,反声。薄半切。

文三

牛　部

牛 大牲也。牛,件也;件,事理也。象角头三、封、尾之形。凡牛之属皆从牛。徐锴曰:"件,若言物一件二件也。封,高起也。"语求切。

牡 畜父也。从牛,土声。莫厚切。

㸸 特牛也。从牛,冈声。古郎切。

特 朴特,牛父也。从牛,寺声。徒得切。

牝 畜母也。从牛,匕声。《易》曰:"畜牝牛,吉。"毗忍切。

犊(犊) 牛子也。从牛,卖省声。徒谷切。

牻 二岁牛。从牛,市声。博盖切。

犙 三岁牛。从牛,参声。稣含切。

牭 四岁牛。从牛,从四,四亦声。息利切。𤚧,籀文牭,从贰。

牿 騬牛也。从牛,害声。古拜切。

牻 白黑杂毛牛。从牛,龙声。莫江切。

㹁 牻牛也。从牛,京声。《春秋传》曰:"牻㹁。"吕张切。

犡 牛白脊也。从牛,厉声。洛带切。

㸺 黄牛虎文。从牛,余声。读若涂。同都切。

牢(牢) 驳牛也。从牛,劳省声。吕角切。

将 牛白脊也。从牛,寽声。力辍切。

𤙒 牛驳如星。从牛,平声。普耕切。

㹛 牛黄白色。从牛,廉声。补娇切。

犉 黄牛黑唇也。从牛,𩫞声。《诗》曰:"九十其犉。"如均切。

㸰 白牛也。从牛,隺声。五角切。

犅 牛长脊也。从牛,畺声。居良切。

牧 牛徐行也。从牛,𠂇声。读若滔。土刀切。

犨 牛息声。从牛,雔声。一曰:牛名。赤周切。

牟 牛鸣也。从牛,象其声气从口出。莫浮切。

㹌 畜牷也。从牛,产声。所简切。

牲 牛完全。从牛,生声。所庚切。

牷 牛纯色。从牛,全声。疾缘切。

牵(牵) 引前也。从牛,象引牛之縻也;玄声。苦坚切。

牿 牛马牢也。从牛,告声。《周书》曰:"今惟牿牛马。"古屋切。

牢 闲,养牛马圈也。从牛,冬省,取其四周帀也。鲁刀切。

犓 以刍茎养牛也。从牛,刍,刍亦声。《春秋国语》曰:"犓豢几何。"测愚切。

㹦 㹦 牛柔谨也。从牛,耎声。而沼切。
牨 牨 《易》曰:牨牛乘马。从牛,苟声。平秘切。
犂 犂（梨）耕也。从牛,黎声。郎奚切。
犇 犇 两壁耕也。从牛,非声。一曰:覆耕穜也。读若匪。非尾切。
犑 犑 牛羊无子也。从牛,瞉声。读若糗粮之糗。徒刀切。
牴 牴 触也。从牛,氐声。都礼切。
犘 犘 牛蹢犘也。从牛,衞声。于岁切。
牼 牼 牛很,不从引也。从牛,从臤,臤亦声。一曰:大貌。读若贤。喫善切。
牼 牼 牛膝下骨也。从牛,巠声。《春秋传》曰:宋司马牼字牛。口茎切。
㹴 㹴 牛舌病也。从牛,今声。巨禁切。
犀 犀 南徼外牛。一角在鼻,一角在顶,似豕。从牛,尾声。先稽切。
牣 牣 牣满也。从牛,刃声。《诗》曰:"于牣鱼跃。"而震切。
物 物 万物也。牛为大物；天地之数,起于牵牛；故从牛。勿声。文弗切。
犠 犠（牺） 宗庙之牲也。从牛,羲声。贾侍中说:此非古字。许羁切。

文四十五　重一

犍 犍 犗牛也。从牛,建声。亦郡名。居言切。
犝 犝 无角牛也。从牛,童声。古通用僮。徒红切。

文二 新附

氂　部

氂 氂 西南夷长髦牛也。从牛,𠩺声。凡氂之属皆从氂。莫交切。
氂 氂 氂牛尾也。从氂省,从毛。里之切。
氂 氂 强曲毛,可以箸起衣。从氂省,来声。洛哀切。𣯛,古文氂省。

文三　重一

告　部

告　牛触人，角箸横木，所以告人也。从口，从牛。《易》曰："僮牛之告。"凡告之属皆从告。古奥切。

嚳(嚳)　急，告之甚也。从告，学省声。苦沃切。

文二

口　部

口　人所以言食也。象形。凡口之属皆从口。苦后切。

噭　吼也。从口，敫声。一曰：噭，呼也。古吊切。

噣　喙也。从口，蜀声。陟救切。

喙　口也。从口，彖声。许秽切。

吻　口边也。从口，勿声。武粉切。脗，吻或从肉，从昏。

嚨(咙)　喉也。从口，龙声。卢红切。

喉　咽也。从口，侯声。乎钩切。

噲(哙)　咽也。从口，会声。读若快。一曰：嚵，噲也。苦夬切。

吞　咽也。从口，天声。土根切。

咽　嗌也。从口，因声。乌前切。

嗌　咽也。从口，益声。伊昔切。𦜩，籀文嗌，上象口，下象颈脉理也。

喗　大口也。从口，军声。牛殒切。

哆　张口也。从口，多声。丁可切。

呱　小儿啼声。从口，瓜声。《诗》曰："后稷呱矣。"古乎切。

啾　小儿声也。从口，秋声。即由切。

喤　小儿声。从口，皇声。《诗》曰："其泣喤喤。"乎光切。

咺　朝鲜谓儿泣不止曰咺。从口，宣省声。况晚切。

咷　秦晋谓儿泣不止曰咷。从口，兆声。丘尚切。

咷 楚谓儿泣不止曰噭咷。从口,兆声。徒刀切。

喑 宋齐谓儿泣不止曰喑。从口,音声。于今切。

嶷 小儿有知也。从口,疑声。《诗》曰:"克岐克嶷。"鱼力切。

咳 小儿笑也。从口,亥声。户来切。𠩺,古文咳,从子。

嗛 口有所衔也。从口,兼声。户监切。

咀 含味也。从口,且声。慈吕切。

啜 尝也。从口,叕声。一曰:喙也。昌说切。

嗫 噍也。从口,集声。读若集。子入切。

嚌 尝也。从口,齐声。《周书》曰:"大保受同,祭,嚌。"在诣切。

噍 啖也。从口,焦声。才肖切。𪚥,噍或从爵。又才爵切。

吮 欶也。从口,允声。徂沇切。

啐 小饮也。从口,卒声。读若叔。所劣切。

嚵 小啐也。从口,毚声。一曰:喙也。士咸切。

噬 啗也。喙也。从口,筮声。时制切。

啗 食也。从口,臽声。读与含同。徒滥切。

㡭 小食也。从口,幾声。居衣切。

嚩 噍貌。从口,專声。补各切。

含 嗛也。从口,今声。胡男切。

哺 哺咀也。从口,甫声。薄故切。

味 滋味也。从口,未声。无沸切。

噱 食辛噱也。从口,乐声。火沃切。

啜 口满食。从口,窡声。丁滑切。

噫 饱食息也。从口,意声。于介切。

嘽 喘息也。一曰:喜也。从口,单声。《诗》曰:"嘽嘽骆马。"他干切。

唾 口液也。从口,垂声。汤卧切。涶,唾或从水。

咦 南阳谓大呼曰咦。从口,夷声。以之切。

呬 东夷谓息为呬。从口,四声。《诗》曰:"犬夷呬矣。"虚器切。

39

喘 疾息也。从口,耑声。昌沇切。

呼 外息也。从口,乎声。荒乌切。

吸 内息也。从口,及声。许及切。

嘘 吹也。从口,虚声。朽居切。

吹 嘘也。从口,从欠。昌垂切。

喟 大息也。从口,胃声。丘贵切。䁾,喟或从贵。

嘽 口气也。从口,单声。《诗》曰:"大车嘽嘽。"他昆切。

嚏 悟解气也。从口,疐声。《诗》曰:"愿言则嚏。"都计切。

噴 野人言之。从口,质声。之日切。

唫 口急也。从口,金声。巨锦切,又牛音切。

噤 口闭也。从口,禁声。巨禁切。

名 自命也。从口,从夕。夕者,冥也。冥不相见,故以口自名。武并切。

吾 我,自称也。从口,五声。五乎切。

哲 知也。从口,折声。陟列切。悊,哲或从心。嚞,古文哲,从三吉。

君 尊也。从尹;发号,故从口。举云切。𠁈,古文象君坐形。

命 使也。从口,从令。眉病切。

咨 谋事曰咨。从口,次声。即夷切。

召 䛐也。从口,刀声。直少切。

問(问) 讯也。从口,门声。亡运切。

唯 诺也。从口,隹声。以水切。

唱 导也。从口,昌声。尺亮切。

和 相膺也。从口,禾声。户戈切。

咥 大笑也。从口,至声。《诗》曰:"咥其笑矣。"许即切,又直结切。

啞(哑) 笑也。从口,亚声。《易》曰:"笑言哑哑。"于革切。

噱 大笑也。从口,豦声。其虐切。

唏 笑也。从口,稀省声。一曰:哀痛不泣曰唏。虚岂切。

听 笑貌。从口,斤声。宜引切。

呭 多言也。从口，世声。《诗》曰："无然呭呭。"余制切。

嗥 声嗥嗥也。从口，臬声。古尧切。

咄 相谓也。从口，出声。当没切。

唉 譍也。从口，矣声。读若埃。乌开切。

哉 言之闲也。从口，𢦏声。祖才切。

噂 聚语也。从口，尊声。《诗》曰："噂沓背憎。"子损切。

咠 聂语也。从口，从耳。《诗》曰："咠咠幡幡。"七入切。

呷 吸呷也。从口，甲声。呼甲切。

嘒 小声也。从口，彗声。《诗》曰："嘒彼小星。"呼惠切。𠳝，或从慧。

嘫 语声也。从口，然声。如延切。

唪 大笑也。从口，奉声。读若《诗》曰"瓜瓞菶菶"。方蠓切。

嗔 盛气也。从口，真声。《诗》曰："振旅嗔嗔。"待年切。

嘌 疾也。从口，票声。《诗》曰："匪车嘌兮。"抚招切。

嘑 唬也。从口，虖声。荒乌切。

喅 音声喅喅然。从口，昱声。余六切。

歗(啸) 吹声也。从口，肃声。稣吊切。歗，籀文啸，从欠。

台 说也。从口，㠯声。与之切。

谣 喜也。从口，䍃声。余招切。

启 开也。从户，从口。康礼切。

噆 声也。从口，贪声。《诗》曰："有噆其馌。"他感切。

咸 皆也，悉也。从口，从戌。戌，悉也。胡监切。

呈 平也。从口，壬声。直贞切。

右 助也。从口，从又。徐锴曰："言不足以左，复手助之。"于救切。

啻 语时，不啻也。从口，帝声。一曰：啻，諟也。读若鞮。施智切。

吉 善也。从士、口。居质切。

周 密也。从用、口。职留切。𠄎，古文周字，从古文及。

唐 大言也。从口，庚声。徒郎切。𡃈，古文唐，从口，易。

说文解字

晷 誰也。从口，弓，又声。弓，古文畴。直由切。

嘾 含深也。从口，覃声。徒感切。

噎 饭窒也。从口，壹声。乌结切。

嗢 咽也。从口，㬜声。乌没切。

哯 不歐而吐也。从口，见声。胡典切。

吐 写也。从口，土声。他鲁切。

噦(哕) 气牾也。从口，岁声。于月切。

咈 违也。从口，弗声。《周书》曰："咈其耇长。"符弗切。

嚘 语未定貌。从口，忧声。于求切。

吃(喫) 言蹇难也。从口，气声。居乙切。

嗜 嗜欲，喜之也。从口，者声。常利切。

啖 噍啖也。从口，炎声。一曰：噉。徒敢切。

哽 语为舌所介也。从口，更声。读若井级绠。古杏切。

嗙 夸语也。从口，翏声。古肴切。

啁 啁嗙也。从口，周声。陟交切。

哇 谄声也。从口，圭声。读若医。于佳切。

啻 语相诃拒也。从口，距辛。辛，恶声也。读若蘗。五葛切。

呕 讙呕，多言也。从口，殳省声。当侯切。

呧 苛也。从口，氐声。都礼切。

呰 苛也。从口，此声。将此切。

嗻 遮也。从口，庶声。之夜切。

唊 妄语也。从口，夹声。读若莢。古叶切。

嗑 多言也。从口，盍声。读若甲。候榼切。

嗙 歌声。《嗙喻》也。从口，旁声。司马相如说：淮南、宋、蔡舞《嗙喻》也。"补盲切。

嗃 高气多言也。从口，虿省声。《春秋传》曰："嗃言。"訶介切。

旮 高气也。从口，九声。临淮有旮犹县。巨鸠切。

嗠(唠) 嗠呶，欢也。从口，劳声。敕交切。

· 42 ·

呶 欢声也。从口，奴声。《诗》曰："载号载呶。"女交切。

叱 诃也。从口，七声。昌栗切。

噴(喷) 咤也。从口，贲声。一曰：鼓鼻。普魂切。

吒 喷也，叱怒也。从口，乇声。陟驾切。

噊 危也。从口，矞声。余律切。

啐 惊也。从口，卒声。七外切。

唇 惊也。从口，辰声。侧邻切。

吁 惊也。从口，于声。况于切。

嘵(哓) 惧也。从口，尧声。《诗》曰："唯予音之哓哓。"许么切。

嘖(啧) 大呼也。从口，责声。士革切。讀，啧或从言。

嗸 众口愁也。从口，敖声。《诗》曰："哀鸣嗸嗸。"五牢切。

唸 吚也。从口，念声。《诗》曰："民之方唸吚。"都见切。

吚 念吚，呻也。从口，尸声。馨伊切。

嚴 呻也。从口，严声。五衔切。

呻 吟也。从口，申声。失人切。

吟 呻也。从口，今声。鱼音切。訡，吟或从音。欽，或从言。

嗞 嗟也。从口，兹声。子之切。

哤 哤异之言。从口，龙声。一曰：杂语。读若龙。莫江切。

叫 嘑也。从口，丩声。古吊切。

嘅 叹也。从口，既声。《诗》曰："嘅其叹矣。"苦盖切。

唌 语唌叹也。从口，延声。夕连切。

嘆(叹) 吞歎也。从口，歎省声。一曰：太息也。他案切。

喝 㵣也。从口，曷声。于介切。

哨 不容也。从口，肖声。才肖切。

吪 动也。从口，化声。《诗》曰："尚寐无吪。"五禾切。

嘈 噍也。从口，朁声。子荅切。

吝 恨、惜也。从口，文声。《易》曰："以往吝。"臣铉等曰："今俗别作悋，非是。"良刃切。㝑，古文吝，从彣。

说文解字

各　异辞也。从口、夊。夊者，有行而止之，不相听也。古洛切。

否　不也。从口，从不。方九切。

唁　吊生也。从口，言声。《诗》曰："归唁卫侯。"鱼变切。

哀　闵也。从口，衣声。乌开切。

唬（啼）　号也。从口，虎声。杜兮切。

嗀　欧貌。从口，嗀声。《春秋传》曰："君将嗀之。"许角切。

呙（呙）　口戾不正也。从口，冎声。苦娲切。

嗽　嗼也。从口，叔声。前历切。

嗼　嗽嗼也。从口，莫声。莫各切。

唇　塞口也。从口，㐬省声。㐬音厥。古活切。唇，古文从甘。

嗾　使犬声。从口，族声。《春秋传》曰："公嗾夫獒。"稣奏切。

吠　犬鸣也。从犬、口。符废切。

咆　嗥也。从口，包声。薄交切。

嗥　咆也。从口，皋声。乎刀切。獆，谭长说：嗥从犬。

喈　鸟鸣声。从口，皆声。一曰：凤皇鸣声喈喈。古谐切。

哮　豕惊声也。从口，孝声。许交切。

喔　鸡声也。从口，屋声。于角切。

呝　喔也。从口，戹声。乌格切。

咮　鸟口也。从口，朱声。章俱切。

嚶（嘤）　鸟鸣也。从口，婴声。乌茎切。

啄　鸟食也。从口，豖声。竹角切。

唬　啼声也。一曰：虎声。从口，从虎。读若暠。呼訏切。

呦　鹿鸣声也。从口，幼声。伊虬切。䚔，呦或从欠。

噳　麋鹿群口相聚貌。从口，虞声。《诗》曰："麀鹿噳噳。"鱼矩切。

喁　鱼口上见。从口，禺声。鱼容切。

局　促也。从口在尺下，复局之。一曰：博，所以行棋。象形。徐锴曰："人之无涯者唯口，故口在尺下则为局，博局外有垠堮周限也。"渠绿切。

谷 山间陷泥地。从口，从水败貌。读若沇州之沇，九州之渥地也，故以沇名焉。以转切。𢎘，古文谷。

文一百八十　重二十一

哦 吟也。从口，我声。五何切。

嗃 嗃嗃，严酷貌。从口，高声。呼各切。

售 卖去手也。从口，雔省声。《诗》曰："贾用不售。"承臭切。

噞 噞喁，鱼口上见也。从口，佥声。鱼检切。

唳 鹤鸣也。从口，戾声。郎计切。

喫（吃） 食也。从口，契声。苦击切。

唤 评也。从口，奂声。古通用奂。呼贯切。

咍 蚩笑也。从口，从台。呼来切。

嘲 谑也。从口，朝声。《汉书》通用啁。陟交切。

呀 张口貌。从口，牙声。许加切。

文十 新附

凵　部

凵 张口也。象形。凡凵之属皆从凵。口犯切。

文一

吅　部

吅 惊嘑也。从二口。凡吅之属皆从吅。读若欢。臣铉等曰："或通用欢，今俗别作喧，非是。"况袁切。

嚣 乱也。从爻、工、交、吅。一曰：室嚣。读若禳。徐锴曰："二口，噂沓也。爻，物相交质也。工，人所作也。已，象交构形。"女庚切。𡃦，籀文嚣。

嚴（严） 教命急也。从吅，厬声。语杴切。𠓚，古文。

䛒（粤） 哗讼也。从吅，屰声。五各切。

單（单） 大也。从吅、甲，吅亦声。阙。都寒切。

㗊 呼鸡重言之。从吅，州声。读若祝。之六切。

文六　重二

哭　部

哭　哀声也。从吅,狱省声。凡哭之属皆从哭。苦屋切。

喪（丧）亡也。从哭,从亡,会意,亡亦声。息郎切。

文二

走　部

走　趋也。从夭、止。夭止者,屈也。凡走之属皆从走。徐锴曰:"走则足屈,故从夭。"子苟切。

趨（趋）走也。从走,刍声。七逾切。

赴　趋也。从走,仆省声。臣铉等曰:"《春秋传》赴告用此字,今俗作讣,非是。"芳遇切。

趣　疾也。从走,取声。七句切。

超　跳也。从走,召声。敕宵切。

趫　善缘木走之才。从走,乔声。读若王子蹻。去嚣切。

赳　轻劲有才力也。从走,丩声。读若镣。居黝切。

跂　缘大木也。一曰:行貌。从走,支声。巨之切。

趮　疾也。从走,喿声。臣铉等曰:"今俗别作躁,非是。"则到切。

趯　踊也。从走,翟声。以灼切。

趉　蹷也。从走,厥声。居月切。

越　度也。从走,戉声。王伐切。

趁　䟂也。从走,㐱声。读若尘。丑刃切。

趲　趁也。从走,亶声。张连切。

趞　趞趞也。一曰:行貌。从走,昔声。七雀切。

趬　行轻貌。一曰:趬,举足也。从走,尧声。牵遥切。

趘　急走也。从走,弦声。胡田切。

赼　苍卒也。从走,疌声。读若资。取私切。

趯 轻行也。从走，票声。抚招切。

趣 行貌。从走，臤声。读若菣。弃忍切。

趥 行貌。从走，酋声。千牛切。

趣 行貌。从走，蜀声。读若烛。之欲切。

趆 行貌。从走，匠声。读若匠。疾亮切。

趣 走貌。从走，叜声。读若纱。臣铉等以为："叜声远，疑从睿。"祥遵切。

趫 走意。从走，蓟声。读若髻结之结。古屑切。

趣 走意。从走，困声。丘忿切。

趖 走意。从走，坐声。苏和切。

趣 走意。从走，宪声。许建切。

趣 走意。从走，舁声。布贤切。

趣 走也。从走，载声。读若《诗》"威仪秩秩"。直质切。

趣 走也。从走，有声。读若又。子救切。

趣 走轻也。从走，乌声。读若邬。安古切。

趣 走顾貌。从走，瞿声。读若劬。其俱切。

蹇 走貌。从走，蹇省声。九辇切。

赵 疑之，等赵而去也。从走，才声。仓才切。

赿 浅渡也。从走，此声。雌氏切。

趋 独行也。从走，匀声。读若茕。渠营切。

趣 安行也。从走，與声。余吕切。

起 能立也。从走，巳声。墟里切。[古文]，古文起，从辵。

趣 留意也。从走，里声。读若小儿孩。户来切。

趣 行也。从走，臭声。香仲切。

趣 低头疾行也。从走，金声。牛锦切。

赽 赽趌，怒走也。从走，吉声。去吉切。

趌 赽趌也。从走，曷声。居谒切。

趣 疾也。从走，瞏声。读若欢。况袁切。

起 直行也。从走，气声。鱼讫切。

说文解字

趩 趋进,趩如也。从走,翼声。与职切。

赽 蹎也。从走,决省声。古穴切。

䞿 行声也。一曰:不行貌。从走,异声。读若敕。丑亦切。

䟓 趋也。从走,氐声。都礼切。

趍 趋赵,久也。从走,多声。直离切。

趙(赵) 趋赵也。从走,肖声。治小切。

趏 行难也。从走,斤声。读若堇。丘堇切。

趥 走意也。从走,复声。读若繘。居聿切。

趠 远也。从走,卓声。敕角切。

趪 趠趪也。从走,龠声。以灼切。

趥 大步也。从走,矍声。丘缚切。

趑 超特也。从走,契声。丑例切。

趬 走也。从走,幾声。居衣切。

趣 走也。从走,弗声。敷勿切。

趫 狂走也。从走,喬声。余律切。

趆 行迟也。从走,曼声。莫还切。

䞤 走也。从走,出声。读若无尾之屈。瞿勿切。

趜 穷也。从走,匊声。居六切。

趑 趑趄,行不进也。从走,次声。取私切。

趄 趑趄也。从走,且声。七余切。

趟 蹇行趟趟也。从走,虔声。读若愆。去虔切。

䞨 行䞨趌也。一曰:行曲脊貌。从走,雚声。巨员切。

趢 䞨趢也。从走,录声。力玉切。

趨 行趨趨也。从走,夋声。七伦切。

𧼪 侧行也。从走,束声。《诗》曰:"谓地盖厚,不敢不𧼪。"资昔切。

趌 半步也。从走,圭声。读若跬,同。丘弭切。

趍 趍䞨,轻薄也。从走,虒声。读若池。直离切。

48

趛 僵也。从走，音声。读若匐。朋北切。

赽 距也。从走，夬省声。《汉令》曰："赽张百人。"车者切。

趰 动也。从走，乐声。读若《春秋传》曰"辅趰"。郎击切。

趡 动也。从走，隹声。《春秋传》曰："盟于趡。"趡，地名。千水切。

赶 赶田，易居也。从走，亘声。羽元切。

趈 走顿也。从走，真声。读若颠。都年切。

逋 丧辟逋。从走，甬声。余陇切。

趕 止行也。一曰：灶上祭名。从走，毕声。卑吉切。

趱 进也。从走，斩声。藏监切。

趧 趧娄，四夷之舞，各自有曲。从走，是声。都兮切。

越 雀行也。从走，兆声。徒辽切。

赶 举尾走也。从走，干声。巨言切。

文八十五 重一

止 部

止 下基也。象艸木出有址，故以止为足。凡止之属皆从止。诸市切。

踵 跟也。从止，重声。之陇切。

𣥂 岠也。从止，尚声。丑庚切。

歭 踌也。从止，寺声。直离切。

歫 止也。从止，巨声。一曰：抢也。一曰：超歫。其吕切。

歬 不行而进谓之歬。从止在舟上。昨先切。

歷（历）过也。从止，厤声。郎击切。

歗 至也。从止，叔声。昌六切。

躄 人不能行也。从止，辟声。必益切。

歸（归）女嫁也。从止，从妇省，𠂤声。举韦切。婦，籀文省。

疌 疾也。从止，从又。又，手也。屮声。疾叶切。

建 机下足所履者。从止，从又，入声。尼辄切。

屮 少　蹈也。从反止。读若挞。他达切。
𦮙 𦮙　不滑也。从四止。色立切。

文十四　重一

癶　部

癶 癶　足剌癶也。从止、少。凡癶之属皆从癶。读若拨。北末切。
登 登　上车也。从癶、豆，象登车形。都滕切。𤼷，籀文登，从廾。
𤼽 𤼽　以足蹋夷艸。从癶，从殳。《春秋传》曰："𤼽夷蕰崇之。"普活切。

文三　重一

步　部

步 步　行也。从止少相背。凡步之属皆从步。薄故切。
歲 歲（岁）　木星也。越历二十八宿，宣徧阴阳，十二月一次。从步，戌声。律历书名五星为五步。相锐切。

文二

此　部

此 此　止也。从止，从匕。匕，相比次也。凡此之属皆从此。雌氏切。
㘒 㘒　窒也。阙。将此切。
紫 紫　识也。从此，朿声。一曰：藏也。遵诔切。

文三

些 些　语辞也。见《楚辞》。从此，从二。其义未详。苏箇切。

文一　新附

说文解字弟二　上

说文解字弟二下

汉太尉祭酒　许慎 记
宋右散骑常侍　徐铉等 校定

正　部

正　是也。从止，一以止。凡正之属皆从正。徐锴曰："守一以止也。"之盛切。𤴓，古文正，从二。二，古上字。𤴒，古文正，从一、足。足者亦止也。

乏　《春秋传》曰："反正为乏。"房法切。

文二　重二

是　部

是　直也。从日、正。凡是之属皆从是。承旨切。𠄞，籀文是，从古文正。

韙（韪）　是也。从是，韦声。《春秋传》曰："犯五不韙。"于鬼切。𢗊，籀文韙，从心。

尟（鲜）　是少也。尟俱存也。从是、少。贾侍中说。稣典切。

文三　重二

辵　部

辵　乍行乍止也。从彳，从止。凡辵之属皆从辵。读若《春秋公羊传》曰"辵阶而走"。丑略切。

迹　步处也。从辵，亦声。资昔切。蹟，或从足、责。𨒪，籀文迹，从朿。

遘　无违也。从辵，羍声。读若害。胡盖切。

達　先道也。从辵，率声。疏密切。

邁(迈) 远行也。从辵，蠆省声。莫话切。🗲，迈或不省。

巡 延行貌。从辵，川声。详遵切。

遰 恭谨行也。从辵，叚声。读若九。居又切。

迖 步行也。从辵，土声。同都切。

遙 行遙径也。从辵，䌛声。以周切。

证 正行也。从辵，正声。诸盈切。𢓒，证或从彳。

随(随) 从也。从辵，隋省声。旬为切。

述 行貌。从辵，术声。蒲拨切。

迋 往也。从辵，王声。《春秋传》曰："子无我迋。"于放切。

逝 往也。从辵，折声。读若誓。时制切。

徂 往也。从辵，且声。徂，齐语。全徒切。祖，徂或从彳。𧻰，籀文从虘。

述 循也。从辵，术声。食聿切。𧗒，籀文从秫。

遵 循也。从辵，尊声。将伦切。

適(适) 之也。从辵，啻声。适，宋鲁语。施只切。

過(过) 度也。从辵，咼声。古禾切。

遦 习也。从辵，贯声。工患切。

遺 𢓙遺也。从辵，貴声。徒谷切。

進(进) 登也。从辵，閵省声。即刃切。

造 就也。从辵，告声。谭长说：造，上士也。七到切。艁，古文造，从舟。

逾 䢱进也。从辵，俞声。《周书》曰："无敢昏逾。"羊朱切。

遝 迨也。从辵，眔声。徒合切。

迨 遝也。从辵，合声。侯合切。

迮 迮迮，起也。从辵，作省声。阻革切。

遣 迹遣也。从辵，昔声。仓各切。

遄 往来数也。从辵，耑声。《易》曰："吕事遄往。"市缘切。

速 疾也。从辵，束声。桑谷切。𨗂，籀文从欶。𧗳，古文从欶，从言。

迅 疾也。从辵，卂声。息进切。

适 疾也。从辵，昏声。读与括同。古活切。

逆 迎也。从辵，屰声。关东曰逆，关西曰迎。宜戟切。

迎 逢也。从辵，卬声。语京切。

逅 会也。从辵，交声。古肴切。

遇 逢也。从辵，禺声。牛具切。

遭 遇也。从辵，曹声。一曰：迊行。作曹切。

遘 遇也。从辵，冓声。古候切。

逢 遇也。从辵，峯省声。符容切。

䢼 相遇惊也。从辵，从咢。咢亦声。五各切。

迪 道也。从辵，由声。徒历切。

遞（递）更易也。从辵，虒声。特计切。

通 达也。从辵，甬声。他红切。

徙 迻也。从辵，止声。斯氏切。䢁，徙或从彳。㞢，古文徙。

迻 迁徙也。从辵，多声。弋支切。

遷（迁）登也。从辵，䙴声。七然切。㪐，古文迁，从手、西。

運（运）迻徙也。从辵，军声。王问切。

遁 迁也。一曰：逃也。从辵，盾声。徒困切。

遜（逊）遁也。从辵，孙声。苏困切。

返 还也。从辵，从反，反亦声。《商书》曰："祖甲返。"扶版切。彶，《春秋传》返从彳。

還（还）复也。从辵，睘声。户关切。

選（选）遣也。从辵、巺，巺，遣之；巺亦声。一曰：选，择也。思沇切。

送 遣也。从辵，倴省。苏弄切。䢠，籒文不省。

遣 纵也。从辵，𠳋声。去衍切。

邐（逦）行邐邐也。从辵，麗声。力纸切。

逮 唐逮，及也。从辵，隶声。臣铉等曰："或作迨。"徒耐切。

遲（迟）徐行也。从辵，犀声。《诗》曰："行道迟迟。"直尼切。䢐，迟或从尸。𢔏，籀文迟，从犀。

遲 邌 徐也。从辵，黎声。郎奚切。

遰 遰 去也。从辵，带声。特计切。

迟 迥 行貌。从辵，𠔼声。乌玄切。

遳 遳 不行也。从辵，鵻声。读若住。中句切。

逗 逗 止也。从辵，豆声。田候切。

迟 迟 曲行也。从辵，只声。绮戟切。

逶 逶 逶迆，衺去之貌。从辵，委声。于为切。蟡，或从虫、为。

迆 迆 衺行也。从辵，也声。《夏书》曰："东迆北，会于汇。"移尔切。

遹 遹 回避也。从辵，矞声。余律切。

避 避 回也。从辵，辟声。毗义切。

违 违（违） 离也。从辵，韦声。羽非切。

遴 遴 行难也。从辵，粦声。《易》曰："以往遴。"良刃切。僯，或从人。

逡 逡 复也。从辵，夋声。七伦切。

䟱 䟱 怒不进也。从辵，氐声。都礼切。

达 达（达） 行不相遇也。从辵，羍声。《诗》曰："挑兮达兮。"徒葛切。达，达或从大。或曰迭。

逯 逯 行谨逯逯也。从辵，录声。卢谷切。

迵 迵 迵迭也。从辵，同声。徒弄切。

迭 迭 更迭也。从辵，失声。一曰：达。徒结切。

迷 迷 或也。从辵，米声。莫兮切。

连 连（连） 员连也。从辵，从车。力延切。

逑 逑 敛聚也。从辵，求声。《虞书》曰："旁逑孱功。"又曰："怨匹曰逑。"巨鸠切。

退 退 款也。从辵，贝声。《周书》曰："我兴受其退。"薄迈切。

逭 逭 逃也。从辵，官声。胡玩切。𨖁，逭或从雚、从兆。

遯 遯 逃也。从辵，从豚。徒困切。

· 54 ·

逋 亡也。从辵,甫声。博孤切。䭮,籀文逋,从捕。

遺(遗) 亡也。从辵,貴声。以追切。

遂 亡也。从辵,㒸声。徐醉切。𨔢,古文遂。

逃 亡也。从辵,兆声。徒刀切。

追 逐也。从辵,𠂤声。陟佳切。

逐 追也。从辵,从豚省。徐锴曰:"豚走而豕追之。会意。"直六切。

遒 迫也。从辵,酉声。字秋切。䤕,遒或从酋。

近 附也。从辵,斤声。渠遴切。𣥍,古文近。

邋 搚也。从辵,巤声。良涉切。

迫 近也。从辵,白声。博陌切。

邍 近也。从辵,毄声。人质切。

邇(迩) 近也。从辵,尔声。儿氏切。䢼,古文迩。

遏 微止也。从辵,曷声。读若桑虫之蝎。乌割切。

遮 遏也。从辵,庶声。止车切。

遱 遮遱也。从辵,羡声。于缐切。

迣 迾也。晋赵曰迣。从辵,世声。读若寘。征例切。

迾 遮也。从辵,列声。良辥切。

迀 进也。从辵,干声。读若干。古寒切。

迟 过也。从辵,侃声。去虔切。

遱 连遱也。从辵,娄声。洛侯切。

𧗟 前顁也。从辵,(宋)[宋]声。贾侍中说:一读若枱,又若郅。北末切。

迦 迦互,令不得行也。从辵,枷声。徐锴曰:"迦互,犹犬牙左右相制也。"古牙切。

越 踰也。从辵,戉声。《易》曰:"杂而不越。"王伐切。

逞 通也。从辵,呈声。楚谓疾行为逞。《春秋传》曰:"何所不逞欲。"丑郢切。

遼(辽) 远也。从辵,尞声。洛萧切。

遠（远）辽也。从辵，袁声。云阮切。𨖷，古文远。

逖 远也。从辵，狄声。他历切。𠟱，古文逖。

迥 远也。从辵，冋声。户颖切。

逴 远也。从辵，卓声。一曰：蹇也。读若棹苕之棹。臣铉等案："棹苕，今无此语，未详。"敕角切。

迂 避也。从辵，于声。忆俱切。

逮 目进极也。从辵，聿声。子僭切。

邍 高平之野，人所登。从辵、备、彔，阙。愚袁切。

道 所行道也。从辵，从首。一达谓之道。徒皓切。𩠐，古文道，从首、寸。

遽 传也。一曰：窘也。从辵，豦声。其倨切。

迒 兽迹也。从辵，亢声。胡郎切。𨇠，迒或从足，从更。

迡 至也。从辵，尼声。都历切。

邊（边）行垂崖也。从辵，臱声。布贤切。

文一百一十八　重三十一

邂 邂逅，不期而遇也。从辵，解声。胡懈切。

逅 邂逅也。从辵，后声。胡遘切。

遑 急也。从辵，皇声。或从彳。胡光切。

逼 近也。从辵，畐声。彼力切。

邈（邈）远也。从辵，貌声。莫角切。

遐 远也。从辵，叚声。臣铉等曰："或通用徦字。"胡加切。

迄 至也。从辵，气声。许讫切。

迸 散走也。从辵，并声。北诤切。

透 跳也。过也。从辵，秀声。他候切。

邏（逻）巡也。从辵，罗声。郎左切。

迢 迢遰也。从辵，召声。徒聊切。

逍 逍遥，犹翱翔也。从辵，肖声。臣铉等案："《诗》只用消摇。此二字《字林》所加。"相邀切。

遙 遙 逍遙也。又远也。从辵，䍃声。余招切。

文十三新附

彳 部

彳 彳 小步也。象人胫三属相连也。凡彳之属皆从彳。丑亦切。
德 德 升也。从彳，㥁声。多则切。
徑 徑(径) 步道也。从彳，巠声。徐锴曰："道不容车，故曰步道。"居正切。
復 復(复) 往来也。从彳，复声。房六切。
徠 徠 复也。从彳，从柔，柔亦声。人九切。
徎 徎 径行也。从彳，呈声。丑郢切。
往 往 之也。从彳，㞷声。于两切。𨕜，古文从辵。
衢 衢 行貌。从彳，瞿声。其俱切。
彼 彼 往，有所加也。从彳，皮声。补委切。
徼 徼 循也。从彳，敫声。古尧切。
循 循 行顺也。从彳，盾声。详遵切。
彶 彶 急行也。从彳，及声。居立切。
𢔱 𢔱 行貌。从彳，翜声。一曰：此与駁同。稣合切。
微 微 隐行也。从彳，散声。《春秋传》曰："白公其徒微之。"无非切。
徥 徥 徥徥，行貌。从彳，是声。《尔雅》曰："徥，则也。"是支切。
徐 徐 安行也。从彳，余声。似鱼切。
侇 侇 行平易也。从彳，夷声。以脂切。
徎 徎 使也。从彳，粤声。普丁切。
䢰 䢰 使也。从彳，夆声。读若（蠭）[蠢]。敷容切。
𢓲 𢓲 迹也。从彳，戈声。慈衍切。
徬 徬 附行也。从彳，旁声。蒲浪切。
徯 徯 待也。从彳，奚声。胡计切。蹊，徯或从足。
待 待 竢也。从彳，寺声。徒在切。
䢏 䢏 行䢏䢏也。从彳，由声。徒历切。

徧（遍） 帀也。从彳，扁声。比薦切。

徦 至也。从彳，叚声。古雅切。

復（退） 却也。一曰：行迟也。从彳，从日，从夂。他内切。衲，復或从内。退，古文从辵。

後（后） 迟也。从彳，幺，夂者，后也。徐锴曰："幺犹纚躐之也。"胡口切。𨒥，古文后，从辵。

徲 久也。从彳，犀声。读若迟。杜兮切。

很 不听从也。一曰：行难也。一曰：盭也。从彳，艮声。胡恳切。

徸 相迹也。从彳，重声。之陇切。

得 行有所得也。从彳，导声。多则切。㝵，古文省彳。

徛 举胫有渡也。从彳，奇声。去奇切。

徇 行示也。从彳，匀声。《司马法》："斩以徇。"词闰切。

律 均布也。从彳，聿声。吕戌切。

御 使马也。从彳，从卸。徐锴曰："卸，解车马也。或彳，或卸，皆御者之职。"牛据切。馭，古文御，从又，从马。

亍 步止也。从反彳，读若畜。丑玉切。

文三十七　重七

廴　部

廴 长行也。从彳引之。凡廴之属皆从廴。余忍切。

廷 朝中也。从廴，壬声。特丁切。

延 行也。从廴，正声。诸盈切。

建 立朝律也。从聿，从廴。臣铉等曰："聿，律省也。"居万切。

文四

延　部

延 安步延延也。从廴，从止。凡延之属皆从延。丑连切。

延 长行也。从延，丿声。以然切。

行　部

- 行　人之步趨也。从彳，从亍。凡行之属皆从行。户庚切。
- 術(术)　邑中道也。从行，术声。食聿切。
- 街　四通道也。从行，圭声。古膎切。
- 衢　四达谓之衢。从行，瞿声。其俱切。
- 衝(冲)　通道也。从行，童声。《春秋传》曰："及衝以戈击之。"昌容切。
- 衕　通街也。从行，同声。徒弄切。
- 衺　迹也。从行，戈声。才线切。
- 衙　行貌。从行，吾声。鱼举切，又音牙。
- 衎　行喜貌。从行，干声。空旱切。
- 衒　行且卖也。从行，从言。黄绚切。𧘂，衒或从玄。
- 衛　将卫也。从行，率声。所律切。
- 衞(卫)　宿卫也。从韦、帀，从行；行，列卫也。于岁切。

文十二　重一

齒　部

- 齒(齿)　口齗骨也。象口齿之形，止声。凡齿之属皆从齿。昌里切。𠕤，古文齿字。
- 齗(龂)　齿本也。从齿，斤声。语斤切。
- 齔(龀)　毁齿也。男八月生齿，八岁而齔；女七月生齿，七岁而齔。从齿，从七。初堇切。
- 齰　齿相值也。一曰：啮也。从齿，责声。《春秋传》曰："皙齰。"士革切。
- 齜(龇)　齿相断也。一曰：开口见齿之貌。从齿，柴省声。读若柴。仕街切。

齘（龄） 齿相切也。从齿，介声。胡介切。

齞 口张齿见。从齿，只声。研茧切。

齴 齿差也。从齿，兼声。五衔切。

齱 齿擽也。一曰：醋也。一曰：马口中糜也。从齿，刍声。侧鸠切。

齵 齿不正也。从齿，禺声。五娄切。

齟 齬齿也。从齿，虘声。侧加切。

齱 齵也。从齿，取声。侧鸠切。

齹 齿参差。从齿，差声。楚宜切。

齹 齿差跌貌。从齿，佐声。《春秋传》曰："郑有子齹。"臣铉等曰："《说文》无佐字，此字当从厏，传写之误。"昨何切。

齤 缺齿也。一曰：曲齿。从齿，类声。读若权。巨员切。

齳 无齿也。从齿，军声。鱼吻切。

齾 缺齿也。从齿，献声。五鎋切。

齚 齗肿也。从齿，巨声。区主切。

齯（齯） 老人齿。从齿，儿声。五鸡切。

齮（𪘏） 齧也。从齿，奇声。鱼绮切。

齣 齚齿也。从齿，出声。仕乙切。

齰（齚） 齧也。从齿，昔声。侧革切。𪘏，齰或从乍。

齝 齧也。从齿，咸声。工咸切。

齦（龈） 齧也。从齿，艮声。康很切。

齚 齿见貌。从齿，干声。五版切。

齜 齜，齚也。从齿，卒声。昨没切。

齧 齿分骨声。从齿，列声。读若刺。卢达切。

齩（咬） 齧骨也。从齿，交声。五巧切。

齛 齿差也。从齿，屑声。读若切。千结切。

齕 齿坚声。从齿，吉声。赫辖切。

齺 齺牙也。从齿，岂声。五来切。

齝 吐而噍也。从齿，台声。《尔雅》曰："牛曰齝。"丑之切。

龁(齕) 啮也。从齿,气声。户骨切。
齼 齿见貌。从齿,联声。力延切。
齧(啮) 噬也。从齿,㓞声。五结切。
齭 齿伤酢也。从齿,所声。读若楚。创举切。
齨 老人齿如臼也。一曰:马八岁齿臼也。从齿,从臼,臼亦声。其久切。
齬(龉) 齿不相值也。从齿,吾声。鱼举切。
齛 羊粻也。从齿,世声。私列切。
齸 鹿麋粻。从齿,益声。伊昔切。
齥 齿坚也。从齿,至声。陟栗切。
齣 啮骨声。从齿,从骨,骨亦声。户八切。
齩 噍声。从齿,昏声。古活切。
齤 噍坚也。从齿,博省声。补莫切。

文四十四 重二

齡(龄) 年也。从齿,令声。臣铉等案:"《礼记》:'梦帝与我九龄。'疑通用灵。武王初闻九龄之语,不达其义,乃云西方有九国。若当时有此龄字,则武王岂不达也,盖后人所加。"郎丁切。

文一新附

牙 部

牙 牡齿也。象上下相错之形。凡牙之属皆从牙。五加切。𠕄,古文牙。
猗 武牙也。从牙,从奇,奇亦声。去奇切。
𥞤(龋) 齿蠹也。从牙,禹声。区禹切。齲,𥞤或从齿。

文三 重二

足 部

足 人之足也。在下。从止、口。凡足之属皆从足。徐锴曰:"口象股

说文解字

胫之形。即玉切。

蹏(蹄)　足也。从足，虎声。杜兮切。

跟　足踵也。从足，艮声。古痕切。䟚，跟或从止。

踝　足踝也。从足，果声。胡瓦切。

跖　足下也。从足，石声。之石切。

踦　一足也。从足，奇声。去奇切。

跪　拜也。从足，危声。去委切。

跽　长跪也。从足，忌声。渠几切。

踧　行平易也。从足，叔声。《诗》曰："踧踧周道。"子六切。

躣　行貌。从足，瞿声。其俱切。

踖　长胫行也。从足，昔声。一曰：踧踖。资昔切。

踽　疏行貌。从足，禹声。《诗》曰："独行踽踽。"区主切。

蹡　行貌。从足，将声。《诗》曰："管磬蹡蹡。"七羊切。

躖　践处也。从足，斷省声。徒管切。

赴　趣越貌。从足，卜声。芳遇切。

踰　越也。从足，俞声。羊朱切。

跋　轻也。从足，戉声。王伐切。

蹻　举足行高也。从足，乔声。《诗》曰："小子蹻蹻。"居勺切。

䞠　疾也。长也。从足，攸声。式竹切。

蹌(跄)　动也。从足，仓声。七羊切。

踊　跳也。从足，甬声。余陇切。

隮(跻)　登也。从足，齐声。《商书》曰："予颠跻。"祖鸡切。

躍(跃)　迅也。从足，翟声。以灼切。

跧　蹴也。一曰：卑也；絭也。从足，全声。庄缘切。

蹴　蹶也。从足，就声。七宿切。

躡(蹑)　蹈也。从足，聂声。尼辄切。

跨　渡也。从足，夸声。苦化切。

蹋　践也。从足，易声。徒盍切。

跊 蹈也。从足,步声。旁各切。又音步。

蹈 践也。从足,舀声。徒到切。

躔 践也。从足,廛声。直连切。

踐(践) 履也。从足,戋声。慈衍切。

踵 追也。从足,重声。一曰:往来貌。之陇切。

踔 踶也。从足,卓声。知教切。

蹛 踶也。从足,带声。当盖切。

蹩 踶也。从足,敝声。一曰:跛也。蒲结切。

踶 躛也。从足,是声。特计切。

躛 衞也。从足,衞声。于岁切。

蟄 蟄足也。从足,执声。徒叶切。

跢 尌也。从足,氏声。承旨切。

蹢 住足也。从足,适省声。或曰:蹢躅。贾侍中说:足垢也。直只切。

躅 蹢躅也。从足,蜀声。直录切。

踤 触也。从足,卒声。一曰:骇也。一曰:苍踤。昨没切。

蹶 僵也。从足,厥声。一曰:跳也。亦读若蹩。居月切。蹷,蹶或从厥。

跳 蹶也。从足,兆声。一曰:跃也。徒辽切。

赈 动也。从足,辰声。侧邻切。

躇 跱躇,不前也。从足,屠声。直鱼切。

趰 跳也。从足,弗声。敷勿切。

蹠 楚人谓跳跃曰蹠。从足,庶声。之石切。

踏 跋也。从足,苔声。他合切。

蹃 跳也。从足,䍃声。余招切。

跂 进足有所撷取也。从足,及声。《尔雅》曰:"跂谓之撷。"鱼合切。

䟺 步行猎跋也。从足,贝声。博盖切。

说文解字

躓 躓（踬） 跲也。从足，质声。《诗》曰："载躓其尾。"陟利切。

跲 跲 躓也。从足，合声。居怯切。

跇 跇 述也。从足，世声。丑例切。

蹎 蹎 跋也。从足，真声。都年切。

跋 跋 蹎跋也。从足，犮声。北末切。

踖 踖 小步也。从足，脊声。《诗》曰："不敢不踖。"资昔切。

跌 跌 踢也。从足，失声。一曰：越也。徒结切。

踢 踢 跌踢也。从足，易声。一曰：抢也。徒郎切。

蹲 蹲 踞也。从足，尊声。徂尊切。

踞 踞 蹲也。从足，居声。居御切。

跨 跨 踞也。从足，夸声。苦化切。

躩 躩 足躩如也。从足，矍声。丘缚切。

踣 踣 僵也。从足，音声。《春秋传》曰："晋人踣之。"蒲北切。

跛 跛 行不正也。从足，皮声。一曰：足排之。读若彼。布火切。

蹇 蹇 跛也。从足，寒省声。臣铉等案："《易》：'王臣蹇蹇。'今俗作謇，非。"九辇切。

蹁 蹁 足不正也。从足，扁声。一曰：拖后足马。读若苹。或曰徧。部田切。

跺 跺 胫肉也。一曰：曲胫也。从足，夅声。读若逵。渠追切。

踒 踒 足跌也。从足，委声。乌过切。

跣 跣 足亲地也。从足，先声。苏典切。

跔 跔 天寒足跔也。从足，句声。其俱切。

踞 踞 瘃足也。从足，困声。苦本切。

距 距 鸡距也。从足，巨声。其吕切。

躧 躧 舞履也。从足，麗声。所绮切。𩍲，或从革。

踺 踺 足所履也。从足，叚声。乎加切。

跰 跰 踄也。从足，非声。读若匪。扶味切。

跀 跀 断足也。从足，月声。鱼厥切。𨆪，跀或从兀。

跰 跰 曲胫马也。从足，方声。读与彭同。薄庚切。

趹 趹 马行貌。从足，决省声。古穴切。

跰 跰 兽足企也。从足，开声。五甸切。

路 路 道也。从足，从各。臣铉等曰："言道路人各有适也。"洛故切。

躏 躏 轹也。从足，粦声。良忍切。

跂 跂 足多指也。从足，支声。巨支切。

文八十五　重四

蹁 蹁 蹁蹁，旋行。从足，扁声。鲦前切。

蹭 蹭 蹭蹬，失道也。从足，曾声。七邓切。

蹬 蹬 蹭蹬也。从足，登声。徒亘切。

蹉 蹉 蹉跎，失时也。从足，差声。臣铉等案："经史通用差池，此亦后人所加。"七何切。

跎 跎 蹉跎也。从足，它声。徒何切。

蹙 蹙 迫也。从足，戚声。臣铉等案："李善《文选注》通蹴字。"子六切。

踸 踸 踸踔，行无常貌。从足，甚声。五甚切。

文七新附

疋　部

疋 疋 足也。上象腓肠，下从止。《弟子职》曰："问疋何止。"古文以为《诗·大疋》字。亦以为足字。或曰胥字。一曰：疋，记也。凡疋之属皆从疋。所菹切。

䟽 䟽 门户疏窗也。从疋，疋亦声。囱象䟽形。读若疏。所菹切。

䟽 䟽(疏) 通也。从㐬，从疋；疋亦声。所菹切。

文三

品　部

品 品 众庶也。从三口。凡品之属皆从品。丕饮切。

喦 喦 多言也。从品相连。《春秋传》曰："次于喦北。"读与聂同。

尼辄切。

桑 桑 鸟群鸣也。从品在木上。稣到切。

文三

龠 部

龠 龠 乐之竹管，三孔，以和众声也。从品、仑。仑，理也。凡龠之属皆从龠。以灼切。

𩛩 籥 籥音律管壎之乐也。从龠，炊声。昌垂切。

𪛒 𪛕 管乐也。从龠，虒声。直离切。𪛕，𪛕或从竹。

𪛗 龢 调也。从龠，禾声。读与和同。户戈切。

𪛙 龤 乐和龤也。从龠，皆声。《虞书》曰："八音克龤。"户皆切。

文五　重一

册 部

册 册 符命也。诸侯进受于王也。象其札一长一短，中有二编之形。凡册之属皆从册。楚革切。𥳑，古文册从竹。

嗣 嗣 诸侯嗣国也。从册，从口，司声。徐锴曰："册必于庙，史读其册，故从口。"祥吏切。孠，古文嗣，从子。

扁 扁 署也。从户、册。户册者，署门户之文也。方沔切。

文三　重二

说文解字弟二　下

说文解字弟三 上

汉太尉祭酒　许慎 记
宋右散骑常侍　徐铉等 校定

五十三部　六百三十文　重百四十五　凡八千六百八十四字
　　　　　文十六 新附

品　部

品 品 众口也。从四口。凡品之属皆从品。读若戢。阻立切。又读若呶。

嚚 嚚 语声也。从品,臣声。语巾切。𠴿,古文嚚。

嚣 嚣(嚣) 声也。气出头上。从品,从页。页,首也。许娇切。𠹧,嚣或省。

㗊 㗊(叫) 高声也。一曰:大呼也。从品,丩声。《春秋公羊传》曰:"鲁昭公叫然而哭。"古吊切。

嚻 嚻 呼也。从品,莧声。读若讙。呼官切。

器 器 皿也。象器之口,犬所以守之。去冀切。

文六　重二

舌　部

舌 舌 在口,所以言也、别味也。从干,从口,干亦声。凡舌之属皆从舌。徐锴曰:"凡物入口必干于舌,故从干。"食列切。

舓 舓 歠也。从舌,沓声。他合切。

舐 舐(舐) 以舌取食也。从舌,易声。神旨切。𧂇,舐或从也。

文三　重一

干　部

𢆉 干　犯也。从反入，从一。凡干之属皆从干。古寒切。
𢆋 羊　撆也。从干。入一为干，入二为羊。读若能。言稍甚也。如审切。
𢆌 屰　不顺也。从干下屮，屰之也。鱼戟切。
　　文三

谷　部

谷 谷　口上阿也。从口，上象其理。凡谷之属皆从谷。其虐切。𠶚，谷或如此。臄，或从肉，从豦。
㕢 㕢　舌貌。从谷省，象形。他念切。𠶖，古文㕢。读若三年导服之导。一曰：竹上皮。读若沾。一曰：读若誓。𠴲字从此。
　　文二　重三

只　部

只 只　语已词也。从口，象气下引之形。凡只之属皆从只。诸氏切。
䛊 䛊　声也。从只，𠳋声。读若声。呼形切。
　　文二

𠕁　部

𠕁 𠕁　言之讷也。从口，从内。凡𠕁之属皆从𠕁。女滑切。
矞 矞　以锥有所穿也。从矛，从𠕁。一曰：满有所出也。余律切。
商 商　从外知内也。从𠕁，章省声。式阳切。𠷣，古文商。𠹧，亦古文商。𠹛，籀文商。

文三　重三

句　部

句　曲也。从口，丩声。凡句之属皆从句。古侯切，又九遇切。
拘　止也。从句，从手，句亦声。举朱切。
笱　曲竹捕鱼笱也。从竹，从句，句亦声。古厚切。
鉤（钩）曲也。从金，从句，句亦声。古侯切。

文四

丩　部

丩　相纠缭也。一曰：瓜瓠结丩起。象形。凡丩之属皆从丩。居虬切。
茻　艸之相丩者。从艸，从丩，丩亦声。居虬切。
糾（纠）绳三合也。从糸、丩。居黝切。

文三

古　部

古　故也。从十、口，识前言者也。凡古之属皆从古。臣铉等曰："十口所传，是前言也。"公户切。𠖠，古文古。
嘏　大远也。从古，叚声。古雅切。

文二　重一

十　部

十　数之具也。一为东西，丨为南北，则四方中央备矣。凡十之属皆从十。是执切。
丈　十尺也。从又持十。直两切。
千　十百也。从十，从人。此先切。
肸　肸，布也。从十，从肹。臣铉等曰："肹，振肹也。"羲乙切。

卙 卙 卙卙,盛也。从十,从甚。汝南名蚕盛曰卙。子入切。
博 博 大通也。从十,从尃。尃,布也。补各切。
协 协 材十人也。从十,力声。卢则切。
廿 廿 二十并也。古文省。人汁切。
卙 卙 词之卙矣。从十,耳声。秦入切。

文九

卅 部

卅 卅 三十并也。古文省。凡卅之属皆从卅。苏沓切。
世 世 三十年为一世。从卅而曳长之。亦取其声也。舒制切。

文二

言 部

言 言 直言曰言,论难曰语。从口,辛声。凡言之属皆从言。语轩切。
謦 謦 声也。从言,殸声。乌茎切。
謦 謦 欬也。从言,殸声。殸,籀文磬字。去挺切。
語 語(语) 论也。从言,吾声。鱼举切。
談 談(谈) 语也。从言,炎声。徒甘切。
謂 謂(谓) 报也。从言,胃声。于贵切。
諒 諒(谅) 信也。从言,京声。力让切。
詵 詵(诜) 致言也。从言,从先,先亦声。《诗》曰:"螽斯羽詵詵兮。"所臻切。
請 請(请) 谒也。从言,青声。七井切。
謁 謁(谒) 白也。从言,曷声。于歇切。
許 許(许) 听也。从言,午声。虚吕切。
諾 諾(诺) 䇏也。从言,若声。奴各切。
䇏 䇏(应) 以言对也。从言,雝声。于证切。
讎 讎(雠) 犹䇏也。从言,雔声。市流切。

諸(诸) 辩也。从言，者声。章鱼切。

詩(诗) 志也。从言，寺声。书之切。古文诗省。

讖(谶) 验也。从言，韱声。楚荫切。

諷(讽) 诵也。从言，风声。芳奉切。

誦(诵) 讽也。从言，甬声。似用切。

讀(读) 诵书也。从言，賣声。徒谷切。

訡 快也。从言，从中。于力切。

訓(训) 说教也。从言，川声。许运切。

誨(诲) 晓教也。从言，每声。荒内切。

譔 专教也。从言，巽声。此缘切。

譬 谕也。从言，辟声。匹至切。

諼 徐语也。从言，原声。《孟子》曰："故諼諼而来。"鱼怨切。

訣 早知也。从言，央声。于亮切。

諭(谕) 告也。从言，俞声。羊戍切。

詖(诐) 辩论也。古文以为颇字。从言，皮声。彼义切。

諄(谆) 告晓之孰也。从言，臺声。读若庉。章伦切。

謧 语谆謧也。从言，犀声。直离切。

詻 论讼也。《传》曰："詻詻孔子容。"从言，各声。五陌切。

閽(阎) 和说而诤也。从言，门声。语巾切。

謀(谋) 虑难曰谋。从言，某声。莫浮切。古文谋。亦古文。

謨(谟) 议谋也。从言，莫声。《虞书》曰："《咎繇谟》。"莫胡切。古文谟，从口。

訪(访) 泛谋曰访。从言，方声。敷亮切。

諏(诹) 聚谋也。从言，取声。子于切。

論(论) 议也。从言，仑声。卢昆切。

議(议) 语也。从言，义声。宜寄切。

訂(订) 平议也。从言，丁声。他顶切。

詳(详) 审议也。从言，羊声。似羊切。

諟（谌）理也。从言，是声。承旨切。

諦（谛）审也。从言，帝声。都计切。

識（识）常也。一曰：知也。从言，戠声。赏职切。

訊（讯）问也。从言，卂声。思晋切。，古文讯，从卤。

詧 言微亲詧也。从言，察省声。楚八切。

謹（谨）慎也。从言，堇声。居隐切。

訒 厚也。从言，乃声。如乘切。

諶（谌）诚谛也。从言，甚声。《诗》曰："天难谌斯。"是吟切。

信 诚也。从人、从言，会意。息晋切。，古文从言省。，古文信。

訦 燕、代、东齐谓信訦。从言，冘声。是吟切。

誠（诚）信也。从言，成声。氏征切。

誡（诫）敕也。从言，戒声。古拜切。

諅 诫也。从言，忌声。渠记切。

諱（讳）誋也。从言，韦声。许贵切。

誥（诰）告也。从言，告声。古到切。，古文诰。

詔（诏）告也。从言，从召，召亦声。之绍切。

誓 约束也。从言，折声。时制切。

譣 问也。从言，佥声。《周书》曰："勿以譣人。"息廉切。

詁（诂）训故言也。从言，古声。《诗》曰诂训。公户切。

藹（蔼）臣尽力之美。从言，葛声。《诗》曰："藹藹王多吉士。"于害切。

誎 餔旋促也。从言，束声。桑谷切。

諝（谞）知也。从言，胥声。私吕切。

証 谏也。从言，正声。之盛切。

諫（谏）証也。从言，柬声。古晏切。

諗（谂）深谏也。从言，念声。《春秋传》曰："辛伯谂周桓公。"式荏切。

課（课）试也。从言，果声。苦卧切。

試（试）用也。从言，式声。《虞书》曰："明试以功。"式吏切。

諴（諴）和也。从言，咸声。《周书》曰："不能諴于小民。"胡毚切。

䛟（谣）徒歌。从言，肉。余招切。

詮（诠）具也。从言，全声。此缘切。

訢（䜣）喜也。从言，斤声。许斤切。

説（说）说释也。从言，兑。一曰：谈说。失爇切。又弋雪切。

計（计）会也，筭也。从言，从十。古诣切。

諧（谐）詥也。从言，皆声。户皆切。

詥 谐也。从言，合声。候合切。

調（调）和也。从言，周声。徒辽切。

話（话）合会善言也。从言，昏声。《传》曰："告之话言。"胡快切。䛡，籀文话，从会。

諈 諈諉，累也。从言，垂声。竹寘切。

諉（诿）累也。从言，委声。女恚切。

警 戒也。从言，从敬，敬亦声。居影切。

謐（谧）静语也。从言，䘑声。一曰：无声也。弥必切。

謙（谦）敬也。从言，兼声。苦兼切。

誼（谊）人所宜也。从言，从宜，宜亦声。仪寄切。

詡（诩）大言也。从言，羽声。况羽切。

諓（䜢）善言也。从言，戔声。一曰：谑也。慈衍切。

誐 嘉善也。从言，我声。《诗》曰："誐以溢我。"五何切。

詷（诇）共也。一曰：讕也。从言，同声。《周书》曰："在夏后之詷。"徒红切。

設（设）施陈也。从言，从殳，殳，使人也。识列切。

護（护）救视也。从言，蒦声。胡故切。

譞 譞慧也。从言，瞏省声。许缘切。

誧 大也。一曰：人相助也。从言，甫声。读若逋。博孤切。

諰 思之意。从言，从思。胥里切。

託(托) 寄也。从言,乇声。他各切。
記(记) 疏也。从言,己声。居吏切。
譽(誉) 偁也。从言,與声。羊茹切。
譒 敷也。从言,番声。《商书》曰:"王譒告之。"补过切。
謝(谢) 辞去也。从言,躲声。辞夜切。
謳(讴) 齐歌也。从言,区声。乌侯切。
詠(咏) 歌也。从言,永声。为命切。 詠或从口。
諍(净) 止也。从言,争声。侧迸切。
評 召也。从言,乎声。荒乌切。
謼 評謼也。从言,虖声。荒故切。
訖(讫) 止也。从言,气声。居迄切。
諺(谚) 传言也。从言,彦声。鱼变切。
訝(讶) 相迎也。从言,牙声。《周礼》曰:"诸侯有卿讶发。"吾驾切。 訝或从辵。
詣(诣) 候至也。从言,旨声。五计切。
講(讲) 和解也。从言,冓声。古项切。
謄(誊) 迻书也。从言,朕声。徒登切。
訒(讱) 顿也。从言,刃声。《论语》曰:"其言也訒。"而振切。
訥(讷) 言难也。从言,内声。内骨切。
譇 譇挐也。从言,盧声。侧加切。
諲 待也。从言,侯声。读若賢。胡礼切。
謷 痛呼也。从言,敖声。古吊切。
譊 恚呼也。从言,尧声。女交切。
謍 小声也。从言,荧省声。《诗》曰:"謍謍青蝇。"余倾切。
譜 大声也。从言,昔声。读若笮。壮革切。 譜或从口。
詄(诛) 诏也。从言,夬声。羊朱切。
譋(诏) 诛也。从言,阎声。丑琰切。 譋或省。
諼(谖) 诈也。从言,爰声。况袁切。

謷 不肖人也。从言，敖声。一曰：哭不止，悲声謷謷。五牢切。
訹 诱也。从言，术声。思律切。
詑 沇州谓欺曰詑。从言，它声。托何切。
謾（谩） 欺也。从言，曼声。母官切。
諸 諸拏，羞穷也。从言，奢声。陟加切。
詐 慙语也。从言，作声。鉏驾切。
讋 讋讘也。从言，执声。之涉切。
謰 謰謱也。从言，连声。力延切。
謱 謰謱也。从言，娄声。陟侯切。
詒（诒） 相欺诒也。一曰：遗也。从言，台声。与之切。
譖 相怒使也。从言，参声。仓南切。
誑（诳） 欺也。从言，狂声。居况切。
譺 騃也。从言，疑声。五介切。
誤 相误也。从言，吴声。古骂切。
訕（讪） 谤也。从言，山声。所晏切。
譏（讥） 诽也。从言，幾声。居衣切。
誣（诬） 加也。从言，巫声。武扶切。
誹（诽） 谤也。从言，非声。敷尾切。
謗（谤） 毁也。从言，旁声。补浪切。
譸 訓也。从言，寿声。读若醻。《周书》曰："无或譸张为幻。"张流切。
訓 譸也。从言，州声。市流切。
詛（诅） 訓也。从言，且声。庄助切。
詋 訓也。从言，由声。直又切。
誃 离别也。从言，多声。读若《论语》"跢予之足"。周景王作洛阳誃台。尺氏切。
誖（悖） 乱也。从言，孛声。蒲没切。悖，誖或从心。𦳚，籀文誖，从二或。

戀 䜌 乱也。一曰：治也。一曰：不绝也。从言、丝。吕员切。𠻯，古文䜌。

誤(误) 谬也。从言，吴声。五故切。

註(注) 误也。从言，圭声。古卖切。

誒 可恶之辞。从言，矣声。一曰：诶，然。《春秋传》曰："诶诶出出。"许其切。

譆 痛也。从言，喜声。火衣切。

詯 胆气声满。在人上。从言，自声。读若反目相睞。荒内切。

謧 謧詍，多言也。从言，离声。吕之切。

詍 多言也。从言，世声。《诗》曰："无然詍詍。"余制切。

訾 不思称意也。从言，此声。《诗》曰："翕翕訾訾。"将此切。

詾 往来言也。一曰：小儿未能正言也。一曰：祝也。从言，匋声。大牢切。𧧗，訽或从包。

訮 訮訮，多语也。从言，开声。乐浪有訮邯县。汝阎切。

讘 语相反讘也。从言，聂声。他合切。

諮 讘諮也。从言，沓声。徒合切。

訮 诤语訮訮也。从言，开声。呼坚切。

講 言壮貌。一曰：数相怒也。从言，䕸声。读若画。呼麦切。

訇 骇言声。从言，匀省声。汉中西城有訇乡。又读若玄。虎横切。𧥣，籒文不省。

諞(谝) 便巧言也。从言，扁声。《周书》曰："截截善谝言。"《论语》曰："友谝佞。"部田切。

譬 匹也。从言，频声。符真切。

訆 扣也。如求妇先訆叕之。从言，从口，口亦声。苦后切。

說 言相說司也。从言，儿声。女家切。

誂 相呼诱也。从言，兆声。徒了切。

譜 加也。从言，从曾声。作滕切。

詄 忘也。从言，失声。徒结切。

䛊 忌也。从言，其声。《周书》曰："上不䛊于凶德。"渠记切。

譀 诞也。从言，敢声。下阚切。譀，俗譀从忘。

誇(夸) 譀也。从言，夸声。苦瓜切。

誕(诞) 词诞也。从言，延声。徒旱切。㢞，籀文诞，省正。

讕 譀也。从言，万声。莫话切。

謔(谑) 戏也。从言，虐声。《诗》曰："善戏谑兮。"虚约切。

詪 眼戾也。从言，艮声。乎恳切。

訌(讧) 讀也。从言，工声。《诗》曰："蟊贼内讧。"户工切。

讀 中止也。从言，贵声。《司马法》曰："师多则人讀。"讀，止也。胡对切。

譣 声也。从言，岁声。《诗》曰："有譣其声。"呼会切。

謋 疾言也。从言，冎声。呼卦切。

譢 譟也。从言，鬼声。杜回切。

譟 扰也。从言，喿声。苏到切。

訆 大呼也。从言，丩声。《春秋传》曰："或訆于宋大庙。"古吊切。

虒 号也。从言，从虎。乎刀切。

讙 哗也。从言，雚声。呼官切。

譁(哗) 欢也。从言，华声。呼瓜切。

諤 妄言也。从言，雩声。羽俱切。䛲，諤或从芎。

譌(讹) 譌言也。从言，为声。《诗》曰："民之譌言。"五禾切。

詿(诖) 误也。从言，佳省声。古卖切。

誤(误) 谬也。从言，吴声。五故切。

謬(谬) 狂者之妄言也。从言，翏声。靡幼切。

訛 梦言也。从言，亢声。呼光切。

暴 大呼自勉也。从言，暴省声。蒲角切。

訬 訬扰也。一曰：訬，狯。从言，少声。读若鬼。楚交切。

諆 欺也。从言，其声。去其切。

譎(谲) 权诈也。益、梁曰谬欺，天下曰谲。从言，矞声。古穴切。

说文解字

詐(诈) 欺也。从言,乍声。侧驾切。

訏(讦) 诡讹也。从言,于声。一曰:訏,䛣。齐楚谓信曰訏。况于切。

謑 咨也。一曰:痛惜也。从言、差。子邪切。

詟(詟) 失气言。一曰:不止也。从言,龖省声。傅毅读若慴。之涉切。讋,籀文詟,不省。

讘 言讘詟也。从言,习声。秦入切。

誣 相毁也。从言,亚声。一曰:畏亚。宛古切。

譭 相毁也。从言,隓省声。虽遂切。

譋 嗑也。从言,閒声。徒盍切。

訩(讻) 说也。从言,匈声。许容切。訩,或省。詾,讻或从凶。

訟(讼) 争也。从言,公声。曰:歌讼。似用切。䜱,古文讼。

謓 恚也。从言,真声。贾侍中说:謓,笑。一曰:读若振。昌真切。

讘 多言也。从言,聂声。河东有狐讘县。之涉切。

訶(诃) 大言而怒也。从言,可声。虎何切。

誩 訐也。从言,臣声。读若指。职雉切。

訐(讦) 面相斥罪,相告讦也。从言,干声。居谒切。

訴(诉) 告也。从言,厈省声。《论语》曰:"诉子路于季孙。"臣铉等曰:"厈非声,盖古之字音多与今异,如皀亦音香,衈亦音门,乃亦音仍,他皆放此。古今失传,不可详究。"桑故切。愬,诉或从言、朔。謝,诉或从朔、心。

譖(谮) 愬也。从言,朁声。庄荫切。

譣(谗) 谮也。从言,毚声。士咸切。

譴(谴) 谪问也。从言,遣声。去战切。

謫(谪) 罚也。从言,啇声。陟革切。

諯 数也。一曰:相让也。从言,耑声,读若专。尺绢切。

讓(让) 相责让也。从言,襄声。人漾切。

譙(谯) 娆讥也。从言,焦声。读若嚼。才肖切。誚,古文谯,从肖。《周书》曰:"亦未敢诮公。"

諫 数谏也。从言,束声。七赐切。

誶(谇) 让也。从言,卒声。《国语》曰:"谇申胥。"虽遂切。

詰(诘) 问也。从言,吉声。去吉切。

謹 责望也。从言,望声。巫放切。

詭(诡) 责也。从言,危声。过委切。

證(证) 告也。从言,登声。诸应切。

詘(诎) 诘诎也。一曰:屈襞。从言,出声。区勿切。𧧒,诎或从屈。

諲 尉也。从言,妟声。于愿切。

詗(诇) 知处告言之。从言,冋声。朽正切。

謢 流言也。从言,夐声。火县切。

詆(诋) 苛也。一曰:诃也。从言,氐声。都礼切。

誰(谁) 何也。从言,隹声。示隹切。

諽 饰也。一曰:更也。从言,革声。读若戒。古覈切。

讕(谰) 抵谰也。从言,阑声。洛干切。䦨,谰或从闲。

診(诊) 视也。从言,㐱声。直刃切。又之忍切。

誓 悲声也。从言,斯省声。先稽切。

訧 罪也。从言,尤声。《周书》曰:"报以庶訧。"羽求切。

誅(诛) 讨也。从言,朱声。陟输切。

討(讨) 治也。从寸。他皓切。

諳(谙) 悉也。从言,音声。乌含切。

讄 祷也。累功德以求福。《论语》云:"讄曰:祷尔于上下神祇。"从言,累省声。力轨切。𧮘,或不省。

謚(谥) 行之迹也。从言、兮、皿,阙。徐锴曰:"兮,声也。"神至切。

誄(诔) 谥也。从言,耒声。力轨切。

謑 耻也。从言,奚声。胡礼切。𧫐,謑或从𠂤。

詬(诟) 謑诟,耻也。从言,后声。呼寇切。䜌,诟或从句。

諜(谍) 军中反间也。从言,枼声。徒叶切。

該(该) 军中约也。从言,亥声。读若心中满该。古哀切。

· 79 ·

譯(译) 传译四夷之言者。从言，睪声。羊昔切。

訄 迫也。从言，九声。读若求。巨鸠切。

謚(谥) 笑貌。从言，益声。伊昔切。又呼狄切。

譶 疾言也。从三言。读若沓。徒合切。

文二百四十五　重三十三

詢(询) 谋也。从言，旬声。相伦切。

讜(谠) 直言也。从言，党声。多朗切。

譜(谱) 籍录也。从言，普声。《史记》从並。博古切。

詎(讵) 讵犹岂也。从言，巨声。其吕切。

謏(謏) 小也。诱也。从言，叟声。《礼记》曰："足以謏闻。"先鸟切。

謎(谜) 隐语也。从言，迷，迷亦声。莫计切。

誌(志) 记志也。从言，志声。职吏切。

訣(诀) 诀别也。一曰：法也。从言，决省声。古穴切。

文八　新附

誩　部

誩 竞言也。从二言。凡誩之属皆从誩。读若竞。渠庆切。

善 吉也。从誩，从羊。此与义、美同意。常衍切。譱，篆文善从言。

競(竞) 强语也。一曰：逐也。从誩，从二人。渠庆切。

讟 痛怨也。从誩，賣声。《春秋传》曰："民无怨讟。"徒谷切。

文四　重一

音　部

音 声也。生于心，有节于外，谓之音。宫、商、角、徵、羽，声；丝、竹、金、石、匏、土、革、木，音也。从言含一。凡音之属皆从音。于今切。

響(响) 声也。从音，乡声。许两切。

韽 下彻声。从音，畜声。恩甘切。

韶 韶 虞舜乐也。《书》曰："《箫韶》九成，凤皇来仪。"从音，召声。市招切。

章 章 乐竟为一章。从音，从十。十，数之终也。诸良切。

竟 竟 乐曲尽为竟。从音，从儿。居庆切。

文六

韻 韻（韵）和也。从音，员声。裴光远云：古与均同。未知其审。王问切。

文一新附

辛　部

辛 辛 罪也。从干、二。二，古文上字。凡辛之属皆从辛。读若愆。张林说。去虔切。

童 童 男有罪曰奴，奴曰童，女曰妾。从辛，重省声。徒红切。䇂，籀文童，中与窃中同从廿。廿，以为古文疾字。

妾 妾 有罪女子，给事之得接于君者。从辛，从女。《春秋》云："女为人妾。"妾，不娉也。七接切。

文三　重一

丵　部

丵 丵 丛生艸也。象丵岳相并出也。凡丵之属皆从丵。读若浞。士角切。

業 業（业）大版也。所以饰县钟鼓。捷业如锯齿，以白画之。象其鉏铻相承也。从丵，从巾，巾象版。《诗》曰："巨业维枞。"鱼怯切。叢，古文业。

叢 叢（丛）聚也。从丵，取声。徂红切。

對 對（对）应无方也。从丵，从口，从寸。都队切。𡭊，对或从士。汉文帝以为责对而为言多非诚对，故去其口，以从士也。

文四　重二

兴　部

兴　渎兴也。从𠬞，从廾，廾亦声。凡兴之属皆从兴。臣铉等曰："渎读为'烦渎'之渎。一本注云：𠬞，众多也，两手奉之，是烦渎也。"蒲沃切。

僕（仆）给事者。从人，从兴，兴亦声。蒲沃切。𡨄，古文从臣。

𠔼　赋事也。从兴，从八。八，分之也。八亦声。读若颁。一曰：读若非。布还切。

文三　重一

廾　部

廾　竦手也。从𠂇，从又。凡廾之属皆从廾。居竦切。今变隶作廾。𠬞，杨雄说：廾从两手。

奉　承也。从手，从廾，丰声。扶陇切。

丞　翊也。从廾，从卪，从山。山高，奉承之义。署陵切。

𡙍（奂）取奂也。一曰：大也。从廾、夐省。臣铉等曰："夐，营求也，取之义也。"呼贯切。

弇　盖也。从廾，从合。古南切。又一俭切。𢍃，古文弇。

𢍆　引给也。从廾，睪声。羊益切。

舁　举也。从廾，由声。《春秋传》曰："晋人或以广坠，楚人舁之。"黄颠说：广车陷，楚人为举之。杜林以为骐麟字。渠记切。

异　举也。从廾，目声。《虞书》曰："岳曰：异哉。"羊吏切。

弄　玩也。从廾持玉。卢贡切。

𢍱　两手盛也。从廾，𢍱声。余六切。

𢍰　抟饭也。从廾，釆声。釆，古文办字。读若书卷。居券切。

𢍏　持弩拊。从廾，肉。读若逵。臣铉等曰："从肉未详。"渠追切。

戒　警也。从廾持戈，以戒不虞。居拜切。

兵 械也。从廾持斤,并力之貌。补明切。古文兵,从人、廾、干。籀文。

龏 悫也。从廾,龙声。纪庸切。

弈 围棋也。从廾,亦声。《论语》曰:"不有博弈者乎。"羊益切。

具 共置也。从廾,从贝省。古以贝为货。其遇切。

文十七 重四

𠬜 部

𠬜 引也。从反廾。凡𠬜之属皆从𠬜。普班切。今变隶作大。𠬜或从手,从樊。

樊 鸷不行也。从𠬜,从棥,棥亦声。附袁切。

奱 樊也。从𠬜,䜌声。吕员切。

文三 重一

共 部

共 同也。从廿、廾。凡共之属皆从共。渠用切。古文共。

龔(龚) 给也。从共,龙声。俱容切。

文二 重一

異 部

異(异) 分也。从廾,从畀。畀,予也。凡異之属皆从異。徐锴曰:"将欲与物,先分异之也。《礼》曰:'赐君子小人不同日。'" 羊吏切。

戴 分物得增益曰戴。从異,𢦏声。都代切。籀文戴。

文二 重一

舁 部

舁 共举也。从臼,从廾。凡舁之属皆从舁。读若余。以诸切。

舆 升高也。从舁,囟声。七然切。舆或从门。古文舆。

與(与) 党与也。从舁，从与。余吕切 ，古文與。
興(兴) 起也。从舁，从同，同力也。虚陵切。

文四　重三

臼　部

臼　叉手也。从𠂇、彐。凡臼之属皆从臼。居玉切。
要　身中也。象人要自臼之形。从臼，交省声。于消切。又于笑切。 ，古文要。

文二　重一

晨　部

晨(晨) 早、昧爽也。从臼，从辰。辰，时也。辰亦声。丮夕为㚇，臼辰为晨，皆同意。凡晨之属皆从晨。食邻切。
農(农) 耕也。从晨，囟声。徐锴曰："当从凶乃得声。"奴冬切。 ，籒文農从林。 ，古文農。 ，亦古文農。

文二　重三

爨　部

爨　齐谓之炊爨。臼象持甑，冂为灶口，廾推林内火。凡爨之属皆从爨。七乱切。 ，籒文爨省。
㸑　所以枝鬲者。从爨省、鬲省。渠容切。
釁(衅) 血祭也。象祭灶也。从爨省，从酉。酉所以祭也。从分，分亦声。臣铉等曰："分，布也。"虚振切。

文三　重一

说文解字弟三　上

说文解字弟三下

汉太尉祭酒　许慎 记
宋右散骑常侍　徐铉等 校定

革　部

革 革 兽皮治去其毛，革更之。象古文革之形。凡革之属皆从革。古覈切。𠦶，古文革。从三十。三十年为一世，而道更也。臼声。

鞹 鞹 去毛皮也。《论语》曰："虎豹之鞹。"从革，郭声。苦郭切。

靬 靬 靬，干革也。武威有丽靬县。从革，干声。苦旰切。

鞈 鞈 生革可以为缕束也。从革，各声。卢各切。

鞄 鞄 柔革工也。从革，包声。读若朴。《周礼》曰："柔皮之工鲍氏。"鞄即鲍也。蒲角切。

鞏 鞏 攻皮治鼓工也。从革，军声。读若运。王问切。韗，鞏或从韦。

鞣 鞣 耍也。从革，从柔，柔亦声。耳由切。

靼 靼 柔革也。从革，从旦声。旨热切。𩉾，古文靼，从亶。

䩷 䩷 韦绣也。从革，贵声。求位切。

鞶 鞶 大带也。《易》曰："或锡之鞶带。"男子带鞶，妇人带丝。从革，般声。薄官切。

鞏 鞏(巩) 以韦束也。《易》曰："巩用黄牛之革。"从革，巩声。居竦切。

鞔 鞔 履空也。从革，免声。徐锴曰："履空犹言履壳也。"母官切。

鞈 鞈 小儿履也。从革，及声。读若沓。稣合切。

䩊 䩊 䩊角，鞮属。从革，卬声。五冈切。

鞮 鞮 革履也。从革，是声。都兮切。

鞅 鞅 鞮鞅沙也。从革，从夹，夹亦声。古洽切。

鞵 鞵 鞮属。从革，徙声。所绮切。

鞵 鞵(鞋) 革生鞮也。从革，奚声。户佳切。

85

靪 靪 补履下也。从革，丁声。当经切。

鞠 鞠 蹋鞠也。从革，匊声。居六切。鞠或从簐。

鞀 鞀 鞀辽也。从革，召声。徒刀切。鞉，鞀或从兆。鼗，鞀或从鼓，从兆。䪦，籀文鞀，从殸、召。

鞠 鞠 量物之鞠。一曰：抒井鞠。古以革。从革，冤声。于袁切。鞠，鞠或从宛。

鞞 鞞 刀室也。从革，卑声。并顶切。

鞎 鞎 车革前曰鞎。从革，艮声。户恩切。

靴 靴 车軾也。从革，弘声。《诗》曰："鞹靴浅幭。"读若穹。丘弘切。

鞪 鞪 车轴束也。从革，孜声。莫卜切。

䩛 䩛 车束也。从革，必声。毗必切。

鑽 鑽 车衡三束也。曲辕鑽缚，直辕篡缚。从革，爨声。读若《论语》"钻燧"之"钻"。借官切。䪎，鑽或从革、赞。

鞘 鞘 盖杠丝也。从革，旨声。徐锴曰："丝，其系也。"脂利切。

鞁 鞁 车驾具也。从革，皮声。平秘切。

鞅 鞅 䪎鞅。从革，弇声。读若膺。一曰：龙头绕者。乌合切。

靶 靶 䪎革也。从革，巴声。必驾切。

䩭 䩭 著掖鞅也。从革，显声。呼典切。

靳 靳 当膺也。从革，斤声。居近切。

鞧 鞧 骖具也。从革，蚩声。读若骋、䗪。丑郢切。

靷 靷 引轴也。从革，引声。余忍切。䩛，籀文靷。

鞮 鞮 车軨具也。从革，官声。古满切。

䩨 䩨 车軨具也。从革，豆声。田候切。

靬 靬 軨内环靼也。从革，于声。羽俱切。

鞥 鞥 车下索也。从革，專声。补各切。

鞥 鞥 车具也。从革，奄声。乌合切。

䪎 䪎 车具也。从革，叕声。陟劣切。

说文解字弟三下

䩨 鞌（鞍）马鞁具也。从革，从安。乌寒切。
鞥 鞧 鞌毳饰也。从革，茸声。而陇切。
䩞 䩞 鞌饰。从革，占声。他叶切。
䩐 䩐 防汗也。从革，合声。古洽切。
勒 勒 马头络衔也。从革，力声。卢则切。
䩚 䩚 大车缚轭靼。从革，冃声。狂沇切。
䩞 䩞 勒靼也。从革，面声。弥沇切。
䩞 䩞 鞎也。从革，今声。巨今切。
鞬 鞬 所以戢弓矢。从革，建声。居言切。
韇 韇 弓矢韇也。从革，賣声。徒谷切。
韄 韄 緌也。从革，巂声。山垂切。
䩞 䩞 急也。从革，亟声。纪力切。
鞭 鞭 驱也。从革，便声。卑连切。夋，古文鞭。
鞅 鞅 颈靼也。从革，央声。于两切。
韄 韄 佩刀丝也。从革，蒦声。乙白切。
䩞 䩞 马尾驼也。从革，它声。今之般缡。徒何切。
䩞 䩞 系牛胫也。从革，见声。己彳切。

文五十七　重十一

鞘 鞘 刀室也。从革，肖声。私妙切。
韉 韉（鞯）马鞁具也。从革，薦声。则前切。
韡 韡（靴）鞮属。从革，华声。许䏪切。
䩞 䩞 马羁也。从革，勺声。都历切。

文四新附

鬲　部

鬲 鬲 鼎属。实五觳。斗二升曰觳。象腹交文，三足。凡鬲之属皆从鬲。郎激切。䰜，鬲或从瓦。䰝，汉令：鬲，从瓦，厤声。
䰜 䰜 三足釜也。一曰：滫米器也。从鬲，支声。鱼绮切。

鬵(鬵) 三足釜也。有柄喙。读若妫。从鬲，规声。居随切。

䰾 釜属。从鬲，夋声。子红切。

𩰿 秦名土釜曰𩰿。从鬲，牛声。读若过。古禾切。

鬵 大釜也。一曰：鼎大上小下若甑曰鬵。从鬲，兓声。读若岑。才林切。𩰰，籀文鬵。

䰻 鬵属。从鬲，曾声。子孕切。

䰽(釜) 鍑属。从鬲，甫声。扶雨切。釜，䰽或从金，父声。

虜 鬲属。从鬲，虍声。牛建切。

融 炊气上出也。从鬲，虫省声。以戎切。𧖓，籀文融，不省。

䰾 炊气貌。从鬲，嚣声。许娇切。

鬺 煮也。从鬲，羊声。式羊切。

𩰶 涫也。从鬲，沸声。芳未切。

文十三　重五

䰜　部

䰜 歷也。古文，亦鬲字。象孰饪五味气上出也。凡䰜之属皆从䰜。郎激切。

𩱦 䰜也。从䰜，侃声。诸延切。𩱠，𩱦或从食，衍声。𩱤，或从干声。𩱣，或从建声。

鬻 健也。从䰜，米声。武悲切。臣铉等曰："今俗粥作粥，音之六切。"

𩱧 健也。从䰜，古声。户吴切。

鬻(羹) 五味盉羹也。从䰜，从羔。《诗》曰："亦有和鬻。"古行切。𩱟，鬻或省。𩱛，或从美、鬻省。羹，小篆从羔，从美。

鬻(餗) 鼎实。惟苇及蒲。陈留谓健为鬻。从䰜，速声。桑谷切。𩱭，鬻或从食，束声。

鬻 鬻也。从䰜，毓声。余六切。𩱘，鬻或省从米。

鬻 凉州谓鬻为鬻。从䰜，糗声。莫结切。𩱙，鬻或省从末。

鬻(饵) 粉饼也。从䰜，耳声。仍吏切。𩜾，鬻或从食，耳声。

鬻 熬也。从䰞，乌声。臣铉等曰："今俗作煤，别作炒，非是。"尺沼切。
鬻 内肉及菜汤中，薄出之。从䰞，翟声。以勺切。
鬻（煮）孚也。从䰞，者声。章与切。煮，鬻或从火。𩰾，鬻或从水在其中。
鬻 吹声沸也。从䰞，孛声。蒲没切。

文十三　重十二

爪　部

爪 丮也。覆手曰爪。象形。凡爪之属皆从爪。侧狡切。
孚 卵孚也。从爪，从子。一曰：信也。徐锴曰："鸟之孚卵，皆如其期，不失信也，鸟袠恒以爪反覆其卵也。"芳无切。𡖉，古文孚，从禾。禾，古文保。
爲（为）母猴也。其为禽好爪，爪，母猴象也。下腹为母猴形。王育曰：爪，象形也。薳支切。𢏽，古文为，象两母猴相对形。
𠬶 亦丮也。从反爪。阙。诸两切。

文四　重二

丮　部

丮 持也。象手有所丮据也。凡丮之属皆从丮。读若戟。几剧切。
埶 种也。从坴、丮。持亟种之。《书》曰："我埶黍稷。"徐锴曰："坴，土也。"鱼祭切。
𪗱 食饪也。从丮，𩝿声。《易》曰："𪗱饪。"殊六切。
𩜾 设饪也。从丮，从食，才声。读若载。作代切。
巩 袌也。从丮，工声。居悚切。𢀜，巩或加手。
𠬵 相踦之也。从丮，合声。其虐切。
𢧵 击踝也。从丮，从戈。读若踝。胡瓦切。
𢍏 拖持也。从反丮。阙。居玉切。

文八　重一

鬥　部

鬥(斗)　两士相对，兵杖在后，象鬥之形。凡鬥之属皆从鬥。都豆切。

鬦　遇也。从鬥，斲声。都豆切。

鬨(哄)　鬥也。从鬥，共声。《孟子》曰："邹与鲁鬨。"下降切。

鬮　经缪杀也。从鬥，翏声。力求切。

鬮(阄)　鬥取也。从鬥，龟声。读若三合绳纠。古侯切。

鬩　智少力劣也。从鬥，爾声。奴礼切。

鬪　鬥连结鬪纷，相牵也。从鬥，燮声。臣铉等案："燮，今先典切，从豩声。豩，呼还切。盖燮亦有豩音，故得为声。一本从㷟。《说文》无㷟字。"抚文切。

鬫　鬥也。从鬥，宾省声。读若宾。匹宾切。

鬩(阋)　恒讼也。《诗》云："兄弟阋于墙。"从鬥，从兒。兒，善讼者也。许激切。

鬩　试力士锤也。从鬥，从戈。或从战省。读若县。胡畎切。

文十

鬧(闹)　不静也。从市、鬥。奴教切。

文一新附

又　部

又　手也。象形。三指者，手之列多略不过三也。凡又之属皆从又。于救切。

右　手口相助也。从又，从口。臣铉等曰："今俗别作佑。"于救切。

厷　臂上也。从又，从古文。古薨切。𠂇，古文厷，象形。肱，厷或从肉。

叉　手指相错也。从又，象叉之形。初牙切。

叉　手足甲也。从又，象叉形。侧狡切。

父 矩也，家长，率教者。从又举杖。扶雨切。

叜（叟）老也。从又，从灾。阙。稣后切。𠸦，籀文从寸。𠊱，叜或从人。

燮 和也。从言，从又、炎。籀文燮，从羊。羊音饪。读若湿。臣铉等案："燮字义大孰也，从炎，从又，即孰物可持也。此燮盖从燮省，言语以和之也。二字义相出入故也。"稣叶切。

曼 引也。从又，冒声。无贩切。

夐 引也。从又，昌声。昌，古文申。失人切。

夬 分决也。从又，中象决形。徐锴曰："彐，物也，丨，所以决之。"古卖切。

尹 治也。从又、丿，握事者也。余准切。𢍰，古文尹。

叚 又卑也。从又，虘声。侧加切。

叝 引也。从又，㸚声。里之切。

𣜩 拭也。从又持巾在尸下。所劣切。

及 逮也。从又，从人。徐锴曰："及前人也。"巨立切。𠂔，古文及，秦刻石及如此。𢌰，亦古文及。𨕤，亦古文及。

秉 禾束也。从又持禾。兵永切。

反 覆也。从又，厂反形。府远切。𠬩，古文。

叞 治也。从又，从卩。卩，事之节也。房六切。

𠬛 滑也。《诗》云："𠬛兮达兮。"从又、中。一曰：取也。土刀切。

叡 楚人谓卜问吉凶曰叡。从又持祟，祟亦声。读若赘。之芮切。

叔 拾也。从又，尗声。汝南名收芋为叔。式竹切。𢇛，叔或从寸。

叟 入水有所取也。从又在回下。回，古文回。回，渊水也。读若沫。莫勃切。

取 捕取也。从又，从耳。《周礼》："获者取左耳。"《司马法》曰："载献聝。"聝者，耳也。七庾切。

彗 扫竹也。从又持甡。祥岁切。𥳎，彗或从竹。篲，古文彗，从竹，从习。

叚 借也。阙。古雅切。𢉖，古文叚。𠭙，谭长说，叚如此。

友 同志为友。从二又，相交友也。云久切。𦫸，古文友。𦫹，亦古文友。

度 法制也。从又，庶省声。徒故切。

文二十八　重十六

ナ部

ナ　ナ手也。象形。凡ナ之属皆从ナ。臧可切。

卑　贱也，执事也。从ナ、甲。徐锴曰："右重而左卑，故在甲下。"补移切。

文二

史部

史　记事者也。从又持中。中，正也。凡史之属皆从史。疏士切。

事　职也。从史，之省声。鉏史切。𠭏，古文事。

文二　重一

支部

支　去竹之枝也。从手持半竹。凡支之属皆从支。章移切。𠦶，古文支。

𢻳　持去也。从支，奇声。去奇切。

文二　重一

聿部

聿　手之疌巧也。从又持巾。凡聿之属皆从聿。尼辄切。

肄（肄）　习也。从聿，㣇声。羊至切。𦘺，籀文肄。𦘼，篆文肄。

肅（肃）　持事振敬也。从聿在𣶒上，战战兢兢也。息逐切。𢋗，古文肅，从心，从卪。

92

文三　重三

聿　部

聿　所以书也。楚谓之聿，吴谓之不律，燕谓之弗。从聿，一声。凡聿之属皆从聿。余律切。

筆(笔)　秦谓之笔。从聿，从竹。徐锴曰："笔尚便聿，故从聿。"鄙密切。

肂　聿饰也。从聿，从彡。俗语以书好为肂。读若津。将邻切。

書(书)　箸也。从聿，者声。商鱼切。

文四

畫　部

畫(画)　界也。象田四界。聿，所以画之。凡画之属皆从画。胡麦切。𤲿，古文画省。𤱷，亦古文画。

畫(昼)　日之出入，与夜为界。从画省，从日。陟救切。𦘠，籀文昼。

文二　重三

隶　部

隶　及也。从又，从尾省。又持尾者，从后及之也。凡隶之属皆从隶。徒耐切。

𨽿　及也。从隶，枲声。《诗》曰："𨽿天之未阴雨。"臣铉等曰："枲非声，未详。"徒耐切。

隸(隶)　附箸也。从隶，柰声。郎计切。𩐳，篆文隸，从古文之体。臣铉等未详古文所出。

文三　重一

臤　部

臤　坚也。从又，臣声。凡臤之属皆从臤。读若铿锵之铿。古文以为贤字。苦闲切。

緊(紧) 缠丝急也。从臤,从丝省。纠忍切。

堅(坚) 刚也。从臤,从土。古贤切。

豎(竖) 竖立也。从臤,豆声。臣庾切。𧰟,籀文竖,从殳。

文四　重一

臣　部

臣 牵也,事君也。象屈服之形。凡臣之属皆从臣。植邻切。

臦 乖也。从二臣相违。读若诳。居况切。

臧 善也。从臣,戕声。则郎切。𠭦,籀文。

文三　重一

殳　部

殳 以杸殊人也。《礼》:"殳以积竹,八觚,长丈二尺,建于兵车,车旅贲以先驱。"从又,几声。凡殳之属皆从殳。市朱切。

祋 殳也。从殳,示声。或说,城郭市里,高县羊皮,有不当入而欲入者,暂下以惊牛马,曰祋,故从示、殳。《诗》曰:"何戈与祋。"丁外切。

杸 军中士所持殳也。从木,从殳。《司马法》曰:"执羽从杸。"市朱切。

毄 相击中也。如车相击,故从殳,从軎。古历切。

殼 从上击下也。一曰:素也。从殳,青声。苦角切。青,苦江切。

殳 下击上也。从殳,尢声。知朕切。

毇 䎫击也。从殳,豆声。古文祋如此。度侯切。

毀 县物殴击。从殳,𦉢声。市流切。

毅 椎䎫物也。从殳,豕声。冬毒切。

殴(殴) 捶䎫物也。从殳,区声。乌后切。

𣪊 击头也。从殳,高声。口卓切。

殿 击声也。从殳,屍声。堂练切。

殴 击中声也。从殳,医声。于计切。
段 椎物也。从殳,耑省声。徒玩切。
㲃 击空声也。从殳,宫声。徒冬切。又火宫切。
殽 相杂错也。从殳,肴声。胡茅切。
毅 妄怒也。一曰:有决也。从殳,豙声。鱼既切。
㱿 揉屈也。从殳,从叀。叀,古文叀字。殹字从此。臣铉等曰:"叀,小谨也,亦屈服之意。"居又切。
役 戍边也。从殳,从彳。臣铉等曰:"彳,步也,彳亦声。"营只切。伇,古文役,从人。
殳 殳改,大刚卯也。以逐精鬼。从殳,亥声。古哀切。
文二十 重一

殺 部

殺(杀) 戮也。从殳,杀声。凡殺之属皆从殺。臣铉等曰:"《说文》无杀字,相传云音察,未知所出。"所八切。𣪩,古文杀。𢽅,古文杀。𣏂,古文杀。
弒 臣杀君也。《易》曰:"臣弒其君。"从殺省,式声。式吏切。
文二 重四

几 部

几 鸟之短羽飞几几也。象形。凡几之属皆从几。读若殊。市朱切。
凫 新生羽而飞也。从几,从乡。之忍切。
鳬(凫) 舒凫,鹜也。从鸟,几声。房无切。
文三

寸 部

寸 十分也。人手却一寸,动脉,谓之寸口。从又,从一。凡寸之属皆从寸。仓困切。

寺 廷也。有法度者也。从寸,之声。祥吏切。

將(将) 帅也。从寸,牆省声。即谅切。

𡬅(寻) 绎理也。从工,从口,从又,从寸。工、口,乱也。又、寸,分理之。彡声。此与𢿱同意。度,人之两臂为寻,八尺也。徐林切。

尃(专) 六寸簿也。从寸,更声。一曰:专,纺专。职缘切。

尃 布也。从寸,甫声。芳无切。

導(导) 导引也。从寸,道声。徒皓切。

文七

皮　部

皮 剥取兽革者谓之皮。从又,为省声。凡皮之属皆从皮。符羁切。𤿇,古文皮。𠣱,籀文皮。

皰 面生气也。从皮,包声。旁教切。

皯 面黑气也。从皮,干声。古旱切。

文二　重二

皸(皲) 足坼也。从皮,军声。矩云切。

皴 皮细起也。从皮,夋声。七伦切。

文二新附

鼗　部

鼗 柔韦也。从北,从皮省,从夐省。凡鼗之属皆从鼗。读若宪。一曰:若儁。臣铉等曰:"北者反覆柔治之也。夐,营也。"而兖切。𠃔,古文鼗。𢀷,籀文鼗,从夐省。

韢 羽猎韦绔。从鼗,粦声。而陇切。褘,或从衣,从朕。《虞书》曰:"鸟兽褘毛。"

文三　重二

攴　部

攴　小击也。从又，卜声。凡攴之属皆从攴。普木切。

啟（启）　教也。从攴，启声。《论语》曰："不愤不启。"康礼切。

徹（彻）　通也。从彳，从攴，从育。丑列切。𢧵，古文彻。

肈　击也。从攴，肈省声。治小切。

敏　疾也。从攴，每声。眉殞切。

敃　强也。从攴，民声。眉殞切。

孜　强也。从攴，矛声。亡遇切。

敀　迮也。从攴，白声。《周书》曰："常敀，常任。"博陌切。

整　齐也。从攴，从束，从正，正亦声。之郢切。

效　象也。从攴，交声。胡教切。

故　使为之也。从攴，古声。古慕切。

政　正也。从攴，从正，正亦声。之盛切。

攰　敷也。从攴，也声。读与施同。式支切。

敷　攰也。从攴，尃声。《周书》曰："用敷遗后人。"芳无切。

敟　主也。从攴，典声。多殄切。

斁　数也。从攴，麗声。力米切。

數（数）　计也。从攴，娄声。所矩切。

𣀵　辟𣀵铁也。从攴，从湅。郎电切。

孜　汲汲也。从攴，子声。《周书》曰："孜孜无怠。"子之切。

攽　分也。从攴，分声。《周书》曰："乃惟孺子攽。"亦读与彬同。布还切。

敓　止也。从攴，旱声。《周书》曰："敓我于艰。"侯旰切。

敳　有所治也。从攴，豈声。读若狠。五来切。

敞　平治高土，可以远望也。从攴，尚声。昌两切。

敒　理也。从攴，伸声。直刃切。

改 更也。从攴,己。李阳冰曰:"己有过,攴之即改。"古亥切。

變(变) 更也。从攴,䜌声。秘恋切。

更 改也。从攴,丙声。古孟切。又古行切。

敕 诫也。臿地曰敕。从攴,束声。耻力切。

敒 使也。从攴,耴省声。而涉切。

斂(敛) 收也。从攴,佥声。良冉切。

敇 择也。从攴,柬声。《周书》曰:"敇乃甲胄。"洛箫切。

敽 系连也。从攴,乔声。《周书》曰:"敽乃干。"读若矫。居夭切。

敆 合会也。从攴,从合,合亦声。古沓切。

敶(陈) 列也。从攴,陈声。直刃切。

敵(敌) 仇也。从攴,啇声。徒历切。

救 止也。从攴,求声。居又切。

敓 强取也。《周书》曰:"敓攘矫虔。"从攴,兑声。徒活切。

斁 解也。从攴,睪声。《诗》云:"服之无斁。"斁,猒也。一曰:终也。羊益切。

赦 置也。从攴,赤声。始夜切。赦,赦或从亦。

攸 行水也。从攴,从人,水省。徐锴曰:"攴,入水所杖也。"以周切。汓,秦刻石绎山文攸字如此。

㪣 抚也。从攴,亡声。读与抚同。芳武切。

敉 抚也。从攴,米声。《周书》曰:"亦未克敉公功。"读若弭。绵婢切。侎,敉或从人。

敡 侮也。从攴,从易,易亦声。以豉切。

斁 戾也。从攴,韦声。羽非切。

敦 怒也。诋也。一曰:谁何也。从攴,䇑声。都昆切。又丁回切。

敯 朋侵也。从攴,从群,群亦声。渠云切。

敗(败) 毁也。从攴,贝。败、贼皆从贝会意。薄迈切。䠗,籀文败,从賏。

敳 烦也。从攴，从岂，岂亦声。郎段切。

寇 暴也。从攴，从完。徐锴曰："当其完聚而欲寇之。"苦候切。

敜 刺也。从攴，蚩声。猪几切。

斁 闭也。从攴，度声。读若杜。徒古切。劚，斁或从刀。

敜 塞也。从攴，念声。《周书》曰："敜乃穽。"奴叶切。

毕攴 𢾍尽也。从攴，毕声。卑吉切。

收 捕也。从攴，丩声。式州切。

鼓 击鼓也。从攴，从壴，壴亦声。公户切。

攷 敂也。从攴，丂声。苦浩切。

敂 击也。从攴，句声。读若扣。苦候切。

攻 击也。从攴，工声。古洪切。

敲 横擿也。从攴，高声。口交切。

豛 击也。从攴，豕声。竹角切。

敓 放也。从攴，呈声。迂往切。

𣀙 坼也。从攴，从厂。厂之性坼，果孰有味亦坼，故谓之𣀙。从未声。徐锴曰："厂，厓也。"许其切。

斀 去阴之刑也。从攴，蜀声。《周书》曰："刖劓斀黥。"竹角切。

敯 冒也。从攴，昏声。《周书》曰："敯不畏死。"眉殒切。

敔 禁也。一曰：乐器椌楬也，形如木虎。从攴，吾声。鱼举切。

敤 研治也。从攴，果声。舜女弟名敤首。苦果切。

𢾡 持也。从攴，金声。读若琴。巨今切。

敇 弃也。从攴，旁声。《周书》以为讨。《诗》云："无我敇兮。"市流切。

畋 平田也。从攴、田。《周书》曰："畋尔田。"待年切。

攺 毅攺，大刚卯，以逐鬼魅也。从攴，巳声。读若巳。古亥切。

敘(叙) 次弟也。从攴，余声。徐吕切。

敤 毁也。从攴，卑声。辟米切。

敁 敁　敬也。从攴，兒声。五计切。

牧 牧　养牛人也。从攴，从牛。《诗》曰："牧人乃梦。"莫卜切。

敕 敕　击马也。从攴，朿声。楚革切。

敹 敹　小舂也。从攴，算声。初綴切。

鼛 鼛　鼛田也。从攴，尧声。牵遥切。

文七十七　重六

教　部

教 教　上所施，下所效也。从攴，从孝。凡教之属皆从教。古孝切。𤕥，古文教。㸚，亦古文教。

斅 斅（斆）　觉悟也。从教，从冖。冖，尚蒙也。臼声。胡觉切。斆，篆文教省。

文二　重三

卜　部

卜 卜　灼剥龟也。象灸龟之形。一曰：象龟兆之从横也。凡卜之属皆从卜。博木切。⺊，古文卜。

卦 卦　筮也。从卜，圭声。臣铉等曰："圭字声不相近，当从挂省声。"古坏切。

卟 卟　卜以问疑也。从口、卜。读与稽同。《书》云："卟疑。"古兮切。

貞 貞（贞）　卜问也。从卜，贝以为贽。一曰：鼎省声。京房所说。陟盈切。

䏒 䏒　易卦之上体也。《商书》："曰贞曰䏒。"从卜，每声。荒内切。

占 占　视兆问也。从卜，从口。职廉切。

邵 邵　卜问也。从卜，召声。市沼切。

兆 兆（兆）　灼龟坼也。从卜，兆象形。治小切。⺊⺊，古文兆省。

文八　重二

用　部

用 用　可施行也。从卜，从中。卫宏说。凡用之属皆从用。臣铉等曰：

"卜中乃可用也。"余讼切。𤰔，古文用。

甫 甫 男子美称也。从用，父，父亦声。方矩切。

庸 庸 用也。从用，从庚。庚，更事也。《易》曰："先庚三日。"余封切。

葡 葡 具也。从用，苟省。臣铉等曰："苟，急敕也，会意。"平秘切。

甯 甯(宁) 所愿也。从用，寧省声。乃定切。

文五　重一

爻　部

爻 爻 交也。象《易》六爻头交也。凡爻之属皆从爻。胡茅切。

棥 棥 藩也。从爻，从林。《诗》曰："营营青蝇，止于棥。"附袁切。

文二

㸚　部

㸚 㸚 二爻也。凡㸚之属皆从㸚。力几切。

爾 爾(尔) 丽尔，犹靡丽也。从冂，从㸚，其孔㸚，尒声。此与爽同意。儿氏切。

爽 爽 明也。从㸚，从大。徐锴曰："大其中，隙缝光也。"疏两切。𤕤，篆文爽。

文三　重一

说文解字弟三　下

说文解字弟四上

汉太尉祭酒　许慎 记
宋右散骑常侍　徐铉等 校定

四十五部　七百四十八文　重百一十二　凡七千六百三十八字
文二十四 新附

𥅆　部

𥅆 举目使人也。从攴，从目。凡𥅆之属皆从𥅆。读若颭。火劣切。
夐 营求也。从𥅆，从人在穴上。《商书》曰："高宗梦得说，使百工夐求，得之傅岩。"岩，穴也。徐锴曰："人与目隔穴，经营而见之，然后指使以求之。攴，所指画也。"朽正切。
䦕 低目视也。从𥅆，门声。弘农湖县有䦕乡，汝南西平有䦕亭。无分切。
奭 大视也。从大、𥅆。读若蘸。况晚切。

文四

目　部

目 人眼。象形。重童子也。凡目之属皆从目。莫六切。𥃦，古文目。
眼 目也。从目，艮声。五限切。
矏 儿初生瞥者。从目，䍃声。邦免切。
眩 目无常主也。从目，玄声。黄绚切。
眥 目匡也。从目，此声。在诣切。
睞（睫） 目旁毛也。从目，夹声。子叶切。
瞲 卢童子也。从目，县声。胡畎切。

瞦 瞦 目童子精也。从目，喜声。读若禧。许其切。
矊 矊 目旁薄致宀宀也。从目，丏声。武延切。
朏 朏 大目也。从目，非声。芳微切。
䀠 䀠 大目也。从目，臤声。侯简切。
睅 睅 大目也。从目，旱声。户版切。晥，睅或从完。
䁕 䁕 大目也。从目，爰声。况晚切。
瞒 瞒（瞞） 平目也。从目，㒼声。母官切。
睴 睴 大目出也。从目，军声。古钝切。
䜜 䜜 目䜜䜜也。从目，䜌声。武版切。
䀵 䀵 目大也。从目、仑。《春秋传》有郑伯䀵。古本切。
盼 盼 《诗》曰："美目盼兮。"从目，分声。匹苋切。
肝 肝 目多白也。一曰：张目也。从目，干声。古旱切。
䀹 䀹 多白眼也。从目，反声。《春秋传》曰："郑游䀹，字子明。"普班切。
睍 睍（睍） 出目也。从目，见声。胡典切。
瞤 瞤 目多精也。从目，雚声。益州谓瞋目曰瞤。古玩切。
䀪 䀪 目精也。从目，粦声。力珍切。
窅 窅 深目也。从穴中目。乌皎切。
眊 眊 目少精也。从目，毛声。《虞书》耄字从此。亡报切。
矘 矘 目无精直视也。从目，黨声。他朗切。
睒 睒 暂视貌。从目，炎声。读若"白盖谓之苫"相似。失冉切。
䁵 䁵 吴楚谓瞋目、顾视曰䁵。从目，同声。徒弄切。
䀩 䀩 直视也。从目，必声。读若《诗》云"泌彼泉水"。兵媚切。
瞴 瞴 瞴娄，微视也。从目，無声。莫浮切。
䁈 䁈 蔽人视也。从目，开声。读若携手。一曰：直视也。又苦兮切。
𥅽，䁈目或在下。
晚 晚 晚䁕，目视貌。从目，免声。武限切。
眂 眂 眂貌。从目，氏声。承旨切。

睨 衺视也。从目，兒声。研计切。

䁉 低目视也。从目，冒声。《周书》曰“武王惟䁉”。亡保切。

眓 视高貌。从目，戉声。读若《诗》曰“施罛濊濊”。呼哲切。

眈 视近而志远。从目，冘声。《易》曰：“虎视眈眈。”丁含切。

䢟 相顾视而行也。从目，从延，延亦声。于线切。

盱 张目也。从目，于声。一曰：朝鲜谓卢童子曰盱。况于切。

瞏 目惊视也。从目，袁声。《诗》曰：“独行瞏瞏。”渠营切。

䁪 视而止也。从目，亶声。旨善切。

𥄎 目冥远视也。从目，勿声。一曰：久也。一曰：旦明也。莫佩切。

眕 目有所恨而止也。从目，㐱声。之忍切。

瞟 䁟也。从目，票声。敷沼切。

䁟 察也。从目，祭声。戚细切。

睹 见也。从目，者声。当古切。覩，古文从见。

眔 目相及也。从目，从隶省。徒合切。

睽 目不相听也。从目，癸声。苦圭切。

眜 目不明也。从目，末声。莫拨切。

𥌯 转目视也。从目，般声。薄官切。

𥌾 小儿白眼也。从目，辡声。蒲苋切。

眽 目财视也。从目，𠂢声。莫获切。

𥈥 失意视也。从目，脩声。他历切。

䁦 谨钝目也。从目，𦎧声。之闰切。

瞤 目动也。从目，闰声。如匀切。

矉 恨张目也。从目，宾声。《诗》曰：“国步斯矉。”符真切。

眢 目无明也。从目，夗声。一丸切。

睢 仰目也。从目，隹声。许惟切。

旬 目摇也。从目，匀省声。黄绚切。眴，旬或从旬。

矆 大视也。从目，蒦声。许缚切。

睦 目顺也。从目，坴声。一曰：敬和也。莫卜切。𥈠，古文睦。

瞻 临视也。从目，詹声。职廉切。

䀡 氐目谨视也。从目，敄声。莫候切。

䁾 小视也。从目，买声。莫佳切。

監 视也。从目，监声。古衔切。

䁈 省视也。从目，啓省声。苦系切。

相 省视也。从目，从木。《易》曰："地可观者，莫可观于木。"《诗》曰："相鼠有皮。"息良切。

瞋 张目也。从目，真声。昌真切。䀼，秘书瞋，从戌。

䀩 目孰视也。从目，鸟声。读若雕。都僚切。

眙 目疾视也。从目，易声。施只切。

䀏 视貌。从目，肙声。於绚切。

䁔 目深貌。从目，窅。读若《易》曰"勿恤"之恤。於悦切。

睼 迎视也。从目，是声。读若珥瑱之瑱。他计切。

暖 目相戏也。从目，晏声。《诗》曰："暖婉之求。"於殄切。

䀝 短深目貌。从目，叹声。乌括切。

䀗 顾也。从目，关声。《诗》曰："乃䀗西顾。"居倦切。

督 察也。一曰：目痛也。从目，叔声。冬毒切。

睎 望也。从目，稀省声。海岱之间谓眄曰睎。香衣切。

看 睎也。从手下目。苦寒切。䀏，看或从倝。

瞫 深视也。一曰：下视也。又，窃见也。从目，覃声。式荏切。

睡 坐寐也。从目，垂。是伪切。

瞑（眠） 翕目也。从目、冥，冥亦声。臣铉等曰："今俗别作眠，非是。"武延切。

眚 目病，生翳也。从目，生声。所景切。

瞥 过目也。又，目翳也。从目，敝声。一曰：财见也。普灭切。

眵 目伤眥也。从目，多声。一曰：瞢兜。叱支切。

䁾 目眵也。从目，蔑省声。莫结切。

眣 涃目也。从目，夬声。臣铉等曰："当从决省。"古穴切。

105

睙 䀽 目病也。从目，良声。力让切。

昧 昧 目不明也。从目，未声。莫佩切。

瞯 瞯 戴目也。从目，间声。江淮之间谓眄曰瞯。户间切。

眯 眯 艸入目中也。从目，米声。莫礼切。

眺 眺 目不正也。从目，兆声。他吊切。

睞 睞（睐）目童子不正也。从目，来声。洛代切。

瞜 睩 目睞谨也。从目，录声。读若鹿。卢谷切。

䀩 眑 眣也。从目，攸声。敕鸠切。睞，眑或从丩。

眣 眣 目不正也。从目，失声。丑栗切。

矇 矇 童蒙也。一曰：不明也。从目，蒙声。莫中切。

眇 眇 一目小也。从目，从少，少亦声。亡沼切。

眄 眄 目偏合也。一曰：衺视也。秦语。从目，丏声。莫甸切。

眙 眯 眄也。从目，各声。卢各切。

盲 盲 目无牟子。从目，亡声。武庚切。

瞷 瞷 目陷也。从目，咸声。苦夹切。

瞽 瞽 目但有䀹也。从目，鼓声。公户切。

䁖 䀹 无目也。从目，夋声。稣后切。

䁠 䁠 惑也。从目，荣省声。户扃切。

脞 脞 目小也。从目，坐声。臣铉等曰："案《尚书》'元首丛脞哉'，丛脞，犹细碎也。今从肉，非是。"昨禾切。

䁴 䁴 掐目也。从目，叉声。乌括切。

睇 睇 目小视也。从目，弟声。南楚谓眄曰睇。特计切。

瞚 瞚（瞬）开阖目数摇也。从目，寅声。臣铉等曰："今俗别作瞬，非是。"舒问切。

眙 眙 直视也。从目，台声。丑吏切。

眝 眝 长眙也。一曰：张目也。从目，宁声。陟吕切。

盼 盼 恨视也。从目，分声。胡计切。

瞢 瞢 目不明也。从目，弗声。普未切。

文百十三　重八

瞼 瞼（睑）目上下睑也。从目，佥声。居奄切。
眨 眨 动目也。从目，乏声。侧洽切。
眭 眭 深目也。亦人姓。从目，圭声。许规切。
朕 朕 目精也。从目，弇声。案：胜字䏔皆从朕声，疑古以朕为䏔。直引切。
眸 眸 目童子也。从目，牟声。《说文》直作牟。莫浮切。
眥 眥 目际也。从目、匡。五隘切。

文六新附

朋 部

朋 朋 左右视也。从二目。凡朋之属皆从朋。读若拘，又若良士瞿瞿。九遇切。
䀠 䀠 目围也。从朋、𠃊。读若书卷之卷。古文以为醜字。居倦切。
奭 奭 目袤也。从朋，从大。大，人也。举朱切。

文三

眉 部

眉 眉 目上毛也。从目，象眉之形，上象额理也。凡眉之属皆从眉。武悲切。
省 省 视也。从眉省，从屮。臣铉等曰："屮，通识也。"所景切。𥅱，古文从少，从囧。

文二　重一

盾 部

盾 盾 瞂也。所以扞身蔽目。象形。凡盾之属皆从盾。食问切。
瞂 瞂 盾也。从盾，发声。扶发切。
䴒 䴒 盾握也。从盾，圭声。苦圭切。

文三

自　部

自　鼻也。象鼻形。凡自之属皆从自。疾二切。㞢，古文自。

臬（臭）宫不见也。阙。武延切。

文二　重一

白　部

白　此亦自字也。省自者，词言之气，从鼻出，与口相助也。凡白之属皆从白。疾二切。

皆　俱词也。从比，从白。古谐切。

魯（鲁）　钝词也。从白，鮺省声。《论语》曰："参也鲁。"郎古切。

者　别事词也。从白，朩声。朩，古文旅字。之也切。

畧　词也。从白，丂声。丂与吁同。《虞书》："帝曰：畧咨。"直由切。

矯（智）　识词也。从白，从亏，从知。知义切。𥎊，古文矯。

百　十十也。从一、白。数十百为一贯，相章也。博陌切。百，古文百，从自。

文七　重二

鼻　部

鼻　引气自畀也。从自、畀。凡鼻之属皆从鼻。父二切。

齅（嗅）　以鼻就臭也。从鼻，从臭，臭亦声。读若畜牲之畜。许救切。

鼾　卧息也。从鼻，干声。读若汗。侯干切。

鼽　病寒鼻窒也。从鼻，九声。巨鸠切。

齂　卧息也。从鼻，隶声。读若虺。许介切。

108

文五

皕　部

皕 皕　二百也。凡皕之属皆从皕。读若祕。彼力切。
奭 奭　盛也。从大，从皕，皕亦声。此燕召公名，读若郝。《史篇》名醜。徐锴曰："《史篇》谓所作《仓颉》十五篇也。"诗亦切。奭，古文奭。

文二　重一

習　部

習 習（习）　数飞也。从羽，从白。凡習之属皆从習。似入切。
翫 翫　习猒也。从習，元声。《春秋传》曰："翫岁而愒日。"五换切。

文二

羽　部

羽 羽　鸟长毛也。象形。凡羽之属皆从羽。王矩切。
翪 翪　鸟之强羽猛者。从羽，是声。俱弢切。
翰 翰　天鸡赤羽也。从羽，倝声。《逸周书》曰："大翰，若翬雉，一名鷐风。周成王时蜀人献之。"侯干切。
翟 翟　山雉尾长者。从羽，从隹。徒历切。
翡 翡　赤羽雀也。出郁林。从羽，非声。房味切。
翠 翠　青羽雀也。出郁林。从羽，卒声。七醉切。
翦 翦　羽生也。一曰：矢羽。从羽，前声。即浅切。
翁 翁　颈毛也。从羽，公声。乌红切。
翄 翄（翅）　翼也。从羽，支声。施智切。翨，翄或从氏。
翔 翔　翅也。从羽，革声。古覈切。
翹 翹（翘）　尾长毛也。从羽，尧声。渠遥切。
翭 翭　羽本也。一曰：羽初生貌。从羽，侯声。乎沟切。

翮 羽茎也。从羽,鬲声。下革切。

翑 羽曲也。从羽,句声。其俱切。

羿（羿）羽之羿风。亦古诸侯也。一曰:射师。从羽,开声。五计切。

翥 飞举也。从羽,者声。章庶切。

翕 起也。从羽,合声。许及切。

翾 小飞也。从羽,睘声。许缘切。

翚（翚）大飞也。从羽,军声。一曰:伊雒而南,雉五采皆备,曰翚。《诗》曰:"如翚斯飞。"臣铉等曰:"当从挥省。"许归切。

翏 高飞也。从羽,从夗。力救切。

翩 疾飞也。从羽,扁声。芳连切。

翜 捷也。飞之疾也。从羽,夹声。读若澁。一曰:侠也。山洽切。

翋 飞貌。从羽,立声。与职切。

翑 飞盛貌。从羽,从月。臣铉等曰:"犯冒而飞,是盛也。"土盍切。

翨 飞盛貌。从羽,之声。侍之切。

翱 翱翔也。从羽,皋声。五牢切。

翔 回飞也。从羽,羊声。似羊切。

翽（翙）飞声也。从羽,岁声。《诗》曰:"凤皇于飞,翙翙其羽。"呼会切。

翯 鸟白肥泽貌。从羽,高声。《诗》云:"白鸟翯翯。"胡角切。

翌 乐舞。以羽𦍋自翳其首,以祀星辰也。从羽,王声。读若皇。胡光切。

翇 乐舞。执金羽以祀社稷也。从羽,犮声。读若绂。分勿切。

翿 翳也。所以舞也。从羽,𠷎声。《诗》曰:"左执翿。"徒到切。

翳 华盖也。从羽,殹声。於计切。

翣 棺羽饰也。天子八,诸侯六,大夫四,士二。下垂。从羽,妾声。山洽切。

文三十四 重一

翻 飞也。从羽,番声。或从飞。孚袁切。

翎 翎 羽也。从羽,令声。郎丁切。
翃 翃 飞声。从羽,工声。户公切。

文三 新附

隹 部

隹 隹 鸟之短尾总名也。象形。凡隹之属皆从隹。职追切。
雅 雅 楚乌也。一名鸒,一名卑居。秦谓之雅。从隹,牙声。臣铉等曰:"今俗别作鸦,非是。"五下切。又乌加切。
隻（只）鸟一枚也。从又持隹。持一隹曰只,二隹曰双。之石切。
雒 雒 鵋鶀也。从隹,各声。卢各切。
雗 雗 今闲,似鸲鹆而黄。从隹,雗省声。良刃切。靇,籀文不省。
巂 巂 周燕也。从隹,屮象其冠也,冋声。一曰:蜀王望帝,淫其相妻,惭,亡去,为子巂鸟。故蜀人闻子巂鸣,皆起,云望帝。户圭切。
雓 雓 鸟也。从隹,方声。读若方。府良切。
雀 雀 依人小鸟也。从小、隹。读与爵同。即略切。
雓 雓 鸟也。从隹,犬声。雎阳有雓水。五加切。
雗 雗 雗鷽也。从隹,榦声。侯榦切。
雉 雉 有十四种:卢诸雉,乔雉,鳪雉,鷩雉,秩秩海雉,翟山雉,翰雉,卓雉,伊洛而南曰翚,江淮而南曰摇,南方曰鸔,东方曰甾,北方曰稀,西方曰蹲。从隹,矢声。直几切。鷕,古文雉,从弟。
雊 雊 雄雌鸣也。雷始动,雉鸣而雊其颈。从隹,从句,句亦声。古候切。
雞（鸡）知时畜也。从隹,奚声。古兮切。鷄,籀文鸡,从鸟。
雛（雏）鸡子也。从隹,刍声。士于切。鶵,籀文雏,从鸟。
雡 雡 鸟大雏也。从隹,翏声。一曰:雉之莫子为雡。力救切。
離（离）黄,仓庚也。鸣则蚕生。从隹,离声。吕支切。

111

雕　鷻也。从隹，周声。都僚切。𪁗，籀文雕，从鸟。

雁（鹰）　鸟也。从隹，瘖省声。或从人，人亦声。徐锴曰："鹰随人所指㧑，故从人。於凌切。𪇆，籀文雁，从鸟。

雎　雖也。从隹，氐声。处脂切。𪁉，籀文雎，从鸟。

雖　雎也。从隹，垂声。是伪切。

雅　石鸟。一名雝𪄳。一曰，精列。从隹，开声。《春秋传》秦有士雅。苦坚切。

雝（雍）　雎𪄳也。从隹，邕声。於容切。

雂　鸟也。从隹，今声。《春秋传》有公子苦雂。巨淹切。

雁　鸟也。从隹，从人，厂声。读若鴈。臣铉等曰："雁，知时鸟，大夫以为挚，昏礼用之，故从人。"五晏切。

𪄠　𪄠黄也。从隹，黎声。一曰：楚雀也。其色黎黑而黄。郎兮切。

雐　鸟也。从隹，虍声。荒乌切。

雡　牟母也。从隹，翏声。力救切。𪇠，雡或从鸟。

雇　九雇，农桑候鸟，扈民不婬者也。从隹，户声。春雇鳻盾，夏雇窃玄，秋雇窃蓝，冬雇窃黄，棘雇窃丹，行雇唶唶，宵雇啧啧，桑雇窃脂，老雇鷃也。侯古切。𪇰，雇或从雩。𪁆，籀文雇，从鸟。

雗（鹝）　雗属。从隹，𩫏声。常伦切。

雥（鹤）　雗属。从隹，㒼声。恩含切。𪈉，籀文雥，从鸟。

雉　鸟也。从隹，支声。一曰：雉度。章移切。

䧢　鸟肥大䧢䧢也。从隹，工声。户工切。𪁑，䧢或从鸟。

𢾭　缴𢾭也。从隹，椒声。一曰：飞𢾭也。臣铉等曰："缴，之若切，矰缴以取鸟也。"稣旰切。

𨾴　缴射飞鸟也。从隹，弋声。与职切。

雄　鸟父也。从隹，厷声。羽弓切。

雌　鸟母也。从隹，此声。此移切。

雈　覆鸟令不飞走也。从网、隹。读若到。都校切。

隽 隽 肥肉也。从弓，所以射隹。长沙有下隽县。祖沇切。
隓 隓 飞也。从隹，隓声。山垂切。

文三十九　重十二

奞　部

奞 奞 鸟张毛羽自奋也。从大，从隹。凡奞之属皆从奞。读若睢。息遗切。
奪 奪（夺）手持隹失之也。从又，从奞。徒活切。
奮 奮（奋）翚也。从奞在田上。《诗》曰："不能奋飞。"方问切。

文三

萑　部

萑 萑 鸱属。从隹、从丫。有毛角。所鸣，其民有祸。凡萑之属皆从萑。读若和。胡官切。
蒦 蒦 规蒦，商也。从又持萑。一曰：视遽貌。一曰：蒦，度也。徐锴曰："商，度也。蒦，善度人祸福也。"乙虢切。𢾍，蒦或从寻，寻亦度也。《楚词》曰："求矩蒦之所同。"
雚 雚 小爵也。从萑，叩声。《诗》曰："雚鸣于垤。"工奂切。
舊 舊（旧）雎旧，旧留也。从萑，臼声。巨救切。鵂，旧或从鸟，休声。

文四　重二

丫　部

丫 丫 羊角也。象形。凡丫之属皆从丫。读若乖。工瓦切。
乖 乖 戾也。从丫而八。八，古文别。臣铉等曰："八，兵列切，篆文分别字也。"古怀切。
市 市 相当也。阙。读若宁。母官切。

113

文三

苜　部

苜　目不正也。从𦫶，从目。凡苜之属皆从苜。莧从此。读若末。
　　徐锴曰："𦫶，角庆也。"徒结切。

瞢　目不明也。从苜，从旬。旬，目数摇也。木空切。

莫　火不明也。从苜，从火，苜亦声。《周书》曰："布重莫席。"织蒻席也。读与蔑同。莫结切。

蔑　劳目无精也。从苜，人劳则蔑然；从戍。莫结切。

文四

羊　部

羊　祥也。从𦫶，象头、角、足、尾之形。孔子曰："牛羊之字以形举也。"凡羊之属皆从羊。与章切。

𦍌　羊鸣也。从羊，象声气上出，与牟同意。绵婢切。

羔　羊子也。从羊，照省声。古牢切。

羜　五月生羔也。从羊，宁声。读若煮。直吕切。

𦍩　六月生羔也。从羊，敄声。读若雾。已遇切，又亡遇切。

羍　小羊也。从羊，大声。读若达。他末切。𢆶，羍或省。

羝　羊未卒岁也。从羊，兆声。或曰：夷羊百斤左右为羝。读若《春秋》"盟于洮"。治小切。

羝　牡羊也。从羊，氐声。都兮切。

羒　牂羊也。从羊，分声。符分切。

牂　牡羊也。从羊，爿声。则郎切。

羭　夏羊牡曰羭。从羊，俞声。羊朱切。

羖　夏羊牡曰羖。从羊，殳声。公户切。

羯　羊羖犗也。从羊，曷声。居谒切。

羠　骟羊也。从羊，夷声。徐姊切。

羳 羳 黄腹羊。从羊，番声。附袁切。

羥 羥（羟）羊名。从羊，巠声。口茎切。

羳 挚 羊名。从羊，执声。汝南平舆有挚亭。读若晋。臣铉曰："执非声，未详。"即刃切。

羸 羸 瘦也。从羊，𦐗声。臣铉等曰："羊主给膳，以瘦为病，故从羊。"力为切。

羳 羛 羊相羛也。从羊，委声。於伪切。

羳 羥 羛𦍡也。从羊，责声。子赐切。

羣 群 辈也。从羊，君声。臣铉等曰："羊性好群，故从羊。"渠云切。

羳 羥 群羊相羛也。一曰：黑羊。从羊，垔声。乌闲切。

羳 羜 羊名。蹄皮可以割桼。从羊，此声。此思切。

美 美 甘也。从羊，从大。羊在六畜主给膳也。美与善同意。臣铉等曰："羊大则美，故从大。"无鄙切。

羌 羌 西戎牧羊人也。从人，从羊，羊亦声。南方蛮闽从虫，北方狄从犬，东方貉从豸，西方羌从羊，此六种也。西南僰人、僬侥，从人，盖在坤地，颇有顺理之性。唯东夷从大，大，人也。夷俗仁，仁者寿，有君子不死之国。孔子曰："道不行，欲之九夷，乘桴浮于海。"有以也。去羊切。羌，古文羌如此。

羑 羑 进善也。从羊，久声。文王拘羑里，在汤阴。与久切。

文二十六　重二

羴　部

羴 羴（膻）羊臭也。从三羊。凡羴之属皆从羴。式连切。羶，羴或从亶。

羼 羼 羊相厕也。从羴在尸下。尸，屋也。一曰：相出前也。初限切。

文二　重一

瞿　部

瞿 瞿 鹰隼之视也。从隹，从䀠，䀠亦声。凡瞿之属皆从瞿。读若章

115

句之句。九遇切，又音衢。

𫠜 隹欲逸走也。从又持之，𫠜𫠜也。读若《诗》云"矞彼淮夷"之矞。一曰：视遽貌。九缚切。

文二

雔　部

雔 双鸟也。从二隹。凡雔之属皆从雔。读若酬。市流切。

靃（霍）飞声也。雨而双飞者，其声靃然。呼郭切。

雙（双）隹二枚也。从雔，又持之。所江切。

文三

雥　部

雥 群鸟也。从三隹。凡雥之属皆从雥。徂合切。

𪅀 鸟群也。从雥，咠声。乌玄切。

雧（集）群鸟在木上也。从雥，从木。秦入切。𩁝，雧或省。

文三　重一

鸟　部

鳥（鸟）长尾禽总名也。象形。鸟之足似匕，从匕。凡鸟之属皆从鸟。都了切。

鳳（凤）神鸟也。天老曰：凤之象也，鸿前麟后，蛇颈鱼尾，鹳颡鸳思，龙文虎背，燕颔鸡喙，五色备举。出于东方君子之国，翱翔四海之外，过昆仑，饮砥柱，濯羽弱水，莫宿风穴，见则天下大安宁。从鸟，凡声。冯贡切。𠣹，古文凤。象形。凤飞，群鸟从以万数，故以为朋党字。𩾲，亦古文凤。

鸞（鸾）亦神灵之精也。赤色，五采，鸡形。鸣中五音，颂声作则至。从鸟，䜌声。周成王时，氐羌献鸾鸟。洛官切。

鷟（鷟）鸑鷟，凤属，神鸟也。从鸟，獄声。《春秋国语》曰："周之兴也，鹭鹭鸣于岐山。"江中有鹭鹭，似凫而大，赤目。五角切。

簇（簇）鹭鹭也。从鸟，族声。士角切。

鹔（鹔）鹔鹴也，五方神鸟也。东方发明，南方焦明，西方鹔鹴，北方幽昌，中央凤皇。从鸟，肃声。息逐切。𪆻，司马相如说：从夋声。

鹴（鹴）鹔鹴也。从鸟，爽声。所庄切。

鸠（鸠）鹘鸼也。从鸟，九声。居求切。

鹃 鹃鸠也。从鸟，屈声。九勿切。

雎 祝鸠也。从鸟，隹声。思允切。隼，雎或从隹、一。一曰：鹞字。

鹘（鹘）鹘鸼也。从鸟，骨声。古忽切。

鸼（鸼）鹘鸼也。从鸟，舟声。张流切。

䳭 秸䳭，尸鸠。从鸟，𢾅声。臣铉等曰："𢾅，居六切，与鞠同。"居六切。

鸽（鸽）鸠属。从鸟，合声。古沓切。

鴠 渴鴠也。从鸟，旦声。得案切。

䴂 伯劳也。从鸟，昊声。古闃切。䳲，䴂或从隹。

鹨 天䨹也。从鸟，翏声。力救切。

䳏 卑居也。从鸟，與声。羊茹切。

鹬 䳽鹬，山鹊，知来事鸟也。从鸟，学省声。胡角切。𪆰，鹬或从隹。

鹙（鹙）鸟，黑色，多子。师旷曰：南方有鸟，名曰羌鹙，黄头，赤目，五色皆备。从鸟，就声。疾僦切。

鸮（鸮）鸱鸮，宁鴂也。从鸟，号声。于娇切。

鴂 宁鴂也。从鸟，夬声。古穴切。

鹫 鸟也。从鸟，祟声。辛聿切。

鲂 泽虞也。从鸟，方声。分两切。

鹢 鸟也。从鸟，𢧵声。子结切。

鹩 鸟也。从鸟，黎声。亲吉切。

䳾 铺豉也。从鸟，失声。臣铉等曰："铺豉，鸟名。"徒结切。

鶤 鶤鸡也。从鸟，军声。读若运。古浑切。

鴂 鸟也。从鸟，芺声。乌浩切。

鶪 鸟也。从鸟，臼声。居玉切。

鷦（鹪） 鷦鷯，桃虫也。从鸟，焦声。即消切。

鷯 鷦鷯也。从鸟，眇声。亡沼切。

鶹 鸟少美长丑，为鶹离。从鸟，留声。力求切。

鷬（难） 鸟也。从鸟，堇声。那干切。，鷬或从隹。，古文鷬。，古文鷬。，古文鷬。

鶨 欺老也。从鸟，彖声。丑绢切。

鵽 鸟也。从鸟，说省声。弋雪切。

鴸 鸟也。从鸟，主声。天口切。

鶻 鸟也。从鸟，昏声。武巾切。

鷯（鹩） 刀鷯。剖苇，食其中虫。从鸟，尞声。洛箫切。

鷖（鹥） 鸟也。其雌皇。从鸟，匽声。一曰：凤皇也。於幰切。

鴲 瞑鴲也。从鸟，旨声。旨夷切。

鵅 乌鸔也。从鸟，各声。卢各切。

鸔 乌鸔也。从鸟，暴声。蒲木切。

鶴（鹤） 鸣九皋，声闻于天。从鸟，隺声。下各切。

鷺（鹭） 白鷺也。从鸟，路声。洛故切。

鵠（鹄） 鸿鵠也。从鸟，告声。胡沃切。

鴻（鸿） 鸿鵠也。从鸟，江声。户工切。

鵚 秃鵚也。从鸟，尗声。臣铉等曰：“尗非声，未详。”七由切。，鵚或从秋。

鴛（鸳） 鴛鴦也。从鸟，夗声。於袁切。

鴦（鸯） 鴛鴦也。从鸟，央声。於良切。

鵽 鵽鸠也。从鸟，叕声。丁刮切。

鯥 蒌鹅也。从鸟，坴声。力竹切。

鴚 鴚鹅也。从鸟，可声。古俄切。

鵝(鹅) 駒鵝也。从鸟，我声。五何切。

雁(雁) 鵝也。从鸟、人，厂声。臣铉等曰："从人，从厂，义无所取，当从雁省声。"五晏切。

鶩(鹜) 舒凫也。从鸟，敄声。莫卜切。

鷖 凫属。从鸟，殹声。《诗》曰："凫鷖在梁。"乌鸡切。

鴂 鴂鴶，凫属。从鸟，契声。古节切。

鴶 鴂鴶也。从鸟，辥声。鱼列切。

鸏 水鸟也。从鸟，蒙声。莫红切。

鷸(鹬) 知天将雨鸟也。从鸟，矞声。《礼记》曰："知天文者冠鷸。"余律切。鷸，鷸或从遹。

䴙(䴙) 䴙鷈也。从鸟，辟声。普击切。

鷈(鷈) 䴙鷈也。从鸟，虒声。土鸡切。

鸬(鸬) 鸬鹚也。从鸟，卢声。洛乎切。

鹚(鹚) 鸬鹚也。从鸟，兹声。疾之切。

鷾 鷘也。从鸟，壹声。乙冀切。

䳜 䳜鴎也。从鸟，乏声。平立切。

鴎 䳜鴎也。从鸟，皀声。彼及切。

鸨(鸨) 鸟也。肉出尺胾。从鸟，孚声。博好切。鸨，鸨或从包。

鸜 鸜鸓也。从鸟，渠声。强鱼切。

鷗(鸥) 水鸮也。从鸟，区声。乌侯切。

鲅 鸟也。从鸟，犮声。读若拨。蒲达切。

鷛 鸟也。从鸟，庸声。余封切。

鶂 鸟也。从鸟，儿声。《春秋传》曰："六鶂退飞。"五历切。鶂，鶂或从鬲。鶂，司马相如说：鶂从赤。

鵜(鹈) 鵜胡，污泽也。从鸟，夷声。杜兮切。鵜，鵜或从弟。

鴗 天狗也。从鸟，立声。力入切。

鸧(鸧) 麋鸧也。从鸟，仓声。七冈切。鸧，鸧或从隹。

鴰(鸹) 麋鸹也。从鸟，昏声。古活切。

119

说文解字

鵁(䴔) 鵁鶄也。从鸟,交声。一曰:鵁鸕也。古肴切。

鶄(鹃) 鵁鶄也。从鸟,青声。子盈切。

鳽 鵁鶄也。从鸟,幵声。古贤切。

鱵 鱵鶯也。从鸟,箴声。职深切。

鶯 鱵鶯也。从鸟,此声。即夷切。

䵾 雕也。从鸟,敦声。《诗》曰:"匪䵾匪鳶。"度官切。

鳶(鸢) 鷙鸟也。从鸟,屰声。臣铉等曰:"屰非声。一本从屮,疑从雈省,今俗别作鸢,非是。"与专切。

鷳(鹇) 鴠也。从鸟,闲声。户闲切。

鷂(鹞) 鷙鸟也。从鸟,䍃声。弋笑切。

鷢 白鷢,王鴡也。从鸟,厥声。居月切。

鴡(雎) 王鴡也。从鸟,且声。七余切。

雗 雗专,富跌。如鵲,短尾。射之,衔矢射人。从鸟,蒦声。呼官切。

鸇(鹯) 鷐风也。从鸟,亶声。诸延切。䲰,籀文鸇,从廛。

鷐 鷐风也。从鸟,晨声。植邻切。

鷙(鸷) 击杀鸟也。从鸟,执声。脂利切。

鴥 鸇飞貌。从鸟,穴声。《诗》曰:"鴥彼晨风。"余律切。

鶯(莺) 鸟也。从鸟,荣省声。《诗》曰:"有莺其羽。"乌茎切。

鴝(鸲) 鴝鵒也。从鸟,句声。其俱切。

鵒(鹆) 鴝鵒也。从鸟,谷声。古者鴝鵒不踰泲。余蜀切。雓,鵒或从隹,从臾。

鷩 赤雉也。从鸟,敝声。《周礼》曰:"孤服鷩冕。"并列切。

鵔 鵔鸃,鷩也。从鸟,夋声。私闰切。

鸃 鵔鸃也。从鸟,义声。秦汉之初,侍中冠鵔鸃冠。鱼羁切。

鸐 雉属,戆鸟也。从鸟,適省声。都历切。

鶡(鹖) 似雉,出上党。从鸟,曷声。胡割切。

鳽 鸟,似鹖而青,出羌中。从鸟,介声。古拜切。

120

鸚(鹦) 鸚䳇,能言鸟也。从鸟,嬰声。乌茎切。
䳇(鹉) 鸚䳇也。从鸟,母声。文甫切。
鷮 走鸣,长尾雉也。乘舆以为防釳,著马头上。从鸟,乔声。巨娇切。
雖 雌雉鸣也。从鸟,唯声。《诗》曰:"有雖雉鸣。"以沼切。
鸓 鼠形。飞走且乳之鸟也。从鸟,畾声。力轨切。䍍,籀文鸓。
鶾 雉肥鶾音者也。从鸟,倝声。鲁郊以丹鸡祝曰:"以斯鶾音赤羽,去鲁侯之咎。"侯干切。
鴳 雇也。从鸟,安声。乌谏切。
鴆(鸩) 毒鸟也。从鸟,冘声。一名:运日。直禁切。
鷇 鸟子生哺者。从鸟,㱿声。口豆切。
鳴(鸣) 鸟声也。从鸟,从口。武兵切。
骞(骞) 飞貌。从鸟,寒省声。虚言切。
鴍 鸟聚貌。一曰:飞貌。从鸟,分声。府文切。

文百十六　重十九

鷓(鹧) 鷓鴣,鸟名。从鸟,庶声。之夜切。
鴣(鸪) 鷓鴣也。从鸟,古声。古乎切。
鴨(鸭) 鹜也,俗谓之鸭。从鸟,甲声。乌狎切。
鷘 溪鷘,水鸟。从鸟,式声。耻力切。

文四新附

烏　部

烏(乌) 孝鸟也。象形。孔子曰:"乌,盱呼也。"取其助气,故以为乌呼。凡乌之属皆从乌。哀都切。 臣铉等曰:"今俗作呜,非是。" 𩾃,古文乌,象形。𩾁,象古文乌省。

舄 誰也。象形。七雀切。雜,篆文舄,从隹、昔。

焉 焉鸟,黄色,出于江淮。象形。凡字,朋者,羽虫之属;乌者,日中之禽;舄者,知太岁之所在;燕者,请子之候,作巢避戊己。所貴者，故皆象形。焉亦是也。有乾切。

文三　重三

说文解字弟四　上

说文解字弟四下

汉太尉祭酒　许慎 记
宋右散骑常侍　徐铉等 校定

華 部

華　華　箕属。所以推弃之器也。象形。凡華之属皆从華。官溥说。北潘切。

畢　畢（毕）　田罔也。从華，象毕形，微也。或曰：由声。臣铉等曰："由音弗。"卑吉切。

糞　糞（粪）　弃除也。从廾推華弃釆也。官溥说：似米而非米者，矢字。方问切。

棄　棄（弃）　捐也。从廾推華弃之。从𠫓，𠫓，逆子也。臣铉等曰："𠫓，他忽切。"诘利切。𢆉，古文弃。𥳑，籒文弃。

文四　重三

㠭 部

㠭　㠭　交积材也。象对交之形。凡㠭之属皆从㠭。古候切。
冓　冓　一举而二也。从㠭省。作代切。
爯　爯　并举也。从爪，㠭省。处陵切。

文三

幺 部

幺　幺　小也。象子初生之形。凡幺之属皆从幺。於尧切。
幼　幼　少也。从幺，从力。伊谬切。

文二

麽　麽　细也。从幺，麻声。亡果切。

文一新附

丝 部

丝 微也。从二幺。凡丝之属皆从丝。於蚩切。
幽 隐也。从山中丝，丝亦声。於蚩切。
幾 （几）微也。殆也。从丝，从戍。戍，兵守也，丝而兵守者，危也。居衣切。

文三

叀 部

叀 专小谨也。从幺省。屮，财见也，屮亦声。凡叀之属皆从叀。职缘切。𠦜，古文叀。𠧪，亦古文叀。
惠 仁也。从心，从叀。徐锴曰："为惠者心专也。"胡桂切。𢠵，古文惠，从卉。
疐 碍不行也。从叀，引而止之也。叀者，如叀马之鼻。从此与牵同意。陟利切。

文三 重三

玄 部

玄 幽远也。黑而有赤色者为玄。象幽而入覆之也。凡玄之属皆从玄。胡涓切。𠆯，古文玄。
兹 黑也。从二玄。《春秋传》曰："何故使吾水兹。"子之切。

文二 重一

玈 黑色也。从玄，旅省声。义当用黸。洛乎切。

文一新附

予 部

予 推予也。象相予之形。凡予之属皆从予。余吕切。

舒 伸也。从舍,从予,予亦声。一曰:舒缓也。伤鱼切。
幻 相诈惑也。从反予。《周书》曰:"无或譸张为幻。"胡办切。

文三

放　部

放 逐也。从攴,方声。凡放之属皆从放。甫妄切。
敖 出游也。从出,从放。五牢切。
敫 光景流也。从白,从放。读若龠。以灼切。

文三

受　部

受 物落,上下相付也。从爪,从又。凡受之属皆从受。读若《诗》"摽有梅"。平小切。
爰 引也。从受,从于。籀文以为车辕字。羽元切。
𤔲 治也。幺子相乱,受治之也。读若乱,同。一曰:理也。徐锴曰:"𠕁门,坰也,界也。"郎段切。𤔔,古文𤔲。
受 相付也。从受,舟省声。殖酉切。
𤔦 撮也。从受,从己。臣铉等曰:"己者,物也。又、爪,撮取之。指事。"力辍切。
爭(争) 引也。从受、厂。臣铉等曰:"厂音曳。受,二手也,而曳之,争之道也。"侧茎切。
𢫋 所依据也。从受、工。读与隐同。於谨切。
𠬪 五指持也。从受,一声。读若律。吕戌切。
敠(敢) 进取也。从受,古声。古览切。𣪊,籀文敠。𢼞,古文敠。

文九　重三

𣦼　部

𣦼 残穿也。从又,从歺。凡𣦼之属皆从𣦼。读若残。昨干切。

125

叡(壑) 沟也。从奴,从谷。读若郝。呼各切。㙶,叡或从土。

䝜 奴探坚意也。从奴,从贝。贝,坚宝也。读若概。古代切。

𡗚 坑也。从奴,从井,井亦声。疾正切。

叡(睿) 深明也,通也。从奴,从目,从谷省。以芮切。𡨀,古文叡。㙯,籀文叡,从土。

文五　重三

歺　部

歺 列骨之残也。从半冎。凡歺之属皆从歺。读若櫱岸之櫱。徐锴曰:"冎,剔肉置骨也。歺,残骨也。故从半冎。"臣铉等曰:"义不应有中一,秦刻石文有之。"五割切。𡿩,古文歺。

痿 病也。从歺,委声。於为切。

殙 瞀也。从歺,昏声。呼昆切。

殰 胎败也。从歺,賣声。徒谷切。

歾(殁) 终也。从歺,勿声。莫勃切。䬫,歾或从𠬸。

殚 大夫死曰殚。从歺,卒声。子聿切。

殊 死也。从歺,朱声。汉令曰:"蛮夷长有罪,当殊之。"市朱切。

殟 胎败也。从歺,昷声。乌没切。

殇(殤) 不成人也。人年十九至十六死为长殇,十五至十二死为中殇,十一至八岁死为下殇。从歺,伤省声。式阳切。

殂 往、死也。从歺,且声。《虞书》曰:"勋乃殂。"昨胡切。䄅,古文殂,从歺,从作。

殛 殊也。从歺,亟声。《虞书》曰:"殛鲧于羽山。"己力切。

殪 死也。从歺,壹声。於计切。䨇,古文殪,从死。

薨 死宗薨也。从歺,莫声。莫各切。

殡(殯) 死在棺,将迁葬,柩。宾遇之。从歺,从宾,宾亦声。夏后殡于阼阶,殷人殡于两楹之间,周人殡于宾阶。必刃切。

殔 瘗也。从歺,隶声。羊至切。

殣 道中死人，人所覆也。从歺，堇声。《诗》曰："行有死人，尚或殣之。"渠吝切。

殠 腐气也。从歺，臭声。尺救切。

殨 烂也。从歺，贵声。胡对切。

歹（朽）腐也。从歺，丂声。许久切。朽，歹或从木。

殆 危也。从歺，台声。徒亥切。

殃 咎也。从歺，央声。於良切。

殘（残）贼也。从歺，戔声。昨干切。

殄 尽也。从歺，㐱声。徒典切。ㄏ，古文殄如此。

殲（歼）微尽也。从歺，韱声。《春秋传》曰："齐人歼于遂。"子廉切。

殫（殚）殛尽也。从歺，单声。都寒切。

殬 败也。从歺，睪声。《商书》曰："彝伦攸殬。"当故切。

殰 畜产疫病也。从歺，从㩻。郎果切。

殬 杀羊出其胎也。从歺，岂声。五来切。

殈 禽兽所食余也。从歺，从肉。昨干切。

殖 脂膏久殖也。从歺，直声。常职切。

殆 枯也。从歺，古声。苦孤切。

殈 弃也。从歺，奇声。俗语谓死曰大殈。去其切。

文三十二　重六

死　部

死 澌也，人所离也。从歺，从人。凡死之属皆从死。息姊切。㐯，古文死如此。

薨 公侯猝也。从死，瞢省声。呼肱切。

薧 死人里也。从死，蒿省声。呼毛切。

歑 战见血曰伤，乱或为惛，死而复生为歑。从死，次声。咨四切。

文四　重一

冎　部

冎　剔人肉置其骨也。象形。头隆骨也。凡冎之属皆从冎。古瓦切。

剮（别）　分解也。从冎，从刀。凭列切。

𩨌　别也。从冎，卑声。读若罢。府移切。

文三

骨　部

骨　肉之覈也。从冎有肉。凡骨之属皆从骨。古忽切。

髑　髑髅，顶也。从骨，蜀声。徒谷切。

髅　髑髅也。从骨，娄声。洛侯切。

髆　肩甲也。从骨，尃声。补各切。

髃　肩前也。从骨，禺声。午口切。

骿（胼）　并胁也。从骨，并声。晋文公骿胁。臣铉等曰："骿胝字同，今别作胼，非。"部田切。

髀　股也。从骨，卑声。并弭切。𩩲，古文髀。

䯝　髀骨也。从骨，果声。苦卧切。

𩨗　臀骨也。从骨，厥声。居月切。

髋（髋）　髀上也。从骨，宽声。苦官切。

髌（髌）　膝耑也。从骨，宾声。毗忍切。

骸　骨耑也。从骨，昏声。古活切。

䯏　膝胫间骨也。从骨，贵声。丘愧切。

骹　胫也。从骨，交声。口交切。

骭　骹也。从骨，干声。古案切。

骸　胫骨也。从骨，亥声。户皆切。

髓（髓）　骨中脂也。从骨，隓声。息委切。

骼　骨间黄汁也。从骨，易声。读若《易》曰"夕惕若厉"。他历切。
體(体)　总十二属也。从骨，豊声。他礼切。
骳　瘺病也。从骨，麻声。莫鄱切。
骾　食骨留咽中也。从骨，更声。古杏切。
骼　禽兽之骨曰骼。从骨，各声。古覈切。
骴　鸟兽残骨曰骴。骴，可恶也。从骨，此声。《明堂月令》曰："掩骼薶骴。"骴或从肉。资四切。
骫　骨耑骫奊也。从骨，丸声。於诡切。
髆　骨擿之可会发者。从骨，会声。《诗》曰："髆弁如星。"古外切。

文二十五　重一

肉　部

肉　胾肉。象形。凡肉之属皆从肉。如六切。
腜　妇始孕腜兆也。从肉，某声。莫杯切。
胚(胚)　妇孕一月也。从肉，不声。匹杯切。
胎　妇孕三月也。从肉，台声。土来切。
肌　肉也。从肉，几声。居夷切。
臚(肤)　皮也。从肉，卢声。力居切。𠶷，籀文胪。
肫　面頯也。从肉，屯声。章伦切。
膌　颊肉也。从肉，幾声。读若畿。居衣切。
脣(唇)　口耑也。从肉，辰声。食伦切。䫃，古文唇，从页。
脰　项也。从肉，豆声。徒候切。
肓　心上鬲下也。从肉，亡声。《春秋传》曰："病在肓之下。" 呼光切。
腎(肾)　水藏也。从肉，臤声。时忍切。
肺　金藏也。从肉，市声。芳吠切。
脾　土藏也。从肉，卑声。符支切。
肝　木藏也。从肉，干声。古寒切。

膽(胆) 连肝之府。从肉，詹声。都敢切。

胃 谷府也。从肉；囟，象形。云贵切。

脬 膀光也。从肉，孚声。匹交切。

腸(肠) 大小肠也。从肉，昜声。直良切。

膏 肥也。从肉，高声。古劳切。

肪 肥也。从肉，方声。甫良切。

膺(膺) 胸也。从肉，雍声。於陵切。

肊(臆) 胸骨也。从肉，乙声。於力切。臆，肊或从意。

背 脊也。从肉，北声。补妹切。

脅(胁) 两膀也。从肉，劦声。虚业切。

膀 胁也。从肉，旁声。步光切。髈，膀或从骨。

胠 胁肉也。从肉，孚声。一曰：胠，肠间肥也。一曰：膫也。力辍切。

肋 胁骨也。从肉，力声。卢则切。

胂 夹脊肉也。从肉，申声。失人切。

脢 背肉也。从肉，每声。《易》曰："咸其脢。"莫栖切。

肩(肩) 髆也。从肉，象形。古贤切。肩，俗肩从户。

胳 亦下也。从肉，各声。古洛切。

胠 亦下也。从肉，去声。去劫切。

臂 手上也。从肉，辟声。卑义切。

臑 臂羊矢也。从肉，需声。读若襦。那到切。

肘 臂节也。从肉，从寸。寸，手寸口也。陟柳切。

臍(脐) 肶脐也。从肉，齐声。徂兮切。

腹 厚也。从肉，复声。方六切。

腴 腹下肥也。从肉，臾声。羊朱切。

脽 屁也。从肉，隹声。示隹切。

肤 孔也。从肉，决省声。读若决水之决。古穴切。

胯 股也。从肉，夸声。苦故切。

股 髀也。从肉，殳声。公户切。

腳（脚）胫也。从肉，卻声。居勺切。

脛（胫）胻也。从肉，巠声。胡定切。

胻 胫耑也。从肉，行声。户更切。

腓 胫腨也。从肉，非声。符飞切。

腨 腓肠也。从肉，耑声。市沇切。

胑（肢）体四胑也。从肉，只声。章移切。肢，胑或从支。

胲 足大指毛也。从肉，亥声。古哀切。

肖 骨肉相似也。从肉，小声。不似其先，故曰不肖也。私妙切。

胤 子孙相承续也。从肉；从八，象其长也；从幺，象重累也。羊晋切。古文胤。

冑 胤也。从肉，由声。直又切。

肯 振肯也。从肉，八声。许讫切。

膻 肉膻也。从肉，亶声。《诗》曰："膻裼暴虎。"徒旱切。

䑋 益州鄙，言人盛，讳其肥，谓之䑋。从肉，襄声。如两切。

腊 臘也。从肉，皆声。古谐切。

臞（癯）少肉也。从肉，瞿声。其俱切。

脱 消肉臞也。从肉，兑声。徒活切。

脙 齐人谓臞脙也。从肉，求声。读若休止。巨鸠切。

臠（脔）臞也。从肉，䜌声。一曰：切肉，脔也。《诗》曰："棘人脔脔兮。"力沇切。

膌（瘠）瘦也。从肉，脊声。资昔切。古文膌，从疒，从朿，朿亦声。

脀 䭜也。从肉，丞声。读若丞。署陵切。

胗（疹）唇疡也。从肉，㐱声。之忍切。籀文胗，从疒。

腄 瘢胝也。从肉，垂声。竹垂切。

胝 腄也。从肉，氐声。竹尼切。

肬 贅也。从肉，尤声。羽求切。籀文肬，从黑。

肍 搔生创也。从肉，丸声。胡岸切。

腫(肿) 癰也。从肉，重声。之陇切。

胅 骨差也。从肉，失声。读与跌同。徒结切。

肵 创肉反出也。从肉，希声。香近切。

朋 瘢也。从肉，引声。一曰：遽也。羊晋切。

臘(腊) 冬至后三戌，臘，祭百神。从肉，鼠声。卢盍切。

膢(膢) 楚俗以二月祭饮食也。从肉，娄声。一曰：祈谷食新曰离膢。力俱切。

朓 祭也。从肉，兆声。土了切。

胙 祭福肉也。从肉，乍声。臣铉等曰："今俗别作祚，非是。"昨误切。

隋 裂肉也。从肉，从隓省。徒果切。

膳 具食也。从肉，善声。常衍切。

腬 嘉善肉也。从肉，柔声。耳由切。

肴 啖也。从肉，爻声。徐锴曰："谓已修庖之可食也。"胡茅切。

腆 设膳腆腆多也。从肉，典声。他典切。 𦞣，古文腆。

腯 牛羊曰肥，豕曰腯。从肉，盾声。他骨切。

肶 肥肉也。从肉，必声。蒲结切。

胡 牛䪽垂也。从肉，古声。户孤切。

胘 牛百叶也。从肉，弦省声。胡田切。

膍 牛百叶也。从肉，毘声。一曰：鸟膍胵。房脂切。𦝫，膍或从比。

胵 鸟胃也。从肉，至声。一曰：胵，五藏总名也。处脂切。

膘 牛胁后髀前合革肉也。从肉，票声。读若繇。敷绍切。

䘏 血祭肉也。从肉，帅声。吕戌切。䘏，䘏或从率。

膫 牛肠脂也。从肉，尞声。《诗》曰："取其血膫。"洛萧切。𦡊，膫或从劳省声。

脯 干肉也。从肉，甫声。方武切。

脩 脯也。从肉，攸声。息流切。

膎 脯也。从肉，奚声。户皆切。

脼 膎肉也。从肉，两声。良奖切。

膊 薄脯，膊之屋上。从肉，尃声。匹各切。

脘 胃府也。从肉，完声。读若患。旧云脯。古卵切。

朐 脯挺也。从肉，句声。其俱切。

膴 无骨腊也。杨雄说：鸟腊也。从肉，无声。《周礼》有"膴判"。读若谟。荒乌切。

胥 蟹醢也。从肉，疋声。相居切。

腒 北方谓鸟腊曰腒。从肉，居声。传曰："尧如腊，舜如腒。"九鱼切。

肍 孰肉酱也。从肉，九声。读若旧。巨鸠切。

䐹 干鱼尾䐹䐹也。从肉，肃声。《周礼》有"腒䐹"。所鸠切。

胰 有骨醢也。从肉，夹声。人移切。臡，胰或从难。

脠 生肉酱也。从肉，延声。丑连切。

䐔 豕肉酱也。从肉，否声。薄口切。

胹 烂也。从肉，而声。如之切。

腪 切孰肉，内于血中。和也。从肉，员声。读若逊。稣本切。

胜 犬膏臭也。从肉，生声。一曰：不孰也。桑经切。

臊 豕膏臭也。从肉，喿声。稣遭切。

膮 豕肉羹也。从肉，尧声。许幺切。

腥 星见食豕，令肉中生小息肉也。从肉，从星，星亦声。稣佞切。

脂 戴角者脂，无角者膏。从肉，旨声。旨夷切。

膩 䏿也。从肉，貟声。稣果切。

膩（膩）上肥也。从肉，贰声。女利切。

膜 肉间胲膜也。从肉，莫声。慕各切。

䐈 肉表革里也。从肉，弱声。而勺切。

膗 肉羹也。从肉，萑声。呼各切。

膹 膗也。从肉，贲声。房吻切。

臇 膗也。从肉，隽声。读若纂。子沇切。煔，臇或从火、巽。

胾 大脔也。从肉，𢦏声。侧吏切。

说文解字

牒 薄切肉也。从肉，枼声。直葉切。

膾（脍） 细切肉也。从肉，会声。古外切。

腌 渍肉也。从肉，奄声。于业切。

脆（脆） 小耎易断也。从肉，从绝省。此芮切。

膬 耎易破也。从肉，毳声。七绝切。

散 杂肉也。从肉，㪚声。穌旰切。

膊（胉） 切肉也。从肉，尃声。市沇切。

腏 挑取骨间肉也。从肉，叕声。读若《诗》曰"啜其泣矣"。陟劣切。

胾 食所遗也。从肉，仕声。《易》曰："噬干胾。"阻史切。𦝫，杨雄说：胾从宋。

䐄 食肉不猒也。从肉，臽声。读若陷。户猎切。

肰 犬肉也。从犬、肉。读若然。如延切。𤢺，古文肰。𤣘，亦古文肰。

膜 起也。从肉，真声。昌真切。

肬 肉汁滓也。从肉，尤声。他感切。

膠 昵也。作之以皮。从肉，翏声。古肴切。

蠃 或曰：屬名。象形。阙。郎果切。

胆（蛆） 蝇乳肉中也。从肉，且声。七余切。

肙 小虫也。从肉，口声。一曰：空也。乌玄切。臣铉等曰："口,音韦。"

腐 烂也。从肉，府声。扶雨切。

肎（肯） 骨间肉肎肎箸也。从肉，从冎省。一曰：骨无肉也。苦等切。肎，古文肯。

肥 多肉也。从肉，从卪。臣铉等曰："肉不可过多，故从卪。"符非切。

文一百四十　重二十

肵 肥肠也。从肉，豤省声。康礼切。

朘 赤子阴也。从肉，夋声。或从血。子回切。

腔 内空也。从肉，从空，空亦声。苦江切。

朐 朐䏰，虫名。汉中有朐䏰县，地下多此虫，因以为名。从肉，旬声。考其义，当作润蠢。如顺切。

朒 胸朒也。从肉，忍声。尺尹切。

文五新附

筋　部

筋 肉之力也。从力，从肉，从竹。竹，物之多筋者。凡筋之属皆从筋。居银切。

笏（腱） 筋之本也。从筋，从夗省声。渠建切。腱，笏或从肉、建。

筋 手足指节鸣也。从筋省，勺声。北角切。𦪊，筋或省竹。

文三　重三

刀　部

刀 兵也。象形。凡刀之属皆从刀。都牢切。

刉 刀握也。从刀，缶声。方九切。

鄂（锷） 刀剑刃也。从刀，咢声。臣铉等曰："今俗作锷，非是。"五各切。𠚣，籀文鄂，从刃，从各。

削 鞞也。一曰：析也。从刀，肖声。息约切。

刞 镰也。从刀，句声。古侯切。

剀（剀） 大镰也。一曰：摩也。从刀，岂声。五来切。

剞 剞劂，曲刀也。从刀，奇声。居绮切。

剧 剞剧也。从刀，屈声。九勿切。

利 铦也。从刀。和然后利，从和省。《易》曰："利者，义之和也。"力至切。𥝤，古文利。

剡 锐利也。从刀，炎声。以冉切。

初 始也。从刀，从衣。裁衣之始也。楚居切。

剪 齐断也。从刀，𠝣声。子善切。

则（则） 等画物也。从刀，从贝。贝，古之物货也。子德切。𠟭，古文则。𠟋，亦古文则。𠟃，籀文则，从鼎。

剛(刚) 强断也。从刀,冈声。古郎切。伀,古文刚如此。

剒 断齐也。从刀,耑声。旨兖切。

劊(刽) 断也。从刀,会声。古外切。

切 刌也。从刀,七声。千结切。

刌 切也。从刀,寸声。仓本切。

劈 断也。从刀,辥声。私列切。

刉 划伤也。从刀,气声。一曰:断也。又读若殪。一曰:刀不利,于瓦石上刉之。古外切。

劌(刿) 利伤也。从刀,岁声。居卫切。

刻 镂也。从刀,亥声。苦得切。

副 判也。从刀,畐声。《周礼》曰:"副辜祭。"芳逼切。疈,籀文副。

剖 判也。从刀,咅声。浦后切。

辨 判也。从刀,辡声。蒲苋切。

判 分也。从刀,半声。普半切。

剫 判也。从刀,度声。徒洛切。

刳 判也。从刀,夸声。苦孤切。

列 分解也。从刀,歺声。良薛切。

刊 剟也。从刀,干声。苦寒切。

剟 刊也。从刀,叕声。陟劣切。

删 剟也。从刀,册。册,书也。所奸切。

劈 破也。从刀,辟声。普击切。

剝 裂也。从刀,从录。录,刻割也。录亦声。北角切。卜,剥或从卜。

割 剥也。从刀,害声。古达切。

劙 剥也,划也。从刀,𫂓声。里之切。

劃(划) 锥刀曰划。从刀,从画,画亦声。呼麦切。

削 挑取也。从刀,肖声。一曰:窒也。乌玄切。

剾 刮去恶创肉也。从刀,矞声。《周礼》曰:"劀杀之齐。"古鎋切。

劑(剂) 齐也。从刀,从齐,齐亦声。在诣切。

刷 刮也。从刀,㕞省声。礼布刷巾。所劣切。

刮 掊把也。从刀,昏声。古八切。

剽 砭刺也。从刀,票声。一曰:剽,劫人也。匹妙切。

刲 刺也。从刀,圭声。《易》曰:"士刲羊。"苦圭切。

剉 折伤也。从刀,坐声。麤卧切。

剿 绝也。从刀,喿声。《周书》曰:"天用剿绝其命。"子小切。

刖 绝也。从刀,月声。鱼厥切。

刜 击也。从刀,弗声。分勿切。

刺 伤也。从刀,朿声。亲结切。

劊 断也。从刀,會声。一曰:剽也。钊也。鉏衔切。

刓 剸也。从刀,元声。一曰:齐也。五丸切。

釗(钊) 刓也。从刀,从金。周康王名。止遥切。

制 裁也。从刀,从未。未,物成,有滋味,可裁断。一曰:止也。征例切。𠛐,古文制如此。

刮 缺也。从刀,占声。《诗》曰:"白圭之刮。"丁念切。

罰(罚) 罪之小者。从刀,从詈。未以刀有所贼,但持刀骂詈,则应罚。房越切。

刵 断耳也。从刀,从耳。仍吏切。

劓 刑鼻也。从刀,臬声。《易》曰:"天且劓。"鱼器切。劓,臬或从鼻。

刑 刭也。从刀,幵声。户经切。

剄(刭) 刑也。从刀,巠声。古零切。

劗 减也。从刀,尊声。兹损切。

劊 楚人谓治鱼也。从刀,从鱼。读若锲。古屑切。

券 契也。从刀,关声。券别之书,以刀判契其旁,故曰契券。去愿切。

刺 君杀大夫曰刺。刺，直伤也。从刀，从束，束亦声。七赐切。

剔 解骨也。从刀，易声。他历切。

文六十二　重九

刎 刭也。从刀，勿声。武粉切。

剜 削也。从刀，宛声。一丸切。

劇 尤甚也。从刀，未详，豦声。渠力切。

刹 柱也。从刀，未详，殺省声。初辖切。

文四 新附

刃　部

刃 刀坚也。象刀有刃之形。凡刃之属皆从刃。而振切。

刅(创) 伤也。从刃，从一。楚良切。創，或从刀，仓声。臣铉等曰："今俗别作疮，非是也。"

劍(剑) 人所带兵也。从刃，佥声。居欠切。劒，籀文劍，从刀。

文三　重二

韧　部

韧 巧韧也。从刀，丰声。凡韧之属皆从韧。恪八切。

契 齘契，刮也。从韧，夬声。一曰：契，画坚也。古黠切。

栔 刻也。从韧，从木。苦计切。

文三

丰　部

丰 艸蔡也。象艸生之散乱也。凡丰之属皆从丰。读若介。古拜切。

𦮙 枝𦮙也。从丰，各声。古百切。

耒　部

耒 耒 手耕曲木也。从木推丯。古者垂作耒相以振民也。凡耒之属皆从耒。卢对切。
耕 耕 犁也。从耒，井声。一曰：古者井田。古茎切。
耦 耦 耒广五寸为伐，二伐为耦。从耒，禺声。五口切。
耤 耤 帝耤千亩也。古者使民如借，故谓之耤。从耒，昔声。秦昔切。
䎱 䎱 册又，可以划麦，河内用之。从耒，圭声。古携切。
耘 耘 除苗间秽也。从耒，员声。羽文切。䎬，耘或从芸。
耡 耡 商人七十而耡。耡，耤，税也。从耒，助声。《周礼》曰："以兴耡利萌。"床倨切。

文七　重一

角　部

角 角 兽角也。象形。角与刀、鱼相似。凡角之属皆从角。古岳切。
䚖 䚖 挥角貌。从角，雚声。梁陬县有䚖亭。又读若绢。况袁切。
䚔 䚔 角也。从角，乐声。张掖有䚔得县。卢谷切。
䚡 䚡 角中骨也。从角，思声。稣来切。
觠 觠 曲角也。从角，䒫声。巨员切。
觬 觬 角觬曲也。从角，兒声。西河有觬氏县。斫启切。
觢 觢 一角仰也。从角，𠜎声。《易》曰："其牛觢。"臣铉等曰：当从契省乃得声。尺制切。
觝 觝 角倾也。从角，虒声。敕豸切。
觭 觭 角一俛一仰也。从角，奇声。去奇切。
觓 觓 角貌。从角，丩声。《诗》曰："兕觥其觓。"渠幽切。
䚢 䚢 角曲中也。从角，畏声。乌贿切。
觰 觰 角长貌。从角，爿声。士角切。

觖 觙 角有所触发也。从角，厥声。居月切。

觸 觸(触) 抵也。从角，蜀声。尺玉切。

semantic 觪 用角低仰便也。从羊、牛、角。《诗》曰："觪觪角弓。"息营切。

觊 觟 举角也。从角，公声。古双切。

斅 斅 治角也。从角，学省声。胡角切。

衡 衡 牛触，横大木其角。从角，从大，行声。《诗》曰："设其楅衡。"户庚切。㪿，古文衡如此。

觰 觰 角觰，兽也。状似豕，角善为弓，出胡休多国。从角，耑声。多官切。

觰 觰 觰拏，兽也。从角，者声。一曰：下大者也。陟加切。

觤 觤 羊角不齐也。从角，危声。过委切。

觟 觟 牝牂羊生角者也。从角，圭声。下瓦切。

觡 觡 骨角之名也。从角，各声。古百切。

觜 觜 鸱旧头上角觜也。一曰：觜觿也。从角，此声。遵为切。

解 解 判也。从刀判牛角。一曰：解廌兽也。佳买切，又户卖切。

觿 觿 佩角，锐耑可以解结。从角，嶲声。《诗》曰："童子佩觿。"户圭切。

觵 觵 兕牛角可以饮者也。从角，黄声。其状觵觵，故谓之觵。古横切。觥，俗觵从光。

觯 觯(觶) 乡饮酒角也。《礼》曰："一人洗，举觯。"觯受四升。从角，单声。臣铉等曰："当从戰省乃得声。"之义切。觶，觯或从辰。觗，礼经觯。

觛 觛 小觯也。从角，旦声。徒旱切。

觞 觞(觞) 觯实曰觞，虚曰觯。从角，𧏖省声。式阳切。𧣩，籀文觞，从爵省。

觚 觚 乡饮酒之爵也。一曰：觞受三升者谓之觚。从角，瓜声。古乎切。

觝 觝 角匕也。从角，亘声。读若讙。臣铉等曰："亘音宣，俗作古邓切，篆文有异。"况袁切。

觷 觷 杖耑角也。从角，學声。胡狄切。
觼 觼 环之有舌者。从角，夐声。古穴切。鐍，觼或从金、矞。
觓 觓 调弓也。从角，弱省声。於角切。
觱 觱 雔射收繁具也。从角，發声。方肺切。
觩 觩 雔射收缴具。从角，酋声。读若鰌。字秋切。
觳 觳 盛觵卮也。一曰：射具。从角，殼声。读若斛。胡谷切。
觱 觱 羌人所吹角屠觱，以惊马也。从角，蹩声。蹩，古文詩字。卑吉切。

文三十九　重六

说文解字弟四　下

说文解字弟五上

汉太尉祭酒　许慎 记
宋右散骑常侍　徐铉等 校定

六十三部　五百二十七文　重百二十二　凡七千二百七十三字
文十五新附

竹　部

艸 竹　冬生艸也。象形。下垂者，箁箬也。凡竹之属皆从竹。陟玉切。

箭 箭　矢也。从竹，前声。子贱切。

箘 箘　箘簬也。从竹，囷声。一曰：博棊也。渠陨切。

簬 簬　箘簬也。从竹，路声。《夏书》曰："惟箘簬楛。"洛故切。𥰭，古文簬，从輅。

筱 筱　箭属。小竹也。从竹，攸声。先杳切。

簜 簜　大竹也。从竹，汤声。《夏书》曰："瑶琨筱簜。"簜可为干，筱可为矢。徒朗切。

薇 薇　竹也。从竹，微声。无非切。𥲇，籀文从微省。

筍 筍(笋)　竹胎也。从竹，旬声。思允切。

䈚 䈚　竹萌也。从竹，怠声。徒哀切。

箁 箁　竹箬也。从竹，咅声。薄侯切。

箬 箬　楚谓竹皮曰箬。从竹，若声。而勺切。

節 節(节)　竹约也。从竹，即声。子结切。

笯 笯　折竹笢也。从竹，余声。读若絮。同都切。

䉒 䉒　笯也。从竹，𢵈声。武移切。

笢 笢　竹肤也。从竹，民声。武尽切。

笨 笨　竹里也。从竹，本声。布忖切。

· 142 ·

说文解字弟五上

箺 箺 竹貌。从竹,翁声。乌红切。

篸 篸 差也。从竹,参声。所今切。

篆 篆 引书也。从竹,彖声。持兖切。

籀 籀 读书也。从竹,榴声。《春秋传》曰卜籀云。直又切。

篇 篇 书也。一曰:关西谓榜曰篇。从竹,扁声。芳连切。

籍 籍 簿书也。从竹,耤声。秦昔切。

篁 篁 竹田也。从竹,皇声。户光切。

蒋 蒋 剖竹未去节谓之蒋。从竹,将声。即两切。

箑 箑 箈也。从竹,枼声。与接切。

籥 籥 书僮竹笘也。从竹,龠声。以灼切。

䉋 䉋 竹声也。从竹,刘声。力求切。

简 简(简) 牒也。从竹,间声。古限切。

笍 笍 竹列也。从竹,亢声。古郎切。

箁 箁 菡爱也。从竹,部声。薄口切。

等 等 齐简也。从竹,从寺。寺,官曹之等平也。多肯切。

范 范(范) 法也。从竹,竹,简书也;氾声。古法有竹刑。防㚇切。

笺 笺(笺) 表识书也。从竹,戋声。则前切。

符 符 信也。汉制以竹,长六寸,分而相合。从竹,付声。防无切。

筮 筮 《易》卦用蓍也。从竹,从巫。巫,古文巫字。时制切。

笄 笄 簪也。从竹,开声。古兮切。

䇡 䇡 取虮比也。从竹,臣声。居之切。

篗 篗 收丝者也。从竹,蒦声。王缚切。䈇,篗或从角、从闲。

筳 筳 繀丝筦也。从竹,廷声。特丁切。

筦 筦 筝也。从竹,完声。古满切。

䇥 䇥 筳也。从竹,孚声。读若《春秋》鲁公子彄。芳无切。

笮 笮 迫也。在瓦之下,棼上。从竹,乍声。阻厄切。

簾 簾(帘) 堂帘也。从竹,廉声。力盐切。

簀 簀(箦) 床栈也。从竹,责声。阻厄切。

说文解字

第　床簀也。从竹，弟声。阻史切。

筵　竹席也。从竹，延声。《周礼》曰："度堂以筵。"筵一丈。以然切。

簟　竹席也。从竹，覃声。徒念切。

籧　籧篨，粗竹席也。从竹，遽声。彊鱼切。

篨　籧篨也。从竹，除声。直鱼切。

籭　竹器也。可以取粗去细。从竹，麗声。所宜切。

籓　大箕也。从竹，潘声。一曰：蔽也。甫烦切。

奥　漉米籔也。从竹，奥声。於六切。

籔　炊䉛也。从竹，数声。苏后切。

箅　蔽也，所以蔽甑底。从竹，畀声。必至切。

籍　饭筥也。受五升。从竹，稍声。秦谓筥曰籍。山枢切。

䈰　陈留谓饭帚曰䈰。从竹，捎声。一曰：饭器，容五升。一曰：宋魏谓箸筩为䈰。所交切。

筥　䈰也。从竹，吕声。居许切。

笥　饭及衣之器也。从竹，司声。相吏切。

箪（箪）　笥也。从竹，单声。汉律令：箪，小筐也。《传》曰："箪食壶浆。"都寒切。

筵　筵箪，竹器也。从竹，徙声。所绮切。

箄　筵箄也。从竹，卑声。并弭切。

簙　圜竹器也。从竹，专声。度官切。

箸　饭攲也。从竹，者声。陟虑切。又迟倨切。

簍（篓）　竹笼也。从竹，娄声。洛侯切。

筤　篮也。从竹，良声。卢党切。

籃（篮）　大篝也。从竹，监声。鲁甘切。𥬔，古文篮如此。

篝　笭也。可熏衣。从竹，冓声。宋楚谓竹篝墙以居也。古侯切。

笿　杯笿也。从竹，各声。卢各切。

䈰　杯笿也。从竹，夅声。或曰：盛箸笼。古送切。

144

籢 镜籢也。从竹，敛声。力盐切。

籫 竹器也。从竹，赞声。读若纂。一曰：丛。作管切。

籯 笭也。从竹，赢声。以成切。

箾 竹器也。从竹，删声。苏旰切。

簋 黍稷方器也。从竹，从皿，从皀。居洧切。匦，古文簋，从匚、飢。朹，古文簋，或从轨。朹，亦古文簋。

簠 黍稷圜器也。从竹，从皿，甫声。方矩切。医，古文簠，从匚，从夫。

籩(笾) 竹豆也。从竹，边声。布玄切。𠥏，籀文笾。

笔 篚也。从竹，屯声。徒损切。

篅 以判竹圜以盛谷也。从竹，耑声。市缘切。

簏 竹高箧也。从竹，鹿声。卢谷切。箓，簏或从录。

簜 大竹筩也。从竹，昜声。徒朗切。

筩 断竹也。从竹，甬声。徒红切。

篗 竹舆也。从竹，便声。旁连切。

笯 鸟笼也。从竹，奴声。乃故切。

竿 竹梃也。从竹，干声。古寒切。

籱 罩鱼者也。从竹，靃声。竹角切。籗，籱或省。

箇(个) 竹枚也。从竹，固声。古贺切。

筊 竹索也。从竹，交声。胡茅切。

筰 筊也。从竹，作声。在各切。

箔 蔽絮簀也。从竹，沾声。读若钱。昨盐切。

箑 扇也。从竹，疌声。山洽切。篓，箑或从妾。

籠(笼) 举土器也。一曰：笭也。从竹，龙声。卢红切。

籢 褰也。从竹，襄声。如两切。

笠 可以收绳也。从竹，象形，中象人手所推握也。胡误切。互，笠或省。

簝 宗庙盛肉竹器也。从竹，尞声。《周礼》："供盆簝以待事。"

说文解字

洛萧切。

篆 籅 饮牛筐也。从竹，虜声。方曰筐，圜曰籅。居许切。

篆 篼 饮马器也。从竹，兜声。当侯切。

篆 籚 积竹矛戟矜也。从竹，卢声。《春秋国语》曰："朱儒扶籚。" 洛乎切。

篆 箝 箝也。从竹，拑声。巨淹切。

篆 籋 箝也。从竹，爾声。臣铉等曰："爾非声。未详。"尼辄切。

篆 簦 笠盖也。从竹，登声。都滕切。

篆 笠 簦无柄也。从竹，立声。力入切。

篆 箱 大车牝服也。从竹，相声。息良切。

篆 篚 车笭也。从竹，匪声。敷尾切。

篆 笭 车笭也。从竹，令声。一曰：笭，籯也。郎丁切。

篆 筊 搔马也。从竹，刻声。丑廉切。

篆 策 马箠也。从竹，朿声。楚革切。

篆 箠 击马也。从竹，垂声。之垒切。

篆 䈞 箠也。从竹，朵声。陟瓜切。

篆 芮 羊车驺箠也。箸箴其耑，长半分。从竹，内声。陟卫切。

篆 籣 所以盛弩矢，人所负也。从竹，阑声。洛干切。

篆 箙 弩矢箙也。从竹，服声。《周礼》："仲秋献矢箙。"房六切。

篆 筊 桴双也。从竹，朱声。陟输切。

篆 笘 折竹箠也。从竹，占声。颍川人名小儿所书写为笘。失廉切。

篆 笪 笘也。从竹，旦声。当割切。

篆 箈 击也。从竹，台声。丑之切。

篆 籤（签） 验也。一曰：锐也。贯也。从竹，韱声。七廉切。

篆 簨 榜也。从竹，殿声。臣铉等曰："当从臀省声。"徒魂切。

篆 箴 缀衣箴也。从竹，咸声。职深切。

篆 箾 以竿击人也。从竹，削声。虞舜乐曰《箾韶》。所角切，又音箫。

篆 竽 管三十六簧也。从竹，于声。羽俱切。

笙 笙 十三簧。象凤之身也。笙，正月之音，物生，故谓之笙。大者谓之巢，小者谓之和。从竹，生声。古者随作笙。所庚切。

簧 簧 笙中簧也。从竹，黄声。古者女娲作簧。户光切。

篪 篪 簧属。从竹，是声。是支切。

蕭（萧） 参差管乐。象凤之翼。从竹，肃声。稣雕切。

筒 筒 通箫也。从竹，同声。徒弄切。

籟（籁） 三孔龠也。大者谓之笙，其中谓之籁，小者谓之䈚。从竹，赖声。洛带切。

䈚 䈚 小籁也。从竹，约声。於角切。

管 管 如篪，六孔。十二月之音。物开地牙，故谓之管。从竹，官声。古满切。琯，古者玉琯以玉。舜之时，西王母来，献其白琯。前零陵文学姓奚，于伶道舜祠下，得笙玉琯。夫以玉作音，故神人以和，凤皇来仪也。从玉，官声。

篎 篎 小管谓之篎。从竹，眇声。亡沼切。

笛 笛 七孔筒也。从竹，由声。羌笛三孔。徐锴曰："当从胄省乃得声。"徒历切。

筑 筑 以竹曲。五弦之乐也。从竹，从巩。巩，持之也。竹亦声。张六切。

筝 筝 鼓弦竹身乐也。从竹，争声。侧茎切。

箛 箛 吹鞭也。从竹，孤声。古乎切。

篍 篍 吹筩也。从竹，秋声。七肖切。

籌（筹） 壶矢也。从竹，寿声。直由切。

簺 簺 行棋相塞谓之簺。从竹，从塞，塞亦声。先代切。

簙 簙 局戏也。六箸十二棋也。从竹，博声。古者乌胄作簙。补各切。

篳（筚） 藩落也。从竹，毕声。《春秋传》曰："筚门圭窬。"卑吉切。

薆 薆 蔽不见也。从竹，爱声。乌代切。

籖 籖 雉射所蔽者也。从竹，严声。语枚切。

籞 籞 禁苑也。从竹，御声。《春秋传》曰："泽之目籞。"鱼举切。䘽，籒或从又，鱼声。

筭 长六寸，计历数者。从竹，从弄。言常弄乃不误也。苏贯切。

算 数也。从竹，从具。读若筭。苏管切。

笑 此字本阙。臣铉等案："孙愐《唐韵》引《说文》云：'喜也。从竹，从犬。'而不述其义。今俗皆从犬。又案：李阳冰刊定《说文》：'从竹，从夭。'义云：'竹得风，其体夭屈，如人之笑。'未知其审。"私妙切。

文百四十四　重十五

簃 阁边小屋也。从竹，移声。《说文》通用誃。弋支切。

筠 竹皮也。从竹，均声。王春切。

笏 公及士所搢也。从竹，勿声。案："籀文作㗐，象形。义云佩也。古笏佩之。此字后人所加。"呼骨切。

箆 导也。今俗谓之箆，从竹，毘声。边兮切。

篙 所以进船也。从竹，高声。古牢切。

文五新附

箕　部

箕 簸也。从竹；𠀠，象形；下其丌也。凡箕之属皆从箕。居之切。𠀠，古文箕省。𣜩，亦古文箕。𠷛，亦古文箕。𥫶，籀文箕。匴，籀文箕。

簸 扬米去糠也。从箕，皮声。布火切。

文二　重五

丌　部

丌 下基也，荐物之丌。象形。凡丌之属皆从丌。读若箕同。居之切。

迊 古之遒人，以木铎记诗言。从辵，从丌，丌亦声。读与记同。徐锴曰："遒人行而求之，故从辵、丌，荐而进之于上也。"居吏切。

典 五帝之书也。从册在丌上，尊阁之也。庄都说：典，大册也。多殄切。𦥸，古文典从竹。

𦥔 㒸 巽也。从丌，从頪。此《易》㒸卦"为长女，为风"者。臣铉等曰："頪之义亦选具也。"苏困切。

畁 畀 相付与之。约在阁上也。从丌，由声。必至切。

巺 巽 具也。从丌，卪声。臣铉等曰："庶物皆具，丌以荐之。"苏困切。𢁅，古文巽。𢁉，篆文巽。

奠 奠 置祭也。从酋。酋，酒也。下其丌也。《礼》有奠祭者。堂练切。

文七　重三

左　部

𠂇 左 手相左助也。从𠂇、工。凡左之属皆从左。则箇切。 臣铉等曰："今俗别作佐。"

差 差 贰也，差不相值也。从左，从𠂹。徐锴曰："左于事，是不当值也。"初牙切，又楚佳切。𥈞，籀文差，从二。

文二　重一

工　部

工 工 巧饰也。象人有规矩也。与巫同意。凡工之属皆从工。徐锴曰："为巧必遵规矩法度，然后为工，否则目巧也。巫事无形，失在于诡，亦当遵规矩，故曰与巫同意。"古红切。𢒄，古文工，从彡。

式 式 法也。从工，弋声。赏职切。

巧 巧 技也。从工，丂声。苦绞切。

巨 巨 规巨也。从工，象手持之。其吕切。榘，巨或从木、矢，矢者，其中正也。𢀗，古文巨。

文四　重三

㸚　部

㸚 㸚 极巧视之也。从四工。凡㸚之属皆从㸚。知衍切。

窭 室也。从妾，从廾，室宀中。妾犹齐也。稣则切。

文二

巫 部

巫 祝也。女能事无形，以舞降神者也。象人两袖舞形。与工同意。古者巫咸初作巫。凡巫之属皆从巫。武扶切。覡，古文巫。

覡（觋）能斋肃事神明也。在男曰覡，在女曰巫。从巫，从见。徐锴曰："能见神也。"胡狄切。

文二　重一

甘 部

甘 美也。从口含一。一，道也。凡甘之属皆从甘。古三切。
甜 美也。从甘，从舌。舌知甘者。徒兼切。
𪏰 和也。从甘，从麻；麻，调也；甘亦声。读若函。古三切。
猒 饱也。从甘，从肰。於盐切。猒或从曰。
甚 尤安乐也。从甘，从匹耦也。常枕切。匹，古文甚。

文五　重二

曰 部

曰 词也。从口，乙声。亦象口气出也。凡曰之属皆从曰。王伐切。
𧥛 告也。从曰，从册，册亦声。楚革切。
曷 何也。从曰，匃声。胡葛切。
曶 出气词也。从曰，象气出形。《春秋传》曰：郑太子曶。呼骨切。𠙹，籀文曶。一曰：佩也。象形。
朁 曾也。从曰，兓声。《诗》曰："朁不畏明。"臣铉等曰："今俗有偺字，盖朁之讹。"七感切。
沓 语多沓沓也。从水，从曰。辽东有沓县。臣铉等曰："语多沓沓，若水之流，故从水，会意。"徒合切。

150

曹 狱之两曹也。在廷东，从㯥，治事者；从曰。徐锴曰："以言词治狱也，故从曰。"昨牢切。

文七　重一

乃　部

乃 曳词之难也。象气之出难。凡乃之属皆从乃。奴亥切。 臣铉等曰："今隶书作乃。"㔃，古文乃。𠄎，籀文乃。

卤 惊声也。从乃省，西声。籀文卤不省。或曰：卤，往也。读若仍。臣铉等曰："西非声，未详。"如乘切。𠧧，古文卤。

卥 气行貌。从乃，卤声。读若攸。以周切。

文三　重三

丂　部

丂 气欲舒出，勹上碍于一也。丂，古文以为亏字，又以为巧字。凡丂之属皆从丂。苦浩切。

粤 亏词也。从丂，从由。或曰：粤，俠也。三辅谓轻财者为粤。臣铉等曰："由，用也。任俠用气也。"普丁切。

寧(宁) 愿词也。从丂，寍声。奴丁切。

叵 反丂也。读若呵。虎何切。

文四

可　部

可 肯也。从口、丂，丂亦声。凡可之属皆从可。肯我切。

奇 异也。一曰：不耦。从大，从可。渠羁切。

哿 可也。从可，加声。《诗》曰："哿矣富人。"古我切。

哥 声也。从二可。古文以为歌字。古俄切。

文四

叵 不可也。从反可。普火切。

151

文一新附

兮　部

兮　语所稽也。从丂、八,象气越亏也。凡兮之属皆从兮。胡鸡切。
羛　惊辞也。从兮,旬声。思允切。𢘓,羛或从心。
羲　气也。从兮,義声。许羁切。
乎　语之余也。从兮,象声上越扬之形也。户吴切。
文四　重一

号　部

号　痛声也。从口,在丂上。凡号之属皆从号。胡到切。
號(号)　呼也。从号,从虎。乎刀切。
文二

亏　部

亏(于)　於也。象气之舒亏。从丂,从一。一者,其气平之也。凡亏之属皆从亏。羽俱切。今变隶作于。
虧(亏)　气损也。从亏,雐声。去为切。𧇠,亏或从兮。
粵　亏也。审慎之词者。从亏,从宷。《周书》曰:"粵三日丁亥。"王伐切。
吁　惊语也。从口,从亏,亏亦声。臣铉等案:口部有吁字,此重出。况于切。
平　语平舒也。从亏,从八。八,分也。爰礼说。符兵切。釆,古文平如此。
文五　重二

旨　部

旨　美也。从甘,匕声。凡旨之属皆从旨。职雉切。𦛚,古文旨。

152

嘗(尝) 口味之也。从旨，尚声。市羊切。

文二　重一

喜　部

喜 乐也。从壴，从口。凡喜之属皆从喜。虚里切。𣣺，古文喜，从欠，与欢同。

憙 说也。从心，从喜，喜亦声。许记切。

嚭 大也。从喜，否声。《春秋传》吴有太宰嚭。匹鄙切。

文三　重一

壴　部

壴 陈乐，立而上见也。从屮，从豆。凡壴之属皆从壴。中句切。

尌 立也。从壴，从寸，持之也。读若驻。常句切。

鼛 夜戒守鼓也。从壴，蚤声。《礼》：昏鼓四通为大鼓，夜半三通为戒晨，旦明五通为发明。读若戚。仓历切。

彭 鼓声也。从壴，彡声。臣铉等曰："当从形省乃得声。"薄庚切。

嘉 美也。从壴，加声。古牙切。

文五

鼓　部

鼓 郭也。春分之音，万物郭皮甲而出，故谓之鼓。从壴，支象其手击之也。《周礼》六鼓：雷鼓八面，灵鼓六面，路鼓四面，鼖鼓、皋鼓、晋鼓皆两面。凡鼓之属皆从鼓。徐锴曰："郭者覆冒之意。"工户切。𣫼，籀文鼓，从古声。

鼛 大鼓也。从鼓，咎声。《诗》曰："鼛鼓不胜。"古劳切。

鼖 大鼓谓之鼖。鼖八尺而两面，以鼓军事。从鼓，贲省声。符分切。䓊，鼖或从革，贲不省。

鼙 骑鼓也。从鼓，卑声。部迷切。

说文解字

𪔗 鼟 鼓声也。从鼓，隆声。徒冬切。
𪔛 鼘 鼓声也。从鼓，肙声。《诗》曰："鼗鼓鼘鼘。"乌玄切。
𪔘 鼞 鼓声也。从鼓，堂声。《诗》曰："击鼓其鼞。"土郎切。
𪔒 鼛 鼓声也。从鼓，合声。徒合切。𩊠，古文鼛，从革。
𪔖 䶀 鼓无声也。从鼓，耳声。他叶切。
𪔕 䶁 鼓䶁声。从鼓，缶声。土盍切。

文十　重三

豈　部

豈 豈(岂) 还师振旅乐也。一曰：欲也。登也。从豆，微省声。凡豈之属皆从豈。墟喜切。
愷 愷(恺) 康也。从心、豈，豈亦声。苦亥切。
䫲 䫲 䫲也，讫事之乐也。从豈，幾声。臣铉等曰："《说文》无䫲字，从几，从气，义无所取，当是讫字之误尔。"渠稀切。

文三

豆　部

豆 豆 古食肉器也。从口，象形。凡豆之属皆从豆。徒候切。𣅅，古文豆。
梪 梪 木豆谓之梪。从木、豆。徒候切。
䇺 䇺 蠱也。从豆，烝省声。居隐切。
䇹 䇹 豆属。从豆，卷声。居倦切。
豋 豋 豆饴也。从豆，夗声。一丸切。
䇷 䇷 礼器也。从廾持肉，在豆上。读若镫同。都滕切。

文六　重一

豊　部

豊 豊 行礼之器也。从豆，象形。凡豊之属皆从豊。读与礼同。卢启切。

齹 爵之次弟也。从豊，从弟。《虞书》曰："平齹东作。"直质切。

文二

豐　部

豐(丰) 豆之丰满者也。从豆，象形。一曰：《乡饮酒》有豐侯者。凡豐之属皆从豐。敷戎切。𧯮，古文豐。

豔(艳) 好而长也。从豊。豊，大也。盍声。《春秋传》曰："美而艳。"以赡切。

文二　重一

豊　部

豊 古陶器也。从豆，虍声。凡豊之属皆从豊。许羁切。

號 土鏊也。从豊，号声。读若镐。胡到切。

䖑 器也。从豊、宓，宓亦声。阙。直吕切。

文三

虍　部

虍 虎文也，象形。凡虍之属皆从虍。徐锴曰："象其文章屈曲也。"荒乌切。

虞 驺虞也。白虎黑文，尾长于身。仁兽，食自死之肉。从虍，吴声。《诗》曰："于嗟乎，驺虞。"五俱切。

虑 虎貌。从虍，必声。房六切。

虔 虎行貌。从虍，文声。读若矜。臣铉等曰："文非声，未详。"渠焉切。

虘 虎不柔不信也。从虍，且声。读若鄌县。昨何切。

虖 哮虖也。从虍，乎声。荒乌切。

虐 残也。从虍，虎足反抓人也。鱼约切。𧇾，古文虐如此。

虨 虎文，彪也。从虍，彬声。布还切。

虡（虡）钟鼓之柎也。饰为猛兽。从虍，異，象其下足。其吕切。鐻，虡或从金，豦声。𧆌，篆文虡省。

文九　重三

虎　部

虎　山兽之君。从虍，虎足象人足。象形。凡虎之属皆从虎。呼古切。𧆞，古文虎。𧇂，亦古文虎。

虪　虎声也。从虎，殸声。读若隔。古覈切。

虠　白虎也。从虎，昔省声。读若鼏。莫狄切。

虥　虠属。从虎，去声。臣铉等曰："去非声，未详。"呼滥切。

虦　黑虎也。从虎，儵声。式竹切。

虦　虎窃毛，谓之虦苗。从虎，戋声。窃，浅也。昨闲切。

彪　虎文也。从虎，彡象其文也。甫州切。

虥　虎貌。从虎，义声。鱼废切。

虩　虎貌。从虎，气声。鱼迄切。

虓　虎鸣也。一曰：师子。从虎，九声。许交切。

虨　虎声也。从虎，斤声。语斤切。

虩　《易》："履虎尾虩虩。"恐惧。一曰：蝇虎也。从虎，㫃声。许隙切。

虢　虎所攫画明文也。从虎，寽声。古伯切。

虒　委虒，虎之有角者也。从虎，厂声。息移切。

虩　黑虎也。从虎，腾声。徒登切。

文十五　重二

虣　虐也，急也。从虎，从武。见《周礼》。薄报切。

虪　楚人谓虎为乌虪。从虎，兔声。同都切。

文二新附

虤 部

虤 虎怒也。从二虎。凡虤之属皆从虤。五闲切。

䖒 两虎争声。从虤，从曰。读若愁。臣铉等曰："曰，口气出也。"语巾切。

虦 分别也。从虤对争贝。读若回。胡畎切。

文三

皿 部

皿 饭食之用器也。象形。与豆同意。凡皿之属皆从皿。读若猛。武永切。

盂 饭器也。从皿，于声。羽俱切。

盌(碗) 小盂也。从皿，夗声。乌管切。

盛 黍稷在器中以祀者也。从皿，成声。氏征切。

齍 黍稷在器以祀者。从皿，齐声。即夷切。

盓 小瓯也。从皿，有声。读若灰，一曰若贿。于救切。盓，盓或从右。

䰣(卢) 饭器也。从皿，虍声。洛乎切。䰣，籀文卢。

䀢 器也。从皿，从缶，古声。公户切。

盄 器也。从皿，弔声。止遥切。

盎 盆也。从皿，央声。乌浪切。㼜，盎或从瓦。

盆 盎也。从皿，分声。步奔切。

盨 器也。从皿，宁声。直吕切。

盨 槱盨，负戴器也。从皿，须声。相庾切。

盚 器也。从皿，漻声。古巧切。

盚 械器也。从皿，必声。弥毕切。

醢 酸也。作醢以鬻以酒。从鬻、酒并省，从皿。皿，器也。呼

说文解字

鸡切。

盉 调味也。从皿，禾声。户戈切。

益 饶也。从水、皿，皿益之意也。伊昔切。

盈 满器也。从皿、夃。臣铉等曰："夃，古乎切，益多之义也。古者以买物多得为夃，故从夃。"以成切。

盡(尽) 器中空也。从皿，㶳声。慈刃切。

盅 器虚也。从皿，中声。《老子》曰："道盅而用之。"直弓切。

盍 覆盖也。从皿，㟒声。臣铉等曰："今俗别作㿖，非是。"乌合切。

盇(盇) 仁也。从皿；以食囚也，官溥说。乌浑切。

盥 澡手也。从臼水临皿。《春秋传》曰："奉匜沃盥。"古玩切。

盪(荡) 涤器也。从皿，汤声。徒朗切。

文二十五　重三

盋 盋器，盂属。从皿，友声。或从金，从本。北末切。

文一新附

凵　部

凵 凵卢，饭器，以柳为之。象形。凡凵之属皆从凵。去鱼切。苔，凵或从竹，去声。

文一　重一

去　部

去 人相违也。从大，凵声。凡去之属皆从去。丘据切。

朅 去也。从去，曷声。丘竭切。

䢐 去也。从去，夌声。读若陵。力膺切。

文三

血　部

血 祭所荐牲血也。从皿，一象血形。凡血之属皆从血。呼决切。

158

说文解字弟五上

衁 血也。从血,亡声。《春秋传》曰:"士刲羊,亦无衁也。"呼光切。

衃 凝血也。从血,不声。芳杯切。

衋 气液也。从血,聿声。将邻切。

衄 定息也。从血,甹省声。读若亭。特丁切。

衄 鼻出血也。从血,丑声。女六切。

衊 (脓)肿血也。从血,农省声。奴冬切。膿,俗衊,从肉,农声。

䘓 血醢也。从血,肬声。《礼记》有䘓醢,以牛干脯、梁、䈆、盐、酒也。臣铉等曰:"肬,肉汁滓也,故从肬,肬亦声。"他感切。

䘒 醢也。从血,菹声。侧余切。䘒,䘒或从缶。

衉 以血有所刉涂,祭也。从血,幾声。渠稀切。

衄 忧也。从血,卩声。一曰:鲜少也。徐锴曰:"皿者言忧之切至也。"辛聿切。

衋 伤痛也。从血、聿,䍣声。《周书》曰:"民冈不衋伤心。"许力切。

衉 羊凝血也。从血,台声。苦绀切。衉,衉或从贛。

衁 覆也。从血、大。臣铉等曰:"大象盖覆之形。"胡臘切。

衊 污血也。从血,蔑声。莫结切。

文十五 重三

丶部

丶 有所绝止,丶而识之也。凡丶之属皆从丶。知庾切。

主 镫中火主也。从𠤎,象形;从丶,丶亦声。臣铉等曰:"今俗别作炷,非是。"之庾切。

音 相与语,唾而不受也。从丶,从否,否亦声。天口切。𧮒,音或从豆,从欠。

文三 重一

说文解字弟五　上

说文解字弟五下

汉太尉祭酒　许慎 记
宋右散骑常侍　徐铉等 校定

丹　部

月 丹　巴越之赤石也。象采丹井，一象丹形。凡丹之属皆从丹。都寒切。𠂁，古文丹。彤，亦古文丹。

䚻 䚻　善丹也。从丹，蒦声。《周书》曰："惟其敫丹䚻。"读若雀。乌郭切。

彤 彤　丹饰也。从丹，从彡。彡，其画也。徒冬切。

文三　重二

青　部

青 青　东方色也。木生火，从生、丹。丹青之信，言象然。凡青之属皆从青。仓经切。𤯞，古文青。

静 静　审也。从青，争声。徐锴曰："丹青，明审也。"疾郢切。

文二　重一

井　部

井 井　八家一井，象构韩形；丶，瓮之象也。古者伯益初作井。凡井之属皆从井。子郢切。

𣑑 𣑑　深池也。从井，莹省声。乌迥切。

阱 阱　陷也。从阜，从井，井亦声。疾正切。𨺁，阱或从穴。𣍘，古文阱，从水。

荆 荆　罚罪也。从井，从刀。《易》曰："井，法也。"井亦声。户经切。

刱 刱（创）　造法刱业也。从井，刅声。读若创。初亮切。

皀　部

皀　谷之馨香也。象嘉谷在裹中之形；匕，所以扱之。或说：皀，一粒也。凡皀之属皆从皀。又读若香。皮及切。

即　即食也。从皀，卪声。徐锴曰："即，就也。"子力切。

既　小食也。从皀，旡声。《论语》曰："不使胜食既。"居未切。

皀　饭刚柔不调相著。从皀，一声。读若适。施只切。

文四

鬯　部

鬯　以秬酿鬱艸，芬芳攸服，以降神也。从凵，凵，器也；中象米；匕，所以扱之。《易》曰："不丧匕鬯。"凡鬯之属皆从鬯。丑谅切。

鬱　芳艸也。十叶为贯，百廿贯筑以煮之为鬱。从臼、冖、缶、鬯，彡，其饰也。一曰：鬱鬯，百艸之华，远方鬱人所贡芳艸，合酿之，以降神。鬱，今鬱林郡也。迂勿切。

爵　礼器也。象爵之形，中有鬯酒；又，持之也。所以饮器象爵者，取其鸣节节足足也。即略切。𩰿，古文爵，象形。

䣣　黑黍也。一稃二米，以酿也。从鬯，矩声。其吕切。秬，䣣或从禾。

䢷　列也。从鬯，吏声。读若迅。疏吏切。

文五　重二

食　部

食　一米也。从皀，亼声。或说：亼皀也。凡食之属皆从食。乘力切。

饙　滫饭也。从食，奔声。臣铉等曰："奔音忽，非声，疑奔字之误。"府文切。𩛩，餴或从贲。𩜺，餴或从奔。

𩜺 馏 饭气蒸也。从食，留声。力救切。

𩜈 饪（饪）大孰也。从食，壬声。如甚切。𩛊，古文饪。恁，亦古文饪。

𩜊 饔 孰食也。从食，雍声。於容切。

𩛥 饴（饴）米蘖煎也。从食，台声。与之切。𩜺，籀文饴，从異省。

𩜺 餳（饧）饴和饊者也。从食，昜声。徐盈切。

𩜺 𩛍（䊆）熬稻粻程也。从食，散声。穌旱切。

𩛃 餅（饼）面糍也。从食，并声。必郢切。

𩜺 餈（糍）稻饼也。从食，次声。疾资切。𩛉，餈或从齐。𥻦，餈或从米。

𩜺 饘（饘）糜也。从食，亶声。周谓之饘，宋谓之糊。诸延切。

𩜺 餱（糇）干食也。从食，侯声。《周书》曰："峙乃餱粮。"乎沟切。

𩜺 䬽 餱也。从食，非声。陈楚之间相谒食麦饭曰䬽。非尾切。

𩜺 饎 酒食也。从食，喜声。《诗》曰："可以馈饎。"昌志切。𩛪，饎或从巸。𩜺，饎或从米。

𩜺 饌（馔）具食也。从食，算声。士恋切。籑，饌或从巽。

𩜊 養（养）供养也。从食，羊声。余两切。𢼒，古文养。

𩛊 飯（饭）食也。从食，反声。符万切。

𩛅 飳 杂饭也。从食，丑声。女久切。

𩛂 飤 粮也。从人、食。祥吏切。

𩜺 饡 以羹浇饭也。从食，赞声。则榦切。

𩜺 餘（馀）昼食也。从食，象声。书两切。𩜺，餘或从伤省声。

𩜺 飱（飧）餔也。从夕、食。思魂切。

𩜺 餔 日加申时食也。从食，甫声。博狐切。𩜺，籀文餔，从皿，浦声。

𩜺 餐 吞也。从食，奴声。七安切。湌，餐或从水。

𩜺 餗 叹也。从食，兼声。读若风溓溓。一曰：廉洁也。力盐切。

𩜺 饁（饁）饷田也。从食，盍声。《诗》曰："饁彼南亩。"筠辄切。

𩜺 饟 周人谓饷曰饟。从食，襄声。人漾切。

𩜺 餉（饷）饟也。从食，向声。式亮切。

饋(馈) 饷也。从食，贵声。求位切。

饗(飨) 乡人饮酒也。从食，从乡，乡亦声。许两切。

饛 盛器满貌。从食，蒙声。《诗》曰："有饛簋飧。"莫红切。

飵 楚人相谒食麦曰飵。从食，乍声。在各切。

飵 相谒食麦也。从食，占声。奴兼切。

餛 秦人谓相谒而食麦曰餛䭣。从食，恩声。乌困切。

䭣 餛䭣也。从食，岂声。五困切。

餬(糊) 寄食也。从食，胡声。户吴切。

飶 食之香也。从食，必声。《诗》曰："有飶其香。"毗必切。

䬴(饫) 燕食也。从食，芺声。《诗》曰："饮酒之饫。"依据切。

飽(饱) 猒也。从食，包声。博巧切。𩚹，古文饱，从釆。䬃，亦古文饱，从卯声。

餇 猒也。从食，肙声。乌玄切。

饒(饶) 饱也。从食，尧声。如昭切。

餘(余) 饶也。从食，余声。以诸切。

餀 食臭也。从食，艾声。《尔雅》曰："餀谓之喙。"呼艾切。

餞(饯) 送去也。从食，戋声。《诗》曰："显父饯之。"才线切。

餫 野馈曰餫。从食，军声。王问切。

館(馆) 客舍也。从食，官声。《周礼》：五十里有市，市有馆，馆有积，以待朝聘之客。古玩切。

饕 贪也。从食，號声。土刀切。叨，饕或从口，刀声。㺉，籀文饕，从号省。

餮(餮) 贪也。从食，殄省声。《春秋传》曰："谓之饕餮。"他结切。

饖 饭伤热也。从食，岁声。於废切。

饐 饭伤湿也。从食，壹声。乙冀切。

餲 饭餲也。从食，曷声。《论语》曰："食饐而餲。"乙例切，又乌介切。

饑(饥) 谷不孰为饑。从食，幾声。居衣切。

饉 饉(馑) 蔬不孰为饉。从食,堇声。渠吝切。

䭃 䭃 饥也。从食,尼声。读若楚人言恚人。於革切。

餧 餧 饥也。从食,委声。一曰:鱼败曰餧。奴罪切。

飢 飢(饥) 饿也。从食,几声。居夷切。

餓 餓(饿) 饥也。从食,我声。五个切。

餽 餽 吴人谓祭曰餽。从食,从鬼,鬼亦声。俱位切,又音馈。

餟 餟 祭酹也。从食,叕声。陟卫切。

䬦 䬦 小餟也。从食,兑声。输芮切。

䬴 䬴 马食谷多,气流四下也。从食,夌声。里甑切。

䬒 䬒(秣) 食马谷也。从食,末声。莫拨切。

文六十二　重十八

餕 餕 食之余也。从食,夋声。子陵切。

餻 餻(糕) 饵属。从食,羔声。古牢切。

文二新附

人　部

人 人 三合也。从入、一,象三合之形。凡人之属皆从人。读若集。秦入切。臣铉等曰:"此疑只象形,非从入、一也。"

合 合 合口也。从人,从口。候阁切。

僉 僉(佥) 皆也。从人,从吅,从从。《虞书》曰:"佥曰伯夷。"七廉切。

侖 侖(仑) 思也。从人,从册。力屯切。侖,籀文仑。

今 今 是时也。从人,从㇇,㇇古文及。居音切。

舍 舍 市居曰舍。从人、屮,象屋也;口,象筑也。始夜切。

文六　重一

會　部

會 會(会) 合也。从人,从曾省。曾,益也。凡会之属皆从会。黄外切。
𠓝,古文会如此。

䢌 䢌 益也。从会，卑声。符支切。

曟 曟 日月合宿从辰。从会，从辰，辰亦声。植邻切。

文三 重一

倉　部

倉 倉(仓) 谷藏也。仓黄取而藏之，故谓之仓。从食省；口，象仓形。凡仓之属皆从仓。七冈切。仝，奇字仓。

牄 牄 鸟兽来食声也。从仓，爿声。《虞书》曰："鸟兽牄牄。"七羊切。

文二 重一

入　部

入 入 内也。象从上俱下也。凡入之属皆从入。人汁切。

内 内 入也。从口，自外而入也。奴对切。

凷 凷 入山之深也。从山，从入。阙。鉏箴切。

糴 糴(籴) 市谷也。从入，从䊮。徒历切。

仝 仝(全) 完也。从入，从工。疾缘切。全，篆文仝，从玉。纯玉曰全。𠉹，古文仝。

从 从 二入也。"两"从此。阙。良奖切。

文六 重二

缶　部

缶 缶 瓦器。所以盛酒浆。秦人鼓之以节歌。象形。凡缶之属皆从缶。方九切。

𦈢 𦈢 未烧瓦器也。从缶，殻声。读若筩莩。又苦候切。

匋 匋 瓦器也。从缶，包省声。古者昆吾作匋。案《史篇》读与缶同。徒刀切。

罂 罂(罂) 缶也。从缶，賏声。乌茎切。

罊 小口罌也。从缶，巫声。池伪切。

瓿 小缶也。从缶，音声。蒲候切。

缾(瓶) 瓮也。从缶，并声。薄经切。甁，缾或从瓦。

罋(瓮) 汲瓶也。从缶，雝声。乌贡切。

𦉥 下平缶也。从缶，乏声。读若嵒。土盍切。

罃(罃) 备火，长颈瓶也。从缶，荧省声。乌茎切。

缸 瓦也。从缶，工声。下江切。

𦈢 瓦器也。从缶，或声。于逼切。

𦉢 瓦器也。从缶，薦声。作甸切。

䍃(䍃) 瓦器也。从缶，肉声。臣铉等曰："当从肉省乃得声。"以周切。

𦉞 瓦器也。从缶，需声。郎丁切。

𦈧 缺也。从缶，占声。都念切。

缺 器破也。从缶，决省声。倾雪切。

罅 裂也。从缶，虖声。缶烧善裂也。呼讶切。

罄 器中空也。从缶，殸声。殸，古文磬字。《诗》云："瓶之罄矣。"苦定切。

罊 器中尽也。从缶，㱃声。苦计切。

𦈢 受钱器也。从缶，后声。古以瓦，今以竹。大口切，又胡讲切。

文二十一　重一

罐 器也。从缶，雚声。古玩切。

文一新附

矢　部

矢 弓弩矢也。从入，象镝栝羽之形。古者夷牟初作矢。凡矢之属皆从矢。式视切。

躳(射) 弓弩发于身而中于远也。从矢，从身。食夜切。䠶，篆文躳，从寸。寸，法度也，亦手也。

矯(矫) 揉箭箝也。从矢，乔声。居夭切。

矰 䠶躳矢也。从矢,曾声。作滕切。

侯 春飨所䠶侯也。从人;从厂,象张布;矢在其下。天子射熊、虎、豹,服猛也;诸侯射熊、豕、虎;大夫射麋,麋,惑也;士射鹿、豕,为田除害也。其祝曰:"毋若不宁侯,不朝于王所,故伉而射汝也。"乎沟切。厌,古文侯。

矡 伤也。从矢,易声。式阳切。

短 有所长短,以矢为正。从矢,豆声。都管切。

矤（矧） 况也,词也。从矢,引省声。从矢,取词之所之,如矢也。式忍切。

知 词也。从口,从矢。陟离切。

矣 语已词也。从矢,以声。于已切。

文十 重二

矮 短人也。从矢,委声。乌蟹切。

文一新附

高　部

高 崇也。象台观高之形。从冂、口。与仓、舍同意。凡高之属皆从高。古牢切。

高（庼） 小堂也。从高省,回声。去颖切。廎,高或从广,顷声。

亭 民所安定也。亭有楼。从高省,丁声。特丁切。

亳 京兆杜陵亭也。从高省,乇声。旁各切。

文四 重一

冂　部

冂 邑外谓之郊,郊外谓之野,野外谓之林,林外谓之冂。象远界也。凡冂之属皆从冂。古荧切。冋,古文冂,从口,象国邑。坰,冋或从土。

市 买卖所之也。市有垣,从冂;从乁,乁,古文及,象物相及

㽝 㒫 淫淫，行貌。从人出门。余箴切。

夾 央 中央也。从大在冂之内。大，人也。央、旁同意。一曰：久也。於良切。

㠑 雈 高至也。从隹上欲出门。《易》曰："夫乾雈然。"胡沃切。

文五　重二

𠆢　部

𠆢 𠆢 度也，民所度居也。从回，象城𠆢之重，两亭相对也。或但从口。音韦。凡𠆢之属皆从𠆢。古博切。

𠆢 㱿 缺也。古者城阙其南方谓之㱿。从𠆢、缺省。读若拔物为决引也。倾雪切。

文二

京　部

京 京 人所为绝高丘也。从高省，丨象高形。凡京之属皆从京。举卿切。

就 就 就高也。从京，从尤。尤异于凡也。疾僦切。𠅥，籀文就。

文二　重一

𠅢　部

𠅢 𠅢(享) 献也。从高省，曰，象进孰物形。《孝经》曰："祭则鬼𠅢之。"凡𠅢之属皆从𠅢。许两切，又普庚切，又许庚切。𠅣，篆文𠅢。

𦎫 𦎫 孰也。从𠅢，从羊。读若纯。一曰：鬻也。常伦切。𦎧，篆文𦎫。

𥫗 𥫗 厚也。从𠅢，竹声。读若笃。冬毒切。

𠅣 𠅣 用也。从𠅢，从自。自知臭香所食也。读若庸。余封切。

168

文四　重二

𨐓　部

𨐓　厚也。从反亯。凡𨐓之属皆从𨐓。徐锴曰："亯者进上也，以进上之具反之于下，则厚也。"胡口切。

覃　长味也。从𨐓、鹹省声。《诗》曰："实覃实吁。"徒含切。𢍜，古文覃。𣍘，篆文覃省。

厚　山陵之厚也。从𨐓，从厂。胡口切。𡊽，古文厚，从后、土。

文三　重三

畗　部

畗（福）　满也。从高省，象高厚之形。凡畗之属皆从畗。读若伏。芳逼切。

良　善也。从畗省，亡声。徐锴曰："良，甚也，故从畗。"吕张切。𣌴，古文良。𠄨，亦古文良。𠅙，亦古文良。

文二　重三

㐭　部

㐭（廪）　谷所振入。宗庙粢盛，仓黄㐭而取之，故谓之㐭。从入；回象屋形，中有户牖。凡㐭之属皆从㐭。力甚切。廩，㐭或从广，从禾。

稟（禀）　赐谷也。从㐭，从禾。笔锦切。

亶　多谷也。从㐭，旦声。多旱切。

啚　嗇也。从口、㐭。㐭，受也。方美切。𠚇，古文啚如此。

文四　重二

嗇　部

嗇（啬）　爱濇也。从来，从㐭。来者，㐭而藏之，故田夫谓之嗇夫。

说文解字

凡啬之属皆从啬。所力切。䎼,古文啬,从田。

牆 牆(墙) 垣蔽也。从啬,爿声。才良切。䊪,籀文从二禾。䉪,籀文亦从二来。

文二　重三

來　部

來 來(来) 周所受瑞麦来麰。一来二缝,象芒束之形。天所来也,故为行来之来。《诗》曰:"诒我来麰。"凡来之属皆从来。洛哀切。

麳 麳 《诗》曰:"不麳不来。"从来,矣声。床史切。徠,麳或从彳。

文二　重一

麥　部

麥 麥(麦) 芒谷,秋穜厚薶,故谓之麦。麦,金也。金王而生,火王而死。从来,有穗者;从夊。凡麦之属皆从麦。臣铉等曰:"夊,足也,周受瑞麦来麰,如行来,故从夊。"莫获切。

麰 麰 来麰,麦也。从麦,牟声。莫浮切。䜮,麰或从艸。

䴬 䴬 坚麦也。从麦,气声。乎没切。

䴢 䴢 小麦屑之覈。从麦,肖声。稣果切。

䵃 䵃 磨麦也。从麦,差声。一曰:擣也。昨何切。

麩 麩(麸) 小麦屑皮也。从麦,夫声。甫无切。䴰,麩或从甫。

麪 麪(面) 麦末也。从麦,丏声。弥箭切。

䴵 䴵 麦覈屑也。十斤为三斗。从麦,啻声。直只切。

䵒 䵒 煮麦也。从麦,豐声。读若冯。敷戎切。

䴼 䴼 麦甘鬻也。从麦,去声。丘据切。

䵆 䵆 饼𪎩也。从麦,𣪊声。读若库。空谷切。

䵊 䵊 饼𪎩也。从麦,穴声。户八切。

䵂 䵂 饼𪎩也。从麦,才声。昨哉切。

文十三　重二

夊　部

夊　行迟曳夊夊。象人两胫有所躧也。凡夊之属皆从夊。楚危切。

夋　行夋夋也。一曰：倨也。从夊，允声。七伦切。

复　行故道也。从夊，畐省声。房六切。

夌　越也。从夊，从㘨。㘨，高也。一曰：夌偙也。力膺切。

致　送诣也。从夊，从至。陟利切。

憂（忧）　和之行也。从夊，惪声。《诗》曰："布政忧忧。"於求切。

愛（爱）　行貌。从夊，㤅声。乌代切。

夏　行夏夏也。从夊，阒读若仆。又卜切。

夒　踄也，舞也。乐有章。从章，从夅，从夊。《诗》曰："夒夒舞我。"苦感切。

夏　㺿盖也。象皮包覆㺿，下有两臂，而夊在下。读若范。亡范切。

夏　中国之人也。从夊，从页，从臼。臼，两手；夊，两足也。胡雅切。𩓣，古文夏。

畟　治稼畟畟进也。从田、人，从夊。《诗》曰："畟畟良耜。"初力切。

夎　敛足也。鹊鴲丑，其飞也夎。从夊，凶声。子红切。

夒　贪兽也。一曰：母猴，似人。从页，巳、止、夊，其手足。臣铉等曰："巳、止皆象形也。"奴刀切。

夔　神魖也。如龙，一足，从夊；象有角、手、人面之形。渠追切。

文十五　重一

夎　拜失容也。从夊，坐声。则卧切。

文一新附

舛　部

舛　对卧也。从夊、丫相背。凡舛之属皆从舛。昌兖切。踳，杨雄说：舛从足、春。

舞 舞 乐也。用足相背，从舛，無声。文抚切。翻，古文舞，从羽、亡。

𦦵 𦦵(辖) 车轴耑键也。两穿相背，从舛，𥜥省声。𥜥，古文偰字。胡戛切。

文三 重二

舜　部

舜 舜 艸也。楚谓之葍，秦谓之𧃬。蔓地连华。象形。从舛，舛亦声。凡舜之属皆从舜。舒闰切。今隶变作舜。𦭝，古文舜。

𦯎 𦯎 华荣也。从舜，生声。读若皇。《尔雅》曰："𦯎，华也。"户光切。𦴿，𦯎或从艸、皇。

文二 重二

韋　部

韋 韋(韦) 相背也。从舛，口声。兽皮之韦，可以束枉戾相韦背，故借以为皮韦。凡韦之属皆从韦。宇非切。𩒀，古文韦。

韠 韠 韍也，所以蔽前。以韦，下广二尺，上广一尺，其颈五寸。一命缊韠，再命赤韠。从韦，毕声。卑吉切。

韎 韎 茅搜染韦也。一入曰韎。从韦，末声。莫佩切。

韢 韢 橐纽也。从韦，惠声。一曰：盛虏头橐也。徐锴曰："谓战伐以盛首级。"胡计切。

韜 韜(韬) 剑衣也。从韦，舀声。土刀切。

韝 韝 射臂决也。从韦，冓声。古侯切。

韘 韘 射决也。所以拘弦，以象骨，韦系，著右巨指。从韦，枼声。《诗》曰："童子佩韘。"失涉切。𩎕，韘或从弓。

韣 韣 弓衣也。从韦，蜀声。之欲切。

韔 韔 弓衣也。从韦，长声。《诗》曰："交韔二弓。"丑亮切。

韛 韛 履也。从韦，段声。乎加切。

鍜 鞔 履后帖也。从韦，段声。徒玩切。䋺，鞔或从糸。
鞁 韤(袜) 足衣也。从韦，蔑声。臣铉等曰："今俗作韈，非是。"望发切。
鞞 鞞 軶裹也。从韦，專声。匹各切。
鞪 鞪 革中辨谓之鞪。从韦，共声。九万切。

韇 韇 收束也。从韦，糔声。读若酋。臣铉等曰："糔，侧角切，声不相近，未详。"即由切。韇，韇或从要。𩏑，韇或从秋、手。

韩 韓(韩) 井垣也。从韦，取其帀也。倝声。胡安切。

文十六 重五

韌 韌(韧) 柔而固也。从韦，刃声。而进切。

文一新附

弟 部

弟 弟 韦束之次弟也。从古字之象。凡弟之属皆从弟。特计切。𢎨，古文弟，从古文韦省，丿声。

䍽 䍽 周人谓兄曰䍽。从弟，从眔。臣铉等曰："眔，目相及也。兄弟亲比之义。"古魂切。

文二 重一

夂 部

夂 夂 从后至也。象人两胫后有致之者。凡夂之属皆从夂。读若黹。陟侈切。

夆 夆 相遮要害也。从夂，丰声。南阳新野有夆亭。乎盖切。

夆 夆 悟也。从夂，丰声。读若缝。敷容切。

夅 夅 服也。从夂、午相承，不敢并也。下江切。

夃 夃 秦以市买多得为夃。从乃，从夂，益至也。从乃。《诗》曰："我夃酌彼金罍。"臣铉等曰：乃，难意也。"古乎切。

夂 夂 跨步也。从反夂。䟳从此。苦瓦切。

文六

久　部

久　从后灸之。象人两胫后有距也。《周礼》曰："久诸墙以观其桡。"凡久之属皆从久。举友切。

文一

桀　部

桀　磔也。从舛在木上也。凡桀之属皆从桀。渠列切。
磔　辜也。从桀，石声。陟格切。
乘　覆也。从入、桀，桀，黠也。军法曰乘。食陵切。𠅞，古文乘，从几。

文三　重一

说文解字弟五　下

说文解字弟六上

汉太尉祭酒　许慎 记
宋右散骑常侍　徐铉等 校定

二十五部　七百五十三文　重六十一　凡九千四百四十三字
文二十新附

木　部

木　冒也。冒地而生。东方之行。从屮,下象其根。凡木之属皆从木。徐锴曰:"屮者,木始甲拆,万物皆始于微,故木从屮。"莫卜切。

橘　果。出江南。从木,矞声。居聿切。

橙　橘属。从木,登声。丈庚切。

柚　条也。似橙而酢。从木,由声。《夏书》曰:"厥包橘柚。"余救切。

樝　果,似梨而酢。从木,虘声。侧加切。

棃（梨）　果名。从木,㒳声。㒳,古文利。力脂切。

樗　枣也,似柿。从木,粤声。以整切。

柿　赤实果。从木,𣎵声。鉏里切。

枏　梅也。从木,冄声。汝阎切。

梅　枏也。可食。从木,每声。莫桮切。楳,或从某。

杏　果也。从木,可省声。何梗切。

柰　果也。从木,示声。奴带切。

李　果也。从木,子声。良止切。杍,古文。

桃　果也。从木,兆声。徒刀切。

楸　冬桃。从木,敄声。读若髦。莫候切。

亲（榛）　果。实如小栗。从木,辛声。《春秋传》曰:"女挚不过亲

175

栗。"侧诜切。

楷 木也。孔子冢盖树之者。从木，皆声。苦骇切。
梫 桂也。从木，侵省声。七荏切。
桂 江南木，百药之长。从木，圭声。古惠切。
棠 牡曰棠，牝曰杜。从木，尚声。徒郎切。
杜 甘棠也。从木，土声。徒古切。
槢 木也。从木，习声。似入切。
樿 木也。可以为栉。从木，单声。旨善切。
榬 木也。可屈为杅者。从木，韦声。于鬼切。
楢 柔木也。工官以为耎轮。从木，酋声。读若糗。以周切。
栁 槢椐木也。从木，邛声。渠容切。
榆 毋杶也。从木，仑声。读若《易》卦屯。陟伦切。
楈 木也。从木，胥声。读若芟刈之芟。私间切。
柍 梅也。从木，央声。一曰：江南橦材，其实谓之柍。於京切。
樑 木也。从木，癸声。又，度也。求癸切。
梏 木也。从木，告声。读若皓。古老切。
椆 木也。从木，周声。读若叫。职留切。
樕 朴樕，木。从木，欶声。桑谷切。
欒 木也。从木，䜌声。羊皮切。
岑 青皮木。从木，岑声。子林切。枡，或从寎省。寎，籀文寝。
棳 木也。从木，叕声。益州有棳县。职说切。
虢 木也。从木，虢省声。乎刀切。
棪 遬其也。从木，炎声。读若三年导服之导。以冉切。
椯 木也。从木，湍声。市缘切。
椋 即来也。从木，京声。吕张切。
檍 杶也。从木，意声。於力切。
檓 木也。从木，费声。房未切。
樗 木也。从木，虖声。丑居切。

楀 木也。从木，禹声。王矩切。

藁 木也。从木，䕻声。力轨切。𥤚，籀文。

栮 赤栮也。从木，夷声。《诗》曰："隰有杞栮。"以脂切。

枅 枅桐也。从木，并声。府盈切。

椶 枅桐也。可作䈽。从木，㚇声。子红切。

檟（槚）楸也。从木，贾声。《春秋传》曰："树六檟于蒲圃。"古雅切。

椅 梓也。从木，奇声。於离切。

梓 楸也。从木，宰省声。即里切。榟，或不省。

楸 梓也。从木，秋声。七由切。

檵 梓属。大者可为棺椁，小者可为弓材。从木，啻声。於力切。

柀 榝也。从木，皮声。一曰：折也。甫委切。

㯅（杉）木也。从木，䊷声。臣铉等曰："今俗作杉，非是。"所衔切。

榛 木也。从木，秦声。一曰：菆也。侧诜切。

㭒 山枢也。从木，𡰪声。苦浩切。

杶 木也。从木，屯声。《夏书》曰："杶、榦、栝、柏。"敕伦切。櫄，或从熏。杻，古文杶。

櫄 杶也。从木，筍声。相伦切。

桵 白桵，棫。从木，妥声。臣铉等曰："当从绥省。"儒佳切。

棫 白桵也。从木，或声。于逼切。

㮒 木也。从木，息声。相即切。

椐 樻也。从木，居声。九鱼切。

樻 椐也。从木，贵声。求位切。

栩 柔也。从木，羽声。其皁，一曰：样。况羽切。

柔 栩也。从木，予声。读若杼。直吕切。

樣（样）栩实。从木，羕声。徐两切。

杙 刘，刘杙。从木，弋声。与职切。

枇 枇杷，木也。从木，比声。房脂切。

桔 桔梗，药名。从木，吉声。一曰：直木。古屑切。

柞　木也。从木,乍声。在各切。

枰　木,出橐山。从木,乎声。他乎切。

榗　木也。从木,晋声。《书》曰:"竹箭如榗。"子善切。

樣　栩也。从木,羕声。《诗》曰:"隰有树樣。"徐醉切。

椴　木,可作床几。从木,段声。读若贾。古雅切。

櫘　木也。从木,惠声。胡计切。

楛　木也。从木,苦声。《诗》曰:"榛楛济济。"侯古切。

榽　木也。可以为大车轴。从木,齐声。祖鸡切。

扔　木也。从木,乃声。读若仍。如乘切。

櫇　木也。从木,频声。符真切。

樲　酸枣也。从木,貳声。而至切。

樸　枣也。从木,仆声。博木切。

橪　酸小枣。从木,然声。一曰:染也。人善切。

柅　木也。实如梨。从木,尼声。女履切。

梢　木也。从木,肖声。所交切。

樑　木也。从木,隶声。郎计切。

桴　木也。从木,孚声。力辍切。

梭　木也。从木,夋声。臣铉等曰:"今人别音稣禾切,以为机杼之属。"私闰切。

榈　木也。从木,毕声。卑吉切。

楋　木也。从木,剌声。卢达切。

枸　木也。可为酱。出蜀。从木,句声。俱羽切。

樜　木。出发鸠山。从木,庶声。之夜切。

枋　木。可作车。从木,方声。府良切。

橿　枋也。从木,畺声。一曰:鉏柄名。居良切。

樗　木也。以其皮裹松脂。从木,雩声。读若华。乎化切。櫋,或从蔢。

檗　黄木也。从木,辟声。博厄切。

枌 香木也。从木,分声。抚文切。

樧 似茱萸。出淮南。从木,杀声。所八切。

械 木。可作大车轙。从木,戚声。子六切。

楊(杨) 木也。从木,易声。与章切。

檉(柽) 河柳也。从木,聖声。敕贞切。

柳 小杨也。从木,丣声。丣,古文酉。力九切。

枒 大木。可为鉏柄。从木,丂声。详遵切。

欒(栾) 木。似栏。从木,䜌声。《礼》:天子树松,诸侯柏,大夫栾,士杨。洛官切。

栘 棠棣也。从木,多声。弋支切。

棣 白棣也。从木,隶声。特计切。

枳 木。似橘。从木,只声。诸氏切。

楓(枫) 木也。厚叶,弱枝,善摇。一名櫄。从木,风声。方戎切。

權(权) 黄华木。从木,雚声。一曰:反常。巨员切。

柜 木也。从木,巨声。其吕切。

槐 木也。从木,鬼声。户恢切。

縠 楮也。从木,殻声。古禄切。

楮 縠也。从木,者声。丑吕切。柠,楮或从宁。

檵 枸杞也。从木,继省声。一曰:监木也。古诣切。

杞 枸杞也。从木,己声。墟里切。

枒 木也。从木,牙声。一曰:车辋会也。五加切。

檀 木也。从木,亶声。徒干切。

櫟(栎) 木也。从木,乐声。郎击切。

梂 栎实。一曰:凿首。从木,求声。巨鸠切。

棘 木也。从木,朿声。郎电切。

檿 山桑也。从木,厌声。《诗》曰:"其檿其柘。"於琰切。

柘 桑也。从木,石声。之夜切。

榝 木。可为杖。从木,郄声。亲吉切。

櫺 櫺味，稔枣。从木，还声。似沿切。

梧 梧桐，木。从木，吾声。一名櫬。五胡切。

榮（荣） 桐木也。从木，熒省声。一曰：屋梠之两头起者为荣。永兵切。

桐 荣也。从木，同声。徒红切。

橎 木也。从木，番声。读若樊。附袁切。

榆 榆，白枌。从木，俞声。羊朱切。

枌 榆也。从木，分声。扶分切。

梗 山枌榆。有朿，莢可为芜荑者。从木，更声。古杏切。

樵 散也。从木，焦声。昨焦切。

松 木也。从木，公声。祥容切。䆝，松或从容。

槾 松心木。从木，萬声。莫奔切。

檜（桧） 柏叶松身。从木，会声。古外切。

樅（枞） 松叶柏身。从木，从声。七恭切。

柏 鞠也。从木，白声。博陌切。

机 木也。从木，几声。居履切。

枯 木也。从木，占声。息廉切。

桻 木也。从木，弄声。益州有桻栋县。卢贡切。

楰 鼠梓木。从木，臾声。《诗》曰："北山有楰。"羊朱切。

桅 黄木。可染者。从木，危声。过委切。

枌 桎枌也。从木，刃声。而震切。

樫 榙樫，木也。从木，遝声。徒合切。

榙 榙樫。果似李。从木，荅声。读若䣛。土合切。

某 酸果也。从木，从甘。闕。莫厚切。槑，古文某，从口。

櫾 昆仑河隅之长木也。从木，繇声。以周切。

樹（树） 生植之总名。从木，尌声。常句切。尌，籀文。

本 木下曰本。从木，一在其下。徐锴曰："一，记其处也。本、末、朱皆同义。"布忖切。楍，古文。

柢 木根也。从木，氐声。都礼切。

朱 赤心木。松柏属。从木，一在其中。章俱切。

根 木株也。从木，艮声。古痕切。

株 木根也。从木，朱声。陟输切。

末 木上曰末。从木，一在其上。莫拨切。

樱 细理木也。从木，畟声。子力切。

果 木实也。从木，象果形在木之上。古火切。

樏 木实也。从木，絫声。力追切。

杈 枝也。从木，叉声。初牙切。

枝 木别生条也。从木，支声。章移切。

朴 木皮也。从木，卜声。匹角切。

條(条) 小枝也。从木，攸声。徒辽切。

枚 榦也。可为杖。从木，从攴。《诗》曰："施于条枚。"莫杯切。

桀 槎识也。从木、㦰。阙。《夏书》曰："随山桀木。"读若刊。苦寒切。茾，篆文从开。

欙 木叶榶白也。从木，聂声。之涉切。

栠 弱貌。从木，任声。如甚切。

枖 木少盛貌。从木，夭声。《诗》曰："桃之枖枖。"於乔切。

槙 木顶也。从木，真声。一曰：仆木也。都年切。

梃 一枚也。从木，廷声。徒顶切。

㯱 众盛也。从木，驫声。《逸周书》曰："疑沮事。"阙。所臻切。

標(标) 木杪末也。从木，票声。敷沼切。

杪 木标末也。从木，少声。亡沼切。

朵 树木垂朵朵也。从木，象形。此与采同意。丁果切。

桹 高木也。从木，良声。鲁当切。

橺 大木貌。从木，閒声。古限切。

枵 木根也。从木，号声。《春秋传》曰："岁在玄枵。"玄枵，虚也。许娇切。

㰠 树摇貌。从木，召声。止摇切。

摇 树动也。从木，䍃声。余昭切。

樛 下句曰樛。从木，翏声。吉虬切。

朻 高木也。从木，丩声。吉虬切。

枉 衺曲也。从木，㞷声。迂往切。

橈(桡) 曲木。从木，尧声。女教切。

扶 扶疏，四布也。从木，夫声。防无切。

橢 木橢施。从木，旖声。贾侍中说：橢即椅木，可作琴。於离切。

朴 相高也。从木，小声。私兆切。

榾 高貌。从木，𣪠声。呼骨切。

槮 木长貌。从木，参声。《诗》曰："槮差荇菜。"所今切。

梴 长木也。从木，延声。《诗》曰："松桷有梴。"丑连切。

橚 长木貌。从木，肃声。山巧切。

杕 树貌。从木，大声。《诗》曰："有杕之杜。"特计切。

橐 木叶陊也。从木，㲃声。读若薄。他各切。

格 木长貌。从木，各声。古百切。

槸 木相摩也。从木，埶声。鱼祭切。槸，槸或从艸。

枯 槁也。从木，古声。《夏书》曰："唯箘、簵、枯。"木名也。苦孤切。

槀(槁) 木枯也。从木，高声。苦浩切。

樸(朴) 木素也。从木，菐声。匹角切。

楨(桢) 刚木也。从木，贞声。上郡有桢林县。陟盈切。

柔 木曲直也。从木，矛声。耳由切。

柝 判也。从木，斥声。《易》曰："重门击柝。"他各切。

朸 木之理也。从木，力声。平原有朸县。卢则切。

材 木梃也。从木，才声。昨哉切。

柴 小木散材。从木，此声。臣铉等曰："师行野次，竖散木为区落，名曰柴篱。后人语讹，转入去声，又别作寨字，非是。"士佳切。

榑 榑桑，神木，日所出也。从木，尃声。防无切。

杲 明也。从日在木上。古老切。

杳 冥也。从日在木下。乌皎切。

榭 角械也。从木,谢声。一曰:木下白也。其逆切。

栽 筑墙长版也。从木,𢦏声。《春秋传》曰:"楚围蔡,里而栽。"昨代切。

築(筑) 捣也。从木,筑声。陟玉切。𥱼,古文。

榦(干) 筑墙耑木也。从木,倝声。臣铉等曰:"今别作幹,非是。矢榦亦同。"古案切。

檥 榦也。从木,义声。鱼羁切。

構(构) 盖也。从木,冓声。杜林以为椽桷字。古后切。

模 法也。从木,莫声。读若嫫母之嫫。莫胡切。

桴 栋名。从木,孚声。附柔切。

棟(栋) 极也。从木,东声。多贡切。

極(极) 栋也。从木,亟声。渠力切。

柱 楹也。从木,主声。直主切。

楹 柱也。从木,盈声。《春秋传》曰:"丹桓宫楹。"以成切。

樘 衺柱也。从木,堂声。臣铉等曰:"今俗别作撑,非是。"丑庚切。

楮 柱砥。古用木,今以石。从木,耆声。《易》:"楮恒凶。"章移切。

榕 樽栌也。从木,咨声。子结切。

欂 壁柱。从木,薄省声。弼戟切。

櫨(栌) 柱上柎也。从木,卢声。伊尹曰:"果之美者,箕山之东,青凫之所,有栌橘焉。夏孰也。"一曰:宅栌,木,出弘农山也。落胡切。

枅 屋栌也。从木,开声。古兮切。

栵 栭也。从木,列声。《诗》曰:"其灌其栵。"良辥切。

栭 屋枅上标。从木,而声。《尔雅》曰:"栭谓之格。"如之切。

檼 棼也。从木,㥯声。於靳切。

橑 橡也。从木，尞声。卢浩切。

桷 榱也。椽方曰桷。从木，角声。《春秋传》曰："刻桓宫之桷。"古岳切。

椽 榱也。从木，彖声。直专切。

榱 秦名为屋椽，周谓之榱，齐鲁谓之桷。从木，衰声。所追切。

楣 秦名屋櫋联也。齐谓之檐，楚谓之梠。从木，眉声。武悲切。

梠 楣也。从木，吕声。力举切。

㮰 梠也。从木，毘声。读若枇杷之枇。房脂切。

櫋 屋櫋联也。从木，边省声。武延切。

檐 㮰也。从木，詹声。臣铉等曰："今俗作簷，非是。"余廉切。

樀 屋梠前也。从木，啻声。一曰：蚕槌。徒含切。

樀 户樀也。从木，啻声。《尔雅》曰："檐谓之樀。"读若滴。都历切。

植 户植也。从木，直声。常职切。㯰，或从置。

枢(枢) 户枢也。从木，区声。昌朱切。

槏 户也。从木，兼声。苦减切。

楼(楼) 重屋也。从木，娄声。洛侯切。

龒 房室之疏也。从木，龙声。卢红切。

楯 阑楯也。从木，盾声。食允切。

檽 楯间子也。从木，需声。郎丁切。

㝱 栋也。从木，亡声。《尔雅》曰："㝱廇谓之梁。"武方切。

梀 短椽也。从木，束声。丑录切。

杇 所以涂也。秦谓之杇，关东谓之槾。从木，亏声。哀都切。

槾 杇也。从木，曼声。母官切。

椳 门枢谓之椳。从木，畏声。乌恢切。

楣 门枢之横梁。从木，冒声。莫报切。

梱 门橛也。从木，困声。苦本切。

楔 限也。从木，屑声。先结切。

柤 木闲。从木，且声。侧加切。

槍(枪) 歫也。从木，仓声。一曰：枪，欀也。七羊切。

楗 限门也。从木，建声。其献切。

櫼 楔也。从木，韱声。子廉切。

楔 櫼也。从木，契声。先结切。

栅 编树木也。从木，从册，册亦声。楚革切。

杝 落也。从木，也声。读若他。池尒切。

欜 夜行所击者。从木，橐声。《易》曰："重门击欜。"他各切。

桓 亭邮表也。从木，亘声。胡官切。

楃 木帐也。从木，屋声。於角切。

橦 帐极也。从木，童声。宅江切。

杠 床前横木也。从木，工声。古双切。

桯 床前几。从木，呈声。他丁切。

桱 桱桯也。东方谓之荡。从木，巠声。古零切。

牀(床) 安身之坐者。从木，爿声。徐锴曰："《左传》蔿子冯诈病，掘地下冰而牀焉，至于恭坐则席也。故从爿，爿则疒之省，象人袤身有所倚箸。至于墙、壮、戕、状之属，并当从床省声。李阳冰言：木右为片，左为爿，音墙。且《说文》无爿字，其书亦异，故知其妄。仕庄切。

枕 卧所荐首者。从木，冘声。章衽切。

械 械㯉，裹器也。从木，戒声。於非切。

櫝(椟) 匮也。从木，賣声。一曰：木名。又曰：大梡也。徒谷切。

櫛(栉) 梳比之总名也。从木，节声。阻瑟切。

梳 理发也。从木，疏省声。所菹切。

柙 剑柙也。从木，合声。胡甲切。

槈 薅器也。从木，辱声。奴豆切。鎒，或从金。

枽 朿，舌也。从木；入，象形；胅声。举朱切。

朿 两刃臿也。从木；八，象形。宋魏曰：朿也。互瓜切。銛，或从金，从于。

相（耜）臿也。从木，㠯声。一曰：徙土輂，齐人语也。臣铉等曰："今俗作耜。"详里切。𣞶，或从里。

柏 耒耑也。从木，台声。弋之切。𨮜，或从金。𣟴，籀文，从辞。

楎 六叉犁。一曰：犁上曲木，梨辕。从木，军声。读若浑天之浑。户昆切。

櫌 摩田器。从木，憂声。《论语》曰："櫌而不辍。"於求切。

欘 斫也。齐谓之鎡錤。一曰：斤柄，性自曲者。从木，属声。陟玉切。

橦 斫谓之橦。从木，箸声。张略切。

杷 收麦器。从木，巴声。蒲巴切。

杸 种楼也。一曰：烧麦柃杸。从木，役声。与辟切。

柃 木也。从木，令声。郎丁切。

柫 击禾连枷也。从木，弗声。敷勿切。

枷 柫也。从木，加声。淮南谓之柍。古牙切。

杵 舂杵也。从木，午声。昌与切。

㮺（概）㪣斗斛。从木，既声。工代切。

㰴 平也。从木，气声。古没切。

㮣 木参交以枝炊篡者也。从木，省声。读若骊驾。臣铉等曰："骊驾，未详。"所绶切。

枱 《礼》有枱。枱，匕也。从木，四声。息利切。

桮（杯）䚇也。从木，否声。布回切。𣡌，籀文桮。

槃（盘）承槃也。从木，般声。薄官切。鎜，古文从金。盤，籀文从皿。

㯕 槃也。从木，虒声。息移切。

案 几属。从木，安声。乌旰切。

櫌 圆案也。从木，瞏声。似沿切。

械 莢也。从木，咸声。古咸切。

枓 勺也。从木，从斗。之庾切。

杓 枓柄也。从木，从勺。臣铉等曰："今俗作市若切，以为杯杓之杓。"甫摇切。

樍 櫑 龟目酒尊。刻木作云雷象，象施不穷也。从木，畾声。鲁回切。𠉂，櫑或从缶。𦉥，櫑或从皿。𤮦，籀文櫑。

椑 圜榼也。从木，卑声。部迷切。

榼 酒器也。从木，盍声。枯蹋切。

橢(椭) 车笭中橢橢器也。从木，隋声。徒果切。

槌 关东谓之槌，关西谓之柣。从木，追声。直类切。

栺 槌也。从木，特省声。陟革切。

栚 槌之横者也。关西谓之㯶。从木，灷声。臣铉等曰："当从朕省。"直衽切。

槤(琏) 瑚槤也。从木，连声。臣铉等曰："今俗作琏，非是。"里典切。

㯱 所以几器。从木，廣声。一曰：帷屏风之属。臣铉等曰："今别作幌，非是。"胡广切。

梮 举食者。从木，具声。俱烛切。

槃 缲丝木也。从木，㱿声。古诣切。

橍 络丝橍。从木，尔声。读若枙。奴礼切。

機(机) 主发谓之機。从木，几声。居衣切。

縢 機持经者。从木，朕声。诗证切。

杼 機之持纬者。从木，予声。直吕切。

椱 機持缯者。从木，复声。扶富切。

㮯 履法也。从木，爰声。读若指𢫦。吁券切。

核 蛮夷以木皮为箧，状如籢、尊。从木，亥声。古哀切。

棚 栈也。从木，朋声。薄衡切。

棧(栈) 棚也。竹木之车曰栈。从木，戋声。士限切。

栫 以柴木壅也。从木，存声。徂闷切。

椢 筐当也。从木，国声。古悔切。

梯 木阶也。从木，弟声。土鸡切。

橻(枨) 杖也。从木，长声。一曰：法也。宅耕切。

说文解字

桊 牛鼻中环也。从木，类声。居倦切。

楷 筹也。从木，耑声。一曰：楷度也。一曰：剟也。兜果切。

橜 弋也。从木，厥声。一曰：门梱也。瞿月切。

樴 弋也。从木，戠声。之弋切。

杖 持也。从木，丈声。臣铉等曰："今俗别作仗，非是。"直两切。

柭 棓也。从木，犮声。北末切。

棓 梲也。从木，音声。步项切。

椎 击也。齐谓之终葵。从木，隹声。直追切。

柯 斧柄也。从木，可声。古俄切。

棁 木杖也。从木，兑声。他活切，又之说切。

柄 柯也。从木，丙声。陂病切。秉，或从秉。

柲 欑也。从木，必声。兵媚切。

欑 积竹杖也。从木，赞声。一曰：穿也。一曰：丛木。在丸切。

㡰 簸柄也。从木，尸声。女履切。柅，㡰或从木，尼声。臣铉等曰："柅，女氏切。木若梨。此重出。"

榜 所以辅弓弩。从木，旁声。补盲切。 臣铉等案：李舟《切韵》一音北孟切，进船也。又音北朗切，木片也。今俗作牓，非。

檠 榜也。从木，敬声。巨京切。

檃 栝也。从木，隐省声。於谨切。

栝 檃也。从木，舌声。一曰：矢栝筑弦处。古活切。

棋（棋） 博棋。从木，其声。渠之切。

椄 续木也。从木，妾声。子叶切。

桻 桻双也。从木，夆声。读若鸿。下江切。

栝 炊灶木。从木，舌声。臣铉等曰："当从甜省乃得声。"他念切。

槽 畜兽之食器。从木，曹声。昨牢切。

臬 射准的也。从木，从自。李阳冰曰："自非声，从劓省。"五结切。

桶 木方，受六升。从木，甬声。他奉切。

橹（樐） 大盾也。从木，鲁声。郎古切。樐，或从卤。

樂(乐) 五声八音总名。象鼓鞞。木，虡也。玉角切。

柎 阑足也。从木，付声。甫无切。

枹 击鼓杖也。从木，包声。甫无切。

椌 柷，乐也。从木，空声。苦江切。

柷 乐，木空也。所以止音为节。从木，祝省声。昌六切。

槧(椠) 牍朴也。从木，斩声。自琰切。

札 牒也。从木，乙声。侧八切。

檢(检) 书署也。从木，佥声。居奄切。

檄 二尺书。从木，敫声。胡狄切。

榮 传，信也。从木，㪿省声。康礼切。

樑 车历录束文也。从木，㚄声。《诗》曰："五樑梁辀。"莫卜切。

柧 行马也。从木，互声。《周礼》曰："设桓柧再重。"胡误切。

桓 桓柧也。从木，陛省声。边兮切。

极 驴上负也。从木，及声。或读若急。其辄切。

祛 极也。从木，去声。去鱼切。

楇 大车枙。从木，咼声。古䰂切。

樞 车毂中空也。从木，皋声。读若薮。山枢切。

楇 盛膏器。从木，呙声。读若过。乎卧切。

㮃 马柱。从木，卬声。一曰：坚也。吾浪切。

梱 梱斗，可射鼠。从木，固声。古慕切。

欙 山行所乘者。从木，累声。《虞书》曰："予乘四载。"水行乘舟，陆行乘车，山行乘欙，泽行乘輴。力追切。

榷 水上横木，所以渡者也。从木，雀声。江岳切。

橋(桥) 水梁也。从木，乔声。巨骄切。

梁 水桥也。从木，从水，刃声。吕张切。渿，古文。

艘(艘) 船总名。从木，叜声。臣铉等曰："今俗别作艘，非是。"穌遭切。

橃(筏) 海中大船。从木，發声。臣铉等曰："今俗别作筏，非是。"房越切。

楫 舟棹也。从木，咠声。子葉切。

櫺 艫 江中大船名。从木，蠱声。卢启切。

校 校 木囚也。从木，交声。古孝切。

樔 樔 泽中守艸楼。从木，巢声。鉏交切。

采 采 捋取也。从木，从爪。仓宰切。

柿 柿 削木札朴也。从木，市声。陈楚谓"梜"为柿。芳吠切。

横 横 阑木也。从木，黄声。户盲切。

梜 梜（梜）检柙也。从木，夹声。古洽切。

桄 桄 充也。从木，光声。古旷切。

檇 檇 以木有所擣也。从木，雋声。《春秋传》曰："越败吴于檇李。"遵为切。

椓 椓 击也。从木，豖声。竹角切。

打 打 撞也。从木，丁声。宅耕切。

柧 柧 棱也。从木，瓜声。又，柧棱，殿堂上最高之处也。古胡切。

棱 棱 柧也。从木，夌声。鲁登切。

櫱 櫱 伐木余也。从木，献声。《商书》曰："若颠木之有甹櫱。"五葛切。蘗，櫱或从木，辥声。乇，古文櫱，从木，无头。辥，亦古文櫱。

枰 枰 平也。从木，从平，平亦声。蒲兵切。

拉 拉 折木也。从木，立声。卢合切。

槎 槎 衺斫也。从木，差声。《春秋传》曰："山不槎。"侧下切。

柮 柮 断也。从木，出声。读若《尔雅》"貀无前足"之貀。女滑切。

檮 檮（梼）断木也。从木，夀声。《春秋传》曰："檮柮"。徒刀切。

析 析 衺破木也。一曰：折也。从木，从斤。先激切。

椒 椒 木薪也。从木，取声。侧鸠切。

梡 梡 椒，木薪也。从木，完声。胡本切。

楬 楬 梡，木未析也。从木，圂声。胡昆切。

楄 楄 楄部，方木也。从木，扁声。《春秋传》曰："楄部荐榦。"部田切。

福 以木有所逼束也。从木，畐声。《诗》曰："夏而楅衡。"彼即切。

枼 楄也。枼，薄也。从木，世声。臣铉等曰："当从丗乃得声。丗，稣合切。"与涉切。

樵 积火燎之也。从木，从火，酉声。《诗》曰："薪之樵之。"《周礼》："以樵燎祠司中，司命。"余救切。禉，柴祭天神。或从示。

休 息止也。从人依木。许尤切。㱔，休或从广。

桓 竟也。从木，亘声。古邓切。亙，古文桓。

械 桎梏也。从木，戒声。一曰：器之总名。一曰：持也。一曰：有盛为械，无盛为器。胡戒切。

杽 械也。从木，从手，手亦声。敕九切。

桎 足械也。从木，至声。之日切。

梏 手械也。从木，告声。古沃切。

檕 (枥) 枥撕，椑指也。从木，历声。郎击切。

撕 枥撕也。从木，斯声。先稽切。

槛 (槛) 栊也。从木，监声。一曰：圈。胡黯切。

栊 槛也。从木，龙声。卢红切。

柙 槛也。以藏虎兕。从木，甲声。乌匣切。㭓，古文柙。

棺 关也，所以掩尸。从木，官声。古丸切。

櫬 (榇) 棺也。从木，亲声。《春秋传》曰："士舆榇。"初仅切。

槥 棺椟也。从木，彗声。祥岁切。

椁 葬有木郭也。从木，𩫏声。古博切。

楬 楬桀也。从木，曷声。《春秋传》曰："楬而书之。"其谒切。

梟 (枭) 不孝鸟也。日至，捕枭磔之。从鸟头在木上。古尧切。

棐 辅也。从木，非声。敷尾切。

文四百二十一　重三十九

栀 木实可染。从木，卮声。章移切。

191

榭 台有屋也。从木，躲声。词夜切。

槊 矛也。从木，朔声。所角切。

椸 衣架也。从木，施声。以支切。

榻 床也。从木，昜声。土盍切。

榍（榍）柎也。从木，质声。之日切。

櫂 所以进船也。从木，翟声。或从卓。《史记》通用濯。直教切。

槔 桔槔，汲水器也。从木，皋声。古牢切。

橦（桩）橛杙也。从木，春声。啄江切。

櫻（樱）果也。从木，婴声。乌茎切。

栜 梀也。从木，策省声。所厄切。

文十二 新附

東　部

東（东）动也。从木。官溥说，从日在木中。凡东之属皆从东。得红切。

㯡 二东，曹从此，阙。

文二

林　部

林 平土有丛木曰林。从二木。凡林之属皆从林。力寻切。

森 丰也。从林，爽。或说规模字。从大；卌，数之积也；林者，木之多也。卌与庶同意。《商书》曰："庶草繁无。"徐锴曰："或说大卌为规模之模，诸部无者，不审信也。"文甫切。

鬱（郁）木丛生者。从林，鬱省声。迂弗切。

楚 丛木。一名荆也。从林，疋声。创举切。

棽 木枝条棽俪貌。从林，今声。丑林切。

楙 木盛也。从林，矛声。莫候切。

麓 守山林吏也。从林，鹿声。一曰：林属于山为麓。《春秋传》曰："沙麓崩。"卢谷切。簏，古文从录。

棥 棻 复屋栋也。从林，分声。符分切。

森 森 木多貌。从林，从木。读若曾参之参。所今切。

文九　重一

梵 梵 出自西域释书，未详意义。扶泛切。

文一新附

才　部

才 才 艸木之初也。从丨上贯一，将生枝叶；一，地也。凡才之属皆从才。徐锴曰："上一，初生歧枝也。下一，地也。"昨哉切。

文一

说文解字弟六　上

说文解字弟六下

汉太尉祭酒　许慎 记
宋右散骑常侍　徐铉等 校定

叒　部

叒　日初出东方汤谷，所登榑桑，叒木也。象形。凡叒之属皆从叒。而灼切。籀文。

桑　蚕所食叶木。从叒、木。息郎切。

文二　重一

之　部

之　出也。象艸过中，枝茎益大，有所之。一者，地也。凡之之属皆从之。止而切。

㞢　艸木妄生也。从之在土上。读若皇。徐锴曰："妄生谓非所宜生。传曰：门上生莠。从之在土上，土上益高，非所宜也。"户光切。

文二　重一

帀　部

帀　周也。从反之而帀也。凡帀之属皆从帀。周盛说。子答切。

師（师）　二千五百人为师。从帀，从𠂤。𠂤，四帀，众意也。疏夷切。𠵀，古文师。

文二　重一

出　部

出　进也。象艸木益滋，上出达也。凡出之属皆从出。尺律切。

敖　游也。从出，从放。五牢切。

194

賣(卖) 出物货也。从出，从买。莫邂切。

糶(粜) 出谷也。从出，从糴，糴亦声。他吊切。

黜 槷黜，不安也。从出，臬声。《易》曰："槷黜。"徐锴曰："物不安则出不在也。"五结切。

文五

朩 部

朩 艸木盛朩朩然。象形，八声。凡朩之属皆从朩。读若辈。普活切。

孛 艸木孛孛之貌。从朩，𠦜声。于贵切。

索 艸有茎叶，可作绳索。从朩、糸。杜林说：朩亦朱木字。苏各切。

孛 孛也。从朩；人色也，从子。《论语》曰："色孛如也。"蒲妹切。

㞢 止也。从朩盛而一横止之也。即里切。

南 艸木至南方，有枝任也。从朩，羊声。那含切。羊，古文。

文六 重一

生 部

生 进也。象艸木生出土上。凡生之属皆从生。所庚切。

丰 艸盛丰丰也。从生，上下达也。敷容切。

産(产) 生也。从生，彦省声。所简切。

隆 豐大也。从生，降声。徐锴曰："生而不已，益高大也。"力中切。

甤 草木实甤甤也。从生，豨省声。读若绥。儒佳切。

甡 众生并立之貌。从二生。《诗》曰："甡甡其鹿。"所臻切。

文六

乇　部

乇　艸叶也。从垂穗，上贯一，下有根。象形。凡乇之属皆从乇。陟格切。

文一

𠂹　部

𠂹　艸木华叶𠂹。象形。凡𠂹之属皆从𠂹。是为切。，古文。

文一　重一

𠌶　部

𠌶（花）　艸木华也。从𠂹，于声。凡𠌶之属皆从𠌶。况于切。，𠌶或从艸，从夸。

韡　盛也。从𠌶，韦声。《诗》曰："萼不韡韡。"于鬼切。

文二　重一

華　部

華（华）　荣也。从艸，从𠌶。凡华之属皆从华。户瓜切。

皣　艸木白华也。从华，从白。筠辄切。

文二

禾　部

禾　木之曲头。止不能上也。凡禾之属皆从禾。古兮切。

𥡴　多小意而止也。从禾，从支，只声。一曰：木也。职雉切。

𥢊　𥡴𥢊也。从禾，从又，句声。又者，从丑省。一曰：木名。徐锴曰："丑者，束缚也。𥡴𥢊，不伸之意。"俱羽切。

文三

稽　部

稽　留止也。从禾，从尤，旨声。凡稽之属皆从稽。古兮切。
稽　特止也。从稽省，卓声。徐锴曰："特止，卓立也。"竹角切。
稽　稽穊而止也。从稽省，处声。读若皓。贾侍中说：稽、稽、稽三字皆木名。古老切。

文三

巢　部

巢　鸟在木上曰巢，在穴曰窠。从木，象形。凡巢之属皆从巢。鉏交切。
叜　倾覆也。从寸，臼覆之。寸，人手也。从巢省。杜林说：以为贬损之贬。方敛切。

文二

桼　部

桼　木汁。可以髤物。象形。桼如水滴而下。凡桼之属皆从桼。亲吉切。
髤　桼也。从桼，髟声。许由切。
麃　桼垸已，复桼之。从桼，包声。匹貌切。

文三

束　部

束　缚也。从囗、木。凡束之属皆从束。书玉切。
柬　分别简之也。从束，从八。八，分别也。古限切。
㯳　小束也。从束，开声。读若茧。古典切。
剌　戾也。从束，从刀。刀者，剌之也。徐锴曰："剌，乖违也。束而乖违者，莫若刀也。"卢达切。

文四

橐 部

橐 橐也。从束，圂声。凡橐之属皆从橐。胡本切。
橐 囊也。从橐省，石声。他各切。
囊 橐也。从橐省，襄省声。奴当切。
櫜 车上大橐。从橐省，咎声。《诗》曰："载櫜弓矢。"古劳切。
橐 橐张大貌。从橐省，匋省声。符宵切。

文五

囗 部

囗 回也。象回帀之形。凡囗之属皆从囗。羽非切。
圜 天体也。从囗，瞏声。王权切。
團(团) 圜也。从囗，专声。度官切。
圓 规也。从囗，肙声。似沿切。
囩 回也。从囗，云声。羽巾切。
圓(圆) 圜全也。从囗，员声。读若员。王问切。
回 转也。从囗，中象回转形。户恢切。回，古文。
圖(图) 画计难也。从囗，从啚。啚，难意也。徐锴曰：规画之也，故从囗。同都切。
圛 回行也。从囗，睪声。《尚书》："曰圛。"圛，升云半有半无。读若驿。羊益切。
國(国) 邦也。从囗，从或。古惑切。
壼(壸) 宫中道。从囗，象宫垣、道、上之形。《诗》曰："室家之壸。"苦本切。
困 廪之圜者。从禾在囗中。圜谓之囷，方谓之京。去伦切。
圈 养畜之闲也。从囗，卷声。渠篆切。

囿 苑有垣也。从囗，有声。一曰：禽兽曰囿。于救切。🅐，籀文囿。

園(园) 所以树果也。从囗，袁声。羽元切。

圃 穜菜曰圃。从囗，甫声。博古切。

因 就也。从囗、大。徐锴曰："《左传》曰：植有礼，因重固，能大者，众围就之。"於真切。

囡 下取物缩藏之。从囗，从又。读若聂。女洽切。

囹 狱也。从囗，令声。郎丁切。

圄 守之也。从囗，吾声。鱼举切。

囚 系也。从人在囗中。似由切。

固 四塞也。从囗，古声。古慕切。

圍(围) 守也。从囗，韦声。羽非切。

困 故庐也。从木在囗中。苦闷切。朿，古文困。

圂 厕也。从囗，象豕在囗中也。会意。胡困切。

囮 译也。从囗、化。率鸟者系生鸟以来之，名曰囮。读若讹。五禾切。🅐，囮或从繇。又音由。

文二十六　重四

員　部

員(员) 物数也。从贝，囗声。凡員之属皆从員。徐锴曰："古以贝为货，故数之。"王权切。🅐，籀文从鼎。

贠 物数纷贠乱也。从員，云声。读若《春秋传》曰"宋皇郧"。羽文切。

文二　重一

貝　部

貝(贝) 海介虫也。居陆名猋，在水名蜬。象形。古者货贝而宝龟，周而有泉，至秦废贝行钱。凡贝之属皆从贝。博盖切。

貦 貝声也。从小、贝。酥果切。
賄(贿) 财也。从贝,有声。呼罪切。
財(财) 人所宝也。从贝,才声。昨哉切。
貨(货) 财也。从贝,化声。呼卧切。
賮 资也。从贝,为声。或曰:此古货字。读若贵。诡伪切。
資(资) 货也。从贝,次声。即夷切。
賣 货也。从贝,万声。无贩切。
賑(赈) 富也。从贝,辰声。之忍切。
賢(贤) 多才也。从贝,臤声。胡田切。
賁(贲) 饰也。从贝,卉声。彼义切。
賀(贺) 以礼相奉庆也。从贝,加声。胡箇切。
貢(贡) 献、功也。从贝,工声。古送切。
賛(赞) 见也。从贝,从兟。臣铉等曰:"兟,音诜,进也。执贽而进,有司赞相之。"则旰切。
賵 会礼也。从贝,冒声。徐刃切。
齎(赍) 持遗也。从贝,齐声。祖鸡切。
貸(贷) 施也。从贝,代声。他代切。
貣 从人求物也。从贝,弋声。他得切。
賂(赂) 遗也。从贝,各声。臣铉等曰:"当从路省乃得声。"洛故切。
賸(剩) 物相增加也。从贝,朕声。一曰:送也,副也。以证切。
贈(赠) 玩好相送也。从贝,曾声。昨邓切。
賑 迻予也。从贝,皮声。彼义切。
贛(赣) 赐也。从贝,竷省声。臣铉等曰:"竷非声,未详。"古送切。贛,籀文赣。
賚(赉) 赐也。从贝,来声。《周书》曰:"赉尔秬鬯。"洛带切。
賞(赏) 赐有功也。从贝,尚声。书两切。
賜(赐) 予也。从贝,易声。斯义切。
貤 重次弟物也。从贝,也声。以豉切。

说文解字弟六下

贏(贏) 有余贾利也。从贝,贏声。臣铉等曰:"当从贏省,乃得声。"以成切。

赖(赖) 贏也。从贝,剌声。洛带切。

负(负) 恃也。从人守贝,有所恃也。一曰:受贷不偿。房九切。

贮(贮) 积也。从贝,宁声。直吕切。

贰(贰) 副、益也。从贝,弍声。弍,古文二。而至切。

宾(宾) 所敬也。从贝,丏声。必邻切。𡧍,古文。

赊(赊) 贳买也。从贝,余声。式车切。

贳 贷也。从贝,世声。神夜切。

赘(赘) 以物质钱。从敖、贝。敖者,犹放;贝,当复取之也。之芮切。

质(质) 以物相赘。从贝,从所。阙。之日切。

贸(贸) 易财也。从贝,卯声。莫候切。

赎(赎) 贸也。从贝,𧶠声。殊六切。

费(费) 散财用也。从贝,弗声。房未切。

责(责) 求也。从贝,朿声。侧革切。

贾(贾) 贾市也。从贝,襾声。一曰:坐卖售也。公户切。

商(商) 行贾也。从贝,商省声。式阳切。

贩(贩) 买贱卖贵者。从贝,反声。方愿切。

买(买) 市也。从网、贝。《孟子》曰:"登垄断而网市利。"莫蟹切。

贱(贱) 贾少也。从贝,戋声。才线切。

赋(赋) 敛也。从贝,武声。方遇切。

贪(贪) 欲物也。从贝,今声。他含切。

贬(贬) 损也。从贝,从乏。方敛切。

贫(贫) 财分少也。从贝,从分,分亦声。符巾切。𡧞,古文从宀、分。

赁(赁) 庸也。从贝,任声。尼禁切。

赇(赇) 以财物枉法相谢也。从贝,求声。一曰:戴质也。巨留切。

购(购) 以财有所求也。从贝,冓声。古候切。

赆 赍财卜问为赆。从贝,疋声。读若所。疏举切。

赀(赀) 小罚以财自赎也。从贝,此声。汉律:民不繇,赀钱

201

说文解字

二十二。即夷切。

賨 賨 南蛮赋也。从贝，宗声。徂红切。

賮 賮 衒也。从贝，㬈声。㬈，古文睦。读若育。余六切。

貴 貴(贵) 物不贱也。从贝，臾声。臾，古文蒉。居胃切。

賏 賏 颈饰也。从二贝。乌茎切。

文五十九 重三

貺 貺(贶) 赐也。从贝，兄声。许访切。

賵 賵(赗) 赠死者。从贝，从冒。冒者，衣衾覆冒之意。抚凤切。

賭 賭(赌) 博簺也。从贝，者声。当古切。

貼 貼(贴) 以物为质也。从贝，占声。他叶切。

貽 貽(贻) 赠遗也。从贝，台声。经典通用诒。与之切。

賺 賺(赚) 重买也。错也。从贝，廉声。伫陷切。

賽 賽(赛) 报也。从贝，塞省声。先代切。

賻 賻(赙) 助也。从贝，尃声。符遇切。

贍 贍(赡) 给也。从贝，詹声。时艳切。

文九 新附

邑 部

邑 邑 国也。从囗；先王之制，尊卑有大小，从卪。凡邑之属皆从邑。於汲切。

邦 邦 国也。从邑，丰声。博江切。㞢，古文。

郡 郡 周制：天子地方千里，分为百县，县有四郡。故《春秋传》曰"上大夫受郡"，是也。至秦初置三十六郡，以监其县。从邑，君声。渠运切。

都 都 有先君之旧宗庙曰都。从邑，者声。周礼：距国五百里为都。当孤切。

鄰 鄰(邻) 五家为邻。从邑，粦声。力珍切。

酇 酇(鄼) 百家为酇。酇，聚也。从邑，赞声。南阳有酇县。作管切，

202

又作旦切。

鄙　五酇为鄙。从邑，啚声。兵美切。

郊　距国百里为郊。从邑，交声。古肴切。

邸　属国舍。从邑，氐声。都礼切。

郛　郭也。从邑，孚声。甫无切。

邮（邮）　境上行书舍。从邑，垂。垂，边也。羽求切。

䣞　国甸，大夫稍。稍，所食邑。从邑，肖声。《周礼》曰："任䣞地。"在天子三百里之内。所教切。

鄯　鄯善，西胡国也。从邑，从善，善亦声。时战切。

䓖　夏后时诸侯夷羿国也。从邑，窮省声。渠弓切。

鄡　周封黄帝之后于鄡也。从邑，㓞声。读若蓟。上谷有鄡县。古诣切。

邰　炎帝之后，姜姓所封，周弃外家国。从邑，台声。右扶风斄县是也。《诗》曰："有邰家室。"土来切。

郂　周文王所封，在右扶风美阳中水乡。从邑，支声。巨支切。㞶，郂或从山，支声。因岐山以名之也。𣐿，古文郂，从枝，从山。

邠　周太王国。在右扶风美阳。从邑，分声。补巾切。豳，美阳亭，即邠也。民俗以夜市有豳山。从山，从豩。阙。

郿　右扶风县。从邑，眉声。武悲切。

郁　右扶风郁夷也。从邑，有声。於六切。

䣕　右扶风县名。从邑，雩声。胡古切。

扈　夏后同姓所封，战于甘者。在鄠，有扈谷、甘亭。从邑，户声。胡古切。岾，古文扈，从山、弓。

䣹　右扶风鄠乡。从邑，崩声。沛城父有䣹乡。读若陪。薄回切。

䣊　右扶风鄠乡。从邑，且声。子余切。

郝　右扶风鄠、盩厔乡。从邑，赤声。呼各切。

酆　周文王所都。在京兆杜陵西南。从邑，豐声。敷戎切。

鄭（郑）　京兆县。周厉王子友所封。从邑，奠声。宗周之灭，郑徙溱、洧之上，今新郑是也。直正切。

郃　左冯翊郃阳县。从邑，合声。《诗》曰："在郃之阳。"侯閤切。

邱　京兆蓝田乡。从邑，口声。苦后切。

酆　京兆杜陵乡。从邑，樊声。附袁切。

廊　左冯翊县。从邑，庶声。甫无切。

鄌　左冯翊鄌阳亭。从邑，屠声。同都切。

邮　左冯翊高陵。从邑，由声。徒历切。

郓　左冯翊谷口乡。从邑，年声。读若宁。奴颠切。

邽　陇西上邽也。从邑，圭声。古畦切。

部　天水狄部。从邑，音声。蒲口切。

郖　弘农县庾地。从邑，豆声。当侯切。

鄏　河南县直城门官陌地也。从邑，辱声。《春秋传》曰："成王定鼎于郏鄏。"而蜀切。

鄟　周邑也。从邑，辇声。力展切。

郄　周邑也。从邑，祭声。侧介切。

邙　河南洛阳北亡山上邑。从邑，亡声。莫郎切。

鄩(鄩)　周邑也。从邑，寻声。徐林切。

郗　周邑也。在河内。从邑，希声。丑脂切。

郓(郓)　河内沁水乡。从邑，军声。鲁有郓地。王问切。

邶　故商邑。在河内朝歌以北是也。从邑，北声。补妹切。

邘　周武王子所封。在河内。野王是也。从邑，于声。又读若区。况于切。

邰　殷诸侯国。在上党东北。从邑，称声。称，古文利。《商书》："西伯戡邰。"郎奚切。

邵　晋邑也。从邑，召声。寔照切。

鄍　晋邑也。从邑，冥声。《春秋传》曰："伐鄍三门。"莫经切。

鄐　晋邢侯邑。从邑，畜声。丑六切。

郲　晋之温地。从邑，侯声。《春秋传》曰："争郲田。"胡遘切。

邲 晋邑也。从邑，必声。《春秋传》曰："晋楚战于邲。"毗必切。
郤 晋大夫叔虎邑也。从邑，谷声。绮戟切。
䣛 河东闻喜县。从邑，非声。薄回切。
鄘 河东闻喜聚。从邑，虐声。渠焉切。
邼 河东闻喜乡。从邑，匡声。去王切。
䣙 河东临汾地，即汉之所祭后土处。从邑，癸声。揆唯切。
邢 周公子所封，地近河内怀。从邑，开声。户经切。
鄔（邬）太原县。从邑，乌声。安古切。
祁 太原县。从邑，示声。巨支切。
鄴（邺）魏郡县。从邑，业声。鱼怯切。
邢 郑地邢亭。从邑，井声。户经切。
邯 赵邯郸县。从邑，甘声。胡安切。
鄲（郸）邯郸县。从邑，单声。都寒切。
郇 周武王子所封国，在晋地。从邑，旬声。读若泓。相伦切。
鄃 清河县。从邑，俞声。式朱切。
鄗 常山县。世祖所即位，今为高邑。从邑，高声。呼各切。
鄡 钜鹿县。从邑，枭声。牵遥切。
鄚 涿郡县。从邑，莫声。慕各切。
郅 北地郁郅县。从邑，至声。之日切。
鄋 北方长狄国也。在夏为防风氏，在殷为汪茫氏。从邑，叟声。《春秋传》曰："鄋瞒侵齐。"所鸠切。

鄦 炎帝太岳之胤，甫侯所封，在颍川。从邑，无声。读若许。虚吕切。

邟 颍川县。从邑，亢声。苦浪切。
郾 颍川县。从邑，匽声。於建切。
郟（郏）颍川县。从邑，夹声。工洽切。
郪 新郪，汝南县。从邑，妻声。七稽切。
鄎 姬姓之国，在淮北。从邑，息声。今汝南新郪。相即切。

郋　汝南邵陵里。从邑，自声。读若奚。胡鸡切。

䣛　汝南鮦阳亭。从邑，旁声。步光切。

鄎　蔡邑也。从邑，息声。《春秋传》曰："鄎阳封人之女奔之。"古闃切。

鄧(邓)　曼姓之国。今属南阳。从邑，登声。徒亘切。

鄾　邓国地也。从邑，憂声。《春秋传》曰："邓南鄙鄾人攻之。"於求切。

鄂　南阳淯阳乡。从邑，号声。乎刀切。

鄛　南阳枣阳乡。从邑，巢声。鉏交切。

鄴　今南阳穰县是。从邑，襄声。汝羊切。

鄻　南阳穰乡。从邑，娄声。力朱切。

邖　南阳西鄂亭。从邑，里声。良止切。

䣩　南阳舞阴亭。从邑，羽声。王榘切。

郢　故楚都。在南郡江陵北十里。从邑，呈声。以整切。䣓，郢或省。

鄢　南郡县。孝惠三年改名宜城。从邑，焉声。於乾切。

鄳　江夏县。从邑，黾声。莫杏切。

鄡　南阳阴乡。从邑，葛声。古达切。

鄂　江夏县。从邑，㖾声。五各切。

邔　南阳县。从邑，己声。居拟切。

邾　江夏县。从邑，朱声。陟输切。

鄖(郧)　汉南之国。从邑，员声。汉中有鄖关。羽文切。

鄘　南夷国。从邑，庸声。余封切。

郫　蜀县也。从邑，卑声。符支切。

鄻　蜀江原地。从邑，寿声。市流切。

䣉　蜀地也。从邑，耤声。秦昔切。

鄤　蜀广汉乡也。从邑，蔓声。读若蔓。无贩切。

邡　什邡，广汉县。从邑，方声。府良切。

鄢　存鄢，犍为县。从邑，马声。莫驾切。

鄨 牂柯县。从邑,敝声。读若鷩雉之鷩。必袂切。

邩 地名。从邑,包声。布交切。

郍(那) 西夷国。从邑,冄声。安定有朝那县。诺何切。

鄱 鄱阳,豫章县。从邑,番声。薄波切。

酃 长沙县。从邑,霝声。郎丁切。

郴 桂阳县。从邑,林声。丑林切。

耒阝 今桂阳耒阳县。从邑,耒声。卢对切。

鄮 会稽县。从邑,贸声。莫候切。

鄞 会稽县。从邑,堇声。语斤切。

巿阝 沛郡。从邑,市声。博盖切。

邴 宋下邑。从邑,丙声。兵永切。

鄜 沛国县。从邑,虐声。昨何切。

邵 地名。从邑,少声。书沼切。

邱 地名。从邑,臣声。植邻切。

鄬 宋地也。从邑,巂声。读若逸。士咸切。

鄑 宋鲁间地。从邑,晋声。即移切。

郜 周文王子所封国。从邑,告声。古到切。

鄄 卫地。今济阴鄄城。从邑,垔声。吉掾切。

邛 邛地,在济阴县。从邑,工声。渠容切。

鄶(郐) 祝融之后,妘姓所封。溱洧之间。郑灭之。从邑,会声。古外切。

邧 郑邑也。从邑,元声。虞远切。

延阝 郑地。从邑,延声。以然切。

郠 琅邪莒邑。从邑,更声。《春秋传》曰:"取郠。"古杏切。

鄅 妘姓之国。从邑,禹声。《春秋传》曰:"鄅人籍稻。"读若规榘之榘。王榘切。

鄹(邹) 鲁县,古邾国,帝颛顼之后所封。从邑,刍声。侧鸠切。

邾 邾下邑地。从邑,余声。鲁东有邾城。读若涂。同都切。

207

说文解字

邿 附庸国。在东平亢父邿亭。从邑,寺声。《春秋传》曰:"取邿。"书之切。

郰 鲁下邑。孔子之乡。从邑,取声。侧鸠切。

郕 鲁孟氏邑。从邑,成声。氏征切。

郈 周公所诛郕国。在鲁。从邑,奄声。依检切。

鄆 鲁下邑。从邑,䡄声。《春秋传》曰:"齐人来归鄆。"呼官切。

郎 鲁亭也。从邑,良声。鲁当切。

邳 奚仲之后,汤左相仲虺所封国。在鲁薛县。从邑,丕声。敷悲切。

鄣 纪邑也。从邑,章声。诸良切。

邗 国也。今属临淮。从邑,干声。一曰:邗本属吴。胡安切。

䣀 临淮徐地。从邑,义声。《春秋传》曰:"徐䣀楚。"鱼羁切。

郈 东平无盐乡。从邑,后声。胡口切。

郯 东海县。帝少昊之后所封。从邑,炎声。徒甘切。

鄔 东海县。故纪侯之邑也。从邑,吾声。五乎切。

鄑 东海之邑。从邑,巂声。户圭切。

鄫 姒姓国。在东海。从邑,曾声。疾陵切。

邪 琅邪郡。从邑,牙声。以遮切。

䣖 琅邪县。一名纯德。从邑,夫声。甫无切。

郲 齐地也。从邑,來声。亲吉切。

郭 齐之郭氏虚。善善不能进,恶恶不能退,是以亡国也。从邑,𣨞声。古博切。

郳 齐地。从邑,兒声。《春秋传》曰:"齐高厚定郳田。"五鸡切。

郭 郭海地。从邑,字声。一曰:地之起者曰郭。臣铉等曰:"今俗作渤,非是。"蒲没切。

鄲 国也。齐桓公之所灭。从邑,覃声。臣铉等曰:"今作谭,非是。《说文》注义有谭长,疑后人传写之误。"徒含切。

郇 地名。从邑,句声。其俱切。

208

郂 陈留乡。从邑,亥声。古哀切。
郂 故国。在陈留。从邑,戋声。作代切。
䣊 地名。从邑,燕声。乌前切。
邱 地名。从邑,丘声。去鸠切。
䣱 地名。从邑,如声。人诸切。
邘 地名。从邑,丑声。女九切。
邟 地名。从邑,几声。居履切。
郔 地名。从邑,翕声。希立切。
䣂 地名。从邑,求声。巨鸠切。
䣕 地名。从邑,婴声。於郢切。
鄗 地名。从邑,尚声。多朗切。
邢 地名。从邑,并声。薄经切。
鄌 地名。从邑,虏声。呼古切。
䣆 地名。从邑,火声。呼果切。
鄝 地名。从邑,翏声。卢鸟切。
䣇 地名。从邑,为声。居为切。
邨(村) 地名。从邑,屯声。臣铉等曰:"今俗作村,非是。"此尊切。
䣃 地名。从邑,舍声。式车切。
郺 地名。从邑,盍声。胡蜡切。
鄿 地名。从邑,乾声。古寒切。
鄝 从邑,䏈声。读若淫。力荏切。
岬 地名。从邑,山声。所间切。
鄟 地名。从邑,臺声。臺,古堂字。徒郎切。
䣜 姬姓之国。从邑,冯声。房成切。
䣎 汝南安阳乡。从邑,敝省声。苦怪切。
郙 汝南上蔡亭。从邑,甫声。方矩切。
䣡(郦) 南阳县。从邑,丽声。郎击切。
鄳 地名。从邑,䜌声。七然切。

邑 从反邑。䢄字从此。阙。

文一百八十四　重六

䢄　部

䢄　邻道也。从邑，从邑。凡䢄之属皆从䢄。阙。胡绛切。今隶变作邓。

郷（乡）　国离邑，民所封乡也。啬夫别治。封圻之内六乡，六乡治之。从䢄，皀声。许良切。

䢼（巷）　里中道。从䢄，从共。皆在邑中所共也。胡绛切。衖，篆文从䢄省。

文三　重一

说文解字弟六　下

说文解字弟七上

汉太尉祭酒　许慎 记
宋右散骑常侍　徐铉等 校定

五十六部　七百一十四文　重百一十五　凡八千六百四十七字　文四十二新附

日　部

日　实也。太阳之精不亏。从囗、一。象形。凡日之属皆从日。人质切。⊙，古文。象形。

旻　秋天也。从日，文声。《虞书》曰："仁闵覆下，则称旻天。"武巾切。

時（时）　四时也。从日，寺声。市之切。旹，古文时，从之、日。

早　晨也。从日在甲上。子浩切。

昒　尚冥也。从日，勿声。呼骨切。

昧　爽，旦明也。从日，未声。一曰：暗也。莫佩切。

睹　旦明也。从日，者声。当古切。

晢　昭晢，明也。从日，折声。《礼》曰："晢明行事。"旨热切。

昭　日明也。从日，召声。止遥切。

晤　明也。从日，吾声。《诗》曰："晤辟有摽。"五故切。

旳　明也。从日，勺声。《易》曰："为旳颡。"都历切。

晃　明也。从日，光声。胡广切。

曠（旷）　明也。从日，广声。苦谤切。

旭　日旦出貌。从日，九声。若勖。一曰：明也。臣铉等曰："九，非声，未详。"许玉切。

晉（晋）　进也。日出万物进。从日，从臸。《易》曰："明出地上，

说文解字

臸。"臣铉等案:"臸,到也。会意。"即刃切。

暘（旸） 日出也。从日,昜声。《虞书》曰:"暘谷。"与章切。

啟 雨而昼晴也。从日,啟省声。康礼切。

晹 日覆云暂见也。从日,易声。羊益切。

昫 日出温也。从日,句声。北地有昫衍县。火于切,又火句切。

晛（睍） 日见也。从日,从见,见亦声。《诗》曰:"见晛曰消。"胡甸切。

晏 天清也。从日,安声。乌谏切。

曓 星无云也。从日,燕声。於甸切。

景 光也。从日,京声。居影切。

皓 日出貌。从日,告声。胡老切。

暤 皓旰也。从日,皋声。胡老切。

曎（晔） 光也。从日,从琴。筠辄切。

暉（晖） 光也。从日,军声。许归切。

旰 晚也。从日,干声。《春秋传》曰:"日旰君劳。"古案切。

暆 日行暆暆也。从日,施声。乐浪有东暆县。读若酏。弋支切。

晷 日景也。从日,咎声。居洧切。

昃 日在西方时。侧也。从日,仄声。《易》曰:"日昃之离。"臣铉等曰:"今俗别作昗,非是。"阻力切。

晚 莫也。从日,免声。无远切。

昏 日冥也。从日,氐省。氐者,下也。一曰:民声。呼昆切。

曫 日且昏时。从日,䜌声。读若新城䜌中。洛官切。

晻 不明也。从日,奄声。乌感切。

暗 日无光也。从日,音声。乌绀切。

晦 月尽也。从日,每声。荒内切。

㬠 埃㬠,日无光也。从日,能声。奴代切。

曀 阴而风也。从日,壹声。《诗》曰:"终风且曀。"于计切。

旱 不雨也。从日,干声。乎旰切。

昆 望远合也。从日,匕。匕,合也。读若窈窕之窈。徐锴曰:"比,相

212

说文解字弟七上

近也,故曰合也。"乌皎切。

昴 昴 白虎宿星。从日,卯声。莫饱切。

曏 曏 不久也。从日,乡声。《春秋传》曰:"曏役之三月。"许两切。

曩 曩 曏也。从日,襄声。奴朗切。

昨 昨 垒日也。从日,乍声。在各切。

暇 暇 闲也。从日,叚声。胡嫁切。

暂(暂) 不久也。从日,斩声。藏滥切。

昪 昪 喜乐貌。从日,弁声。皮变切。

昌 昌 美言也。从日,从曰。一曰:日光也。《诗》曰:"东方昌矣。"
　　臣铉等曰:"曰,亦言也。"尺良切。🕭,籀文昌。

暀 暀 光美也。从日,往声。于放切。

昄 昄 大也。从日,反声。补绾切。

昱 昱 明日也。从日,立声。余六切。

㬎 㬎 温湿也。从日,报省声。读与赧同。女版切。

暍 暍 伤暑也。从日,曷声。於歇切。

暑 暑 热也。从日,者声。舒吕切。

曘 曘 安曘,温也。从日,难声。奴案切。

㬎 㬎 众微杪也。从日,中视丝。古文以为显字。或曰众口貌。读
　　若唫唫。或以为茧。茧者,絮中往往有小茧也。五合切。

暴(暴) 晞也。从日,从出,从廾,从米。薄报切。䠊,古文暴,从
　　日,麃声。

曬(晒) 暴也。从日,麗声。所智切。

暵 暵 干也。耕暴田曰暵。从日,堇声。《易》曰:"燥万物者莫暵于
　　离。"臣铉等曰:"当从汉省,乃得声。"呼旰切。

晞 晞 干也。从日,希声。香衣切。

昔 昔 干肉也。从残肉,日以晞之。与俎同意。思积切。𦠜,籀文
　　从肉。

暱(昵) 日近也。从日,匿声。《春秋传》曰:"私降暱燕。"尼质切。

說文解字

㫼，曏或从尼。

𣊫 暬 日狎习相慢也。从日，执声。私列切。

啇 㫚 不见也。从日，否省声。美毕切。

𣊡 昆 同也。从日，从比。徐锴曰："日日比之，是同也。"古浑切。

㫹 㫹 兼晐也。从日，亥声。古哀切。

普 普 日无色也。从日，从並。徐锴曰："日无光，则远近皆同，故从並。"滂古切。

曉 曉(晓) 明也。从日，尧声。呼鸟切。

昕 昕 旦明，日将出也。从日，斤声。读若希。许斤切。

文七十　重六

曈 曈 曈曨，日欲明也。从日，童声。徒红切。

曨 曨(昽) 曈曨也。从日，龙声。卢红切。

昈 昈 明也。从日，户声。侯古切。

昉 昉 明也。从日，方声。分两切。

晙 晙 明也。从日，夋声。子峻切。

晟 晟 明也。从日，成声。承正切。

昶 昶 日长也。从日、永。会意。丑两切。

暈 暈(晕) 日月气也。从日，军声。王问切。

晬 晬 周年也。从日，从卒，卒亦声。子内切。

映 映 明也。隐也。从日，央声。於敬切。

曙 曙 晓也。从日，署声。常恕切。

昳 昳 日厢也。从日，失声。徒结切。

曇 曇(昙) 云布也。从日、雲。会意。徒含切。

曆 曆(历) 厤象也。从日，厤声。《史记》通用歷。郎击切。

昂 昂 举也。从日，卬声。五冈切。

昇 昇 日上也。从日，升声。古只用升。识蒸切。

文十六新附

旦　部

旦　明也。从日见一上。一，地也。凡旦之属皆从旦。得案切。
暨　日颇见也。从旦，既声。其异切。

文二

倝　部

倝　日始出，光倝倝也。从旦，㫃声。凡倝之属皆从倝。古案切。
𠩵　阙。
朝　旦也。从倝，舟声。陟遥切。

文三

㫃　部

㫃　旌旗之游，㫃蹇之貌。从屮，曲而下；垂㫃，相出入也。读若偃。古人名㫃，字子游。凡㫃之属皆从㫃。於幰切。𣃚，古文㫃字，象形。及象旌旗之游。
旐　龟蛇四游，以象营室，游游而长。从㫃，兆声。《周礼》曰："县、鄙建旐。"治小切。
旗　熊旗五游，以象罚星，士卒以为期。从㫃，其声。《周礼》曰："率都建旗。"渠之切。
斾　继旐之旗也，沛然而垂。从㫃，宋声。蒲盖切。
旌　游车载旌，析羽注旄首，所以精进士卒。从㫃，生声。子盈切。
旟　错革画鸟其上，所以进士众。旟旟，众也。从㫃，與声。《周礼》曰："州里建旟。"以诸切。
旂　旗有众铃，以令众也。从㫃，斤声。渠希切。
旞　导车所以载。全羽以为允，允进也。从㫃，遂声。徐醉切。䍸，旞或从遗。

说文解字

旝 建大木，置石其上，发以机，以追敌也。从㫃，会声。《春秋传》曰："旝动而鼓。"《诗》曰："其旝如林。"古外切。

旃 旗曲柄也。所以旃表士众。从㫃，丹声。《周礼》曰："通帛为旃。"诸延切。𣃻，旃或从亶。

旐 旌旗之流也。从㫃，攸声。以周切。

旇 旗属。从㫃，要声。乌皎切。

施 旗貌。从㫃，也声。齐栾施字子旗，知施者旗也。式支切。

旖 旗旖施也。从㫃，奇声。于离切。

旚 旌旗旚繇也。从㫃，票声。匹招切。

旓 旌旗飞扬貌。从㫃，㶊声。甫遥切。

游 旌旗之流也。从㫃，汓声。以周切。𨖷，古文游。

旇 旌旗披靡也。从㫃，皮声。敷羁切。

旋 周旋，旌旗之指麾也。从㫃，从疋。疋，足也。徐锴曰："人足随旌旗以周旋也。"似沿切。

旄 幢也。从㫃，从毛，毛亦声。莫袍切。

旙 幅胡也。从㫃，番声。臣铉等曰："胡幅之下垂者也。"孚袁切。

旅 军之五百人为旅。从㫃，从从。从，俱也。力举切。𠂔，古文旅。古文以为鲁卫之鲁。

族 矢锋也。束之族族也。从㫃，从矢。昨木切。

文二十三　重五

冥　部

冥 幽也。从日，从六，冖声。日数十，十六日而月始亏幽也。凡冥之属皆从冥。莫经切。

鼆 冥也。从冥，黾声。读若黾蛙之黾。武庚切。

文二

晶　部

晶　精光也。从三日。凡晶之属皆从晶。子盈切。

曐(星)　万物之精，上为列星。从晶，生声。一曰：象形。从口，古口复注中，故与日同。桑经切。𝐒，古文星。星，曐或省。

曑(参)　商，星也。从晶，㐱声。臣铉等曰："㐱非声，未详。"所今切。参，曑或省。

曟　房星，为民田时者。从晶，辰声。植邻切。晨，曟或省。

曡(叠)　杨雄说，以为古理官决罪，三日得其宜乃行之。从晶，从宜。亡新以为曡从三日，太盛，改为三田。徒叶切。

文五　重四

月　部

月　阙也。大阴之精。象形。凡月之属皆从月。鱼厥切。

朔　月一日始苏也。从月，屰声。所角切。

朏　月未盛之明。从月，出。《周书》曰："丙午朏。"普乃切，又芳尾切。

霸　月始生，霸然也。承大月，二日；承小月，三日。从月，䩗声。《周书》曰："哉生霸。"普伯切。臣铉等曰："今俗作必驾切，以为霸王字。"𩇯，古文霸。

朗　明也。从月，良声。卢党切。

朓　晦而月见西方谓之朓。从月，兆声。土了切。

朒　朔而月见东方谓之缩朒。从月，内声。女六切。

期　会也。从月，其声。渠之切。𣊭，古文期，从日、丌。

文八　重二

朦　月朦胧也。从月，蒙声。莫工切。

朧(胧)　朦胧也。从月，龙声。卢红切。

文二 新附

有　部

有　不宜有也。《春秋传》曰："日月有食之。"从月，又声。凡有之属皆从有。云九切。

䩴　有文章也。从有，䩴声。于六切。

龓　兼有也。从有，龙声。读若聋。卢红切。

文三

朙　部

朙（明）　照也。从月，从囧。凡朙之属皆从朙。武兵切。明，古文朙，从日。

萌　翌也。从明，亡声。呼光切。

文二　重一

囧　部

囧　窗牖丽廔闿明。象形。凡囧之属皆从囧。读若犷。贾侍中说：读与明同。俱永切。

盟　《周礼》曰："国有疑则盟。"诸侯再相与会，十二岁一盟。北面诏天之司慎司命。盟，杀牲歃血，朱盘玉敦，以立牛耳。从囧，从血。武兵切。䀖，篆文从朙。䀈，古文从明。

文二　重二

夕　部

夕　莫也。从月半见。凡夕之属皆从夕。祥易切。

夜　舍也。天下休舍也。从夕，亦省声。羊谢切。

夢（梦）　不明也。从夕，瞢省声。莫忠切，又亡贡切。

夗　转卧也。从夕，从卩。卧有卩也。于阮切。

夤　敬惕也。从夕，寅声。《易》曰："夕惕若夤。"翼真切。𡖇，籀文夤。

姓(晴) 雨而夜除星见也。从夕，生声。臣铉等曰："今俗别作晴，非是。"疾盈切。

外 远也。卜尚平旦，今夕卜，于事外矣。五会切。𠲋，古文外。

夙(夙) 早敬也。从丮，持事；虽夕不休，早敬者也。臣铉等曰："今俗书作夙，讹。"息逐切。𡖊，古文夙，从人、囧。𡖋，亦古文夙，从人、囧。宿从此。

夢 寂也。从夕，莫声。莫白切。

文九　重四

多　部

多 重也。从重夕。夕者，相绎也，故为多。重夕为多，重日为叠。凡多之属皆从多。得何切。𡖈，古文多。

夥 齐谓多为夥。从多，果声。乎果切。

姪 大也。从多，圣声。苦回切。

夠 厚唇貌。从多，从尚。徐锴曰："多即厚也。"陡加切。

文四　重一

毌　部

毌 穿物持之也。从一横贯，象宝货之形。凡毌之属皆从毌。读若冠。古丸切。

貫(贯) 钱贝之贯。从毌、贝。古玩切。

虜(虏) 获也。从毌，从力，虍声。郎古切。

文三

𢎘　部

𢎘 嘾也。艸木之华未发，函然。象形。凡𢎘之属皆从𢎘。读若含。乎感切。

说文解字

圅(函) 舌也。象形。舌体马马。从马,马亦声。胡男切。𠤎,俗函,从肉、今。

甹 甹 木生条也。从马,由声。《商书》曰:"若颠木之有甹枿。"古文言"由枿"。徐锴曰:"《说文》无由字。今《尚书》只作枿。盖古文省马,而后人因省之,通用为因由等字。从马,上象枝条华圅之形。"臣铉等案:孔安国注《尚书》,直训由作用也。用枿之语不通。以州切。

甬 甬 艸木华甬甬然也。从马,用声。余陇切。

弓 弓 艸木马盛也。从二马。胡先切。

文五 重一

朿 部

朿 朿 木垂华实。从木、马,马亦声。凡朿之属皆从朿。胡感切。

棘 棘 束也。从朿,韦声。徐锴曰:"言束之象木华实之相累也。"于非切。

文二

卤 部

卤 卤 艸木实垂卤卤然。象形。凡卤之属皆从卤。读若调。徒辽切。𥻆,籀文三卤为卤。

栗 栗(粟) 木也。从木,其实下垂,故从卤。力质切。𠧏,古文栗从西,从二卤。徐巡说:木至西方战栗。

粟 粟(粟) 嘉谷实也。从卤,从米。孔子曰:"粟之为言续也。"相玉切。𥻆,籀文粟。

文三 重三

齊 部

齊(齐) 禾麦吐穗上平也。象形。凡齐之属皆从齐。徐锴曰:"生而齐者莫若禾麦。二,地也。两傍在低处也。"徂兮切。

齎 等也。从齐,妻声。徂兮切。

文二

束　部

束　木芒也。象形。凡束之属皆从束。读若刺。七赐切。
棗（枣）　羊枣也。从重束。子皓切。
棘　小枣丛生者。从并束。己力切。

文三

片　部

片　判木也。从半木。凡片之属皆从片。匹见切。
版　判也。从片，反声。布绾切。
牏　判也。从片，畐声。芳逼切。
牘（牍）　书版也。从片，賣声。徒谷切。
牒　札也。从片，枼声。徒叶切。
牑　床版也。从片，扁声。读若边。方田切。
牖　穿壁以木为交窗也。从片、户、甫。谭长以为："甫"上"日"也，非"户"也。牖，所以见日。与久切。
牏　筑墙短版也。从片，俞声。读若俞。一曰：若纽。度侯切。

文八

鼎　部

鼎　三足两耳，和五味之宝器也。昔禹收九牧之金，铸鼎荆山之下，入山林川泽，螭魅蝄蜽，莫能逢之，以协承天休。《易》卦，巽木于下者为鼎，象析木以炊也。籀文以鼎为贞字。凡鼎之属皆从鼎。都挺切。
鼐　鼎之圜掩上者。从鼎，才声。《诗》曰："鼐鼎及鼒。"子之切。鎡，俗鼒，从金，从兹。
鼏　鼎之绝大者。从鼎，乃声。《鲁诗》说："鼏，小鼎。"奴代切。

鼏 鼏 以木横贯鼎耳而举之。从鼎,冖声。《周礼》:"庙门容大鼏七箇。"即《易》"玉铉大吉"也。莫狄切。

文四 重一

克　部

克 克 肩也。象屋下刻木之形。凡克之属皆从克。徐锴曰:"肩,任也。负何之名也。与人肩膊之义通。能胜此物,谓之克。"苦得切。𣪨,古文克。𠧻,亦古文克。

文一 重二

录　部

录 录 刻木录录也。象形。凡录之属皆从录。卢谷切。

文一

禾　部

禾 禾 嘉谷也。二月始生,八月而孰,得时之中,故谓之禾。禾,木也。木王而生,金王而死。从木,从𠂹省。𠂹,象其穗。凡禾之属皆从禾。户戈切。

秀 秀 上讳。汉光武帝名也。徐锴曰:"禾实也。有实之象,下垂也。"息救切。

稼 稼 禾之秀实为稼,茎节为禾。从禾,家声。一曰:稼,家事也。一曰:在野曰稼。古讶切。

穑 穑(穡) 谷可收曰穑。从禾,啬声。所力切。

种 穜(种) 埶也。从禾,童声。之用切。

稙 稙 早种也。从禾,直声。《诗》曰:"稙稚尗麦。"常职切。

种 種 先种后孰也。从禾,重声。直容切。

稑 稑 疾孰也。从禾,坴声。《诗》曰:"黍稷种稑。"力竹切。𦼒,稑或从翏。

稺 稺(稚) 幼禾也。从禾,屖声。直利切。

積 穜穊也。从禾，真声。《周礼》曰："積理而坚。"之忍切。

稠 多也。从禾，周声。直由切。

穊 稠也。从禾，既声。几利切。

稀 疏也。从禾，希声。徐锴曰："当言从爻，从巾，无声字。爻者，稀疏之义，与爽同意。巾象禾之根茎。至于莃、晞，皆当从稀省。何以知之，《说文》无希字故也。"香依切。

穢 禾也。从禾，蔑声。莫结切。

穆 禾也。从禾，㬎声。莫卜切。

私 禾也。从禾，厶声。北道名禾主人曰私主人。息夷切。

穮 稻紫茎不黏也。从禾，粪声。读若靡。扶沸切。

稷 齋也。五谷之长。从禾，畟声。子力切。𥞥，古文稷省。

齋 稷也。从禾，齐声。即夷切。𪗋，齋或从次。

秫 稷之黏者。从禾、术。象形。食聿切。朮，秫或省禾。

穄 縻也。从禾，祭声。子例切。

稻 稌也。从禾，舀声。徒皓切。

稌 稻也。从禾，余声。《周礼》曰："牛宜稌。"徒古切。

稬 沛国谓稻曰稬。从禾，耎声。奴乱切。

秫 稻不黏者。从禾，兼声。读若风廉之廉。力兼切。

秔 稻属。从禾，亢声。古行切，古猛切。䆉，秔或从更声。

䅺 稻属。从禾，毛声。伊尹曰："饭之美者，玄山之禾，南海之䅺。"呼到切。

穬 芒粟也。从禾，广声。古猛切。

秜 稻今年落，来年自生，谓之秜。从禾，尼声。里之切。

稗 禾别也。从禾，卑声。琅邪有稗县。旁卦切。

移 禾相倚移也。从禾，多声。一曰：禾名。臣铉等曰："多与移，声不相近，盖古有此音。"弋支切。

穎（颖）禾末也。从禾，顷声。《诗》曰："禾颖穟穟。"余顷切。

秾 齐谓麦秾也。从禾，来声。洛哀切。

223

采 禾成秀也，人所以收。从爪、禾。徐醉切。，采或从禾，惠声。

䄈 禾危穗也。从禾，勺声。都了切。

穟 禾穗之貌。从禾，遂声。《诗》曰："禾颖穟穟。"徐醉切。，穟或从艸。

秫 禾垂貌。从禾，耑声。读若端。丁果切。

𥡴 禾举出苗也。从禾，曷声。居谒切。

秒 禾芒也。从禾，少声。亡沼切。

穖 禾穖也。从禾，幾声。居狶切。

秠 一稃二米。从禾，丕声。《诗》曰："诞降嘉谷，惟秬惟秠。"天赐后稷之嘉谷也。敷悲切。

秨 禾摇貌。从禾，乍声。读若昨。在各切。

穮 耕禾间也。从禾，麃声。《春秋传》曰："是穮是衮。"甫娇切。

案 轹禾也。从禾，安声。乌旰切。

秄 壅禾本。从禾，子声。即里切。

穧 获刈也。一曰：撮也。从禾，齐声。在诣切。

穫（获）刈谷也。从禾，蒦声。胡郭切。

穦 积禾也。从禾，资声。《诗》曰："穦之秩秩。"即夷切。

積（积）聚也。从禾，责声。则历切。

秩 积也。从禾，失声。《诗》曰："穦之秩秩。"直质切。

稇 豢束也。从禾，困声。苦本切。

稞 谷之善者。从禾，果声。一曰：无皮谷。胡瓦切。

秳 舂粟不渍也。从禾，昏声。户括切。

秔 稻也。从禾，气声。居气切。

稃 稽也。从禾，孚声。芳无切。，稃或从米，付声。

稽 糠也。从禾，会声。苦会切。

穅（康）谷皮也。从禾，从米，庚声。苦冈切。，穅或省。

䅯 禾皮也。从禾，羔声。臣铉等曰："羔声不相近，未详。"之若切。

稭 禾稾去其皮，祭天以为席。从禾，皆声。古黠切。

稈（秆）禾茎也。从禾，旱声。《春秋传》曰："或投一秉秆。"古旱切。秆，稈或从干。

稾 秆也。从禾，高声。古老切。

秕 不成粟也。从禾，比声。卑履切。

稍 麦茎也。从禾，肙声。古玄切。

䄻 黍穰也。从禾，列声。良薛切。

穰 黍䄻已治者。从禾，襄声。汝羊切。

䄲 禾若䄲穰也。从禾，央声。于良切。

穮 穮稑，谷名。从禾，旁声。蒲庚切。

䄼 穮䄼也。从禾，皇声。户光切。

年 谷孰也。从禾，千声。《春秋传》曰"大有秊"。奴颠切。

穀（谷）续也。百谷之总名。从禾，㱿声。古禄切。

稔 谷孰也。从禾，念声。《春秋传》曰："鲜不五稔。"而甚切。

租 田赋也。从禾，且声。则吾切。

税 租也。从禾，兑声。输芮切。

䆃 禾也。从禾，道声。司马相如曰："䆃，一茎六穗。"徒到切。

稅 虚无食也。从禾，荒声。呼光切。

穌（稣）把取禾若也。从禾，鱼声。素孤切。

稍 出物有渐也。从禾，肖声。所教切。

秋 禾谷孰也。从禾，𤆎省声。七由切。秌，籀文不省。

秦 伯益之后所封国。地宜禾。从禾，舂省。一曰：秦，禾名。匠邻切。𥠼，籀文秦，从秝。

稱（称）铨也。从禾，爯声。春分而禾生。日夏至，晷景可度。禾有秒，秋分而秒定。律数：十二秒而当一分，十分而寸。其以为重：十二粟为一分，十二分为一铢。故诸程品皆从禾。处陵切。

科 程也。从禾，从斗。斗者，量也。苦禾切。

程 品也。十发为程，十程为分，十分为寸。从禾，呈声。直贞切。

稯 布之八十缕为稯。从禾，㚇声。子红切。𥟵，籀文稯省。

说文解字

秭　五稷为秭。从禾，㐂声。一曰：数亿至万曰秭。将几切。

秅　二秭为秅。从禾，乇声。《周礼》曰："二百四十斤为秉，四秉曰筥，十筥曰稯，十稯曰秅。四百秉为一秅。"宅加切。

秖　百二十斤也。稻一秖为粟二十升，禾黍一秖为粟十六升大半升。从禾，石声。常只切。

稘　复其时也。从禾，其声。《虞书》曰："稘三百有六旬。"居之切。

文八十七　重十三

穩（稳）蹂谷聚也。一曰：安也。从禾，隐省。古通用安隐。乌本切。

稕　束秆也。从禾，䇏声。之闰切。

文二 新附

秝 部

秝　稀疏适也。从二禾。凡秝之属皆从秝。读若历。郎击切。

兼　并也。从又持秝。兼持二禾，秉持一禾。古甜切。

文二

黍 部

黍　禾属而黏者也。以大暑而种，故谓之黍。从禾，雨省声。孔子曰："黍可为酒，禾入水也。"凡黍之属皆从黍。舒吕切。

䵅　穄也。从黍，麻声。靡为切。

䵀　黍属。从黍，卑声。并弭切。

黏　相箸也。从黍，占声。女廉切。

䊀　黏也。从黍，古声。户吴切。䊀，黏或从米。

䵒　黏也。从黍，日声。《春秋传》曰："不义不䵒。"尼质切。𪏲，䵒或从刃。

䵣　履黏也。从黍，㓞省声。㓞，古文利。作履，黏以黍米。郎奚切。

䵤　治黍、禾、豆下溃叶。从黍，畐声。蒲北切。

文八　重二

香　部

香　芳也。从黍，从甘。《春秋传》曰："黍稷馨香。"凡香之属皆从香。许良切。

馨　香之远闻者。从香，殸声。殸，籀文磬。呼形切。

文二

馥　气芬馥也。从香，复声。房六切。

文一 新附

米　部

米　粟实也。象禾实之形。凡米之属皆从米。莫礼切。

粱　米名也。从米，梁省声。吕张切。

糕　早取谷也。从米，焦声。一曰：小。侧角切。

粲　稻重一柘，为粟二十斗，为米十斗，曰毇；为米六斗太半斗，曰粲。从米，奴声。仓案切。

糲　粟重一柘，为十六斗太半斗，舂为米一斛，曰糲。从米，万声。洛带切。

精　择也。从米，青声。子盈切。

粺　毇也。从米，卑声。旁卦切。

粗　疏也。从米，且声。徂古切。

粃　恶米也。从米，北声。《周书》有《粃誓》。兵媚切。

糱（蘖）　牙米也。从米，辥声。鱼列切。

粒　糂也。从米，立声。力入切。𥻦，古文粒。

糳　溃[渍]米也。从米，睪声。施只切。

糂　以米和羹也。一曰：粒也。从米，甚声。桑感切。糣，籀文糂，从朁。糝，古文糂，从参。

檗　炊，米者谓之檗。从米，辟声。博戹切。

糜 糝也。从米，麻声。靡为切。

䊐 糜和也。从米，覃声。读若鄿。徒感切。

𥻛 （𥻛）[𥻛]米也。从米，尼声。交阯有𥻛泠县。武夷切。

籟 酒母也。从米，鞠省声。驰六切。𪎭，籟或从麦，鞠省声。

糟 酒滓也。从米，曹声。作曹切。𥻐，籒文从酉。

𥹸 干也。从米，葡声。平秘切。

糗 熬米麦也。从米，臭声。去九切。

臿 舂糗也。从臼、米。其九切。

䊗 粮也。从米，胥声。私吕切。

糧（粮） 谷也。从米，量声。吕张切。

粈 杂饭也。从米，丑声。女久切。

糶 谷也。从米，翟声。他吊切。

䊈 麸也。从米，蔑声。莫拨切。

粹 不杂也。从米，卒声。虽遂切。

氣（气） 馈客刍米也。从米，气声。《春秋传》曰："齐人来气诸侯。"许既切。䊠，气或从既。餼，气或从食。

粍 陈臭米。从米，工声。户工切。

粉 傅面者也。从米，分声。方吻切。

䊫 粉也。从米，卷声。去阮切。

糏 糳也。从米，悉声。私列切。

粲 糳粲，散之也。从米，杀声。桑割切。

糜 碎也。从米，靡声。摸卧切。

竊（窃） 盗自中出曰窃。从穴，从米，卨、廿皆声。廿，古文疾。卨，古文偰。千结切。

文三十六　重七

粻 食米也。从米，长声。陟良切。

粕 糟粕，酒滓也。从米，白声。匹各切。

粔 粔籹，膏环也。从米，巨声。其吕切。

粉 籹 粗籹也。从米，女声。人渚切。
糉 糉（粽）芦叶裹米也。从米，髮声。作弄切。
糖 糖 饴也。从米，唐声。徒郎切。
文六新附

毇　部

毇 毇 米一斛舂为八斗也。从臼，从殳。凡毇之属皆从毇。许委切。
糳 糳 糳米一斛舂为九斗曰糳。从毇，丵声。则各切。
文二

臼　部

臼 臼 舂也。古者掘地为臼，其后穿木石。象形。中，米也。凡臼之属皆从臼。其九切。
舂 舂 捣粟也。从廾持杵临臼上。午，杵省也。古者雍父初作舂。书容切。
䈽 䈽 齐谓舂曰䈽。从臼，屰声。读若膊。匹各切。
舀 舀 舂去麦皮也。从臼，干所以舀之。楚洽切。
舀 舀 抒臼也。从爪、臼。《诗》曰："或簸或舀。"以沼切。 挹，舀或从手，从宂。 㕣，舀或从臼，宂。
臽 臽 小阱也。从人在臼上。户猎切。
文六　重二

凶　部

凶 凶 恶也。象地穿交陷其中也。凡凶之属皆从凶。许容切。
兇 兇 扰恐也。从人在凶下。《春秋传》曰："曹人兇惧。"许拱切。
文二

说文解字弟七　上

说文解字弟七下

汉太尉祭酒　许慎 记
宋右散骑常侍　徐铉等 校定

朩　部

朩　分枲茎皮也。从屮、八，象枲之皮茎也。凡朩之属皆从朩。匹刃切。读若髌。

枲　麻也。从朩，台声。胥里切。𦀇，籀文枲，从林，从辝。

文二　重一

㛥　部

㛥　葩之总名也。㛥之为言微也。微纤为功。象形。凡㛥之属皆从㛥。匹卦切。

𣐿　枲属。从㛥，荧省。《诗》曰："衣锦𣐿衣。"去颖切。

㪰（散）分离也。从支，从㛥。㛥，分㪰之意也。穌旰切。

文三

麻　部

麻　与㛥同。人所治，在屋下。从广，从㛥。凡麻之属皆从麻。莫遐切。

䵅　未练治纑也。从麻，后声。臣铉等曰："后非声，疑复字讹。当从复省，乃得声。"空谷切。

䵃　麻黂也。从麻，取声。侧鸠切。

䵄　𣐿属。从麻，俞声。度侯切。

文四

尗　部

尗　豆也。象尗豆生之形也。凡尗之属皆从尗。式竹切。

敊（豉）　配盐幽尗也。从尗，支声。是义切。豉，俗敊从豆。

文二　重一

耑　部

耑（端）　物初生之题也。上象生形，下象其根也。凡耑之属皆从耑。臣铉等曰："中一，地也。"多官切。

文一

韭　部

韭　菜名。一种而久者，故谓之韭。象形，在一之上。一，地也。此与耑同意。凡韭之属皆从韭。举友切。

韰　䪎也。从韭，队声。徒对切。

𩐥（齑）　𩐥也。从韭，次、弟皆声。祖鸡切。𩐥，𩐥或从齐。

𧏾　菜也。叶似韭。从韭，叡声。胡戒切。

籤　山韭也。从韭，䍸声。息廉切。

𧆞　小蒜也。从韭，番声。附袁切。

文六　重一

瓜　部

瓜　𧢉也。象形。凡瓜之属皆从瓜。古华切。

瓝　小瓜也。从瓜，交声。臣铉等曰："交非声，未详。"蒲角切。

瓞　瓝也。从瓜，失声。《诗》曰："绵绵瓜瓞。"徒结切。𤓰，瓞或从弗。

䅻　小瓜也。从瓜，荧省声。户扃切。

说文解字

𤓯 𦼬 瓜也。从瓜，䔇省声。余昭切。

瓣 瓣 瓜中实。从瓜，辡声。蒲苋切。

𤓯 㼌 本不胜末，微弱也。从二瓜。读若庾。以主切。

文七　重一

瓠　部

瓠 瓠 匏也。从瓜，夸声。凡瓠之属皆从瓠。胡误切。

瓢 瓢 蠡也。从瓠省，票声。符宵切。

文二

宀　部

宀 宀 交覆深屋也。象形。凡宀之属皆从宀。武延切。

家 家 居也。从宀，豭省声。古牙切。𠖔，古文家。

宅 宅 所托也。从宀，乇声。场伯切。㡯，古文宅。㡴，亦古文宅。

室 室 实也。从宀，从至。至，所止也。式质切。

宣 宣 天子宣室也。从宀，𠄢声。须缘切。

向 向 北出牖也。从宀，从口。《诗》曰："塞向墐户。"徐锴曰："牖所以通人气，故从口。"许谅切。

宧 宧 养也。室之东北隅，食所居。从宀，臣声。与之切。

㝔 㝔 户枢声也。室之东南隅。从宀，皀声。乌皎切。

奥 奥 宛也。室之西南隅。从宀，𢍽声。臣铉等曰："𢍽非声，未详。"乌到切。

宛 宛 屈草自覆也。从宀，夗声。於阮切。惌，宛或从心。

宸 宸 屋宇也。从宀，辰声。植邻切。

宇 宇 屋边也。从宀，于声。《易》曰："上栋下宇。"王榘切。𡩟，籀文宇，从禹。

寷 寷 大屋也。从宀，豐声。《易》曰："豐其屋。"敷戎切。

寏 寏（院） 周垣也。从宀，奂声。胡官切。院，寏或从阜。又爰眷切。

宏 屋深响也。从宀，厷声。户萌切。

竑 屋响也。从宀，弘声。户萌切。

寪 屋貌。从宀，为声。韦委切。

寇 屋寇䍃也。从宀，康声。苦冈切。

䍃 寇也。从宀，良声。音良，又力康切。

宬 屋所容受也。从宀，成声。氏征切。

寍 安也。从宀，心在皿上。人之饮食器，所以安人。奴丁切。

定 安也。从宀，从正。徒径切。

寔 止也。从宀，是声。常只切。

安 静也。从女，在宀下。乌寒切。

宓 安也。从宀，必声。美毕切。

㝧 静也。从宀，契声。于计切。

宴 安也。从宀，妟声。于甸切。

宋(寂) 无人声。从宀，未声。前历切。𧧒，寂或从言。

察 覆也。从宀、祭。臣铉等曰："祭祀必天质明。明，察也，故从祭。"初八切。

寴 至也。从宀，亲声。初仅切。

完 全也。从宀，元声。古文以为宽字。胡官切。

富 备也。一曰：厚也。从宀，畐声。方副切。

寳(实) 富也。从宀，从贯。贯，货贝也。神质切。

宗 藏也。从宀，㒭声。㒭，古文保。《周书》曰："陈宗赤刀。"博裒切。

容 盛也。从宀、谷。臣铉等曰："屋与谷皆所以盛受也。"余封切。𧆓，古文容，从公。

宂(冗) 散也。从宀，人在屋下，无田事。《周书》曰："宫中之宂食。"而陇切。

寥 㝯㝯，不见也。一曰：㝯㝯，不见省人。从宀，㝯声。武延切。

宝(宝) 珍也。从宀，从玉，从贝，缶声。博皓切。𤣪，古文宝，省贝。

· 233 ·

说文解字

宭 群居也。从宀，君声。渠云切。

宦 仕也。从宀，从臣。胡惯切。

宰 罪人在屋下执事者。从宀，从辛。辛，罪也。作亥切。

守 守官也。从宀，从寸。寺府之事者。从寸，寸，法度也。书九切。

寵(宠) 尊居也。从宀，龙声。丑垄切。

宥 宽也。从宀，有声。于救切。

宜 所安也。从宀之下，一之上，多省声。鱼羁切。𡨆，古文宜。𡧧，亦古文宜。

寫(写) 置物也。从宀，舄声。悉也切。

宵 夜也。从宀，宀下冥也；肖声。相邀切。

宿 止也。从宀，㐁声。㐁，古文夙。息逐切。

寢(寝) 卧也。从宀，侵声。七荏切。𡩡，籀文寝省。

寎 冥合也。从宀，丏声。读若《周书》"若药不眄眩"。莫甸切。

寬(宽) 屋宽大也。从宀，莧声。苦官切。

寤 寤也。从宀，吾声。五故切。

寁 居之速也。从宀，疌声。子感切。

寡 少也。从宀，从颁。颁，分赋也，故为少。古瓦切。

客 寄也。从宀，各声。苦格切。

寄 托也。从宀，奇声。居义切。

寓 寄也。从宀，禺声。牛具切。庽，寓或从广。

寠 无礼居也。从宀，娄声。其榘切。

㝚 贫病也。从宀，久声。《诗》曰："煢煢在㝚。"居又切。

寒 冻也。从人在宀下，以茻荐覆之，下有仌。胡安切。

害 伤也。从宀，从口。宀口，言从家起也。丯声。胡盖切。

宲 入家搜也。从宀，索声。所责切。

窢 穷也。从宀，簌声。簌与籀同。居六切。𥨆，窢或从穴。

宄 奸也。外为盗，内为宄。从宀，九声。读若轨。居洧切。𡧵，古文宄。㝈，亦古文宄。

· 234 ·

窫 塞也。从宀,叔声。读若《虞书》曰"窫三苗"之窫。鸎最切。

宕 过也。一曰:洞屋。从宀,砀省声。汝南项有宕乡。徒浪切。

宋 居也。从宀,从木。读若送。臣铉等曰:"木者,所以成室以居人也。"苏统切。

㝈 屋倾下也。从宀,执声。都念切。

宗 尊祖庙也。从宀,从示。作冬切。

宔 宗庙宔祏。从宀,主声。之庾切。

宙 舟舆所极。覆也。从宀,由声。直又切。

文七十一　重十六

寊 置也。从宀,真声。支义切。

寰 王者封畿内,县也。从宀,𢍞声。户关切。

寀 同地为寀。从宀,采声。仓宰切。

文三 新附

宫　部

宫 室也。从宀,躳省声。凡宫之属皆从宫。居戎切。

營(营) 市居也。从宫,荧省声。余倾切。

文二

吕　部

吕 脊骨也。象形。昔太岳为禹心吕之臣,故封吕侯。凡吕之属皆从吕。力举切。𦟝,篆文吕,从肉,从旅。

躳(躬) 身也。从身,从吕。居戎切。䠮,躳或从弓。

文二　重二

穴　部

穴 土室也。从宀,八声。凡穴之属皆从穴。胡决切。

𥥓 北方谓地空,因以为土穴,为𥥓户。从穴,皿声。读若猛。武

说文解字

永切。

窨 地室也。从穴,音声。於禁切。

窯(窑) 烧瓦灶也。从穴,羔声。余招切。

覆 地室也。从穴,复声。《诗》曰:"陶覆陶穴。"芳福切。

竈(灶) 炊灶也。从穴,黽省声。则到切。灶,灶或不省。

窐 甄空也。从穴,圭声。乌瓜切。

突 深也。一曰:灶突。从穴,从火,从求省。式针切。

穿 通也。从牙在穴中。昌缘切。

寮 穿也。从穴,尞声。《论语》有公伯寮。洛萧切。

窊 穿也。从穴,决省声。於决切。

窡 深抉也。从穴,从抉。於决切。

竇(窦) 空也。从穴,渎省声。徒奏切。

窬 空貌。从穴,喬声。呼决切。

窠 空也。穴中曰窠,树上曰巢。从穴,果声。苦禾切。

窗(窗) 通孔也。从穴,恩声。楚江切。

窊 污衺,下也。从穴,瓜声。乌瓜切。

窍(窍) 空也。从穴,敫声。牵料切。

空 窍也。从穴,工声。苦红切。

窒 空也。从穴,坙声。《诗》曰:"瓶之窒矣。"去径切。

穵 空大也。从穴,乙声。乌黠切。

窳 污窳也。从穴,瓜声。朔方有窳浑县。以主切。

窞 坎中小坎也。从穴,从臽,臽亦声。《易》曰:"入于坎,窞。"一曰:旁入也。徒感切。

窌 窖也。从穴,卯声。匹貌切。

窖 地藏也。从穴,告声。古孝切。

窬 穿木户也。从穴,俞声。一曰:空中也。羊朱切。

窵(窎) 窵窅,深也。从穴,鸟声。多啸切。

窺(窥) 小视也。从穴,规声。去陸切。

236

窺 正视也。从穴中正见也。正亦声。敕贞切。

窬 穴中见也。从穴,敄声。丁滑切。

窋 物在穴中貌。从穴中出。丁滑切。

窴 塞也。从穴,真声。待年切。

窒 塞也。从穴,至声。陟栗切。

突 犬从穴中暂出也。从犬在穴中。一曰:滑也。徒骨切。

竄(窜) 坠也。从鼠在穴中。七乱切。

猝 从穴中卒出。从穴,卒声。苏骨切。

窘 迫也。从穴,君声。渠陨切。

窕 深肆极也。从穴,兆声。读若挑。徒了切。

穹 穷也。从穴,弓声。去弓切。

究 穷也。从穴,九声。居又切。

竆(穷) 极也。从穴,躬声。渠弓切。

窅 冥也。从穴,目声。乌皎切。

窔 窅窔,深也。从穴,交声。乌叫切。

邃 深远也。从穴,遂声。虽遂切。

窈 深远也。从穴,幼声。乌皎切。

窱 杳窱也。从穴,条声。徒吊切。

竁 穿地也。从穴,毳声。一曰:小鼠。《周礼》曰:"大丧,甫竁。"充芮切。

窆 葬下棺也。从穴,乏声。《周礼》曰:"及窆执斧。"方验切。

窀 葬之厚夕。从穴,屯声。《春秋传》曰:"窀穸从先君于地下。"陟伦切。

穸 窀穸也。从穴,夕声。词亦切。

窜 入脉刺穴谓之窜。从穴,甲声。乌狎切。

文五十一　重一

寢　部

- 寢(梦) 寐而有觉也。从宀，从疒，梦声。《周礼》："以日月星辰占六寢之吉凶：一曰正寢，二曰咢寢，三曰思寢，四曰悟寢，五曰喜寢，六曰惧寢。"凡寢之属皆从寢。莫凤切。
- 寱 病卧也。从寢省，㝱省声。七荏切。
- 寐 卧也。从寢省，未声。蜜二切。
- 寤 寐觉而有信曰寤。从寢省，吾声。一曰：昼见而夜寢也。五故切。𡨚，籒文寤。
- 㝱 楚人谓寐曰㝱。从寢省，女声。依倨切。
- 寐 寐而未厌。从寢省，米声。莫礼切。
- 㝱 孰寐也。从寢省，水声。读若悸。求癸切。
- 寎 卧惊病也。从寢省，丙声。皮命切。
- 㝱 瞑言也。从寢省，臬声。牛例切。
- 寱 卧惊也。一曰：小儿号寱寱。一曰：河内相評也。从寢省，从言。火滑切。

文十　重一

疒　部

- 疒 倚也。人有疾病，象倚箸之形。凡疒之属皆从疒。女戹切。
- 疾 病也。从疒，矢声。秦悉切。𥧎，古文疾。𤕫，籒文疾。
- 痛 病也。从疒，甬声。他贡切。
- 病 疾加也。从疒，丙声。皮命切。
- 瘣 病也。从疒，鬼声。《诗》曰："譬彼瘣木。"一曰：肿旁出也。胡罪切。
- 痾 病也。从疒，可声。《五行传》曰："时即有口痾。"乌何切。
- 痡 病也。从疒，甫声。《诗》曰："我仆痡矣。"普胡切。

瘒 病也。从疒，堇声。巨斤切。

瘵 病也。从疒，祭声。侧介切。

瘨 病也。从疒，真声。一曰：腹张。都年切。

瘼 病也。从疒，莫声。慕各切。

疛 腹中急也。从疒，丩声。古巧切。

瘨 病也。从疒，员声。王问切。

瘚(痫) 病也。从疒，闲声。户间切。

疶 病也。从疒，出声。五忽切。

疵 病也。从疒，此声。疾咨切。

癈(废) 固病也。从疒，发声。方肺切。

瘏 病也。从疒，者声。《诗》曰："我马瘏矣。"同都切。

瘲(疯) 病也。从疒，从声。即容切。

痒 寒病也。从疒，辛声。所臻切。

痎 头痛也。从疒，或声。读若沟洫之洫。呼逼切。

痟 酸痟，头痛。从疒，肖声。《周礼》曰："春时有痟首疾。"相邀切。

疕 头疡也。从疒，匕声。卑履切。

瘍(疡) 头创也。从疒，易声。与章切。

痒 疡也。从疒，羊声。似阳切。

瘕 目病。一曰：恶气箸身也。一曰：蚀创。从疒，马声。莫驾切。

癖 散声。从疒，斯声。先稽切。

瘑 口喎也。从疒，为声。韦委切。

疾 瘑也。从疒，决省声。古穴切。

瘖 不能言也。从疒，音声。於今切。

瘿(瘿) 颈瘤也。从疒，婴声。於郢切。

瘘(瘘) 颈肿也。从疒，娄声。力豆切。

疫 颤也。从疒，又声。于救切。

瘀 积血也。从疒，於声。依倨切。

疝 腹痛也。从疒,山声。所晏切。

疛 小腹病。从疒,肘省声。陟柳切。

癃 满也。从疒,隆声。平祕切。

疳 俛病也。从疒,付声。方矩切。

痀 曲脊也。从疒,句声。其俱切。

瘚 屰气也。从疒,从屰,从欠。居月切。欮,瘚或省疒。

悸 气不定也。从疒,季声。其季切。

痱 风病也。从疒,非声。蒲罪切。

瘤 肿也。从疒,留声。力求切。

痤 小肿也。从疒,坐声。一曰:族絫。臣铉等曰:"今别作瘕蠚,非是。"昨禾切。

疽 癰也。从疒,且声。七余切。

癘 癰也。从疒,麗声。一曰:瘦黑。读若隶。郎计切。

癰(雍) 肿也。从疒,雝声。於容切。

瘜 寄肉也。从疒,息声。相即切。

癬(癣) 干疡也。从疒,鲜声。息浅切。

疥 搔也。从疒,介声。古拜切。

痂 疥也。从疒,加声。古牙切。

瘕 女病也。从疒,叚声。乎加切。

癩 恶疾也。从疒,赖省声。洛带切。

瘧(疟) 热寒休作。从疒,从虐,虐亦声。鱼约切。

痁 有热疟。从疒,占声。《春秋传》曰:"齐侯疥,遂痁。"失廉切。

痎 二日一发疟。从疒,亥声。古谐切。

痳 疝病。从疒,林声。力寻切。

痔 后病也。从疒,寺声。直里切。

痿 痹也。从疒,委声。儒佳切。

痹 湿病也。从疒,畀声。必至切。

瘅 足气不至也。从疒,毕声。毗至切。

瘃 中寒肿覈。从疒，豖声。陟玉切。

瘺 半枯也。从疒，扁声。匹连切。

瘇 胫气足肿。从疒，童声。《诗》曰："既微且瘇。"时重切。𰻞，籀文从允。

瘱 跛病也。从疒，盍声。读若脅，又读若掩。乌盍切。

疻 殴伤也。从疒，只声。诸氏切。

痏 疻痏也。从疒，有声。荣美切。

瘍 创裂也。一曰：疾瘍。从疒，巂声。以水切。

痏 皮剥也。从疒，日声。赤占切。𤵲，籀文从艮。

㾮 痛也。从疒，农声。奴动切。

痍 伤也。从疒，夷声。以脂切。

瘢 痍也。从疒，般声。薄官切。

痕 胝瘢也。从疒，艮声。户恩切。

痉（痓） 强急也。从疒，𢀜声。其颈切。

痋 动病也。从疒，虫省声。徒冬切。

瘦 臞也。从疒，叟声。所又切。

疢 热病也。从疒，从火。臣铉等曰："今俗别作疹，非是。"丑刃切。

瘅（瘅） 劳病也。从疒，单声。丁榦、丁贺二切。

疸 黄病也。从疒，旦声。丁榦切。

痰 病息也。从疒，夹声。苦叶切。

痞 痛也。从疒，否声。符鄙切。

瘍 脉瘍也。从疒，易声。羊益切。

痳 狂走也。从疒，术声。读若欻。食聿切。

疲 劳也。从疒，皮声。符羁切。

痹 瑕也。从疒，柹声。侧史切。

疧 病也。从疒，氏声。渠支切。

疲 病劣也。从疒，及声。呼合切。

瘚 剧声也。从疒，㱿声。於卖切。

癃 罢病也。从疒，隆声。力中切。𤻲，籀文癃省。

疫 民皆疾也。从疒，役省声。营只切。

瘛 小儿瘛瘲病也。从疒，𢍆声。臣铉等曰："《说文》无𢍆字，疑从疒，从心，契省声。"尺制切。

疼 马病也。从疒，多声。《诗》曰："疼疼骆马。"丁可切。

㾠 马胫疡也。从疒，兑声。一曰：将伤。徒活切。

癄（疗）治也。从疒，乐声。力照切。𤺄，或从尞。

痼 久病也。从疒，古声。古慕切。

瘌 楚人谓药毒曰痛瘌。从疒，剌声。卢达切。

𤻸（𤻸）朝鲜谓药毒曰𤻸。从疒，劳声。郎到切。

瘥 愈也。从疒，差声。楚懈切，又才他切。

㾊 减也。从疒，衰声。一曰：耗也。楚追切。

瘉（愈）病瘳也。从疒，俞声。臣铉等曰："今别作愈，非是。"以主切。

瘳 疾愈也。从疒，翏声。敕鸠切。

癡（痴）不慧也。从疒，疑声。丑之切。

文一百二　重七

冖部

冖 覆也。从一下垂也。凡冖之属皆从冖。臣铉等曰："今俗作幂，同。"莫狄切。

冠 絭也。所以絭发，弁冕之总名也。从冖、从元，元亦声。冠有法制，从寸。徐锴曰："取其在首，故从元。"古丸切。

冣 积也。从冖，从取，取亦声。才句切。

㝅 奠爵酒也。从冖，托声。《周书》曰："王三宿三祭三㝅。"当故切。

文四

冃　部

冃　重覆也。从一、一。凡冃之属皆从冃。莫保切。读若艸苺苺。

同　合会也。从冃，从口。臣铉等曰："同，爵名也。《周书》曰：'太保受同祭。'故从口。《史籀》亦从口。李阳冰云：从口，非是。"徒红切。

青　帱帐之象。从冃；屮，其饰也。苦江切。

冡（蒙）覆也。从冃、豕。莫红切。

文四

冒　部

冒　小儿蛮夷头衣也。从冂；二，其饰也。凡冒之属皆从冒。莫报切。

冕　大夫以上冠也。邃延、垂瑬、紞纩。从冒，免声。古者黄帝初作冕。亡辨切。絻，冕或从糸。

冑　兜鍪也。从冒，由声。直又切。𩊚，《司马法》冑从革。

冒　冡而前也。从冒，从目。莫报切。𡇣，古文冒。

最　犯而取也。从冒，从取。祖外切。

文五　重三

㒳　部

㒳　再也。从冂，阙。《易》曰："参天㒳地。"凡㒳之属皆从㒳。良奖切。

两（两）二十四铢为一两。从一；㒳，平分，亦声。良奖切。

㒼　平也。从廿，五行之数，二十分为一辰。㒳，㒼平也。读若蛮。母官切。

文三

网　部

网　庖牺所结绳，以渔。从冂，下象网交文。凡网之属皆从网。今经典变隶作罓。文纺切。𦉳，网或从亡。𦌴，网或从糸。𠔁，古文网。𠕃，籀文网。

罨　罕也。从网，奄声。於业切。

罕（罕）网也。从网，干声。呼旱切。

罥　网也。从网、𢆶，𢆶亦声。一曰：绾也。古眩切。

䍙　网也。从网，每声。莫栖切。

䍦　网也。从网，巽声。思沇切。𦌗，《逸周书》曰："不卵不𦌗，以成鸟兽。"𦌗者，𦌗兽足也，故或从足。

䍏　周行也。从网，米声。《诗》曰："䍏入其阻。"武移切。𦉷，䍏或从歺。

罩　捕鱼器也。从网，卓声。都教切。

罾　鱼网也。从网，曾声。作腾切。

罪　捕鱼竹网。从网、非。秦以罪为辠字。徂贿切。

罳　鱼网也。从网，巤声。巤，籀文锐。居例切。

罛　鱼罟也。从网，瓜声。《诗》曰："施罛濊濊。"古胡切。

罟　网也。从网，古声。公户切。

罶　曲梁寡妇之笱。鱼所留也。从网、留，留亦声。力九切。䍎，罶或从婁。《春秋国语》曰："沟罟䍎。"

罜　罜麗，鱼罟也。从网，主声。之庾切。

麗　罜麗也。从网，鹿声。卢谷切。

䍩　积柴水中以聚鱼也。从网，林声。所今切。

罠　钓也。从网，民声。武巾切。

羅（罗）以丝罟鸟也。从网，从维。古者，芒氏初作罗。鲁何切。

羉　捕鸟覆车也。从网，叕声。陟劣切。𦌵，羉或从车。

罿 罬也。从网,童声。尺容切。

罦 覆车也。从网,包声。《诗》曰:"雉离于罦。"缚牟切。罞,罦或从孚。

罻 捕鸟网也。从网,尉声。於位切。

罟 兔罟也。从网,否声。臣铉等曰:"隶书作罘。"缚牟切。

罟 罟也。从网,互声。胡误切。

罝 兔网也。从网,且声。子邪切。罝,罝或从糸。罝,籀文从虘。

罯 𦋅中网也。从网,舞声。文甫切。

署 部署,有所网属。从网,者声。徐锴曰:"署置之言罗络之,若罘网也。"常恕切。

罷(罢) 遣有罪也。从网,能。言有贤能而入网,而贯遣之。《周礼》曰:"议能之辟。"薄蟹切。

置 赦也。从网、直。徐锴曰:"从直,与罢同意。"陟吏切。

罯 覆也。从网,音声。乌感切。

詈 骂也。从网,从言。网罪人。力智切。

罵(骂) 詈也。从网,马声。莫驾切。

羁(羁) 马络头也。从网,从𩻛。𩻛,马绊也。居宜切。羁,羁或从革。

文三十四　重十二

罭 鱼网也。从网、或,或声。于逼切。

罳 罘罳,屏也。从网,思声。息兹切。

罹 心忧也。从网,未详。古多通用离。吕支切。

文三新附

襾　部

襾 覆也。从冂,上下覆之。凡襾之属皆从襾。呼讶切。读若罩。

覂 反覆也。从襾,乏声。方勇切。

覈 实也。考事,襾笮邀遮,其辞得实曰覈。从襾,敫声。下革切。覈,覈或从雨。

覆 覂也。一曰：盖也。从襾，復声。敷救切。

文四　重一

巾　部

巾　佩巾也。从冂，丨象糸也。凡巾之属皆从巾。居银切。

帣　楚谓大巾曰帣。从巾，分声。抚文切。

帥(帅)　佩巾也。从巾，𠂤。所律切。帨，帥或从兑。又音税。

𢂷　礼巾也。从巾，从执。输芮切。

帗　一幅巾也。从巾，犮声。读若拨。北末切。

䩒　枕巾也。从巾，刃声。而振切。

幋　覆衣大巾。从巾，般声。或以为首𢃀。薄官切。

帤　巾帤也。从巾，如声。一曰币巾。女余切。

幣　帛也。从巾，敝声。毗祭切。

幅　布帛广也。从巾，畐声。方六切。

帆　设色之工，治丝练者。从巾，㐬声。一曰：帆，隔也。读若荒。呼光切。

帶(带)　绅也。男子鞶带，妇人带丝。象系佩之形。佩必有巾，从巾。当盖切。

幘(帻)　发有巾曰幘。从巾，责声。侧革切。

帉　领耑也。从巾，旬声。相伦切。

帔　弘农谓裙帔也。从巾，皮声。披义切。

常　下裙也。从巾，尚声。市羊切。裳，常或从衣。

帬(裙)　下裳也。从巾，君声。渠云切。裠，帬或从衣。

幧　帤也。一曰：帗也。一曰：妇人胁衣。从巾，戔声。读若末杀之杀。所八切。

幝　幒也。从巾，军声。古浑切。褌，幝或从衣。

幒　幝也。从巾，悤声。一曰：帙。职茸切。䙚，幒或从松。

幱　楚谓无缘衣也。从巾，监声。鲁甘切。

幎 幔也。从巾，冥声。《周礼》有"幎人"。莫狄切。

幔 幕也。从巾，曼声。莫半切。

幬(帱) 禅帐也。从巾，𡍷声。直由切。

㡭 帷也。从巾，兼声。力盐切。

帷 在旁曰帷。从巾，隹声。洧悲切。𢅜，古文帷。

帐 张也。从巾，长声。知谅切。

幕 帷在上曰幕，覆食案亦曰幕。从巾，莫声。慕各切。

帔 幣裂也。从巾，匕声。卑履切。

幣 残帛也。从巾，祭声。先列切，又所例切。

㡰 正耑裂也。从巾，俞声。山枢切。

帖 帛书署也。从巾，占声。他叶切。

帙 书衣也。从巾，失声。直质切。𧙡，帙或从衣。

幓 幡帜也。从巾，前声。则前切。

微(徽) 帜也，以绛微帛，箸于背。从巾，微省声。《春秋传》曰："扬微者公徒。"许归切。

幖 帜也。从巾，票声。方招切。

帵 幡也。从巾，夗声。於袁切。

幡 书儿拭觚布也。从巾，番声。甫烦切。

㡀 刺也。从巾，剌声。卢达切。

㦰 拭也。从巾，𢧜声。精廉切。

幝 车弊貌。从巾，单声。《诗》曰："檀车幝幝。"昌善切。

幏 盖衣也。从巾，冢声。莫红切。

幭 盖幭也。从巾，蔑声。一曰：禪被。莫结切。

幠 覆也。从巾，无声。荒乌切。

飾(饰) 㕞也。从巾，从人，食声。读若式。一曰：豫饰。赏只切。

幃 囊也。从巾，韦声。许归切。

帣 囊也。今盐官三斛为一帣。从巾，絭声。居倦切。

帚 粪也。从又持巾埽冂内。古者少康初作箕、帚、秫酒。少康，

席 席 籍也。《礼》：天子、诸侯席，有黼绣纯饰。从巾，庶省。臣铉等曰："席以待宾客之礼。宾客非一人，故从庶。"祥易切。圊，古文席，从石省。

幐 幐 囊也。从巾，朕声。徒登切。

幠 幠 以囊盛谷，大满而裂也。从巾，奋声。方吻切。

帪 帪 载米䋣也。从巾，盾声。读若《易》屯卦之屯。陟伦切。

帴 帴 蒲席䋣也。从巾，及声。读若蛤。古沓切。

幩 幩 马缠镳扇汗也。从巾，贲声。《诗》曰："朱幩镳镳。"符分切。

幭 幭 墀地以巾搊之。从巾，㚔声。读若水温㚔也。一曰：箸也。乃昆切。

帑 帑 金币所藏也。从巾，奴声。乃都切。

布 布 枲织也。从巾，父声。博故切。

幏 幏 南郡蛮夷賨布。从巾，家声。古讶切。

㠾 㠾 布。出东莱。从巾，弦声。胡田切。

帗 帗 鬓布也。一曰：车上衡衣。从巾，攴声。读若项。莫卜切。

幦 幦 鬓布也。从巾，辟声。《周礼》曰："駹车大幦。"莫狄切。

䋈 䋈 领耑也。从巾，耴声。陟叶切。

文六十二　重八

幢 幢 旌旗之属。从巾，童声。宅江切。

幟 幟（帜）旌旗之属。从巾，戠声。昌志切。

帟 帟 在上曰帟。从巾，亦声。羊益切。

幗 幗（帼）妇人首饰。从巾，国声。古对切。

幧 幧 敛发也。从巾，喿声。七摇切。

帒 帒 囊也。从巾，代声。或从衣。徒耐切。

帊 帊 帛三幅曰帊。从巾，巴声。普驾切。

幞 幞 帊也。从巾，美声。房玉切。

幰 幰 车幔也。从巾，宪声。虚偃切。

文九新附

市　部

市　韠也。上古衣蔽前而已，市以象之。天子朱市，诸侯赤市，大夫葱衡。从巾，象连带之形。凡市之属皆从市。分勿切。韨，篆文市，从韦，从发。臣铉等曰："今俗作绂，非是。"

袷　士无市有袷。制如榼，缺四角。爵弁服，其色韎。贱不得与裳同。司农曰："裳，纁色。"从市，合声。古洽切。韐，袷或从韦。

文二　重二

帛　部

帛　缯也。从巾，白声。凡帛之属皆从帛。旁陌切。

锦（锦）　襄邑织文也。从帛，金声。居饮切。

文二

白　部

白　西方色也。阴用事，物色白。从入合二；二，阴数。凡白之属皆从白。旁陌切。皛，古文白。

皎　月之白也。从白，交声。《诗》曰："月出皎兮。"古了切。

皢　日之白也。从白，尧声。呼鸟切。

皙　人色白也。从白，析声。先击切。

皤　老人白也。从白，番声。《易》曰："贲如皤如。"薄波切。䲃，皤或从页。

皔　鸟之白也。从白，隹声。胡沃切。

皑（皑）　霜雪之白也。从白，岂声。五来切。

皅　艸华之白也。从白，巴声。普巴切。

皦　玉石之白也。从白，敫声。古了切。

皌　际见之白也。从白，上下小见。起戟切。

晶 晶 显也。从三白。读若皎。乌皎切。

文十一　重二

㡀　部

㡀 㡀 败衣也。从巾，象衣败之形。凡㡀之属皆从㡀。毗祭切。
敝 敝 帔也。一曰：败衣。从攴，从㡀，㡀亦声。毗祭切。

文二

黹　部

黹 黹 箴缕所紩衣。从㡀，丵省。凡黹之属皆从黹。臣铉等曰："丵，众多也。言箴缕之工不一也。"陟几切。
黼 黼 合五采鲜色。从黹，虘声。《诗》曰："衣裳黼黼。"创举切。
黼 黼 白与黑相次文。从黹，甫声。方榘切。
黻 黻 黑与青相次文。从黹，犮声。分勿切。
𪓰 𪓰 会五采缯色。从黹，綷省声。子对切。
黺 黺 衮衣山、龙、华、虫。黺，画粉也。从黹，从粉省。卫宏说。方吻切。

文六

说文解字弟七　下

说文解字弟八上

　　　　　　汉太尉祭酒　　许慎 记
　　　　　　宋右散骑常侍　徐铉等 校定

三十七部　六百一十一文　重六十三　凡八千五百三十九字
　　文三十五 新附

人　部

尺 人 天地之性最贵者也。此籀文。象臂胫之形。凡人之属皆从人。如邻切。

僮 僮 未冠也。从人，童声。徒红切。

保 保 养也。从人，从采省。采，古文孚。博襃切。呆，古文保。𠈃，古文保不省。

仁 仁 亲也。从人，从二。臣铉等曰："仁者兼爱，故从二。"如邻切。忎，古文仁，从千、心。尸，古文仁，或从尸。

企 企 举踵也。从人，止声。去智切。𧾷，古文企，从足。

仞 仞 伸臂一寻，八尺。从人，刃声。而震切。

仕 仕 学也。从人，从士。鉏里切。

佼 佼 交也。从人，从交。下巧切。

僎 僎 具也。从人，巽声。士勉切。

俅 俅 冠饰貌。从人，求声。《诗》曰："弁服俅俅。"巨鸠切。

佩 佩 大带佩也。从人，从凡，从巾。佩必有巾，巾谓之饰。臣铉等曰："今俗别作珮，非是。"蒲妹切。

儒 儒 柔也。术士之称。从人，需声。人朱切。

俊 俊 材千人也。从人，夋声。子峻切。

傑 傑(杰) 傲也。从人，桀声。渠列切。

伃 伃 人姓。从人,军声。吾昆切。

伋 伋 人名。从人,及声。居立切。

伉 伉 人名。从人,亢声。《论语》有陈伉。苦浪切。

伯 伯 长也。从人,白声。博陌切。

仲 仲 中也。从人,从中,中亦声。直众切。

伊 伊 殷圣人阿衡,尹治天下者。从人,从尹。於脂切。㫃,古文伊,从古文死。

偰 偰 高辛氏之子,尧司徒,殷之先。从人,契声。私列切。

倩 倩 人字。从人,青声。东齐婿谓之倩。仓见切。

伃 伃 妇官也。从人,予声。以诸切。

伀 伀 志及众也。从人,公声。职茸切。

儇 儇 慧也。从人,瞏声。许缘切。

倓 倓 安也。从人,炎声。读若谈。徒甘切。𠆧,倓或从剡。

侚 侚 疾也。从人,旬声。辞闰切。

傛 傛 不安也。从人,容声。一曰:华。余陇切。

僷 僷 宋卫之间谓华僷僷。从人,叶声。与涉切。

佳 佳 善也。从人,圭声。古膎切。

侅 侅 奇侅,非常也。从人,亥声。古哀切。

傀 傀 伟也。从人,鬼声。《周礼》曰:"大傀异。"公回切。瓌,傀或从玉,褢声。

偉 偉(伟) 奇也。从人,韦声。于鬼切。

份 份 文质僣也。从人,分声。《论语》曰:"文质份份。"府巾切。彬,古文份,从彡、林。林者,从焚省声。臣铉等曰:今俗作斌,非是。

僚 僚 好貌。从人,尞声。力小切。

佖 佖 威仪也。从人,必声。《诗》曰:"威仪佖佖。"毗必切。

俟 俟 具也。从人,矣声。读若汝南渃水。《虞书》曰:"旁救俟功。"士恋切。

儺 儺 长壮儺儺也。从人,𩰦声。《春秋传》曰:"长儺者相之。"良涉切。

儦 儦 行貌。从人，麃声。《诗》曰："行人儦儦。"甫娇切。

儺 儺(傩) 行人节也。从人，难声。《诗》曰："佩玉之傩。"诺何切。

倭 倭 顺貌。从人，委声。《诗》曰："周道倭迟。"於为切。

僓 僓 娴也。从人，贵声。一曰：长貌。吐猥切，又鱼罪切。

僑 僑(侨) 高也。从人，乔声。巨娇切。

俟 俟 大也。从人，矣声。《诗》曰："伾伾俟俟。"床史切。

侗 侗 大貌。从人，同声。《诗》曰："神罔时侗。"他红切。

佶 佶 正也。从人，吉声。《诗》曰："既佶且闲。"巨乙切。

俁 俁 大也。从人，吴声。《诗》曰："硕人俁俁。"鱼禹切。

仜 仜 大腹也。从人，工声。读若红。户工切。

僤 僤(䄠) 疾也。从人，单声。《周礼》曰："句兵欲无僤。"徒案切。

健 健 伉也。从人，建声。渠建切。

倞 倞 强也。从人，京声。渠竟切。

傲 傲 倨也。从人，敖声。五到切。

仡 仡 勇壮也。从人，气声。《周书》曰："仡仡勇夫。"鱼讫切。

倨 倨 不逊也。从人，居声。居御切。

儼 儼(俨) 昂头也。从人，严声。一曰：好貌。鱼俭切。

傪 傪 好貌。从人，参声。仓含切。

俚 俚 聊也。从人，里声。良止切。

伴 伴 大貌。从人，半声。薄满切。

俺 俺 大也。从人，奄声。於业切。

僩 僩 武貌。从人，间声。《诗》曰："瑟兮僩兮。"下简切。

伾 伾 有力也。从人，丕声。《诗》曰："以车伾伾。"敷悲切。

偲 偲 强力也。从人，思声。《诗》曰："其人美且偲。"仓才切。

倬 倬 箸大也。从人，卓声。《诗》曰："倬彼云汉。"竹角切。

侹 侹 长貌。一曰：箸地。一曰：代也。从人，廷声。他鼎切。

倗 倗 辅也。从人，朋声。读若陪位。步崩切。

253

偏 炽盛也。从人，扇声。《诗》曰："艳妻偏方处。"式战切。

儆 戒也。从人，敬声。《春秋传》曰："儆宫。"居影切。

俶 善也。从人，叔声。《诗》曰："令终有俶。"一曰：始也。昌六切。

庸 均直也。从人，庸声。余封切。

僾 仿佛也。从人，爱声。《诗》曰："僾而不见。"乌代切。

仿 相似也。从人，方声。妃罔切。䑶，籀文仿，从丙。

佛 见不审也。从人，弗声。敷勿切。

偢 声也。从人，悉声。读若屑。私列切。

僟 精谨也。从人，幾声。《明堂月令》："数将僟终。"巨衣切。

佗 负何也。从人，它声。臣铉等案："《史记》匈奴奇畜有橐佗，今俗讹误，谓之骆驼，非是。"徒何切。

何 儋也。从人，可声。臣铉等曰："儋何即负何也，借为谁何之何，今俗别作担荷，非是。"胡歌切。

儋 何也。从人，詹声。都甘切。

供 设也。从人，共声。一曰：供给。俱容切。

偫 待也。从人，从待。直里切。

儲(储) 偫也。从人，诸声。直鱼切。

備(备) 慎也。从人，𦔻声。平秘切。𠈌，古文备。

位 列中庭之左右，谓之位。从人、立。于备切。

儐(傧) 导也。从人，宾声。必刃切。擯，傧或从手。

偓 佺也。从人，屋声。於角切。

佺 偓佺，仙人也。从人，全声。此缘切。

儡 心服也。从人，聂声。齿涉切。

仢 约也。从人，勺声。往历切。

儕(侪) 等辈也。从人，齐声。《春秋传》曰："吾侪小人。"仕皆切。

倫(伦) 辈也。从人，仑声。一曰：道也。力屯切。

侔 齐等也。从人，牟声。莫浮切。

偕 强也。从人，皆声。《诗》曰："偕偕士子。"一曰：俱也。古谐切。

俱 偕也。从人，具声。举朱切。

儹 最也。从人，赞声。作管切。

併（并）并也。从人，并声。卑正切。

傅 相也。从人，尃声。方遇切。

伐 惕也。从人，式声。《春秋国语》曰："于其心伐然。"耻力切。

俌 辅也。从人，甫声。读若抚。芳武切。

倚 依也。从人，奇声。於绮切。

依 倚也。从人，衣声。於稀切。

仍 因也。从人，乃声。如乘切。

依 便利也。从人，次声。《诗》曰："决拾既佽。"一曰：递也。七四切。

佴 佽也。从人，耳声。仍吏切。

倢 佽也。从人，疌声。子叶切。

侍 承也。从人，寺声。时吏切。

倾（倾）仄也。从人，从顷，顷亦声。去营切。

側（侧）旁也。从人，则声。阻力切。

侒 宴也。从人，安声。乌寒切。

侐 静也。从人，血声。《诗》曰："閟宫有侐。"况逼切。

付 与也。从寸，持物对人。臣铉等曰："寸，手也。"方遇切。

俜 使也。从人，甹声。普丁切。

俠（侠）俜也。从人，夹声。胡颊切。

儃 儃何也。从人，亶声。徒干切。

侁 行貌。从人，先声。所臻切。

仰 举也。从人，从卬。鱼两切。

侸 立也。从人，豆声。读若树。常句切。

儽 垂貌。从人，累声。一曰：懒解。落猥切。

255

㘴 坐 安也。从人,坐声。则卧切。

俜 俜 扬也。从人,冓声。处陵切。

伍 伍 相参伍也。从人,从五。疑古切。

什 什 相什保也。从人、十。是执切。

佰 佰 相什伯也。从人,百。博陌切。

佸 佸 会也。从人,昏声。《诗》曰:"曷其有佸。"一曰:佸佸,力貌。古活切。

佮 佮 合也。从人,合声。古沓切。

攽 攽 妙也。从人,从攴,岂省声。臣铉等案:"岂字从攽省,攽不应从岂省,盖传写之误,疑从甾省。甾,物初生之题,尚攽也。"无非切。

傆 傆 黠也。从人,原声。鱼怨切。

作 作 起也。从人,从乍。则洛切。

假 假 非真也。从人,叚声。古疋切。一曰:至也。《虞书》曰:"假于上下。"古額切。

借 借 假也。从人,昔声。资昔切。

侵 侵 渐进也。从人又持帚,若埽之进。又,手也。七林切。

儥 儥 卖也。从人,賣声。余六切。

候 候 伺望也。从人,侯声。胡遘切。

償(偿) 还也。从人,赏声。食章切。

僅 僅 材能也。从人,堇声。渠吝切。

代 代 更也。从人,弋声。臣铉等曰:"弋非声,《说文》忒字与此义训同,疑兼有忒音。"徒耐切。

儀(仪) 度也。从人,义声。鱼羁切。

傍 傍 近也。从人,旁声。步光切。

侣 侣(似) 象也。从人,目声。详里切。

便 便 安也。人有不便,更之。从人,更。房连切。

任 任 符也。从人,壬声。如林切。

俔 俔(伣) 譬谕也。一曰:间见。从人,从见。《诗》曰:"伣天之妹。"苦甸切。

優(优) 饶也。从人,憂声。一曰:倡也。於求切。

僖 乐也。从人,喜声。许其切。

偆 富也。从人,春声。尺允切。

俒 完也。《逸周书》曰:"朕实不明,以俒伯父。"从人,从完。胡困切。

儉(俭) 约也。从人,僉声。巨险切。

偭 乡也。从人,面声。《少仪》曰:"尊壶者偭其鼻。"弥箭切。

俗 习也。从人,谷声。似足切。

俾 益也。从人,卑声。一曰:俾,门侍人。并弭切。

倪 俾也。从人,兒声。五鸡切。

億(亿) 安也。从人,意声。於力切。

使 伶也。从人,吏声。疏士切。

僁 僁,左右两视。从人,癸声。其季切。

伶 弄也。从人,令声。益州有建伶县。郎丁切。

儷(俪) 棽儷也。从人,麗声。吕支切。

傳(传) 遽也。从人,专声。直恋切。

倌 小臣也。从人,从官。《诗》曰:"命彼倌人。"古患切。

价 善也。从人,介声。《诗》曰:"价人惟藩。"古拜切。

仔 克也。从人,子声。子之切。

倴(媵) 送也。从人,灷声。吕不韦曰:"有侁氏以伊尹倴女。"古文以为训字。臣铉等曰:"灷不成字,当从朕省。案胜字从朕声,疑古者朕或音佚。"以证切。

徐 缓也。从人,余声。似鱼切。

偋 僻寠也。从人,屏声。防正切。

伸 屈伸。从人,申声。失人切。

但 拙也。从人,且声。似鱼切。

㦱 意㦱也。从人,然声。臣铉等曰:"㦱,爽易破也。"人善切。

俀 弱也。从人,从妥。奴乱切。

倍 反也。从人,音声。薄亥切。

偔 引为贾也。从人,焉声。於建切。

僣 假也。从人,朁声。子念切。

儗 僭也。一曰:相疑。从人,从疑。鱼已切。

偏 颇也。从人,扁声。芳连切。

倀(伥) 狂也。从人,长声。一曰:什也。楮羊切。

儍 惛也。从人,薨声。呼肱切。

儔(俦) 翳也。从人,寿声。直由切。

侜 有廱蔽也。从人,舟声。《诗》曰:"谁侜予美。"张流切。

俴 浅也。从人,戋声。慈衍切。

佃 中也。从人,田声。《春秋传》曰:"乘中佃。"一辕车。堂练切。

侚 小貌。从人,凶声。《诗》曰:"侚侚彼有屋。"斯氏切。

侊 小貌。从人,光声。《春秋国语》曰:"侊饭不及一食。"古横切。

佻 愉也。从人,兆声。《诗》曰:"视民不佻。"土雕切。

僻 避也。从人,辟声。《诗》曰:"宛如左僻。"一曰:从旁牵也。普击切。

伭 很也。从人,弦省声。胡田切。

伎 与也。从人,支声。《诗》曰:"籧人伎忒。"渠绮切。

侈 掩胁也。从人,多声。一曰:奢也。尺氏切。

佁 痴貌。从人,台声。读若骇。夷在切。

傜 骄也。从人,蚤声。鲜遭切。

僞(伪) 诈也。从人,为声。危睡切。

伿 隋也。从人,只声。以豉切。

佝 务也。从人,句声。苦候切。

僄 轻也。从人,票声。匹妙切。

倡 乐也。从人,昌声。尺亮切。

俳 戏也。从人，非声。步皆切。

僐 作姿也。从人，善声。堂演切。

儳 儳互，不齐也。从人，毚声。士咸切。

佚 佚民也。从人，失声。一曰：佚，忽也。夷质切。

俄 行顷也。从人，我声。《诗》曰："仄弁之俄。"五何切。

傁 喜也。从人，昏声。自关以西，物大小不同谓之傁。余招切。

卻 徼卻，受屈也。从人，卻声。其虐切。

傞 醉舞貌。从人，差声。《诗》曰："屡舞傞傞。"素何切。

僛 醉舞貌。从人，欺声。《诗》曰："屡舞僛僛。"去其切。

侮 伤也。从人，每声。文甫切。㑨，古文从母。

僟（嫉）妎也。从人，疾声。一曰：毒也。秦悉切。㜸，僟或从女。

偒 轻也。从人，易声。一曰：交偒。以豉切。

俙 讼面相是。从人，希声。喜皆切。

僨（偾）僵也。从人，贲声。匹问切。

僵 偾也。从人，畺声。居良切。

仆 顿也。从人，卜声。芳遇切。

偃 僵也。从人，匽声。於幰切。

傷（伤）创也。从人，煬省声。少羊切。

倄 刺也。从人，肴声。一曰：痛声。胡茅切。

侉 憰词。从人，夸声。苦瓜切。

催 相俦也。从人，崔声。《诗》曰："室人交遍催我。"仓回切。

俑 痛也。从人，甬声。他红切，又余陇切。

伏 司也。从人，从犬。臣铉等曰："司，今人作伺。"房六切。

促 迫也。从人，足声。七玉切。

例 比也。从人，列声。力制切。

係（系）絜束也。从人，从系，系亦声。胡计切。

伐 击也。从人持戈。一曰：败也。房越切。

俘 军所获也。从人，孚声。《春秋传》曰："以为俘聝。"芳无切。

但 裼也。从人，旦声。徒旱切。

傴(伛) 偻也。从人，区声。於武切。

偻(偻) 尪也。从人，娄声。周公韈偻，或言背偻。力主切。

僇 痴行僇僇也。从人，翏声。读若雡。一曰：且也。力救切。

仇 雠也。从人，九声。巨鸠切。

儡 相败也。从人，畾声。读若雷。鲁回切。

咎 灾也。从人，从各。各者，相违也。其久切。

仳 别也。从人，比声。《诗》曰："有女仳离。"芳比切。

俗 毁也。从人，咎声。其久切。

催 仳催，丑面。从人，隹声。许惟切。

值 措也。从人，直声。直吏切。

侂 寄也。从人，庀声。庀，古文宅。他各切。

僔 聚也。从人，尊声。《诗》曰："僔沓背（僧）[憎]。"慈损切。

像 象也。从人，从象，象亦声。读若养。徐两切。

倦 罢也。从人，卷声。渠眷切。

傮 终也。从人，曹声。作曹切。

偶 桐人也。从人，禺声。五口切。

弔(吊) 问终也。古之葬者，厚衣之以薪。从人，持弓，会驱禽。多啸切。

佋 庙佋穆。父为佋，南面。子为穆，北面。从人，召声。市招切。

侁 神也。从人，身声。失人切。

僊(仙) 长生僊去。从人，从䙴，䙴亦声。相然切。

僰 犍为蛮夷。从人，棘声。蒲北切。

仚(仙) 人在山上。从人，从山。呼坚切。

僥(侥) 南方有焦僥。人长三尺，短之极。从人，尧声。五聊切。

倒 仆也。从人，到声。都队切。

徍 远行也。从人，狂声。居况切。

件 分也。从人，从牛。牛大物，故可分。其辇切。

文二百四十五　重十四

侶　徒侶也。从人，吕声。力举切。

侲　僮子也。从人，辰声。章刃切。

倅　副也。从人，卒声。七内切。

傔　从也。从人，兼声。苦念切。

倜　倜傥，不羁也。从人，从周，未详。他历切。

儻(傥)　倜傥也。从人，黨声。他朗切。

佾　舞行列也。从人，肯声。夷质切。

倒　仆也。从人，到声。当老切。

儈(侩)　合市也。从人、会，会亦声。古外切。

低　下也。从人、氐，氐亦声。都兮切。

債(债)　债负也。从人、责，责亦声。侧卖切。

價(价)　物直也。从人、贾，贾亦声。古讶切。

停　止也。从人，亭声。特丁切。

僦　赁也。从人、就，就亦声。即就切。

伺　候望也。从人，司声。相吏切。自低已下六字从人，皆后人所加。

僧　浮屠道人也。从人，曾声。稣曾切。

佇(伫)　久立也。从人，从宁。直吕切。

偵(侦)　问也。从人，贞声。丑郑切。

文十八新附

匕　部

匕　变也。从到人。凡匕之属皆从匕。呼跨切。

矦　未定也。从匕、矣声。矣，古文矢字。语期切。

真　仙人变形而登天也。从匕，从目，从乚。音隐。八，所乘载也。侧邻切。𢚔，古文真。

化　教行也。从匕，从人，匕亦声。呼跨切。

文四 重一

匕　部

匕　相与比叙也。从反人。匕，亦所以用比取饭，一名柶。凡匕之属皆从匕。卑履切。

匙　匕也。从匕，是声。是支切。

卓　相次也。从匕，从十。鸨从此。博抱切。

𠤎　顷也。从匕，支声。匕，头顷也。《诗》曰："𠤎彼织女。"去智切。

顷（顷）　头不正也。从匕，从页。臣铉等曰："匕者，有所比附，不正也。"去营切。

匘（脑）　头髓也。从匕；匕，相匕著也。巛，象发；囟，象匘形。奴皓切。

卬　望，欲有所庶及也。从匕，从卪。《诗》曰："高山卬止。"伍冈切。

卓　高也。早匕为卓，匕卪为卬，皆同义。竹角切。𣉰，古文卓。

艮　很也。从匕、目。匕目，犹目相匕，不相下也。《易》曰："艮其限。"匕目为艮，匕目为真也。古恨切。

文九 重一

从　部

从　相听也。从二人。凡从之属皆从从。疾容切。

從（从）　随行也。从辵、从，从亦声。慈用切。

并　相从也。从从，开声。一曰：从持二为并。府盈切。

文三

比　部

比　密也。二人为从，反从为比。凡比之属皆从比。毗至切。𦬅，古文比。

毖　慎也。从比，必声。《周书》曰："无毖于恤。"兵媚切。

文二　重一

北　部

𠕎 北　乖也。从二人相背。凡北之属皆从北。博墨切。
𦣻 冀　北方州也。从北，异声。几利切。
文二

丘　部

𠀷 丘　土之高也，非人所为也。从北，从一。一，地也。人居在丘南，故从北。中邦之居，在昆仑东南。一曰：四方高，中央下为丘。象形。凡丘之属皆从丘。去鸠切。今隶变作丘。坓，古文从土。
虚 虚　大丘也。昆仑丘谓之昆仑虚。古者九夫为井，四井为邑，四邑为丘。丘谓之虚。从丘，虍声。臣铉等曰："今俗别作墟，非是。"丘如切，又朽居切。
𠂤 屔　反顶受水丘。从丘，泥省声。奴低切。
文三　重一

㐺　部

㐺 㐺　众立也。从三人。凡㐺之属皆从㐺。读若钦崟。鱼音切。
眾 衆（众）　多也。从㐺、目，众意。之仲切。
聚 聚　会也。从㐺，取声。邑落云聚。才句切。
臮 臮　众词与也。从㐺，自声。《虞书》曰："臮咎繇。"其冀切。𦎍，古文臮。
文四　重一

壬　部

𡈼 壬　善也。从人、士。士，事也。一曰：象物出地挺生也。凡壬之属

263

皆从壬。臣铉等曰："人在土上，壬然而立也。"他鼎切。

徵 徵(征) 召也。从微省，壬为徵。行于微而文达者，即征之。陟陵切。𢾷，古文徵。

望 朢(望) 月满与日相望，以朝君也。从月，从臣，从壬。壬，朝廷也。无放切。𦣠，古文望省。

𡉕 𡉕 近求也。从爪、壬。壬，徼幸也。余箴切。

文四　重二

重　部

重 重 厚也。从壬，东声。凡重之属皆从重。徐锴曰："壬者，人在土上，故为厚也。"柱用切。

量 量 称轻重也。从重省，曐省声。吕张切。𨤲，古文量。

文二　重一

卧　部

卧 卧 休也。从人，从臣，取其伏也。凡卧之属皆从卧。吾货切。

监 監(监) 临下也。从卧，𪰔省声。古衔切。𥩈，古文监，从言。

臨 臨(临) 监临也。从卧，品声。力寻切。

䰶 䰶 楚谓小儿懒䰶。从卧、食。尼见切。

文四　重一

身　部

身 身 躬也。象人之身。从人，厂声。凡身之属皆从身。失人切。

軀 軀(躯) 体也。从身，区声。岂俱切。

文二

㝱　部

㝱 㝱 归也。从反身。凡㝱之属皆从㝱。徐锴曰："古人所谓反身修道，

264

故曰归也。"於机切。

殷 作乐之盛称殷。从月，从殳。《易》曰："殷荐之上帝。"於身切。

文二

衣　部

衣 依也。上曰衣，下曰裳。象覆二人之形。凡衣之属皆从衣。於稀切。

裁 制衣也。从衣，𢦒声。昨哉切。

袞 天子享先王，卷龙绣于下幅，一龙蟠阿上乡。从衣，公声。古本切。

襈 丹縠衣。从衣，𡈼声。知扇切。

褕 翟，羽饰衣。从衣，俞声。一曰：直裾谓之襜褕。羊朱切。

袗 玄服。从衣，㐱声。之忍切。𧙃，袗或从辰。

表 上衣也。从衣，从毛。古者衣裘，以毛为表。陂矫切。𧜀，古文表，从麃。

裏(里) 衣内也。从衣，里声。良止切。

襁 负儿衣。从衣，强声。居两切。

襋 衣领也。从衣，棘声。《诗》曰："要之襋之。"己力切。

襮 黼领也。从衣，暴声。《诗》曰："素衣朱襮。"蒲沃切。

衽 衣衿也。从衣，壬声。如甚切。

褛(褛) 衽也。从衣，娄声。力主切。

㔻 衽也。从衣，𨳿声。于胃切。

𧛸 衿缘也。从衣，聿声。七入切。

衿(衿) 交衽也。从衣，金声。居音切。

褘(袆) 蔽膝也。从衣，韦声。《周礼》曰："王后之服袆衣。"谓画袍。许归切。

袯 袭袯也。从衣，夫声。甫无切。

襲(袭) 左衽袍。从衣，龖省声。似入切。𧞻，籀文袭，不省。

袍 襺也。从衣，包声。《论语》曰："衣弊缊袍。"薄褒切。

襺 袍衣也。从衣，茧声。以絮曰襺，以缊曰袍。《春秋传》曰："盛夏重襺。"古典切。

褋 南楚谓襌衣曰褋。从衣，枼声。徒叶切。

衺 衣带以上。从衣，矛声。一曰：南北曰衺，东西曰广。莫候切。
𠆊，籀文衺，从楙。

襘 带所结也。从衣，会声。《春秋传》曰："衣有襘。"古外切。

褧 檾也。《诗》曰："衣锦褧衣。"示反古。从衣，耿声。去颖切。

祇 祇裯，短衣。从衣，氏声。都兮切。

裯 衣袂，祇裯。从衣，周声。都牢切。

襤(褴) 裯谓之襤褛。襤，无缘也。从衣，监声。鲁甘切。

褕 无袂衣谓之褕。从衣，惰省声。徒卧切。

襦 衣躬缝。从衣，毒声。读若督。冬毒切。

袪 衣袂也。从衣，去声。一曰：袪，褢也。褢者，袖也。袪，尺二寸。《春秋传》曰："披斩其袪。"去鱼切。

褎(袖) 袂也。从衣，采声。似又切。䄂，俗褎，从由。

袂 袖也。从衣，夬声。弥弊切。

褢 袖也。一曰：藏也。从衣，鬼声。户乖切。

襄 侠也。从衣，罙声。一曰橐。臣铉等曰："罙非声，未详。"户乖切。

褒 褢也。从衣，包声。臣铉等曰："今俗作抱，非是。抱与抒同。"薄保切。

襜 衣蔽前。从衣，詹声。处占切。

祏 衣衸。从衣，石声。他各切。

衸 祏也。从衣，介声。胡介切。

襗 绔也。从衣，睪声。徒各切。

袘 裾也。从衣，它声。《论语》曰："朝服，袘绅。"唐左切。

裾 衣袍也。从衣，居声。读与居同。九鱼切。

衧 诸衧也。从衣，于声。羽俱切。

褰 绔也。从衣，寒省声。《春秋传》曰："征褰与襦。"去虔切。

襱 绔踦也。从衣，龙声。丈冢切。𧞧，襱或从賣。

袑 绔上也。从衣，召声。市沼切。

襑 衣博大。从衣，寻声。他感切。

褒（裒）衣博裾。从衣，保省声。保，古文保。博毛切。

褆 綈也。从衣，啻声。《诗》曰："载衣之褆。"臣铉等曰："綈即褆綈也。今俗别作褅，非是。"他计切。

褍 衣正幅。从衣，耑声。多官切。

褘 重衣貌。从衣，围声。《尔雅》曰："褘褘禕禕。"臣铉等曰："《说文》无禕字，《尔雅》亦无此语，疑后人所加。"羽非切。

複（复）重衣儿。从衣，复声。一曰：褚衣。方六切。

褆 衣厚褆褆。从衣，是声。杜兮切。

襛 衣厚貌。从衣，农声。诗曰："何彼襛矣。"汝容切。

裻 新衣声。一曰：背缝。从衣，叔声。冬毒切。

袳 衣张也。从衣，多声。《春秋传》曰："公会齐侯于袳。"尺氏切。

裔 衣裾也。从衣，冏声。臣铉等曰："冏非声，疑象衣裾之形。"余制切。㝧，古文裔。

衯 长衣貌。从衣，分声。抚文切。

袁 长衣貌。从衣，叀省声。羽元切。

裊 短衣也。从衣，鸟声。《春秋传》曰："有空裊。"都僚切。

褺 重衣也。从衣，执声。巴郡有褺虹县。徒叶切。

裴 长衣貌。从衣，非声。臣铉等案："《汉书》裴回用此，今俗作徘徊，非是。"薄回切。

襡 短衣也。从衣，蜀声。读若蜀。市玉切。

㡣 衣至地也。从衣，斮声。竹角切。

襦 短衣也。从衣，需声。一曰：䎃衣。人朱切。

褊 衣小也。从衣，扁声。方沔切。

袷 衣无絮。从衣，合声。古洽切。

说文解字

禪 禪 衣不重。从衣，单声。都寒切。

褻 襄 汉令：解衣耕谓之襄。从衣，㕞声。息良切。𡣿，古文襄。

被 被 寝衣，长一身有半。从衣，皮声。平义切。

衾 衾 大被。从衣，今声。去音切。

褖 褖 饰也。从衣，象声。徐两切。

袒 袒 日日所常衣。从衣，从日，日亦声。人质切。

褻 褻(亵) 私服。从衣，埶声。《诗》曰："是亵袢也。"臣铉等曰："从热省，乃得声。"私列切。

衷 衷 里亵衣。从衣，中声。《春秋传》曰："皆衷其袒服。"陟弓切。

袾 袾 好佳也。从衣，朱声。《诗》曰："静女其袾。"昌朱切。

袓 袓 事好也。从衣，且声。才与切。

裨 裨 接、益也。从衣，卑声。府移切。

袢 袢 无色也。从衣，半声。一曰：《诗》曰："是绁袢也。"读若普。博幔切。

襍 襍(杂) 五彩相会。从衣，集声。徂合切。

裕 裕 衣物饶也。从衣，谷声。《易》曰："有孚，裕无咎。"羊孺切。

襞 襞 韏衣也。从衣，辟声。臣铉等曰："韏，革中辨也。衣襞积如辨也。"必益切。

衦 衦 摩展衣。从衣，干声。古案切。

裂 裂 缯余也。从衣，列声。良辥切。

袈 袈 弊衣。从衣，奴声。女加切。

袒 袒 衣缝解也。从衣，旦声。丈苋切。

補 補(补) 完衣也。从衣，甫声。博古切。

襧 襧 袃衣也。从衣，㡿，㡿亦声。猪几切。

褫 褫 夺衣也。从衣，虒声。读若池。直离切。

臝 臝(裸) 袒也。从衣，𦝠声。郎果切。𧞊，臝或从果。

裎 裎 袒也。从衣，呈声。丑郢切。

裼 裼 袒也。从衣，易声。先击切。

袤（邪） 夏也。从衣，牙声。似嗟切。

襭 以衣衽扱物谓之襭。从衣，頡声。胡结切。擷，襭或从手。

袺 执衽谓之袺。从衣，吉声。格八切。

褿 帴也。从衣，曹声。昨牢切，又七刀切。

裝（装） 裹也。从衣，壮声。侧羊切。

裹 缠也。从衣，果声。古火切。

䒕 书囊也。从衣，邑声。於业切。

齎 縝也。从衣，齐声。即夷切。

裋 竖使布长襦。从衣，豆声。常句切。

褔 编枲衣。从衣，区声。一曰：头褔。一曰：次裹衣。於武切，又於侯切。

褐 编枲袜。一曰：粗衣。从衣，曷声。胡葛切。

褗 褔领也。从衣，匽声。於幰切。

裺 褔谓之裺。从衣，奄声。依检切。

衰 艸雨衣。秦谓之萆。从衣，象形。稣禾切。𡚻，古文衰。

卒 隶人给事者衣为卒。卒，衣有题识者。臧没切。

褚 卒也。从衣，者声。一曰：制衣。丑吕切。

製（制） 裁也。从衣，从制。征例切。

袯 蛮夷衣。从衣，友声。一曰：蔽膝。北末切。

襚 衣死人也。从衣，遂声。《春秋传》曰："楚使公亲襚。"徐醉切。

裞 棺中缣里。从衣，弔。读若雕。都僚切。

䘏 赠终者衣被曰䘏。从衣，兑声。输芮切。

褮 鬼衣。从衣，荧省声。读若《诗》曰"葛藟萦之"。一曰：若"静女其袾"之袾。於营切。

䘦 车温也。从衣，延声。式连切。

裹（褧） 以组带马也。从衣，从马。奴鸟切。

文一百一十六　重十一

袨 盛服也。从衣，玄声。黄绚切。

衫 衣也。从衣，彡声。所衔切。

襖（袄）袭属。从衣，奥声。乌皓切。

文三 新附

裘　部

裘（求）皮衣也。从衣，求声。一曰：象形，与衰同意。凡裘之属皆从裘。巨鸠切。求，古文省衣。

鬷 裘里也。从裘，鬲声。读若击。楷革切。

文二　重一

老　部

老 考也。七十曰老。从人、毛、匕，言须发变白也。凡老之属皆从老。卢皓切。

耋 年八十曰耋。从老省，从至。徒结切。

耄（耄）年九十曰耄。从老，从蒿省。莫报切。

耆 老也。从老省，旨声。渠脂切。

耇 老人面冻黎若垢。从老省，句声。古厚切。

耉 老人面如点也。从老省，占声。读若耿介之耿。丁念切。

薦 老人行才相逮。从老省，易省。行象。读若树。常句切。

壽（寿）久也。从老省，畴声。殖酉切。

考 老也。从老省，丂声。苦浩切。

孝 善事父母者。从老省，从子。子承老也。呼教切。

文十

毛　部

毛 眉发之属及兽毛也。象形。凡毛之属皆从毛。莫袍切。

说文解字弟八上

氊 毛盛也。从毛,隼声。《虞书》曰："鸟兽氊氉。"而尹切,又人勇切。

毪 兽豪也。从毛,𠁥声。侯干切。

毨 仲秋,鸟兽毛盛,可选取以为器用。从毛,先声。读若选。稣典切。

𣯛 以氊为𦅻,色如虋,故谓之𣯛。虋,禾之赤苗也。从毛,㒼声。《诗》曰:"毳衣如𣯛。"莫奔切。

氈(毡) 捻毛也。从毛,亶声。诸延切。

文六

毦 羽毛饰也。从毛,耳声。仍吏切。

氍 氍毹、氀毲,皆氊緂之属。盖方言也。从毛,瞿声。其俱切。

毹 氍毹也。从毛,俞声。羊朱切。

氀 氀毲也。从毛,娄声。土盍切。

毲 氀毲也。从毛,登声。都滕切。

毬 鞠丸也。从毛,求声。巨鸠切。

氅 析鸟羽为旗纛之属。从毛,敞声。昌两切。

文七 新附

毳 部

毳 兽细毛也。从三毛。凡毳之属皆从毳。此芮切。

𣯢 毛纷纷也。从毳,非声。甫微切。

文二

尸 部

尸 陈也。象卧之形。凡尸之属皆从尸。式脂切。

屃 偫也。从尸,奠声。堂练切。

居 蹲也。从尸、古者,居从古。臣铉等曰:"居从古者,言法古也。"九鱼切。踞,俗居,从足。

眉　卧息也。从尸、自。臣铉等曰:"自,古者以为鼻字,故从自。"许介切。

屑(屑)　动作切切也。从尸,肖声。私列切。

展　转也。从尸,襄省声。知衍切。

屆　行不便也。一曰:极也。从尸,𠙹声。古拜切。

尻　脽也。从尸,九声。苦刀切。

屍　髀也。从尸下丌居几。臣铉等曰:"丌、几皆所以尻止也。"徒魂切。𡱂,屍或从肉、隼。𩪦,屍或从骨,殿声。

𦞦　尻也。从尸,旨声。诘利切。

尼　从后近之。从尸,匕声。女夷切。

𡰘　从后相臿也。从尸,从臿。楚洽切。

𡰻　𡰘𡰻也。从尸,乏声。直立切。

𠨱　柔皮也。从申尸之后。尸或从又。臣铉等曰:"注似阙脱。未详。"人善切。

辰　伏貌。从尸,辰声。一曰:屋宇。珍忍切。

屖　屖迟也。从尸,辛声。先稽切。

屝　履也。从尸,非声。扶沸切。

屍(尸)　终主。从尸,从死。式脂切。

屠　刳也。从尸,者声。同都切。

屟　履中荐也。从尸,枼声。稣叶切。

屋　居也。从尸,尸,所主也。一曰:尸,象屋形。从至,至,所至止。室、屋皆从至。乌谷切。𢉖,籀文屋,从厂。𡇇,古文屋。

屏　屏蔽也。从尸,并声。必郢切。

層(层)　重屋也。从尸,曾声。昨棱切。

文二十三　重五

屢(屡)　数也。案:今之娄字,本是屡空字。此字后人所加,从尸,未详。立羽切。

文一新附

说文解字弟八　上

说文解字弟八下

汉太尉祭酒　许慎 记
宋右散骑常侍　徐铉等 校定

尺　部

尺　十寸也。人手却十分动脉为寸口。十寸为尺。尺，所以指尺规榘事也。从尸，从乙。乙，所识也。周制，寸、尺、咫、寻、常、仞诸度量，皆以人之体为法。凡尺之属皆从尺。昌石切。

咫　中妇人手长八寸，谓之咫。周尺也。从尺，只声。诸氏切。

文二

尾　部

尾　微也。从到毛在尸后。古人或饰系尾，西南夷亦然。凡尾之属皆从尾。无斐切。今隶变作尾。

屬(属)　连也。从尾，蜀声。之欲切。

屈　无尾也。从尾，出声。九勿切。

尿　人小便也。从尾，从水。奴吊切。

文四

履　部

履　足所依也。从尸，从彳，从夂，舟象履形。一曰：尸声。凡履之属皆从履。良止切。𡳐，古文履，从页，从足。

屨(屦)　履也。从履省，娄声。一曰：鞮也。九遇切。

屜　履下也。从履省，历声。郎击切。

屛　履属。从履省，予声。徐吕切。

屩　屐也。从履省，乔声。居勺切。

273

屐 屩也。从履省，支声。奇逆切。

文六　重一

舟　部

舟　船也。古者，共鼓、货狄刳木为舟，剡木为楫，以济不通。象形。凡舟之属皆从舟。职流切。

俞　空中木为舟也。从亼，从舟，从巜。巜，水也。羊朱切。

船　舟也。从舟，铅省声。食川切。

彤　船行也。从舟，彡声。丑林切。

舳　舻也。从舟，由声。汉律：名船方长为舳舻。一曰：舟尾。臣铉等曰："当从胄省，乃得声。"直六切。

艛（舻）　舳舻也。一曰：船头。从舟，卢声。洛乎切。

朼　船行不安也。从舟，从刖省。读若兀。五忽切。

䑞　船著不行也。从舟，夋声。读若葔。子红切。

朕　我也。阙。直禁切。

舫　船师也。《明堂月令》曰："舫人。"习水者。从舟，方声。甫妄切。

般　辟也。象舟之旋，从舟；从殳。殳，所以旋也。北潘切。𠨔，古文般，从攴。

服　用也。一曰：车右骖，所以舟旋。从舟，𠬝声。房六切。𦨕，古文服，从人。

文十二　重二

舸　舟也。从舟，可声。古我切。

艇　小舟也。从舟，廷声。徒鼎切。

艅　艅艎，舟名。从舟，余声。经典通用余皇。以诸切。

艎　艅艎也。从舟，皇声。胡光切。

文四 新附

方　部

方　并船也。象两舟省、总头形。凡方之属皆从方。府良切。𣶃，方或从水。

航(航)　方舟也。从方，亢声。礼：天子造舟，诸侯维舟，大夫方舟，士特舟。臣铉等曰："今俗别作航，非是。"胡郎切。

文二　重二

儿　部

儿　仁人也。古文奇字人也。象形。孔子曰："在人下，故诘屈。"凡儿之属皆从儿。如邻切。

兀　高而上平也。从一在人上。读若夐。茂陵有兀桑里。五忽切。

兒(儿)　孺子也。从儿，象小儿头囟未合。汝移切。

允　信也。从儿，㠯声。乐准切。

兑　说也。从儿，㕣声。臣铉等曰："㕣，古文沇字，非声。"当从口从八，象气之分散。《易》曰："兑为巫为口。"大外切。

充　长也。高也。从儿，育省声。昌终切。

文六

兄　部

兄　长也。从儿，从口。凡兄之属皆从兄。许荣切。

競(兢)　竞也。从二兄；二兄，竞意；从丰声。读若矜。一曰：兢，敬也。居陵切。

文二

先　部

先(簪)　首笄也。从人，匕象簪形。凡先之属皆从先。侧岑切。𡕾，俗先，从竹，从替。

275

兟 兟兟，锐意也。从二先。子林切。
  文二　重一

兒　部

兒 兒(貌) 颂仪也。从人，白象人面形。凡兒之属皆从兒。莫教切。獳，兒或从頁，豹省声。𤜼，籀文兒，从豹省。

兜 兌(弁) 冕也。周曰兌，殷曰吁，夏曰收。从兒，象形。皮变切。𠷱，籀文兌，从廾，上象形。㕙，或兌字。
  文二　重四

兂　部

兂 兂 雝蔽也。从儿，象左右皆蔽形。凡兂之属皆从兂。读若瞽。公户切。

兜 兜 兜鍪，首铠也。从兂，从兒省。兒象人头也。当侯切。
  文二

先　部

先 先 前进也。从儿，从之。凡先之属皆从先。臣铉等曰："之人上，是先也。"稣前切。

兟 兟 进也。从二先。赞从此。阙。所臻切。
  文二

禿　部

禿 禿 无发也。从儿，上象禾粟之形，取其声。凡禿之属皆从禿。王育说：苍颉出见禿人伏禾中，因以制字。未知其审。他谷切。

穨 穨(頹) 禿貌。从禿，贵声。杜回切。

見　部

見(见) 视也。从儿,从目。凡见之属皆从见。古甸切。

視(视) 瞻也。从见、示。神至切。眎,古文视。䁋,亦古文视。

覿 求也。从见,丽声。读若池。郎计切。

覾 好视也。从见,委声。於为切。

覞 旁视也。从见,儿声。五计切。

覶 好视也。从见,阇声。洛戈切。

覭 笑视也。从见,录声。力玉切。

覮 大视也。从见,爱声。况晚切。

覵 察视也。从见,灭声。读若鎌。力盐切。

覨 外博众多视也。从见,员声。读若运。王问切。

觀(观) 谛视也。从见,雚声。古玩切。䀠,古文观,从囧。

尋 取也。从见,从寸。寸,度之,亦手也。臣铉等案："彳部作古文得字,此重出。"多则切。

覽(览) 观也。从见、监,监亦声。卢敢切。

覶 内视也。从见,来声。洛代切。

題 显也。从见,是声。杜兮切。

覰 目有察省见也。从见,票声。方小切。

覷 覷覰,窥观也。从见,弔声。七四切。

覻 拘覻,未致密也。从见,虘声。七句切。

覭 小见也。从见,冥声。《尔雅》曰:"覭髳,弗离。"莫经切。

覼 内视也。从见,甚声。丁含切。

覯(觏) 遇见也。从见,冓声。古后切。

覺 注目视也。从见,归声。渠追切。

覘(觇) 窥也。从见,占声。《春秋传》曰:"公使觇之,信。"敕艳切。

覹 司也。从见,微声。无非切。

覢 覢 暂见也。从见，炎声。《春秋公羊传》曰："覢然公子阳生。"失冉切。

覞 覞 暂见也。从见，宾声。必刃切。

覵 覵 覞覵也。从见，樊声。读若幡。附袁切。

䚎 䚎 病人视也。从见，氐声。读若迷。莫兮切。

覷 覷 下视深也。从见，卤声。读若攸。以周切。

覻 覻 私出头视也。从见，肜声。读若郴。丑林切。

冒 冒 突前也。从见、冃。臣铉等曰："冃，重覆也。犯冃而见，是突前也。"莫红、亡狄二切。

覬（觊）饮歞也。从见，豈声。几利切。

覦（觎）欲也。从见，俞声。羊朱切。

覷 覷 视不明也。一曰：直视。从见，舂声。丑龙切。

覹 覹 视误也。从见，䘚声。弋笑切。

覺（觉）寤也。从见，学省声。一曰：發也。古岳切。

覥 覥 目赤也。从见，赧省声。臣铉等曰："赧非声，未详。"才的切。

親（親）召也。从见，青声。疾正切。

親（亲）至也。从见，亲声。七人切。

覲（觐）诸侯秋朝曰觐，劳王事。从见，堇声。渠吝切。

覜 覜 诸侯三年大相聘曰覜。覜，视也。从见，兆声。他吊切。

覒 覒 择也。从见，毛声。读若苗。莫袍切。

覕 覕 蔽不相见也。从见，必声。莫结切。

䚩 䚩 司人也。从见，它声。读若驰。式支切。

覢 覢 目蔽垢也。从见，㞷声。读若兀。当侯切。

文四十五　重三

覿（觌）见也。从见，賣声。徒历切。

文一新附

覞　部

覞　并视也。从二见。凡覞之属皆从覞。弋笑切。
覵　很视也。从覞，肩声。齐景公之勇臣有成覵者。苦闲切。
䨽　见雨而比息。从覞，从雨。读若欷。虚器切。

文三

欠　部

欠　张口气悟也。象气从人上出之形。凡欠之属皆从欠。去剑切。
欽(钦)　欠皃。从欠，金声。去音切。
歠　欠貌。从欠，䜌声。洛官切。
欪　喜也。从欠，吉声。许吉切。
吹　出气也。从欠，从口。臣铉等案："口部已有吹嘘，此重出。"昌垂切。
欨　吹也。一曰：笑意。从欠，句声。况于切。
歔　温吹也。从欠，虖声。虎乌切。
㰡　吹气也。从欠，或声。於六切。
歟(欤)　安气也。从欠，与声。以诸切。
歙　翕气也。从欠，胁声。虚业切。
歕　吹气也。从欠，贲声。普魂切。
歇　息也。一曰：气越泄。从欠，曷声。许谒切。
歡(欢)　喜乐也。从欠，雚声。呼官切。
欣　笑喜也。从欠，斤声。许斤切。
䀠　笑不坏颜曰䀠。从欠，引省声。式忍切。
款　意有所欲也。从欠，䚯省。臣铉等曰："䚯，塞也。意有所欲而犹塞，款款然也。"苦管切。𣢚，款或从柰。
欯　幸也。从欠，气声。一曰：口不便言。居气切。
欲　贪欲也。从欠，谷声。余蜀切。
歌　咏也。从欠，哥声。古俄切。謌，歌或从言。

歂 口气引也。从欠，耑声。读若车辁。市缘切。
欭 心有所恶若吐也。从欠，乌声。一曰：口相就。哀都切。
歡 欭歡也。从欠，毚声。才六切。噈，俗歡，从口，从就。
欨 怒然也。从欠，末声。《孟子》曰："曾西欨然。"才六切。
㱃 含笑也。从欠，今声。丘严切。
歋 人相笑相歋瘉。从欠，虒声。以支切。
歊 歊歊，气出貌。从欠，高，高亦声。许娇切。
欻 有所吹起。从欠，炎声。读若忽。许物切。
㰦 㰦㰦，戏笑貌。从欠，之声。许其切。
欱 欱欱，气出貌。从欠，名声。余招切。
歗 吟也。从欠，肃声。《诗》曰："其歗也歌。"臣铉等案："口部此籀文啸字，此重出。"稣吊切。

歎(叹) 吟也。从欠，鸛省声。池案切。歎，籀文歎，不省。
歖 卒喜也。从欠，从喜。许其切。
欸 訾也。从欠，矣声。凶戒切，又乌开切。
欪 欧也。从欠，此声。前智切。
歐(欧) 吐也。从欠，区声。乌后切。
歔 欷也。从欠，虚声。一曰：出气也。朽居切。
欷 歔也。从欠，稀省声。香衣切。
歜 盛气怒也。从欠，蜀声。尺玉切。
欥 言意也。从欠，从曰，曰亦声。读若聿。与久切。
歇 欲歇歇。从欠，渴声。苦葛切。
欯 所歌也。从欠，噭省声。读若叫呼之叫。古吊切。
歔 悲意。从欠，啬声。火力切。
欈 尽酒也。从欠，糕声。子肖切。
欮 监持意。口闭也。从欠，缄声。古咸切。
㰤 指而笑也。从欠，辰声。读若蜃。时忍切。
欫 昆干，不可知也。从欠，鳏声。古浑切。

歆 歠也。从欠,畣声。《春秋传》曰:"歆而忘。"山洽切。
欶 吮也。从欠,束声。所角切。
欺 食不满也。从欠,甚声。读若坎。苦感切。
㱚 欲得也。从欠,㕦声。读若贪。他含切。
欱 歠也。从欠,合声。呼合切。
歉 歉食不满。从欠,兼声。苦簟切。
㰶 咽中息不利也。从欠,骨声。乌八切。
欭 嚘也。从欠,因声。乙冀切。
欬 屰气也。从欠,亥声。苦盖切。
㩼 且唾声。一曰:小笑。从欠,毄声。许壁切。
歙 缩鼻也。从欠,翕声。丹阳有歙县。许及切。
㰦 蹙鼻也。从欠,咎声。读若《尔雅》曰"麎麡短脰"。於纠切。
㺻 愁貌。从欠,幼声。臣铉等案:"口部呦字或作㺻,此重出。"於虬切。
欪 咄欪,无惭。一曰:无肠意。从欠,出声。读若卉。丑律切。
欥 诠词也。从欠,从曰,曰亦声。《诗》曰:"欥求厥宁。"余律切。
次 不前,不精也。从欠,二声。七四切。𠕒,古文次。
歉 饥虚也。从欠,康声。苦冈切。
欺 诈欺也。从欠,其声。去其切。
歆 神食气也。从欠,音声。许今切。

文六十五　重五

歈 歌也。从欠,俞声。《切韵》云:"巴歈,歌也。"案:《史记》渝水之人善歌舞,汉高祖采其声。后人因加此字。羊朱切。

文一新附

㱃　部

㱃(饮) 歠也。从欠,酓声。凡㱃之属皆从㱃。于锦切。𩚄,古文㱃,从今、水。𩛊,古文㱃,从今、食。

歠(啜) 歓也。从歓省,叕声。昌说切。嚽,歠或从口,从夬。

文二　重三

次　部

次(涎) 慕欲口液也。从欠,从水。凡次之属皆从次。叙连切。𣵽,次或从侃。𣵽,籀文次。

羡(羨) 贪欲也。从次,从羑省。羑呼之羑。文王所拘羑里。似面切。

㳄 歓也。从次,厂声。读若移。以支切。

盗(盜) 私利物也。从次,次欲皿者。徒到切。

文四　重二

旡　部

旡 歓食气屰不得息曰旡。从反欠。凡旡之属皆从旡。居未切。今变隶作旡。𣨼,古文旡。

㱏 屰恶惊词也。从旡,咼声。读若楚人名多伙。乎果切。

㱄 事有不善言㱄也。《尔雅》:"㱄,薄也。"从旡,京声。臣铉等曰:"今俗隶书作亮。"力让切。

文三　重一

说文解字弟八　下

说文解字弟九上

汉太尉祭酒　许慎 记
宋右散骑常侍　徐铉等 校定

四十六部　四百九十六文　重六十三　凡七千二百四十七字
文三十八 新附

页　部

頁(页)　头也。从𦣻，从儿。古文䭫首如此。凡页之属皆从页。𦣻者，䭫首字也。胡结切。

頭(头)　首也。从页，豆声。度侯切。

顔(颜)　眉目之间也。从页，彦声。五奸切。𩒻，籀文。

頌(颂)　貌也。从页，公声。余封切，又似用切。𩒖，籀文。

頇　颅也。从页，毛声。徒谷切。

顱(颅)　䪼颅，首骨也。从页，卢声。洛乎切。

顝　颠顶也。从页，𠡇声。鱼怨切。

顛(颠)　顶也。从页，真声。都年切。

頂(顶)　颠也。从页，丁声。都挺切。𩕢，或从𩑺作。䫇，籀文，从鼎。

顙(颡)　额也。从页，桑声。苏朗切。

題(题)　额也。从页，是声。杜兮切。

額(额)　颡也。从页，各声。臣铉等曰："今俗作额。"五陌切。

頞　鼻茎也。从页，安声。乌割切。𪖞，或从鼻、曷。

頯　权也。从页，𠬶声。渠追切。

頰(颊)　面旁也。从页，夹声。古叶切。𩓾，籀文颊。

頤　颊后也。从页，𠃊声。古恨切。

頷　颐也。从页，合声。胡感切。

顄 颐也。从页,函声。胡男切。

頸(颈) 头茎也。从页,巠声。居郢切。

領(领) 项也。从页,令声。良郢切。

項(项) 头后也。从页,工声。胡讲切。

煩 项枕也。从页,尤声。章衽切。

傾 出额也。从页,隹声。直追切。

碩 曲颐也。从页,不声。薄回切。

頜 鬑貌。从页,金声。鱼检切。

頵 面目不正貌。从页,尹声。余准切。

頵(颎) 头頵頵大也。从页,君声。於伦切。

顐 面色顐顐貌。从页,员声。读若陨。于闵切。

顩 头颊长也。从页,兼声。五咸切。

碩(硕) 头大也。从页,石声。常只切。

頒(颁) 大头也。从页,分声。一曰:鬓也。《诗》曰:"有颁其首。"布还切。

顒(颙) 大头也。从页,禺声。《诗》曰:"其大有颙。"鱼容切。

顃 大头也。从页,羔声。口幺切。

顝 大头也。从页,骨声。读若魁。苦骨切。

願(愿) 大头也。从页,原声。鱼怨切。

顤 高长头。从页,尧声。五吊切。

頩 頩顤,高也。从页,敖声。五到切。

頣 面前岳岳也。从页,岳声。五角切。

頖 昧前也。从页,昆声。读若昧。莫佩切。

顲 面瘦浅顲顲也。从页,需声。郎丁切。

頯 头蔽頯也。从页,豙声。五怪切。

頑(顽) 梱头也。从页,元声。五还切。

顧 小头顧顧也。从页,枝声。读若规。又己恚切。

穎(颖) 小头也。从页,果声。苦惰切。

頢 短面也。从页，昏声。五活切，又下括切。

頲（颋）狭头頲也。从页，廷声。他挺切。

頠（𫖯）头闲习也。从页，危声。语委切。

頷（颔）面黄也。从页，含声。胡感切。

頯 面不正也。从页，爰声。于反切。

頍（颀）举头也。从页，支声。《诗》曰："有頍者弁。"丘弭切。

頣 内头水中也。从页、𠬸，𠬸亦声。乌没切。

顧（顾）还视也。从页，雇声。古慕切。

順（顺）理也。从页，从川。食闰切。

𩒨 颜色𩒨䫲，慎事也。从页，㐱声。之忍切。

䫲 𩒨䫲也。从页，粦声。一曰：头少发。良忍切。

顓（颛）头顓顓谨貌。从页，耑声。职缘切。

項（项）头項項谨貌。从页，玉声。许玉切。

頷 低头也。从页，金声。《春秋传》曰："迎于门，頷之而已。"五感切。

頓（顿）下首也。从页，屯声。都困切。

頫（俯）低头也。从页，逃省。太史卜书，頫仰字如此。扬雄曰：人面頫。臣铉等曰："頫首者，逃亡之貌，故从逃省。今俗作俯，非是。"方矩切。俛，頫或从人、免。

頤 举目视人貌。从页，臣声。式忍切。

䫌 倨视人也。从页，善声。旨善切。

頡（颉）直项也。从页，吉声。胡结切。

頔 头頡頔也。从页，出声。读又若骨。之出切。

顥（颢）白貌。从页，从景。《楚词》曰："天白顥顥。"南山四顥，白首人也。臣铉等曰："景，日月之光明，白也。"胡老切。

顮 大丑貌。从页，樊声。附袁切。

頩 好貌。从页，争声。《诗》所谓"頩首"。疾正切。

� 头妍也。从页，翩省声。读若翩。臣铉等曰："从翩声，又读若翩，则是古今异音也。”王矩切。

𫖮（𫖮）谨庄貌。从页，岂声。鱼岂切。

顅 头鬓少发也。从页，肩声。《周礼》：“数目顅脰。”苦间切。

顐 无发也。一曰：耳门也。从页，困声。苦昆切。

䫘 秃也。从页，气声。苦骨切。

頛 头不正也。从页，从耒。耒，头倾也。读又若《春秋》陈夏啮之啮。卢对切。

顊 倾首也。从页，卑声。匹米切。

䫤 司人也。一曰：恐也。从页，契声。读若禊。胡计切。

𩕳 头不正也。从页，鬼声。口猥切。

頗（颇）头偏也。从页，皮声。滂禾切。

䫍 颤也。从页，尤声。于救切。疣，䫍或从疒。

顫（颤）头不正也。从页，亶声。之缮切。

顑 饭不饱，面黄起行也。从页，咸声。读若戇。下感、下坎二切。

顲 面顑顲貌。从页，㐭声。卢感切。

煩（烦）热头痛也。从页，从火。一曰：焚省声。附袁切。

顡 痴，不聪明也。从页，豙声。五怪切。

頪 难晓也。从页、米。一曰：鲜白貌。从粉省。臣铉等曰：“难晓，亦不聪之义。”卢对切。

顦（憔）顦顇也。从页，焦声。昨焦切。

顇（悴）顦顇也。从页，卒声。秦醉切。

䫉 系头殟也。从页，昏声。莫奔切。

頦（颏）丑也。从页，亥声。户来切。

䫏 丑也。从页，其声。今逐疫有䫏头。去其切。

籲（吁）呼也。从页，籥声。读与籥同。《商书》曰：“率吁众戚。”羊戍切。

顯（显）头明饰也。从页，㬎声。臣铉等曰：“㬎，古以为显字，故从㬎声。”呼典切。

顛 顛 选具也。从二页。土恋切。
文九十三　重八
預 預（预）安也。案：经典通用豫。从页，未详。羊洳切。
文一新附

百　部

百 百 头也。象形。凡百之属皆从百。书九切。
䏝 䐑 面和也。从百，从肉。读若柔。耳由切。
文二

面　部

面 面 颜前也。从百，象人面形。凡面之属皆从面。弥箭切。
靦 靦 面见也。从面、见，见亦声。《诗》曰："有靦面目。"他典切。
　䩉，或从旦。
酺 酺 颊也。从面，甫声。符遇切。
醮 醮 面焦枯小也。从面、焦。即消切。
文四　重一
靨 靨（靥）姿也。从面，厌声。於叶切。
文一新附

丏　部

丏 丏 不见也。象壅蔽之形。凡丏之属皆从丏。弥兖切。
文一

首　部

首 首 百同。古文百也。巛象发，谓之鬊，鬊即巛也。凡首之属皆从首。书九切。
𩠐 䭫（稽）下首也。从首，旨声。康礼切。

说文解字

𰻞 劓 截也。从首，从断。大丸、旨沇二切。𠚑，或从刀，专声。

文三　重一

𥄉　部

𥄉 𥄉 到首也。贾侍中说：此断首到县𥄉字。凡𥄉之属皆从𥄉。古尧切。

縣 縣（县）系也。从系持𥄉。臣铉等曰："此本是县挂之县，借为州县之县。今俗加心，别作悬，义无所取。"胡涓切。

文二

须　部

須 須（须）面毛也。从页，从彡。凡须之属皆从须。臣铉等曰："此本须鬓之须。页，首也。彡，毛饰也。借为所须之须。俗书从水，非是。"相俞切。

頿 頿（髭）口上须也。从须，此声。臣铉等曰："今俗别作髭，非是。"即移切。

頾 頾（髯）颊须也。从须，冄声，冄亦声。臣铉等曰："今俗别作髯，非是。"汝盐切。

頯 頯 须发半白也。从须，卑声。府移切。

頨 頨 短须发貌。从须，否声。敷悲切。

文五

彡　部

彡 彡 毛饰画文也。象形。凡彡之属皆从彡。所衔切。

形 形 象形也。从彡，开声。户经切。

㐱 㐱 稠发也。从彡，从人。《诗》曰："㐱发如云。"之忍切。𩕄，㐱或从髟，真声。

修 修 饰也。从彡，攸声。息流切。

彰 彰 文彰也。从彡，从章，章亦声。诸良切。

彫 彫 琢文也。从彡，周声。都僚切。

彰 清饰也。从彡,青声。疾郢切。
㐱 细文也。从彡,㐱省声。莫卜切。
弱 桡也。上象桡曲,彡象毛氂桡弱也。弱物并,故从二弓。而勺切。

文九 重一

彩 文章也。从彡,采声。仓宰切。

文一新附

彣 部

彣 䩌也。从彡,从文。凡彣之属皆从彣。无分切。
彦 美士有文,人所言也。从彣,厂声。鱼变切。

文二

文 部

文 错画也。象交文。凡文之属皆从文。无分切。
斐 分别文也。从文,非声。《易》曰:"君子豹变,其文斐也。"敷尾切。
辬 驳文也。从文,辡声。布还切。
嫠 微画也。从文,嫠声。里之切。

文四

髟 部

髟 长发猋猋也。从长,从彡。凡髟之属皆从髟。必凋切,又所衔切。
髮(发) 根也。从髟,犮声。方伐切。䰂,发或从首。䯂,古文。
鬢(鬓) 颊发也。从髟,宾声。必刃切。
鬜 发长也。从髟,兩声。读若蔓。母官切。
鬛 发长也。从髟,监声。读若《春秋》"黑肱以滥来奔"。鲁甘切。

鬌 发好也。从髟、差。千可切。
鬈 发好也。从髟，卷声。《诗》曰："其人美且鬈。"衢员切。
髦 发也。从髟，从毛。莫袍切。
髳 发貌。从髟，矛声。读若宀。莫贤切。
䠙 发多也。从髟，周声。直由切。
鬜 发貌。从髟，爾声。读若江南谓酢母为䯈。奴礼切。
䯰 发貌。从髟，音声。步矛切。
髳 发至眉也。从髟，敄声。《诗》曰："紞彼两髦。"亡牢切。髦，髳或省。汉令有髳长。
鬋 女鬓垂貌。从髟，前声。作践切。
鬑 鬋也。一曰：长貌。从髟，兼声。读若慊。力盐切。
䰖 束发少也。从髟，截声。子结切。
鬄 髲也。从髟，易声。先彳切，又大计切。䰇，鬄或从也声。
髲 鬄也。从髟，皮声。平义切。
髮 用梳比也。从髟，次声。七四切。
鬜 洁发也。从髟，昏声。古活切。
鬌 卧结也。从髟，般声。读若槃。薄官切。
䯻 结也。从髟，付声。方遇切。
䰅 带结饰也。从髟，莫声。莫驾切。
䰄 屈发也。从髟，贵声。丘媿切。
䰀 簪结也。从髟，介声。古拜切。
鬣 发鬣鬣也。从髟，巤声。良涉切。䰙，鬣或从毛。獵，或从豕。
䰕 鬣也。从髟，卢声。洛乎切。
䰗 䰗，若似也。从髟，弗声。敷勿切。
䰇 乱发也。从髟，茸省声。而容切。
䰎 发隋也。从髟，隋省。直追切。
䰊 鬓发也。从髟，春声。舒闰切。
䰉 鬓秃也。从髟，閒声。苦闲切。

鬎 鬎发也。从髟，从刀，易声。他历切。

髠 鬎发也。从髟，兀声。苦昆切。髨，或从元。

鬄（剃）鬎发也。从髟，弟声。大人曰髡，小人曰鬄，尽及身毛曰鬄。臣铉等曰："今俗别作剃，非是。"他计切。

髼 鬃也。从髟，並声。蒲浪切。

鬃 髼也。忽见也。从髟，录声。录，籀文魅，亦忽见意。芳未切。

髽 丧结。礼：女子髽衰，吊则不髽。鲁臧武仲与齐战于狐鲐，鲁人迎丧者，始髽。从髟，坐声。庄华切。

文三十八　重六

鬐 马鬣也。从髟，耆声。渠脂切。

髫 小儿垂结也。从髟，召声。徒聊切。

髻 总发也。从髟，吉声。古通用结。古诣切。

鬟 总发也。从髟，罳声。案：古妇人首饰，琢玉为两环。此二字皆后人所加。户关切。

文四新附

后　部

后 继体君也。象人之形，施令以告四方，故厂之。从一、口。发号者，君后也。凡后之属皆从后。胡口切。

垢 厚怒声。从口、后，后亦声。呼后切。

文二

司　部

司 臣司事于外者。从反后。凡司之属皆从司。息兹切。

詞（词）意内而言外也。从司，从言。似兹切。

文二

卮　部

卮　圜器也。一名觛。所以节饮食。象人，卪在其下也。《易》曰："君子节饮食。"凡卮之属皆从卮。章移切。

䐓　小卮有耳盖者。从卮，专声。市沇切。

𣍳　小卮也。从卮，耑声。读若捶击之捶。旨沇切。

文三

卪　部

卪　瑞信也。守国者用玉卪，守都鄙者用角卪，使山邦者用虎卪，土邦者用人卪，泽邦者用龙卪，门关者用符卪，货赇用玺卪，道路用旌卪。象相合之形。凡卪之属皆从卪。子结切。

令　发号也。从亼、卪。徐锴曰："号令者，集而为之。卪，制也。"力正切。

㔀　辅信也。从卪，比声。《虞书》曰："㔀成五服。"毗必切。

㚇　有大度也。从卪，多声。读若侈。充豉切。

㔾　宰之也。从卪，必声。兵媚切。

卲　高也。从卪，召声。寔照切。

厄　科厄，木节也。从卪，厂声。贾侍中说以为：厄，裹也。一曰：厄，盖也。臣铉等曰："厂非声，未详。"五果切。

㔾(膝)　胫头卪也。从卪，桼声。臣铉等曰："今俗作膝，非是。"息七切。

卷　膝曲也。从卪，关声。居转切。

卻(却)　节欲也。从卪，谷声。去约切。

卸　舍车解马也。从卪、止、午。读若汝南人写书之写。臣铉等曰："午，马也，故从午。"司夜切。

㔾　二卪也。巽从此。阙。士恋切。

卩　卪也。阙。则候切。

印　部

印　执政所持信也。从爪,从卩。凡印之属皆从印。於刃切。
归　按也。从反印。於棘切。𢪙,俗从手。
　　文二　重一

色　部

色　颜气也。从人,从卩。凡色之属皆从色。所力切。𢘐,古文。
艴　色艴如也。从色,弗声。《论语》曰:"色艴如也。"蒲没切。
艵　縹色也。从色,并声。普丁切。
　　文三　重一

卯　部

卯　事之制也。从卩、㔾。凡卯之属皆从卯。阙。去京切。
卿　章也。六卿:天官冢宰、地官司徒、春官宗伯、夏官司马、秋官司寇、冬官司空。从卯,皀声。去京切。
　　文二

辟　部

辟　法也。从卩,从辛,节制其罪也;从口,用法者也。凡辟之属皆从辟。必益切。
𨐨　治也。从辟,从井。《周书》曰:"我之不𨐨。"必益切。
𤰇　治也。从辟,乂声。《虞书》曰:"有能俾𤰇。"鱼废切。
　　文三

勹　部

勹　裹也。象人曲形,有所包裹。凡勹之属皆从勹。布交切。

293

说文解字

匔 曲脊也。从勹，䈮省声。巨六切。
匍 手行也。从勹，甫声。薄乎切。
匐 伏地也。从勹，畐声。蒲北切。
匊 在手曰匊。从勹、米。臣铉等曰："今俗作掬，非是。"居六切。
勻 少也。从勹、二。羊伦切。
勼 聚也。从勹，九声。读若鸠。居求切。
旬 遍也。十日为旬，从勹、日。详遵切。𠣙，古文。
勽 覆也。从勹覆人。薄皓切。
匈 声也。从勹，凶声。许容切。䘫，匈或从肉。
匒 帀遍也。从勹，舟声。职流切。
匌 帀也。从勹，从合，合亦声。侯阁切。
䬫 饱也。从勹，䭫声。民祭祝曰厌䬫。己又切，又乙庶切。
復 重也。从勹，复声。扶富切。𠣜，或省彳。
冢 高坟也。从勹，豖声。知陇切。

文十五　重三

包　部

包 象人裹妊，巳在中，象子未成形也。元气起于子。子，人所生也。男左行三十，女右行二十，俱立于巳，为夫妇。裹妊于巳，巳为子，十月而生。男起巳至寅，女起巳至申。故男年始寅，女年始申也。凡包之属皆从包。布交切。
胞 儿生裹也。从肉，从包。匹交切。
匏 瓠也。从包，从夸声。包，取其可包藏物也。薄交切。

文三

苟　部

苟 自急敕也。从羊省，从包省，从口。口犹慎言也。从羊，羊与义、善、美同意。凡苟之属皆从苟。己力切。𦭘，古文羊不省。

敬 肅也。从攴、苟。居慶切。

文二　重一

鬼　部

鬼 人所歸為鬼。从人，象鬼頭。鬼陰氣賊害，从厶。凡鬼之屬皆从鬼。居偉切。禮，古文从示。

魖 神也。从鬼，申聲。食鄰切。

魂 陽氣也。从鬼，云聲。戶昆切。

魄 陰神也。从鬼，白聲。普百切。

魅 厲鬼也。从鬼，失聲。丑利切。

魖 耗神也。从鬼，虛聲。朽居切。

魃 旱鬼也。从鬼，犮聲。《周禮》有赤魃氏，除牆屋之物也。《詩》曰："旱魃為虐。"薄撥切。

彪（魅） 老精物也。从鬼、彡。彡，鬼毛。密祕切。彩，或从未聲。彩，古文。彩，籀文从象首，从尾省聲。

魑 鬼服也。一曰：小兒鬼。从鬼，支聲。《韓詩傳》曰："鄭交甫逢二女魑服。"奇寄切。

虒 鬼貌。从鬼，虎聲。虎烏切。

鬿 鬼俗也。从鬼，幾聲。《淮南傳》曰："吳人鬼，越人鬿。"居衣切。

魗 鬼魅聲，魗魗不止也。从鬼，需聲。奴豆切。

傀 鬼變也。从鬼，化聲。呼駕切。

魋 見鬼驚詞。从鬼，難省聲。讀若《詩》"受福不儺。"諾何切。

覛 鬼貌。从鬼，賓聲。符真切。

醜（丑） 可惡也。从鬼，酉聲。昌九切。

魋 神獸也。从鬼，隹聲。杜回切。

文十七　重四

魑 鬼屬。从鬼，从离，离亦聲。丑知切。

魔 魔 鬼也。从鬼，麻声。莫波切。
魘 魘(魇) 梦惊也。从鬼，厌声。於琰切。

文三 新附

甶　部

甶 甶 鬼头也。象形。凡甶之属皆从甶。敷勿切。
畏 畏 恶也。从甶，虎省。鬼头而虎爪，可畏也。於胃切。㞑，古文省。
禺 禺 母猴属。头似鬼。从甶，从内。牛具切。

文三　重一

厶　部

厶 厶 奸衺也。韩非曰："苍颉作字，自营为厶。"凡厶之属皆从厶。息夷切。
篡 篡 屰而夺取曰篡。从厶，算声。初官切。
䍮 䍮(诱) 相谇呼也。从厶，从羑。与久切。誘，或从言、秀。䛻，或如此。羑，古文。臣铉等案："羊部有羑。羑，进善也。此古文重出。"

文三　重三

嵬　部

嵬 嵬 高不平也。从山，鬼声。凡嵬之属皆从嵬。五灰切。
巍 巍(魏) 高也。从嵬，委声。牛威切。　臣铉等曰："今人省山以为魏国之魏。"语韦切。

文二

说文解字弟九　上

说文解字弟九下

汉太尉祭酒　许慎 记
宋右散骑常侍　徐铉等 校定

山　部

山 宣也。宣气散，生万物，有石而高。象形。凡山之属皆从山。所间切。

嶽(岳) 东，岱；南，靃；西，华；北，恒；中，泰室。王者之所以巡狩所至。从山，狱声。五角切。山，古文，象高形。

岱 太山也。从山，代声。徒耐切。

島(岛) 海中往往有山可依止，曰岛。从山，鸟声。读若《诗》曰"蔦与女萝"。都皓切。

峱 山。在齐地。从山，狃声。《诗》曰："遭我于峱之间兮。"奴刀切。

嶧(峄) 葛峄山，在东海下邳。从山，睪声。《夏书》曰："峄阳孤桐。"羊益切。

嵎 封嵎之山，在吴楚之间，汪芒之国。从山，禺声。噳俱切。

嶷 九嶷山，舜所葬，在零陵营道。从山，疑声。语其切。

嶅 山。在蜀湔氐西徼外。从山，敳声。武巾切。

屺 山也。或曰：弱水之所出。从山，几声。居履切。

巀 巀薛山，在冯翊池阳。从山，截声。才葛切。

薛 巀薛山也。从山，辥声。五葛切。

崋 山，在弘农华阴。从山，华省声。胡化切。

嶂 山，在雁门。从山，章声。古博切。

崵 崵山，在辽西。从山，易声。一曰：嵎铁，崵谷也。与章切。

岵 山有草木也。从山，古声。《诗》曰："陟彼岵兮。"侯古切。

说文解字

屺 山无草木也。从山,己声。《诗》曰:"陟彼屺兮。"墟里切。

嶨 山多大石也。从山,学省声。胡角切。

嶅 山多小石也。从山,敖声。五交切。

岨 石戴土也。从山,且声。《诗》曰:"陟彼岨矣。"七余切。

冈(冈) 山骨也。从山,网声。古郎切。

岑 山小而高。从山,今声。鉏箴切。

崟 山之岑崟也。从山,金声。鱼音切。

崒 崒危,高也。从山,卒声。醉绥切。

峦(峦) 山小而锐。从山,䜌声。洛官切。

密 山如堂者。从山,宓声。美毕切。

岫 山穴也。从山,由声。似又切。𥨿,籀文从穴。

陵 高也。从山,陵声。私闰切。嶐,陵或省。

隋 山之堕堕者。从山,从惰省声。读若相推落之堕。徒果切。

栈 尤高也。从山,栈声。士限切。

崛 山短高也。从山,屈声。衢勿切。

巁 巍高也。从山,虿声。读若厉。力制切。

峯(峰) 山耑也。从山,夆声。敷容切。

嚴(岩) 岸也。从山,严声。五缄切。

嵒 山岩也。从山、品。读若吟。臣铉等曰:"从品,象岩厓连属之形。"五咸切。

崍 崟也。从山,絫声。落猥切。

𡷫 山貌。从山,罪声。徂贿切。

峼 山貌。一曰:山名。从山,告声。古到切。

隓 山貌。从山,陸声。徒果切。臣铉等案:"隓与墮同,墮今亦音徒果切,则是隓兼有此音。"

嵯 山貌。从山,差声。昨何切。

峨 嵯峨也。从山,我声。五何切。

崝(峥) 嵘也。从山,青声。臣铉等曰:"今俗别作峥,非是。"七耕切。

嶸(嵘) 嶸嵘也。从山，荣声。户萌切。

陘 谷也。从山，巠声。户经切。

崩 山坏也。从山，朋声。北縢切。𨹸，古文从𨸏。

岪 山胁道也。从山，弗声。敷勿切。

嵍 山名。从山，孜声。亡遇切。

嶢(峣) 焦嶢，山高貌。从山，尧声。古僚切。

嶈 山陵也。从山，戕声。慈良切。

嵏 九嵏山，在冯翊谷口。从山，㚇声。子红切。

卪 陬隅，高山之节。从山，从卪。子结切。

崇 嵬高也。从山，宗声。鉏弓切。

崔 大高也。从山，隹声。胙回切。

文五十三　重四

嶙 嶙峋，深崖貌。从山，㷠声。力珍切。

峋 嶙峋也。从山，旬声。相伦切。

岌 山高貌。从山，及声。鱼汲切。

嶠(峤) 山锐而高也。从山，乔声。古通用乔。渠庙切。

嵌 山深貌。从山，欺省声。口衔切。

嶼(屿) 岛也。从山，与声。徐吕切。

嶺(岭) 山道也。从山，领声。良郢切。

嵐(岚) 山名。从山，葻省声。卢含切。

嵩 中岳嵩高山也。从山，从高，亦从松。韦昭《国语注》云："古通用崇字。" 息弓切。

崑(昆) 昆仑，山名。从山，昆声。《汉书》杨雄文通用昆仑。古浑切。

崙(仑) 昆仑也。从山，仑声。卢昆切。

嵇 山名。从山，稽省声。奚氏避难，特造此字，非古。胡鸡切。

文十二新附

屾　部

屾 二山也。凡屾之属皆从屾。所臻切。
嵞 会稽山。一曰：九江当嵞也。民以辛壬癸甲之日嫁娶。从屾，余声。《虞书》曰："予娶嵞山。"同都切。

文二

屵　部

屵 岸高也。从山、厂，厂亦声。凡屵之属皆从屵。五葛切。
岸 水厓而高者。从屵，干声。五旰切。
崖 高边也。从屵，圭声。五佳切。
崔 高也。从屵，隹声。都回切。
嶏 崩也。从屵，肥声。符鄙切。
𡾰 崩声。从屵，配声。读若费。蒲没切。

文六

广　部

广 因广为屋，象对剌高屋之形。凡广之属皆从广。读若俨然之俨。鱼俭切。
府 文书藏也。从广，付声。臣铉等曰："今藏腑字，俗书从肉，非是。"方矩切。
廱 天子飨饮辟廱。从广，雝声。於容切。
庠 礼官养老。夏曰校，殷曰庠，周曰序。从广，羊声。似阳切。
廬（庐）寄也。秋冬去，春夏居。从广，卢声。力居切。
庭 宫中也。从广，廷声。特丁切。
廇 中庭也。从广，留声。力救切。
庉 楼墙也。从广，屯声。徒损切。

庌 庌也。从广，牙声。《周礼》曰："夏庌马。"五下切。
廡(庑) 堂下周屋。从广，无声。文甫切。㒇，籀文从舞。
廬 庌也。从广，虏声。读若卤。郎古切。
庖 厨也。从广，包声。薄交切。
廚(厨) 庖屋也。从广，尌声。直株切。
庫(库) 兵车藏也。从车在广下。苦故切。
廄(厩) 马舍也。从广，㫃声。《周礼》曰："马有二百十四匹为廄，廄有仆夫。"居又切。廐，古文从九。
序 东西墙也。从广，予声。徐吕切。
廦 墙也。从广，辟声。比激切。
廣(广) 殿之大屋也。从广，黄声。古晃切。
廥 刍藁之藏。从广，会声。古外切。
庾 水槽仓也。从广，臾声。一曰：仓无屋者。以主切。
屏 蔽也。从广，并声。必郢切。
廁(厕) 清也。从广，则声。初吏切。
廛 一亩半，一家之居。从广、里、八、土。直连切。
庌 屋牝瓦下。一曰：维纲也。从广，閞省声。读若环。户关切。
廮 屋阶中会也。从广，㤅声。仓红切。
庱 广也。从广，多声。《春秋国语》曰："侠沟而庱我。"尺氏切。
廉 仄也。从广，兼声。力兼切。
庛 开张屋也。从广，耗声。济阴有庛县。宅加切。
龐(庞) 高屋也。从广，龙声。薄江切。
底 山居也。一曰：下也。从广，氏声。都礼切。
庢 碍止也。从广，至声。陟栗切。
廮 安止也。从广，婴声。钜鹿有廮陶县。於郢切。
废 舍也。从广，发声。《诗》曰："召伯所废。"蒲拨切。
庳 中伏舍。从广，卑声。一曰：屋庳。或读若逋。便俾切。
庇 荫也。从广，比声。必至切。

说文解字

庶 庶　屋下众也。从广、苁。苁，古文光字。臣铉等曰："光，亦众盛也。"商署切。

庤 庤　储置屋下也。从广，寺声。直里切。

廙 廙　行屋也。从广，异声。与职切。

廔 廔　屋丽廔也。从广，娄声。一曰：种也。洛侯切。

廆 廆　屋从上倾下也。从广，隹声。都回切。

廢 廢（废）屋顿也。从广，发声。方肺切。

庮 庮　久屋朽木。从广，酉声。《周礼》曰："牛夜鸣则庮。"臭如朽木。与久切。

廑 廑　少劣之居。从广，堇声。巨斤切。

廟 廟（庙）尊先祖貌也。从广，朝声。眉召切。庿，古文。

庘 庘　人相依庘也。从广，且声。子余切。

庎 庎　屋迫也。从广，曷声。於歇切。

庍 庍（斥）郤屋也。从广，屰声。昌石切。

廞 廞（廞）陈舆服于庭也。从广，钦声。读若歆。许今切。

廫 廫（寥）空虚也。从广，胶声。臣铉等曰："今别作寥，非是。"洛萧切。

文四十九　重三

廈 廈（厦）屋也。从广，夏声。胡雅切。

廊 廊　东西序也。从广，郎声。《汉书》通用郎。鲁当切。

廂 廂　廊也。从广，相声。息良切。

庪 庪　祭山曰庪县。从广，技声。过委切。

庝 庝　地名。从广，未详。丑拚切。

廖 廖　人姓。从广，未详。当是省膠字尔。力救切。

文六新附

厂　部

厂 厂　山石之厓岩，人可居。象形。凡厂之属皆从厂。呼旱切。厈，籀文从干。

崖 崖 山边也。从厂，圭声。五佳切。

陮 陮 陮隗，山颠也。从厂，垂声。姊宜切。

隗 隗 陮隗也。从厂，义声。鱼为切。

厰 厰 釡也。一曰：地名。从厂，敢声。鱼音切。

厬 厬 仄出泉也。从厂，晷声。读若轨。居洧切。

厎 厎 柔石也。从厂，氐声。职雉切。㫒，厎或从石。

厥 厥 发石也。从厂，欮声。俱月切。

厲（厉） 旱石也。从厂，蠆省声。力制切。厉，或不省。

厱 厱 厱诸，治玉石也。从厂，佥声。读若蓝。鲁甘切。

厤 厤 治也。从厂，秝声。郎击切。

厬 厬 石利也。从厂，异声。读若枲。胥里切。

厝 厝 美石也。从厂，古声。侯古切。

厗 厗 唐厗，石也。从厂，屖省声。杜兮切。

䃁 䃁 石声也。从厂，立声。卢答切。

𠪠 𠪠 石地恶也。从厂，儿声。五历切。

厒 厒 石地也。从厂，金声。读若給。巨今切。

厨 厨 石闲见。从厂，甫声。读若敷。芳无切。

厝 厝 厉石也。从厂，昔声。《诗》曰："他山之石，可以为厝。"仓各切，又七互切。

厐 厐 石大也。从厂，龙声。莫江切。

厃 厃 岸上见也。从厂，从之省。读若跃。以灼切。

厌 厌 辟也。从厂，夹声。胡甲切。

仄 仄 侧倾也。从人在厂下。阻力切。夨，籀文从矢，矢亦声。

𠪮 𠪮 仄也。从厂，辟声。普击切。

厞 厞 隐也。从厂，非声。扶沸切。

厭（厌） 笮也。从厂，猒声。一曰：合也。於辄切，又一琰切。

厃 厃 仰也。从人在厂上。一曰：屋梠也。秦谓之桷，齐谓之厃。鱼毁切。

文二十七　重四

丸　部

丸　圜,倾侧而转者。从反仄。凡丸之属皆从丸。胡官切。
䴅　鵽鸟食已,吐其皮毛如丸。从丸,咼声。读若骫。於跪切。
𠁼　丸之孰也。从丸,而声。奴禾切。
㚔　阙。芳万切。

文四

危　部

危　在高而惧也。从卪,自卩止之。凡危之属皆从危。鱼为切。
㩻　㩻䧢也。从危,支声。去其切。

文二

石　部

石　山石也。在厂之下;口,象形。凡石之属皆从石。常只切。
礦(矿)　铜铁朴石也。从石,黄声。读若穬。古猛切。卝,古文矿。《周礼》有卝人。
碭(砀)　文石也。从石,昜声。徒浪切。
硬　石次玉者。从石,奥声。而沇切。
硇　石。可以为矢镞。从石,奴声。《夏书》曰:"梁州贡硇丹。"《春秋国语》曰:"肃慎氏贡楛矢、石硇。"乃都切。
礜　毒石也。出汉中。从石,与声。羊茹切。
碣　特立之石。东海有碣石山。从石,曷声。渠列切。𥒰,古文。
磏　厉石也。一曰:赤色。从石,兼声。读若鎌。力盐切。
碬　厉石也。从石,叚声。《春秋传》曰:郑公孙碬字子石。乎加切。
礫(砾)　小石也。从石,乐声。郎击切。
䂮　水边石。从石,巩声。《春秋传》曰:"阙䂮之甲。"居竦切。

磧 磧(碛) 水陼有石者。从石,責声。七迹切。

碑 竖石也。从石,卑声。府眉切。

磙 陵也。从石,豖声。徒对切。

磒 落也。从石,員声。《春秋传》曰:"磒石于宋,五。"于敏切。

硌 碎石陨声。从石,炙声。所责切。

硞 石声。从石,告声。苦角切。

硠 石声。从石,良声。鲁当切。

礐 石声。从石,学省声。胡角切。

硈 石坚也。从石,吉声。一曰:突也。格八切。

磕 石声。从石,盍声。口太切,又苦盍切。

硻 余坚者。从石,坚省。口茎切。

磿 石声也。从石,厤声。郎击切。

暫 礸,石也。从石,斩声。钜衔切。

礹 石山也。从石,严声。五衔切。

磬 坚也。从石,殸声。楷革切。

确 磐石也。从石,角声。臣铉等曰:"今俗作確,非是。"胡角切。䃺,确或从殼。

磽(硗) 磐石也。从石,尧声。口交切。

硪 石岩也。从石,我声。五何切。

喦 磛喦也。从石,品。《周书》曰:"畏于民喦。"读与岩同。臣铉等曰:"从品与嵒同意。"五衔切。

磬 乐石也。从石,殳。象县虡之形。殳,击之也。古者毋句氏作磬。苦定切。𣪠,籀文省。𥒐,古文从巠。

礙(碍) 止也。从石,疑声。五溉切。

硩 上摘岩空青、珊瑚堕之。从石,折声。《周礼》有硩蔟氏。丑列切。

碾 以石扞缯也。从石,延声。尺战切。

碎 磨也。从石,卒声。苏对切。

说文解字

破 石碎也。从石,皮声。普过切。

礱(砻) 䃺也。从石,龍声。天子之桷,椓而礱之。卢红切。

研 䃺也。从石,开声。五坚切。

䃺(磨) 石硙也。从石,靡声。模卧切。

硙(碨) 䃺也。从石,豈声。古者公输班作硙。五对切。

碓 舂也。从石,隹声。都队切。

䃯 舂已,复捣之,曰䃯。从石,沓声。徒合切。

磻 以石箸隿䋻也。从石,番声。博禾切。

䃺 斫也。从石,箸声。张略切。

硯(砚) 石滑也。从石,见声。五甸切。

砭 以石刺病也。从石,乏声。方驗切,又方驗切。

碥 石也恶也。从石,鬲声。下革切。

砢 磊砢也。从石,可声。来可切。

磊 众石也。从三石。落猥切。

文四十九　重五

礪(砺) 䃺也。从石,厉声。经典通用厉。力制切。

碏 《左氏传》,卫大夫石碏。《唐韵》云:敬也。从石,未详;昔声。七削切。

磯 大石激水也。从石,幾声。居衣切。

碌 石貌。从石,录声。卢谷切。

砧 石柎也。从石,占声。知林切。

砌 阶甃也。从石,切声。千计切。

礩 柱下石也。从石,质声。之日切。

礎 礩也。从石,楚声。创举切。

硾 捣也。从石,垂声。直类切。

文九新附

長　部

長(长) 久远也。从兀,从匕。兀者,高远意也。久则变化。亡声。

尸者，倒亡也。凡长之属皆从长。臣铉等曰："倒亡，不亡也，长久之义也。"直良切。🐱，古文长。🐲，亦古文长。

肆 极、陈也。从长，隶声。息利切。𩭞，或从髟。

镾 久长也。从长，尔声。武夷切。

䘲 蛇恶毒长也。从长，失声。徒结切。

文四　重三

勿　部

勿 州里所建旗。象其柄，有三游。杂帛，幅半异。所以趣民，故遽，称勿勿。凡勿之属皆从勿。文弗切。𣃦，勿或从㫃。

易 开也。从日、一、勿。一曰：飞扬。一曰：长也。一曰：强者众貌。与章切。

文二　重一

冄　部

冄(冉) 毛冉冉也。象形。凡冄之属皆从冄。而琰切。

文一

而　部

而 颊毛也。象毛之形。《周礼》曰："作其鳞之而。"凡而之属皆从而。臣铉等曰："今俗别作髵，非是。"如之切。

耏(耐) 罪不至髡也。从而，从彡。奴代切。耐，或从寸。诸法度字从寸。

文二　重一

豕　部

豕 彘也。竭其尾，故谓之豕。象毛足而后有尾。读与豨同。按：今世字，误以豕为彘，以彘为豕，何以明之？为啄、琢从豕，蟲从㸚。皆取其声，以是明之。臣铉等曰："此语未详，或后人所加。"凡豕之属皆从豕。式视切。 㣇，古文。

豬（猪） 豕而三毛丛居者。从豕，者声。陟鱼切。

豰 小豚也。从豕，㱿声。步角切。

豯 生三月豚，腹豯豯貌也。从豕，奚声。胡鸡切。

豵 生六月豚。从豕，从声。一曰：一岁豵，尚丛聚也。子红切。

豝 牝豕也。从豕，巴声。一曰：一岁能相把拏也。《诗》曰："一发五豝。"伯加切。

豜 三岁豕，肩相及者。从豕，幵声。《诗》曰："并驱从两豜兮。"古贤切。

豶（豮） 羠豕也。从豕，贲声。符分切。

豭 牡豕也。从豕，叚声。古牙切。

毅 上谷名猪豛。从豕，役省声。营只切。

豬 豶也。从豕，隋声。臣铉等曰："当从随省。"以水切。

豤 啮也。从豕，艮声。康很切。

豷 豕息也。从豕，壹声。《春秋传》曰："生敖及豷。"许利切。

豧 豕息也。从豕，甫声。芳无切。

豢 以谷圈养豕也。从豕，𢍏声。胡惯切。

豠 豕属。从豕，且声。疾余切。

豲 逸也。从豕，原声。《周书》曰："豲有爪而不敢以撅。"读若桓。胡官切。

豨 豕走豨豨。从豕，希声。古有封豨修蛇之害。虚岂切。

㣇 豕绊足行豕豕。从豕系二足。丑六切。

豦 斗相丮不解也。从豕、虍。豕、虍之斗，不解也。读若蘮蒘草之蘮。司马相如说：豦，封豕之属。一曰：虎两足举。强鱼切。

豪 豕怒毛竖。一曰：残艾也。从豕、辛。臣铉等曰："从辛，未详。"鱼既切。

豩 二豕也。豳从此。阙。伯贫切。又，呼关切。

文二十二　重一

希　部

希　修豪兽。一曰：河内名豕也。从彑，下象毛足。凡希之属皆从希。读若弟。羊至切。㣎，籀文。希，古文。

𢂁　豕属。从希，回声。呼骨切。

豪（豪亳）　豕，鬣如笔管者。出南郡。从希，高声。乎刀切。㲈，籀文从豕。臣铉等曰："今俗别作毫，非是。"

彙（汇）　虫，似豪猪者。从希，胃省声。于贵切。䖉，或从虫。

𤉡　希属。从二希。息利切。𤉡，古文𤉡。《虞书》曰："𤉡类于上帝。"

文五　重五

彑　部

彑　豕之头，象其锐，而上见也。凡彑之属皆从彑。读若罽。居例切。

𢑑　豕也。后蹏发谓之𢑑。从彑，矢声；从二匕，𢑑足与鹿足同。直例切。

彖　豕也。从彑，从豕。读若弛。式视切。

夎　豕也。从彑，下象其足。读若瑕。乎加切。

彖　豕走也。从彑，从豕省。通贯切。

文五

豚　部

豚（豚）　小豕也。从彖省，象形；从又持肉，以给祠祀。凡豚之属皆从豚。徒魂切。肠，篆文从肉、豕。

豷　豚属。从豚，卫声。读若罽。于岁切。

文二　重一

豸　部

豸　兽长脊，行豸豸然，欲有所司杀形。凡豸之属皆从豸。池尔切。司杀读若伺候之伺。

豹　似虎，圜文。从豸，勺声。北教切。

貙(貙)　貙獌，似狸者。从豸，区声。敕俱切。

貚　貙属也。从豸，单声。徒干切。

貔　豹属，出貉国。从豸，匕声。《诗》曰："献其貔皮。"《周书》曰："如虎如貔。"貔，猛兽。房脂切。狉，或从比。

豺　狼属，狗声。从豸，才声。士皆切。

貐　猰貐，似貙，虎爪，食人，迅走。从豸，俞声。以主切。

貘　似熊而黄黑色，出蜀中。从豸，莫声。莫白切。

䝞　猛兽也。从豸，庸声。余封切。

貜　㺒貜也。从豸，矍声。王缚切。

貀　兽，无前足。从豸，出声。汉律：能捕豺貀，购百钱。女滑切。

貈　似狐，善睡兽。从豸，舟声。《论语》曰："狐貈之厚以居。"臣铉等曰："舟非声，未详。"下各切。

犴　胡地野狗。从豸，干声。五旰切。豻，犴或从犬。《诗》曰："宜犴宜狱。"

貂　鼠属。大而黄黑，出胡丁零国。从豸，召声。都僚切。

貉　北方豸种。从豸，各声。孔子曰："貉之为言恶也。"莫白切。

貆　貉之类。从豸，亘声。胡官切。

貍(狸)　伏兽，似貙。从豸，里声。里之切。

貒　兽也。从豸，耑声。读若湍。他耑切。

貛(貛)　野豕也。从豸，雚声。呼官切。

貁　鼠属。善旋。从豸，穴声。余救切。

文二十　重二

貓（猫）狸属。从豸，苗声。莫交切。

文一新附

㕞　部

㕞（兕）如野牛而青。象形。与禽、离头同。凡㕞之属皆从㕞。徐姊切。𢎱，古文从几。

文一　重一

易　部

易 蜥易，蝘蜓，守宫也。象形。《秘书》说：日月为易，象阴阳也。一曰：从勿。凡易之属皆从易。羊益切。

文一

象　部

象 长鼻牙，南越大兽，三年一乳。象耳牙四足之形。凡象之属皆从象。徐两切。

豫 象之大者。贾侍中说：不害于物。从象，予声。羊茹切。䝞，古文。

文二　重一

说文解字弟九　下

说文解字弟十 上

汉太尉祭酒　许慎 记
宋右散骑常侍　徐铉等 校定

四十部　八百一十文　重八十七　凡万四字
文三十一新附

馬　部

馬(马)　怒也。武也。象马头髦尾四足之形。凡马之属皆从马。莫下切。𢒉，古文。𢒉，籀文马与影同，有髦。

騭(骘)　牡马也。从马，陟声。读若郅。之日切。

馬　马一岁也。从马；一，绊其足。读若弦。一曰：若环。户关切。

駒(驹)　马二岁曰驹，三岁曰駣。从马，句声。举朱切。

馭　马八岁也。从马，从八。博拔切。

騆　马一目白曰騆，二目白曰鱼。从马，閒声。户间切。

騏(骐)　马青骊，文如博棋也。从马，其声。渠之切。

驪(骊)　马深黑色。从马，麗声。吕支切。

騆　青骊马。从马，肙声。《诗》曰："駜彼乘騆。"火玄切。

騩　马浅黑色。从马，鬼声。俱位切。

騮(骝)　赤马黑毛尾也。从马，留声。力求切。

騢　马赤白杂毛。从马，叚声。谓色似虾鱼也。乎加切。

騅(骓)　马苍黑杂毛。从马，隹声。职追切。

駱(骆)　马白色，黑鬣尾也。从马，各声。卢各切。

駰(駰)　马阴白杂毛。黑。从马，因声。《诗》曰："有駰有騢。"於真切。

驄(骢)　马青白杂毛也。从马，悤声。仓红切。

· 312 ·

驕 骊马白胯也。从马,喬声。《诗》曰:"有驕有騜。"食聿切。

駹 马面颡皆白也。从马,尨声。莫江切。

騧 黄马,黑喙。从马,咼声。古华切。䯽,籀文騧。

驃(骠) 黄马发白色。一曰:白髦尾也。从马,票声。毗召切。

駓(𬳽) 黄马白毛也。从马,丕声。敷悲切。

驖 马赤黑色。从马,戴声。《诗》曰:"四驖孔阜。"他结切。

騟 马头有发赤色者。从马,岸声。五旰切。

馰 马白额也。从马,的省声。一曰:骏也。《易》曰:"为的颡。"都历切。

駁(驳) 马色不纯。从马,爻声。臣铉等曰:"爻非声。疑象驳文。"北角切。

𩣡 马后左足白也。从马,二其足。读若注。之戍切。

驔 骊马黄脊。从马,覃声。读若簟。徒玷切。

驠 马白州也。从马,燕声。於甸切。

騽 马豪骭也。从马,习声。似入切。

騧 马毛长也。从马,𠧪声。侯旰切。

騛 马逸足也。从马,从飞。《司马法》曰:"飞卫斯舆。"甫微切。

驁(骜) 骏马。以壬申日死,乘马忌之。从马,敖声。五到切。

驥(骥) 千里马也,孙阳所相者。从马,冀声。天水有驥县。几利切。

駿(骏) 马之良材者。从马,夋声。子峻切。

驍(骁) 良马也。从马,尧声。古尧切。

𩣡 马小貌。从马,垂声。读若筆。之垒切。𩣡,籀文从垂。

驕(骄) 马高六尺为骄。从马,乔声。《诗》曰:"我马唯骄。"一曰:野马。举乔切。

騋 马七尺为騋,八尺为龙。从马,来声。《诗》曰:"騋牝骊牡。"洛哀切。

驩 马名。从马,雚声。呼官切。

騐(验) 马名。从马,僉声。鱼窆切。

𩡧 马名。从马,此声。雌氏切。

说文解字

㒼 㒼 马名。从马，休声。许尤切。

䮮 䮮 马赤鬣缟身，目若黄金，名曰䮮。吉皇之乘。周文王时，犬戎献之。从马，从文，文亦声。《春秋传》曰："䮮马百驷。"画马也。西伯献纣，以全其身。无分切。

䭿 䭿 马强也。从马，支声。章移切。

馝 馝 马饱也。从马，必声。《诗》云："有馝有馝。"毗必切。

駫 駫 马盛肥也。从马，光声。《诗》曰："四牡駫駫。"古荧切。

䮛 䮛 马盛也。从马，旁声。《诗》曰："四牡䮛䮛。"薄庚切。

䭹 䭹 䭹䭹，马怒貌。从马，印声。吾浪切。

驤（骧） 马之低仰也。从马，襄声。息良切。

驀（蓦） 上马也。从马，莫声。莫白切。

騎（骑） 跨马也。从马，奇声。渠羁切。

駕（驾） 马在轭中。从马，加声。古讶切。**㾅**，籀文驾。

騑（骓） 骖，旁马也。从马，非声。甫微切。

駢（骈） 驾二马也。从马，并声。部田切。

驂（骖） 驾三马也。从马，参声。仓含切。

駟（驷） 一乘也。从马，四声。息利切。

駙（驸） 副马也。从马，付声。一曰：近也。一曰：疾也。符遇切。

騛 马和也。从马，皆声。户皆切。

騀 马摇头也。从马，我声。五可切。

駊 駊騀也。从马，皮声。普火切。

騊 马行貌。从马，舀声。土刀切。

篤（笃） 马行顿迟。从马，竹声。冬毒切。

騤（骙） 马行威仪也。从马，癸声。《诗》曰："四牡骙骙。"渠追切。

䮪 马行徐而疾也。从马，学省声。於角切。

駸（骎） 马行疾也。从马，侵省声。《诗》曰："载骤骎骎。"子林切。

馺 马行相及也。从马，从及。读若《尔雅》"小山馺大山，峘"。稣答切。

馮(冯) 马行疾也。从马，仌声。臣铉等曰："本音皮冰切，经典通用为依冯之冯，今别作凭，非是。"房戎切。

馴 马步疾也。从马，耴声。尼辄切。

騃 马行佁佁也。从马，矣声。五骇切。

驟(骤) 马疾步也。从马，聚声。鉏又切。

駒 马疾走也。从马，匃声。古达切。

颿(帆) 马疾步也。从马，风声。臣铉等曰："舟船之颿，本用此字，今别作帆，非是。"符严切。

驅(驱) 马驰也。从马，区声。岂俱切。𩢩，古文驱，从攴。

馳(驰) 大驱也。从马，也声。直离切。

騖(骛) 乱驰也。从马，敄声。亡遇切。

駕 次弟驰也。从马，列声。力制切。

騁(骋) 直驰也。从马，甹声。丑郢切。

駾 马行疾来貌。从马，兑声。《诗》曰："昆夷駾矣。"他外切。

駃 马有疾足也。从马，失声。大结切。

馯 马突也。从马，旱声。侯旰切。

駧 驰马洞去也。从马，同声。徒弄切。

驚(惊) 马骇也。从马，敬声。举卿切。

駭(骇) 惊也。从马，亥声。侯楷切。

駫 马奔也。从马，亢声。呼光切。

騫(骞) 马腹絷也。从马，寒省声。去虔切。

駐(驻) 马立也。从马，主声。中句切。

馴(驯) 马顺也。从马，川声。详遵切。

駸 马载重难也。从马，参声。张人切。

驙 駸驙也。从马，亶声。《易》曰："乘马驙如。"张连切。

騺 马重貌。从马，执声。陟利切。

驧 马曲脊也。从马，鞠声。巨六切。

騬 犗马也。从马，乘声。食陵切。

馶 駗(驸) 系马尾也。从马，介声。古拜切。

騷 騷(骚) 扰也。一曰：摩马。从马，蚤声。稣遭切。

縶 縶(絷) 绊马也。从马，囗其足。《春秋传》曰："韩厥执縶前。"读若辄。陟立切。𥾝，縶或从糸，执声。

駘 駘(骀) 马衔脱也。从马，台声。徒哀切。

駔 駔(驵) 牡马也。从马，且声。一曰：马蹲驵也。子朗切。

騶 騶(驺) 厩御也。从马，刍声。侧鸠切。

驛 驛(驿) 置骑也。从马，睪声。羊益切。

馹 馹(驲) 驿传也。从马，日声。人质切。

騰 騰(腾) 传也。从马，朕声。一曰：腾，犗马也。徒登切。

騅 騅 苑名。一曰：马白额。从马，隺声。下各切。

駉 駉(駉) 牧马苑也。从马，冋声。《诗》曰："在駉之野。"古荧切。

駪 駪(骁) 马众多貌。从马，先声。所臻切。

駮 駮 兽，如马，倨牙，食虎豹。从马，交声。北角切。

駃 駃(䮸) 駃騠，马父骡子也。从马，夬声。臣铉等曰："今俗与快同用。"古穴切。

騠 騠(騠) 駃騠也。从马，是声。杜兮切。

驘 驘(骡) 驴父马母。从马，羸声。洛戈切。𩣡，或从贏。

驢 驢(驴) 似马，长耳。从马，卢声。力居切。

𩦀 𩦀 驴子也。从马，冡声。莫红切。

驒 驒 驒騱，野马也。从马，单声。一曰：青骊白鳞，文如鼍鱼。代何切。

騱 騱(骎) 驒騱马也。从马，奚声。胡鸡切。

騊 騊(騊) 騊駼，北野之良马。从马，匋声。徒刀切。

駼 駼(駼) 騊駼也。从马，余声。同都切。

驫 驫(骉) 众马也。从三马。甫虬切。

文一百一十五　重八

駛 駛(驶) 疾也。从马，吏声。疏吏切。

说文解字弟十上

騾 騜 马高八尺。从马,戎声。如融切。
駿 駿(騣) 马鬣也。从马,㚇声。子红切。
駄 駄(驮) 负物也。从马,大声。此俗语也。唐佐切。
騂 騂 马赤色也。从马,觲省声。息营切。

文五 新附

廌 部

廌 廌 解廌兽也。似山牛,一角。古者决讼,令触不直。象形,从豸省。凡廌之属皆从廌。宅买切。
薦 薦 解廌属。从廌、孚声。阙。古孝切。
薦 薦(荐) 兽之所食艸。从廌、从艸。古者神人以廌遗黄帝。帝曰:"何食?何处?"曰:"食荐;夏处水泽,冬处松柏。"作甸切。
灋 灋(法) 刑也。平之如水,从水;廌,所以触不直者,去之,从去。方乏切。佱,今文省。𠗊,古文。

文四 重二

鹿 部

鹿 鹿 兽也。象头角四足之形。鸟鹿足相似,从匕。凡鹿之属皆从鹿。卢谷切。
麚 麚 牡鹿。从鹿,叚声。以夏至解角。古牙切。
麟 麟 大牝鹿也。从鹿,粦声。力珍切。
麌 麌 鹿麌也。从鹿,吴声。读若偄弱之偄。奴乱切。
麄 麄 鹿迹也。从鹿,速声。桑谷切。
麛 麛 鹿子也。从鹿,弭声。莫兮切。
麚 麚 鹿之绝有力者。从鹿,开声。古贤切。
麒 麒 仁兽也。麋身,牛尾,一角。从鹿,其声。渠之切。
麐 麐(麟) 牝麒也。从鹿,吝声。力珍切。
麋 麋 鹿属。从鹿,米声。麋冬至解其角。武悲切。

317

说文解字

麎 牝麋也。从鹿，辰声。植邻切。

麚（麃）大麋也。狗足。从鹿，旨声。居履切。麂，或从几。

麇 麞也。从鹿，囷省声。居筠切。麕，籀文不省。

麞 麋属。从鹿，章声。诸良切。

麉 麋牝者。从鹿，咎声。其久切。

麔 大鹿也。牛尾、一角。从鹿，畺声。举卿切。麖，或从京。

麃 麔属。从鹿，票省声。薄交切。

麈 麋属。从鹿，主声。之庾切。

麑 狻麑，兽也。从鹿，儿声。五鸡切。

麎 山羊而大者，细角。从鹿，咸声。胡毚切。

麙 大羊而细角。从鹿，需声。郎丁切。

麏 鹿属。从鹿，圭声。古携切。

麝（麝）如小麋，脐有香。从鹿，射声。神夜切。

麎 似鹿而大也。从鹿，与声。羊茹切。

麗（丽）旅行也。鹿之性，见食急则必旅行。从鹿，丽声。礼：丽皮纳聘。盖鹿皮也。郎计切。丌，古文。丽，篆文丽字。

麀 牝鹿也。从鹿，从牝省。於虬切。麀，或从幽声。

文二十六　重六

麤　部

麤（粗）行超远也。从三鹿。凡麤之属皆从麤。仓胡切。

麤（尘）鹿行扬土也。从麤，从土。直珍切。尘，籀文。

文二　重一

兔　部

兔 兽也。似兔，青色而大，象形。头与兔同，足与鹿同。凡兔之属皆从兔。丑略切。兔，篆文。

毚 狡兔也。兔之骏者。从兔、兔。士咸切。

魯 鲁 兽名。从怠,吾声。读若写。司夜切。
奰 奰 兽也。似牲牲。从怠,夬声。古穴切。

文四 重一

兔 部

兔 兔 兽名。象踞,后其尾形。兔头与怠头同。凡兔之属皆从兔。汤故切。
逸 逸 失也。从辵、兔。兔谩訑善逃也。夷质切。
冤 冤 屈也。从兔,从冖。兔在冖下,不得走,益屈折也。於袁切。
娩 娩 兔子也。娩,疾也。从女、兔。芳万切。
毚 毚 疾也。从三兔。阙。芳遇切。

文五

㕙 㕙 狡兔也。从兔,夋声。七旬切。

文一 新附

莧 部

莧 莧 山羊细角者。从兔足,苜声。凡莧之属皆从莧。读若丸。宽字从此。臣铉等曰:"苜,徒结切,非声,疑象形。"胡官切。

文一

犬 部

犬 犬 狗之有县蹄者也。象形。孔子曰:"视犬之字如画狗也。"凡犬之属皆从犬。苦泫切。
狗 狗 孔子曰:"狗,叩也。叩气吠以守。"从犬,句声。古厚切。
獀 獀 南赵名犬獿獀。从犬,叟声。所鸠切。
尨 尨 犬之多毛者。从犬,从彡。《诗》曰:"无使尨也吠。"莫江切。
狡 狡 少狗也。从犬,交声。匈奴地有狡犬,巨口而黑身。古巧切。
獪 獪(狯) 狡獪也。从犬,会声。古外切。

319

獳 犬恶毛也。从犬，农声。奴刀切。

猲 短喙犬也。从犬，曷声。《诗》曰："载猃猲獢。"《尔雅》曰："短喙犬谓之猲獢。"许谒切。

獢 獢獢也。从犬，乔声。许乔切。

猃（獫） 长喙犬。一曰：黑犬，黄头。从犬，佥声。虚检切。

狆 黄犬，黑头。从犬，主声。读若注。之戍切。

猈 短胫狗。从犬，卑声。薄蟹切。

猗 犗犬也。从犬，奇声。於离切。

臭 犬视貌。从犬，目。古闃切。

猎 窦中犬声。从犬，从音，音亦声。乙咸切。

默 犬暂逐人也。从犬，黑声。读若墨。莫北切。

猝 犬从艸暴出逐人也。从犬，卒声。麤没切。

猩 猩猩，犬吠声。从犬，星声。桑经切。

獜 犬吠不止也。从犬，兼声。读若槛。一曰：两犬争也。胡黯切。

㹤 小犬吠。从犬，敢声。南阳新亭有㹤乡。荒槛切。

猥 犬吠声。从犬，畏声。乌贿切。

獿 獿獿也。从犬，夒。女交切。

㺒 犬獿獿咳吠也。从犬，翏声。火包切。

㺁 犬容头进也。从犬，参声。一曰：贼疾也。山槛切。

㺇（奖） 嗾犬厉之也。从犬，将省声。即两切。

㹁 啮也。从犬，戈声。初版切。

狦 恶健犬也。从犬，删省声。所晏切。

狠 吠斗声。从犬，艮声。五还切。

獦 犬斗声。从犬，番声。附袁切。

狋 犬怒貌。从犬，示声。一曰：犬难得。代郡有狋氏县。读又若银。语其切。

狺 犬吠声。从犬，斤声。语斤切。

猲 犬猲猲不附人也。从犬，舄声。南楚谓相惊曰猲。读若愬。式略切。

獷 獷(犷) 犬獷獷不可附也。从犬，广声。渔阳有獷平县。古猛切。

狀 狀(状) 犬形也。从犬，爿声。盈亮切。

奘 奘 妄强犬也。从犬，从壮，壮亦声。徂朗切。

獒 獒 犬如人心可使者。从犬，敖声。《春秋传》曰："公嗾夫獒。"五牢切。

獳 獳 怒犬貌。从犬，需声。读若槈。奴豆切，又乃候切。

猪 猪 犬食也。从犬，从舌。读若比目鱼鲽之鲽。他合切。

狎 狎 犬可习也。从犬，甲声。胡甲切。

狃 狃 犬性骄也。从犬，丑声。女久切。

犯 犯 侵也。从犬，巳声。防险切。

猜 猜 恨贼也。从犬，青声。仓才切。

猛 猛 健犬也。从犬，孟声。莫杏切。

犺 犺 健犬也。从犬，亢声。苦浪切。

㺜 㺜 多畏也。从犬，去声。去劫切。𢙈，杜林说：㺜从心。

獜 獜 健也。从犬，粦声。《诗》曰："卢獜獜。"力珍切。

猏 猏 疾跳也。一曰：急也。从犬，睘声。古县切。

倏 倏 走也。从犬，攸声。读若叔。式竹切。

狟 狟 犬行也。从犬，亘声。《周书》曰："尚狟狟。"胡官切。

狒 狒 过弗取也。从犬，市声。读若孛。蒲没切。

猲 猲 犬张耳貌。从犬，易声。陟革切。

㺅 㺅 犬张断怒也。从犬，来声。读又若银。鱼仅切。

犮 犮 走犬貌。从犬而丿之，曳其足，则剌犮也。蒲拨切。

戾 戾 曲也。从犬出户下。戾者，身曲戾也。郎计切。

獨 獨(独) 犬相得而斗也。从犬，蜀声。羊为群，犬为独也。一曰：北嚣山有独狢兽，如虎，白身，豕鬣，尾如马。徒谷切。

狢 狢 独狢兽也。从犬，谷声。余蜀切。

獮 獮(狝) 秋田也。从犬，尔声。息浅切。𤞂，獮或从豕。宗庙之田

说文解字

也，故从豕、示。

獵（猎）放猎逐禽也。从犬，巤声。良涉切。

獠 猎也。从犬，尞声。力昭切。

狩 犬田也。从犬，守声。《易》曰："明夷于南狩。"书究切。

臭 禽走，臭而知其迹者，犬也。从犬，从自。臣铉等曰："自，古鼻字。犬走以鼻知臭，故从自。"尺救切。

獲（获）猎所获也。从犬，蒦声。胡伯切。

獘（毙）顿仆也。从犬，敝声。《春秋传》曰："与犬，犬獘。"毗祭切。斃，獘或从死。

獻（献）宗庙犬名羹献。犬肥者以献之。从犬，鬳声。许建切。

狦 獟犬也。从犬，开声。一曰：逐虎犬也。五甸切。

獟 狦犬也。从犬，尧声。五吊切。

猘 狂犬也。从犬，折声。《春秋传》曰："猘犬入华臣氏之门。"征例切。

狂 猘犬也。从犬，㞷声。巨王切。㹷，古文从心。

類（类）种类相似，唯犬为甚。从犬，頪声。力遂切。

狄 赤狄，本犬种。狄之为言淫辟也。从犬，亦省声。徒历切。

狻 狻麑，如虦猫，食虎豹者。从犬，夋声。见《尔雅》。素官切。

玃 母猴也。从犬，矍声。《尔雅》云："玃父善顾。"攫持人也。俱缚切。

猶（犹）玃属。从犬，酋声。一曰：陇西谓犬子为猷。以周切。

狙 玃属。从犬，且声。一曰狙，犬也，暂啮人者。一曰：犬不啮人也。亲去切。

猴 夒也。从犬，侯声。乎沟切。

㹵 犬属。腰已上黄，腰已下黑，食母猴。从犬，㱿声。读若构。或曰：㹵似牂羊，出蜀北嚻山中，犬首而马尾。火屋切。

狼 似犬，锐头，白颊，高前，广后。从犬，良声。鲁当切。

狛 如狼，善驱羊。从犬，白声。读若蘖。甯严读之若浅泊。匹

322

獌 獌 狼属。从犬，曼声。《尔雅》曰："貀獌似狸。"舞贩切。
狐 狐 妖兽也。鬼所乘之，有三德，其色中和，小前大后，死则丘首。从犬，瓜声。户吴切。
獭 獭(獭) 如小狗也。水居，食鱼。从犬，赖声。他达切。
猵 猵 獭属。从犬，扁声。布兹切。獱，或从宾。
猋 猋 犬走貌。从三犬。甫遥切。

文八十三　重五

狘 狘 兽走貌。从犬，戉声。许月切。
獋 獋 兽名。从犬，军声。许韦切。
狷 狷 褊急也。从犬，肙声。古县切。
獚 獚 獚猶，兽名。从犬，契声。乌黠切。

文四新附

犾　部

犾 犾 两犬相啮也。从二犬。凡犾之属皆从犾。语斤切。
獄 獄 司空也。从犾，臣声。复说：狱司空。息兹切。
獄 獄(狱) 确也。从犾，从言。二犬，所以守也。鱼欲切。

文三

鼠　部

鼠 鼠 穴虫之总名也。象形。凡鼠之属皆从鼠。书吕切。
鼢 鼢 鼠也。从鼠，番声。读若樊。或曰：鼠妇。附袁切。
貉 貉 鼠，出胡地，皮可作裘。从鼠，各声。下各切。
鼢 鼢 地行鼠，伯劳所作也。一曰：偃鼠。从鼠，分声。芳吻切。蚡，或从虫、分。
鼱 鼱 鼱令鼠。从鼠，平声。薄经切。
鼶 鼶 鼠也。从鼠，虒声。息移切。

说文解字

𪕎 竹鼠也。如犬。从鼠，留省声。力求切。

𪖈 五技鼠也。能飞，不能过屋；能缘，不能穷木；能游；不能渡谷；能穴，不能掩身；能走，不能先人。从鼠，石声。常隻切。

𪖉 豹文鼠也。从鼠，冬声。职戎切。𪖉，籀文省。

𪕸 鼠属。从鼠，益声。於革切。𪕸，或从豸。

𪖃 小鼠也。从鼠，奚声。胡鸡切。

𪕣 精𪕣鼠也。从鼠，句声。其俱切。

𪖀 鼸也。从鼠，兼声。丘检切。

𪕷 鼠属。从鼠，今声。读若含。胡男切。

𪕹 如鼠，赤黄而大，食鼠者。从鼠，由声。余救切。

𪕬 胡地风鼠。从鼠，勺声。之若切。

𪖇 鼠属。从鼠，冗声。而陇切。

𪕶 鼠，似鸡，鼠尾。从鼠，此声。即移切。

𪖂 鼠，出丁零胡，皮可作裘。从鼠，军声。乎昆切。

𪖆 斩𪖆鼠。黑身，白腰若带，手有长白毛，似握版之状，类蝯蜼之属。从鼠，胡声。户吴切。

文二十　重三

能　部

能　熊属。足似鹿。从肉，㠯声。能兽坚中，故称贤能。而强壮，称能杰也。凡能之属皆从能。臣铉等曰："㠯非声，疑皆象形。"奴登切。

文一

熊　部

熊　兽。似豕，山居，冬蛰。从能，炎省声。凡熊之属皆从熊。羽弓切。

羆(羆) 如熊，黄白文。从熊，罢省声。彼为切。𦏯，古文从皮。

文二　重一

火　部

火　燬也。南方之行，炎而上。象形。凡火之属皆从火。呼果切。

炟　上讳。臣铉等曰："汉章帝名也。《唐韵》曰：火起也。从火，旦声。"当割切。

烓　火也。从火，尾声。《诗》曰："王室如烓。"许伟切。

燬　火也。从火，毁声。《春秋传》曰："卫侯燬。"许伟切。

燹　火也。从火，豩声。稣典切。

焌　然火也。从火，夋声。《周礼》曰："遂籥其焌。"焌火在前，以焞焯龟。子寸切又仓聿切。

尞　柴祭天也。从火，从眘。眘，古文慎字。祭天所以慎也。力照切。

然　烧也。从火，肰声。臣铉等曰："今俗别作燃，盖后人增加。"如延切。蘁，或从艸、难。臣铉等案："艸部有蘁，注云艸也。此重出。"

爇　烧也。从火，蓺声。《春秋传》曰："爇僖负羁。"臣铉等曰："《说文》无蓺字，当从火，从艸，热省声。"如劣切。

燔　爇也。从火，番声。附袁切。

燒（烧）　爇也。从火，尧声。式昭切。

烈　火猛也。从火，列声。良薛切。

炪　火光也。从火，出声。《商书》曰："予亦炪谋。"读若巧拙之拙。职悦切。

焯　焯爇，火貌。从火，毕声。卑吉切。

爇　焯爇也。从火，𩇒声。𩇒，籀文悖字。敷勿切。

烝　火气上行也。从火，丞声。煮仍切。

烰　烝也。从火，孚声。《诗》曰："烝之烰烰。"缚牟切。

煦　烝也。一曰：赤貌。一曰：温润也。从火，昫声。香句切。

熯　干貌。从火，汉省声。《诗》曰："我孔熯矣。"人善切。

沸 沸 火貌。从火,弗声。普活切。

熮 熮 火貌。从火,翏声。《逸周书》曰:"味辛而不熮。"洛萧切。

炣 炣 火貌。从火,丙省声。读若粦。良刃切。

䧹 䧹 火色也。从火,雁声。读若雁。五晏切。

熲(颎) 火光也。从火,顷声。古迥切。

爚 爚 火飞也。从火,龠声。一曰:蒸也。以灼切。

熛 熛 火飞也。从火,票声。读若摽。甫遥切。

熇 熇 火热也。从火,高声。《诗》曰:"多将熇熇。"臣铉等曰:"高非声,当从嗃省。"火屋切。

烄 烄 交木然也。从火,交声。古巧切。

炎 炎 小热也。从火,干声。《诗》曰:"忧心炎炎。"臣铉等曰:"干非声,未详。"直廉切。

爒 爒 所以然持火也。从火,焦声。《周礼》曰:"以明火爇爒也。"即消切。

炭 炭 烧木余也。从火,岸省声。他案切。

㶣 㶣 束炭也。从火,差省声。读若蘳。楚宜切。

敫 敫 交灼木也。从火,教省声。读若狡。古巧切。

炦 炦 火气也。从火,犮声。蒲拨切。

灰 灰 死火余烬也。从火,从又。又,手也。火既灭,可以执持。呼恢切。

炱 炱 灰,炱煤也。从火,台声。徒哀切。

煨 煨 盆中火。从火,畏声。乌灰切。

熄 熄 畜火也。从火,息声。亦曰:灭火。相即切。

烓 烓 行灶也。从火,圭声。读若闯。口迥切。

煁 煁 烓也。从火,甚声。氏任切。

燀(婵) 炊也。从火,单声。《春秋传》曰:"燀之以薪。"充善切。

炊 炊 爨也。从火,吹省声。昌垂切。

烘 烘 尞也。从火,共声。《诗》曰:"卬烘于煁。"呼东切。

齋 炊䈽疾也。从火,齐声。在诣切。

熏 炙也。从火,喜声。许其切。

煎 熬也。从火,前声。子仙切。

熬 干煎也。从火,敖声。五牢切。䵅,熬或从麦。

炮 毛炙肉也。从火,包声。薄交切。

裦 炮肉,以微火温肉也。从火,衣声。乌痕切。

䍽 置鱼筩中炙也。从火,曾声。作滕切。

穛 以火干肉。从火,䅌声。臣铉等案:"《说文》无䅌字,当从䵎省,疑传写之误。"符逼切。䵎,籀文不省。

爆 灼也。从火,暴声。蒲木切。臣铉等曰:"今俗音豹,火裂也。"

煬(炀) 炙燥也。从火,昜声。余亮切。

爃 灼也。从火,寉声。胡沃切。

爛(烂) 孰也。从火,兰声。郎旰切。燗,或从閒。

麋 烂也。从火,靡声。靡为切。

尉 从上案下也。从叾;又持火,以尉申缯也。臣铉等曰:"今俗别作熨,非是。"於胃切。

爘 灼龟不兆也。从火,从龟。《春秋传》曰:"龟爘不兆。"读若焦。即消切。

灸 灼也。从火,久声。举友切。

灼 炙也。从火,勺声。之若切。

煉(炼) 铄冶金也。从火,柬声。郎电切。

燭(烛) 庭燎,火烛也。从火,蜀声。之欲切。

熜 然麻蒸也。从火,悤声。作孔切。

灺 烛烬也。从火,也声。徐野切。

聿(烬) 火余也。从火,聿声。一曰:薪也。臣铉等曰:"聿非声,疑从聿省。今俗别作烬,非是。"徐刃切。

焠 坚刀刃也。从火,卒声。七内切。

煣 屈申木也。从火、柔,柔亦声。人久切。

燓 樊 烧田也。从火、棥,棥亦声。附袁切。

爅 爅 火爇车网绝也。从火,兼声。《周礼》曰:"爇牙,外不爅。"力盐切。

燎 燎 放火也。从火,尞声。力小切。

奥 奥(票) 火飞也。从火、囲,与䉵同意。方昭切。

熿 熿 焦也。从火,曹声。作曹切。

焳 焳(焦) 火所伤也。从火,雔声。即消切。焦,或省。

烖 烖(灾) 天火曰烖。从火,𢦏声。祖才切。災,或从宀、火。烖,古文从才。灾,籀文从巛。

煙 煙(烟) 火气也。从火,垔声。乌前切。烟,或从因。㷈,古文。㷈,籀文从宀。

焆 焆 焆焆,烟貌。从火,肙声。因悦切。

煴 煴 郁烟也。从火,昷声。於云切。

炟 炟 望火貌。从火,𠂤声。读若駒颡之駒。都历切。

燂 燂 火热也。从火,覃声。火甘切,又徐盐切。

焞 焞 明也。从火,𦎫声。《春秋传》曰:"焞燿天地。"他昆切。

炳 炳 明也。从火,丙声。兵永切。

焯 焯 明也。从火,卓声。《周书》曰:"焯见三有俊心。"之若切。

照 照 明也。从火,昭声。之少切。

煒 煒(炜) 盛赤也。从火,韦声。《诗》曰:"彤管有炜。"於鬼切。

炵 炵 盛火也。从火,从多。昌氏切。

熠 熠 盛光也。从火,习声。《诗》曰:"熠熠宵行。"羊入切。

煜 煜 熠也。从火,昱声。余六切。

燿 燿(耀) 照也。从火,翟声。弋笑切。

煇 煇(辉) 光也。从火,军声。况韦切。

煌 煌 煌,辉也。从火,皇声。胡光切。

焜 焜 煌也。从火,昆声。孤本切。

炯 炯 光也。从火,同声。古迥切。

说文解字弟十上

燁(烨) 盛也。从火,䔷声。《诗》曰:"燁燁震电。"筠辄切。

爓 火门也。从火,阎声。余廉切。

炫 燿燿也。从火,玄声。胡畎切。

光 明也。从火在人上,光明意也。古皇切。炗,古文。灮,古文。

熱(热) 温也。从火,執声。如列切。

熾(炽) 盛也。从火,戠声。昌志切。𤎷,古文炽。

燠 热在中也。从火,奥声。乌到切。

煖 温也。从火,爰声。况袁切。

煗(暖) 温也。从火,耎声。乃管切。

炅 见也。从火、日。古迥切。

炕 干也。从火,亢声。苦浪切。

燥 干也。从火,喿声。穌到切。

威 灭也。从火、戌。火死于戌,阳气至戌而尽。《诗》曰:"赫赫宗周,褒似威之。"许劣切。

焅 旱气也。从火,告声。苦沃切。

燾(焘) 溥覆照也。从火,寿声。徒到切。

爟 取火于日官名。举火曰爟。《周礼》曰:"司爟,掌行火之政令。"从火,藋声。古玩切。烜,或从亘。

燧(烽) 燧,候表也。边有警则举火。从火,逢声。敷容切。

爝 苣火,祓也。从火,爵声。吕不韦曰:"汤得伊尹,爝以爟火,衅以牺豭。"子肖切。

熭 暴干火也。从火,彗声。于岁切。

熙 燥也。从火,巸声。许其切。

文一百一十二　重十五

烛 旱气也。从火,虫声。直弓切。

煽 炽盛也。从火,扇声。式战切。

烙 灼也。从火,各声。卢各切。

爍(烁) 灼烁,光也。从火,乐声。书药切。

329

燦 燦（灿）灿烂，明净貌。从火，粲声。仓案切。
焕 焕 火光也。从火，奂声。呼贯切。

文六 新附

炎　部

炎 炎 火光上也。从重火。凡炎之属皆从炎。于廉切。
燄 燄（焰）火行微焰焰也。从炎，臽声。以冉切。
䶮 䶮 火光也。从炎，舌声。臣铉等曰：舌非声，当从甜省。以冉切。
燅 燅 侵火也。从炎，䘚声。读若桑葚之葚。力荏切。
炶 炶 火行也。从炎，占声。舒赡切。
燖 燖 于汤中爓肉。从炎，从热省。徐盐切。𤑷，或从炙。
燮 燮 大熟也。从又持炎辛。辛者，物熟味也。苏侠切。
粦 粦 兵死及牛马之血为粦。粦，鬼火也。从炎、舛。良刃切。徐锴曰："案《博物志》：战斗死亡之处，有人马血积中为粦，著地入艸木，如霜露不可见，有触者，著人体，后有光，拂拭即散无数，又有吒声如鬻豆。舛者，人足也，言光行著人。"

文八 重一

黑　部

黑 黑 火所熏之色也。从炎，上出囧。囧，古窗字。凡黑之属皆从黑。呼北切。
黸 黸 齐谓黑为黸。从黑，卢声。洛乎切。
黪 黪 沃黑色。从黑，会声。恶外切。
黯 黯 深黑也。从黑，音声。乙减切。
黡 黡（黡）申黑也。从黑，厌声。於琰切。
黳 黳 小黑子。从黑，殴声。乌鸡切。
黵 黵 白而有黑也。从黑，旦声。五原有莫黵县。当割切。
黰 黰 虽晳而黑也。从黑，眞声。古人名黰字晳。古咸切。

赐 赤黑也。从黑，易声。读若炀。余亮切。
黪（黪）浅青黑也。从黑，参声。七感切。
黭 青黑也。从黑，奄声。於槛切。
黝 微青黑色。从黑，幼声。《尔雅》曰："地谓之黝。"於纠切。
黗 黄浊黑。从黑，屯声。他衮切。
点（点）小黑也。从黑，占声。多忝切。
黚 浅黄黑也。从黑，甘声。读若染缯中束緅黚。巨淹切。
黅 黄黑也。从黑，金声。古咸切。
黦 黑有文也。从黑，冤声。读若饴镫字。於月切。
黀 黄黑而白也。从黑，算声。一曰：短黑。读若以芥为齑，名曰芥荃也。初刮切。
薰 黑皴也。从黑，开声。古典切。
黠 坚黑也。从黑，吉声。胡八切。
黔 黎也。从黑，今声。秦谓民为黔首，谓黑色也。周谓之黎民。《易》曰："为黔喙。"巨淹切。
黕 滓垢也。从黑，冘声。都感切。
黨（党）不鲜也。从黑，尚声。多朗切。
黩（黩）握持垢也。从黑，賣声。《易》曰："再三黩。"徒谷切。
黵 大污也。从黑，詹声。当敢切。
徽（霉）中久雨青黑。从黑，微省声。武悲切。
黜 贬下也。从黑，出声。丑律切。
黰 黰姗，下哂。从黑，般声。薄官切。
黱（黛）画眉也。从黑，朕声。徒耐切。
黗 青黑缯缝白色也。从黑，攸声。式竹切。
黣 羔裘之缝。从黑，或声。于逼切。
黫 黫谓之垽。垽，滓也。从黑，殿省声。堂练切。
黮 桑葚之黑也。从黑，甚声。他感切。
黯 果实黳黯黑也。从黑，弇声。乌感切。

331

黥　墨刑在面也。从黑，京声。渠京切。㓜，黥或从刀。

黬　黬者忘而息也。从黑，敢声。於槛切。

黟　黑木也。从黑，多声。丹阳有黟县。乌鸡切。

文三十七　重一

说文解字弟十　上

说文解字弟十下

汉太尉祭酒　许慎 记
宋右散骑常侍　徐铉等 校定

囱　部

囱　在墙曰牖，在屋曰囱。象形。凡囱之属皆从囱。楚江切。窗，或从穴。䆫，古文。

恖（匆）　多遽恖恖也。从心、囱，囱亦声。仓红切。

文二　重二

焱　部

焱　火华也。从三火。凡焱之属皆从焱。以冉切。

熒（荧）　屋下灯烛之光。从焱、冖。户扃切。

燊　盛貌。从焱在木上。读若《诗》："莘莘征夫。"一曰：役也。所臻切。

文三

炙　部

炙　炮肉也。从肉在火上。凡炙之属皆从炙。之石切。𤆜，籀文。

燔　宗庙火孰肉。从炙，番声。《春秋传》曰："天子有事燔焉，以馈同姓诸侯。"附袁切。

爒　炙也。从炙，尞声。读若鼺燎。力照切。

文三　重一

赤　部

赤　南方色也。从大，从火。凡赤之属皆从赤。昌石切。烾，古文从炎、土。

赨 赤色也。从赤，虫省声。徒冬切。

䞒 日出之赤。从赤，殼省声。火沃切。

赧 面惭赤也。从赤，反声。周失天下于赧王。女版切。

経（赬） 赤色也。从赤，巠声。《诗》曰："鲂鱼赬尾。"敕贞切。赬，经或从贞。䞓，或从丁。

浾 经，棠枣之汁，或从水。泟，浾或从正。

赭 赤土也。从赤，者声。之也切。

赮 赤色也。从赤，䏛声。读若浣。胡玩切。

赫 火赤貌。从二赤。呼格切。

文八　重五

赩 大赤也。从赤、色，色亦声。许力切。

赮 赤色也。从赤，叚声。乎加切。

文二 新附

大　部

大 天大，地大，人亦大。故大象人形。古文大他达切。也。凡大之属皆从大。徒盖切。

奎 两髀之间。从大，圭声。苦圭切。

夾（夹） 持也。从大侠二人。古狎切。

奄 覆也。大有余也。又，欠也。从大，从申。申，展也。依检切。

夸 奢也。从大，于声。苦瓜切。

奯 奢奯也。从大，亘声。胡官切。

夼 夼，大也。从大，瓜声。乌瓜切。

𡘹 空大也。从大，岁声。读若《诗》"施罛濊濊"。呼括切。

𡙇 大也。从大，或声。读若《诗》"戫戫大猷"。直质切。

奅 大也。从大，卯声。匹貌切。

奆 大也。从大，云声。鱼吻切。

奄 大也。从大，氏声。读若氏。都兮切。

奈 大也。从大，介声。读若盖。古拜切。

奀 瞋大也。从大，此声。火戒切。

奰 大也。从大，弗声。读若"予违，汝弼"。房密切。

奄 大也。从大，屯声。读若鹑。常伦切。

契 大约也。从大，从㓞。《易》曰："后代圣人易之以书契。"苦计切。

夷 平也。从大，从弓。东方之人也。以脂切。

文十八

亦 部

亦 人之臂亦也。从大，象两亦之形。凡亦之属皆从亦。臣铉等曰："今别作腋，非是。"羊益切。

夾 盗窃裒物也。从亦，有所持。俗谓蔽人俾夹是也。弘农陕字从此。失冉切。

文二

夨 部

夨 倾头也。从大。象形。凡夨之属皆从夨。阻力切。

奊 头倾也。从夨，吉声。读若子。古屑切。

㚧 头衺，骫㚧态也。从夨，圭声。胡结切。

吴 姓也。亦郡也。一曰：吴，大言也。从夨、口。五乎切。徐锴曰："大言，故夨口以出声。《诗》曰：'不吴不扬。'今写《诗》者改吴作吴，又音乎化切，其谬甚矣。" 𡗾，古文如此。

文四 重一

夭 部

夭 屈也。从大。象形。凡夭之属皆从夭。於兆切。

喬(乔) 高而曲也。从夭，从高省。《诗》曰："南有乔木。"巨娇切。

奔(幸) 吉而免凶也。从屰，从夭。夭，死之事，故死谓之不幸。胡耿切。

奔 走也。从夭，贲省声。与走同意，俱从夭。博昆切。

文四

交 部

交 交胫也。从大，象交形。凡交之属皆从交。古爻切。

夐 衺也。从交，韦声。羽非切。

絞(绞) 缢也。从交，从糸。古巧切。

文三

尢 部

尢 尳，曲胫也。从大，象偏曲之形。凡尢之属皆从尢。乌光切。
尣，古文从坐。

尳 膝病也。从尢，从骨，骨亦声。户骨切。

尀 蹇也。从尢，皮声。布火切。

尪 尪尪，行不正。从尢，左声。则个切。

旭 行不正也。从尢，邑声。读若燿。弋笑切。

尲(尴) 不正也。从尢，兼声。古咸切。

尬 尲尬也。从尢，介声。公八切，又古拜切。

尥 行胫相交也。从尢，勺声。牛行脚相交为尥。力吊切。

尵 尳不能行，为人所引，曰尵㔚。从尢，从爪，是声。都分切。

㔚 尵㔚也。从尢，从爪，蒦声。户圭切。

尪 股尪也。从尢，于声。乙于切。

㼖 膝中病也。从尢，从羸。郎果切。

文十二　重一

壺　部

壺(壺) 昆吾，圜器也。象形。从大，象其盖也。凡壺之属皆从壺。户吴切。

壼 壹壼也。从凶，从壺，不得泄，凶也。《易》曰："天地壹壼。"於云切。

文二

壹　部

壹 专壹也。从壺，吉声。凡壹之属皆从壹。於悉切。

懿 专久而美也。从壹，从恣省声。乙冀切。

文二

㚔　部

㚔 所以惊人也。从大，从羊。一曰：大声也。凡㚔之属皆从㚔。一曰：读若瓠。一曰：俗语以盗不止为㚔。㚔读若籋。尼辄切。

睪 目视也。从横目，从㚔。令吏将目捕罪人也。羊益切。

執(执) 捕罪人也。从丮，从㚔，㚔亦声。之入切。

圉 囹圉，所以拘罪人。从㚔，从囗。一曰：圉，垂也。一曰：圉人，掌马者。鱼举切。

盩 引击也。从㚔、攴，见血也。扶风有盩厔县。张流切。

報(报) 当罪人也。从㚔，从𠬝。𠬝，服罪也。博号切。

鞠 穷理罪人也。从㚔，从人，从言，竹声。居六切。䪨，或省言。

文七　重一

奢　部

奢 张也。从大，者声。凡奢之属皆从奢。式车切。奓，籀文。臣铉等曰："今俗作陟加切，以为夌厚之夌，非是。"

䚔 䚔 富䚔䚔貌。从奢，单声。丁可切。

文二　重一

亢 部

亢 亢 人颈也。从大省，象颈脉形。凡亢之属皆从亢。古郎切。頏，亢或从页。

䇂 䇂 直项莽䇂貌。从亢，从夋。夋，倨也。亢亦声。冈朗切，又胡朗切。

文二　重一

夲 部

夲 夲 进趣也。从大，从十。大、十，犹兼十人也。凡夲之属皆从夲。读若滔。土刀切。

莽 莽 疾也。从夲，卉声。拜从此。呼骨切。

暴 暴（曓）疾有所趣也。从日、出、夲、廾、之。薄报切。

䚬 䚬 进也。从夲，从中，允声。《易》曰："䚬升大吉。"余准切。

奏 奏 奏进也。从夲，从廾，从屮。屮，上进之义。则候切。䇂，古文。䇂，亦古文。

皋 皋 气皋白之进也。从夲，从白。《礼》：祝曰皋，登歌曰奏。故皋、奏皆从夲。《周礼》曰："诏来鼓皋舞。"皋，告之也。古劳切。

文六　重二

夰 部

夰 夰 放也。从大而八分也。凡夰之属皆从夰。古老切。

䀠 䀠 举目惊䀠然也。从夰，从䀠，䀠亦声。九遇切。

奡 奡 嫚也。从百，从夰，夰亦声。《虞书》曰："若丹朱奡。"读若傲。《论语》："奡汤舟。"五到切。

昦 昦 春为昦天，元气昦昦。从日、夰，夰亦声。胡老切。

𥄗 𥄗 惊走也。一曰：往来也。从夰、䇂。《周书》曰"伯𥄗"。古文䇂，古文囧字。臣铉等曰："䇂，居况切。䇂，犹乖也。䇂亦声。言古囧字，未详。"具往切。

文五

大　部

大 大 籀文大，改古文。亦象人形。凡大之属皆从大。他达切。

奕 奕 大也。从大，亦声。《诗》曰："奕奕梁山。"羊益切。

奘 奘 驵大也。从大，从壮，壮亦声。徂朗切。

臭 臭 大白，泽也。从大，从白。古文以为泽字。古老切。

奚 奚 大腹也。从大，𦃟省声。𦃟，籀文系字。胡鸡切。

奀 奀 稍前大也。从大，而声。读若畏偄。而沇切。

㚈 㚈 大貌。从大，囧声。或曰：拳勇字。一曰：读若傿。乙献切。

奰 奰 壮大也。从三大、三目。二目为䀩，三目为奰，益大也。一曰：迫也。读若《易》虙羲氏。《诗》曰："不醉而怒谓之奰。"平秘切。

文八

夫　部

夫 夫 丈夫也。从大，一以象簪也。周制以八寸为尺，十尺为丈。人长八尺，故曰丈夫。凡夫之属皆从夫。甫无切。

規 規（规）有法度也。从夫，从见。居随切。

扶 扶 并行也。从二夫。辇字从此。读若伴侣之伴。薄旱切。

文三

立　部

立　住也。从大立一之上。臣铉等曰："大，人也。一，地也。会意。"凡立之属皆从立。力入切。

竦　临也。从立，从隶。力至切。

竴　磊竴，重聚也。从立，章声。丁罪切。

端　直也。从立，耑声。多官切。

竱　等也。从立，专声。《春秋国语》曰："竱本肇末。"旨兖切。

竦　敬也。从立，从束。束，自申束也。息拱切。

竫　亭安也。从立，争声。疾郢切。

靖　立竫也。从立，青声。一曰：细貌。疾郢切。

竢　待也。从立，矣声。床史切。㠯，或从巳。

竘　健也。一曰：匠也。从立，句声。读若龋。《逸周书》有竘匠。丘羽切。

竵　不正也。从立，𦊆声。火蛙切。

竭　负举也。从立，曷声。渠列切。

頢　待也。从立，须声。相俞切。𩓥，或从芻声。

羸　瘦也。从立，𦝩声。力卧切。

竣　偓竣也。从立，夋声。《国语》曰："有司已事而竣。"七伦切。

𥨥　见鬼魅貌。从立，从录。录，籀文魅字。读若虙羲氏之虙。房六切。

𥩈　惊貌。从立，昔声。七雀切。

竨　短人立竨竨貌。从立，卑声。傍下切。

竲　北地高楼无屋者。从立，曾声。七耕切。

文十九　重二

並　部

並　并也。从二立。凡並之属皆从並。蒲迥切。

替（替）废，一偏下也。从並，白声。他计切。替，或从曰。替，或从兟，从曰。臣铉等曰："今俗作替，非是。"

文二　重二

囟　部

囟　头会，脑盖也。象形。凡囟之属皆从囟。息进切。𦠄，或从肉、宰。𣥂，古文囟字。

𩕄　毛𩕄也。象发在囟上及毛发𩕄𩕄之形。此与籀文子字同。良涉切。

𦜖　人脐也。从囟；囟，取气通也；从比声。房脂切。

文三　重二

思　部

思　容也。从心，囟声。凡思之属皆从思。息兹切。

慮（虑）　谋思也。从思，虍声。良据切。

文二

心　部

心　人心，土藏，在身之中。象形。博士说，以为火藏。凡心之属皆从心。息林切。

息　喘也。从心，从自，自亦声。相即切。

情　人之阴气有欲者。从心，青声。疾盈切。

性　人之阳气性善者也。从心，生声。息正切。

志　意也。从心，之声。职吏切。

意 志也。从心,察言而知意也。从心,从音。於记切。

恉 意也。从心,旨声。职雉切。

惪 外得于人,内得于己也。从直,从心。多则切。㥁,古文。

應(应) 当也。从心,䧹声。於陵切。

慎 谨也。从心,真声。时刃切。昚,古文。

忠 敬也。从心,中声。陟弓切。

慤(悫) 谨也。从心,殻声。苦角切。

愿 美也。从心,須声。莫角切。

快 喜也。从心,夬声。苦夬切。

愷(恺) 乐也。从心,豈声。臣铉等曰:"豈部已有,此重出。"苦亥切。

愜(惬) 快心。从心,匧声。苦叶切。

念 常思也。从心,今声。奴店切。

忖 思也。从心,付声。甫无切。

憲(宪) 敏也。从心,从目,害省声。许建切。

憕 平也。从心,登声。直陵切。

戁 敬也。从心,难声。女版切。

忻 闓也。从心,斤声。《司马法》曰:"善者,忻民之善,闭民之恶。"许斤切。

憧 迟也。从心,重声。直陇切。

惲(恽) 重厚也。从心,军声。於粉切。

惇 厚也。从心,臺声。都昆切。

忼(慷) 慨也。从心,亢声。一曰:《易》:"忼龙有悔。"臣铉等曰:"今俗别作慷,非是。"苦浪切,又口朗切。

慨 忼慨,壮士不得志也。从心,既声。古溉切。

悃 悃也。从心,困声。苦本切。

愊 诚志也。从心,畐声。芳逼切。

愿 谨也。从心,原声。鱼怨切。

慧 儇也。从心,彗声。胡桂切。

说文解字弟十下

憭 慧也。从心,尞声。力小切。

佼 憭也。从心,交声。下交切,又古了切。

瘱 静也。从心,疢声。臣铉等曰:"疢非声,未详。"於计切。

悊 敬也。从心,折声。陟列切。

惊 乐也。从心,宗声。藏宗切。

恬 安也。从心,甜省声。徒兼切。

恢 大也。从心,灰声。苦回切。

恭 肃也。从心,共声。俱容切。

憼 敬也。从心,从敬,敬亦声。居影切。

恕 仁也。从心,如声。商署切。㣽,古文省。

怡 和也。从心,台声。与之切。

慈 爱也。从心,兹声。疾之切。

忯 爱也。从心,氏声。巨支切。

憸 忯憸,不忧事也。从心,虒声。读若移。移尔切。

恮 谨也。从心,全声。此缘切。

恩 惠也。从心,因声。乌痕切。

憌 高也。一曰:极也。一曰:困劣也。从心,带声。特计切。

憖(慭) 问也。谨敬也。从心,猌声。一曰:说也。一曰:甘也。《春秋传》曰:"昊天不憖。"又曰:"两君之士皆未憖。"鱼觐切。

廲 阔也。一曰:广也,大也。一曰:宽也。从心,从广,广亦声。苦谤切。

悈 饰也。从心,戒声。《司马法》曰:"有虞氏悈于中国。"古拜切。

憗 谨也。从心,䎽声。於靳切。

慶(庆) 行贺人也。从心,从夊。吉礼以鹿皮为贽,故从鹿省。丘竟切。

愃 宽娴心腹貌。从心,宣声。《诗》曰:"赫兮愃兮。"况晚切。

愻 顺也。从心,孙声。《唐书》曰:"五品不愻。"苏困切。

寒 实也。从心,塞省声。《虞书》曰:"刚而寒。"先则切。

恂 信心也。从心，旬声。相伦切。

忱 诚也。从心，冘声。《诗》曰："天命匪忱。"氏任切。

惟 凡思也。从心，隹声。以追切。

懷(怀) 念思也。从心，裹声。户乖切。

惀 欲知之貌。从心，仑声。卢昆切。

想 冀思也。从心，相声。息两切。

㥔 深也。从心，豩声。徐醉切。

慉 起也。从心，畜声。《诗》曰："能不我慉。"许六切。

意 满也。从心，音声。一曰：十万曰意。於力切。㥯，籀文省。

悹 忧也。从心，官声。古玩切。

懰 懰然也。从心，翏声。洛萧切。

愙(恪) 敬也。从心，客声。《春秋传》曰："以陈备三愙。"臣铉等曰："今俗作恪。"苦各切。

㥦 惧也。从心，雙省声。《春秋传》曰："驷氏㥦。"息拱切。

懼(惧) 恐也。从心，瞿声。其遇切。㥘，古文。

怙 恃也。从心，古声。侯古切。

恃 赖也。从心，寺声。时止切。

慒 虑也。从心，曹声。藏宗切。

悟 觉也。从心，吾声。五故切。㤄，古文悟。

憮(怃) 爱也，韩郑曰怃。一曰：不动。从心，无声。文甫切。

㤅(爱) 惠也。从心，旡声。乌代切。㤅，古文。

惰 知也。从心，胥声。私吕切。

慰 安也。从心，尉声。一曰：恚怒也。於胃切。

㥼 谨也。从心，㕚声。读若兟。此芮切。

簋 簋筥也。从心，筥声。直由切。

怞 朗也。从心，由声。《诗》曰："忧心且怞。"直又切。

㥸 㥸抚也。从心，某声。读若侮。亡甫切。

忞 强也。从心，文声。《周书》曰："在受德忞。"读若旻。武巾切。

344

慔 勉也。从心，莫声。莫故切。

恤 勉也。从心，面声。弥殄切。

locks 习也。从心，曳声。余制切。

懋 勉也。从心，楙声。《虞书》曰："时惟懋哉。"莫候切。𢛿，或省。

慕 习也。从心，莫声。莫故切。

悛 止也。从心，夋声。此缘切。

㥁 肆也。从心，隶声。他骨切。

㦛 趣步㦛㦛也。从心，与声。余吕切。

慆 说也。从心，舀声。土刀切。

懕（恹） 安也。从心，厌声。《诗》曰："恹恹夜饮。"於盐切。

憺 安也。从心，詹声。徒敢切。

怕 无为也。从心，白声。匹白切，又葩亚切。

恤 忧也。收也。从心，血声。辛聿切。

忓 极也。从心，干声。古寒切。

懽 喜款也。从心，雚声。《尔雅》曰："懽懽愮愮，忧无告也。"古玩切。

愚 懽也。琅邪朱虚有愚亭。从心，禺声。噳俱切。

恝 饥饿也。一曰：忧也。从心，叔声。《诗》曰："恝如朝饥。"奴历切。

㤃 劳也。从心，卻声。其虐切。

憸 憸诐也。憸利于上，佞人也。从心，佥声。息廉切。

愒 息也。从心，曷声。臣铉等曰："今别作憩，非是。"去例切。

憃 精憃也。从心，毳声。千短切。

思 疾利口也。从心，从册。《诗》曰："相时思民。"徐锴曰："册言众也。"息廉切。

急 褊也。从心，及声。居立切。

㦥 忧也。从心，辡声。一曰：急也。方沔切。

恆 㥒 疾也。从心，亟声。一曰：谨重貌。己力切。
懁 懁 急也。从心，睘声。读若绢。古县切。
悜 悜 恨也。从心，巠声。胡顶切。
慈 慈 急也。从心，从弦，弦亦声。河南密县有慈亭。胡田切。
慓 慓 疾也。从心，票声。敷沼切。
愞 愞 驽弱者也。从心，需声。人朱切。
恁 恁 下赍也。从心，任声。如甚切。
忒 忒 失常也。从心，代声。他得切。
怚 怚 骄也。从心，且声。子去切。
悒 悒 不安也。从心，邑声。於汲切。
悆 悆 忘也。嘾也。从心，余声。《周书》曰："有疾不悆。"悆，喜也。羊茹切。
忒 忒 更也。从心，弋声。他得切。
憪 憪 愉也。从心，閒声。户间切。
愉 愉 薄也。从心，俞声。《论语》曰："私覿，愉愉如也。"羊朱切。
懱 懱 轻易也。从心，蔑声。《商书》曰："以相陵懱。"莫结切。
愚 愚 戆也。从心，从禺。禺，猴属，兽之愚者。麌俱切。
戇 戇(戆) 愚也。从心，赣声。陟绛切。
悉 悉 姦也。从心，采声。仓宰切。
惷 惷 愚也。从心，春声。丑江切。
懝 懝 骏也。从心，从疑，疑亦声。一曰：惶也。五溉切。
忮 忮 很也。从心，支声。之义切。
悍 悍 勇也。从心，旱声。侯旰切。
態 態 意也。从心，从能。徐锴曰："心能其事，然后有态度也。"他代切。俯，或从人。
怪 怪 异也。从心，圣声。古坏切。
惕 惕 放也。从心，象声。徒朗切。
慢 慢 惰也。从心，曼声。一曰：慢，不畏也。谋晏切。

怠 慢也。从心，台声。徒亥切。

懈 怠也。从心，解声。古隘切。

惰 不敬也。从心，𡐦省。《春秋传》曰："执玉惰。"徒果切。憜，惰或省𨸏。媠，古文。

㥂(忪) 惊也。从心，从声。读若悚。息拱切。

怫 郁也。从心，弗声。符弗切。

忿 忽也。从心，介声。《孟子》曰："孝子之心，不若是忿。"呼介切。

忽 忘也。从心，勿声。呼骨切。

忘 不识也。从心，从亡，亡亦声。武方切。

慲 忘也。慲兜也。从心，㒼声。母官切。

恣 纵也。从心，次声。资四切。

惕 放也。从心，易声。一曰：平也。徒朗切。

憧 意不定也。从心，童声。尺容切。

悝 啁也。从心，里声。《春秋传》有孔悝。一曰：病也。苦回切。

憰 权诈也。从心，矞声。古穴切。

㤮 误也。从心，狂声。居况切。

怳 狂之貌。从心，况省声。许往切。

恑 变也。从心，危声。过委切。

懁 有二心也。从心，巂声。户圭切。

悸 心动也。从心，季声。其季切。

憿 幸也。从心，敫声。古尧切。

㦑 善自用之意也。从心，㓉声。《商书》曰："今汝㦑㦑。"古活切。𢤱，古文从耳。

忨 贪也。从心，元声。《春秋传》曰："忨岁而㵣日。"五换切。

惏 河内之北谓贪曰惏。从心，林声。卢含切。

懜 不明也。从心，梦声。武亘切。

愆 过也。从心，衍声。去虔切。𠎶，或从寒省。㥶，籀文。

说文解字

慊 疑也。从心，兼声。户兼切。
惑 乱也。从心，或声。胡国切。
怋 伆也。从心，民声。呼昆切。
怓 乱也。从心，奴声。《诗》曰："以谨惽怓。"女交切。
惷 乱也。从心，春声。《春秋传》曰："王室日惷惷焉。"一曰：厚也。尺允切。
惽 不憭也。从心，昏声。呼昆切。
忥 痴貌。从心，气声。许既切。
䜘 㻌言不慧也。从心，卫声。于岁切。
愦 乱也。从心，贵声。胡对切。
忌 憎恶也。从心，己声。渠记切。
忿 悁也。从心，分声。敷粉切。
悁 忿也。从心，肙声。一曰：忧也。於缘切。𢚊，籀文。
憝 恨也。从心，黎声。一曰：怠也。郎尸切。
恚 恨也。从心，圭声。於避切。
怨 恚也。从心，夗声。於愿切。𢘽，古文。
怒 恚也。从心，奴声。乃故切。
憞 怨也。从心，敦声。《周书》曰："凡民罔不憞。"徒对切。
愠 怒也。从心，昷声。於问切。
惡（恶）过也。从心，亚声。乌各切。
憎 恶也。从心，曾声。作滕切。
怖 恨怒也。从心，市声。《诗》曰："视我怖怖。"蒲昧切。
忍 怒也。从心，刀声。读若額。李阳冰曰："刀非声，当从刈省。"鱼既切。
悇 怨恨也。从心，象声。读若膜。臣铉等曰："象非声，未详。"户佳切。
恨 怨也。从心，艮声。胡艮切。
憝（怼）怨也。从心，对声。丈泪切。
悔 悔恨也。从心，每声。荒内切。

憉 憉 小怒也。从心，豈声。充世切。

怏 怏 不服怼也。从心，央声。於亮切。

懣 懣(懑) 烦也。从心，从满。莫困切。

憤 憤(愤) 懣也。从心，賁声。房吻切。

悶 悶(闷) 懣也。从心，门声。莫困切。

惆 惆 失意也。从心，周声。敕鸠切。

悵 悵(怅) 望恨也。从心，长声。丑亮切。

愾 愾(忾) 大息也。从心，从氣，氣亦声。《诗》曰："愾我寤叹。"许既切。

懆 懆 愁不安也。从心，喿声。《诗》曰："念子懆懆。"七早切。

愴 愴(怆) 伤也。从心，仓声。初亮切。

怛 怛 憯也。从心，旦声。得案切。又，当割切。悬，或从心在旦下。《诗》曰："信誓悬悬。"

憯 憯 痛也。从心，朁声。七感切。

慘 慘(惨) 毒也。从心，參声。七感切。

悽 悽 痛也。从心，妻声。七稽切。

恫 恫 痛也。一曰：呻吟也。从心，同声。他红切。

悲 悲 痛也。从心，非声。府眉切。

惻 惻(恻) 痛也。从心，则声。初力切。

惜 惜 痛也。从心，昔声。思积切。

愍 愍 痛也。从心，敃声。眉殒切。

慇 慇 痛也。从心，殷声。於巾切。

悠 悠 痛声也。从心，依声。《孝经》曰："哭不悠。"於豈切。

簡 簡 簡，存也。从心，简省声。读若简。古限切。

慅 慅 动也。从心，蚤声。一曰：起也。稣遭切。

感 感 动人心也。从心，咸声。古禫切。

忧 忧 不动也。从心，尤声。读若祐。于救切。

憖 憖 怨仇也。从心，訟声。其久切。

349

说文解字

愪 忧貌。从心，员声。王分切。

怮 忧貌。从心，幼声。於虯切。

忦 忧也。从心，介声。五介切。

恙 忧也。从心，羊声。余亮切。

惴 忧惧也。从心，耑声。《诗》曰："惴惴其栗。"之瑞切。

惓 忧也。从心，钧声。常伦切。

怲 忧也。从心，丙声。《诗》曰："忧心怲怲。"兵永切。

惔 忧也。从心，炎声。《诗》曰："忧心如惔。"徒甘切。

惙 忧也。从心，叕声。《诗》曰："忧心惙惙。"一曰：意不定也。陟劣切。

愓 忧也。从心，殇省声。式亮切。

愁 忧也。从心，秋声。士尤切。

愵 忧貌。从心，弱声。读与恧同。奴历切。

惂 忧困也。从心，臽声。苦感切。

悠 忧也。从心，攸声。以周切。

悴 忧也。从心，卒声。读与《易》萃卦同。秦醉切。

恩 忧也。从心，囷声。一曰：扰也。胡困切。

憏 楚颍之间谓忧曰憏。从心，㸚声。力至切。

忬 忧也。从心，于声。读若吁。况于切。

忡 忧也。从心，中声。《诗》曰："忧心忡忡。"敕中切。

悄 忧也。从心，肖声。《诗》曰："忧心悄悄。"亲小切。

慽 忧也。从心，戚声。仓历切。

惪（忧）愁也。从心，从页。徐锴曰："忧形于颜面，故从页。"於求切。

患 忧也。从心上贯叩，叩亦声。胡丱切。㤄，古文从关省。惠，亦古文患。

恇 怯也。从心、匡，匡亦声。去王切。

悏 思貌。从心，夹声。苦叶切。

慑（㥔）失气也。从心，聂声。一曰：服也。之涉切。

憚(惮) 忌难也。从心，单声。一曰：难也。徒案切。
悼 惧也。陈楚谓惧曰悼。从心，卓声。臣铉等曰："卓非声，当从罩省。"徒到切。
恐 惧也。从心，巩声。丘陇切。㤺，古文。
慴 惧也。从心，习声。读若叠。之涉切。
怵 恐也。从心，术声。丑律切。
惕 敬也。从心，易声。他历切。悐，或从狄。
㤭 战栗也。从心，共声。户工切，又工恐切。
㤥 苦也。从心，亥声。胡概切。
惶 恐也。从心，皇声。胡光切。
怖 惶也。从心，甫声。普故切。怖，或从布声。
慹 怖也。从心，执声。之入切。
憨 慹也。从心，㱿声。苦计切。
悑 憨也。从心，荀声。蒲拜切。悑，或从疒。
惎 毒也。从心，其声。《周书》曰："来就惎惎。"渠记切。
恥(耻) 辱也。从心，耳声。敕里切。
㥏 青徐谓慙曰㥏。从心，典声。他典切。
忝 辱也。从心，天声。他点切。
慙(惭) 愧也。从心，斩声。昨甘切。
恧 惭也。从心，而声。女六切。
怍 惭也。从心，作省声。在各切。
憐(怜) 哀也。从心，粦声。落贤切。
㦛 泣下也。从心，连声。《易》曰："泣涕㦛如。"力延切。
忍 能也。从心，刃声。而轸切。
㤄 厉也。一曰：止也。从心，弭声。读若沔。弥兖切。
忿 惩也。从心，乂声。鱼肺切。
懲(惩) 忿也。从心，徵声。直陵切。
憬 觉寤也。从心，景声。《诗》曰："憬彼淮夷。"俱永切。

文二百六十三　重二十二

慵 懒也。从心，庸声。蜀容切。
悱 口悱悱也。从心，非声。敷尾切。
怩 衄怩，惭也。从心，尼声。女夷切。
憺 憺懘，烦声也。从心，沾声。尺詹切。
懘 憺懘也。从心，滞声。尺制切。
懇（恳）悃也。从心，貇声。康狠切。
忖 度也。从心，寸声。仓本切。
怊 悲也。从心，召声。敕宵切。
恸（恸）大哭也。从心，动声。徒弄切。
惹 乱也。从心，若声。人者切。
恰 用心也。从心，合声。苦狭切。
悌 善兄弟也。从心，弟声。经典通用弟。特计切。
懌（怿）说也。从心，睪声。经典通用释。羊益切。

文十三 新附

惢　部

惢 心疑也。从三心。凡惢之属皆从惢。读若《易》"旅琐琐"。又才规、才累二切。
縈 垂也。从惢，糸声。如垒切。

文二

说文解字弟十　下

说文解字弟十一 上

汉太尉祭酒　许慎 记
宋右散骑常侍　徐铉等 校定

二十一部　六百八十五文　重六十二　凡九千七百六十九字
文三十一 新附

水　部

水　准也。北方之行。象众水并流，中有微阳之气也。凡水之属皆从水。式轨切。

汃　西极之水也。从水，八声。《尔雅》曰："西至汃国，谓四极。"府巾切。

河　水。出敦煌塞外昆仑山，发原注海。从水，可声。乎哥切。

泑　泽。在昆仑下。从水，幼声。读与黝同。於纠切。

涷　水。出发鸠山，入于河。从水，东声。德红切。

涪　水。出广汉刚邑道徼外，南入汉。从水，咅声。缚牟切。

潼　水。出广汉梓潼北界，南入垫江。从水，童声。徒红切。

江　水。出蜀湔氐徼外崏山，入海。从水，工声。古双切。

沱　江别流也。出崏山东，别为沱。从水，它声。臣铉等曰："沱沼之'沱'，通用此字。今别作池，非是。"徒何切。

浙　江。水东至会稽山阴为浙江。从水，折声。旨热切。

涐　水。出蜀汶江徼外，东南入江。从水，我声。五何切。

湔　水。出蜀郡绵虒玉垒山，东南入江。从水，前声。一曰：手浣之。子仙切。

沫　水。出蜀西徼外，东南入江。从水，末声。莫割切。

温　水。出犍为涪，南入黔水。从水，昷声。乌魂切。

353

说文解字

灊　水。出巴郡宕渠，西南入江。从水，鬵声。昨盐切。

沮　水。出汉中房陵，东入江。从水，且声。子余切。

滇　益州池名。从水，真声。都年切。

涂　水。出益州牧靡南山，西北入渑。从水，余声。同都切。

沅　水。出牂柯故且兰，东北入江。从水，元声。愚袁切。

淹　水。出越巂徼外，东入若水。从水，奄声。英廉切。

溺　水。自张掖删丹，西至酒泉，合黎，余波入于流沙。从水，弱声。桑钦所说。而灼切。

洮　水。出陇西临洮，东北入河。从水，兆声。土刀切。

涇(泾)　水。出安定泾阳开头山，东南入渭，雍州之川也。从水，巠声。古灵切。

渭　水。出陇西首阳渭首亭南谷，东入河。从水，胃声。杜林说。《夏书》以为出鸟鼠山。雍州浸也。云贵切。

漾　水。出陇西相道，东至武都为汉。从水，羕声。余亮切。瀁，古文从养。

漢(汉)　漾也。东为沧浪水。从水，难省声。臣铉等曰："从难省，当作堇，而前作相承去土从大，疑兼从古文省。"呼旰切。汉，古文。

浪　沧浪水也。南入江。从水，良声。来宕切。

沔　水。出武都沮县东狼谷，东南入江。或曰：入夏水。从水，丏声。弥兖切。

湟　水。出金城临羌塞外，东入河。从水，皇声。乎光切。

汧　水。出扶风汧县，西北入渭。从水，开声。苦坚切。

漥　水。出扶风鄠，北入渭。从水，劳声。鲁刀切。

漆　水。出右扶风杜陵岐山，东入渭。一曰：入洛。从水，桼声。亲吉切。

滻(浐)　水。出京兆蓝田谷，入霸。从水，产声。所简切。

洛　水。出左冯翊归德北夷界中，东南入渭。从水，各声。卢各切。

淯　水。出弘农卢氏山，东南入海。从水，育声。或曰：出郦山西。余六切。

汝 水。出弘农卢氏还归山，东入淮。从水，女声。人渚切。
㶋 水。出河南密县大䰒山，南入颍。从水，異声。与职切。
汾 水。出太原晋阳山，西南入河。从水，分声。或曰：出汾阳北山。冀州浸。符分切。
澮（浍） 水。出霍山，西南入汾。从水，会声。古外切。
沁 水。出上党羊头山，东南入河。从水，心声。七鸩切。
沾 水。出壶关，东入淇。一曰：沾，益也。从水，占声。臣铉等曰："今别作添，非是。"他兼切。
潞 冀州浸也。上党有潞县。从水，路声。洛故切。
漳 浊漳，出上党长子鹿谷山，东入清漳。清漳，出沾山大要谷，北入河。南漳，出南郡临沮。从水，章声。诸良切。
淇 水。出河内共北山，东入河。或曰：出隆虑西山。从水，其声。渠之切。
蕩（荡） 水。出河内荡阴，东入黄泽。从水，募声。徒朗切。
沇 水。出河东东垣王屋山，东为泲。从水，允声。以转切。𣲺，古文沇。臣铉等曰："口部已有，此重出。"
泲 沇也，东入于海。从水，㐆声。子礼切。
洈 水。出南郡高城洈山，东入繇。从水，危声。过委切。
溠 水。在汉南。从水，差声。荆州浸也。《春秋传》曰："脩涂梁溠。"侧驾切。
洭 水。出桂阳县卢聚山，洭浦关为桂水。从水，匡声。去王切。
潓 水。出庐江，入淮。从水，惠声。胡计切。
灌 水。出庐江雩娄，北入淮。从水，雚声。古玩切。
漸（渐） 水。出丹阳黟南蛮中，东入海。从水，斩声。慈冉切。
泠 水。出丹阳宛陵，西北入江。从水，令声。郎丁切。
溧 水。在丹阳。从水，䇲声。匹卦切。
溧 水。出丹阳溧阳县。从水，栗声。力质切。

说文解字

湘 水。出零陵阳海山。北入江。从水，相声。息良切。
汨 长沙汨罗渊，屈原所沉之水。从水，冥省声。莫狄切。
溱 水。出桂阳临武，入汇。从水，秦声。侧诜切。
深 水。出桂阳南平，西入营道。从水，罙声。式针切。
潭 水。出武陵镡成玉山，东入郁林。从水，覃声。徒含切。
油 水。出武陵孱陵西，东南入江。从水，由声。以周切。
湏 水。出豫章艾县，西入湘。从水，买声。莫蟹切。
湞(浈) 水。出南海龙川，西入溱。从水，贞声。陟盈切。
溜 水。出郁林郡。从水，留声。力救切。
潩 水。出河南密县，东入颍。从水，翼声。与职切。
潕(沅) 水。出南阳舞阳，东入颍。从水，无声。文甫切。
潐 水。出南阳鲁阳，入城父。从水，敖声。五劳切。
瀙 水。出南阳舞阳中阳山，入颍。从水，亲声。七吝切。
淮 水。出南阳平氏桐柏大复山，东南入海。从水，隹声。户乖切。
滍 水。出南阳鲁阳尧山，东北入汝。从水，蚩声。直几切。
澧 水。出南阳雉衡山，东入汝。从水，豊声。卢启切。
溳(涢) 水。出南阳蔡阳，东入夏水。从水，员声。王分切。
浘 水。出汝南弋阳垂山，东入淮。从水，畀声。匹备切，又匹制切。
瀤 水。出汝南上蔡黑闾涧，入汝。从水，意声。於力切。
洇 水。出汝南新郪，入颍。从水，囟声。酥计切。
灈 水。出汝南吴房，入瀙。从水，瞿声。其俱切。
颍(颖) 水。出颍川阳城干山，东入淮。从水，顷声。豫州浸。余顷切。
洧 水。出颍川阳城山，东南入颍。从水，有声。荣美切。
濦 水。出颍川阳城少室山，东入颍。从水，㥯声。於谨切。
濄(涡) 水。受淮阳扶沟浪汤渠，东入淮。从水，过声。古禾切。
泄 水。受九江博安洵波，北入氐。从水，世声。余制切。
汳 水。受陈留浚仪阴沟，至蒙为雝水，东入于泗。从水，反声。
臣铉等曰："今作汴，非是。"皮变切。

说文解字弟十一上

𤄷 溠 水。出郑国。从水,曾声。《诗》曰:"溠与洧,方涣涣兮。"侧诜切。

淩 淩 水。在临淮。从水,夌声。力膺切。

濮 濮 水。出东郡濮阳,南入钜野。从水,仆声。博木切。

濼(泺) 齐鲁间水也。从水,乐声。《春秋传》曰:"公会齐侯于泺。"卢谷切。

漷 漷 水。在鲁。从水,郭声。苦郭切。

浄(净) 鲁北城门池也。从水,争声。士耕切,又才性切。

濕(湿) 水。出东郡东武阳,入海。从水,㬎声。桑钦云:"出平原高唐。"他合切。

泡 泡 水。出山阳平乐,东北入泗。从水,包声。匹交切。

菏 菏 菏泽水。在山阳胡陵。《禹贡》:"浮于淮泗,达于菏。"从水,苛声。古俄切。

泗 泗 受沸水,东入淮。从水,四声。息利切。

洹 洹 水。在齐鲁间。从水,亘声。羽元切。

灉 灉 河灉水。在宋。从水,雍声。於容切。

澶 澶 澶渊水。在宋。从水,亶声。市连切。

洙 洙 水。出泰山盖临乐山,北入泗。从水,朱声。市朱切。

沭 沭 水。出青州浸。从水,术声。食聿切。

沂 沂 水。出东海费东,西入泗。从水,斤声。一曰:沂水,出泰山盖,青州浸。鱼衣切。

洋 洋 水。出齐临朐高山,东北入钜定。从水,羊声。似羊切。

濁(浊) 水。出齐郡厉妫山,东北入钜定。从水,蜀声。直角切。

溉 溉 水。出东海桑渎覆甑山,东北入海。一曰:灌注也。从水,既声。古代切。

濰(潍) 水。出琅邪箕屋山,东入海。徐州浸。《夏书》曰:"潍淄其道。"从水,维声。以追切。

浯 浯 水。出琅邪灵门壶山,东北入潍。从水,吾声。五乎切。

说文解字

汶　水。出琅邪朱虚东泰山，东入潍。从水，文声。桑钦说：汶水出泰山莱芜，西南入泲。亡运切。

治　水。出东莱曲城阳丘山，南入海。从水，台声。直之切。

寖　水。出魏郡武安，东北入呼沱水。从水，𡩡声。𡩡，籀文寝字。子鸩切。

湡　水。出赵国襄国之西山，东北入寖。从水，禺声。噳俱切。

㶟　水。出赵国襄国，东入湡。从水，虒声。息移切。

渚　水。在常山中丘逢山，东入湡。从水，者声。《尔雅》曰："小洲曰渚。"章与切。

洨　水。出常山石邑井陉，东南入于泜。从水，交声。郱国有洨县。下交反。

濟(济)　水。出常山房子赞皇山，东入泜。从水，齐声。子礼切。

泜　水。在常山。从水，氐声。直尼切。

濡　水。出涿郡故安，东入漆涑。从水，需声。人朱切。

灅　水。出右北平浚靡，东南入庚。从水，垒声。力轨切。

沽　水。出渔阳塞外，东入海。从水，古声。古胡切。

沛　水。出辽东番汗塞外，西南入海。从水，市声。普盖切。

浿(浿)　水。出乐浪镂方，东入海。从水，贝声。一曰：出浿水县。普拜切。

瀤　北方水也。从水，褱声。户乖切。

灢　水。出雁门阴馆累头山，东入海。或曰：治水也。从水，纍声。力追切。

㶛　水。出北地直路西，东入洛。从水，虘声。侧加切。

㴎　水。起雁门葰人戍夫山，东北入海。从水，瓜声。古胡切。

溹　水。起北地灵丘，东入河。从水，寇声。溹水即沤夷水，并州川也。苦候切。

淶(涞)　水。起北地广昌，东入河。从水，来声。并州浸。洛哀切。

泥　水。出北地郁郅北蛮中。从水，尼声。奴低切。

湳　西河美稷保东北水。从水，南声。乃感切。

漹 水。出西河中阳北沙，南入河。从水，焉声。乙乾切。
溾 河津也。在西河西。从水，垂声。土禾切。
㵄 水也。从水，旟声。以诸切。
洵 过水中也。从水，旬声。相伦切。
涻 水。出北嚣山，入邔泽。从水，舍声。始夜切。
沏 水也。从水，刃声。乃见切。
泹 水也。从水，直声。耻力切。
湒 水也。从水，妾声。七接切。
湢 水也。从水，居声。九鱼切。
㴎 水也。从水，㠱声。其冀切。
沈 水也。从水，尤声。羽求切。
洇 水也。从水，因声。于真切。
淉 水也。从水，果声。古火切。
湏 水也。从水，贝声。读若琐。稣果切。
泷 水也。从水，龙声。莫江切。
浮 水也。从水，乳声。乃后切。
汶 水也。从水，夂声。夂，古文终。职戎切。
洦 浅水也。从水，百声。匹白切。
汘 水也。从水，千声。仓先切。
洍 水也。从水，匝声。《诗》曰："江有洍。"详里切。
澥 郭澥，海之别也。从水，解声。一说：澥即澥谷也。胡买切。
漠 北方流沙也。一曰：清也。从水，莫声。慕各切。
海 天池也。以纳百川者。从水，每声。呼改切。
溥 大也。从水，尃声。滂古切。
澹 水大至也。从水，闇声。乙感切。
洪 洚水也。从水，共声。户工切。
洚 水不遵道。一曰：下也。从水，夅声。户工切，又下江切。
衍 水朝宗于海也。从水，从行。以浅切。

潮（潮）水朝宗于海。从水，朝省。臣铉等曰："隶书不省。"直遥切。

濥 水脉行地中濥濥也。从水，寅声。弋刃切。

滔 水漫漫大貌。从水，舀声。土刀切。

涓 小流也。从水，肙声。《尔雅》曰："汝为涓。"古玄切。

混 丰流也。从水，昆声。胡本切。

漾 水漾瀁也。从水，象声。读若荡。徒朗切。

漦 顺流也。一曰：水名。从水，嫠声。俟甾切。

汭 水相入也。从水、从内，内亦声。而锐切。

潚 深清也。从水，肃声。子叔切。

演 长流也。一曰：水名。从水，寅声。以浅切。

涣 流散也。从水，奂声。呼贯切。

泌 侠流也。从水，必声。兵媚切。

活 水流声。从水，昏声。古活切。䜭，活或从甛。

湝 水流湝湝也。从水，皆声。一曰：湝湝，寒也。《诗》曰："风雨湝湝。"古谐切。

泫 湝流也。从水，玄声。上党有泫氏县。胡畎切。

滮 水流貌。从水，彪省声。《诗》曰："滮沱北流。"皮彪切。

淢 疾流也。从水，或声。于逼切。

瀏（浏）流清貌。从水，刘声。《诗》曰："浏其清矣。"力久切。

瀫 碍流也。从水，蔑声。《诗》云：施罟瀫瀫。呼括切。

滂 沛也。从水，旁声。臣铉等曰："今俗别作霶霈，非是。"普郎切。

汪 深广也。从水，坐声。一曰：汪，池也。乌光切。

漻 清深也。从水，翏声。洛萧切。

沘 清也。从水，此声。千礼切。

况（况）寒水也。从水，兄声。许访切。

冲（冲）涌摇也。从水、中。读若动。直弓切。

汎（泛）浮貌。从水，凡声。孚梵切。

沄 转流也。从水，云声。读若混。王分切。

浩 浇也。从水,告声。《虞书》曰:"洪水浩浩。"胡老切。

沆 莽沆,大水也。从水,亢声。一曰:大泽貌。胡朗切。

沉 水从孔穴疾出也。从水,从穴,穴亦声。呼穴切。

濞 水暴至声。从水,鼻声。匹备切。

潐 水小声。从水,爵声。士角切。

潝 水疾声。从水,翕声。许及切。

滕 水超涌也。从水,朕声。徒登切。

潏 涌出也。一曰:水中坻,人所为为潏。一曰:潏,水名,在京兆杜陵。从水,矞声。古穴切。

洸 水涌光也。从水,从光,光亦声。《诗》曰:"有洸有溃。"古黄切。

波 水涌流也。从水,皮声。博禾切。

澐 江水大波谓之澐。从水,雲声。王分切。

澜(涟) 大波为澜。从水,阑声。洛干切。𤁒,澜或从连。臣铉等曰:"今俗音力延切。"

沦(沦) 小波为沦。从水,仑声。《诗》曰:"河水清且沦漪。"一曰:没也。力迍切。

漂 浮也。从水,票声。匹消切,又匹妙切。

浮 泛也。从水,孚声。缚牟切。

滥(滥) 泛也。从水,监声。一曰:濡上及下也。《诗》曰:"觱沸滥泉。"一曰,清也。卢瞰切。

氾(泛) 滥也。从水,巳声。孚梵切。

泓 下深貌。从水,弘声。乌宏切。

湋(沣) 回也。从水,韦声。羽非切。

測(测) 深所至也。从水,则声。初侧切。

湍 疾濑也。从水,耑声。他耑切。

淙 水声也。从水,宗声。藏宗切。

激 水碍衺疾波也。从水,敫声。一曰:半遮也。古历切。

361

说文解字

洞　疾流也。从水,同声。徒弄切。

㴒　大波也。从水,㪔声。孚袁切。

洶　涌也。从水,匈声。许拱切。

涌　滕也。从水,甬声。一曰:涌水,在楚国。余陇切。

湁　湁湒,鬻也。从水,拾声。丑入切。

浝　直流也。从水,空声。苦江切,又哭工切。

汋　激水声也。从水,勺声。井一有水,一无水,谓之瀱汋。市若切。

瀱　井一有水,一无水,谓之瀱汋。从水,罽声。居例切。

渾(浑)　混流声也。从水,军声。一曰:洿下貌。户昆切。

洌　水清也。从水,列声。《易》曰:"井洌,寒泉,食。"良薛切。

淑　清湛也。从水,叔声。殊六切。

溶　水盛也。从水,容声。余陇切,又音容。

澂(澄)　清也。从水,徵省声。臣铉等曰:"今俗作澄,非是。"直陵切。

清　朗也。澄水之貌。从水,青声。七情切。

湜　水清底见也。从水,是声。《诗》曰:"湜湜其止。"常职切。

潣　水流浼浼貌。从水,闵声。眉殒切。

滲(渗)　下漉也。从水,参声。所禁切。

潿(涠)　不流浊也。从水,围声。羽非切。

溷　乱也。一曰:水浊貌。从水,圂声。胡困切。

淈　浊也。从水,屈声。一曰:滒泥。一曰:水出貌。古忽切。

淀(漩)　回泉也。从水,旋省声。似沿切。

漼　深也。从水,崔声。《诗》曰:"有漼者渊。"七罪切。

淵(渊)　回水也。从水,象形。左右,岸也。中象水貌。乌玄切。㴊,渊或省水。𤭬,古文从囗、水。

瀰　满也。从水,爾声。奴礼切。

澹　水摇也。从水,詹声。徒滥切。

潯(浔)　旁深也。从水,寻声。徐林切。

泙 谷也。从水，平声。符兵切。

泏 水貌。从水，出声。读若窟。竹律切，又口兀切。

灂 水至也。从水，薦声。读若尊。又在甸切。

潏 土得水沮也。从水，矞声。读若籋。竹隻切。

滿（满）盈溢也。从水，㒼声。莫旱切。

滑 利也。从水，骨声。户八切。

濇（涩）不滑也。从水，啬声。色立切。

澤（泽）光润也。从水，睪声。丈伯切。

淫 侵淫随理也。从水，㸒声。一曰：久雨为淫。余箴切。

瀸 渍也。从水，韱声。《尔雅》曰："泉一见一否为瀸。"子廉切。

泆 水所荡泆也。从水，失声。夷质切。

潰（溃）漏也。从水，贵声。胡对切。

渗 水不利也。从水，参声。《五行传》曰："若其渗作。"郎计切。

淺（浅）不深也。从水，戋声。七衍切。

洔 水暂益，且止，未减也。从水，寺声。直里切。

消 少减也。一曰：水门。又：水出丘前谓之消丘。从水，肖声。息并切。

淖 泥也。从水，卓声。奴教切。

澤 小湿也。从水，翠声。遵诔切。

溽 湿暑也。从水，辱声。而蜀切。

涅 黑土在水中也。从水，从土，日声。奴结切。

滋 益也。从水，兹声。一曰：滋水出牛饮山白陉谷，东入呼沱。子之切。

溜 青黑色。从水，習声。呼骨切。

浥 湿也。从水，邑声。於及切。

沙 水散石也。从水，从少。水少沙见。楚东有沙水。所加切。 ⿱，谭长说：沙或从尐。尐，子结切。

瀨（濑）水流沙上也。从水，赖声。洛带切。

濆(濆) 水厓也。从水,贲声。《诗》曰:"敦彼淮濆。"符分切。

涘 水厓也。从水,矣声。《周书》曰:"王出涘。"床史切。

汻(浒) 水厓也。从水,午声。臣铉等曰:"今作浒,非是。"呼古切。

氿 水厓枯土也。从水,九声。《尔雅》曰:"水醮曰氿。"居洧切。

漘 水厓也。从水,唇声。《诗》曰:"寘河之漘。"常伦切。

浦 濒也。从水,甫声。滂古切。

沚 小渚曰沚。从水,止声。《诗》曰:"于沼于沚。"诸市切。

沸 潭沸,滥泉。从水,弗声。分勿切,又方未切。

潀 小水入大水曰潀。从水,从众。《诗》曰:"凫鹥在潀。"徂红切。

派 别水也。从水,从𠂢,𠂢亦声。匹卖切。

汜 水别复入水也。一曰:汜,穷渎也。从水,巳声。《诗》曰:"江有汜。"详里切。臣铉等案:"前派字音义同,盖或体也。"

溪 溪辟,深水处也。从水,癸声。求癸切。

濘(泞) 荥濘也。从水,宁声。乃定切。

荥(荥) 绝小水也。从水,荧省声。户扃切。

洼 深池也。从水,圭声。一佳切,又於瓜切。

窐 清水也。一曰:𥧑也。从水,窐声。一颖切,又屋瓜切。

潢 积水池。从水,黄声。乎光切。

沼 池水。从水,召声。之少切。

湖 大陂也。从水,胡声。扬州浸,有五湖。浸,川泽所仰以灌溉也。户吴切。

汥 水都也。从水,支声。章移切。

洫 十里为成。成间广八尺,深八尺,谓之洫。从水,血声。《论语》曰:"尽力于沟洫。"况逼切。

沟(沟) 水渎。广四尺,深四尺。从水,冓声。古侯切。

渎(渎) 沟也。从水,卖声。一曰:邑中沟。徒谷切。

渠 水所居。从水,榘省声。强鱼切。

澪 谷也。从水，临声。读若林。一曰：寒也。力寻切。

湄 水艸交为湄。从水，眉声。武悲切。

洐 沟水行也。从水，从行。户庚切。

澗(涧) 山夹水也。从水，间声。一曰：涧水，出弘农新安，东南入洛。古苋切。

澳 隈，厓也。其内曰澳，其外曰隈。从水，奥声。於六切。

滆 夏有水，冬无水，曰滆。从水，学省声。读若学。胡角切。 ，滆或不省。

灘(滩) 水濡而干也。从水，鸏声。《诗》曰："灘其干矣。"呼旰切，又他干切。 ，俗灘，从隹。

汕 鱼游水貌。从水，山声。《诗》曰："蒸然汕汕。"所晏切。

決(决) 行流也。从水，从夬。庐江有决水，出于大别山。古穴切。

灓 漏流也。从水，䜌声。洛官切。

滴 水注也。从水，啇声。都历切。

注 灌也。从水，主声。之戍切。

浂(沃) 溉灌也。从水，芺声。乌鹄切。

潽 所以拥水也。从水，昔声。《汉律》曰：及其门首洒潽。所责切。

滋 埤增水边土。人所止者。从水，筮声。《夏书》曰："过三滋。"时制切。

津 水渡也。从水，聿声。将邻切。 ，古文津，从舟，从淮。

溯 无舟渡河也。从水，朋声。皮冰切。

潢 小津也。从水，横声。一曰：以船渡也。户孟切。

泭 编木以渡也。从水，付声。芳无切。

渡 济也。从水，度声。徒故切。

沿 缘水而下也。从水，㕣声。《春秋传》曰："王沿夏。"与专切。

泝 逆流而上曰泝洄。泝，向也。水欲下，违之而上也。从水，斥声。桑故切。 ，泝或从朔。

洄　泝洄也。从水，从回。户灰切。

泳　潜行水中也。从水，永声。为命切。

潜（潛）涉水也。一曰：藏也。一曰：汉水为潜。从水，朁声。昨盐切。

淦　水入船中也。一曰：泥也。从水，金声。古暗切。㶺，淦或从今。

泛　浮也。从水，乏声。孚梵切。

汓　浮行水上也。从水，从子。古或以汓为没。似由切。㳄，汓或从囚声。

砅　履石渡水也。从水，从石。《诗》曰："深则砅。"力制切。濿，砅或从厉。

湊　水上人所会也。从水，奏声。仓奏切。

湛　没也。从水，甚声。一曰：湛水，豫章浸。宅减切。𤃷，古文。

湮　没也。从水，垔声。于真切。

伮　没也。从水，从人。奴历切。

没　沈也。从水，从𠬛。莫勃切。

渨　没也。从水，畏声。乌恢切。

滃　云气起也。从水，翁声。乌孔切。

泱　滃也。从水，央声。於良切。

淒　云雨起也。从水，妻声。《诗》曰："有渰凄凄。"七稽切。

渰　云雨貌。从水，弇声。衣检切。

溟　小雨溟溟也。从水，冥声。莫经切。

涑　小雨零貌。从水，束声。所责切。

瀑　疾雨也。一曰：沫也。一曰：瀑，资也。从水，暴声。《诗》曰："终风且瀑。"平到切。

澍　时雨，澍生万物。从水，尌声。常句切。

洱　雨下也。从水，耳声。一曰：沸涌貌。姊入切。

濱　久雨涔濱也。一曰：水名。从水，资声。才私切，又即夷切。

潦　雨水大貌。从水，尞声。卢皓切。

濩　雨流霤下。从水，蒦声。胡郭切。

涿　流下滴也。从水，豖声。上谷有涿县。竹角切。𠁿，奇字涿，从日、乙。

瀧(泷)　雨泷泷貌。从水，龙声。力公切。

渿　沛之也。从水，奈声。奴带切。

滈　久雨也。从水，高声。乎老切。

溇(溇)　雨溇溇也。从水，娄声。一曰：汝南谓饮酒习之不醉为溇。力主切。

溦　小雨也。从水，微省声。无非切。

濛　微雨也。从水，蒙声。莫红切。

沈(沉)　陵上滈水也。从水，冘声。一曰：浊黕也。臣铉等曰："今俗别作沉，冗不成字，非是。"直深切，又尸甚切。

沬　雷震沬沬也。从水，再声。作代切。

浛　泥水浛浛也。一曰：缫丝汤也。从水，臽声。胡感切。

涵　水泽多也。从水，函声。《诗》曰："僭始既涵。"胡男切。

渿　渐湿也。从水，執声。人庶切。

瀀　泽多也。从水，忧声。《诗》曰："既瀀既渥。"於求切。

涔　溃也。一曰：涔阳渚，在郢中。从水，岑声。鉏箴切。

渍(渍)　沤也。从水，责声。前智切。

漚(沤)　久渍也。从水，区声。乌候切。

浞　濡也。从水，足声。士角切。

渥　霑也。从水，屋声。於角切。

潅　灌也。从水，隺声。口角切，又公沃切。

洽　霑也。从水，合声。侯夹切。

濃(浓)　露多也。从水，农声。《诗》曰："零露浓浓。"女容切。

瀌　雨雪瀌瀌。从水，麃声。甫娇切。

溓　薄水也。一曰：中绝小水。从水，兼声。力盐切。

泐　水石之理也。从水，从防。《周礼》曰："石有时而泐。"徐锴曰:"言石因其脉理而解裂也。"卢则切。

滞(滞) 凝也。从水,带声。直例切。

汦 著止也。从水,氏声。直尼切。

滰 水裂去也。从水,虢声。古伯切。

澌 水索也。从水,斯声。息移切。

汽 水涸也。或曰:泣下。从水,气声。《诗》曰:"汽可小康。"许讫切。

涸 渴也。从水,固声。读若狐貈之貈。下各切。𣶃,涸亦从水、卤、舟。

消 尽也。从水,肖声。相幺切。

燋 尽也。从水,焦声。子肖切。

渴 尽也。从水,曷声。苦葛切。

漮 水虚也。从水,康声。苦冈切。

溼(湿) 幽湿也。从水;一,所以覆也,覆而有土,故湿也。㬎省声。失入切。

湆 幽湿也。从水,音声。去急切。

洿 浊水不流也。一曰:窊下也。从水,夸声。哀都切。

洝 污也。从水,免声。《诗》曰:"河水洝洝。"《孟子》曰:"汝安能洝我?"武罪切。

汙(污) 薉也。一曰:小池为汙。一曰:涂也。从水,于声。乌故切。

湫 隘下也。一曰:有湫水,在周地。《春秋传》曰:"晏子之宅湫隘。"安定朝那有湫泉。从水,秋声。子了切,又即由切。

润(润) 水曰润下。从水,闰声。如顺切。

準(准) 平也。从水,隼声。之允切。

汀 平也。从水,丁声。他丁切。𨙻,汀或从平。

沑 水吏也。又,温也。从水,丑声。人九切。

濆 水浸也。从水,粪声。《尔雅》曰:"濆,大出尾下。"方问切。

澡 新也。从水,皋声。七罪切。

· 368 ·

瀞(净) 无垢薉也。从水，静声。疾正切。

潎 拭灭貌。从水，敝声。莫达切。

泧 潎泧也。从水，戉声。读若椒樧之樧。又火活切。

洎 灌釜也。从水，自声。其冀切。

湯(汤) 热水也。从水，昜声。土郎切。

渪 汤也。从水，奥声。乃管切。

洝 渪水也。从水，安声。乌旰切。

洏 洝也。一曰：煮孰也。从水，而声。如之切。

涗 财温水也。从水，兑声。《周礼》曰："以涗沤其丝。"输芮切。

涫 𩱛也。从水，官声。酒泉有乐涫县。古丸切。

溚 涫溢也。今河朔方言谓沸溢为溚。从水，沓声。徒合切。

汏 淅灡也。从水，大声。代何切，又徒盖切。

灡 淅也。从水，简声。古限切。

淅 汏米也。从水，析声。先击切。

滰 浚干渍米也。从水，竟声。《孟子》曰："夫子去齐，滰淅而行。"其两切。

溲 浸㳅也。从水，叟声。疏有切。

浚 杼也。从水，夋声。私闰切。

瀝(沥) 浚也。从水，歷声。一曰：水下滴沥。郎击切。

漉 浚也。从水，鹿声。卢谷切。淥，漉或从录。

潘 淅米汁也。一曰：水名，在河南荥阳。从水，番声。普官切。

灡 潘也。从水，兰声。洛干切。

泔 周谓潘曰泔。从水，甘声。古三切。

滫 久泔也。从水，脩声。息流切，又思酒切。

澱(淀) 滓滋也。从水，殿声。堂练切。

淤 淀滓；浊泥。从水，於声。依据切。

滓 淀也。从水，宰声。阻史切。

淰 浊也。从水，念声。乃忝切。

瀹　渍也。从水，龠声。以灼切。

灑　酾酒也。一曰：浚也。从网，从水，焦声。读若《夏书》"天用剿绝"。臣铉等曰："以缯帛漉酒，故从网。"子小切。

㲻　侧出泉也。从水，毂声。毂，籀文磬字。去挺切。

湑　茜酒也。一曰：浚也；一曰：露貌。从水，胥声。《诗》曰："有酒湑我。"又曰："零露湑兮。"私吕切。

湎　沉于酒也。从水，面声。《周书》曰："罔敢湎于酒。"弥兖切。

漿(浆)　酢浆也。从水，将省声。即良切。𤖅，古文浆省。

涼(凉)　薄也。从水，京声。吕张切。

淡　薄味也。从水，炎声。徒敢切。

涒　食已而复吐之。从水，君声。《尔雅》曰："太岁在申曰涒滩。"他昆切。

浇　㳣也。从水，尧声。古尧切。

液　㵎也。从水，夜声。羊益切。

汁　液也。从水，十声。之入切。

㵎　多汁也。从水，哥声。读若哥。古俄切。

灝(灏)　豆汁也。从水，颢声。乎老切。

溢　器满也。从水，益声。夷质切。

洒　涤也。从水，西声。古文为洒埽字。先礼切。

滌(涤)　洒也。从水，条声。徒历切。

𣵠　和也。从水，戢声。阻立切。

瀋(沈)　汁也。从水，审声。《春秋传》曰："犹拾沈。"昌枕切。

浘　饮也。从水，弭声。绵婢切。

漙　饮歃也。一曰：吮也。从水，算声。衫洽切，又先活切。

漱　荡口也。从水，欶声。所右切。

洞　沧也。从水，同声。户裏切。

滄(沧)　寒也。从水，仓声。七冈切。

瀞　冷寒也。从水，靓声。七定切。

370

淬 灭火器也。从水，卒声。七内切。

沐 濯发也。从水，木声。莫卜切。

沬 洒面也。从水，未声。荒内切。𩒹，古文沬，从页。

浴 洒身也。从水，谷声。余蜀切。

澡 洒手也。从水，喿声。子皓切。

洗 洒足也。从水，先声。稣典切。

汲 引水于井也。从水，从及，及亦声。居立切。

淳 渌也。从水，𦎫声。常伦切。

淋 以水渨也。从水，林声。一曰：淋淋，山下水貌。力寻切。

渫 除去也。从水，枼声。私列切。

澣（浣） 濯衣垢也。从水，𦪗声。胡玩切。𣹢，澣或从完。

濯 浣也。从水，翟声。直角切。

涑 浣也。从水，束声。河东有涑水。速侯切。

潎 于水中击絮也。从水，敝声。匹蔽切。

垄 涂也。从水，从土，龙声。读若陇。又亡江切。

灑（洒） 汛也。从水，麗声。山豉切。

汛 洒也。从水，卂声。息晋切。

染 以缯染为色。从水，杂声。徐锴曰："《说文》无杂字。裴光远云：从木，木者，所以染栀茜之属也；从九，九者，染之数也。"未知其审。而琰切。

泰 滑也。从廾，从水，大声。他盖切。臣铉等曰："本音他达切，今《左氏传》作汏辅，非是。"𡘥，古文泰。

澜 海岱之间谓相污曰澜。从水，阎声。余廉切。

灒 污洒也。一曰：水中人。从水，赞声。则旰切。

愁 腹中有水气也。从水，从愁，愁亦声。士尤切。

湩 乳汁也。从水，重声。多贡切。

洟 鼻液也。从水，夷声。他计切。

潸 涕流貌。从水，散省声。《诗》曰："潸焉出涕。"所奸切。

汗 人液也。从水，干声。侯旰切。

泣 无声出涕曰泣。从水,立声。去急切。

涕 泣也。从水,弟声。他礼切。

涑 瀬也。从水,束声。郎甸切。

灦 议罪也。从水,献。与法同意。鱼列切。

渝 变污也。从水,俞声。一曰:"渝水在辽西临俞,东出塞。"羊朱切。

减 损也。从水,咸声。古斩切。

灭(灭) 尽也。从水,威声。亡列切。

漕 水转毂也。一曰:"人之所乘及船也。"从水,曹声。在到切。

泮 诸侯乡射之宫,西南为水,东北为墙。从水,从半,半亦声。普半切。

漏 以铜受水,刻节,昼夜百刻。从水,屚声。卢后切。

澒 丹沙所化,为水银也。从水,项声。呼孔切。

萍 苹也,水艸也。从水、苹,苹亦声。薄经切。

濊 水多貌。从水,岁声。呼会切。

汩 治水也。从水,曰声。于笔切。

文四百六十八　重二十二

瀼 露浓貌。从水,襄声。汝羊切。

漙 露貌。从水,专声。度官切。

汍 泣泪貌。从水,丸声。胡官切。

泯 灭也。从水,民声。武尽切。

濭 沉濭,气也。从水,薿省声。胡介切。

瀘(泸) 水名。从水,卢声。洛乎切。

瀟(潇) 水名。从水,萧声。相邀切。

瀛 水名。从水,嬴声。以成切。

滁 水名。从水,除声。直鱼切。

洺 水名。从水,名声。武并切。

潺 水声。从水,孱声。昨闲切。

湲 潑湲，水声。从水，爰声。王权切。

濤（涛）大波也。从水，寿声。徒刀切。

漵（溆）水浦也。从水，叙声。徐吕切。

港 水派也。从水，巷声。古项切。

瀦（潴）水所亭也。从水，猪声。陟鱼切。

瀰 大水也。从水，爾声。武移切。

淼 大水也。从三水。或作渺。亡沼切。

潔（洁）净也。从水，絜声。古屑切。

浹（浃）洽也，彻也。从水，夹声。子协切。

溘 奄忽也。从水，盍声。口答切。

潠 含水喷也。从水，巽声。稣困切。

涯 水边也。从水，从厓，厓亦声。鱼羁切。

文二十三 新附

说文解字弟十一　上

说文解字弟十一下

汉太尉祭酒　许慎 记
宋右散骑常侍　徐铉等 校定

㱔　部

㱔　二水也。阙。凡㱔之属皆从㱔。之垒切。

㳌（流）　水行也。从㱔、㐬。㐬，突忽也。力求切。䍃，篆文从水。

㴔（涉）　徒行厉水也。从㱔，从步。时摄切。涉，篆文从水。

文三　重二

瀕　部

瀕（濒）　水厓。人所宾附，频蹙不前而止。从页，从涉。凡瀕之属皆从瀕。臣铉等曰："今俗别作水滨，非是。"符真切。

顰（颦）　涉水顰蹙。从频，卑声。符真切。

文二

〈　部

〈（畎）　水小流也。《周礼》："匠人为沟洫，相广五寸，二相为耦，一耦之伐，广尺深尺，谓之〈。"倍〈谓之遂，倍遂曰沟，倍沟曰洫，倍洫曰巜。凡〈之属皆从〈。姑泫切。甽，古文〈，从田，从川。畎，篆文〈，从田，犬声。六畎为一亩。

文一　重二

巜　部

巜（浍）　水流浍浍也。方百里为巜，广二寻，深二仞。凡巜之属皆从巜。古外切。

粦 㷳 水生厓石间㷳㷳也。从巜，舜声。力珍切。

文二

川　部

川 川 贯穿通流水也。《虞书》曰："浚く巜距川。"言深く巜之水会为川也。凡川之属皆从川。昌缘切。

巠 巠 水脉也。从川在一下，一，地也；壬省声。一曰：水冥巠也。古灵切。卺，古文巠不省。

汸 汸 水广也。从川，亡声。《易》曰："包汸用冯河。"呼光切。

惑 惑 水流也。从川，或声。于逼切。

曶 曶 水流也。从川，曰声。于笔切。

巜 巜 水流巜巜也。从川，列省声。臣铉等曰：列字从歹，此疑误。当从歹省。良薛切。

邕 邕 四方有水，自邕城池者。从川，从邑。於容切。㠱，籀文邕。

巜 巜 害也。从一雍川。《春秋传》曰："川雍为泽，凶。"祖才切。

侃 侃 刚直也。从伷，伷，古文信；从川，取其不舍昼夜。《论语》曰："子路侃侃如也。"空旱切。

州 州 水中可居曰州。周绕其旁，从重川。昔尧遭洪水，民居水中高土，或曰九州。《诗》曰："在河之州。"一曰：州，畴也。各畴其土而生之。臣铉等曰："今别作洲，非是。"职流切。州，古文州。

文十　重三

泉　部

泉 泉 水原也。象水流出成川形。凡泉之属皆从泉。疾缘切。

灥 灥 泉水也。从泉，鰲声。读若饭。符万切。

文二

灥　部

灥 灥 三泉也。阙。凡灥之属皆从灥。详遵切。

原 厵(原源) 水泉本也。从灥出厂下。愚袁切。原，篆文从泉。臣铉等曰："今别作源，非是。"

文二　重一

永　部

永 永 长也。象水巠理之长。《诗》曰："江之永矣。"凡永之属皆从永。于憬切。

羕 羕 水长也。从永，羊声。《诗》曰："江之羕矣。"余亮切。

文二

𠂢　部

𠂢 𠂢 水之衺流，别也。从反永。凡𠂢之属皆从𠂢。读若稗县。徐锴曰："永，长流也，反即分𠂢也。"匹卦切。

衇 衇(脉) 血理分衺行体者。从𠂢，从血。莫获切。𦢈，衇或从肉。𧖴，籀文。

覛 覛 衺视也。从𠂢，从见。莫狄切。𧠵，籀文。

文三　重三

谷　部

谷 谷 泉出通川为谷。从水半见，出于口。凡谷之属皆从谷。古禄切。

谿 谿(溪) 山渎无所通者。从谷，奚声。苦兮切。

豁 豁 通谷也。从谷，害声。呼括切。

谬 谬 空谷也。从谷，翏声。洛萧切。

籠 大长谷也。从谷,龙声。读若聋。卢红切。
谼 谷中响也。从谷,厷声。户萌切。
睿 深通川也。从谷,从卢。卢,残地。阬坎意也。《虞书》曰:"睿畎浍距川。"私闰切。𣽍,睿或从水。𥈠,古文睿。
谸 望山谷谸谸青也。从谷,千声。仓绚切。

文八 重二

仌 部

仌 冻也。象水凝之形。凡仌之属皆从仌。笔陵切。
冰(凝) 水坚也。从仌,从水。鱼陵切。 臣铉等曰:"今作笔陵切,以为冰冻之冰。"𩪐,俗冰从疑。
癛(凛) 寒也。从仌,廩声。力稔切。
清 寒也。从仌,青声。七正切。
涷(冻) 仌也。从仌,东声。多贡切。
朕(凌) 仌出也。从仌,朕声。《诗》曰:"纳于朕阴。"力膺切。䔖,朕或从夌。
澌 流仌也。从仌,斯声。息移切。
凋 半伤也。从仌,周声。都僚切。
冬 四时尽也。从仌,从夂。夂,古文终字。都宗切。𠘀,古文冬,从日。
冶 销也。从仌,台声。羊者切。
凔 寒也。从仌,仓声。初亮切。
冷 寒也。从仌,令声。鲁打切。
涵 寒也。从仌,函声。胡男切。
滭 风寒也。从仌,毕声。卑吉切。
冹 一之日滭冹。从仌,犮声。分勿切。
凓 寒也。从仌,栗声。力质切。
瀨 寒也。从仌,赖声。洛带切。

文十七　重三

雨　部

雨　水从云下也。一象天，冂象云，水霝其间也。凡雨之属皆从雨。王矩切。🝱，古文。

靁（雷）阴阳薄动雷雨，生物者也。从雨，畾象回转形。鲁回切。🝱，古文雷。🝱，古文雷。🝱，籀文雷，闲有回；回，雷声也。

霣　雨也。齐人谓靁为霣。从雨，员声。一曰：云转起也。于敏切。🝱，古文霣。

霆　雷余声也铃铃。所以挺出万物。从雨，廷声。特丁切。

霅　霅霅，震电貌。一曰：众言也。从雨，譶省声。丈甲切。

電（电）阴阳激燿也。从雨，从申。堂练切。𩇓，古文电。

震　劈历，振物者。从雨，辰声。《春秋传》曰："震夷伯之庙。"臣铉等曰："今俗别作霹雳，非是。"章刃切。🝱，籀文震。

雪（雪）凝雨，说物者。从雨，彗声。相绝切。

霄　雨䨘为霄。从雨，肖声。齐语也。相邀切。

霰　稷雪也。从雨，散声。稣甸切。𩆵，霰或从见。

雹　雨冰也。从雨，包声。蒲角切。🝱，古文雹。

霝　雨零也。从雨，𠱠象霝形。《诗》曰："霝雨其蒙。"郎丁切。

零　雨零也。从雨，各声。卢各切。

零　余雨也。从雨，令声。郎丁切。

霹　小雨财雺也。从雨，鲜声。读若斯。息移切。

霢　霢霂，小雨也。从雨，脉声。莫获切。

霂　霢霂也。从雨，沐声。莫卜切。

霰　小雨也。从雨，酸声。素官切。

霂　微雨也。从雨，𢆉声。又读若芊。子廉切。

霶　小雨也。从雨，众声。《明堂月令》曰："霶雨。"职戎切。

霃　久阴也。从雨，沈声。直深切。

霖 霡 久雨也。从雨，兼声。力盐切。

霝 霝 久雨也。从雨，函声。胡男切。

霖 霖 雨三日已往。从雨，林声。力寻切。

霂 霂 霖雨也。南阳谓霖，霂。从雨，乑声。银箴切。

霣 霣 雨声。从雨，真声。读若资。即夷切。

雺 雺 雨貌。方语也。从雨，禹声。读若禹。王矩切。

霠 霠 小雨也。从雨，佥声。子廉切。

霑 霑 雨㴲也。从雨，沾声。张廉切。

霂 霂 濡也。从雨，染声。而琰切。

霤 霤 屋水流也。从雨，留声。力救切。

屚 屚 屋穿水下也。从雨，在尸下。尸者，屋也。卢后切。

霸 霸 雨濡革也。从雨，从革。读若膊。匹各切。

霽 霁（霽）雨止也。从雨，齐声。子计切。

霋 霋 霁谓之霋。从雨，妻声。七稽切。

霩 霩 雨止云罢貌。从雨，郭声。臣铉等曰："今别作廓，非是。"苦郭切。

露 露 润泽也。从雨，路声。洛故切。

霜 霜 丧也。成物者。从雨，相声。所庄切。

霚 雾（霧）地气发，天不应。从雨，敄声。臣铉等曰："今俗作务。"亡遇切。
霚，籀文省。

霾 霾 风雨土也。从雨，貍声。《诗》曰："终风且霾。"莫皆切。

霿 霿 天气下，地不应，曰霿。霿，晦也。从雨，瞀声。莫弄切。

霓 霓 屈虹，青赤，或白色，阴气也。从雨，儿声。五鸡切。

霫 霫 寒也。从雨，执声。或曰：早霜。读若《春秋传》"垫阨"。都念切。

雩 雩 夏祭，乐于赤帝，以祈甘雨也。从雨，于声。羽俱切。䨥，或从羽。雩，羽舞也。

需 需 頢也。遇雨不进，止頢也。从雨，而声。《易》曰："云上于天，需。"臣铉等案：李阳冰据《易》"云上于天"云，当从天。然诸本及前作所书皆从而，无有从天者。相俞切。

霏 霏 水音也。从雨，羽声。王矩切。

文四十七　重十一

霞 霞 赤云气也。从雨，叚声。胡加切。
霏 霏 雨雪貌。从雨，非声。芳非切。
霎 霎 小雨也。从雨，妾声。山洽切。
霜 霜 䨴霜，云黑貌。从雨，对声。徒对切。
靄 靄（霭）云貌。从雨，蔼省声。於盖切。

文五新附

雲 部

雲 雲（云）山川气也。从雨，云象云回转形。凡云之属皆从云。王分切。云，古文省雨。𠃔，亦古文云。

霒 霒（阴）云覆日也。从云，今声。於今切。侌，古文或省。𠊻，亦古文黔。

文二　重四

魚 部

魚 魚（鱼）水虫也。象形。鱼尾与燕尾相似。凡鱼之属皆从鱼。语居切。
鱦 鱦 鱼子已生者。从鱼，隋省声。徒果切。𩺡，籀文。
鮞 鮞（鲕）鱼子也。一曰：鱼之美者，东海之鮞。从鱼，而声。读若而。如之切。
魼 魼 鱼也。从鱼，去声。去鱼切。
魶 魶 鱼似鳖，无甲，有尾，无足，口在腹下。从鱼，纳声。奴答切。
鰪 鰪（鳎）虚鰪也。从鱼，匎声。土盍切。
鱒 鱒（鳟）赤目鱼。从鱼，尊声。慈损切。
鰲 鰲 鱼也。从鱼，㢲声。力珍切。
鰫 鰫 鱼也。从鱼，容声。余封切。

鰭 鱼也。从鱼，胥声。相居切。

鮪(鲔) 鮥也。《周礼》："春献王鲔。"从鱼，有声。荣美切。

鮦 鯨也。《周礼》谓之鮦。从鱼，恒声。古恒切。

鯨 鮦鯨也。从鱼，亢声。武登切。

鮥 叔鲔也。从鱼，各声。卢各切。

鰶(鲦) 鱼也。从鱼，系声。臣铉等曰："系非声，疑从孙省。"古本切。

鰥(鳏) 鱼也。从鱼，眔声。李阳冰曰："当从罢省。"古顽切。

鲤(鲤) 鱣也。从鱼，里声。良止切。

鱣(鳣) 鲤也。从鱼，亶声。张连切。鱔，籀文鱣。

鱄 鱼也。从鱼，专声。旨兖切。

鮦(鲖) 鱼名。从鱼，同声。一曰：鳢也。读若绮襱。直陇切。

鑫 鮦也。从鱼，蠡声。卢启切。

鏤 鱼名。一名鲤。一名鳒。从鱼，娄声。洛侯切。

鳒(鳒) 鱼名。从鱼，兼声。古甜切。

鯈 鱼名。从鱼，攸声。直由切。

魱 鱼名。从鱼，豆声。天口切。

鯾(鳊) 鱼名。从鱼，便声。房连切。鯿，鯾又从扁。

魴(鲂) 赤尾鱼。从鱼，方声。符方切。鰟，魴或从旁。

鱮 鱼名。从鱼，与声。徐吕切。

鰱(鲢) 鱼名。从鱼，连声。力延切。

鮍(鲅) 鱼名。从鱼，皮声。敷羁切。

鮍 鱼名。从鱼，幼声。读若幽。於纠切。

鮒(鲋) 鱼名。从鱼，付声。符遇切。

鯹 鱼名。从鱼，巠声。仇成切。

鰭 鱼名。从鱼，脊声。资昔切。

鱺(鲡) 鱼名。从鱼，麗声。郎兮切。

鰻(鳗) 鱼名。从鱼，曼声。母官切。

鱯(鳠) 鱼名。从鱼，蒦声。胡化切。

说文解字

魾　大鳠也。其小者名魠。从鱼，丕声。敷悲切。

鳢（鱧）　鳠也。从鱼，豊声。卢启切。

鮥　鳢也。从鱼，果声。胡瓦切。

鲿（鱨）　扬也。从鱼，尝声。市羊切。

鱏　鱼名。从鱼，覃声。传曰："伯牙鼓琴，鱏鱼出听。"余箴切。

鲵（鯢）　剌鱼也。从鱼，兒声。五鸡切。

鳛（鰼）　鳅也。从鱼，习声。似入切。

鳅（鰍）　鳛也。从鱼，酋声。七由切。

鲩（鯇）　鱼名。从鱼，完声。户版切。

魩　哆口鱼也。从鱼，乇声。他各切。

鮆（鱭）　饮而不食，刀鱼也。九江有之。从鱼，此声。徂礼切。

鮀（鮀）　鮎也。从鱼，它声。徒何切。

鮎（鮎）　鯷也。从鱼，占声。奴兼切。

鰋　鮀也。从鱼，晏声。於幰切。鰋，鰋或从匽。

鮷　大鮎也。从鱼，弟声。杜兮切。

鱡　鱼名。从鱼，赖声。洛带切。

鳛　鱼名。从鱼，晋声。鉏箴切。

鶲　鱼名。从鱼，翁声。乌红切。

鮨　鱼名。从鱼，旨声。尸瞘切。

鳜（鱖）　鱼名。从鱼，厥声。居卫切。

鲰（鯫）　白鱼也。从鱼，取声。士垢切。

鲜（鱓）　鱼名。皮可为鼓。从鱼，单声。常演切。

鮸（鮸）　鱼名。出薉邪头国。从鱼，免声。亡辨切。

魵　鱼名。出薉邪头国。从鱼，分声。符分切。

鳑　鱼名。出乐浪潘国。从鱼，房声。郎古切。

鰸　鱼名。状似虾，无足，长寸，大如叉股，出辽东。从鱼，区声。岂俱切。

鯜　鱼名。出乐浪潘国。从鱼，妾声。七接切。

鮁 鱼名。出乐浪潘国。从鱼，市声。博盖切。

魶 鱼名。出乐浪潘国。从鱼，匊声。一曰：魶鱼，出江东，有两乳。居六切。

魦（鲨）鱼名。出乐浪潘国。从鱼，沙省声。所加切。

鱳 鱼名。出乐浪潘国。从鱼，乐声。卢谷切。

鲜（鲜）鱼名。出貉国。从鱼，羴省声。相然切。

鰅 鱼名。皮有文，出乐浪东暆。神爵四年，初捕收输考工。周成王时，扬州献鰅。从鱼，禺声。鱼容切。

鱅（鳙）鱼名。从鱼，庸声。蜀容切。

鰂（鲗）乌鰂，鱼名。从鱼，则声。昨则切。鯽，鰂或从即。

鮐（鲐）海鱼名。从鱼，台声。徒哀切。

鮊（鲌）海鱼名。从鱼，白声。旁陌切。

鰒 海鱼名。从鱼，复声。蒲角切。

鲛（鲛）海鱼。皮可饰刀。从鱼，交声。古肴切。

鱷（鲸）海大鱼也。从鱼，畺声。《春秋传》曰："取其鱷鯢。"渠京切。鯨，鱷或从京。

鯁（鲠）鱼骨也。从鱼，更声。古杏切。

鳞（鳞）鱼甲也。从鱼，粦声。力珍切。

鮏 鱼臭也。从鱼，生声。臣铉等曰："今俗作鯹。"桑经切。

鰢 鮏臭也。从鱼，喿声。《周礼》曰："膳膏鰢。"稣遭切。

鮨 鱼賠酱也。出蜀中。从鱼，旨声。一曰：鮪鱼名。旨夷切。

鮺（鲝）藏鱼也。南方谓之魿，北方谓之鮺。从鱼，差省声。侧下切。

魿 鮺也。一曰：大鱼为鮺，小鱼为魿。从鱼，今声。徂惨切。

鮑（鲍）饐鱼也。从鱼，包声。薄巧切。

魿 虫连行纡行者。从鱼，令声。郎丁切。

鰕 魵也。从鱼，叚声。乎加切。

鰝 大鰕也。从鱼，高声。胡到切。

鮔 当互也。从鱼，久声。其久切。

魧 大贝也。一曰：鱼膏。从鱼，亢声。读若冈。古郎切。
魶 蚌也。从鱼，丙声。兵永切。
鮚（鲒） 蚌也。从鱼，吉声。汉律：会稽郡献鮚酱。巨乙切。
魮 鱼名。从鱼，必声。毗必切。
鱹 鱼名。从鱼，瞿声。九遇切。
鯸 鱼名。从鱼，侯声。乎钩切。
鯛（鲷） 骨耑胁也。从鱼，周声。都僚切。
鯙 烝然鯙鯙。从鱼，卓声。都教切。
鮁（鲅） 鱣鲔鮁鮁。从鱼，犮声。北末切。
鈇 鯕鱼。出东莱。从鱼，夫声。甫无切。
鯕（鲯） 鱼名。从鱼，其声。渠之切。
鮡（鲯） 鱼名。从鱼，兆声。治小切。
魠 鱼名。从鱼，七声。呼跨切。
鱻 新鱼精也。从三鱼。不变鱼。徐锴曰："三，众也。众而不变，是鱻也。"相然切。

文一百三　重七

鰈（鲽） 比目鱼也。从鱼，枼声。土盍切。
魮 文魮，鱼名。从鱼，比声。房脂切。
鳐（鳐） 文鳐，鱼名。从鱼，䍃声。余招切。

文三 新附

鱻　部

鱻 二鱼也。凡鱻之属皆从鱻。语居切。
瀺（渔） 捕鱼也。从鱻，从水。语居切。 𩼼，篆文瀺，从鱼。

文二　重一

燕　部

燕 玄鸟也。籋口，布翅，枝尾。象形。凡燕之属皆从燕。於甸切。

文一

龍 部

龍(龙) 鳞虫之长，能幽能明，能细能巨，能短能长，春分而登天，秋分而潜渊。从肉飞之形，童省声。臣铉等曰："象宛转飞动之貌。"凡龙之属皆从龙。力钟切。

龗 龙也。从龙，霝声。郎丁切。

龕(龛) 龙貌。从龙，合声。口含切。

龖 龙耆脊上龖龖。从龙，开声。古贤切。

龘 飞龙也。从二龙。读若沓。徒合切。

文五

飛 部

飛(飞) 鸟翥也。象形。凡飞之属皆从飞。甫微切。

飜(翼) 翅也。从飞，异声。与职切。翼，篆文飜，从羽。

文二 重一

非 部

非 违也。从飞下翄，取其相背。凡非之属皆从非。甫微切。

剕 别也。从非，己声。非尾切。

靡 披靡也。从非，麻声。文彼切。

靠 相违也。从非，告声。苦到切。

陛 牢也。所以拘非也。从非，陛省声。边兮切。

文五

卂 部

卂 疾飞也。从飞而羽不见。凡卂之属皆从卂。息晋切。

巹(莹) 回疾也。从卂，营省声。渠营切。

文二

说文解字弟十一 下

说文解字弟十二上

汉太尉祭酒　许慎 记
宋右散骑常侍　徐铉等 校定

三十六部　七百七十九文　重八十四　凡九千二百三字
　　　　文三十 新附

乙　部

乙　玄鸟也。齐鲁谓之乙，取其鸣自呼。象形。凡乙之属皆从乙。徐锴曰："此与甲乙之乙相类，其形举首下曲，与甲乙字少异。"乌辖切。𪓌，乙或从鸟。

孔　通也。从乙，从子。乙，请子之候鸟也。乙至而得子，嘉美之也。古人名嘉，字子孔。康董切。

乳　人及鸟生子曰乳，兽曰产。从孚，从乙。乙者，玄鸟也。《明堂月令》："玄鸟至之日，祠于高禖，以请子。"故乳从乙。请子必以乙至之日者，乙，春分来，秋分去，开生之候鸟，帝少昊司分之官也。而主切。

文三　重一

不　部

不　鸟飞上翔不下来也。从一，一犹天也。象形。凡不之属皆从不。方久切。

否　不也。从口，从不，不亦声。徐锴曰："不可之意见于言，故从口。"方久切。

文二

至　部

- 至　鸟飞从高下至地也。从一，一犹地也。象形。不，上去；而至，下来也。凡至之属皆从至。脂利切。𡊏，古文至。
- 到　至也。从至，刀声。都悼切。
- 臻　至也。从至，秦声。侧诜切。
- 臸　忿戾也。从至，至而复逊。逊，遁也。《周书》曰："有夏氏之民叨臸。"臸，读若挚。丑利切。
- 臺(台)　观，四方而高者。从至，从之，从高省。与室、屋同意。徒哀切。
- 臷　到也。从二至。人质切。

文六　重一

西　部

- 西　鸟在巢上。象形。日在西方而鸟栖，故因以为东西之西。凡西之属皆从西。先稽切。棲，西或从木、妻。卤，古文西。㢴，籀文西。
- 㓻　姓也。从西，圭声。户圭切。

文二　重三

卤　部

- 卤(卤)　西方咸地也。从西省，象盐形。安定有卤县。东方谓之㡿，西方谓之卤。凡卤之属皆从卤。郎古切。
- 𪉟　咸也。从卤，差省声。河内谓之𪉟，沛人言若虘。昨河切。
- 鹹(咸)　衔也。北方味也，从卤，咸声。胡毚切。

文三

鹽　部

鹽(盐)　咸也。从卤，监声。古者，宿沙初作煮海盐。凡盐之属皆从盐。余廉切。

盬　河东盐池，袤五十一里，广七里，周百十六里。从盐省，古声。公户切。

鹼(碱)　卤也。从盐省，佥声。鱼欠切。

文三

户　部

户　护也。半门曰户。象形。凡户之属皆从户。侯古切。戽，古文户，从木。

扉　户扇也。从户，非声。甫微切。

扇　扉也。从户，从羽声。式战切。

房　室在旁也。从户，方声。符方切。

戾　辌车旁推户也。从户，大声。读与釱同。徒盖切。

戹　陋也。从户，乙声。於革切。

肁　始开也。从户，从聿。臣铉等曰："聿者，始也。"治矫切。

扆　户牖之间谓之扆。从户，衣声。於岂切。

扃　闭也。从户，劫省声。口盍切。

扃　外闭之关也。从户，冋声。古荧切。

文十　重一

門　部

門(门)　闻也。从二户。象形。凡门之属皆从门。莫奔切。

閶(阊)　天门也。从门，昌声。楚人名门曰阊阖。尺量切。

闈(闱)　宫中之门也。从门，韦声。羽非切。

閻 閻谓之樀。樀,庙门也。从门,詹声。余廉切。

閎(闳) 巷门也。从门,厷声。户萌切。

閨(闺) 特立之户,上圜下方,有似圭。从门,圭声。古携切。

閤 门旁户也。从门,合声。古沓切。

閣(阁) 楼上户也。从门,曷声。徒盍切。

閈 门也。从门,干声。汝南平舆里门曰閈。侯旰切。

閭(闾) 里门也。从门,吕声。《周礼》:"五家为比,五比为闾。"闾,侣也,二十五家相群侣也。力居切。

閣(阁) 里中门也。从门,名声。余廉切。𨺅,阁或从土。

闠 市外门也。从门,贵声。胡对切。

闉(闉) 城内重门也。从门,垔声。《诗》曰:"出其闉阇。"於真切。

闍(阇) 闉阇也。从门,者声。当孤切。

闕(阙) 门观也。从门,欮声。去月切。

閞 门欘枑也。从门,弁声。皮变切。

閛 门扇也。从门,介声。胡介切。

闔(阖) 门扇也。一曰:闭也。从门,盍声。胡腊切。

闑(闑) 门梱也。从门,臬声。鱼列切。

閾(阈) 门榍也。从门,或声。《论语》曰:"行不履阈。"于逼切。𨷲,古文阈,从洫。

閬(阆) 门高也。从门,良声。巴郡有阆中县。来宕切。

闢(辟) 开也。从门,辟声。房益切。𨷸,《虞书》曰:"闢四门。"从门,从廾。

闈 辟门也。从门,为声。《国语》曰:"闈门而与之言。"韦委切。

闡(阐) 开也。从门,单声。《易》曰:"阐幽。"昌善切。

開(开) 张也。从门,从开。苦哀切。𨳔,古文。

闓(闿) 开也。从门,岂声。苦亥切。

閜 大开也。从门,可声。大杯亦为閜。火下切。

開(闸) 开闭门也。从门,甲声。乌甲切。

· 390 ·

说文解字弟十二上

閟 闭门也。从门，必声。《春秋传》曰："閟门而与之言。"兵媚切。

閣(阁) 所以止扉也。从门，各声。古洛切。

閒(间) 隙也。从门，从月。徐锴曰："夫门夜闭，闭而见月光，是有间隙也。"古闲切。𢇮，古文间。

閜 门倾也。从门，阿声。乌可切。

閼(阏) 遮拥也。从门，於声。乌割切。

闗 开闭门利也。从门，繇声。一曰：缕十纮也。臣铉等曰："繇非声，未详。"旨沇切。

閼 门声也。从门，曷声。乙辖切。

鬬 门响也。从门，乡声。许亮切。

闌(阑) 门遮也。从门，柬声。洛干切。

閑(闲) 阑也。从门中有木。户间切。

閉(闭) 阖门也。从门；才，所以歫门也。博计切。

閡(阂) 外闭也。从门，亥声。五溉切。

闇 闭门也。从门，音声。乌绀切。

關(关) 以木横持门户也。从门，䇂声。古还切。

闟 关下牡也。从门，龠声。以灼切。

闐(阗) 盛貌。从门，真声。待年切。

闛 闛闛，盛貌。从门，堂声。徒郎切。

閹(阉) 竖也。宫中奄阍闭门者。从门，奄声。英廉切。

閽(阍) 常以昏闭门隶也。从门，从昏，昏亦声。呼昆切。

闚 闪也。从门，规声。去隓切。

闌 妄入宫掖也。从门，䜌声。读若阑。洛干切。

丙 登也。从门、二。二，古文下字。读若军敶之敶。臣铉等曰："下言自下而登上也，故从下。《商书》曰：'若升高必自下。'"直刃切。

閃(闪) 闚头门中也。从人在门中。失冉切。

閱(阅) 具数于门中也。从门，说省声。弋雪切。

閴(阒) 事已闭门也。从门，癸声。倾雪切。

闞(阚) 望也。从门，敢声。苦滥切。

闊(阔) 疏也。从门，活声。苦括切。

閔(闵) 吊者在门也。从门，文声。臣铉等曰："今别作悯，非是。"眉殒切。
𢨔，古文闵。

闖 马出门貌。从马在门中。读若郴。丑禁切。

文五十七　重六

闤 市垣也。从门，睘声。户关切。

闥(闼) 门也。从门，达声。他达切。

閬 閬閬，高门也。从门，亢声。苦浪切。

閥(阀) 阀阅，自序也。从门，伐声。义当通用伐。房越切。

闚(阋) 静也。从门，臭声。臣铉等案："《易》：'窥其户，阋其无人。'窥，小视也。臭，大张目也。言始小视之，虽大张目亦不见人也，义当只用臭字。"苦臭切。

文五新附

耳　部

耳 主听也。象形。凡耳之属皆从耳。而止切。

耴 耳垂也。从耳下垂。象形。《春秋传》曰："秦公子辄者，其耳下垂，故以为名。"陟叶切。

𦕃 小垂耳也。从耳，占声。丁兼切。

耽 耳大垂也。从耳，尤声。《诗》曰："士之耽兮。"丁含切。

聃(聃) 耳曼也。从耳，冄声。他甘切。𦕅，聃或从甘。

瞻 垂耳也。从耳，詹声。南方瞻耳之国。都甘切。

耿 耳箸颊也。从耳，烓省声。杜林说：耿，光也，从光，圣省。凡字皆左形右声，杜林非也。徐锴曰："凡字多右形左声，此说或后人所加，或传写之误。"古杏切。

聯(联) 连也。从耳，耳连于颊也；从丝，丝连不绝也。力延切。

聊 耳鸣也。从耳，卯声。洛萧切。

聖(圣) 通也。从耳，呈声。式正切。

聰(聪) 察也。从耳，忩声。仓红切。

聽(听) 聆也。从耳、悳，壬声。他定切。

聆 听也。从耳，令声。郎丁切。

職(职) 记微也。从耳，戠声。之弋切。

聒 欢语也。从耳，昏声。古活切。

聥 张耳有所闻也。从耳，禹声。王矩切。

聲(声) 音也。从耳，殸声。殸，籀文磬。书盈切。

聞(闻) 知闻也。从耳，门声。无分切。𦗁，古文从昏。

聘 访也。从耳，甹声。匹正切。

聾(聋) 无闻也。从耳，龙声。卢红切。

聳(耸) 生而聋曰聳。从耳，從省声。息拱切。

聤 益梁之州谓聋为聤，秦晋听而不闻、闻而不达，谓之聤。从耳，宰声。作亥切。

聵(聩) 聋也。从耳，贵声。五怪切。䏶，聩或从𣆪。臣铉等曰："当从蔽省，义见蔽字注。"

𦕅 无知意也。从耳，出声。读若孽。五滑切。

𦕊 吴楚之外，凡无耳者谓之𦕊。言若断耳为盟。从耳，阒声。五滑切。

聅 军法以矢贯耳也。从耳，从矢。《司马法》曰："小罪，聅；中罪，刖；大罪，刭。"耻列切。

聝 军战断耳也。《春秋传》曰："以为俘聝。"从耳，或声。古获切。馘，聝或从首。

𦖋 堕耳也。从耳，月声。鱼厥切。

𦗁 乘舆金马耳也。从耳，麻声。读若渭水。一曰：若《月令》靡草之靡。亡彼切。

聆 《国语》曰："回禄信于聆遂。"阙。巨今切。

聑 安也。从二耳。丁帖切。

聶（聂） 附耳私小语也。从三耳。尼辄切。

文三十二 重四

聱 不听也。从耳,敖声。五交切。

文一新附

臣　部

臣（颐） 颐也。象形。凡臣之属皆从臣。与之切。𦣞,篆文臣。𦣝,籀文从首。

𦣞 广臣也。从臣,巳声。与之切。𠙻,古文𦣞,从户。臣铉等曰:"今俗作床史切,以为阶戺之戺。"

文二　重三

手　部

手 拳也。象形。凡手之属皆从手。书九切。𠂇,古文手。

掌 手中也。从手,尚声。诸两切。

拇 将指也。从手,母声。莫厚切。

指 手指也。从手,旨声。职雉切。

拳 手也。从手,𢍏声。巨员切。

挙 手挙也。杨雄曰:挙,握也。从手,𠬪声。乌贯切。

攕 好手貌。《诗》曰:"攕攕女手。"从手,韱声。所咸切。

掣 人臂貌。从手,削声。《周礼》曰:"辐欲其掣。"徐锴曰:"人臂梢长纤好也。所角切。"

摳 繑也。一曰:摳衣升堂。从手,区声。口侯切。

攘 摳衣也。从手,襄声。去虔切。

揖 举手下手也。从手,壹声。於计切。

揖 攘也。从手,咠声。一曰:手著胸曰揖。伊入切。

攘 推也。从手,襄声。汝羊切。

拱 敛手也。从手,共声。居竦切。

394

说文解字弟十二上

- 撿(捡) 拱也。从手,佥声。良冉切。
- 捧(拜) 首至地也。从手,𡴀。𡴀音忽。徐锴曰:"𡴀,进趣之疾也,故拜从之。"博怪切。𢪙,杨雄说:拜从两手下。𠦬,古文拜。
- 捾 搯捾也。从手,官声。一曰:援也。乌括切。
- 搯 捾也。从手,舀声。《周书》曰:"师乃搯。"搯者,拔兵刃以习击刺。《诗》曰:"左旋右搯。"土刀切。
- 挚 拥也。从手,巩声。居竦切。臣铉等案:"𠬝部有𠬪,与巩同,此重出。"
- 推 排也。从手,隹声。他回切。
- 捘 推也。从手,夋声。《春秋传》曰:"捘卫侯之手。"子寸切。
- 排 挤也。从手,非声。步皆切。
- 擠(挤) 排也。从手,齐声。子计切。
- 抵 挤也。从手,氐声。丁礼切。
- 摧 挤也。从手,崔声。一曰:挏也。一曰:折也。昨回切。
- 拉 摧也。从手,立声。卢合切。
- 挫 摧也。从手,坐声。则卧切。
- 扶 左也。从手,夫声。防无切。𢱿,古文扶。
- 将 扶也。从手,丬声。七良切。
- 持 握也。从手,寺声。直之切。
- 挈 县持也。从手,㓞声。苦结切。
- 拑 胁持也。从手,甘声。巨淹切。
- 摕 阅持也。从手,葉声。今折切。
- 挚(挚) 握持也。从手,从执。脂利切。
- 操 把持也。从手,喿声。七刀切。
- 攫(掬) 爪持也。从手,瞿声。臣铉等曰:"今俗别作掬,非是。"居玉切。
- 捦 急持衣裣也。从手,金声。巨今切。𢴦,捦或从禁。
- 搏 索持也。一曰:至也。从手,尃声。补各切。
- 據(据) 杖持也。从手,豦声。居御切。

说文解字

攝(摄) 引持也。从手,聂声。书涉切。

挦 并持也。从手,卄声。他含切。

拑 扪持也。从手,布声。普胡切。

挟(挟) 俾持也。从手,夹声。胡颊切。

捫(扪) 抚持也。从手,门声。《诗》曰:"莫扪朕舌。"莫奔切。

擥 撮持也。从手,监声。卢敢切。

攏 理持也。从手,鼠声。良涉切。

握 搤持也。从手,屋声。於角切。叝,古文握。

撢(掸) 提持也。从手,单声。读若行迟驒驒。徒旱切。

把 握也。从手,巴声。搏下切。

搹 把也。从手,鬲声。於革切。扼,搹或从厄。

拏(拿) 牵引也。从手,奴声。女加切。

攜(携) 提也。从手,嶲声。户圭切。

提 挈也。从手,是声。杜兮切。

抧 拈也。从手,耴声。丁悏切。

拈 抧也。从手,占声。奴兼切。

摛 舒也。从手,离声。丑知切。

捨(舍) 释也。从手,舍声。书冶切。

擫 一指按也。从手,厌声。於协切。

按 下也。从手,安声。乌旰切。

控 引也。从手,空声。《诗》曰:"控于大邦。"匈奴名引弓控弦。苦贡切。

揗 摩也。从手,盾声。食尹切。

掾 缘也。从手,彖声。以绢切。

拍(拍) 拊也。从手,百声。普百切。

拊 揗也。从手,付声。芳武切。

捪 把也。今盐官入水取盐为掊。从手,音声。父沟切。

捋 取易也。从手,寽声。郎括切。

撩 理也。从手，尞声。洛萧切。
措 置也。从手，昔声。仓故切。
插 刺肉也。从手，从臿。楚洽切。
掄(抡) 择也。从手，仑声。卢昆切。
擇(择) 柬选也。从手，睪声。丈伯切。
捉 搤也。从手，足声。一曰：握也。侧角切。
搤 捉也。从手，益声。於革切。
挻 长也。从手，从延，延亦声。式连切。
揃 搣也。从手，前声。即浅切。
搣 批也。从手，威声。亡列切。
批 捽也。从手，此声。侧氏切。
㧊 捽也。从手，即声。魏郡有㧊裴，侯国。子力切。
捽 持头发也。从手，卒声。昨没切。
撮 四圭也。一曰：两指撮也。从手，最声。仓括切。
鞠 撮也。从手，簕省声。居六切。
撺 撮取也。从手，带声。读若《诗》曰"螮蝀在东"。都计切。㩅，撺或从折，从示。两手急持人也。
抙 引取也。从手，孚声。步侯切。㕻，抙或从包。臣铉等曰："今作薄报切，以为褒襃字，非是。"
揜 自关以东谓取曰揜。一曰：覆也。从手，弇声。衣检切。
授 予也。从手，从受，受亦声。殖酉切。
承 奉也，受也。从手，从卩，从廾。臣铉等曰："谨节其事，承奉之义也，故从卩。"署陵切。
挋 给也。从手，臣声。一曰：约也。章刃切。
摼 拭也。从手，堇声。居焮切。
攩 朋群也。从手，党声。多朗切。
接 交也。从手，妾声。子叶切。
扜 撞也。从手，市声。普活切。

397

捅 拥引也。汉有捅马官,作马酒。从手,同声。徒总切。

招 手呼也。从手、召。止摇切。

抚(抚) 安也。从手,無声。一曰:循也。芳武切。捦,古文从乇、亡。

㨉 抚也。从手,昏声。一曰:摹也。武巾切。

揣 量也。从手,耑声。度高曰揣。一曰:捶之。徐锴曰:"此字与耑声不相近,如喘、遄之类,皆当从瑞省。"初委切。

抧 开也。从手,只声。读若抵掌之抵。诸氏切。

掼 习也。从手,贯声。《春秋传》曰:"掼渎鬼神。"古患切。

投 擿也。从手,从殳。度侯切。

擿 搔也。从手,適声。一曰:投也。直隻切。

搔 括也。从手,蚤声。穌遭切。

扴 刮也。从手,介声。古黠切。

摽 击也。从手,票声。一曰:挈门壯也。符少切。

挑 挠也。从手,兆声。一曰:操也。《国语》曰:"却至挑天。"土凋切。

抉 挑也。从手,夬声。於说切。

挠(挠) 扰也。从手,尧声。一曰:捄也。奴巧切。

攖 烦也。从手,嬰声。而沼切。

挶 戟持也。从手,局声。居玉切。

据 戟挶也。从手,居声。九鱼切。

搹 刮也。从手,葛声。一曰:挞也。口八切。

摘 拓果树实也。从手,啇声。一曰:指近之也。臣铉等曰:"当从適省乃得声。"他历切,又竹厄切。

揭 擖也。从手,害声。胡秸切。

摲 暂也。从手,斩声。昨甘切。

拹 折也。从手,劦声。一曰:拉也。虚业切。

摺 败也。从手,习声。之涉切。

擎 束也。从手,秋声。《诗》曰:"百禄是擎。"即由切。

㩛 㩛（搂） 曳聚也。从手，娄声。洛侯切。

抎 抎 有所失也。《春秋传》曰："抎子，辱矣。"从手，云声。于敏切。

披 披 从旁持曰披。从手，皮声。敷羁切。

挈 挈 引纵曰挈。从手，瘛省声。尺制切。

㧗 㧗 积也。《诗》曰："助我举㧗。摵颊旁也。从手，此声。前智切。

掉 掉 摇也。从手，卓声。《春秋传》曰："尾大不掉。"徒吊切。

摇 摇 动也。从手，䍃声。余招切。

搈 搈 动搈也。从手，容声。余陇切。

㨂 㨂 当也。从手，贰声。直异切。

揂 揂 聚也。从手，酋声。即由切。

掔 掔 固也。从手，臤声。读若《诗》"赤舄掔掔"。臣铉等曰："今别作铿，非是。"苦闲切。

捀 捀 奉也。从手，夆声。敷容切。

舉 舉 对举也。从手，與声。以诸切。

扬 扬（扬） 飞举也。从手，易声。与章切。𢒬，古文。

舉 舉（举） 对举也。从手，与声。居许切。

掀 掀 举出也。从手，欣声。《春秋传》曰："掀公出于淖。"虚言切。

揭 揭 高举也。从手，曷声。去例切，又基竭切。

抍 抍（拯） 上举也。从手，升声。《易》曰："抍马，壮，吉。"蒸上声。撜，抍或从登。臣铉等曰："今俗别作拯，非是。"

振 振 举救也。从手，辰声。一曰：奋也。章刃切。

扛 扛 横关对举也。从手，工声。古双切。

扮 扮 握也。从手，分声。读若粉。房吻切。

撟 撟 举手也。从手，乔声。一曰：撟，擅也。居少切。

捎 捎 自关以西，凡取物之上者为挢捎。从手，肖声。所交切。

擁 擁（拥） 抱也。从手，雍声。於陇切。

擩 擩 染也。从手，需声。《周礼》："六曰擩祭。"而主切。

揄 揄 引也。从手，俞声。羊朱切。

399

擊 擊攗,不正也。从手,般声。薄官切。

攗 擊攗也。一曰:布攗也。一曰:握也。从手,蔓声。一虢切。

捬 拊手也。从手,弁声。皮变切。

擅 专也。从手,亶声。时战切。

揆 葵也。从手,癸声。求癸切。

擬(拟) 度也。从手,疑声。鱼已切。

損(损) 减也。从手,员声。稣本切。

失 纵也。从手,乙声。式质切。

捝 解捝也。从手,兑声。他括切。

撥(拨) 治也。从手,發声。北末切。

挹 抒也。从手,邑声。於汲切。

抒 挹也。从手,予声。神与切。

担 挹也。从手,且声。读若樝梨之樝。侧加切。

攫 扟也。从手,矍声。居缚切。

扟 从上挹也。从手,卂声。读若莘。所臻切。

拓(摭) 拾也。陈宋语。从手,石声。之石切。摭,拓或从庶。

攗 拾也。从手,麋声。居运切。

拾 掇也。从手,合声。是执切。

掇 拾取也。从手,叕声。都括切。

擐 贯也。从手,睘声。《春秋传》曰:"擐甲执兵。"胡惯切。

拒 引急也。从手,恒声。古恒切。

掮 蹴引也。从手,宿声。所六切。

揵 相援也。从手,虔声。巨言切。

援 引也。从手,爰声。雨元切。

擂(抽) 引也。从手,留声。敕鸠切。抽,擂或从由。擎,擂或从秀。

擢 引也。从手,翟声。直角切。

拔 擢也。从手,犮声。蒲八切。

揜 拔也。从手,匽声。乌黠切。

捣 擣(捣) 手推也。一曰：筑也。从手，𠷎声。都皓切。

挛 攣(挛) 系也。从手，䜌声。吕员切。

挺 挺 拔也。从手，廷声。徒鼎切。

搴 搴 拔取也。南楚语。从手，寒声。《楚词》曰："朝搴批之木兰。"九輦切。

探 探 远取之也。从手，罙声。他含切。

撢 撢 探也。从手，覃声。他绀切。

捼 捼 推也。从手，委声。一曰：两手相切摩也。臣铉等曰："今俗作挼，非是。"奴禾切。

撆 撆 别也。一曰：击也。从手，敝声。芳灭切。

撼 撼 摇也。从手，咸声。臣铉等曰："今别作撼，非是。"胡感切。

搦 搦 按也。从手，弱声。尼革切。

掎 掎 偏引也。从手，奇声。居绮切。

挥 揮(挥) 奋也。从手，军声。许归切。

摩 摩 研也。从手，麻声。莫婆切。

批 批 反手击也。从手，𠤎声。匹齐切。

搅 攪(搅) 乱也。从手，觉声。《诗》曰："只搅我心。"古巧切。

搑 搑 推捣也。从手，茸声。而陇切。

撞 撞 丮捣也。从手，童声。宅江切。

捆 捆 就也。从手，因声。於真切。

扔 扔 因也。从手，乃声。如乘切。

括 括 絜也。从手，昏声。古活切。

拘 拘 拘挐也。从手，可声。《周书》曰："尽执拘。"虎何切。

擘 擘 扴也。从手，辟声。博戹切。

撝 撝(㧑) 裂也。从手，为声。一曰：手指也。许归切。

捇 捇 裂也。从手，赤声。呼麦切。

扐 扐 《易》筮，再扐而后卦。从手，力声。卢则切。

技 技 巧也。从手，支声。渠绮切。

摹 规也。从手，莫声。莫胡切。

拙 不巧也。从手，出声。职说切。

揸 缝指揸。一曰：韬也。从手，沓声。读若眔。徒合切。

搏(抟) 圜也。从手，专声。度官切。

搰 手推之也。从手，圂声。户骨切。

捄 盛土于梩中也。一曰：扰也。《诗》曰："捄之陾陾。"从手，求声。举朱切。

拮 手口共有所作也。从手，吉声。《诗》曰："予手拮据。"古屑切。

捐 掘也。从手，骨声。户骨切。

掘 捐也。从手，屈声。衢勿切。

掩 敛也。小上曰掩。从手，奄声。衣检切。

摡 涤也。从手，既声。《诗》曰："摡之釜鬵。"古代切。

揟 取水沮也。从手，胥声。武威有揟次县。相居切。

播 种也。一曰：布也。从手，番声。补过切。敽，古文播。

挃 获禾声也。从手，至声。《诗》曰："获之挃挃。"陟栗切。

撠 刺也。从手，致声。一曰：刺之财至也。陟利切。

扤 动也。从手，兀声。五忽切。

捌 折也。从手，月声。鱼厥切。

摎 缚杀也。从手，翏声。居求切。

撻(挞) 乡饮酒，罚不敬，挞其背。从手，达声。他达切。𦔞，古文挞。《周书》曰："遽以记之。"

㧫 止马也。从手，夌声。里甑切。

抨 弹也。从手，平声。普耕切。

捲 气势也。从手，卷声。《国语》曰："有卷勇。"一曰：卷，收也。臣铉等曰："今俗作居转切，以为卷舒之卷。"巨员切。

扱 收也。从手，及声。楚洽切。

摷 拘击也。从手，巢声。子小切。

挨 击背也。从手,矣声。於骇切。

撲(扑) 挨也。从手,菐声。蒲角切。

掔 旁击也。从手,敫声。苦吊切。

扚 疾击也。从手,勺声。都了切。

抶 笞击也。从手,失声。敕栗切。

抵 侧击也。从手,氏声。诸氏切。

抉 以车鞅击也。从手,央声。於两切。

捊 衣上击也。从手,保声。方苟切。

捭 两手击也。从手,卑声。北买切。

捶 以杖击也。从手,垂声。之垒切。

摧 敲击也。从手,雀声。苦角切。

撠 中击也。从手,竟声。一敬切。

拂 过击也。从手,弗声。徐锴曰:"击而过之也。"敷物切。

掔 捣头也。从手,坚声。读若铿尔舍瑟而作。口茎切。

扰 深击也。从手,尤声。读若告言不正曰扰。竹甚切。

擊 伤击也。从手、毁,毁亦声。许委切。

擊(击) 攴也。从手,毂声。古历切。

扞 忮也。从手,干声。侯旰切。

抗 扞也。从手,亢声。苦浪切。杭,抗或从木。臣铉等曰:"今俗作胡郎切。"

捕 取也。从手,甫声。薄故切。

籍 刺也。从手,籍省声。《周礼》曰:"籍鱼鳖。"士革切。

撚 执也。从手,然声。一曰:蹂也。乃殄切。

挂 画也。从手,圭声。古卖切。

拕 曳也。从手,它声。托何切。

捈 卧引也。从手,余声。同都切。

抴 捈也。从手,世声。余制切。

揃 抚也。从手,扁声。婢沔切。

撅 从手有所把也。从手，厥声。居月切。

擄 挐持也。从手，卢声。洛乎切。

挐 持也。从手，如声。女加切。

揾 没也。从手，昷声。乌困切。

搒 掩也。从手，旁声。北孟切。

挌 击也。从手，各声。古覈切。

拲 两手同械也。从手，从共，共亦声。《周礼》："上罪，梏拲而桎。"居竦切。𣏟，拲或从木。

掫 夜戒守，有所击。从手，取声。《春秋传》曰："宾将掫。"子侯切。

捐 弃也。从手，肙声。与专切。

㧙 所以覆矢也。从手，朋声。《诗》曰："抑释㧙忌。"笔陵切。

扜 指麾也。从手，于声。亿俱切。

摩 旌旗所以指麾也。从手，靡声。许为切。

捷 猎也。军获得也。从手，疌声。《春秋传》曰："齐人来献戎捷。"疾叶切。

扣 牵马也。从手，口声。丘后切。

掍 同也。从手，昆声。古本切。

搜 众意也。一曰：求也。从手，叟声。《诗》曰："束矢其搜。"所鸠切。

换 易也。从手，奂声。胡玩切。

掖 以手持人臂投地也。从手，夜声。一曰：臂下也。羊益切。

文二百六十五　重十九

挝 横大也。从手，瓜声。胡化切。

攙（搀）刺也。从手，毚声。楚衔切。

搢 插也。从手，晋声。搢绅，前史皆作荐绅。即刃切。

掠 夺取也。从手，京声。本音亮。《唐韵》或作㨻。离灼切。

掐 爪刺也。从手，臽声。苦洽切。

捻 指捻也。从手，念声。奴协切。

拗 手拉也。从手，幼声。於绞切。

搣 搯也。从手，戚声。沙划切。

捌 《方言》云：无齿杷。从手，别声。百辖切。

攤（摊）开也。从手，难声。他干切。

抛 弃也。从手，从尤，从力。或从手，旭声。案《左氏传》通用摽；《诗》"摽有梅"，摽，落也，义亦同。匹交切。

摴 舒也。又：摴蒲，戏也。从手，雩声。丑居切。

打 击也。从手，丁声。都挺切。

文十三 新附

쪼 部

쪼 背吕也。象胁肋也。凡쪼之属皆从쪼。古怀切。

脊 背吕也。从쪼，从肉。资昔切。

文二

说文解字弟十二 上

说文解字弟十二下

汉太尉祭酒　许慎 记
宋右散骑常侍　徐铉等 校定

女　部

女　妇人也。象形。王育说。凡女之属皆从女。尼吕切。

姓　人所生也。古之神圣，母感天而生子，故称天子。从女，从生，生亦声。《春秋传》曰："天子因生以赐姓。"息正切。

姜　神农居姜水，以为姓。从女，羊声。居良切。

姬　黄帝居姬水，以为姓。从女，臣声。居之切。

姞　黄帝之后百鯀姓。后稷妃家也。从女，吉声。巨乙切。

嬴　少昊氏之姓。从女，嬴省声。以成切。

姚　虞舜居姚虚，因以为姓。从女，兆声。或为姚，娆也。《史篇》以为姚，易也。余招切。

媯（妫）　虞舜居妫汭，因以为氏。从女，为声。居为切。

妘　祝融之后姓也。从女，云声。王分切。𩇓，籀文妘，从员。

姺　殷诸侯为乱，疑姓也。从女，先声。《春秋传》曰："商有姺邳。"所臻切。

嬿　人姓也。从女，然声。奴见切。

妞　人姓也。从女，丑声。《商书》曰："无有作妞。"呼到切。

娸　人姓也。从女，其声。杜林说：娸，丑也。去其切。

妭　少女也。从女，毛声。𤸾下切。

媒　谋也，谋合二姓。从女，某声。莫杯切。

妁　酌也，斟酌二姓也。从女，勺声。市勺切。

嫁　女适人也。从女，家声。古讶切。

娶　取妇也。从女，从取，取亦声。七句切。

· 406 ·

婚 妇家也。礼：娶妇以昏时。妇人，阴也，故曰婚。从女，从昏，昏亦声。呼昆切。𠾃，籀文婚。

姻 婿家也。女之所因，故曰姻。从女，从因，因亦声。于真切。𡥣，籀文姻，从开。

妻 妇，与夫齐者也。从女，从屮，从又。又，持事，妻职也。臣铉等曰："屮者，进也，齐之义也，故从屮。"七稽切。𡜈，古文妻，从𣥏、女。𣥏，古文贵字。

婦（妇） 服也。从女持帚，洒扫也。房九切。

妃 匹也。从女，己声。芳非切。

媲 妃也。从女，毘声。匹计切。

妊 孕也。从女，从壬，壬亦声。如甚切。

娠 女妊身动也。从女，辰声。《春秋传》曰："后緍方娠。"一曰：宫婢女隶谓之娠。失人切。

嫋 妇人妊身也。从女，𠂤声。《周书》曰："至于嫋妇。"侧鸠切。

嬎（娩） 生子齐均也。从女，从生，免声。芳万切。

嫛 婗也。从女，殹声。乌鸡切。

婗 嫛婗也。从女，兒声。一曰：妇人恶貌。五鸡切。

母 牧也。从女，象褱子形。一曰：象乳子也。莫后切。

嫗（妪） 母也。从女，区声。衣遇切。

媪 女老称也。从女，𥁑声。读若奥。乌皓切。

姁 妪也。从女，句声。况羽切。

姐 蜀谓母曰姐，淮南谓之社。从女，且声。兹也切。

姑 夫母也。从女，古声。古胡切。

威 姑也。从女，从戌。汉律曰："妇告威姑。"徐锴曰："土盛于戌，土，阴之主也，故从戌。"於非切。

妣 殁母也。从女，比声。卑履切。𡛼，籀文妣省。

姊 女兄也。从女，𠂔声。将几切。

妹 女弟也。从女，未声。莫佩切。

娣 女弟也。从女，从弟，弟亦声。徒礼切。

媦 楚人谓女弟曰媦。从女，胃声。《公羊传》曰："楚王之妻媦。"云贵切。

嫂 兄妻也。从女，叟声。稣老切。

姪 兄之女也。从女，至声。徒结切。

姨 妻之女弟，同出为姨。从女，夷声。以脂切。

妿 女师也。从女，加声。杜林说：加教于女也。读若阿。乌何切。

娒 女师也。从女，每声。读若母。莫后切。

媾 重婚也。从女，冓声。《易》曰："匪寇，婚媾。"古候切。

姼 美女也。从女，多声。尺氏切。姼，姼或从氏。

妭 妇人美也。从女，犮声。蒲拨切。

嫨 女隶也。从女，奚声。胡鸡切。

婢 女之卑者也。从女，从卑，卑亦声。便俾切。

奴 奴婢皆古之罪人也。《周礼》曰："其奴，男子入于罪隶，女子入于舂槀。"从女，从又。臣铉等曰："又，手也，持事者也。"乃都切。
㚢，古文奴，从人。

妸 妇官也。从女，弋声。与职切。

嫡 甘氏《星经》曰："太白上公，妻曰女嫡。女嫡居南斗，食厉，天下祭之，曰明星。"从女，前声。昨先切。

娲（娲） 古之神圣女，化万物者也。从女，呙声。古蛙切。㛯，籀文娲，从䙛。

娍 帝高辛之妃，偰母号也。从女，戎声。《诗》曰："有娍方将。"息弓切。

娥 帝尧之女，舜妻娥皇字也。秦晋谓好曰娙娥。从女，我声。五何切。

嫄 台国之女，周弃母字也。从女，原声。愚袁切。

嬿 女字也。从女，燕声。於甸切。

妸 女字也。从女，可声。读若阿。乌何切。

婞（嬃） 女字也。《楚词》曰："女婞之婵媛。"贾侍中说：楚人谓姊为婞。从女，须声。相俞切。

婕 女字也。从女，疌声。子叶切。

䗩 女字也。从女，与声。读若余。以诸切。

嬣 女字也。从女，需声。郎丁切。

嫽 女字也。从女，尞声。洛萧切。

妜 女字也。从女，衣声。读若衣。於稀切。

婤 女字也。从女，周声。职流切。

姶 女字也。从女，合声。《春秋传》曰："嬖人婤姶。"一曰：无声。乌合切。

改 女字也。从女，己声。居拟切。

妵 女字也。从女，主声。天口切。

妔 女字也。从女，久声。举友切。

姌 女号也。从女，耳声。仍吏切。

始 女之初也。从女，台声。诗止切。

媚 说也。从女，眉声。美秘切。

嫵（妩） 媚也。从女，無声。文甫切。

媄 色好也。从女、美，美亦声。无鄙切。

嬌 媚也。从女，畜声。丑六切。

嫷 南楚之外谓好曰嫷。从女，隋声。臣铉等曰："今俗省作婧，《唐韵》作妥，非是。"徒果切。

姝 好也。从女，朱声。昌朱切。

好 美也。从女、子。徐锴曰："子者，男子之美称，会意。"呼皓切。

嬹 说也。从女，兴声。许应切。

嬮 好也。从女，厌声。於盐切。

妭 好也。从女，犮声。《诗》曰："静女其妭。"昌朱切。

姣 好也。从女，交声。胡茅切。

嬽 好也。从女，䍿声。读若蜀郡布名。委员切。

娧 好也。从女,兑声。杜外切。

媌 目里好也。从女,苗声。莫交切。

嬒(媜) 静好也。从女,画声。呼麦切。

婠 体德好也。从女,官声。读若楚郤宛。一完切。

娙 长好也。从女,巠声。五茎切。

孉 白好也。从女,赞声。则旰切。

嫡 顺也。从女,啇声。《诗》曰:"婉兮嫡兮。"力沇切。㜎,籀文嫡。

娩 婉也。从女,夗声。於阮切。

婉 顺也。从女,宛声。《春秋传》曰:"太子痤婉。"於阮切。

㛂 直项貌。从女,同声。他孔切。

嫣 长貌。从女,焉声。於建切。

姌 弱长貌。从女,冉声。而琰切。

嫋 姌也。从女,从弱。奴鸟切。

孅 锐细也。从女,韱声。息廉切。

嫇 婴嫇也。从女,冥声。一曰:嫇嫇,小人貌。莫经切。

媱 曲肩行貌。从女,䍃声。余招切。

嬽 材紧也。从女,睘声。《春秋传》曰:"嬽嬽在疚。"许缘切。

姽 闲体行姽姽也。从女,危声。过委切。

委 委随也。从女,从禾。臣铉等曰:"委曲也,取其禾谷垂穗委曲之貌,故从禾。"於诡切。

婐 婑也。一曰:女侍曰婐。读若騧,或若委。从女,果声。孟轲曰:"舜为天子,二女婐。"乌果切。

婑 婐婑也。一曰:弱也。从女,厄声。五果切。

姑 小弱也。一曰:女轻薄善走也。一曰:多技艺也。从女,占声。或读若占。齿慴切。

婪 妗也。从女,沾声。丑廉切。

妗 婪妗也。一曰:善笑貌。从女,今声。火占切。

410

嫥 竦身也。从女，簪声。读若《诗》"纠纠葛屦"。居夭切。

婧 竦立也。从女，青声。一曰：有才也。读若韭菁。七正切。

姘 静也。从女，井声。疾正切。

妥 妇人貌。从女，乏声。房法切。

嫙 好也。从女，旋声。似沿切。

齌 材也。从女，齐声。祖鸡切。

姡 面丑也。从女，昏声。古活切。

嬥 直好貌。一曰：娆也。从女，翟声。徒了切。

嫢 媞也。从女，规声。读若癸。秦晋谓细为嫢。居随切。

媞 谛也。一曰：妍黠也。一曰：江淮之间谓母曰媞。从女，是声。承旨切。

娓 不繇也。从女，敄声。亡遇切。

娴（娴）雅也。从女，閒声。户间切。

娸 说乐也。从女，㠯声。许其切。

娶 美也。从女，臤声。苦闲切。

娱 乐也。从女，吴声。噳俱切。

媒 戏也。从女，矣声。一曰：卑贱名也。遏在切。

媅 乐也。从女，甚声。丁含切。

娓 顺也。从女，尾声。读若媚。无匪切。

嫡 孎也。从女，啇声。都历切。

孎 谨也。从女，属声。读若人不孙为孎。之欲切。

婉 宴婉也。从女，宛声。於愿切。

嫯 女有心嫯嫯也。从女，弇声。衣检切。

㜣 谥也。从女，染声。而琰切。

嫥 壹也。从女，专声。一曰：嫥嫥。职缘切。

如 从随也。从女，从口。徐锴曰："女子从父之教，从夫之命，故从口。会意。"人诸切。

嫧 齐也。从女，责声。侧革切。

娕 谨也。从女，束声。读若谨敕数数。测角切。

嬐 敏疾也。一曰：庄敬貌。从女，佥声。息廉切。

嫔(嫔) 服也。从女，宾声。符真切。

㚄 至也。从女，执声。《周书》曰："大命不㚄。"读若挚，同。一曰：《虞书》"雉㚄"。脂利切。

婚 俯伏也。从女，沓声。一曰：伏意。他合切。

奻 安也。从女、日。《诗》曰："以奻父母。"乌谏切。

嬗 缓也。从女，亶声。一曰：传也。时战切。

嫭 保任也。从女，辜声。古胡切。

媻 奢也。从女，般声。臣铉等曰："今俗作婆，非是。"薄波切。

娑 舞也。从女，沙声。《诗》曰："市也媻娑。"素何切。

姷 耦也。从女，有声。读若祐。于救切。侑，姷或从人。

姰 钧适也。男女并也。从女，旬声。居匀切。

媘 妇人小物也。从女，此声。《诗》曰："屡舞娑娑。"即移切。

妓 妇人小物也。从女，支声。读若跂行。渠绮切。

婴 颈饰也。从女、賏。賏，其连也。於盈切。

姦 三女为姦。姦，美也。从女，敖省声。仓案切。

媛 美女也。人所援也。从女，从爰。爰，引也。《诗》曰："邦之媛兮。"玉眷切。

娉 问也。从女，甹声。匹正切。

婊 随从也。从女，录声。力玉切。

妆 饰也。从女，床省声。侧羊切。

孌(娈) 慕也。从女，䜌声。力沇切。

嫲 嬻也。从女，枼声。私列切。

嬻 媟嬻也。从女，賣声。徒谷切。

窫 短面也。从女，窫声。丁滑切。

嬖 便嬖，爱也。从女，辟声。博计切。

嫛 难也。从女，殼声。苦卖切。

说文解字弟十二下

妎 妒也。从女，介声。胡盖切。

妒 妇妒夫也。从女，户声。当故切。

媢 夫妒妇也。从女，冒声。一曰：相视也。莫报切。

媄 巧也。一曰：女子笑貌。《诗》曰："桃之媄媄。"从女，芺声。於乔切。

佞 巧谄高材也。从女，信省。臣铉等曰："女子之信近于佞也。"乃定切。

嫈 小心态也。从女，荧省声。乌茎切。

嫽 姻也。从女，尞声。郎到切。

姻 嫽也。从女，固声。胡误切。

姿 态也。从女，次声。即夷切。

嫭 娇也。从女，虖声。将预切。

妨 害也。从女，方声。敷方切。

妄 乱也。从女，亡声。巫放切。

媮 巧黠也。从女，俞声。托侯切。

姱 姱卤，贪也。从女，污声。胡古切。

娋 小小侵也。从女，肖声。息约切。

姝 量也。从女，朵声。丁果切。

妯 动也。从女，由声。徐锴曰："当从胄省。"徒历切。

嫌 不平于心也。一曰：疑也。从女，兼声。户兼切。

婧 减也。从女，省声。所景切。

婼 不顺也。从女，若声。《春秋传》曰："叔孙婼。"丑略切。

婞 很也。从女，幸声。《楚词》曰："鲧婞直。"胡顶切。

嫳 易使怒也。从女，敝声。读若击辔。匹灭切。

嬗 好枝格人语也。一曰：靳也。从女，善声。旨善切。

娺 疾悍也。从女，叕声。读若唾。丁滑切。

嬒 含怒也。一曰：难知也。从女，畣声。《诗》曰："硕大且嬒。"五感切。

婀 婀婴也。从女，阿声。乌何切。

妍 技也。一曰：不省录事。一曰：难侵也。一曰：惠也。一曰：安也。从女，开声。读若研。五坚切。

娃 圜深目貌。或曰：吴楚之间谓好曰娃。从女，圭声。於佳切。

婆 不媚，前却婆婆也。从女，陕声。失冉切。

妜 鼻目间貌。读若烟火妜妜。从女，决省声。於说切。

嬣 愚戆多态也。从女，甯声。读若隆。式吹切。

婞 不说也。从女，幸声。於避切。

嫼 怒貌。从女，黑声。呼北切。

娀 轻也。从女，戉声。王伐切。

嫖 轻也。从女，票声。匹招切。

娷 诿疾也。从女，坐声。昨禾切。

姎 女人自称，我也。从女，央声。乌浪切。

嫜 不说貌。从女，韦声。羽非切。

娃 姿娃，姿也。从女，隹声。一曰：丑也。许惟切。

嫈 有守也。从女，弦声。胡田切。

媥 轻貌。从女，扁声。芳连切。

嫚 侮易也。从女，曼声。谋患切。

婥 疾言失次也。从女，舌声。读若愢。丑聂切。

嬬 弱也。一曰：下妻也。从女，需声。相俞切。

姽 不肖也。从女，否声。读若竹皮箁。匹才切。

嬯 迟钝也。从女，台声。阘嬯亦如之。徒哀切。

嬺 下志贪顽也。从女，覃声。读若深。乃忝切。

嫁 婪也。从女，参声。七感切。

婪 贪也。从女，林声。杜林说：卜者党相诈验为婪。读若潭。卢含切。

嬾（懒） 懈也，怠也。一曰：卧也。从女，赖声。洛旱切。

娄 空也。从毋、中、女，空之意也。一曰：娄务也。洛侯切。𡚏，古文。

妭 妭姎也。从女,折声。许列切。

姎 得志姎姎。一曰:姎,息也。一曰:少气也。从女,夹声。呼帖切。

嬈(娆) 苛也。一曰:扰戏弄也。一曰:嬥也。从女,尧声。奴鸟切。

嬟 恶也。一曰:人貌。从女,毁声。许委切。

姗 诽也。一曰:翼便也。从女,删省声。所晏切。

媨 丑也。一曰:老妪也。从女,酋声。读若蹴。七宿切。

嫫(嫫) 嫫母,都丑也。从女,莫声。莫胡切。

婔 往来婔婔也。一曰:丑貌。从女,非声。芳非切。

孃 烦扰也。一曰:肥大也。从女,襄声。女良切。

婚 女黑色也。从女,会声。《诗》曰:"婚兮蔚兮。"古外切。

媆 好貌。从女,耎声。而沇切。 臣铉等案:"《切韵》又音奴困切。今俗作嫩,非是。"

媕 诬挐也。从女,奄声。依剑切。

嫷(滥) 过差也。从女,监声。《论语》曰:"小人穷斯嫷矣。"卢瞰切。

嫯 侮易也。从女,敖声。五到切。

婬(淫) 私逸也。从女,㸒声。余箴切。

姘 除也。汉律:齐人予妻婢奸曰姘。从女,并声。普耕切。

奸 犯淫也。从女,从干,干亦声。古寒切。

姅 妇人污也。从女,半声。汉律曰:"见姅变,不得侍祠。"博幔切。

娗 女出病也。从女,廷声。徒鼎切。

婥 女病也。从女,卓声。奴教切。

娷 诿也。从女,垂声。竹恚切。

嫍(恼) 有所恨也。从女,㐫声。今汝南人有所恨曰嫍。臣铉等曰:"㐫,古凶字,非声,当从卥省。"奴皓切。

媿(愧) 惭也。从女,鬼声。俱位切。愧,媿或从耻省。

奻 讼也。从二女。女还切。

姦(奸) 私也。从三女。古颜切。𢖎,古文奸,从心,旱声。

文二百三十八 重十三

嬙(嫱) 妇官也。从女,墙省声。才良切。

妲 女字。妲己,纣妃。从女,旦声。当割切。

嬌(娇) 姿也。从女,乔声。举乔切。

嬋(婵) 婵娟,态也。从女,单声。市连切。

娟 婵娟也。从女,肙声。於缘切。

嫠 无夫也。从女,𠩺声。里之切。

姤 偶也。从女,后声。古候切。

文七 新附

毋　部

毋 止之也。从女,有奸之者。凡毋之属皆从毋。武扶切。

毒 人无行也。从士,从毋。贾侍中说:秦始皇母与嫪毒淫,坐诛,故世骂淫曰嫪毒。读若娭。遏在切。

文二

民　部

民 众萌也。从古文之象。凡民之属皆从民。弥邻切。𡰥,古文民。

氓 民也。从民,亡声。读若盲。武庚切。

文二 重一

丿　部

丿 右戾也。象左引之形。凡丿之属皆从丿。徐锴曰:"其为文举首而申体也。"房密切。

乂 芟艸也。从丿从乀相交。鱼废切。𠛼,乂或从刀。

弗 挢也。从丿,从乀,从韦省。分勿切。 臣铉等曰:"韦,所以束枉戾也。"

ㄣ 乀 左戾也。从反丿。读与弗同。分勿切。

文四　重一

厂　部

𠂆 厂 抴也。明也。象抴引之形。凡厂之属皆从厂。虒字从此。徐锴曰："象厂而不举首。"余制切。

𠁁 弋 橛也。象折木衺锐著形。从厂，象物挂之也。与职切。

文二

乁　部

乁 乁 流也。从反厂。读若移。凡乁之属皆从乁。弋支切。

也 也 女阴也。象形。羊者切。𠃟，秦刻石也字。

文二　重一

氏　部

氏 氏 巴蜀山名岸胁之旁箸欲落堕者，曰氏。氏崩，闻数百里。象形，乁声。凡氏之属皆从氏。杨雄赋："响若氏隤。"承旨切。

氒 氒 木本。从氏。大于末。读若厥。居月切。

文二

氐　部

氐 氐 至也。从氏下箸一。一，地也。凡氐之属皆从氐。丁礼切。

𦝫 𦝫 卧也。从氐，亚声。於进切。

䟡 䟡 触也。从氐，失声。徒结切。

𢽾 𢽾 阙。臣铉等案：今《篇》《韵》音皓，又音效。注云：误也。

文四

戈　部

戈　平头戟也。从弋，一横之。象形。凡戈之属皆从戈。古禾切。

肈　上讳。臣铉等曰："后汉和帝名也。案，李舟《切韵》云：击也。从戈，肁声。"直小切。

戎　兵也。从戈，从甲。如融切。

䅿　周礼：侍臣执䅿，立于东垂。兵也。从戈，癸声。渠追切。

戜　盾也。从戈，旱声。侯旰切。

戟(戟)　有枝兵也。从戈、倝。《周礼》："戟长丈六尺。"读若棘。臣铉等曰："倝非声，义当从榦省。榦，枝也。"纪逆切。

戛　戟也。从戈，从百。读若棘。古黠切。

賊(贼)　败也。从戈，则声。昨则切。

戍　守边也。从人持戈。伤遇切。

戰　鬭也。从戈，单声。之扇切。

戲　三军之偏也。一曰：兵也。从戈，䖒声。香义切。

戣　利也。一曰：剔也。从戈，呈声。徒结切。

或　邦也。从囗，从戈，以守一。一，地也。于逼切。臣铉等曰："今俗作胡国切，以为疑或不定之意。"域，或又从土。臣铉等曰："今无复或音。"

戳(截)　断也。从戈，雀声。昨结切。

戜　杀也。从戈，今声。《商书》曰："西伯既戜黎。"口含切。

戕　枪也。他国臣来弑君曰戕。从戈，爿声。士良切。

戮　杀也。从戈，翏声。力六切。

戡　刺也。从戈，甚声。竹甚、口含二切。

戭　长枪也。从戈，寅声。《春秋传》有擣戭。弋刃、以浅二切。

戈　伤也。从戈，才声。祖才切。

戩(戬)　灭也。从戈，晋声。《诗》曰："实始戩商。"即浅切。

戋 绝也。一曰：田器。从从，持戈。古文读若咸。读若《诗》云"攕攕女手"。臣铉等曰："戋，锐意也，故从从。"子廉切。

武 楚庄王曰：夫武，定功戢兵。故止戈为武。文甫切。

戢 藏兵也。从戈，咠声。《诗》曰："载戢干戈。"阻立切。

戠 阙。从戈，从音。之弋切。

戋(戈) 贼也。从二戈。《周书》曰："戋戋巧言。"徐锴曰："兵多则残也，故从二戈。"昨千切。

文二十六　重一

戉　部

戉(钺) 斧也。从戈，𠄌声。《司马法》曰："夏执玄戉，殷执白戚，周左杖黄戉，右秉白髦。"凡戉之属皆从戉。臣铉等曰："今俗别作钺，非是。"王伐切。

戚 戉也。从戉，尗声。仓历切。

文二

我　部

我 施身自谓也。或说：我，顷顿也。从戈，从手。手，或说：古垂字。一曰：古杀字。凡我之属皆从我。徐锴曰："从戈者，取戈自持也。五可切。" 𢨣，古文我。

義(义) 己之威仪也。从我、羊。臣铉等曰："此与善同意，故从羊。"宜奇切。𦎡，墨翟书义从弗。魏郡有𦎡阳乡。读若锜。今属邺，本内黄北二十里。

文二　重二

丿　部

丿 钩逆者谓之丿。象形。凡丿之属皆从丿。读若橜。衢月切。

乀 钩识也。从反丿。读若捕鸟罬。居月切。

文二

珡　部

珡　禁也。神农所作。洞越，练朱五弦，周加二弦。象形。凡珡之属皆从珡。巨今切。𠫓，古文珡，从金。

瑟　庖牺所作弦乐也。从珡，必声。所栉切。𤨕，古文瑟。

文二　重二

琵　琵琶，乐器。从珡，比声。房脂切。

琶　琵琶也。从珡，巴声。义当用枇杷。蒲巴切。

文二新附

乚　部

乚　匿也。象迟曲隐蔽形。凡乚之属皆从乚。读若隐。於谨切。

直　正见也。从乚，从十，从目。徐锴曰："乚，隐也。今十目所见，是直也。"除力切。𥄂，古文直。

文二　重一

亡　部

亡　逃也。从入，从乚。凡亡之属皆从亡。武方切。

乍　止也。一曰：亡也。从亡，从一。徐锴曰："出亡得一则止，暂止也。"鉏驾切。

望　出亡在外，望其还也。从亡，朢省声。巫放切。

無（无）　亡也。从亡，无声。武扶切。兂，奇字无，通于元者。王育说：天屈西北为无。

匃　气也。逯安说：亡人为匃。古代切。

匸　部

匸　衺徯，有所俠藏也。从乚，上有一覆之。凡匸之属皆从匸。读与傒同。胡礼切。

区（区）踦区，藏匿也。从品在匸中。品，众也。岂俱切。

匿　亡也。从匸，若声。读如羊骹筓。女力切。

匢　侧逃也。从匸，丙声。一曰：箕属。臣铉等曰："丙非声，义当从内，会意。疑传写之误。"卢候切。

匽　匿也。从匸，妟声。於蹇切。

医　盛弓弩矢器也。从匸，从矢。《国语》曰："兵不解医。"於计切。

匹　四丈也。从八、匸。八揲一匹，八亦声。普吉切。

文七

匚　部

匚　受物之器。象形。凡匚之属皆从匚。读若方。府良切。𠥓，籀文匚。

匠　木工也。从匚，从斤。斤，所以作器也。疾亮切。

匧　藏也。从匚，夹声。苦叶切。篋，匧或从竹。

匡　饮器，筥也。从匚，㞷声。去王切。筐，匡或从竹。

匜　似羹魁，柄中有道，可以注水。从匚，也声。移尔切。

匴　渌米籔也。从匚，算声。稣管切。

匷　小杯也。从匚，赣声。古送切。槅，匷或从木。

匪　器。似竹筐。从匚，非声。《逸周书》曰："实玄黄于匪。"非尾切。

匲　古器也。从匚，仓声。七冈切。

匫　田器也。从匚，攸声。徒聊切。

匴 田器也。从匚，异声。与职切。

匫 古器也。从匚，智声。呼骨切。

㔸 瓯器也。从匚，俞声。度侯切。

匱(匮) 匣也。从匚，贵声。求位切。

匵 匱也。从匚，賣声。徒谷切。

匣 匵也。从匚，甲声。胡甲切。

匯(汇) 器也。从匚，淮声。胡罪切。

柩 棺也。从匚，从木，久声。巨救切。匶，籀文柩。

匰 宗庙盛主器也。《周礼》曰："祭祀共匰主。"从匚，单声。都寒切。

文十九　重五

曲　部

曲 象器曲受物之形。或说：曲，蚕薄也。凡曲之属皆从曲。丘玉切。𠚕，古文曲。

𠚖 䰜曲也。从曲，玉声。丘玉切。

𠚗 古器也。从曲，舀声。土刀切。

文三　重一

甾　部

甾 东楚名缶曰甾。象形。凡甾之属皆从甾。侧词切。𠙹，古文。

疌 疀也。古田器也。从甾，疌声。楚洽切。

畚(畚) 䈝属，蒲器也。所以盛种。从甾，弁声。布忖切。

䉷 畞也。从甾，并声。杜林以为竹筥，杨雄以为蒲器。读若軿。薄经切。

𤮰 䍃也。从甾，虍声。读若卢，同。洛乎切。𩰿，篆文𤮰。𤮯，籀文𤮰。

文五　重三

瓦　部

瓦　土器已烧之总名。象形。凡瓦之属皆从瓦。五寡切。

瓬　周家搏埴之工也。从瓦，方声。读若抚破之抚。臣铉等曰："抚音瓦，非声，未详。"分两切。

甄　匋也。从瓦，垔声。居延切。

甍　屋栋也。从瓦，梦省声。徐锴曰："所以承瓦，故从瓦。"莫耕切。

甑　甗也。从瓦，曾声。子孕切。𩰲，籀文甑，从䰜。

甗　甑也。一曰穿也。从瓦，鬳声。读若言。鱼蹇切。

瓵　瓯瓿谓之瓵。从瓦，台声。与之切。

甞　大盆也。从瓦，尚声。丁浪切。

甌（瓯）小盆也。从瓦，区声。乌侯切。

瓮　罂也。从瓦，公声。乌贡切。

瓨　似罂，长颈，受十升。读若洪。从瓦，工声。古双切。

䰠（碗）小盂也。从瓦，夗声。臣铉等曰："今俗别作椀，非是。"乌管切。

瓴　瓮似瓶也。从瓦，令声。郎丁切。

甓　罃谓之甓。从瓦，卑声。部迷切。

瓾　似小瓿，大口而卑，用食。从瓦，扁声。芳连切。

䓶　瓾也。从瓦，音声。蒲口切。

瓻　器也。从瓦，容声。与封切。

甓　瓴甓也。从瓦，辟声。《诗》曰："中唐有甓。"扶历切。

甃　井壁也。从瓦，秋声。侧救切。

甈　康瓠，破罂。从瓦，臬声。鱼例切。𦉢，甈或从埶。

瓤　瑳垢瓦石。从瓦，爽声。初两切。

甄　蹈瓦声。从瓦，臬声。零帖切。

䀝　治橐龠也。从瓦，今声。胡男切。

瓿　破也。从瓦，卒声。稣对切。

瓯 败也。从瓦，反声。布绾切。

文二十五　重二

瓷 瓦器。从瓦，次声。疾资切。

瓻 酒器。从瓦，稀省声。丑脂切。

文二新附

弓　部

弓 以近穷远。象形。古者挥作弓。《周礼》六弓：王弓、弧弓，以射甲革甚质；夹弓、庾弓，以射干侯鸟兽；唐弓、大弓，以授学射者。凡弓之属皆从弓。居戎切。

弴 画弓也。从弓，𦴋声。都昆切。

弭 弓无缘，可以解辔纷者。从弓，耳声。绵婢切。𢎘，弭或从兒。

弲 角弓也。洛阳名弩曰弲。从弓，肙声。乌玄切。

弧 木弓也。从弓，瓜声。一曰：往体寡、来体多曰弧。户吴切。

弨 弓反也。从弓，召声。《诗》曰："彤弓弨兮。"尺招切。

彏 弓曲也。从弓，蒦声。九院切。

𢎁（驱） 弓弩耑，弦所居也。从弓，区声。恪侯切。

𢎘 弓便利也。从弓，䚻声。读若烧。火招切。

张 施弓弦也。从弓，长声。陟良切。

彉 弓急张也。从弓，瞏声。许缚切。

弸 弓强貌。从弓，朋声。父耕切。

彊（强） 弓有力也。从弓，畺声。巨良切。

彎（弯） 持弓关矢也。从弓，䜌声。乌关切。

引 开弓也。从弓、丨。臣铉等曰："象引弓之形。"余忍切。

𢎆 满弓有所乡也。从弓，于声。哀都切。

弘 弓声也。从弓，厶声。厶，古文肱字。胡肱切。

𢎡 弛弓也。从弓，玺声。斯氏切。

弛 弓解也。从弓，从也。施氏切。𢎸，弛或从虒。

弢 弓衣也。从弓,从발。발,垂饰,与鼓同意。土刀切。
弩 弓有臂者。《周礼》四弩:夹弩,庾弩,唐弩,大弩。从弓,奴声。奴古切。
彀 张弩也。从弓,殻声。古候切。
彉 弩满也。从弓,黄声。读若郭。苦郭切。
彈 射也。从弓,毕声。《楚词》曰:"弳焉彈日。"卑吉切。
彈(弹) 行丸也。从弓,单声。徒案切。𢎥,弹或从弓持丸。
發(发) 射發也。从弓,癹声。方伐切。
羿(羿) 帝喾射官,夏少康灭之。从弓,开声。《论语》曰:"羿善射。"五计切。

文二十七　重三

弜　部

弜 强也。从二弓。凡弜之属皆从弜。其两切。
弼 辅也,重也。从弜,丙声。徐锴曰:"丙,舌也,非声。舌柔而弜刚,以柔从刚,辅弼之意。"房密切。𢐡,弼或如此。𢐃、𢐈,并古文弼。

文二　重三

弦　部

弦 弓弦也。从弓,象丝轸之形。凡弦之属皆从弦。臣铉等曰:"今别作弦,非是。"胡田切。
盭 弼戾也。从弦省,从盩。读若戾。臣铉等曰:"盩者,击罪人见血也,弼戾之意。"郎计切。
玅 急戾也。从弦省,少声。於霄切。
竭 不成,遂急戾也。从弦省,曷声。读若瘞葬。於劇切。

文四

系　部

系 系也。从糸，丿声。凡系之属皆从系。胡计切。䌛，系或从毂、处。𣪩，籀文系，从爪、丝。

孙(孙) 子之子曰孙。从子，从系。系，续也。思魂切。

緜(绵) 联微也。从系，从帛。武延切。

繇(繇) 随从也。从系，䚻声。臣铉等曰："今俗从䍃。"余招切。

文四　重二

说文解字弟十二　下

说文解字弟十三 上

汉太尉祭酒　许慎 记
宋右散骑常侍　徐铉等 校定

二十三部　六百九十九文　重一百二十三　凡八千三百九十八字
文三十七新附

糸　部

糸　细丝也。象束丝之形。凡糸之属皆从糸。读若覛。徐锴曰："一蚕所吐为忽,十忽为丝。糸,五忽也。"莫狄切。𢆯,古文糸。

繭(茧)　蚕衣也。从糸,从虫,芇省。古典切。絸,古文茧,从糸、见。

繅(缫)　绎茧为丝也。从糸,巢声。稣遭切。

繹(绎)　抽丝也。从糸,睪声。羊益切。

緒(绪)　丝耑也。从糸,者声。徐吕切。

緬(缅)　微丝也。从糸,面声。弭沇切。

純(纯)　丝也。从糸,屯声。《论语》曰："今也纯,俭。"常伦切。

綃(绡)　生丝也。从糸,肖声。相幺切。

緒　大丝也。从糸,皆声。口皆切。

統　丝曼延也。从糸,㐬声。呼光切。

紇(纥)　丝下也。从糸,气声。《春秋传》有"臧孙纥"。下没切。

紙　丝滓也。从糸,氏声。都兮切。

絓　茧滓絓头也。一曰:以囊絮练也。从糸,圭声。胡卦切。

繅　丝色也。从糸,乐声。以灼切。

繀　著丝于筟车也。从糸,崔声。稣对切。

經(经)　织也。从糸,巠声。九丁切。

織(织)　作布帛之总名也。从糸,戠声。之弋切。

427

说文解字

紌 紌 乐浪挈令织。从糸，从式。臣铉等曰："挈令，盖律令之书也。"

紝 紝 机缕也。从糸，壬声。如甚切。䌹，紝或从任。

綜 綜(综) 机缕也。从糸，宗声。子宋切。

綹 綹 纬十缕为绺。从糸，咎声。读若柳。力久切。

緯 緯(纬) 织横丝也。从糸，韦声。云贵切。

緷 緷 纬也。从糸，军声。王问切。

繢 繢 织余也。从糸，贵声。胡对切。

統 統(统) 纪也。从糸，充声。他综切。

紀 紀(纪) 丝别也。从糸，己声。居拟切。

繈 繈 粗纇也。从糸，强声。居两切。

纇 纇 丝节也。从糸，颣声。卢对切。

紿 紿(绐) 丝劳即绐。从糸，台声。徒亥切。

納 納(纳) 丝湿纳纳也。从糸，内声。奴答切。

紡 紡(纺) 网丝也。从糸，方声。妃两切。

絶 絶(绝) 断丝也。从糸，从刀，从卩。情雪切。𦃓，古文绝，象不连体，绝二丝。

繼 繼(继) 续也。从糸、𢇍。一曰：反𢇍为继。古诣切。

續 續(续) 连也。从糸，賣声。似足切。𧗲，古文续，从庚、贝。臣铉等曰："今俗作古行切。"

纘 纘(缵) 继也。从糸，赞声。作管切。

紹 紹(绍) 继也。从糸，召声。一曰：绍，紧纠也。市沼切。𦃄，古文绍，从邵。

繎 繎 偏缓也。从糸，羨声。昌善切。

縊 縊 缓也。从糸，盈声。读与听同。他丁切。緹，縊或从呈。

縱 縱(纵) 缓也。一曰：舍也。从糸，从声。足用切。

紓 紓(纾) 缓也。从糸，予声。伤鱼切。

繎 繎 丝劳也。从糸，然声。如延切。

紆 紆(纡) 诎也。从糸，于声。一曰：萦也。亿俱切。

428

絳 直也。从糸，幸声。读若陉。胡顶切。

纖(纤) 细也。从糸，韱声。息廉切。

細(细) 微也。从糸，囟声。稣计切。

緢 旄丝也。从糸，苗声。《周书》曰："惟緢有稽。"武儦切。

縒 参縒也。从糸，差声。楚宜切。

繙 冤也。从糸，番声。附袁切。

縮(缩) 乱也。从糸，宿声。一曰：蹴也。所六切。

紊 乱也。从糸，文声。《商书》曰："有条而不紊。"亡运切。

級(级) 丝次弟也。从糸，及声。居立切。

總(总) 聚束也。从糸，悤声。臣铉等曰："今俗作摠，非是。"作孔切。

纍 约也。从糸，具声。居玉切。

約(约) 缠束也。从糸，勺声。于略切。

繚(缭) 缠也。从糸，尞声。卢鸟切。

纏(缠) 绕也。从糸，廛声。直连切。

繞(绕) 缠也。从糸，尧声。而沼切。

紾 转也。从糸，㐱声。之忍切。

繯(缳) 落也。从糸，睘声。胡畎切。

辮(辫) 交也。从糸，辡声。频犬切。

結(结) 缔也。从糸，吉声。古屑切。

縎 结也。从糸，骨声。古忽切。

締(缔) 结不解也。从糸，帝声。特计切。

縛(缚) 束也。从糸，尃声。符钁切。

繃(绷) 束也。从糸，崩声。《墨子》曰："禹葬会稽，桐棺三寸，葛以繃之。"补盲切。

絿 急也。从糸，求声。《诗》曰："不竞不絿。"巨鸠切。

絅(绢) 急引也。从糸，冋声。古荧切。

紙 散丝也。从糸，氐声。匹卦切。

纝 不均也。从糸，羸声。力卧切。

给(给) 相足也。从糸,合声。居立切。

綝(綝) 止也。从糸,林声。读若郴。丑林切。

縪 止也。从糸,毕声。卑吉切。

纨(纨) 素也。从糸,丸声。胡官切。

終(终) 絿丝也。从糸,冬声。职戎切。𠔾,古文终。

縶 合也。从糸,从集。读若捷。姊入切。

繒(缯) 帛也。从糸,曾声。疾陵切。綵,籀文缯。从宰省。杨雄以为汉律祠宗庙丹书告。

絹 缯也。从糸,胃声。云贵切。

絩 绮丝之数也。汉律曰:"绮丝数谓之絩,布谓之总,绶组谓之首。"从糸,兆声。治小切。

綺(绮) 文缯也。从糸,奇声。袪彼切。

縠 细縛也。从糸,㱿声。胡谷切。

縛 白鲜色也。从糸,专声。持沇切。

縑(缣) 并丝缯也。从糸,兼声。古甜切。

綈(绨) 厚缯也。从糸,弟声。杜兮切。

練(练) 湅缯也。从糸,柬声。郎甸切。

縞(缟) 鲜色也。从糸,高声。古老切。

纙 粗绪也。从糸,巠声。臣铉等曰:"今俗别作絁,非是。"式支切。

紬 大丝缯也。从糸,由声。直由切。

繠 撽缯也。一曰:微帜,信也,有齿。从糸,啟声。康礼切。

綾(绫) 东齐谓布帛之细曰绫。从糸,夌声。力膺切。

縵(缦) 缯无文也。从糸,曼声。汉律曰:"赐衣者,缦表白里。"莫半切。

繡(绣) 五采备也。从糸,肃声。息救切。

絢(绚) 《诗》云:"素以为绚兮。"从糸,旬声。臣铉等案:"《论语》注绚,文貌。"许掾切。

繪(绘) 会五采绣也。《虞书》曰:"山、龙、华虫,作绘。"《论语》曰:"绘事后素。"从糸,会声。黄外切。

綥 緀 白文貌。《诗》曰:"緀兮斐兮,成是贝锦。"从糸,妻声。七稽切。

絑 絑 绣文如聚细米也。从糸,从米,米亦声。莫礼切。

絹 絹(绢) 缯如麦䅌。从糸,肙声。吉掾切。

綠 綠(绿) 帛青黄色也。从糸,录声。力玉切。

縹 縹(缥) 帛青白色也。从糸,票声。敷沼切。

綃 綃 帛青经缥纬。一曰:育阳染也。从糸,育声。余六切。

絑 絑 纯赤也。《虞书》"丹朱"如此。从糸,朱声。章俱切。

纁 纁(纁) 浅绛也。从糸,熏声。许云切。

絀 絀 绛也。从糸,出声。丑律切。

絳 絳(绛) 大赤也。从糸,夅声。古巷切。

綰 綰(绾) 恶也,绛也。从糸,官声。一曰:绡也。读若鸡卵。乌版切。

縉 縉(缙) 帛赤色也。《春秋传》"缙云氏"。《礼》有"缙缘"。从糸,晋声。即刃切。

綪 綪 赤缯也。从茜染,故谓之綪。从糸,青声。仓绚切。

緹 緹(缇) 帛丹黄色。从糸,是声。他礼切。𢂷,缇或从氏。

縓 縓 帛赤黄色。一染谓之縓,再染谓之䞓,三染谓之纁。从糸,原声。七绢切。

紫 紫 帛青赤色。从糸,此声。将此切。

紅 紅(红) 帛赤白色。从糸,工声。户公切。

繱 繱 帛青色。从糸,怱声。仓红切。

紺 紺(绀) 帛深青扬赤色。从糸,甘声。古暗切。

綥 綥(綥) 帛苍艾色。从糸,畀声。《诗》:"缟衣綥巾。"未嫁女所服。一曰:不借綥。渠之切。𦃃,綥或从其。

縩 縩(缲) 帛如绀色。或曰,深缯。从糸,喿声。读若喿。亲小切。

緇 緇(缁) 帛黑色也。从糸,甾声。侧持切。

纔 纔(才) 帛雀头色。一曰:微黑色,如绀;纔,浅也。读若谗。从糸，毚声。七咸切。

繱 綝 帛雅色也。从糸，剡声。《诗》曰："毳衣如綝。"臣铉等曰："今俗别作毯，非是。"土敢切。

纃 綟 帛戾艸染色也。从糸，戾声。郎计切。

紑 紑 白鲜衣貌。从糸，不声。《诗》曰："素衣其紑。"匹丘切。

縒 綩 白鲜衣貌。从糸，炎声。谓衣采色鲜也。充三切。

繻 繻(𦅴) 缯采色。从糸，需声。读若《易》"繻有衣"。臣铉等曰："《汉书》传，符帛也。"相俞切。

縟 縟(𦆦) 繁采色也。从糸，辱声。而蜀切。

纚 纚 冠织也。从糸，丽声。所绮切。

絋 紘(纮) 冠卷也。从糸，厷声。户萌切。𦁓，紘或从弘。

紞 紞(纼) 冕冠塞耳者。从糸，冘声。臣铉等曰："今俗别作髧，非是。"都感切。

纓 纓(缨) 冠系也。从糸，婴声。于盈切。

絉 紻 缨卷也。从糸，央声。于两切。

緌 緌 系冠缨也。从糸，委声。儒隹切。

緄 緄(绲) 织带也。从糸，昆声。古本切。

紳 紳(绅) 大带也。从糸，申声。失人切。

繟 繟 带缓也。从糸，单声。昌善切。

綬 綬(绶) 韨维也。从糸，受声。植酉切。

組 組(组) 绶属。其小者以为冕缨。从糸，且声。则古切。

緺 緺 绶紫青也。从糸，呙声。古蛙切。

繻 繨 绶维也。从糸，逆声。宜戟切。

纂 纂 似组而赤。从糸，算声。作管切。

紐 紐(纽) 系也。一曰：结而可解。从糸，丑声。女久切。

綸 綸(纶) 青丝绶也。从糸，仑声。古还切。

綖 綖(綖) 系绶也。从糸，廷声。他丁切。

絙 絙 缓也。从糸，亘声。胡官切。

繐 繐 细疏布也。从糸，惠声。私锐切。

纍 颈连也。从糸,暴省声。补各切。

紟 衣系也。从糸,今声。居音切。䤽,籀文从金。

緣(缘) 衣纯也。从糸,彖声。以绢切。

纀 裳削幅谓之纀。从糸,僕声。博木切。

袴(绔) 胫衣也。从糸,夸声。苦故切。

繑 绔纽也。从糸,乔声。牵摇切。

緥(褓) 小儿衣也。从糸,保声。臣铉等曰:"今俗作褓,非是。"博抱切。

纁 蔽貉中,女子无绔,以帛为胫空,用絮补核,名曰纁衣,状如襜褕。从糸,尊声。子昆切。

紴 絛属。从糸,皮声。读若被。或读若水波之波。博禾切。

絛 扁绪也。从糸,攸声。土刀切。

緎 采彰也。一曰:车马饰。从糸,戉声。王伐切。

緵 緎属。从糸,从從省声。足容切。

紃 圜采也。从糸,川声。详遵切。

緟 增益也。从糸,重声。直容切。

纕 援臂也。从糸,襄声。汝羊切。

繣 维纲,中绳。从糸,䛐声。读若画。或读若维。户圭切。

綱(纲) 维纮绳也。从糸,冈声。古郎切。𦃢,古文纲。

縜 持纲纽也。从糸,员声。《周礼》曰:"縜寸。"臣铉等曰:"縜,长寸也。"为贇切。

綅 绛线也。从糸,侵省声。《诗》曰:"贝胄朱綅。"子林切。

縷(缕) 线也。从糸,娄声。力主切。

綫(线) 缕也。从糸,戋声。私箭切。𦃰,古文线。

宂 缕一枚也。从糸,穴声。乎决切。

縫(缝) 以针紩衣也。从糸,逢声。符容切。

緁 缏衣也。从糸,疌声。七接切。䌤,緁或从习。

紩 缝也。从糸,失声。直质切。

繱 衣戚也。从糸,奭声。而沇切。

組 補縫也。从糸,且声。丈苋切。

繕(缮) 補也。从糸,善声。时战切。

絬 《論語》曰:"絬衣長,短右袂。"从糸,舌声。私列切。

纍(累) 綴得理也。一曰:大索也。从糸,畾声。力追切。

縭(缡) 以絲介履也。从糸,离声。力知切。

緱(缑) 刀劍緱也。从糸,侯声。古侯切。

繄 戟衣也。从糸,殹声。一曰:赤黑色繒。烏雞切。

縿(缫) 旌旗之斿也。从糸,参声。所衔切。

徽 衺幅也。一曰:三糾繩也。从糸,微省声。許歸切。

繲 扁緒也。一曰:弩䎽鈎帶。从糸,折声。并列切。

紉(纫) 繟繩也。从糸,刃声。女鄰切。

繩(绳) 索也。从糸,蠅省声。食陵切。

絣 紆未縈繩。一曰:急弦之聲。从糸,爭声。讀若旌。側莖切。

縈(萦) 收韏也。从糸,熒省声。於營切。

絇 纑繩絇也。从糸,句声。讀若鳩。其俱切。

縋(缒) 以繩有所县也。《春秋傳》曰:"夜縋納師。"从糸,追声。持偽切。

綣 攘臂繩也。从糸,关声。居愿切。

緘(缄) 束篋也。从糸,咸声。古咸切。

縢 緘也。从糸,朕声。徒登切。

編(编) 次簡也。从糸,扁声。布玄切。

維(维) 車蓋維也。从糸,隹声。以追切。

絥 車絥也。从糸,伏声。平祕切。茯,絥或从艸。鞴,絥或从革,葡声。

絠 乘輿馬飾也。从糸,正声。諸盈切。

綊 絠綊也。从糸,夾声。胡頰切。

緐(繁) 馬髦飾也。从糸,每声。《春秋傳》曰:"可以稱旌緐乎?"附袁切。䋣,緐或从䢅。弁,籀文弁。

繮(缰) 马纼也。从糸，畺声。居良切。

紛(纷) 马尾韬也。从糸，分声。抚文切。

紂(纣) 马緧也。从糸，肘省声。除柳切。

緧 马纣也。从糸，酋声。七由切。

絆(绊) 马絷也。从糸，半声。博幔切。

纅 绊前两足也。从糸，须声。汉令：蛮夷卒有纅。相主切。

紖(纼) 牛系也。从糸，引声。读若矤。直引切。

縼 以长绳系牛也。从糸，旋声。辞恋切。

縻 牛辔也。从糸，麻声。靡为切。絼，縻或从多。

紲(绁) 系也。从糸，世声。《春秋传》曰："臣负羁绁。"私列切。繏，绁或从枼。

纆 索也。从糸，黑声。莫北切。

緪 大索也。一曰：急也。从糸，恒声。古恒切。

繘 绠也。从糸，矞声。余聿切。㣟，古文从絲。䌔，籀文繘。

綆(绠) 汲井绠也。从糸，更声。古杏切。

絠 弹彄也。从糸，有声。弋宰切，又古亥切。

繁(缴) 生丝缕也。从糸，敫声。之若切。

繴 繴谓之䍢，䍢谓之䍤，䍤谓之罾。捕鸟覆车也。从糸，辟声。博厄切。

緡 钓鱼繁也。从糸，昏声。吴人解衣相被谓之緡。武巾切。

絮 敝绵也。从糸，如声。息据切。

絡(络) 絮也。一曰：麻未沤也。从糸，各声。卢各切。

纊(纩) 絮也。从糸，广声。《春秋传》曰："皆如挟纩。"苦谤切。絖，纩或从光。

紙(纸) 絮一苫也。从糸，氏声。诸氏切。

缹 治敝絮也。从糸，音声。芳武切。

絜 絜緼也。一曰：敝絮。从糸，奴声。《易》曰："需有衣絜。"女余切。

说文解字

繋 繋(系) 繋繉也。一曰：恶絮。从糸，殻声。古诣切。

繉 繉 繋繉也。一曰：维也。从糸，虏声。郎兮切。

緝 緝(缉) 绩也。从糸，咠声。七入切。

絘 絘 绩所缉也。从糸，次声。七四切。

績 績(绩) 缉也。从糸，责声。则历切。

纑 纑 布缕也。从糸，卢声。洛乎切。

紨 紨 布也。一曰：粗紬。从糸，付声。防无切。

繸 繸 蜀细布也。从糸，彗声。祥岁切。

絺 絺(絺) 细葛也。从糸，希声。丑脂切。

綌 綌(绤) 粗葛也。从糸，谷声。绮戟切。帣，綌或从巾。

縐 縐(绉) 絺之细也。《诗》曰："蒙彼绉絺。"一曰：蹴也。从糸，刍声。侧救切。

絟 絟 细布也。从糸，全声。此缘切。

紵 紵(纻) 檾属。细者为絟，粗者为紵。从糸，宁声。直吕切。繋，纻或从绪省。

緦 緦(缌) 十五升布也。一曰：两麻一丝布也。从糸，思声。息兹切。糸，古文緦，从糸省。

緆 緆 细布也。从糸，易声。先击切。繲，緆或从麻。

緰 緰 緰赀，布也。从糸，俞声。度侯切。

縗 縗(缞) 服衣。长六寸，博四寸，直心。从糸，衰声。仓回切。

絰 絰(绖) 丧首戴也。从糸，至声。臣铉等曰："当从侄省乃得声。"徒结切。

緶 緶 交枲也。一曰：缏衣也。从糸，便声。房连切。

絇 絇 履也。一曰：青丝头履也。读若阡陌之陌。从糸，户声。亡百切。

紺 紺 枲履也。从糸，封声。博蠓切。

繂 繂 履两枚也。一曰：绞也。从糸，从两，两亦声。力让切。

絜 絜 麻一耑也。从糸，韧声。古屑切。

繆 繆(缪) 枲之十絜也。一曰：绸缪。从糸，翏声。武彪切。

綢 綢(绸) 缪也。从糸,周声。直由切。

縕 縕(缊) 绋也。从糸,昷声。于云切。

紼 紼(绋) 乱系也。从糸,弗声。分勿切。

絣 絣 氐人殊缕布也。从糸,并声。北萌切。

紕 紕(纰) 氐人䍲也。读若《禹贡》"玭珠"。从糸,比声。卑履切。

纙 纙 西胡毳布也。从糸,罽声。居例切。

縊 縊(缢) 经也。从糸,益声。《春秋传》曰:"夷姜缢。"于赐切。

綏 綏(绥) 车中把也。从糸,从妥。徐锴曰:"礼:升车必正立执绥,所以安也。当从爪,从安省。《说文》无妥字。"息遗切。

彝 彝 宗庙常器也。从糸,糸,綦也。廾持米,器中宝也。彑声。此与爵相似。《周礼》六彝:鸡彝、鸟彝、黄彝、虎彝、虫彝、斝彝,以待祼将之礼。以脂切。𢍶、𢒉,皆古文彝。

緻 緻(致) 密也。从糸,致声。直利切。

文二百四十八　重三十一

緗 緗(缃) 帛浅黄色也。从糸,相声。息良切。

緋 緋(绯) 帛赤色也。从糸,非声。甫微切。

緅 緅 帛青赤色也。从糸,取声。子侯切。

繖 繖(伞) 盖也。从糸,散声。苏旱切。

綀 綀 布属。从糸,束声。所菹切。

縡 縡 事也。从糸,宰声。子代切。

繾 繾(缱) 繾绻,不相离也。从糸,遣声。去演切。

綣 綣(绻) 繾绻也。从糸,卷声。去阮切。

文九 新附

素 部

素 素 白致缯也。从糸、𠂹,取其泽也。凡素之属皆从素。桑故切。

𦃜 𦃜 素属。从素,卓声。居玉切。

𩭾 𩭾 白约,缟也。从素,勺声。以灼切。

说文解字

綥 綥 素属。从素,率声。所律切。

繛 綽(绰) 緩也。从素,卓声。昌约切。繛,綽或省。

繎 緩(缓) 綽也。从素,爰声。胡玩切。繎,緩或省。

文六 重二

絲 部

絲 絲(丝) 蚕所吐也。从二糸。凡丝之属皆从丝。息兹切。

轡 轡(辔) 马辔也。从丝,从軎。与连同意。《诗》曰:"六辔如丝。"兵媚切。

𢇁 𢇁 织绢从糸贯杼也。从丝省,卄声。古还切。 臣铉等曰:"卄,古礦字。"

文三

率 部

率 率 捕鸟毕也。象丝罔,上下其竿柄也。凡率之属皆从率。所律切。

文一

虫 部

虫 虫 一名蝮。博三寸,首大如擘指。象其卧形。物之微细,或行,或毛,或蠃,或介,或鳞,以虫为象。凡虫之属皆从虫。许伟切。

蝮 蝮 虫也。从虫,复声。芳目切。

螣 螣 神蛇也。从虫,朕声。徒登切。

蚺 蚺(蚺) 大蛇。可食。从虫,冄声。人占切。

螼 螼 蚓也。从虫,堇声。弃忍切。

螾 螾(蚓) 侧行者。从虫,寅声。余忍切。蚓,螾或从引。

螉 螉 虫在牛马皮者。从虫,翁声。乌红切。

· 438 ·

蟲 蝎蟲也。从虫,从声。子红切。

蠁 知声虫也。从虫,乡声。许两切。蚃,司马相如蠁从向。

蛁 虫也。从虫,召声。都僚切。

蠿 虫也。从虫,叕声。祖外切。

蛹 茧虫也。从虫,甬声。余陇切。

螝 蛹也。从虫,鬼声。读若溃。胡罪切。

蛕 腹中长虫也。从虫,有声。户恢切。

蟯（蛲） 腹中短虫也。从虫,尧声。如招切。

蠵（䲹） 似蜥蜴而大。从虫,巂声。息遗切。

虺 虺以注鸣。《诗》曰："胡为虺蜥。"从虫,兀声。臣铉等曰："兀非声,未详。"许伟切。

蜥 蜥易也。从虫,析声。先击切。

蝘 在壁曰蝘蜓,在艸曰蜥易。从虫,匽声。于殄切。蝘,蝘或从虵。

蜓 蝘蜓也。从虫,廷声。一曰:螾蜓。徒典切。

蚖 荣蚖,蛇医,以注鸣者。从虫,元声。愚袁切。

蠸 虫也。一曰:大螫也。读若蜀都布名。从虫,雚声。巨员切。

螟 虫,食谷叶者。吏冥冥犯法即生螟。从虫,从冥,冥亦声。莫经切。

蟘 虫,食苗叶者。吏乞贷则生蟘。从虫,从贷,贷亦声。《诗》曰："去其螟蟘。"臣铉等曰："今俗作蟁,非是。"徒得切。

蟣（虮） 虱子也。一曰:齐谓蛭曰蟣。从虫,幾声。居豨切。

蛭 蟣也。从虫,至声。之日切。

蝚 蝚蛖,至掌也。从虫,柔声。耳由切。

蛣 蛣蚍,蝎也。从虫,吉声。去吉切。

蚍 蛣蚍也。从虫,出声。区勿切。

蟫 白鱼也。从虫,覃声。余箴切。

蛵 丁蛵,负劳也。从虫,巠声。户经切。

蜭 毛蠹也。从虫，舀声。乎感切。

蟜 虫也。从虫，乔声。居夭切。

𧍙 毛虫也。从虫，𢦒声。千志切。

蚩 虫也。从虫，𡉚声。乌蜗切。

蚳 蚩也。从虫，氏声。巨支切。

虫(蚕) 毒虫也。象形。丑芥切。𧌒，蚕或从蚰。

蝤 蝤蛴也。从虫，酋声。字秋切。

齌(蛴) 蛴螬也。从虫，齐声。徂兮切。

蝎 蝤蛴也。从虫，曷声。胡葛切。

强 蚚也。从虫，弘声。徐锴曰："弘与强声不相近，秦刻石文从口，疑从籀文省。"巨良切。𧖔，籀文强，从蚰，从彊。

蚚 强也。从虫，斤声。巨衣切。

蜀 葵中蚕也。从虫，上目象蜀头形，中象其身蜎蜎。《诗》曰："蜎蜎者蜀。"市玉切。

蠲 马蠲也。从虫、目，益声。勹，象形。《明堂月令》曰："腐艸为蠲。"古玄切。

蛖 啮牛虫也。从虫，𤰈声。边分切。

蠖 尺蠖，屈申虫也。从虫，蒦声。乌郭切。

蠡 复陶也。刘歆说：蠡，蛂蟒子。董仲舒说：蝗子也。从虫，彖声。与专切。

蝼(蝼) 蝼蛄也。从虫，娄声。一曰：螜，天蝼。洛侯切。

蛄 蝼蛄也。从虫，古声。古乎切。

蠪 丁蚁也。从虫，龙声。卢红切。

蛾 罗也。从虫，我声。臣铉等案："《尔雅》：蛾罗，蚕蛾也。蚰部已有蠢，或作蚕，此重出。"五何切。

螘(蚁) 蚍蜉也。从虫，豈声。鱼绮切。

蚳 蚁子也。从虫，氐声。《周礼》有蚳醢。读若祁。直尼切。𧏙，籀文蚳，从蚰。𧊷，古文蚳，从辰、土。

蠜 阜蠜也。从虫,樊声。附袁切。

蟀(蟀) 悉蟀也。从虫,帅声。臣铉等曰:"今俗作蟀,非是。"所律切。

蝒 马蜩也。从虫,面声。武延切。

蟷(螳) 蟷蠰,不过也。从虫,当声。都郎切。

蠰 蟷蠰也。从虫,襄声。汝羊切。

蜋 堂蜋也。从虫,良声。一名蚚父。鲁当切。

蛸 蟲蛸,堂蜋子。从虫,肖声。相邀切。

蛢 蟥蟥,以翼鸣者。从虫,并声。薄经切。

蟥 蟥蟥也。从虫,矞声。余律切。

蟥 蟥蟥也。从虫,黄声。乎光切。

螷 蛄螷,强羋也。从虫,施声。式支切。

蛅 蛅斯,墨也。从虫,占声。职廉切。

蜆(蚬) 缢女也。从虫,见声。胡典切。

蜰 卢蜰也。从虫,肥声。符非切。

蜦 渠蜦。一曰:天社。从虫,卻声。其虐切。

蜾(蜾) 蜾蠃,蒲卢,细要土蠭也。天地之性,细要纯雄,无子。《诗》曰:"螟蛉有子,蜾蠃负之。"从虫,胬声。古火切。蜾,蜾或从果。

蠃 蜾蠃也。从虫,羸声。一曰:虎蝓。郎果切。

蠕 螟蠕,桑虫也。从虫,需声。郎丁切。

蛺(蛺) 蛺蜨也。从虫,夹声。兼叶切。

蜨(蝶) 蛺蜨也。从虫,疌声。臣铉等曰:"今俗作蝶,非是。"徒叶切。

虰 虫也。从虫,丁声。赤之切。

蝂 蝂蝥,毒虫也。从虫,般声。布还切。

蝥 蝂蝥也。从虫,孜声。臣铉等曰:"今俗作蟊,非是。蟊即蠿蟊,蜘蛛之别名也。"莫交切。

蟠 鼠妇也。从虫,番声。附袁切。

蛜 蛜威,委黍。委黍,鼠妇也。从虫,伊省声。于脂切。

蚣（蚣） 蚣蝑,以股鸣者。从虫,松声。息恭切。𧖷,蚣或省。臣铉等曰:"今俗作古红切,以为蜈蚣,虫名。"

蝑 蚣蝑也。从虫,胥声。相居切。

蟅 虫也。从虫,庶声。之夜切。

蝗 螽也。从虫,皇声。乎光切。

蜩 蝉也。从虫,周声。《诗》曰:"五月鸣蜩。"徒聊切。蜩,蜩或从舟。

蟬（蝉） 以旁鸣者。从虫,单声。市连切。

蜺 寒蜩也。从虫,兒声。五鸡切。

螇 螇鹿,蛁蟟也。从虫,奚声。胡鸡切。

蚗 虰蚗,蛁蟟也。从虫,夬声。于悦切。

蚰 虰蚗,蝉属。读若周天子赧。从虫,丏声。武延切。

蛚 蜻蛚也。从虫,列声。良薛切。

蜻 蜻蛚也。从虫,青声。子盈切。

蛉 蜻蛉也。从虫,令声。一名桑根。郎丁切。

蠓 蠛蠓也。从虫,蒙声。莫孔切。

螶 聂螶也。一曰:蜉游。朝生莫死者。从虫,𠭰声。离灼切。

蚋 秦晋谓之蚋,楚谓之蚊。从虫,芮声。而锐切。

蟰（蟰） 蟰蛸,长股者。从虫,肃声。稣雕切。

蟖 虫也。从虫,省声。息正切。

蜉 商何也。从虫,孚声。力辍切。

蜡 蝇胆也。《周礼》:蜡氏掌除骴。从虫,昔声。鉏驾切。

蝡 动也。从虫,耎声。而沇切。

蚑 行也。从虫,支声。巨支切。

蠉 虫行也。从虫,睘声。香沇切。

虫 虫曳行也。从虫,中声。读若骋。丑善切。

螸 螽丑螸,垂腴也。从虫,欲声。余足切。

蝙 蝇丑蝙,摇翼也。从虫,扇声。式战切。

蜕 蛇蝉所解皮也。从虫，挩省。输芮切。

蚅 螫也。从虫，若省声。呼各切。

螫 虫行毒也。从虫，赦声。施只切。

蛋 跃也。从虫，亚声。乌各切。

蛘（痒） 搔蛘也。从虫，羊声。余两切。

蝕（蚀） 败创也。从虫、人、食，食亦声。乘力切。

蛟 龙之属也。池鱼满三千六百，蛟来为之长，能率鱼飞。置笱水中，即蛟去。从虫，交声。古肴切。

螭 若龙而黄，北方谓之地蝼。从虫，离声。或云：无角曰螭。丑知切。

虬 龙子有角者。从虫，丩声。渠幽切。

蜦 蛇属，黑色，潜于神渊，能兴风雨。从虫，仑声。读若戾艸。力屯切。䗛，蜦或从戾。

蠊 海虫也，长寸而白，可食。从虫，兼声。读若嗛。力盐切。

蜃 雉入海，化为蜃。从虫，辰声。时忍切。

蛤 蜃属。有三，皆生于海。千岁化为蛤，秦谓之牡厉。又云：百岁燕所化。魁蛤，一名复累，老服翼所化。从虫，合声。古沓切。

蠭 阶也。脩为蠭，圜为蠣。从虫、库。臣铉等曰："今俗作蚄，或作䗪，非是。"蒲猛切。

蜗（蜗） 蜗蠃也。从虫，呙声。亡华切。

蚌 蜃属。从虫，丰声。步项切。

蠣 蚌属。似蠊，微大，出海中，今民食之。从虫，万声。读若赖。力制切。

蝓 虒蝓也。从虫，俞声。羊朱切。

蜎 蜎也。从虫，肙声。在沇切。

蟺 夗蟺也。从虫，亶声。常演切。

蟉 蟉螑也。从虫，幽声。于虬切。

蟉 蟉蟉也。从虫，翏声。力幽切。

蛰（蛰） 藏也。从虫，执声。直立切。

蚨 青蚨，水虫，可还钱。从虫，夫声。房无切。

蜠 蜠䗢，詹诸，以脰鸣者。从虫，匊声。居六切。

蝦（虾） 虾蟆也。从虫，叚声。乎加切。

蟆 虾蟆也。从虫，莫声。莫遐切。

蠵 大龟也。以胃鸣者。从虫，巂声。户圭切。蠵，司马相如说：蠵从夐。

蟦 蟦离也。从虫，渐省声。慈染切。

蟹 有二敖八足，旁行，非蛇鲜之穴，无所庇。从虫，解声。胡买切。蠏，蟹或从鱼。

蛫 蟹也。从虫，危声。过委切。

蜮（蜮） 短狐也。似鳖，三足，以气射害人。从虫，或声。于逼切。蜮，蜮又从国。臣铉等曰："今俗作古获切，以为虾蟆之别名。"

蜥（鳄） 似蜥易，长一丈，水潜，吞人即浮，出日南。从虫，屰声。吾各切。

蝄（魍） 蝄蜽，山川之精物也。淮南王说：蝄蜽，状如三岁小儿，赤黑色，赤目，长耳，美发。从虫，网声。《国语》曰："木石之怪，夔、蝄蜽。"文两切。

蜽（魉） 蝄蜽也。从虫，两声。臣铉等曰："今俗别作魍魉，非是。"良奖切。

蝯（猿） 善援，禺属。从虫，爰声。臣铉等曰："今俗别作猿，非是。"雨元切。

蠷 禺属。从虫，瞿声。直角切。

蜼 如母猴，卬鼻，长尾。从虫，隹声。余季切。

蚼 北方有蚼犬，食人。从虫，句声。古厚切。

蛩 蛩蛩，兽也。一曰：秦谓蝉蜕曰蛩。从虫，巩声。渠容切。

蟨 鼠也。一曰：西方有兽，前足短，与蛩蛩、巨虚比，其名谓之蟨。从虫，厥声。居月切。

蝙 蝙蝠也。从虫，扁声。布玄切。

蝠 蝙蝠，服翼也。从虫，畐声。方六切。

蠻(蛮) 南蛮。蛇种。从虫，䜌声。莫还切。

閩(闽) 东南越。蛇种。从虫，门声。武巾切。

虹 螮蝀也，状似虫。从虫，工声。《明堂月令》曰："虹始见。"户工切。𧍕，籀文虹，从申。申，电也。

螮 螮蝀，虹也。从虫，带声。都计切。

蝀(蝀) 螮蝀也。从虫，东声。多贡切。

蠥 衣服、歌谣、艸木之怪，谓之祅；禽兽、虫蝗之怪，谓之蠥。从虫，辥声。鱼列切。

文一百五十三　重十五

蜑 南方夷也。从虫，延声。徒旱切。

蟪 蟪蛄，蝉也。从虫，惠声。曰械切。

蠛 蠛蠓，细虫也。从虫，蔑声。亡结切。

蚱(蚱) 蚱蜢，艸上虫也。从虫，乇声。陟格切。

蜢 蚱蜢也。从虫，孟声。莫杏切。

蟋 蟋蟀也。从虫，悉声。息七切。

螳 螳蜋也。从虫，堂声。徒郎切。

文七新附

说文解字弟十三　上

说文解字弟十三下

汉太尉祭酒　许慎 记
宋右散骑常侍　徐铉等 校定

蚰　部

蚰　虫之总名也。从二虫。凡蚰之属皆从蚰。读若昆。古魂切。

蠶(蚕)　任丝也。从蚰，朁声。昨含切。

蛾(蛾)　蚕化飞虫。从蚰，我声。五何切。𧒽，或从虫。

蚤(蚤)　啮人跳虫。从蚰，叉声。叉，古爪字。子皓切。𧕥，蚤或从虫。

蝨(虱)　啮人虫。从蚰，孔声。所栉切。

螽(螽)　蝗也。从蚰，夂声。夂，古文终字。职戎切。蟓，螽或从虫、众声。

蜃　虫也。从蚰，展省声。知衍切。

蠚　小蝉蜩也。从蚰，截声。子列切。

蠿　蠿蟊，作罔蛛蟊也。从蚰，𢇍声。𢇍，古绝字。侧八切。

蟊　蠿蟊也。从蚰，矛声。莫交切。

𧕥　虫也。从蚰，𠃊声。奴丁切。

蠧(蠨)　蛸蠨也。从蚰，曹声。财牢切。

蠚　蝼蛄也。从蚰，𥀽声。胡葛切。

蟲　蟲蛸也。从蚰，卑声。匹标切。𧖅，蟲或从虫。

蠭(蜂)　飞虫螫人者。从蚰，逢声。敷容切。𧖅，古文省。

蠠(蜜)　蜂甘饴也。一曰：螟子。从蚰，鼏声。弥必切。𧖈，蠠或从宓。

螶　螶蟝也。从蚰，巨声。强鱼切。

蟁(蚊)　啮人飞虫。从蚰，民声。无分切。蟁，蟁或从昏，以昏时出也。𧖅，俗蟁从虫，从文。

蝱(虻)　啮人飞虫。从蚰，亡声。武庚切。

蠹　木中虫。从蚰，橐声。当故切。蠹，蠹或从木，象虫在木中形。谭长说。

蠡　虫啮木中也。从蚰，彖声。卢启切。蠡，古文。

蟊　多足虫也。从蚰，求声。巨鸠切。蟊，蟊或从虫。

蠢(蜉)　蚍蠹也。从蚰，橐声。缚牟切。蜉，蠹或从虫，从孚。

䗳　虫食也。从蚰，隽声。子兖切。

蠢　虫动也。从蚰，春声。尺尹切。䗞，古文蠢，从戈。《周书》曰："我有戬于西。"

文二十五　重十三

蟲　部

蟲(虫)　有足谓之蟲，无足谓之豸。从三虫。凡蟲之属皆从蟲。直弓切。

蟊(蟊)　蟲食艸根者。从蟲，象其形。吏抵冒取民财则生。徐锴曰："唯此一字象虫形，不从矛，书者多误。"莫浮切。蟊，蟊或从敄。臣铉等按："虫部已有，莫交切，作蟹螯虫。此重出。"蟊，古文蟊，从虫，从牟。

蠶(蚍)　蚍蜉，大蚁也。从蟲，比声。房脂切。蚍，蠶或从虫，比声。

蠠　蚊也。从蟲，䖵声。武巾切。

蠹(蜚)　臭蟲，负蠜也。从蟲，非声。房未切。蜚，蠹或从虫。

蠱(蛊)　腹中蟲也。《春秋传》曰："皿蟲为蛊。""晦淫之所生也。"枭桀死之鬼亦为蛊。从蟲，从皿。皿，物之用也。公户切。

文六　重四

風　部

風(风)　八风也。东方曰明庶风，东南曰清明风，南方曰景风，西南曰凉风，西方曰阊阖风，西北曰不周风，北方曰广莫风，东北曰融风。风动虫生，故虫八日而化。从虫，凡声。凡风之

说文解字

属皆从风。方戎切。𩙿,古文风。

飅 北风谓之飅。从风,凉省声。吕张切。

颭 小风也。从风,术声。翾聿切。

飙(飙) 扶摇风也。从风,猋声。甫遥切。𩘀,飙或从包。

飘(飘) 回风也。从风,票声。抚招切。

飒(飒) 翔风也。从风,立声。稣合切。

飂 高风也。从风,翏声。力求切。

颰 疾风也。从风,从忽,忽亦声。呼骨切。

颭 大风也。从风,胃声。王勿切。

飑 大风也。从风,日声。于笔切。

飏(飏) 风所飞扬也。从风,易声。与章切。

颲 风雨暴疾也。从风,利声。读若栗。力质切。

颲 烈风也。从风,列声。读若列。良薛切。

文十三 重二

飔(飔) 凉风也。从风,思声。息兹切。

飕(飕) 飕飕也。从风,叟声。所鸠切。

颭(飐) 风吹浪动也。从风,占声。只冉切。

文三新附

它　部

它(蛇) 虫也。从虫而长,象冤曲垂尾形。上古艹居患它,故相问无它乎。凡它之属皆从它。托何切。虵,它或从虫。臣铉等曰:"今俗作食遮切。"

文一 重一

龟　部

龟(龟) 旧也。外骨内肉者也。从它,龟头与它头同。天地之性,广肩无雄,龟鳖之类,以它为雄。象足、甲、尾之形。凡龟之属皆从龟。居追切。𠁈，古文龟。

𦉢 龟名。从龟，夂声。夂，古文终字。徒冬切。

𦉣 龟甲边也。从龟，冄声。天子巨𦉣尺有二寸，诸侯尺，大夫八寸，士六寸。汝阎切。

文三　重一

黾　部

黾（黾）蛙黾也。从它，象形。黾头与它头同。臣铉等曰："象其腹也。"凡黾之属皆从黾。莫杏切。𪓴，籀文黾。

鼈（鳖）甲虫也。从黾，敝声。并列切。

鼋（鼋）大鳖也。从黾，元声。愚袁切。

鼃（蛙）虾蟆也。从黾，圭声。乌娲切。

鼀 圥鼀，詹诸也。其鸣詹诸，其皮鼀鼀，其行圥圥。从黾，从圥，圥亦声。七宿切。𪓰，鼀或从酋。

鼅 鼅鼄，詹诸也。《诗》曰："得此鼅鼄。"言其行鼅鼅。从黾，尔声。式支切。

鼍（鼍）水虫。似蜥易，长大。从黾，单声。徒何切。

䴎 水虫也。薉貉之民食之。从黾，奚声。胡鸡切。

鼌 䴎属。头有两角，出辽东。从黾，句声。其俱切。

蝇（蝇）营营青蝇。虫之大腹者。从黾，从虫。余陵切。

鼅（蜘）鼅鼄，蟊也。从黾，𥏫省声。陟离切。𧕁，或从虫。

鼄（蛛）鼅鼄也。从黾，朱声。陟输切。蛛，鼄或从虫。

鼂（晁）匽鼂也。读若朝。杨雄说：匽鼂，虫名。杜林以为朝旦，非是。从黾，从旦。臣铉等曰："今俗作晁。"直遥切。鼂，篆文从皂。

文十三　重五

鳌（鳌）海大鳖也。从黾，敖声。五牢切。

文一新附

卵 部

卵 凡物无乳者卵生。象形。凡卵之属皆从卵。卢管切。
毈 卵不孚也。从卵，段声。徒玩切。

文二

二 部

二 地之数也。从偶一。凡二之属皆从二。而至切。弍，古文。
亟 敏疾也。从人，从口，从又，从二。二，天地也。徐锴曰："承天之时，因地之利，口谋之，手执之，时不可失，疾也。"纪力切，又去吏切。
恒 常也。从心，从舟，在二之间上下。心以舟施，恒也。胡登切。 亙，古文恒，从月。《诗》曰："如月之恒。"
亘 求亘也。从二，从囘。囘，古文回，象亙回形，上下，所求物也。徐锴曰："回风回转，所以宣阴阳也。"须缘切。
竺 厚也。从二，竹声。冬毒切。
凡 最括也。从二。二，偶也。从㐅。㐅，古文及。浮芝切。

文六 重二

土 部

土 地之吐生物者也。二象地之下、地之中，物出形也。凡土之属皆从土。它鲁切。
地 元气初分，轻清阳为天，重浊阴为地，万物所陈列也。从土，也声。徒内切。墬，籀文地，从隊。
坤 地也。《易》之卦也。从土，从申。土位在申。苦昆切。
垓 兼垓八极地也。《国语》曰："天子居九垓之田。"从土，亥声。古哀切。
墺 四方土可居也。从土，奥声。于六切。㙣，古文墺。

堣 堣夷，在冀州阳谷。立春日，日值之而出。从土，禺声。《尚书》曰："宅堣夷。"噳俱切。

坶 朝歌南七十里地。《周书》："武王与纣战于坶野。"从土，母声。莫六切。

坡 阪也。从土，皮声。滂禾切。

坪 地平也。从土、平，平亦声。皮命切。

均 平徧也。从土，从匀，匀亦声。居匀切。

壤 柔土也。从土，襄声。如两切。

塙 坚不可拔也。从土，高声。苦角切。

墽 硗也。从土，敫声。口交切。

壚（垆）刚土也。从土，卢声。洛乎切。

垟 赤刚土也。从土，觲省声。息营切。

埴 黏土也。从土，直声。常职切。

坴 土块坴坴也。从土，圥声。读若逐。一曰：坴梁。力竹切。

壼 土也。洛阳有大壼里。从土，军声。户昆切。

墣 块也。从土，菐声。匹角切。卜，墣或从卜。

凷（块）墣也。从土，一屈象形。苦对切。塊，凷或从鬼。

堛 块也。从土，畐声。芳逼切。

塺 种也。一曰：内其中也。从土，㚇声。子红切。

塍 稻中畦也。从土，朕声。食陵切。

坺 治也。一曰：臿土谓之坺。《诗》曰："武王载坺。"一曰：尘貌。从土，犮声。蒲拨切。

垼 陶灶窗也。从土，役省声。营只切。

基 墙始也。从土，其声。居之切。

垣 墙也。从土，亘声。雨元切。𩫖，籀文垣，从𩫖。

圪 墙高也。《诗》曰："崇墉圪圪。"从土，气声。鱼迄切。

堵 垣也。五版为一堵。从土，者声。当古切。𩫵，籀文从𩫖。

壁 垣也。从土，辟声。比激切。

451

墎 墏 周垣也。从土，尞声。力沼切。

墆 墆 壁间隙也。从土，曷声。读若谒。鱼列切。

垺 垺 卑垣也。从土，孚声。力辍切。

堪 堪 地突也。从土，甚声。口含切。

堀 堀 突也。《诗》曰："蜉蝣堀阅。"从土，屈省声。苦骨切。

堂 堂 殿也。从土，尚声。徒郎切。𡊒，古文堂。㙶，籀文堂，从高省。

垛 垛 堂塾也。从土，朵声。丁果切。

坫 坫 屏也。从土，占声。都念切。

塶 塶 涂也。从土，瀧声。臣铉等案：水部已有，此重出。力畖切。

垷 垷 涂也。从土，见声。胡典切。

墐 墐 涂也。从土，堇声。渠吝切。

墍 墍 仰涂也。从土，既声。其冀切。

垩 垩(垩) 白涂也。从土，亚声。乌各切。

墀 墀 涂地也。从土，犀声。礼：天子赤墀。直泥切。

墼 墼 瓴适也。一曰：未烧也。从土，毄声。古历切。

坌 坌 扫除也。从土，弁声。读若粪。方问切。

埽 埽(扫) 弃也。从土，从帚。稣老切。

在 在 存也。从土，才声。昨代切。

坐 坐(坐) 止也。从土，从留省。土，所止也，此与留同意。徂卧切。
   𡈼，古文坐。

坻 坻 箸也。从土，氏声。诸氏切。

填 填 塞也。从土，真声。陟邻切，今待年切。

坦 坦 安也。从土，旦声。他但切。

坒 坒 地相次比也。卫大夫贞子名坒。从土，比声。毗至切。

堤 堤 滞也。从土，是声。丁礼切。

壎 壎(埙) 乐器也。以土为之，六孔。从土，熏声。况袁切。

封 封 爵诸侯之土也。从之，从土，从寸，守其制度也。公侯百里，
   伯七十里，子男五十里。徐锴曰："各之其土也。会意。"府容切。𡉚，

古文封省。𡉚，籀文从丰。

璽(玺) 王者印也，所以主土。从土，爾声。斯氏切。𪭢，籀文从玉。

墨 书墨也。从土，从黑，黑亦声。莫北切。

垸 以桼和灰而鬃也。从土，完声。一曰：补垸。胡玩切。

型 铸器之法也。从土，刑声。户经切。

埻 射臬也。从土，臺声。读若准。之允切。

塒(埘) 鸡栖垣为塒。从土，时声。市之切。

城 以盛民也。从土，从成，成亦声。氏征切。𩫨，籀文城，从𩫏。

墉 城垣也。从土，庸声。余封切。𩫖，古文墉。

堞 城上女垣也。从土，枼声。徒叶切。

坎 陷也。从土，欠声。苦感切。

墊(垫) 下也。《春秋传》曰："垫隘。"从土，执声。都念切。

坁 小渚也。《诗》曰："宛在水中坁。"从土，氏声。直尼切。汦，坁或从水、从氏。渚，坁或从水，从者。

塛 下入也。从土，暴声。敕立切。

垎 水干也。一曰：坚也。从土，各声。胡格切。

垐 以土增大道上。从土，次声。疾资切。垊，古文垐，从土，即。《虞书》曰："龙，朕堲谗说殄行。"堲，疾恶也。

增 益也。从土，曾声。作滕切。

埤 增也。从土，卑声。符支切。

坿 益也。从土，付声。符遇切。

塞 隔也。从土，从𡎸。先代切。

圣 汝颖之间谓致力于地曰圣。从土，从又。读若兔窟。苦骨切。

垍 坚土也。从土，自声。读若㥚。其冀切。

俶 气出土也。一曰：始也。从土，叔声。昌六切。

埵 坚土也。从土，垂声。读若朵。丁果切。

墋 地也。从土，曼声。子林切。

堅 土积也。从土，从聚省。才句切。

墿 保也,高土也。从土,睪声。读若毒。都皓切。

培 培敦。土田山川也。从土,咅声。薄回切。

埩 治也。从土,争声。疾郢切。

墇 拥也。从土,章声。之亮切。

㘞 遏遮也。从土,則声。初力切。

垠 地垠也。一曰:岸也。从土,艮声。语斤切。圻,垠或从斤。

墠(㙜) 野土也。从土,单声。常衍切。

垑 恀也。从土,多声。尺氏切。

壘(垒) 军壁也。从土,畾声。力委切。

垝 毁垣也。从土,危声。《诗》曰:"乘彼垝垣。"过委切。陒,垝或从阜。

圮 毁也。《虞书》曰:"方命圮族。"从土,己声。符鄙切。𡉏,圮或从手、从非,配省声。

垔 塞也。《尚书》曰:"鯀垔洪水。"从土,西声。于真切。𠳋,古文垔。

塹(堑) 阬也。一曰:大也。从土,斩声。七艳切。

埂 秦谓阬为埂。从土,更声。读若井汲绠。古杏切。

壙(圹) 堑穴也。一曰:大也。从土,广声。苦谤切。

塏(垲) 高燥也。从土,豈声。苦亥切。

毁 缺也。从土,毇省声。许委切。譭,古文毁,从壬。

壓(压) 坏也。一曰:塞补。从土,厌声。乌狎切。

壞(坏) 败也。从土,褱声。下怪切。𡏇,古文坏省。𡍩,籀文坏。臣铉等按:"支部有𢾕,此重出。"

坷 坎坷也。梁国宁陵有坷亭。从土,可声。康我切。

塷 坏也。从土,虖声。呼讶切。陱,塷或从阜。

坼 裂也。《诗》曰:"不坼不疈。"从土,斥声。丑格切。

坱 尘埃也。从土,央声。于亮切。

塺 尘也。从土,麻声。亡果切。

㙻 塿（塿）塺土也。从土，娄声。洛侯切。

坋 坋 尘也。从土，分声。一曰：大防也。房吻切。

㙃 㙃 尘也。从土，非声。房未切。

埃 埃 尘也。从土，矣声。乌开切。

㘎 㘎 尘埃也。从土，殹声。乌鸡切。

垽 垽 淀也。从土，听声。鱼仅切。

垢 垢 浊也。从土，后声。古厚切。

壒 壒 天阴尘也。《诗》曰："壒壒其阴。"从土，壹声。于计切。

坯 坏 丘再成者也。一曰：瓦未烧。从土，不声。芳杯切。

垤 垤 蚁封也。《诗》曰："鹳鸣于垤。"从土，至声。徒结切。

坦 坦 益州部谓蚓场曰坦。从土，且声。七余切。

圿 圿 徒隶所居也。一曰：女牢。一曰：亭部。从土，月声。古泫切。

𪗪 𪗪 囚突出也。从土，㕚声。胡八切。

瘞 瘞（瘗）幽薶也。从土，㾞声。于罽切。

堋 堋 丧葬下土也。从土，朋声。《春秋传》曰："朝而堋。"《礼》谓之封，《周官》谓之窆。《虞书》曰："堋淫于家。"方邓切。

垗 垗 畔也。为四时界，祭其中。《周礼》曰："垗五帝于四郊。"从土，兆声。治小切。

塋 塋（茔）墓也。从土，荧省声。余倾切。

墓 墓 丘也。从土，莫声。莫故切。

墳 墳（坟）墓也。从土，贲声。符分切。

壟 壟（垄）丘垄也。从土，龙声。力踵切。

壇 壇（坛）祭场也。从土，亶声。徒干切。

場 場（场）祭神道也。一曰：田不耕。一曰：治谷田也。从土，昜声。直良切。

圭 圭 瑞玉也，上圜下方。公执桓圭，九寸。侯执信圭，伯执躬圭，皆七寸。子执谷璧，男执蒲璧，皆五寸。以封诸侯。从重土。楚爵有执圭。古畦切。珪，古文圭，从玉。

圯 东楚谓桥为圯。从土,巳声。与之切。

垂 远边也。从土,巫声。是为切。

堀 兔堀也。从土,屈声。苦骨切。

文一百三十一　重二十六

塗(涂) 泥也。从土,涂声。同都切。

塓 涂也。从土,冥声。莫狄切。

埏 八方之地也。从土,延声。以然切。

場(场) 疆也。从土,易声。羊益切。

境 疆也。从土,竟声。经典通用竟。居领切。

塾 门侧堂也。从土,孰声。殊六切。

墾(垦) 耕也。从土,豤声。康很切。

塘 隄也。从土,唐声。徒郎切。

坳 地不平也。从土,幼声。于交切。

塕 尘也。从土,盖声。于盖切。

墜(坠) 陊也。从土,队声。古通用磙。直类切。

塔 西域浮屠也。从土,荅声。土盍切。

坊 邑里之名。从土,方声。古通用埅。府良切。

文十三 新附

垚　部

垚 土高也。从三土。凡垚之属皆从垚。吾聊切。

堯(尧) 高也。从垚在兀上,高远也。吾聊切。𡕩,古文尧。

文二　重一

堇　部

堇 黏土也。从土,从黄省。凡堇之属皆从堇。巨斤切。𦰩、𦰶,皆古文堇。

艱(艰) 土难治也。从堇,艮声。古闲切。𥋐,籀文艰,从喜。

里　部

里　居也。从田，从土。凡里之属皆从里。良止切。
釐（厘）家福也。从里，嫠声。里之切。
野　郊外也。从里，予声。羊者切。𡐨，古文野，从里省，从林。

文三　重一

田　部

田　陈也。树谷曰田，象四口；十，阡陌之制也。凡田之属皆从田。待年切。
町　田践处曰町。从田，丁声。他顶切。
畡　城下田也。一曰：畡，邻也。从田，臾声。而缘切。
畴（畴）耕治之田也。从田，象耕屈之形。直由切。𠐍，畴或省。
疁　烧种也。汉律曰："疁田茠艸。"从田，翏声。力求切。
畬　三岁治田也。《易》曰："不菑畬田。"从田，余声。以诸切。
㽥　和田也。从田，柔声。耳由切。
畸　残田也。从田，奇声。居宜切。
𤲳　残田也。《诗》曰："天方荐𤲳。"从田，差声。昨何切。
畮（亩）六尺为步，步百为畮。从田，每声。莫厚切。𤱈，畮或从田、十、久。臣铉等曰："十，四方也。久声。"
甸　天子五百里地。从田，包省。堂练切。
畿　天子千里地。以远近言之，则言畿也。从田，几省声。巨衣切。
畦　田五十亩曰畦。从田，圭声。户圭切。
畹　田三十亩也。从田，宛声。于阮切。
畔　田界也。从田，半声。薄半切。
畍（界）境也。从田，介声。古拜切。

阰 阰 境也。一曰，陌也。赵魏谓陌为阰。从田，亢声。古郎切。

畷 畷 两陌间道也，广六尺。从田，叕声。陟劣切。

畛 畛 井田间陌也。从田，㐱声。之忍切。

畤 畤 天地五帝所基址，祭地。从田，寺声。右扶风有五畤。好畤、鄜畤，皆黄帝时祭，或曰：秦文公立也。周市切。

略 略 经略土地也。从田，各声。乌约切。

當 當（当） 田相值也。从田，尚声。都郎切。

畯 畯 农夫也。从田，夋声。子峻切。

甿 甿 田民也。从田，亡声。武庚切。

畇 畇 轹田也。从田，粦声。良刃切。

留 留 止也。从田，丣声。力求切。

畜 畜 田畜也。《淮南子》曰："玄田为畜。"丑六切。𢏺，《鲁郊礼》：畜从田，从兹。兹，益也。

疃 疃 禽兽所践处也。《诗》曰："町疃鹿场。"从田，童声。土短切。

畼 畼（畅） 不生也。从田，易声。臣铉等曰："借为通畼之畼。今俗别作畅，非是。"丑亮切。

文二十九 重三

畕 部

畕 畕 比田也。从二田。凡畕之属皆从畕。居良切。

畺 畺（疆） 界也。从畕，三，其界画也。居良切。䪺，畺或从彊、土。

文二 重一

黄 部

黄 黄 地之色也。从田，从炗，炗亦声。炗，古文光。凡黄之属皆从黄。乎光切。𡕛，古文黄。

黇 黇 赤黄也。一曰：轻易人黇㚥也。从黄，夹声。许兼切。

黆 黆 黄黑色也。从黄，耑声。他耑切。

黈 黈 青黄色也。从黄，有声。呼罪切。
黇 黇 白黄色也。从黄，占声。他兼切。
黊 黊 鲜明黄也。从黄，圭声。户圭切。

文六　重一

男　部

男 男 丈夫也。从田，从力。言男用力于田也。凡男之属皆从男。那含切。
舅 舅 母之兄弟为舅，妻之父为外舅。从男，臼声。其久切。
甥 甥 谓我舅者，吾谓之甥也。从男，生声。所更切。

文三

力　部

力 力 筋也。象人筋之形。治功曰力，能圉大灾。凡力之属皆从力。林直切。
勳 勳(勋) 能成王功也。从力，熏声。许云切。勋，古文勳，从员。
功 功 以劳定国也。从力，从工，工亦声。古红切。
助 助 左也。从力，且声。床倨切。
勴 勴 助也。从力，从非，慮声。良倨切。
勑 勑 劳也。从力，来声。洛代切。
劼 劼 慎也。从力，吉声。《周书》曰："汝劼毖殷献臣。"巨乙切。
務 務(务) 趣也。从力，敄声。亡遇切。
勥 勥 迫也。从力，强声。巨良切。勥，古文，从彊。
勱 勱(劢) 勉力也。《周书》曰："用勱相我邦家。"读若万，从力，万声。莫话切。
劂 劂 勥也。从力，厥声。瞿月切。
勍 勍 强也。《春秋传》曰："勍敌之人。"从力，京声。渠京切。
勁 勁(劲) 强也。从力，巠声。吉正切。

勉　强也。从力,免声。亡辨切。

劭　勉也。从力,召声。读若舜乐《韶》。寔照切。

勖　勉也。《周书》曰:"勖哉夫子。"从力,冒声。许玉切。

勸(劝)　勉也。从力,藿声。去愿切。

勝(胜)　任也。从力,朕声。识蒸切。

劈　發也。从力,从彻,彻亦声。臣铉等曰:"今俗作撤,非是。"丑列切。

勠　并力也。从力,翏声。力竹切。

勨　繇缓也。从力,象声。余两切。

動(动)　作也。从力,重声。徒总切。䢔,古文动,从辵。

勛　推也。从力,晶声。卢对切。

劣　弱也。从力,少声。力辍切。

勞(劳)　剧也。从力,熒省。熒,火烧冂,用力者劳。鲁刀切。𢥁,古文劳,从悉。

勮　务也。从力,豦声。其据切。

勍　尤极也。从力,克声。苦得切。

勩　劳也。《诗》曰:"莫知我勩。"从力,貰声。余制切。

勦(剿)　劳也。《春秋传》曰:"安用剿民。"从力,巢声。小子切,又楚交切。

券　劳也。从力,卷省声。臣铉等曰:"今俗作倦,义同。"渠卷切。

勤　劳也。从力,堇声。巨巾切。

加　语相增加也。从力,从口。古牙切。

勢　健也。从力,敖声。读若豪。五牢切。

勇　气也。从力,甬声。余陇切。戓,勇或从戈、用。恿,古文勇,从心。

勃　排也。从力,孛声。蒲没切。

勡　劫也。从力,票声。匹眇切。

劫　人欲去,以力胁止曰劫。或曰:以力止去曰劫。居怯切。

飭(饬)　致坚也。从人,从力,食声。读若敕。耻力切。

劾 法有罪也。从力,亥声。胡概切。
募 广求也。从力,莫声。莫故切。

文四十　重六

劬 劳也。从力,句声。其俱切。
势(势) 盛力权也。从力,执声。经典通用埶。舒制切。
勘 校也。从力,甚声。苦绀切。
辦(办) 致力也。从力,弃声。蒲苋切。

文四 新附

劦　部

劦 同力也。从三力。《山海经》曰:"惟号之山,其风若劦。"凡劦之属皆从劦。胡颊切。
协 同心之和也。从劦,从心。胡颊切。
勰 同思之和也。从劦,从思。胡颊切。
協(协叶) 众之同和也。从劦,从十。臣铉等曰:"十,众也。"胡颊切。叶,古文协,从曰、十。叶,或从口。

文一　重五

说文解字弟十三　下

说文解字弟十四 上

汉太尉祭酒　许慎 记
宋右散骑常侍　徐铉等 校定

五十一部　六百三文　重七十四　凡八千七百一十七字
　　　　　文十八 新附

金　部

金 金 五色金也。黄为之长。久薶不生衣，百炼不轻，从革不违。西方之行。生于土，从土；左右注，象金在土中形；今声。凡金之属皆从金。居音切。𨰻，古文金。

鋃 银(银) 白金也。从金，艮声。语巾切。

鐐 镣(镣) 白金也。从金，尞声。洛萧切。

鋈 鋈 白金也。从金，𣵽省声。乌酷切。

鉛 铅(铅) 青金也。从金，㕣声。与专切。

錫 锡(锡) 银铅之间也。从金，易声。先击切。

釾 釾 锡也。从金，引声。羊晋切。

銅 铜(铜) 赤金也。从金，同声。徒红切。

鏈 链(链) 铜属。从金，连声。力延切。

鐵 铁(铁) 黑金也。从金，𢧜声。天结切。鐡，铁或省。銕，古文铁，从夷。

錯 锴(锴) 九江谓铁曰锴。从金，皆声。苦骇切。

鋚 鋚 铁也。一曰：辔首铜。从金，攸声。以周切。

鏤 镂(镂) 刚铁，可以刻镂。从金，娄声。《夏书》曰："梁州贡镂。"一曰：镂，釜也。卢候切。

鐼 鐼 铁属。从金，贲声。读若熏。火运切。

· 462 ·

说文解字弟十四上

銑 銑(铣) 金之泽者。一曰：小凿。一曰：钟两角谓之铣。从金，先声。稣典切。

鋻 鋻 刚也。从金，臤声。古甸切。

鑗 鑗 金属。一曰：剥也。从金，黎声。郎兮切。

錄 錄(录) 金色也。从金，录声。力玉切。

鑄 鑄(铸) 销金也。从金，寿声。之戍切。

銷 銷(销) 铄金也。从金，肖声。相邀切。

鑠 鑠(铄) 销金也。从金，乐声。书药切。

鍊 鍊(炼) 冶金也。从金，柬声。郎甸切。

釘 釘(钉) 炼鉼黄金。从金，丁声。当经切。

錮 錮(锢) 铸塞也。从金，固声。古慕切。

鑲 鑲(镶) 作型中肠也。从金，襄声。汝羊切。

鎔 鎔(镕熔) 冶器法也。从金，容声。余封切。

鋏 鋏(铗) 可以持冶器铸镕者。从金，夹声。读若渔人芙鱼之芙。一曰：若挟持。古叶切。

鍛 鍛(锻) 小冶也。从金，段声。丁贯切。

鋌 鋌(铤) 铜铁朴也。从金，廷声。徒鼎切。

鐃 鐃 铁文也。从金，晓声。呼鸟切。

鏡 鏡(镜) 景也。从金，竟声。居庆切。

鉹 鉹 曲鉹也。从金，多声。一曰：鸄鼎。读若摘。一曰：《诗》云："侈兮哆兮。"尺氏切。

鈃 鈃(钘) 似钟而颈长。从金，开声。户经切。

鍾 鍾(钟锺) 酒器也。从金，重声。职容切。

鑑 鑑(鉴) 大盆也。一曰：监诸，可以取明水于月。从金，监声。革忏切。

鐈 鐈 似鼎而长足。从金，乔声。巨娇切。

鐆 鐆 阳鐆也。从金，队声。徐醉切。

鋞 鋞 温器也。圜直上。从金，巠声。户经切。

鑴 鑴 觜也。从金，巂声。户圭切。

鑊（镬） 鑴也。从金，蒦声。胡郭切。

鍑 釜大口者。从金，复声。方副切。

鍪 鍑属。从金，敄声。莫浮切。

錪 朝鲜谓釜曰錪。从金，典声。他典切。

銼（锉） 鍑也。从金，坐声。昨禾切。

鑹 锉鑹也。从金，羸声。鲁戈切。

鉶（铏） 器也。从金，刑声。户经切。

鎬（镐） 温器也。从金，高声。武王所都，在长安西上林苑中，字亦如此。乎老切。

鏖 温器也。一曰：金器。从金，麀声。於刀切。

銚（铫） 温器也。一曰：田器。从金，兆声。以招切。

鋀 酒器也。从金，豆象器形。大口切。豆，豆或省金。

鐎 鐎斗也。从金，焦声。即消切。

鋗（销） 小盆也。从金，肙声。火玄切。

鏏（鏏） 鼎也。从金，彗声。读若彗。于岁切。

鍵（键） 铉也。一曰：车辖。从金，建声。渠偃切。

鉉（铉） 举鼎也。《易》谓之铉，《礼》谓之鼏。从金，玄声。胡犬切。

鋊 可以句鼎耳及炉炭。从金，谷声。一曰：铜屑。读若浴。余足切。

鎣（蓥） 器也。从金，荧省声。读若铣。乌定切。

鑯（尖） 铁器也。一曰：鑴也。从金，韱声。臣铉等曰："今俗作尖，非是。"子廉切。

錠（锭） 镫也。从金，定声。丁定切。

鐙（镫灯） 锭也。从金，登声。臣铉等曰："锭中置烛，故谓之镫。今俗别作灯，非是。"都滕切。

鏶 鍱也。从金，集声。秦入切。䤐，鏶或从咠。

鍱 鏶也。从金，枼声。齐谓之鍱。与涉切。

鏟（铲） 鏶也。一曰：平铁。从金，产声。初限切。

鑪 鑪(铲炉) 方炉也。从金，卢声。臣铉等曰："今俗别作炉，非是。"洛胡切。

鏇 鏇(镟) 圜炉也。从金，旋声。辞恋切。

鐻 鐻 器也。从金，虡声。杜兮切。

鑐 鑐 煎胶器也。从金，房声。郎古切。

釦 釦 金饰器口。从金，从口，口亦声。苦厚切。

錯 錯(错) 金涂也。从金，昔声。仓各切。

鋙 鋙 鉏鋙也。从金，御声。鱼举切。鋘，鋙或从吾。

錡 錡(锜) 鉏鋙也。从金，奇声。江淮之间谓釜曰锜。鱼绮切。

錏 錏(锸) 郭衣针也。从金，臿声。楚洽切。

鈗 鈗(鈌) 綦针也。从金，术声。食聿切。

鍼 鍼(针) 所以缝也。从金，咸声。臣铉等曰："今俗作针，非是。"职深切。

鈹 鈹(铍) 大针也。一曰：剑如刀装者。从金，皮声。敷羁切。

鎩 鎩(铩) 铍有镡也。从金，杀声。所拜切。

鈕 鈕(钮) 印鼻也。从金，丑声。女久切。玨，古文钮，从玉。

銎 銎 斤斧穿也。从金，巩声。曲恭切。

鈭 鈭 鈭錍，釜也。从金，此声。即移切。

錍 錍 鈭錍也。从金，卑声。府移切。

鏨 鏨(錾) 小凿也。从金，从斩，斩亦声。藏滥切。

鐫 鐫(镌) 穿木镌也。从金，隽声。一曰：琢石也。读若瀸。子全切。

鑿 鑿(凿) 穿木也。从金，糳省声。在各切。

銛 銛(铦) 锸属。从金，舌声。读若棪。桑钦读若镰。息廉切。

鈂 鈂 臿属。从金，冘声。直深切。

鈚 鈚 臿属。从金，危声。一曰：莹铁也。读若跛行。过委切。

鐅 鐅 河内谓臿头金也。从金，敝声。芳灭切。

錢 錢(钱) 铫也。古田器。从金，戋声。《诗》曰："庤乃钱镈。"即浅切，又昨先切。

钁 钁 大锄也。从金，矍声。居缚切。

鈐 鈐(钤) 钤𨨏，大犁也。一曰：类相。从金，今声。巨淹切。

鐊 鐊 铃鐊也。从金，隋声。徒果切。

鈸 鈸(钹) 两刃，木柄，可以刈艸。从金，发声。读若拨。普活切。

鈾 鈾 相属。从金，虫省声。读若同。徒冬切。

鉏 鉏(锄) 立薅所用也。从金，且声。士鱼切。

鑼 鑼 相属。从金，罢声。读若奻。彼为切。

鎌 鎌(镰) 鍥也。从金，兼声。力盐切。

鍥 鍥(锲) 镰也。从金，契声。苦结切。

釗 釗 大铁也。从金，召声。鎌谓之釗，张彻说。止摇切。

銍 銍(铚) 获禾短鎌也。从金，至声。陟栗切。

鎮 鎮(镇) 博压也。从金，真声。陟刃切。

鉆 鉆 铁銸也。从金，占声。一曰：膏车铁鉆。敕淹切。

銸 銸 鉆也。从金，耴声。陟叶切。

鉗 鉗(钳) 以铁有所劫束也。从金，甘声。巨淹切。

鈙 鈙 铁钳也。从金，大声。特计切。

鋸 鋸(锯) 枪唐也。从金，居声。居御切。

鐕 鐕 可以缀著物者。从金，朁声。则参切。

錐 錐(锥) 锐也。从金，隹声。藏追切。

鑱 鑱(镵) 锐也。从金，毚声。士衔切。

鋭 鋭(锐) 芒也。从金，兑声。以芮切。剡，籒文锐，从厂、剡。

鏝 鏝(镘) 铁杇也。从金，曼声。母官切。槾，鏝或从木。臣铉等案："木部已有，此重出。"

鑽 鑽(钻) 所以穿也。从金，赞声。借官切。

鑢 鑢 错铜铁也。从金，虑声。良据切。

銓 銓(铨) 衡也。从金，全声。此缘切。

銖 銖(铢) 权十分黍之重也。从金，朱声。市朱切。

鋝 鋝(锊) 十铢二十五分之十三也。从金，孚声。《周礼》曰："重三鋝。"北方以二十两为鋝。力辍切。

鍰 鍰(锾) 鋝也。从金，爰声。《罚书》曰：列百鍰。户关切。

锱(锱) 六铢也。从金，甾声。侧持切。

锤(锤) 八铢也。从金，垂声。直垂切。

鈞(钧) 三十斤也。从金，匀声。居匀切。䤉，古文钧；从旬。

鈀(钯) 兵车也。一曰：铁也。《司马法》："晨夜内钯车。"从金，巴声。伯加切。

鐲(镯) 钲也。从金，蜀声。军法：司马执镯。直角切。

鈴(铃) 令丁也。从金，从令，令亦声。郎丁切。

鉦(钲) 铙也。似铃，柄中，上下通。从金，正声。诸盈切。

鐃(铙) 小钲也。军法：卒长执铙。从金，尧声。女交切。

鐸(铎) 大铃也。军法：五人为伍，五伍为两，两司马执铎。从金，睪声。徒洛切。

鎛(镈) 大钟，淳于之属，所以应钟磬也。堵以二，金乐则鼓镈应之。从金，薄声。匹各切。

鏞(镛) 大钟谓之镛。从金，庸声。余封切。

鐘(钟) 乐钟也。秋分之音，物种成。从金，童声。古者垂作钟。职茸切。銿，钟或从甬。

鈁(钫) 方钟也。从金，方声。府良切。

鎛(镈) 镈鳞也，钟上横木上金华也。一曰：田器。从金，尃声。《诗》曰："庤乃钱镈。"补各切。

鍠(锽) 钟声也。从金，皇声。《诗》曰："钟鼓锽锽。"乎光切。

鎗(鎗) 钟声也。从金，仓声。楚庚切。

鏓(鏓) 鎗鏓也。一曰：大凿，平木者。从金，悤声。仓红切。

錚(铮) 金声也。从金，争声。侧茎切。

鎕(镗) 钟鼓之声。从金，堂声。《诗》曰："击鼓其镗。"上郎切。

鑋(鑋) 金声也。从金，轻声。读若《春秋传》曰"鑋而乘它车"。苦定切。

鐔(镡) 剑鼻也。从金，覃声。徐锴曰："剑鼻，人握处之下也。"徐林切。

鏌(镆) 镆铘也。从金，莫声。慕各切。

467

釾（铘）镆铘也。从金，牙声。以遮切。

鏢（镖）刀削末铜也。从金，票声。抚招切。

鈒 鋋也。从金，及声。稣合切。

鋋 小矛也。从金，延声。市连切。

銛 侍臣所执兵也。从金，允声。《周书》曰："一人冕，执銛。"读若允。余准切。

鉈 短矛也。从金，它声。食遮切。

鏦 矛也。从金，从声。七恭切。臣铉等曰："今音楚江切。"鏓，鏦或从悤。

錟（锬）长矛也。从金，炎声。读若老聃。徒甘切。

鏠（锋）兵耑也。从金，逢声。敷容切。

錞（镦）矛戟柲下铜，镈也。从金，臺声。《诗》曰："叴矛沃錞。"徒对切。

鐏（镈）柲下铜也。从金，尊声。徂寸切。

镠（镠）弩眉也。一曰：黄金之美者。从金，翏声。力幽切。

鍭（鍭）矢。金镞翦羽谓之鍭。从金，侯声。乎钩切。

鏑（镝）矢锋也。从金，啻声。都历切。

鎧（铠）甲也。从金，岂声。苦亥切。

釬 臂铠也。从金，干声。侯旰切。

錏 錏鍜，颈铠也。从金，亚声。乌牙切。

鍜 錏鍜也。从金，叚声。乎加切。

鐧 车轴铁也。从金，閒声。古苋切。

釭 车毂中铁也。从金，工声。古双切。

鉵 车樘结也。一曰：铜生五色也。从金，折声。读若誓。时制切。

鈘 乘舆马头上防釳。插以翟尾、铁翮、象角。所以防网罗釳去之。从金，气声。许讫切。

鑾（銮）人君乘车，四马镳，八銮铃，象鸾鸟声，和则敬也。从金，从鸾省。洛官切。

鉞(钺) 车鑾声也。从金，戉声。《诗》曰："鑾声钺钺。"臣铉等曰："今俗作鐬，以钺作斧戉之戉，非是。"呼会切。

鍚(钖) 马头饰也。从金，阳声。《诗》曰："钩膺镂鍚。"一曰：鍱，车轮铁。臣铉等曰："今经典作锡。"与章切。

銜(衔) 马勒口中。从金，从行。衔，行马者也。户监切。

鑣(镳) 马衔也。从金，麃声。补娇切。䩛，镳或从角。

鈯 组带铁也。从金，劫省声。读若劫。居怯切。

鈇(铁) 莝斫刀也。从金，夫声。甫无切。

釣(钓) 钩鱼也。从金，勺声。多啸切。

銍 羊箠，耑有铁。从金，埶声。读若至。脂利切。

銀(银) 银铛，琐也。从金，良声。鲁当切。

鐺(铛) 银铛也。从金，当声。都郎切。

鋂 大琐也。一环贯二者。从金，每声。《诗》曰："卢重鋂。"莫杯切。

鏂 鏂鑸，不平也。从金，畏声。乌贿切。

鑸 鏂鑸也。从金，垒声。洛猥切。

鎎 怒战也。从金，气声。《春秋传》曰："诸侯敌王所鎎。"许既切。

鋪(铺) 箸门铺首也。从金，甫声。普胡切。

鐉 所以钩门户枢也。一曰：治门户器也。从金，巽声。此缘切。

鈔(钞) 叉取也。从金，少声。臣铉等曰："今俗别作抄。"楚交切。

錔 以金有所冒也。从金，沓声。他答切。

䩨 断也。从金，昏声。古活切。

鉻(铬) 鬀也。从金，各声。卢各切。

鐉 伐击也。从金，亶声。旨善切。

鏃(镞) 利也。从金，族声。作木切。

鈌 刺也。从金，夬声。於决切。

鏉 利也。从金，欶声。所右切。

469

鎦 鎦(镏) 杀也。徐锴曰:"《说文》无劉字,偏旁有之,此字又史传所不见,疑此即劉字也。从金从乑,刀字屈曲,传写误作田尔。"力求切。

錉 錉 业也。贾人占錉。从金,昏声。武巾切。

鉅 鉅(钜) 大刚也。从金,巨声。其吕切。

鏽 鏽 鏽锑,火齐。从金,唐声。徒郎切。

錦 錦(锑) 鏽锑也。从金,弟声。杜兮切。

鈋 鈋 吒圜也。从金,化声。五禾切。

錞 錞 下垂也。一曰:千斤椎。从金,敦声。都回切。

鍒 鍒 铁之耎也。从金,从柔,柔亦声。耳由切。

鋽 鋽 钝也。从金,周声。徒刀切。

鈍 鈍(钝) 鋽也。从金,屯声。徒困切。

鈰 鈰 利也。从金,㐁声。读若齐。徂奚切。

錗 錗 侧意。从金,委声。女恚切。

文一百九十七 重十三

钃 钃 兵器也。从金,瞿声。其俱切。

銘 銘(铭) 记也。从金,名声。莫经切。

鎖 鎖(锁) 铁锁、门键也。从金,𪔂声。稣果切。

鈿 鈿(钿) 金华也。从金,田声。待年切。

釧 釧(钏) 臂环也。从金,川声。尺绢切。

釵 釵(钗) 笄属。从金,叉声。本只作叉,此字后人所加。楚佳切。

鈀 鈀 裂也。从金,爪。普击切。

文七新附

开　部

开 开 平也。象二干对构,上平也。凡开之属皆从开。徐铉曰:"开但象物平,无音义也。"古贤切。

文一

勺　部

勺　挹取也。象形，中有实，与包同意。凡勺之属皆从勺。之若切。
与　赐予也。一勺为与。此与與同。余吕切。

文二

几　部

几　踞几也。象形。《周礼》五几：玉几，雕几，彤几，鬃几，素几。凡几之属皆从几。居履切。
凭　依几也。从几，从任。《周书》："凭玉几。"读若冯。臣铉等曰："人之依冯，几所胜载，故从任。"皮冰切。
凥　处也。从尸得几而止。《孝经》曰："仲尼凥。"凥，谓闲居如此。九鱼切。
处（处）　止也。得几而止。从几，从夂。昌与切。𤵸，处或从虍声。

文四　重二

且　部

且　荐也。从几，足有二横，一，其下地也。凡且之属皆从且。子余切，又千也切。
俎　礼俎也。从半肉在且上。侧吕切。
虡　且往也。从且，虡声。昨误切。

文三

斤　部

斤　斫木也。象形。凡斤之属皆从斤。举欣切。
斧　斫也。从斤，父声。方矩切。
斨　方銎斧也。从斤，爿声。《诗》曰："又缺我斨。"七羊切。

斫 击也。从斤,石声。之若切。

斪 斫也。从斤,句声。其俱切。

斸 斫也。从斤,属声。陟玉切。

斮(斫) 斫也。从斤、叕。臣铉等曰:"叕,器也,斤以斮之。"竹角切。𣂕,斮或从画,从孔。

釿(䘆) 剂断也。从斤、金。宜引切。

所 伐木声也。从斤,户声。《诗》曰:"伐木所所。"疏举切。

斯 析也。从斤,其声。《诗》曰:"斧以斯之。"息移切。

斮 斩也。从斤,昔声。侧略切。

斷(断) 截也。从斤,从𢇍。𢇍,古文绝。徒玩切。𠸿,古文断,从𠧢。𠧢,古文叀字。《周书》曰:"䚯䚯猗无他技。"𢇍,亦古文。

斻 柯击也。从斤,良声。来可切。

新 取木也。从斤,新声。息邻切。

斦 二斤也。从二斤。语斤切。

文十五　重三

斗　部

斗 十升也。象形,有柄。凡斗之属皆从斗。当口切。

斛 十斗也。从斗,角声。胡谷切。

斝 玉爵也。夏曰盏,殷曰斝,周曰爵。从吅,从斗,冂象形。与爵同意。或说斝受六升。古雅切。

料 量也。从斗,米在其中。读若辽。洛萧切。

斔 量也。从斗,臾声。《周礼》曰:"桼三斔。"以主切。

斡 蠡柄也。从斗,倝声。杨雄、杜林说,皆以为辂车轮斡。乌括切。

魁 羹斗也。从斗,鬼声。苦回切。

斠 平斗斛也。从斗,冓声。古岳切。

斟 勺也。从斗,甚声。职深切。

说文解字弟十四上

斜 杼也。从斗，余声。读若荼。似嗟切。

斞 挹也。从斗，臾声。举朱切。

料 量物分半也。从斗，从半，半亦声。博幔切。

斻 量溢也。从斗，旁声。普郎切。

䜌斗 杼满也。从斗，䜌声。俱愿切。

斣 相易物，俱等为斣。从斗，蜀声。易六切。

㪷 斛旁有㪷。从斗，厎声。一曰：突也。一曰：利也。《尔疋》曰："㪷谓之疀。"古田器也。臣铉等曰："《说文》无厎字，疑厂象形，兆声。今俗别作鏊，非是。"土雕切。

升 十龠也。从斗，亦象形。识蒸切。

文十七

矛 部

矛 酋矛也。建于兵车，长二丈。象形。凡矛之属皆从矛。莫浮切。𢦖，古文矛，从戈。

䂴 矛属。从矛，良声。鲁当切。

矲 矛属。从矛，害声。苦盖切。

䂾 矛属。从矛，昔声。读若笮。士革切。

矝 矛柄也。从矛，今声。居陵切，又巨巾切。

䂱 刺也。从矛，丑声。女久切。

文六 重一

車 部

車(车) 舆轮之总名。夏后时奚仲所造。象形。凡车之属皆从车。尺遮切。𨏗，籀文车。

軒(轩) 曲𬨎藩车。从车，干声。虚言切。

輜(辎) 軿车前，衣车后也。从车，甾声。侧持切。

軿 辎车也。从车，并声。薄丁切。

輼 輼(辒) 卧车也。从车,昷声。乌魂切。

輬 輬(辌) 卧车也。从车,京声。吕张切。

軺 軺(轺) 小车也。从车,召声。以招切。

輕 輕(轻) 轻车也。从车,巠声。去盈切。

輶 輶(輶) 轻车也。从车,酋声。《诗》曰:"輶车銮镳。"以周切。

輣 輣 兵车也。从车,朋声。薄庚切。

軘 軘 兵车也。从车,屯声。徒魂切。

轞 幢 陷阵车也。从车,童声。尺容切。

轈 轈 兵高车加巢以望敌也。从车,巢声。《春秋传》曰:"楚子登轈车。"鉏交切。

輿 輿(舆) 车舆也。从车,舁声。以诸切。

輯 輯(辑) 车和辑也。从车,咠声。秦入切。

輓 輓 衣车盖也。从车,曼声。莫半切。

軓 軓 车轼前也。从车,凡声。《周礼》曰:"立当前軓。"音范。

軾 軾(轼) 车前也。从车,式声。赏职切。

輅 輅(辂) 车軨前横木也。从车,各声。臣铉等曰:"各非声,当从路省。"洛故切。

較 較(较) 车骑上曲铜也。从车,爻声。古岳切。

軬 軬 车耳反出也。从车、反,反亦声。府远切。

轛 轛 车横轵也。从车,对声。《周礼》曰:"参分轵围,去一以为轛围。"追萃切。

輢 輢 车旁也。从车,奇声。于绮切。

軺 軹(轵) 车两轓也。从车,耴声。陟叶切。

軌 軌 车约軌也。从车,川声。《周礼》曰:"孤乘夏軌。"一曰:下棺车曰軌。敕伦切。

轖 轖 车籍交错也。从车,啬声。所力切。

軨 軨 车轖间横木。从车,令声。郎丁切。軨,軨或从霝,司马相如说。

474

輒 軝 軡车前横木也。从车，君声。读若裙。又读若桾。牛尹切。
軫 軫(轸) 车后横木也。从车，㐱声。之忍切。
轐 轐 车伏兔也。从车，菐声。《周礼》曰："加轸与轐焉。"博木切。
䡏 䡏 车伏兔下革也。从车，䂐声。䂐，古昏字。读若闵。眉殒切。
軸 軸(轴) 持轮也。从车，由声。徐锴曰："当从胄省。"直六切。
輹 輹 车轴缚也。从车，复声。《易》曰："舆脱輹。"芳六切。
軔 軔(轫) 碍车也。从车，刃声。而振切。
輮 輮(𬨎) 车軔也。从车，柔声。人九切。
䡓 䡓 车輮规也。一曰：一轮车。从车，熒省声。读若萦。渠营切。
轂 轂(毂) 辐所凑也。从车，㱿声。古禄切。
輥 輥(辊) 毂齐等貌。从车，昆声。《周礼》曰："望其毂，欲其輥。"古本切。
軝 軝 长毂之軝也，以朱约之。从车，氏声。《诗》曰："约軝错衡。"渠支切。䡆，軝或从革。
軹 軹(轵) 车轮小穿也。从车，只声。诸氏切。
叀 叀 车轴耑也。从车，象形。杜林说。徐锴曰："指事。"于潃切。䡌，叀或从彗。
輻 輻(辐) 轮轑也。从车，畐声。方六切。
轑 轑 盖弓也。一曰：辐也。从车，尞声。卢皓切。
軑 軑(轪) 车輨也。从车，大声。特计切。
輨 輨 毂端沓也。从车，官声。古满切。
轅 轅(辕) 辀也。从车，袁声。雨元切。
輈 輈(辀) 辕也。从车，舟声。张流切。𨏴，籀文輈。
䡕 䡕 直辕车鞶也。从车，具声。居玉切。
軏 軏 车辕耑持衡者。从车，元声。鱼厥切。
軶 軶(轭) 辕前也。从车，戹声。于革切。
輯 輯 軶輈也。从车，军声。乎昆切。
軥 軥 軶下曲者。从车，句声。古候切。

说文解字

轙 轙 车衡载辔者。从车,义声。鱼绮切。钀,轙或从金,从献。

軜 軜 骖马内辔系轼前者。从车,内声。《诗》曰:"渫以觼軜。"奴答切。

衘 衘 车摇也。从车,从行。一曰:衍省声。古绚切。

軨 軨 韬车后登也。从车,丞声。读若《易》抍马之抍。署陵切。

載(载) 乘也。从车,𢦒声。作代切。

軍(军) 圜围也。四千人为军。从车,从包省。军,兵车也。举云切。

軷 軷 出将有事于道,必先告其神,立坛四通,树茅以依神,为軷。既祭軷,轹于牲而行,为范軷。《诗》曰:"取羝以軷。"从车,犮声。蒲拨切。

範(范) 范軷也。从车,笵省声。读与犯同。音犯。

轥 轥 载高貌。从车,㯬省声。五葛切。

轄(辖) 车声也。从车,害声。一曰:辖,键也。胡八切。

轉(转) 运也。从车,专声。知恋切。

輸(输) 委输也。从车,俞声。式朱切。

輖 重也。从车,周声。职流切。

輩(辈) 若军发车,百两为一辈。从车,非声。补妹切。

軋(轧) 輾也。从车,乙声。乌辖切。

輾 轹也。从车,㞋声。尼展切。

轢(轹) 车所践也。从车,乐声。郎击切。

軌(轨) 车彻也。从车,九声。居洧切。

蹤 车迹也。从车,从省。臣铉等曰:"今俗别作踪,非是。"即容切。

軼(轶) 车相出也。从车,失声。夷质切。

轃 车轃铩也。从车,真声。读若《论语》"铿尔,舍瑟而作"。又读若挈。苦闲切。

轇 抵也。从车,执声。陟利切。

軭 车戾也。从车,匡声。巨王切。

輟(辍) 车小缺复合者。从车,叕声。臣铉等按:"网部缀与叕同,此重

476

出。"陟劣切。

轃 轖 碍也。从车，多声。康礼切。

轚 轚 车辖相击也。从车，从毄，毄亦声。《周礼》曰："舟舆击互者。"古历切。

算 算 治车轴也。从车，算声。所眷切。

軻 軻(轲) 接轴车也。从车，可声。康我切。

毄 毄 车坚也。从车，毄声。口茎切。

䩊 䩊 反推车，令有所付也。从车，从付。读若胥。而陇切。

輪 輪(轮) 有辐曰轮，无辐曰轻。从车，仑声。力屯切。

輇 輇(轻) 蕃车下庳轮也。一曰：无辐也。从车，全声。读若馔。市缘切。

輗 輗(𫐐) 大车辕耑持衡者。从车，儿声。五鸡切。𫐐，輗或从宜。𫐐，輗或从木。

軧 軧 大车后也。从车，氐声。丁礼切。

輳 輳 大车簀也。从车，秦声。读若臻。侧诜切。

轒 轒 淮阳名车穹隆轒。从车，贲声。符分切。

輓 輓 大车后压也。从车，宛声。于云切。

轝 轝 大车驾马也。从车，共声。居玉切。

𨎇 𨎇 连车也。一曰：却车抵堂为𨎇。从车，差省声。读若迟。士皆切。

輦 輦(辇) 挽车也。从车，从扶在车前引之。力展切。

輓 輓(挽) 引之也。从车，免声。无远切。

軖 軖 纺车也。一曰：一轮车。从车，㞷声。读若狂。巨王切。

轘 轘 车裂人也。从车，瞏声。《春秋传》曰："轘诸栗门。"臣铉等曰："瞏，渠营切，非声，当从还省。"胡惯切。

斬 斬(斩) 截也。从车，从斤。斩法车裂也。侧减切。

輀 輀 丧车也。从车，而声。如之切。

輔 輔(辅) 人颊车也。从车，甫声。扶雨切。

轟 轟(轰) 群车声也。从三车。呼宏切。

文九十九　重八

輾 輾　车名。从车,屡声。士限切。
轔 轔(辚)　车声。从车,粦声。力珍切。
轍 轍(辙)　车迹也。从车,彻省声。本通用彻,后人所加。直列切。

文三 新附

自　部

自 自(堆)　小阜也。象形。凡自之属皆从自。臣铉等曰:"今俗作堆。"都回切。
𠂤 㠯　危高也。从自,屮声。读若臬。鱼列切。
官 官　吏事君也。从宀,从自。自犹众也,此与师同意。古丸切。

文三

说文解字弟十四　上

说文解字弟十四下

汉太尉祭酒　许慎 记
宋右散骑常侍　徐铉等 校定

阜　部

𨸏 阜　大陆，山无石者。象形。凡阜之属皆从阜。房九切。𠼛，古文。

陵 陵　大阜也。从阜，夌声。力膺切。

𨸠 𨸠　大阜也。从阜，鯀声。胡本切。

阞 阞　地理也。从阜，力声。卢则切。

陰 陰（阴）　暗也。水之南、山之北也。从阜，会声。于今切。

陽 陽（阳）　高，明也。从阜，易声。与章切。

陸 陸（陆）　高平地。从阜，从坴，坴亦声。力竹切。𡍌，籀文陆。

阿 阿　大陵也。一曰：曲阜也。从阜，可声。乌何切。

陂 陂　阪也。一曰：沱也。从阜，皮声。彼为切。

阪 阪　坡者曰阪。一曰：泽障。一曰：山胁也。从阜，反声。府远切。

陬 陬　阪隅也。从阜，取声。子侯切。

隅 隅　陬也。从阜，禺声。噳俱切。

險 險（险）　阻，难也。从阜，僉声。虚检切。

限 限　阻也。一曰：门榍。从阜，艮声。乎简切。

阻 阻　险也。从阜，且声。侧吕切。

隹 陮　陮隗，高也。从阜，佳声。都罪切。

隗 隗　陮隗也。从阜，鬼声。五罪切。

阮 阮　高也。一曰：石也。从阜，允声。余准切。

䃎 䃎　磊也。从阜，祘声。洛猥切。

陗 陗　陵也。从阜，肖声。七笑切。

陖 陖　陗高也。从阜，夋声。私闰切。

说文解字

隥 隥 仰也。从阜，登声。都邓切。

陋 陋 阨陕也。从阜，匧声。卢候切。

陕(狭峡) 隘也。从阜，夹声。臣铉等曰："今俗从山，非是。"侯夹切。

陟 陟 登也。从阜，从步。竹力切。𨙰，古文陟。

陷 陷 高下也。一曰：陊也。从阜，从臽，臽亦声。户猎切。

隰 隰 阪下湿也。从阜，㬎声。似入切。

陬 陬 敛也。从阜，区声。臣铉等曰："今俗作崎岖，非是。"岂俱切。

隤 隤 下队也。从阜，贵声。杜回切。

队(坠) 从高队也。从阜，㒸声。徒对切。

降 降 下也。从阜，夅声。古巷切。

陨(陨) 从高下也。从阜，员声。《易》曰："有陨自天。"于敏切。

陧 陧 危也。从阜，从毁省。徐巡以为：陧，凶也。贾侍中说：陧，法度也。班固说：不安也。《周书》曰："邦之阢陧。"读若虹蜺之蜺。五结切。

阤 阤 小崩也。从阜，也声。丈尔切。

隓(隳) 败城阜曰隓。从阜，㚏声。臣铉等曰："《说文》无㚏字，盖二左也。众力左之，故从二左。今俗作隳，非是。"许规切。𡐦，篆文。

顷 顷 仄也。从阜，从顷，顷亦声。去营切。

陊(堕) 落也。从阜，多声。臣铉等曰："今俗作堕，非是。"徒果切。

阬(坑) 门也。从阜，亢声。客庚切。臣铉等曰："今俗作坑，非是。"

隤 隤 通沟也。从阜，賣声。读若渎。徒谷切。𧯟，古文隤，从谷。

防 防 隄也。从阜，方声。符方切。堓，防或从土。

隄 隄(堤) 唐也。从阜，是声。都兮切。

阯 阯 基也。从阜，止声。诸市切。址，阯或从土。

陉(陉) 山绝坎也。从阜，巠声。户经切。

附 附 附娄，小土山也。从阜，付声。《春秋传》曰："附娄无松柏。"符又切。

阺 阺 秦谓陵阪曰阺。从阜，氐声。丁礼切。

阺 阺 石山戴土也。从𨸏，从氐，氐亦声。五忽切。

㢘 㢘 崖也。从𨸏，兼声。读若俨。鱼检切。

阨 阨（厄）塞也。从𨸏，戹声。于革切。

隔 隔 障也。从𨸏，鬲声。古覈切。

障 障 隔也。从𨸏，章声。之亮切。

隱 隱（隐）蔽也。从𨸏，㥯声。于谨切。

隩 隩 水隈，崖也。从𨸏，奥声。乌到切。

隈 隈 水曲，隩也。从𨸏，畏声。乌恢切。

臀 臀 臀商，小块也。从𨸏，从臾。臣铉等曰："臾，古文黄字。"去衍切。

䪥 䪥 水衡官谷也。从𨸏，解声。一曰：小溪。胡买切。

隴 隴（陇）天水大阪也。从𨸏，龙声。力钟切。

陈 陈 酒泉天依阪也。从𨸏，衣声。于希切。

陕 陕（陕）弘农陕也。古虢国，王季之子所封也。从𨸏，夾声。失冉切。

𨻝 𨻝 弘农陕东陬也。从𨸏，无声。武扶切。

陙 陙 河东安邑陬也。从𨸏，卷声。居远切。

陭 陭 上党陭氏阪也。从𨸏，奇声。于离切。

隃 隃 北陵西隃，雁门是也。从𨸏，俞声。伤遇切。

阮 阮 代郡五阮关也。从𨸏，元声。虞远切。

陪 陪 大𨸏也。一曰：右扶风郿有陪𨸏。从𨸏，告声。苦浃切。

䧃 䧃 丘名。从𨸏，武声。方遇切。

䧜 䧜 丘名。从𨸏，贞声。陟盈切。

阞 阞 丘名。从𨸏，丁声。读若丁。当经切。

隇 隇 郑地阪。从𨸏，为声。《春秋传》曰："将会郑伯于隇。"许为切。

陼 陼 如渚者陼丘。水中高者也。从𨸏，者声。当古切。

陳 陳（陈）宛丘，舜后妫满之所封。从𨸏，从木，申声。臣铉等曰："陈者，大昊之虚，画八卦之所，木德之始，故从木。"直珍切。𨸏，古文陈。

陶 陶 再成丘也，在济阴。从𨸏，匋声。《夏书》曰："东至于陶丘。"陶丘有尧城,尧尝所居,故尧号陶唐氏。徒刀切。

埕 埕 耕以臿浚出下垆土也。一曰:耕休田也。从阜,从土,召声。之少切。

阽 阽 壁危也。从阜,占声。余廉切。

除 除 殿陛也。从阜,余声。直鱼切。

階 階(阶) 陛也。从阜,皆声。古谐切。

阼 阼 主阶也。从阜,乍声。昨误切。

陛 陛 升高阶也。从阜,坒声。旁礼切。

陔 陔 阶次也。从阜,亥声。古哀切。

際 際(际) 壁会也。从阜,祭声。子例切。

隙 隙 壁际孔也。从阜,从𡭴,𡭴亦声。绮戟切。

陪 陪 重土也。一曰:满也。从阜,咅声。薄回切。

隊 隊 道边庳垣也。从阜,彖声。徒玩切。

陾 陾 筑墙声也。从阜,耎声。《诗》云:"捄之陾陾。"如乘切。

陴 陴 城上女墙俾倪也。从阜,卑声。符支切。𩫢,籀文陴,从𩫖。

隍 隍 城池也。有水曰池,无水曰隍。从阜,皇声。《易》曰:"城复于隍。"乎光切。

阹 阹 依山谷为牛马圈也。从阜,去声。去鱼切。

陲 陲 危也。从阜,垂声。是为切。

隖 隖 小障也。一曰:庳城也。从阜,乌声。安古切。

院 院 坚也。从阜,完声。臣铉等按:"宀部已有,此重出。"王眷切。

陯 陯 山阜陷也。从阜,仑声。卢昆切。

阨 阨 水阜也。从阜,辰声。食伦切。

陵 陵 水阜也。从阜,戈声。慈衍切。

文九十二　重九

阬 阬 陵名。从阜,亢声。所臻切。

阡 阡 路东西为陌,南北为阡。从阜,千声。仓先切。

文二 新附

䦉 部

䦉 两阜之闲也。从二阜。凡䦉之属皆从䦉。房九切。

䧘 阜突也。从䦉，决省声。于决切。

䧢（隘）陋也。从䦉，𦯄声。𦯄，籀文嗌字。乌懈切。𨸔，籀文䧢，从阜、益。

䆳（燧）塞上亭守烽火者。从䦉，从火，遂声。徐醉切。䥫，篆文省。

文四 重二

厽 部

厽 絫坺土为墙壁。象形。凡厽之属皆从厽。力轨切。

絫（累）增也。从厽，从糸。絫，十黍之重也。力轨切。

垒 絫墼也。从厽，从土。力轨切。

文三

四 部

四 阴数也。象四分之形。凡四之属皆从四。息利切。𠃢，古文四。亖，籀文四。

文一 重二

宁 部

宁 辨积物也。象形。凡宁之属皆从宁。直吕切。

𣂰 帻也。所以载盛米。从宁，从甾。甾，缶也。陟吕切。

文二

叕 部

叕 缀联也。象形。凡叕之属皆从叕。陟劣切。

綴 合箸也。从叕，从糸。陟卫切。

文二

亞　部

亞（亚）丑也。象人局背之形。贾侍中说，以为次弟也。凡亚之属皆从亚。衣驾切。

䰠 阙。衣驾切。

文二

五　部

五 五行也。从二，阴阳在天地间交午也。凡五之属皆从五。臣铉等曰："二，天地也。"疑古切。乂，古文五省。

文一　重一

六　部

六 易之数，阴变于六，正于八。从入，从八。凡六之属皆从六。力竹切。

文一

七　部

七 阳之正也。从一，微阴从中衺出也。凡七之属皆从七。亲吉切。

文一

九　部

九 阳之变也。象其屈曲究尽之形。凡九之属皆从九。举有切。

馗（逵）九达道也。似龟背，故谓之馗。馗，高也。从九，从首。渠追切。𨏬，馗或从辵，从坴。

文二 重一

内 部

内 兽足蹂地也。象形，九声。《尔疋》曰：狐、狸、貛、貉丑，其足蹞，其迹厹。凡内之属皆从内。人九切。蹂，篆文从足，柔声。

禽 走兽总名。从内，象形，今声。禽、离、兕头相似。巨今切。

离 山神，兽也。从禽头，从内，从屮。欧阳乔说：离，猛兽也。臣铉等曰："义无所取，疑象形。"吕支切。

萬 虫也。从内，象形。无贩切。

禹 虫也。从内，象形。王矩切。𩷋，古文禹。

𥜽(狒) 周成王时，州靡国献𥜽。人身，反踵，自笑，笑即上唇掩其目，食人。北方谓之土蝼。《尔疋》云："𥜽𥜽，如人，被发。一名枭阳。"从内，象形。符未切。

禼 虫也。从内，象形。读与偰同。私列切。𥜼，古文禼。

文七 重三

嘼 部

嘼 㹑也。象耳、头、足厹地之形。古文嘼，下从内。凡嘼之属皆从嘼。许救切。

獸(兽) 守备者。从嘼，从犬。舒救切。

文二

甲 部

甲 东方之孟，阳气萌动。从木戴孚甲之象。一曰：人头宜为甲，甲象人头。凡甲之属皆从甲。古狎切。𠇻，古文甲，始于十，见于千，成于木之象。

文一　重一

乙　部

乙　象春艸木冤曲而出，阴气尚彊，其出乙乙也。与丨同意。乙承甲，象人颈。凡乙之属皆从乙。于笔切。

乾(干)　上出也。从乙，乙，物之达也；倝声。渠焉切，又古寒切。𩰲，籀文乾。

亂(乱)　治也。从乙，乙，治之也；从𤔔。郎段切。

尤　异也。从乙，又声。徐锴曰："乙欲出而见阂，见阂则显其尤异也。"羽求切。

文四　重一

丙　部

丙　位南方。万物成，炳然。阴气初起，阳气将亏。从一、入、冂。一者，阳也。丙承乙，象人肩。凡丙之属皆从丙。徐锴曰："阳功成，入于冂。冂，门也，天地阴阳之门也。"兵永切。

文一

丁　部

丁　夏时万物皆丁实。象形。丁承丙，象人心。凡丁之属皆从丁。当经切。

文一

戊　部

戊　中宫也。象六甲五龙相拘绞也。戊承丁，象人胁。凡戊之属皆从戊。莫候切。

成　就也。从戊，丁声。氏征切。𢦩，古文成，从午。徐锴曰："戊，中宫，成于中也。"

486

文二　重一

己　部

己　中宫也。象万物辟藏诎形也。己承戊，象人腹。凡己之属皆从己。居拟切。㠱，古文己。

巹　谨身有所承也。从己、丞。读若《诗》云："赤舄己己。"居隐切。

巽　长踞也。从己，其声。读若杞。暨己切。

文三　重一

巴　部

巴　虫也。或曰：食象蛇。象形。凡巴之属皆从巴。徐锴曰："一，所吞也。指事。"伯加切。

祀　捾击也。从巴、帚。阙。博下切。

文二

庚　部

庚　位西方，象秋时万物庚庚有实也。庚承己，象人脐。凡庚之属皆从庚。古行切。

文一

辛　部

辛　秋时万物成而孰；金刚；味辛，辛痛即泣出。从一，从䇂。䇂，辠也。辛承庚，象人股。凡辛之属皆从辛。息邻切。

辠(罪)　犯法也。从辛，从自。言辠人蹙鼻苦辛之忧。秦以辠似皇字，改为罪。臣铉等曰："自，古者以为鼻字，故从自。"徂贿切。

辜　罪也。从辛，古声。古乎切。𦍒，古文辜，从死。

辭　罪也。从辛，𠯑声。私列切。

辝(辞) 不受也。从辛,从受。受辛宜辝之。似兹切。𤔲,籀文辝,从台。

辭(辞) 讼也。从𤔔,𤔔犹理辜也。𤔔,理也。似兹切。𤳳,籀文辭,从司。

文六 重三

辡 部

辡 罪人相与讼也。从二辛。凡辡之属皆从辡。方免切。

辯(辩) 治也。从言在辡之间。符蹇切。

文二

壬 部

壬 位北方也。阴极阳生,故《易》曰:"龙战于野。"战者,接也。象人怀妊之形。承亥壬以子,生之叙也。与巫同意。壬承辛,象人胫。胫,任体也。凡壬之属皆从壬。如林切。

文一

癸 部

癸 冬时,水土平,可揆度也。象水从四方流入地中之形。癸承壬,象人足。凡癸之属皆从癸。居诔切。𤿂,籀文从癶,从矢。

文一 重一

子 部

子 十一月,阳气动,万物滋,人以为称。象形。凡子之属皆从子。李阳冰曰:"子在襁褓中,足并也。"即里切。𡿰,古文子,从巛,象发也。𢀇,籀文子,囟有发,臂胫在几上也。

孕 怀子也。从子,从几。徐锴曰:"取象于怀妊也。"以证切。

挽 生子免身也。从子,从免。徐锴曰:"《说文》无免字,疑此字从𪕮省,以免身之义通用为解免之免,晚冕之类皆当从挽省。"芳万切。 臣铉等曰:

"今俗作亡辩切。"

字 乳也。从子在宀下，子亦声。疾置切。

㝅 乳也。从子，㱿声。一曰：㝅䐏也。古候切。

孿(孪) 一乳两子也。从子，䜌声。生患切。

孺 乳子也。一曰：输也。输尚小也。从子，需声。而遇切。

季 少称也。从子，从稚省，稚亦声。居悸切。

孟 长也。从子，皿声。莫更切。𢓅，古文孟。

孽(孽) 庶子也。从子，辥声。鱼列切。

孳 汲汲生也。从子，兹声。子之切。𢨋，籀文孳，从丝。

孤 无父也。从子，瓜声。古乎切。

存 恤问也。从子，才声。徂尊切。

㪅 放也。从子，爻声。古肴切。

疑 惑也。从子、止、匕，矢声。徐锴曰："止，不通也；矢，古矢字，反匕之；幼子多惑也。"语其切。

文十五　重四

了　部

了 尥也。从子无臂，象形。凡了之属皆从了。卢鸟切。

孑 无右臂也。从了，乚象形。居桀切。

孓 无左臂也。从了，𠃊象形。居月切。

文三

孨　部

孨 谨也。从三子。凡孨之属皆从孨。读若翦。旨兖切。

孱 迮也。一曰：呻吟也。从孨在尸下。臣铉等曰："尸者，屋也。"七连切。

孴 盛貌。从孨，从日。读若薿薿。一曰：若存。鱼纪切。𣎵，籀文孴，从二子。一曰：孴即奇字㬜。

文三　重一

㐬 部

㐬　不顺忽出也。从到子。《易》曰："突如其来如。"不孝子突出，不容于内也。凡㐬之属皆从㐬。他骨切。𠫓，或从到古文子，即《易》突字。

育　养子使作善也。从㐬，肉声。《虞书》曰："教育子。"徐锴曰："㐬，不顺子也。不顺子亦教之，况顺者乎？"余六切。毓，育或从每。

疏　通也。从㐬，从疋，疋亦声。所葅切。

文三　重二

丑 部

丑　纽也。十二月，万物动，用事。象手之形。时加丑，亦举手时也。凡丑之属皆从丑。敕九切。

䏨　食肉也。从丑，从肉。女久切。

羞　进献也。从羊，羊，所进也；从丑，丑亦声。息流切。

文三

寅 部

寅　髌也。正月，阳气动，去黄泉，欲上出，阴尚强。象宀不达，髌寅于下也。凡寅之属皆从寅。徐锴曰："髌，斥之意。人阳气锐而出，上阂于宀。臼，所以擯之也。"弋真切。𡩟，古文寅。

文一　重一

卯 部

卯　冒也。二月，万物冒地而出。象开门之形。故二月为天门。凡卯之属皆从卯。莫饱切。丣，古文卯。

· 490 ·

文一　重一

辰　部

㫳 辰　震也。三月，阳气动，雷电振，民农时也。物皆生，从乙、匕，象芒达；厂声也。辰，房星，天时也。从二，二，古文上字。凡辰之属皆从辰。徐锴曰："匕音化。乙，艸木萌初出曲卷也。"臣铉等曰："三月，阳气成，艸木生，上彻于土，故从匕。厂非声，疑亦象物之出。"植邻切。㫳，古文辰。

辱　耻也。从寸在辰下。失耕时，于封疆上戮之也。辰者，农之时也。故房星为辰，田候也。而蜀切。

文二　重一

巳　部

巳　已也。四月，阳气已出，阴气已藏，万物见，成文章，故巳为蛇。象形。凡巳之属皆从巳。详里切。

㠯（以）用也。从反巳。贾侍中说：巳，意已实也，象形。羊止切。

文二

午　部

午　啎也。五月，阴气午逆阳，冒地而出。此予矢同意。凡午之属皆从午。疑古切。

啎（牾）逆也。从午，吾声。五故切。

文二

未　部

未　味也。六月，滋味也。五行，木老于未。象木重枝叶也。凡未之属皆从未。无沸切。

文一

申　部

申　神也。七月,阴气成,体自申束。从臼,自持也。吏臣晡时听事,申旦政也。凡申之属皆从申。失人切。𣎆,古文申。㫐,籒文申。

䥸　击小鼓,引乐声也。从申,柬声。羊晋切。

臾　束缚捽抴为臾。从申,从乙。臣铉等曰:"乙,屈也。"羊朱切。

曳　臾曳也。从申,丿声。余制切。

文四　重二

酉　部

酉　就也。八月,黍成可为酎酒。象古文酉之形。凡酉之属皆从酉。与久切。丣,古文酉,从卯。卯为春门,万物已出;酉为秋门,万物已入。一,闭门象也。

酒　就也。所以就人性之善恶。从水,从酉,酉亦声。一曰:造也。吉凶所造也。古者仪狄作酒醪,禹尝之而美,遂疏仪狄。杜康作秫酒。子酉切。

醸　酱生衣也。从酉,豕声。莫红切。

醓　孰醸也。从酉,甚声。余箴切。

釀(酿)　酝也。作酒曰酿。从酉,襄声。女亮切。

醖(酝)　酿也。从酉,昷声。于问切。

畚　酒疾孰也。从酉,弁声。芳万切。

酴　酒母也。从酉,余声。读若庐。同都切。

釃(酾)　下酒也。一曰:醇也。从酉,丽声。所绮切。

酌　釃酒也。从酉,肙声。古玄切。

醐　酌也。从酉,鬲声。郎击切。

醴　酒一宿孰也。从酉,豊声。卢启切。

492

醪 醪 汁滓酒也。从酉，翏声。鲁刀切。

醇 醇 不浇酒也。从酉，𦎧声。常伦切。

醹 醹 厚酒也。从酉，需声。《诗》曰："酒醴惟醹。"而主切。

酎 酎 三重醇酒也。从酉，从时省。《明堂月令》曰："孟秋，天子饮酎。"除柳切。

醠 醠 浊酒也。从酉，盎声。乌浪切。

醲(醲) 醲 厚酒也。从酉，农声。女容切。

醀 醀 酒也。从酉，茸声。而容切。

酤 酤 一宿酒也。一曰：买酒也。从酉，古声。古乎切。

醨 醨 酒也。从酉，䍧省。陟离切。

醼 醼 泛齐，行酒也。从酉，监声。卢瞰切。

釃 釃 酒味淫也。从酉，𩰲省声。读若《春秋传》曰"美而艳"。古禫切。

酷 酷 酒厚味也。从酉，告声。苦沃切。

醰 醰 酒味苦也。从酉，覃声。徒绀切。

酾 酾 酒色也。从酉，市声。普活切。

配 配 酒色也。从酉，己声。臣铉等曰："己非声，当从妃省。"滂佩切。

酨 酨 酒色也。从酉，弋声。与职切。

酸(酸) 酸 爵也。一曰：酒浊而微清也。从酉，戋声。阻限切。

酌 酌 盛酒行觞也。从酉，勺声。之若切。

醮 醮 冠娶礼；祭。从酉，焦声。子肖切。 禧，醮或从示。

醋 醋 歠酒也。从酉，朁声。子朕切。

酳 酳 少少饮也。从酉，匀声。余刃切。

醻(酬) 醻 主人进客也。从酉，𩰲声。市流切。 酬，醻或从州。

醋 醋 客酌主人也。从酉，昔声。在各切。臣铉等曰："今俗作仓故切。"

醶 醶 饮酒俱尽也。从酉，酓声。迷必切。

釂 釂 饮酒尽也。从酉，嚼省声。子肖切。

酣 酣 酒乐也。从酉，从甘，甘亦声。胡甘切。

· 493 ·

酖 乐酒也。从酉,冘声。丁含切。

醧 私宴饮也。从酉,区声。依倨切。

醵 会饮酒也。从酉,豦声。其虐切。䣯,醵或从巨。

酺 王德布,大饮酒也。从酉,甫声。薄乎切。

醅 醉饱也。从酉,音声。匹回切。

醉 卒也。卒其度量,不至于乱也。一曰:溃也。从酉,从卒。将遂切。

醺 醉也。从酉,熏声。《诗》曰:"公尸来燕醺醺。"许云切。

酩 酩也。从酉,荧省声。为命切。

酗 醉酩也。从酉,句声。香遇切。

酲 病酒也。一曰:醉而觉也。从酉,呈声。直贞切。

醫(医) 治病工也。殹,恶姿也;医之性然。得酒而使。从酉。王育说。一曰:殹,病声。酒所以治病也。《周礼》有医酒。古者巫彭初作医。于其切。

茜 礼祭,束茅,加于祼圭,而灌鬯酒,是为茜。象神歆之也。一曰:茜,榼上塞也。从酉,从艸。《春秋传》曰:"尔贡包茅不入,王祭不供,无以茜酒。"所六切。

醨 薄酒也。从酉,离声。读若离。吕支切。

醶 酢也。从酉,僉声。初减切。

酸 酢也。从酉,夋声。关东谓酢曰酸。素官切。䤃,籀文酸,从畯。

䤅 酢浆也。从酉,截声。徒奈切。

醶 酢浆也。从酉,金声。臣铉等曰:"今俗作酨,非是。"鱼窆切。

酢 醶也。从酉,乍声。仓故切。臣铉等曰:"今俗作在各切。"

酏 黍酒也。从酉,也声。一曰:甜也。贾侍中说:酏为鬻清。移尔切。

牆(酱) 盬也。从肉,从酉,酒以和酱也;爿声。即亮切。䒑,古文。𨡔,籀文。

醢 醢 肉酱也。从酉、盍。臣铉等曰："盍，瓯器也，所以盛醢。"呼改切。𩶱，籀文。

䤆 䤆 䤆䤀，榆酱也。从酉，孜声。莫候切。

䤀 䤀 䤆䤀也。从酉，俞声。田候切。

酹 酹 餟祭也。从酉，孚声。郎外切。

醳 醳 捣榆酱也。从酉，毕声。蒲计切。

䤅 䤅 酱也。从酉，矞声。居律切。

䣣 䣣 杂味也。从酉，京声。力让切。

䤃 䤃 阙。慈冉切。

䣳 䣳 阙。而琰切。

文六十七　重八

酪 酪 乳浆也。从酉，各声。卢各切。

醐 醐 醍醐，酪之精者也。从酉，胡声。户吴切。

酩 酩 酩酊，醉也。从酉，名声。莫迥切。

酊 酊 酩酊也。从酉，丁声。都挺切。

醒 醒 醉解也。从酉，星声。按醒字注云：一曰：醉而觉也，则古醒亦音醒也。桑经切。

醍 醍 清酒也。从酉，是声。它礼切。

文六 新附

酋　部

酋 酋 绎酒也。从酉，水半见于上。《礼》有大酋，掌酒官也。凡酋之属皆从酋。字秋切。

尊 尊（尊） 酒器也。从酋，廾以奉之。《周礼》六尊：牺尊、象尊、著尊、壶尊、太尊、山尊，以待祭祀宾客之礼。祖昆切。𢍜，尊或从寸。臣铉等曰："今俗以尊作尊卑之尊，别作罇，非是。"

文二　重一

戌　部

戌　灭也。九月，阳气微，万物毕成，阳下入地也。五行，土生于戌，盛于戌。从戊含一。凡戌之属皆从戌。辛聿切。

文一

亥　部

亥　荄也。十月，微阳起，接盛阴。从二，二，古文上字。一人男，一人女也。从乙，象怀子咳咳之形。《春秋传》曰："亥有二首六身。"凡亥之属皆从亥。胡改切。丌，古文亥，为豕，与豕同。亥而生子，复从一起。

文一　重一

说文解字弟十四　下

说文解字弟十五上

　　古者庖牺氏之王天下也，仰则观象于天，俯则观法于地，视鸟兽之文与地之宜，近取诸身，远取诸物，于是始作《易》八卦，以垂宪象。及神农氏结绳为治而统其事，庶业其繁，饰伪萌生。黄帝之史仓颉见鸟兽蹄迒之迹，知分理之可相别异也，初造书契。百工以乂，万品以察，盖取诸夬。"夬，扬于王庭。"言文者宣教明化于王者朝廷，君子所以施禄及下，居德则忌也。仓颉之初作书，盖依类象形，故谓之文；其后形声相益，即谓之字。字者，言孳乳而浸多也。著于竹帛谓之书。书者，如也。以迄五帝三王之世，改易殊体，封于泰山者七十有二代，靡有同焉。

　　周礼，八岁入小学，保氏教国子，先以六书。一曰指事。指事者，视而可识，察而可见，上下是也。二曰象形。象形者，画成其物，随体诘诎，日月是也。三曰形声。形声者，以事为名，取譬相成，江河是也。四曰会意。会意者，比类合谊，以见指㧑，武信是也。五曰转注。转注者，建类一首，同意相受，考老是也。六曰假借。假借者，本无其字，依声托事，令长是也。

　　及宣王太史籀，箸《大篆》十五篇，与古文或异。至孔子书《六经》、左丘明述《春秋传》，皆以古文，厥意可得而说。其后诸侯力政，不统于王。恶礼乐之害己，而皆去其典籍。分为七国，田畴异亩，车涂异轨，律令异法，衣冠异制，言语异声，文字异形。

　　秦始皇帝初兼天下，丞相李斯乃奏同之，罢其不与秦文合者。斯作《仓颉篇》、中车府令赵高作《爰历篇》、太史令胡毋敬作《博学篇》，皆取《史籀》大篆，或颇省改，所谓小篆者也。是时秦烧灭经书，涤除旧典，大发隶卒，兴役戍，官狱职务繁，初有隶书，以趣约易，而古文由此绝矣。徐锴曰："王僧虔云：秦狱吏程邈善大篆，得罪系云阳狱，增绝大篆，去其繁复。始皇善之，出为御史，名其书曰隶书。班固云：谓施之于徒隶也。即今之隶书，而无点画俯仰之势。"

自尔秦书有八体：一曰大篆，二曰小篆，三曰刻符，四曰虫书，徐锴曰："案《汉书》注，虫书即鸟书，以书幡信，首象鸟形，即下云鸟虫是也。"五曰摹印，萧子良以刻符、摹印合为一体，徐锴以为符者，竹而中剖之，字形半分，理应别为一体。摹印屈曲填密，则秦玺文也，子良误合之。六曰署书，萧子良云："署书，汉高六年萧何所定，以题苍龙、白虎二阙。"羊欣云："何覃思累月，然后题之。"七曰殳书，徐锴曰："书于殳也。殳体八觚，随其势而书之。"八曰隶书。

汉兴有草书。徐锴曰："案书传多云张芝作草，又云齐相杜探作，据《说文》则张芝之前已有矣。"萧子良云："稿书者，董仲舒欲言灾异，稿草未上，即为稿书。稿者，草之初也。《史记》上官夺屈原稿草。今云汉兴有草，知所言稿草是创草，非草书也。"《尉律》：徐锴曰："《尉律》，汉律篇名。"学僮十七已上，始试。讽籀书九千字，乃得为吏。又以八体试之，郡移太史并课，最者以为尚书史。书或不正，辄举劾之。今虽有《尉律》，不课，小学不修，莫达其说久矣。

孝宣时，召通《仓颉》读者，张敞从受之。凉州刺史杜业、沛人爰礼、讲学大夫秦近，亦能言之。孝平时，征礼等百余人，令说文字未央廷中，以礼为小学元士。黄门侍郎杨雄，采以作《训纂篇》。凡《仓颉》已下十四篇，凡五千三百四十字。群书所载，略存之矣。

及亡新居摄，使大司空甄丰等，校文书之部，自以为应制作，颇改定古文。时有六书：一曰古文，孔子壁中书也；二曰奇字，即古文而异者也；三曰篆书，即小篆，秦始皇帝使下杜人程邈所作也；徐锴曰："李斯虽改《史篇》为秦篆，而程邈复同作也。"四曰佐书，即秦隶书；五曰缪篆，所以摹印也；六曰鸟虫书，所以书幡信也。壁中书者，鲁恭王坏孔子宅，而得《礼记》、《尚书》、《春秋》、《论语》、《孝经》。又北平侯张仓献《春秋左氏传》。郡国亦往往于山川得鼎彝，其铭即前代之古文，皆自相似。虽叵复见远流，其详可得略说也。

而世人大共非訾，以为好奇者也，故诡更正文，乡壁虚造不可知之书，变乱常行，以耀于世。诸生竞说字解经谊，称秦之隶书为仓颉时书，云父子相传，何得改易。乃猥曰：马头人为长；人持十为斗；虫者，屈中也。廷尉说律，至以字断法：苛人受钱，苛之字，止句也。若此者甚众，皆不合孔氏古文，谬于《史籀》。俗儒鄙夫，玩其所习，蔽所希闻，不见通学，未尝睹字例之条。怪旧艺而善野言，以其所知为秘妙，究洞圣人之微恉。又见《仓颉篇》中"幼子承诏"，因号"古帝之所作也，其辞有神仙之术焉"。其迷误不谕，岂不悖哉！

《书》曰："予欲观古人之象。"言必遵修旧文而不穿凿。孔子曰："吾犹及史之阙文，今亡也夫。"盖非其不知而不问，人用己私，是非无正。巧说邪辞，使天下学者疑。盖文字者，经艺之本，王政之始，前人所以垂后，后人所以识古。故曰：本立而道生，知天下之至赜而不可乱也。

今叙篆文，合以古籀，博采通人，至于小大，信而有证。稽撰其说，将以理群类，解谬误，晓学者，达神恉。徐锴曰："恉即意旨字，旨者美也，多通用。"分别部居，不相杂厕。徐锴曰："分部相从，自许始也。"万物咸睹，靡不兼载。厥谊不昭，爰明以谕。其称《易》，孟氏；《书》，孔氏；《诗》，毛氏；《礼》；《周官》；《春秋》，左氏；《论语》；《孝经》：皆古文也。其于所不知，盖阙如也。

说文解字弟一

一 部一。　　丄 部二。　　朩 部三。　　三 部四。

王 部五。　　玉 部六。　　珏 部七。　　气 部八。

士 部九。　　丨 部十。　　屮 部十一。　　艸 部十二。

蓐 部十三。　　茻 部十四。

说文解字

说文解字弟二

巛部十五。 八部十六。 采部十七。 半部十八。
半部十九。 𠔼部二十。 吉部二十一。 曰部二十二。
凵部二十三。 出部二十四。 𠂭部二十五。 𠂤部二十六。
止部二十七。 癶部二十八。 步部二十九。 此部三十。
正部三十一。 是部三十二。 辵部三十三。 彳部三十四。
廴部三十五。 延部三十六。 行部三十七。 齿部三十八。
牙部三十九。 足部四十。 疋部四十一。 品部四十二。
龠部四十三。 冊部四十四。

说文解字弟三

品部四十五。 舌部四十六。 干部四十七。 合部四十八。
只部四十九。 向部五十。 㱃部五十一。 㐂部五十二。
古部五十三。 十部五十四。 卅部五十五。 言部五十六。
誩部五十七。 音部五十八。 辛部五十九。 䇂部六十。
菐部六十一。 𠬞部六十二。 𠬜部六十三。 芇部六十四。
異部六十五。 𦥑部六十六。 臼部六十七。 晨部六十八。
爨部六十九。 革部七十。 鬲部七十一。 鬲部七十二。
爪部七十三。 𠁾部七十四。 鬥部七十五。 又部七十六。
ナ部七十七。 史部七十八。 支部七十九。 聿部八十。

聿部八十一。 畫部八十二。 隶部八十三。 取部八十四。
臣部八十五。 殳部八十六。 殺部八十七。 几部八十八。
寸部八十九。 皮部九十。 𩰫部九十一。 支部九十二。
教部九十三。 卜部九十四。 用部九十五。 爻部九十六。
㸚部九十七。

说文解字弟四

夏部九十八。 目部九十九。 䀠部一百。 眉部一百一。
盾部一百二。 自部一百三。 白部一百四。 鼻部一百五。
皕部一百六。 習部一百七。 羽部一百八。 隹部一百九。
奞部一百十。 萑部一百十一。 丫部一百十二。 苜部一百十三。
羊部一百十四。 羴部一百十五。 瞿部一百十六。 雔部一百十七。
雥部一百十八。 鳥部一百十九。 烏部一百二十。 䩂部一百二十一。
冓部一百二十二。 幺部一百二十三。 㓁部一百二十四。 叀部一百二十五。
玄部一百二十六。 予部一百二十七。 放部一百二十八。 受部一百二十九。
奴部一百三十。 歺部一百三十一。 死部一百三十二。 冎部一百三十三。
骨部一百三十四。 肉部一百三十五。 筋部一百三十六。 刀部一百三十七。

夕部一百三十八。 㸚部一百三十九。 丰部一百四十。 㚔部一百四十一。

胬部一百四十二。

说文解字弟五

艸部一百四十三。 萛部一百四十四。 芇部一百四十五。 茻部一百四十六。

工部一百四十七。 㺿部一百四十八。 巫部一百四十九。 甘部一百五十。

曰部一百五十一。 乃部一百五十二。 丂部一百五十三。 可部一百五十四。

兮部一百五十五。 号部一百五十六。 亏部一百五十七。 㫖部一百五十八。

喜部一百五十九。 壴部一百六十。 鼓部一百六十一。 豈部一百六十二。

豆部一百六十三。 豊部一百六十四。 豐部一百六十五。 䖒部一百六十六。

虎部一百六十七。 虤部一百六十八。 皿部一百六十九。 㐁部一百七十。

凵部一百七十一。 去部一百七十二。 血部一百七十三。 丶部一百七十四。

丹部一百七十五。 青部一百七十六。 井部一百七十七。 皀部一百七十八。

鬯部一百七十九。 食部一百八十。 亼部一百八十一。 會部一百八十二。

倉部一百八十三。 ᄉ部一百八十四。 𠙹部一百八十五。 亼部一百八十六。

高部一百八十七。 冂部一百八十八。 亯部一百八十九。 㐭部一百九十。

𣆪部一百九十一。 㫃部一百九十二。 畗部一百九十三。 㐬部一百九十四。

嗇部一百九十五。 來部一百九十六。 麥部一百九十七。 夊部一百九十八。

舛部一百九十九。 舜部二百。 韋部二百一。 弟部二百二。

夂部二百三。 久部二百四。 桀部二百五。

说文解字弟六

木部二百六。 東部二百七。 林部二百八。 才部二百九。

叒部二百十。 之部二百十一。 帀部二百十二。 出部二百十三。

米部二百十四。 生部二百十五。 乇部二百十六。 𠂹部二百十七。

㱿部二百十八。 𠌶部二百十九。 華部二百二十。 禾部二百二十一。

巢部二百二十二。 桼部二百二十三。 束部二百二十四。 橐部二百二十五。

囗部二百二十六。 員部二百二十七。 貝部二百二十八。 邑部二百二十九。

𨛜部二百三十。

说文解字弟七

日部二百三十一。　旦部二百三十二。　倝部二百三十三。　㫃部二百三十四。

冥部二百三十五。　晶部二百三十六。　月部二百三十七。　有部二百三十八。

朙部二百三十九。　囧部二百四十。　夕部二百四十一。　多部二百四十二。

毌部二百四十三。　㔲部二百四十四。　東部二百四十五。　卤部二百四十六。

齊部二百四十七。　朿部二百四十八。　片部二百四十九。　鼎部二百五十。

克部二百五十一。　彔部二百五十二。　禾部二百五十三。　秝部二百五十四。

黍部二百五十五。　香部二百五十六。　米部二百五十七。　毇部二百五十八。

臼部二百五十九。　凶部二百六十。　朮部二百六十一。　林部二百六十二。

麻部二百六十三。　尗部二百六十四。　耑部二百六十五。　韭部二百六十六。

瓜部二百六十七。　瓠部二百六十八。　宀部二百六十九。　宫部二百七十。

呂部二百七十一。　穴部二百七十二。　㝱部二百七十三。　疒部二百七十四。

冂部二百七十五。　冃部二百七十六。　㒳部二百七十七。　网部二百七十八。

网 部二百七十九。 两 部二百八十。 巾 部二百八十一。 市 部二百八十二。

帛 部二百八十三。 白 部二百八十四。 㡀 部二百八十五。 黹 部二百八十六。

说文解字弟八

人 部二百八十七。 匕 部二百八十八。 从 部二百八十九。 比 部二百九十。

北 部二百九十一。 丘 部二百九十二。 㐺 部二百九十三。 壬 部二百九十四。

重 部二百九十五。 卧 部二百九十六。 臥 部二百九十七。 身 部二百九十八。

㐆 部二百九十九。 衣 部三百。 裘 部三百一。 老 部三百二。

毛 部三百三。 毳 部三百四。 尸 部三百五。 尺 部三百六。

尾 部三百七。 履 部三百八。 舟 部三百九。 方 部三百十。

儿 部三百十一。 兄 部三百十二。 先 部三百十三。 皃 部三百十四。

㒸 部三百十五。 先 部三百十六。 秃 部三百十七。 見 部三百十八。

覞 部三百十九。 欠 部三百二十。 㱃 部三百二十一。 㳄 部三百二十二。

旡 部三百二十三。

说文解字弟九

頁 部三百二十四。
自 部三百二十五。
面 部三百二十六。
丏 部三百二十七。
首 部三百二十八。
県 部三百二十九。
須 部三百三十。
彡 部三百三十一。
彣 部三百三十二。
文 部三百三十三。
髟 部三百三十四。
后 部三百三十五。
司 部三百三十六。
卮 部三百三十七。
卩 部三百三十八。
印 部三百三十九。
色 部三百四十。
卯 部三百四十一。
辟 部三百四十二。
勹 部三百四十三。
包 部三百四十四。
茍 部三百四十五。
鬼 部三百四十六。
甶 部三百四十七。
厶 部三百四十八。
嵬 部三百四十九。
山 部三百五十。
屾 部三百五十一。
广 部三百五十二。
广 部三百五十三。
厂 部三百五十四。
丸 部三百五十五。
厃 部三百五十六。
石 部三百五十七。
长 部三百五十八。
勿 部三百五十九。
冄 部三百六十。
而 部三百六十一。
豕 部三百六十二。
彑 部三百六十三。
豚 部三百六十四。
豸 部三百六十五。
豸 部三百六十六。
貈 部三百六十七。
易 部三百六十八。
象 部三百六十九。

说文解字弟十

馬 部三百七十。　鹿 部三百七十一。　麤 部三百七十二。　麤 部三百七十三。

兔 部三百七十四。　萈 部三百七十五。　犬 部三百七十六。　犬 部三百七十七。

㹜 部三百七十八。　鼠 部三百七十九。　能 部三百八十。　熊 部三百八十一。

火 部三百八十二。　炎 部三百八十三。　黑 部三百八十四。　囪 部三百八十五。

焱 部三百八十六。　炙 部三百八十七。　赤 部三百八十八。　大 部三百八十九。

亦 部三百九十。　夨 部三百九十一。　夭 部三百九十二。　交 部三百九十三。

尣 部三百九十四。　壺 部三百九十五。　壹 部三百九十六。　幸 部三百九十七。

奢 部三百九十八。　亢 部三百九十九。　夲 部四百。　夰 部四百一。

亣 部四百二。　夨 部四百三。　立 部四百四。　並 部四百五。

囟 部四百六。　思 部四百七。　心 部四百八。　惢 部四百九。

说文解字弟十一

水 部四百十。　沝 部四百十一。　頻 部四百十二。　乁 部四百十三。

说文解字

〢 部四百十四。　〣 部四百十五。　氼 部四百十六。　灥 部四百十七。
〻 部四百十八。　〾 部四百十九。　尙 部四百二十。　仌 部四百二十一。
雨 部四百二十二。　雲 部四百二十三。　魚 部四百二十四。　䰵 部四百二十五。
燕 部四百二十六。　龍 部四百二十七。　飛 部四百二十八。　非 部四百二十九。
卂 部四百三十。

说文解字弟十二

乚 部四百三十一。　不 部四百三十二。　㞢 部四百三十三。　卤 部四百三十四。
卤 部四百三十五。　鹽 部四百三十六。　戶 部四百三十七。　門 部四百三十八。
耳 部四百三十九。　匝 部四百四十。　手 部四百四十一。　𠦒 部四百四十二。
女 部四百四十三。　虍 部四百四十四。　民 部四百四十五。　丿 部四百四十六。
𠂆 部四百四十七。　㇆ 部四百四十八。　氏 部四百四十九。　氐 部四百五十。
戈 部四百五十一。　戉 部四百五十二。　我 部四百五十三。　亅 部四百五十四。
玨 部四百五十五。　乚 部四百五十六。　匕 部四百五十七。　乛 部四百五十八。

匚 部四百五十九。　囗 部四百六十。　凵 部四百六十一。　弓 部四百六十二。

弓 部四百六十三。　弜 部四百六十四。　弦 部四百六十五。　系 部四百六十六。

说文解字弟十三

糸 部四百六十七。　素 部四百六十八。　絲 部四百六十九。　率 部四百七十。

虫 部四百七十一。　䖵 部四百七十二。　蟲 部四百七十三。　風 部四百七十四。

它 部四百七十五。　龜 部四百七十六。　黽 部四百七十七。　卵 部四百七十八。

二 部四百七十九。　土 部四百八十。　垚 部四百八十一。　堇 部四百八十二。

里 部四百八十三。　田 部四百八十四。　畕 部四百八十五。　黃 部四百八十六。

男 部四百八十七。　力 部四百八十八。　劦 部四百八十九。

说文解字弟十四

金 部四百九十。　幵 部四百九十一。　勺 部四百九十二。　几 部四百九十三。

且 部四百九十四。　斤 部四百九十五。　斗 部四百九十六。　矛 部四百九十七。

車 部四百九十八。　𠃑 部四百九十九。　𨸏 部五百。　𨺅 部五百一。

说文解字

厽部五百二。 四部五百三。 宁部五百四。 甾部五百五。

亞部五百六。 五部五百七。 六部五百八。 丙部五百九。

九部五百十。 禸部五百十一。 嘼部五百十二。 甲部五百十三。

乙部五百十四。 丙部五百十五。 丁部五百十六。 戊部五百十七。

己部五百十八。 巳部五百十九。 甫部五百二十。 辛部五百二十一。

辡部五百二十二。 壬部五百二十三。 癸部五百二十四。 卯部五百二十五。

子部五百二十六。 孨部五百二十七。 厷部五百二十八。 丑部五百二十九。

寅部五百三十。 卯部五百三十一。 辰部五百三十二。 巳部五百三十三。

午部五百三十四。 未部五百三十五。 申部五百三十六。 酉部五百三十七。

酋部五百三十八。 戌部五百三十九。 亥部五百四十。

说文解字弟十五下

叙曰：此十四篇，五百四十部，九千三百五十三文，重一千一百六十三，解说凡十三万三千四百四十一字。其建首也，立一为端。方以类聚，物以群分。同牵条属，共理相贯。杂而不越，据形系联。引而申之，以究万原。毕终于亥，知化穷冥。于时大汉，圣德熙明。承天稽唐，敷崇殷中。遐迩被泽，渥衍沛滂。广业甄微，学士知方。探赜索隐，厥谊可传。粤在永元，困顿之年，徐锴曰："汉和帝永元十二年，岁在庚子也。"孟陬之月，朔日甲申。

曾曾小子，祖自炎神。缙云相黄，共承高辛。太岳佐夏，吕叔作藩。俾侯于许，世祚遗灵。自彼徂召，宅此汝濒。窃卬景行，敢涉圣门。其弘如何，节彼南山。欲罢不能，既竭愚才。惜通之昧，闻疑载疑。演赞其志，次列微辞。知此者稀，傥昭所尤。庶有达者，理而董之。

召陵万岁里公乘、草莽臣冲，稽首再拜，上书皇帝陛下。臣伏见陛下，神明盛德，承遵圣业，上考度于天，下流化于民。先天而天不违，后天而奉天时。万国咸宁，神人以和。犹复深惟《五经》之妙，皆为汉制。博采幽远，穷理尽性，以至于命。先帝诏侍中骑都尉贾逵，修理旧文。殊艺异术，王教一端，苟有可以加于国者，靡不悉集。《易》曰："穷神知化，德之盛也。"

《书》曰："人之有能有为，使羞其行，而国其昌。"臣父故太尉南阁祭酒慎，本从逵受古学。盖圣人不空作，皆有依据。今《五经》之道，昭炳光明。而文字者，其本所由生。自周礼、汉律，皆当学六书，贯通其意。恐巧说邪辞使学者疑。慎博问通人，考之于逵，作《说文解字》。六艺群书之诂，皆训其意。而天地鬼神、山川草木、鸟兽昆虫、杂物奇怪、王制礼仪、世间人事，莫不毕载。凡十五卷十三万三千四百四十一字。

慎前以诏书校东观，教小黄门孟生、李喜等，以文字未定，未奏上。今慎已病，遣臣赞诣阙。慎又学《孝经》孔氏古文说。文古（今按：据钮树玉说，应作"古文"）《孝经》者，孝昭帝时，鲁国三老所献，建武时，给事中议郎卫宏所校，皆口传，官无其说，谨撰具一篇并上。臣冲诚惶诚恐，顿首顿首，死罪死罪，臣稽首再拜，以闻皇帝陛下。建光元年九月已亥朔二十日戊午上。徐锴曰："建光元年，汉安帝之十五年，岁在辛酉。"

召上书者汝南许冲，诣左掖门会。令并赞所上书。十月十九日，中黄门饶喜，以诏书赐召陵公乘许冲布四十匹。即日受诏朱雀掖门。敕勿谢。

银青光禄大夫守右散骑常侍上柱国东海县开国子食邑五百户臣徐铉、奉直郎守秘书省著作郎直史馆臣句中正、翰林书学臣葛湍、臣王惟恭等，奉诏校定许慎《说文》十四篇，并《序目》一篇，凡万六百余字。圣人之旨，盖云备矣。稽夫八卦既画，万象既分，则文字为之大辂，载籍为之六辔。先王教化，所以行于百代。及物之功，与造化均，不可忽也。虽复五帝之后，改易殊体，六国之世，文字异形，然犹存篆籀之迹，不失形类之本。

及暴秦苛政，散隶聿兴，便于末俗，人竞师法。古文既绝，讹伪日滋。至汉宣帝时，始命诸儒修仓颉之法，亦不能复故。光武时，马援上疏论文字之讹谬，其言详矣。及和帝时，申命贾逵修理旧文，于是许慎采史籀、李斯、杨雄之书，博访通人，考之于逵，作《说文解字》。至安帝十五年，始奏上之。而隶书行之已久，习之益工，加以行草八分，纷然间出，返以篆籀为奇怪之迹，不复经心。至于六籍旧文，相承传写，多求便俗，渐失本原。《尔雅》所载艸木鱼鸟之名，肆意增益，不可观矣。诸儒传释，亦非精究小学之徒，莫能矫正。唐大历中，李阳冰篆迹殊绝，独冠古今。自云："斯翁之后，直至小生。"此言为不妄矣。于是刊定《说文》，修正笔法，学者师慕，篆籀中兴。然颇排斥许氏，自为臆说。夫以师心之见，破先儒之祖述，岂圣人之意乎？今之为字学者，亦多从阳冰之新义，所谓贵耳贱目也。

自唐末丧乱，经籍道息。皇宋膺运，二圣继明。人文国典，粲然光被。兴崇学校，登进群才。以为文字者，六艺之本，固当率由古法。乃诏取许慎《说文解字》，精加详校，垂宪百代。臣等愚陋，敢竭所闻。盖篆书堙替，为日已久。凡传写《说文》者，皆非其人，故错乱遗脱，不可尽究。今以集书正副本及群臣家藏者，备加详考。有许慎注义序例中所载而诸部不见者，审知漏落，悉从补录。复有经典相承传写及时俗要用，而《说文》不载者，承诏皆附益之，以广篆籀之路。亦皆形声相从，不违六书之义者。其间《说文》具有正体而时俗讹变者，则具于注中。其有义理乖舛违戾六书者，并序列于后。俾夫学者，无或致疑。大抵此书务援古以正今，不徇今而违古。若乃高文大册，则宜以篆籀著之金石。至于常行简牍，则草隶足矣。又许慎注解，词简义奥，不可周知。阳冰之后，诸儒笺述有可取者，亦从附益。犹有未尽，则臣等粗为训释，以成一家之书。

《说文》之时，未有反切。后人附益，互有异同。孙愐《唐韵》，行之已久。今并以孙愐音切为定，庶夫学者有所适从。食时而成，既异《淮南》之敏；县金于市，曾非吕氏之精。尘渎圣明，若临冰谷。谨上。

新修字义

左文一十九，《说文》阙载，注义及序例偏旁有之，今并录并诸部：

詔　志　件　借　魋　綦　剔　䉒　醆　趑

鼫　璵　癢　樾　緻　笑　迓　晥　峯

说文解字

左文二十八，俗书讹谬，不合六书之体：

亹　　字书所无，不知所从，无以下笔。《易》云："定天下之亹亹。"当作娓。

个　　亦不见义，无以下笔。明堂左右个者，明堂旁室也，当作介。

暮　　本作莫。日在茻中也。

熟　　本作孰。享芽，以手进之。

捧　　本作奉。从廾，从手，丰声。经典皆如此。

遨　　本作敖。从出，从放。

徘徊　　本作裴回。宽衣也。取其裴回之状。

迴　　本作回。象回转之形。

腰　　本只作要。《说文》象形。借为玄要之要。后人加肉。

嗚　　本只作乌。乌，盱呼也。以其名自呼，故曰乌呼。后人加口。

慾　　《说文》欲字注云："贪欲也。"此后人加心。

揀　　本只作柬。《说文》从束、八，八，柬之也。后人加手。

俸　　本只作奉。古为之奉禄。后人加人。

自暮已下一十二字，后人妄加偏傍，失六书之义。

鞦韆　　案，词人高无际作《秋千赋》，序云："汉武帝后庭之戏也。"本云千秋，祝寿之词也，语讹转为秋千。后人不本其意，乃造此字。非皮革所为，非车马之用，不合从革。

影　　案，影者，光景之类也。合通用景。非毛发藻饰之事，不当从彡。

斌　　本作彬或份，文质备也。从文配武，过为鄙浅。复有从斌从贝者，音颛。亦于义无取。

悦　　经典只作说。

藝　　本只作埶。后人加艸、云。义无所取。

514

著　　本作箸。《说文》陟虑切，注云："饭攲也。"借为住箸之箸。后人从艸。

墅　　经典只用野。野亦音常句切。

蓑　　蓑字本作苏禾切，从衣，象形。借为衰朽之衰。

賾　　《周易疏义》云："深也。"案，此亦假借之字，当通用啧。

黌　　学堂也。从学省，黄声。《说文》无学部。

黈　　充耳也。从纩省，主声。《说文》无纩部。

矗　　直貌。经史所无。《说文》无直部。此三字皆无部类可附。

麌　　《说文》噳字注云："麋鹿群口相聚也。"《诗》"麀鹿麌麌"，当用噳字。

池　　池沼之池当用沱。沱，江之别流也。

篆文笔迹相承小异：

及　　及本作𠂇。及本从二，从古文及，左旁不当引笔下垂。盖前作笔势如此，后代因而不改。

㐱　　《说文》不从人，直作㐱。

亲　　左旁亲从辛从木，《说文》不省。此二字李斯刻石文如此，后人因之。

商　　从辛，从口。中画不当上曲，亦李斯刻石如此，上曲则字形茂美，人皆效之。

彡　　《说文》作彡，象三属之形。李斯笔迹小变，不言为异。

兂　　《说文》作兂，亦李斯小变其势。李阳冰乃云从开口形，亦为臆说。

朿　　《说文》从屮而垂下，仌，相出入也，从入。此字从屮下垂，当只作朿，盖相承多一画。

🔣　如六切。《说文》本作肉，后人相承作🔣，与月字相类。
🔣　《说文》作🔣，止史籀笔迹小异，非别体。
🔣　此本蕃庑之庑，李斯借为有无之无。后人尚其简便，故皆从之。有无字本从亡，李阳冰乃云不当加亡。且蕃庑字从大从丗，数之积也。从林，亦蕃多之义。若不加亡，何以得为有无之无。
🔣　或作🔣，亦止于笔迹小异。
🔣　《说文》作🔣，李斯笔迹小异。

银青光禄大夫守右散骑常侍上柱国东海县开国子食邑五百户臣徐铉等，伏奉圣旨校定许慎《说文解字》一部。伏以振发人文，兴崇古通。考遗编于鲁壁，缉蠹简于羽陵。载穆皇风，允符昌运。伏惟应运统天，睿文英武，大圣至明广孝皇帝陛下，凝神系表，降鉴机先。圣靡不通，思无不及。以为经籍既正，宪章具明。非文字无以见圣人之心，非篆籀无以究文字之义。眷兹讹俗，深恻皇慈。爰命讨论，以垂程式。将惩宿弊，宜属通儒。臣等寔愧谀闻，猥承乏使，徒穷懵学，岂副宸谟？尘渎冕旒，冰炭交集。其书十五卷，以编帙繁重，每卷各分上下，共三十卷。谨诣东上合门进上，谨进。

雍熙三年十一月　日翰林书学臣王惟恭、臣葛湍等状进，奉直郎守秘书省著作郎直史馆臣句中正，银青光禄大夫守右散骑常侍上柱国东海县开国子食邑五百户臣徐铉。

中书门下牒徐铉等新校定《说文解字》。牒奉敕：许慎《说文》，起于东汉。历代传写，讹谬实多。六书之踪，无所取法。若不重加刊正，渐恐失其原流。爰命儒学之臣，共详篆籀之迹。右散骑常侍徐铉等，深明旧史，多识前言。果能商榷是非，补正阙漏。书成上奏，克副朕心。宜遣雕镂，用广流布。自我朝之垂范，俾永世以作程。其书宜付史馆，仍令国子监雕为印版，依九经书例，许人纳纸墨价钱收赎。兼委徐铉等点检书写雕造，无令差错，致误后人。牒至准敕，故牒。

雍熙三年十一月　　日牒。给事中参知政事辛仲甫、给事中参知政事吕蒙正、中书侍郎兼工部尚书平章事李昉。

《说文》校字记

标目
 㞢在丙前,误倒。 䪴误作百。又䪴,彼力切。误作百,博陌切。 豊,卢启切。卢误虘。 乑,古怀切。怀误佽。

弟一上
玉部瑲,佩刀上饰。上误下。
丨部中,内也。内误而。

弟一下
艸部芩,从艸。从误公。 菨,从艸,妾声。妾误务。
葃,时吏切。吏误更。

弟二上
牛部犨,从牛、雔,雔亦声。脱一"雔"字。又测愚切。测误侧。
口部咙,卢红切。卢误虚。 咅,读若槩。脱"若"字。
吅部嚣,一曰:窒嚣。窒误窐。
走部趣,从走,叜声。叜误叡。
止部㞷,从又。从误以。

弟二下
辵部达,引《诗》曰:"挑兮达兮。"脱一"兮"字。 逳,逃也。逃误兆。 迹,古文迹。误作迹。
彳部循,详遵切。详误许。
足部踬,博盖切。博误掠。

弟三上

谷部囧，象形。脱"形"字。

弟三下

羼部羺，重文羺，或从美、羺省。误作羺。羺省误羼省。又羺，小篆，从羔，从美。误作羺。

弟四上

目部瞋，徒弄切。徒误徙。　瞀，莫候切。候误侯。　睼，他计切。他误也。　看，睎也。也误之。

鼻部鼻，父二切。父误入。

羽部翰，从羽，倝声。倝误幹。　雡，羽初生貌。生误三。

隹部雒，古候切。候误侯。

羊部羶，乌闲切。乌误鸟。

鸟部凤，鹳颡鸳思。颡误鶏。

弟四下

予部予，余吕切。吕误臣。

叒部叒，读若《诗》"摽有梅"。摽误標。

奴部奴，从奴，从目，从谷省。误作奴。

筋部笏，重文腱，或从肉、建。脱肉字。

角部觯，乡饮酒角也。乡误饗。

弟五上

竹部籆，重文䉛，或从角，从閒。角误竹。　箴，重文簴，或从妾。妾误女。　筨，一曰：筨，籈也。脱"一"字。

弟五下

矢部矣，语已词也。已误以。

厚部厚，重文垕，从后、土。土误士。

弟六上

木部榦，从木，倝声。倝误榦。　柂，枱耑也。枱误黍。

柲，兵媚切。兵误丘。

弟六下

之部坣下徐锴曰："妄生谓非所宜生。"妄误反。

禾部穧，从禾，从攴，只声。脱"攴"字。

口部困，去伦切。去误南。

邑部䣙，从邑，蔽省声。蔽误敞。

弟七上

禾部稙，引《诗》曰："稙稚尗麦。"稙误种。　穊，几利切。脱"几"字。　穄，齋也。齋误斋。　稰，春臬不渍也。臬误臭。　𥹭，从禾，从米，庚声。误作𥸫。　秸，古黠切。黠误点。秋，从禾，𤈦省声。𤈦误龟。

米部粱，从米，梁省声。梁误梁。

弟七下

宀部宊，从宀，久声。久误人。

疒部瘥，从疒，𦰩声。𦰩误𦱉。

弟八上

人部佼，下巧切。巧误功。　僷，与涉切。涉误步。　何下臣铉等曰："今俗别作擔荷。"擔误檐。　傂，鱼怨切。怨误福。　优，一曰：倡也。脱"一"字。　传，直恋切。恋误蛮。　御，其虐切。虐误虚。

匕部𠤎，引《诗》曰："𠤎彼织女。"𠤎误歧。

衣部袤，重文䐗，籀文袤，从楙。袤误表。　褢下臣铉等曰："今俗作抱。"抱误袍。

弟八下

兆部兜，从兒省，兒象人头也。兒误见。

见部親，力玉切。力玉误王问。

欠部歈，从欠，鯀声。鯀误鮺。

弟九上

页部颅，頭颅，首骨也。頭误项。　頟，大头也。大头误八顽。　𩒹，从页，咸声。咸误感。

彡部修，息流切。息误鸟。

鬼部魃，从鬼，友声。友误友。　魃，引《韩诗传》曰："郑交甫逢二女，魃服。"女误久。

厶部羑，从厶，从羑。厶误多。

弟九下

山部屺，引《诗》曰："陟彼屺兮。"兮误弓。

屵部崖，从屵，圭声。屵误户。

广部廜，从广，虜声。虜误膚。　庖，薄交切。薄误簿。

厂部厗，七互切。互误玄。　𠂆，秦谓之柶。秦误泰。

石部磬，象县虡之形。虡误虍。　䂞，《周礼》有䂞蔟氏。有上衍曰字，蔟误簇。

豕部豜，三岁豕，肩相及者。及误反。

弟十上

马部鵯，从马，𠬝声。𠬝误幹。　騽，从马，鞠声。鞠误鞫。

犬部玃，母猴也。猴误候。　㺇，食母猴。猴亦误候。

鼠部䑕，皮可为裘。裘误裏。

火部焛，从火，㒼省声。㒼误门。　熬，重文䵅，𤎅，或从麦。𤎅误敖。　煣，人久切。久误又。　威，引《诗》曰："褒似威之。"威误灭。　熙，从火，𦣝声。𦣝误熙。　新附字灿，从火，粲声。脱"火"字。

黑部點，胡八切。胡误切。　黬，羔裘之缝。裘误文。

弟十下

㚔部圉，从㚔，从囗。囗误曰。

心部息，从自，自亦声。亦误下。　恬，甛省声。甛误宗。　忮，巨支切。支误文。　憃，从心，舂声。舂误憃。

怒，从心，奴声。奴误以。　憊，从心，葡声。葡误匍。

弟十一上

水部灌，水出庐江雩娄。庐误卢。　溙，从水，垂声。垂误圭。　澶，江水大波谓之澶。澶误薄。　溯，皮冰切。皮误成。　没，莫勃切。莫误黄。　㵢，侧出泉也。侧误例。　染下裴光远云："栀茜之属"，栀误枕。　萍，从水、苹。苹误草。　新附字瀍，䶅省声。䶅误瀍。　潴，从水，猪声。猪误潴。

弟十一下

仌部冰，重文凝，俗冰，从疑。冰误水。

雨部雪，丈甲切。丈误文。

鱼部鮥，从鱼，各声。各误名。　鮐，徒哀切。徒误徙。

弟十二上

至部𦤎，读若挚。挚误蓻。

门部闭，所以歫门也。以误从。　阋，弋雪切。雪误垂。

臣部𦣞，重文𦣝，古文𦣞，从户。𦣞误𦣝。

手部捡，从手，佥声。佥误今。　拼，从手，幵声。幵误井。
拓，之石切。之误从。　搯，重文抭，搯或从秀。搯误籀。　揽，引《楚词》曰："朝搴批之木兰。"木误术。　探，他含切。含误合。

弟十二下

女部嬴，从女，𦢔省声。𦢔误𠃊。　妴，引《商书》曰："无有作妴。"妴误妞。　嫂，引《楚词》曰："女嫂之婵媛。"婵误蝉。
娿，从女，夗声。夗误妃。　孅，锐细也。锐误兑。　婌，小小侵也。
也误他。　嫈，婷嫈也。婷误阴。　姘，引汉律曰："见姘变，不得侍
祠。"不误又。　𡟰下臣铉等曰："当从𡿺省。"𡿺误𡿮。

戈部𢧢，从戈，从百。百误首。又古黠切。黠误點。　戓，杀也。
杀误投。

亡部望，从亡，朢省声。朢误望。

甾部𢉖，重文𦉥，籀文𢉖。𢉖误卢。

瓦部甄，从瓦，虐声。从下衍"反"字。　瓴，瓮似瓶也。瓮
误兊。

弟十三上

糸部緕，口皆切。口误曰。　紙，都兮切。都误节。　絓，一曰：
以囊絮练也。曰误口。　纇，从糸，頪声。頪误类。　縺，读若捷。
捷误挓。　𦃩，从糸，壐声。壐误璽。　繄，一曰：微帜，信也。帜误
帜。　绤，重文綌，绤或从㕁。绤误繁。

虫部蟏，蟏蠃。又引《诗》曰："蟏蠃负之。"蟏并误蛸。

蟥，以胃鸣者。以误从。　蟹，从虫，解声。从误以。

弟十三下

二部二，从偶一。脱"一"字。

黄部黇，一曰：轻易人黇妁也。人误入。

弟十四上

金部钄，洛胡切。胡误故。　锐，重文剡，籀文锐，从厂，刻。锐误说。　鏄，一曰：田器。田误曰。　镎，矛戟柲下铜鐏也。戟误战。　鐧，从金，闲声。脱"金"字。　新附字铀，待季切。季误季。

斗部斝，从叩，从斗，冂象形。冂误曰。　斡，从斗，倝声。倝误幹。　斛，引《周礼》曰："桼三斛。"桼误求。　斟，勺也。勺误匀。

车部軝，重文秖，軝或从革。軝误軝。　衝，一曰衍省声。脱"一"字。　转，从車，专声。車误甫。

弟十四下

阜部隨，读若渎。脱"渎"字。

五部五下臣铉等曰："二，天地也。"误叠"天"字。

辛部辛，从一，从辛。辛，罪也。辛并误辛。

子部子，人以为称。人误入。　穀，从子，殸声。殸误殻。

弟十五上

自叙汉兴有草书下，徐锴曰："案书传多云张芝作草。"芝误並。又"今云汉興有草。"興误典。　"秦始皇帝使下杜人程邈所作也。"邈误之。

𠦝部四十九，冎部五十，误倒。　䵼部一百六，䵼误百。

新刻《说文》跋

昌治重刊《说文》，以阳湖孙氏所刊北宋本为底本，然孙氏欲传古本，故悉依旧式。今欲寻求简便，改为一篆一行，不能复拘旧式。每卷以徐氏衔名与许氏并列，不复题奉敕之字。徐氏新附字降一字写之，以见区别。孙刻篆文及解说之字小有讹误，盖北宋本如此。孙氏传刻古本固当仍而不改，今则参校各本，凡讹误之显然者，皆已更正，别为校字记，附于卷末，昭其慎也。其在疑似之间者，则不敢轻改也。同治十二年闰六月，番禺陈昌治谨识。

部首检字表

【一画】		卜	100	力	459	亏	152
		刀	135	几	471	入	164
一	1	乃	151	七	484	攵	171
丨	13	丂	151	九	484	夊	173
丶	159	厶	158	丁	486	久	174
丿	374	入	165	了	489	才	193
乙	387	冂	167			之	194
丿	416	冖	219	【三画】		毛	196
乀	417	一	242	三	5	口	198
亅	419	人	251	士	12	夕	218
乚	420	匕	261	中	14	宀	232
乙	486	匕	262	小	34	月	242
		儿	275	口	38	巾	246
【二画】		卩	292	彳	57	尸	271
亠	1	勹	293	攵	58	彡	288
八	34	厶	296	干	68	山	297
冂	45	厂	302	廾	82	广	300
丩	69	厶	374	寸	95	丸	304
十	69	厂	417	幺	123	彑	309
又	90	匚	421	刄	138	大	334
丆	92	匚	421	丌	148	矢	335
几	95	二	450	工	149	尢	336

· 527 ·

三画—五画

川	375	兮	152	火	325	疋	65
孔	385	丹	160	夭	335	册	66
女	406	井	160	亢	338	只	68
亡	420	木	175	亣	339	句	69
弓	424	市	194	夫	339	古	69
士	450	日	211	心	341	厈	89
勺	471	月	217	水	353	史	92
己	487	毌	219	欠	377	聿	92
子	488	片	221	不	387	皮	96
厷	490	凶	229	户	389	用	101
巳	491	朮	230	手	394	目	102
		冃	242	毋	416	白	108
【四 画】		市	249	氏	417	宀	113
王	5	从	262	戈	418	玄	124
气	12	比	262	斤	471	歺	126
牛	35	壬	263	斗	472	左	149
止	49	毛	270	五	484	甘	150
牙	61	尺	273	六	484	可	151
爿	83	方	275	巴	487	号	152
爪	89	先	275	壬	488	皿	157
乳	89	欠	279	丑	490	去	158
支	92	旡	282	午	491	矢	166
殳	94	丙	287			出	194
攴	97	文	289	**【五 画】**		生	195
爻	101	卯	293	示	2	禾	196
予	124	勿	307	玉	6	旦	215
丰	138	冄	307	半	35	禾	222
曰	150	犬	319	正	51	瓜	231

穴	235	卯	490	旨	152	危	304
疒	238	未	491	虍	155	而	307
白	249	申	492	血	158	亦	335
北	263			缶	165	交	336
丘	263	**【六画】**		舛	171	囟	341
兄	275	艸	14	灥	194	辰	376
司	291	吅	45	从	215	至	388
包	294	此	50	有	218	西	388
庐	300	延	58	多	219	耳	392
石	304	行	59	束	221	曲	422
夲	338	舌	67	米	227	弜	425
亣	338	冊	70	臼	229	糸	427
立	340	辛	81	未	231	虫	438
永	376	共	83	吕	235	刕	461
民	416	聿	93	网	244	开	470
氏	417	臣	94	襾	245	自	478
戊	419	自	108	仙	263	厽	483
瓦	423	羽	109	肉	264	戌	496
它	448	羊	114	衣	265	亥	496
田	457	華	123	老	270		
且	471	丝	124	舟	274	**【七画】**	
矛	473	殳	125	兇	276	釆	35
四	483	死	127	先	276	告	38
宁	483	冎	128	后	291	走	46
内	485	肉	129	印	293	步	50
甲	485	刞	138	色	293	辵	51
丙	486	耒	139	由	296	足	61
戊	486	竹	142	屮	300	谷	68

肉	68	囱	333	林	192	音	80
言	70	赤	333	录	222	革	85
臼	84	谷	376	林	230	是	102
奴	125	臣	394	帛	249	眉	107
角	139	我	419	卧	264	盾	107
巫	150	系	426	長	306	首	114
豆	154	卵	450	希	309	壴	153
皀	161	里	457	易	311	食	161
甹	169	男	459	兔	319	亯	168
弟	173	車	473	狀	323	韋	172
束	197	辛	487	炎	330	鹵	220
貝	199	辰	491	炙	333	香	227
邑	202	酉	492	牵	337	耑	231
囧	218			狱	374	韭	231
克	222	【八　画】		雨	378	宮	235
网	242	玨	12	非	385	重	264
尚	249	隶	93	門	389	頁	283
身	264	臤	93	甾	422	面	287
尾	273	燚	101	弦	425	首	287
兒	276	隹	111	金	462	㬎	288
禿	276	㪟	124	阜	479	苟	294
見	277	放	125	叕	483	皀	318
次	282	虎	156	亞	484	思	341
百	287	青	160	庚	487	泉	375
㞢	289	京	168			飛	385
卮	292	亩	169	【九　画】		風	447
豕	307	來	170	是	51	垚	456
豸	310	東	192	品	65	癸	488

孨	489	能	324	黃	458	絲	438
酋	495	立	341	寅	490	蚰	446
		珡	420				
【十　画】		素	437	【十二画】		【十三画】	
哭	46	畾	458	艸	32	蓐	32
牟	81			品	67	甍	96
舁	83	【十一画】		羑	82	鼓	153
冓	87	異	83	畫	93	豊	154
鬥	90	殺	95	皕	109	虘	155
朋	107	教	100	崔	113	會	164
烏	121	習	109	筋	135	嗇	169
冓	123	雈	113	珡	149	琴	196
骨	128	鳥	116	喜	153	鼎	221
豈	154	麥	170	舜	172	裘	270
邕	161	巢	197	華	196	辟	293
倉	165	桼	197	晶	217	嵬	296
高	167	䍃	218	黍	226	廌	317
富	169	麻	230	㒸	249	鼠	323
桀	174	瓠	232	毳	271	黽	449
巫	196	豚	309	須	288		
員	199	舄	311	象	311	【十四画】	
虬	215	鹿	317	莧	319	誩	80
冥	216	奢	337	黑	330	晨	84
東	220	魚	380	焱	333	鼻	108
秝	226	鹵	388	壺	337	箕	148
彭	289	率	405	壹	337	皕	210
鬼	295	率	438	㤅	352	齊	220
馬	312	菫	456	雲	380	覞	279

熊	324	虩	157	瞿	115	【二十四画】	
羿	488	韕	168	豐	155	衢	116
【十五画】		毃	229	櫐	198	鹽	389
犛	37	燕	384	蟲	447		
齒	59	龍	385	【十九画】		【二十七画】	
稽	197	甌	448	瀕	374	纛	376
履	273	餡	483	【二十一画】		【二十九画】	
歔	281	【十七画】		癩	238	爨	84
罾	485	龠	66				
【十六画】		【十八画】		【二十二画】		【三十三画】	
嬭	88	鞯	115	鱻	384	麤	318
雔	116						

笔画检字表

【一画】

一	1
丨	13
丶	159
丿	374
乙	387
丿	416
丶	417
乀	417
亅	419
乚	419
乛	420
乙	486

【二画】

丄	1
丁	1
八	34
凵	45
又	58
丩	69
十	69
又	90
冇	92
几	95
卜	100
刀	135
乃	151
丂	151
厶	158
入	165
冂	167
马	219
冖	242
人	251
匕	261
匕	262
儿	275
卩	292
勹	293
厶	296
厂	302
巛	374

【三画】

三	5
士	12
屮	14
小	34
口	38
少	50
彳	57
宀	58
干	68

乂	416
厂	417
匚	421
匸	421
二	450
力	459
几	471
七	484
九	484
丁	486
了	489

丈	69
千	69
廾	82
叉	90
及	91
寸	95
幺	123
刃	138
丌	148
工	149
亏	152
亼	164
夊	171
夂	173
乎	173
久	174
才	193
之	194
毛	196
口	198
夕	218
宀	232

533

弓	243	去	490	叉	90	帀	194
巾	246	巳	491	父	91	弔	195
尸	271			夬	91	丰	195
兀	275	【四画】		尹	91	邘	209
彡	288	元	1	反	91	日	211
丂	292	天	1	艮	91	月	217
山	297	王	5	友	92	冊	219
广	300	气	12	支	92	弖	220
丸	304	中	13	殳	94	片	221
亙	309	屯	14	攴	97	凶	229
大	334	少	34	爻	101	木	230
矢	335	尐	34	予	124	月	243
九	336	分	34	幻	125	市	249
川	375	介	34	切	136	仁	251
孓	385	父	34	办	138	仍	255
女	406	公	34	丰	138	什	256
弋	417	牛	35	巨	149	仆	259
也	417	止	49	日	150	仇	260
亡	420	乏	51	己	151	弔	260
弓	424	牙	61	兮	152	化	261
凡	450	劝	70	丹	160	卡	262
土	450	廿	70	井	160	卬	262
勺	471	収	82	今	164	从	262
与	471	戈	83	内	165	比	262
己	487	爪	89	从	165	壬	263
子	488	爪	89	尣	168	毛	270
孑	489	孔	89	及	173	尺	273
孓	489	厷	90	木	175	方	275

允	275	手	394	卉	29	皮	96
先	275	毋	416	艽	29	卟	100
欠	279	氏	417	芳	30	占	100
旡	282	戈	418	尒	34	用	100
丏	287	匹	421	必	35	目	102
文	289	瓦	423	半	35	白	108
厄	292	引	424	召	40	宁	113
吧	292	斤	471	台	41	幼	123
匀	294	斗	472	右	41	玄	124
勾	294	升	473	叴	42	歹	126
匁	294	阞	479	叱	43	叴	128
仄	303	阠	481	叫	43	肊	130
厃	303	五	484	佘	45	刉	136
勿	307	六	484	癶	50	刊	136
冄	307	内	485	正	51	左	149
犬	319	尢	486	延	58	巧	149
火	325	巴	487	疋	65	甘	150
夭	335	壬	488	册	66	可	151
亢	338	丑	490	羊	68	叵	151
亣	339	午	491	只	68	乎	152
夫	339			句	69	号	152
心	341	【五 画】		古	69	平	152
水	353	丕	1	世	70	皿	157
巛	375	示	2	右	90	去	158
攵	377	玉	6	夊	91	主	159
孔	387	艾	20	史	92	宍	165
不	387	芍	22	聿	92	仝	165
户	389	艿	23	夙	95	矢	166

535

五画 — 六画

市	167	布	248	犯	321	由	451
央	168	白	249	发	321	圣	453
本	180	仞	251	夲	338	田	457
末	181	仕	251	齐	338	功	459
札	189	伋	252	立	340	加	460
出	194	仜	253	氿	353	尻	471
生	195	仢	254	氾	361	处	471
氷	195	付	255	氻	364	且	471
禾	196	代	256	汀	368	矛	473
囜	199	仔	257	汁	370	阤	480
囚	199	仚	260	永	376	阮	481
邝	204	北	263	冬	377	阢	482
邡	204	丘	263	疋	389	阡	482
邢	204	尻	272	失	400	四	483
邔	206	尼	272	扔	401	宁	483
邛	207	兄	275	扐	401	甲	485
邗	208	氹	288	打	405	丙	486
邺	209	司	291	母	407	戉	486
旦	215	叵	292	奴	408	孕	488
夗	218	令	292	民	416	卯	490
外	219	印	293	弗	416	昌	491
禾	222	卯	293	氏	417	未	491
瓜	231	包	294	戊	419	申	492
宂	233	氿	297	乍	420		
宄	234	岇	299	勹	420	【六 画】	
穴	235	庐	300	匜	421	吏	1
广	238	庐	303	弘	424	玎	9
钆	247	石	304	它	448	玒	10

艸	14	迂	55	歺	127	夅	173
芝	15	迁	56	死	127	朷	178
芋	15	迄	56	肉	129	机	180
芉	16	彶	57	肌	129	朱	181
芄	16	廷	58	肋	130	朴	181
芨	17	延	58	肎	131	朵	181
芐	21	行	59	肌	133	朳	182
芍	22	舌	67	肙	134	朸	182
芒	25	芋	68	匂	136	朾	190
芃	25	丙	68	列	136	休	191
芑	31	冊	70	刖	137	灸	194
芊	32	辛	81	刓	137	回	198
牝	36	丞	82	刑	137	因	199
牟	36	异	82	刎	138	邦	202
吸	40	共	83	韧	138	郏	203
名	40	巩	89	耒	139	邠	203
吉	41	聿	93	竹	142	邢	205
吐	42	臣	94	迂	148	邦	205
吒	43	寺	96	式	149	邡	205
吁	43	收	99	吁	152	祁	205
吘	43	攷	99	旨	152	邲	206
各	44	自	108	虍	155	邦	207
吅	45	百	108	血	158	郝	207
此	50	羽	109	荆	160	邠	207
巡	52	羊	114	阩	160	邔	207
过	52	再	123	合	164	邪	208
迅	53	丝	124	缶	165	邦	208
迪	54	受	125	舛	171	邪	209

六画

邟	209	企	251	充	275	忏	350
邡	209	仇	252	兆	276	忐	351
早	211	仲	252	先	276	忖	352
旭	211	伊	252	次	281	江	353
邑	212	伃	252	后	291	汝	355
队	215	伀	252	卯	292	汭	359
有	218	份	252	归	293	汝	359
多	219	仹	253	色	293	汗	359
朿	221	仿	254	旬	294	汛	360
年	225	仰	255	匈	294	汋	362
米	227	伍	256	由	296	汜	364
臼	229	任	256	纪	298	汕	365
兕	229	价	257	岌	299	汙	366
朱	231	伎	258	屾	300	伙	366
宅	232	伏	259	虒	304	汗	368
向	232	伐	259	危	304	汱	369
宇	232	仳	260	而	307	汲	371
安	233	件	260	灰	326	汛	371
守	234	㱿	262	光	329	汗	371
穵	234	艮	262	夸	334	汍	372
吕	235	并	262	夷	335	冘	375
穵	236	仈	263	亦	335	岁	375
同	243	肎	264	交	336	州	375
青	243	衣	265	旭	336	辰	376
网	244	老	270	廷	336	冰	377
西	245	考	270	囟	341	至	388
刉	246	㐱	272	忏	345	西	388
攸	248	舟	274	忍	348	耳	392

扛	399	糸	427	衫	3	芣	24
扒	400	虫	438	社	4	芋	24
抚	402	亘	450	玒	6	芮	26
扱	402	地	450	玖	9	芼	26
扚	403	在	452	玗	10	芝	27
扞	403	圮	454	玓	10	芳	27
扜	404	圭	455	玕	11	芰	27
扣	404	圯	456	玘	12	苣	29
妊	406	劣	460	壯	12	芥	30
妁	406	劦	461	於	13	芴	30
妃	407	开	470	每	14	芙	32
妣	408	自	478	岔	14	余	35
改	409	阪	479	岜	14	采	35
攽	409	阣	479	气	17	牡	35
好	409	阢	480	芋	17	牢	36
如	411	防	480	苄	19	牣	37
妄	413	阯	480	芙	19	告	38
奸	415	阮	481	芹	20	吻	38
妓	415	厼	483	芸	20	吞	38
㐰	417	成	486	芩	21	吮	39
戎	418	字	489	芰	21	含	39
成	418	存	489	芡	21	吹	40
匠	421	曳	492	茚	21	吾	40
匡	421	戌	496	芫	22	君	40
曲	422	亥	496	芪	22	听	40
𠄐	424			芫	23	启	41
弛	424	【七画】		芘	24	呈	41
弜	425	祀	3	芽	24	吃	42

七画

哎	42	戒	82	肌	131	初	180
吟	43	兵	83	㕥	134	权	181
吡	43	臼	84	刉	135	材	182
吝	43	孚	89	利	135	朴	182
否	44	夛	91	初	135	杕	182
昏	44	役	95	判	136	宋	184
吠	44	攸	97	删	136	杇	184
局	44	孜	97	刺	137	杝	185
呀	45	改	98	刮	137	杠	185
走	46	更	98	角	139	杚	186
步	50	攸	98	巫	150	构	186
辵	51	攷	98	粤	151	杖	188
迤	52	攻	99	豆	154	㞑	188
迁	52	攺	99	彤	160	极	189
迎	53	卧	100	皀	161	坒	194
返	53	甫	101	即	161	孛	195
近	55	甸	104	矣	167	束	197
迤	55	㠭	113	㝵	169	囧	198
远	56	芈	114	良	169	困	199
迋	56	羌	115	夋	171	囮	199
徇	58	華	123	弟	173	貝	199
延	58	孚	125	夆	173	邑	202
足	61	奴	125	夆	173	邸	203
谷	68	刐	128	李	175	邠	203
肏	68	肓	129	杏	175	䢵	203
言	70	肝	129	杜	176	邮	204
弄	82	肘	130	杙	177	邶	204
奔	82	肖	131	杞	179	邵	204

540

邲	205	爷	246	孝	270	龙	319
邯	205	帊	248	屁	272	犴	320
鄂	206	尚	250	尾	273	狃	321
邰	207	伯	252	尿	273	犺	321
邴	207	佖	252	兑	275	狒	321
邳	208	伴	253	兕	276	狎	322
邹	208	伾	253	秃	276	狂	322
邱	209	佛	254	見	277	狄	322
邑	210	佗	254	吹	279	兲	326
旳	211	何	254	欤	279	炙	327
盰	212	位	254	次	282	灼	327
旱	212	作	256	百	287	灺	327
囧	218	伹	256	形	288	囱	333
姎	219	伶	257	廴	289	赤	333
甹	220	伸	257	邜	292	夾	334
甬	220	但	257	邵	292	佘	334
克	222	佃	258	岑	298	乔	335
秀	222	佉	258	庉	300	奄	335
私	223	佁	258	庈	301	夾	335
宏	233	伲	258	序	301	吴	335
完	233	佝	258	戍	301	尬	336
牢	234	佚	259	庇	301	志	341
宋	235	但	260	庇	303	快	342
究	237	佋	260	居	303	忻	342
疔	239	低	261	应	303	忼	342
疖	239	伺	261	豕	307	怅	343
疚	239	伫	261	夋	309	忧	344
网	243	身	264	豸	310	忒	346

七画

忮	346	汻	364	扴	398	妨	413
忘	347	汦	364	抉	398	妍	414
忾	347	汲	364	抏	399	姎	414
忌	348	决	365	扷	399	毒	416
怖	348	泛	366	扮	399	戋	418
忧	349	没	366	抒	400	我	419
忴	350	沈	367	技	401	匢	421
忡	350	渤	367	抈	402	医	421
忍	351	沠	368	抵	403	匣	422
沅	354	汽	368	扰	403	瓨	423
沔	354	沮	368	抗	403	系	426
沂	354	沐	371	抛	405	卵	450
汾	355	汩	372	坛	406	坞	451
沁	355	巠	375	攻	406	均	451
沇	355	㞋	375	妊	407	坄	451
沸	355	谷	376	妣	407	坻	452
汩	356	冶	377	姊	407	坒	452
沤	356	冷	377	妓	409	坎	453
沂	357	波	377	妡	410	坋	455
汶	358	否	387	妗	410	坏	455
沛	358	庋	389	姸	411	坊	456
沈	359	耴	392	妒	411	里	457
汭	360	臣	394	旲	412	町	457
汪	360	扶	395	妓	412	甸	457
冲	360	抪	396	妆	412	男	459
沄	360	把	396	妠	413	助	459
沆	361	抪	397	妒	413	劭	460
沙	363	投	398	佞	413	劫	460

劰	461	玭	11	若	28	哈	45
車	473	玫	11	苴	29	岠	49
阿	479	玨	12	苟	30	迲	49
陂	479	氛	12	范	30	些	50
阻	479	芙	15	苓	31	证	52
附	480	苹	16	苕	31	迠	52
陁	480	莓	17	尚	34	述	52
陊	481	苷	17	忕	36	迮	52
阽	482	苦	18	牫	37	迪	53
阼	482	茅	18	物	37	迟	54
陎	482	苜	18	呱	38	迊	54
辛	487	苓	19	咀	39	迭	54
孥	489	苗	19	味	39	迫	55
辰	491	苞	20	呵	39	迣	55
酉	492	茄	22	呼	40	迌	55
		苯	23	命	40	迴	56
【八 画】		芙	23	和	40	迢	56
衳	2	苤	23	咄	41	往	57
衹	2	苗	24	咄	41	彼	57
衼	3	英	24	呷	41	徂	57
祈	3	苓	25	周	41	建	58
祓	5	茂	25	咈	42	拘	69
玠	7	苗	26	呧	42	纠	69
玦	8	苟	26	呶	43	肸	69
玩	9	苑	27	呻	43	妾	81
珏	9	茀	27	咆	44	奉	82
玲	9	苈	27	呢	44	弄	82
玢	10	苕	28	呦	44	具	83

八画

妱	89	歾	126	卤	151	松	180	
戕	91	肧	129	奇	151	果	181	
秉	91	肫	129	虎	156	枝	181	
叔	91	肺	129	盂	157	枚	181	
取	91	肪	130	咢	159	枎	181	
卑	92	肷	130	呦	159	杪	181	
事	92	股	131	音	159	柱	182	
隶	93	肮	131	青	160	扶	182	
臥	93	朋	132	刱	160	杲	183	
役	94	肴	132	侖	164	杳	183	
投	94	肰	134	舍	164	枅	183	
殴	94	肬	134	匋	165	㭋	185	
肝	96	肥	134	弨	167	枕	185	
攸	97	刳	135	知	167	茉	185	
牧	100	刻	136	京	168	杷	186	
卦	100	剁	136	亩	169	杵	186	
炑	100	刷	137	來	170	枓	186	
敃	101	刮	137	夌	171	杼	187	
盱	103	刲	137	戾	171	栢	189	
盯	104	制	137	妻	171	柳	189	
盲	106	刵	137	柑	175	采	190	
者	108	券	137	杶	177	柿	190	
佳	111	剌	138	柔	177	析	190	
乖	113	剎	138	枇	177	杇	191	
叀	124	典	148	枋	178	林	192	
放	125	畀	149	柜	179	東	192	
受	125	智	150	枒	179	刺	197	
争	125	沓	150	枌	180	困	198	

· 544 ·

囡	199	贩	213	宝	235	佺	254
固	199	昔	213	宙	235	俸	254
郊	203	香	214	空	236	併	255
郁	203	昆	214	穹	237	忒	255
邰	204	昕	214	岁	237	依	255
郑	204	旷	214	疝	240	佽	255
邦	204	昉	214	疔	240	佴	255
邸	205	昂	214	疲	241	侍	255
郇	205	昇	214	两	243	侒	255
郅	205	肭	217	罕	244	侐	255
郎	206	夜	218	帔	246	侁	255
那	206	姓	219	帔	246	佰	256
郏	206	版	221	帖	247	佸	256
耗	207	录	222	帙	247	佮	256
邱	207	斮	224	帑	247	使	257
郧	207	秄	224	帚	247	侟	258
邿	208	秅	224	帘	248	侚	258
郎	208	秏	226	帗	248	侊	258
邱	208	旨	229	帛	249	侎	258
郦	208	林	230	佼	251	侈	258
郊	209	宛	232	佩	251	侉	259
娜	209	定	233	侚	252	例	259
邢	209	宖	233	佳	252	咎	260
昊	211	宓	233	侅	252	侂	260
吻	211	宗	233	侗	253	侣	261
昃	212	宜	234	佶	253	佾	261
昏	212	宕	235	侹	253	卓	262
昌	213	宗	235	供	254	㚖	264

八画

卧	264	岨	298	狀	323	怫	347
表	265	岡	298	炊	326	忿	347
衦	266	岫	298	炅	329	忽	347
衧	268	弟	299	炕	329	悦	347
衫	270	岸	300	炎	330	恨	348
卒	269	府	300	炙	333	怓	348
劳	270	庖	301	奄	334	忥	348
居	271	底	301	夵	334	忿	348
届	272	废	301	夰	334	快	349
屍	272	庎	302	奁	335	怛	349
屈	273	厓	303	奃	335	㤀	350
刷	274	長	306	奔	336	怲	350
服	274	豕	308	㚻	336	怵	351
肮	275	希	309	㤄	336	悉	351
兒	275	易	311	夲	337	怍	351
㕮	276	兔	319	臭	339	怩	352
欣	279	狗	319	抚	339	怊	352
欽	279	狌	320	性	341	河	353
欥	280	狦	320	忠	342	泑	353
㰦	280	㹗	320	念	342	沱	353
欧	281	狀	321	怡	343	沫	353
夗	292	狎	321	怙	344	沮	354
卷	292	狂	321	悉	344	沾	355
匊	294	戾	321	怞	344	泠	355
匈	294	狙	322	忞	344	油	356
匂	294	狛	322	怕	345	泄	356
岱	297	狐	323	怛	346	泡	357
岾	297	狨	323	怪	346	泗	357

· 546 ·

沭	357	泣	372	拙	402	姐	416
治	358	泮	372	抨	402	氓	416
泜	358	泯	372	抶	403	或	418
沽	358	泷	374	挟	403	戓	418
泒	358	侃	375	拂	403	戕	418
泥	358	雨	378	挖	403	氀	419
泌	360	非	385	拙	403	武	419
泫	360	乳	387	拗	405	戋	419
况	360	到	388	姓	406	直	420
沉	361	房	389	妻	407	甾	422
波	361	門	389	姁	407	瓶	423
泓	361	拇	394	姐	407	瓮	423
泙	363	抵	395	姑	407	瓸	423
泚	363	拉	395	妹	407	甌	424
泆	363	肸	395	娿	408	弧	424
沴	363	拑	395	妭	408	弨	424
沸	364	拂	396	妸	408	弢	425
沼	364	拈	396	姃	409	弩	425
注	365	拊	396	始	409	弦	425
泏	365	承	397	娿	410	虮	443
沿	365	招	398	委	410	巫	450
泝	365	抧	398	姑	410	竺	450
泳	366	披	399	妴	412	坤	450
泱	366	拚	400	妯	413	坶	451
泧	369	担	400	娍	414	坡	451
泔	369	拓	400	姎	414	坪	451
泂	370	拔	400	姗	415	坴	451
沫	371	柯	401	姅	415	坺	451

坫	452	陊	480	玜	8	荊	22
坴	452	陎	481	珇	8	莖	23
坦	452	陔	482	珍	9	茱	24
坻	453	叕	483	玲	9	茶	24
坿	453	亞	484	珣	10	荆	24
坷	454	庚	487	珉	10	莛	24
坏	454	季	489	珊	11	荄	25
块	454	孟	489	珈	11	茲	25
坥	455	孤	489	珂	11	荏	26
垂	456	育	490	毒	14	荒	26
坳	456	胅	490	苔	15	茡	26
屯	458	臾	492	荏	15	茷	26
刦	459			苴	16	荋	26
券	460	【九 画】		茝	16	莱	27
刼	461	帝	1	茗	16	荐	27
協	461	祜	2	筑	17	茨	28
金	462	祐	2	茗	17	荃	28
凭	471	祇	2	茦	17	茵	28
斧	471	神	2	荑	17	茴	29
斯	471	祕	2	茞	18	茭	29
所	472	祔	3	荓	19	茹	29
所	472	祖	3	荌	19	茜	29
軋	476	祐	3	茈	20	荔	30
官	478	祠	3	茜	20	茲	31
阜	479	祝	3	茱	20	茸	31
限	479	祓	3	苦	20	草	31
陋	480	祚	5	茖	21	荀	32
降	480	皇	5	茀	22	茗	32

豕	34	建	49	訅	72	昮	102
胖	35	癹	50	信	72	盼	103
叛	35	是	51	計	73	販	103
牺	36	迹	51	訇	76	眊	103
牨	36	迨	52	訕	77	盱	103
牪	36	适	53	訨	80	眠	103
牲	36	逆	53	音	80	眈	104
牴	37	这	53	奂	82	眒	104
咽	38	迻	53	弇	82	相	105
哆	38	送	53	昪	82	看	105
咺	38	迷	54	弈	83	映	105
咷	39	迥	54	异	83	眇	106
咳	39	逃	55	要	84	眄	106
咦	39	追	55	革	85	眨	106
咨	40	迵	55	妛	91	盼	106
哇	40	迶	56	段	91	眨	107
哉	41	迸	56	度	92	眉	107
昪	41	徍	57	妻	93	省	107
咸	41	待	57	段	95	盾	107
哇	42	後	58	敃	97	皆	108
咅	42	很	58	敎	97	翢	111
昗	42	律	58	敀	97	首	114
哐	43	衍	59	故	97	奎	114
哀	44	赴	62	政	97	美	115
昌	44	延	65	敏	99	羑	115
呋	44	品	65	敗	99	再	123
赴	46	扁	66	貞	100	幽	124
赳	46	訂	71	卣	100	兹	124

549

九画

爰	125	削	135	斖	171	栢	186
夒	125	則	135	韋	172	柸	186
殂	126	刖	136	柚	175	柃	186
殆	127	剗	137	柿	175	柫	186
殄	127	剄	137	柰	175	枷	186
殃	127	剞	139	枒	176	柶	186
殇	127	竿	145	柍	176	枝	188
骨	128	竽	146	柀	177	柯	188
胎	129	差	149	枫	177	柄	188
胃	130	甚	150	柞	178	柲	188
背	130	曶	150	枰	178	柎	189
胂	130	曷	150	柅	178	枹	189
肩	130	尀	153	枸	178	枳	189
胈	130	虐	155	柳	179	枯	189
胅	131	虗	157	枳	179	柧	190
胤	131	盆	157	柘	179	枰	190
胄	131	盈	158	柏	180	柆	190
胗	131	盅	158	枯	180	柚	190
胝	131	盉	159	某	180	枼	191
胅	132	盏	159	柢	180	柙	191
胙	132	甴	161	枵	181	栀	191
胍	132	食	161	招	181	南	195
胡	132	缸	166	枯	182	柬	197
胘	132	侯	167	柔	182	囿	199
胸	133	亭	167	柝	182	负	201
胥	133	亯	168	柱	183	郡	202
胜	133	厚	169	柤	185	郛	203
胆	134	复	171	栅	185	郙	203

郝	203	秔	223	窌	237	俠	255
郛	204	秏	223	疢	239	㘴	256
郗	204	采	224	疥	240	侵	256
郤	205	秒	224	疳	241	便	256
郟	205	秕	225	疢	241	俔	256
郢	206	秋	225	痄	241	俒	257
郚	206	科	225	疧	241	俗	257
郜	207	秭	226	疫	242	侓	257
鄆	207	香	227	冠	242	徐	257
郤	207	秔	228	冒	243	俄	259
郡	208	籹	229	胄	243	侮	259
郭	208	舀	229	罘	245	俙	259
郲	209	臬	230	帥	246	俑	259
郴	209	耑	231	袀	246	促	259
郁	209	韭	231	帨	246	係	259
昧	211	室	232	帩	246	俘	259
昭	211	宣	232	㒳	247	俍	260
昫	212	宦	232	帝	248	侹	260
昂	213	宬	233	肥	249	侲	261
昨	213	宋	233	保	251	毗	261
昇	213	宦	234	俅	251	毖	262
昱	213	宥	234	俊	251	重	264
昶	214	客	234	俟	253	衦	265
映	214	宮	235	俁	253	袄	265
昳	214	穿	236	俚	253	袂	266
施	216	突	236	俌	255	衸	266
胐	217	突	237	俜	255	袊	267
卥	220	窆	237	侸	255	袒	268

551

九画

祎	269	苟	294	狩	322	恢	343
耇	270	鬼	295	炟	325	恟	344
耆	270	畏	296	灿	325	恃	344
屍	272	禺	296	沸	326	恍	345
眉	272	峋	299	炭	326	恤	345
屑	272	庠	300	炋	326	思	345
眉	272	庭	300	炱	326	急	345
屋	272	屏	301	炮	327	怠	346
屏	272	座	301	炳	328	怠	347
哂	273	庤	302	炯	328	恑	347
俞	274	庣	302	炫	329	怨	348
彤	274	庰	303	奎	334	怒	348
兑	276	甫	303	查	334	恨	348
欨	279	庬	303	耷	335	恫	349
欨	281	厌	303	契	335	恇	350
歟	281	厖	304	奂	335	恭	351
厌	282	研	306	奠	335	恔	351
頁	283	砭	306	旭	336	恰	352
面	287	砌	306	奏	338	洮	354
首	287	昜	307	昇	339	洛	354
県	288	鄂	307	奕	339	洰	355
修	288	象	309	奭	339	洭	355
彦	289	兔	318	思	341	洶	356
听	291	狡	319	悄	342	洧	356
卻	292	昊	320	怤	342	净	357
卸	292	狠	320	恔	343	洹	357
匍	294	猛	321	恬	343	洙	357
胞	294	狟	321	怿	343	洋	357

洨	358	洒	370	挌	404	姪	415
洵	359	洗	371	姜	406	姦	416
泗	359	洟	371	姑	406	姤	416
洦	359	染	371	姚	406	匽	421
洪	359	洺	372	姺	406	医	421
泽	359	泉	375	姻	407	匼	421
衍	359	飛	385	威	407	柩	422
活	360	㞕	389	姪	408	瓴	423
泚	360	扁	389	姨	408	瓬	423
洗	361	指	394	姼	408	瓴	423
洞	362	拱	394	娀	408	弭	424
洶	362	持	395	娂	409	弩	425
洌	362	挐	396	姶	409	紗	425
洔	363	按	396	姆	409	紀	428
派	364	拍	396	姝	409	紆	428
洼	364	挺	397	姣	409	級	429
洫	364	批	397	敄	410	約	429
洐	365	拒	397	姽	410	紈	430
津	365	挏	398	姫	410	紅	431
洄	366	挑	398	姞	411	糾	433
砯	366	挾	398	姷	412	紉	434
涑	366	拾	400	姰	412	紂	435
洧	367	挺	401	斐	412	虺	439
洽	367	捆	401	姿	413	峀	442
洿	368	括	401	姿	413	虹	445
洎	369	拮	402	娣	413	蚊	445
洝	369	挃	402	娃	414	風	447
洏	369	挂	403	姘	415	恒	450

垓	450	斫	472	【十　画】		茹	15
垣	451	斮	472			荞	15
垛	452	料	473	旁	1	茫	15
垩	452	矜	473	祥	2	莫	16
封	452	秜	473	袘	3	荵	17
型	453	軍	476	袷	3	堇	17
垎	453	軌	476	秳	4	莞	18
城	453	省	478	崇	4	莙	18
垄	453	阶	479	祘	5	荸	19
垍	453	陵	479	桃	5	莃	19
垠	454	陕	480	珣	6	蕊	20
垎	454	陟	480	珣	6	茲	21
垝	454	陉	480	珛	7	荷	22
垩	454	陕	481	珽	7	莪	22
垢	455	陪	481	珩	8	茴	23
垤	455	除	482	珥	8	莕	23
垗	455	院	482	玭	8	莨	23
埏	456	陞	482	玠	9	莱	24
垚	456	阵	482	珢	9	莖	24
盼	457	垒	483	瑰	9	莢	25
昹	458	禹	485	珠	10	莉	25
勁	459	系	487	璐	11	莸	25
勉	460	癸	488	珽	11	菁	25
勑	460	夯	489	珝	12	莜	28
勇	460	酊	495	珙	12	蔓	29
勃	460	酉	495	班	12	蒭	29
怸	461			莊	14	莎	29
俎	471			莆	15	莝	29

斯	29	赵	47	跂	63	敕	100
莎	30	起	47	訓	71	眩	102
菩	30	赾	47	訊	72	窅	103
莿	31	赶	49	託	73	眍	103
茶	31	峙	49	記	74	眨	104
莋	32	耒	49	訖	74	眕	104
莫	33	逝	52	訒	74	眾	104
莽	33	造	52	訕	75	眛	104
宋	35	速	52	訒	76	智	104
特	36	逢	53	訌	77	眚	105
牷	36	通	53	訏	78	眜	106
哤	38	逗	54	許	78	眹	106
哺	39	逶	54	討	79	眙	106
哲	40	連	54	举	81	眝	106
唏	40	述	54	弄	82	曹	106
唉	41	退	54	鬲	87	眮	107
唐	41	逋	55	鬥	90	翁	109
唲	42	逐	55	書	93	狴	109
哽	42	逎	55	殼	94	羿	110
唊	42	逞	55	毆	95	扅	110
唇	43	遂	56	殺	95	崒	110
唬	43	透	56	專	96	翟	110
哨	43	逍	56	皰	96	隻	111
唁	44	徑	57	效	97	羔	114
哮	44	程	57	敔	98	粉	114
哦	45	徐	57	敜	98	祥	114
唤	45	徎	57	敉	98	殺	114
哭	46	復	58	敛	99	烏	121

555

十画

畢	123	剔	138	益	158	栘	179
菁	123	剡	138	盈	158	桐	180
敖	125	栔	138	盇	158	桅	180
晉	125	栔	138	烞	159	根	181
殊	126	挌	138	衂	159	株	181
殉	127	耕	139	邕	161	條	181
脅	130	笫	143	飢	162	枲	181
胳	130	笄	143	飢	164	梃	181
胯	130	第	144	倉	165	梃	182
胏	131	笮	145	釩	166	格	182
胲	131	筀	145	畚	166	柴	182
脊	131	笍	146	缺	166	栽	183
胱	132	笑	148	高	167	栵	183
脛	132	笏	148	亳	167	栭	183
脩	132	卤	151	雀	168	栢	184
脡	133	哿	151	富	169	桓	185
胇	133	哥	151	致	171	栓	185
脂	133	唇	152	夏	171	案	186
脆	134	豈	154	奰	171	栰	187
胸	134	虔	155	娑	171	栚	187
剖	135	虓	156	桀	174	核	187
剧	135	虩	156	乘	174	栳	187
剡	135	虒	156	桃	175	桼	188
剛	136	盌	157	桂	176	桙	188
剖	136	盍	157	梗	177	栝	188
剝	136	宲	157	枡	177	臬	188
剝	136	鉴	157	栩	177	校	190
釗	137	盉	158	桔	177	桄	190

556

桎	191	郭	208	租	225	帘	236
栜	192	郲	208	秦	225	窑	237
桑	194	鄗	209	秷	226	窈	237
師	194	鄐	209	秾	226	窅	237
敖	194	時	211	兼	226	疾	238
索	195	晄	211	粗	228	病	238
牲	195	晉	211	氣	228	疴	238
華	196	晏	212	粉	228	疵	239
巫	196	晛	214	粔	228	疳	240
圓	198	晟	214	舀	229	疴	240
圍	199	㪅	215	㧎	231	疽	240
圉	199	旃	215	颩	231	痂	240
圂	199	旇	215	瓜	232	痁	240
員	199	斿	216	家	232	疹	241
肙	200	旅	216	宧	232	疸	241
財	200	旄	216	宸	232	瘵	241
貢	200	冥	216	宩	232	疲	241
貣	200	朔	217	㝗	233	痁	242
貤	200	朗	217	宴	233	冣	242
都	202	朓	217	容	233	冢	243
郵	203	圅	220	宭	234	罤	244
部	204	柬	220	宰	234	罟	244
鄑	205	秣	223	宵	234	罜	244
郫	206	秪	223	害	234	罠	244
郴	207	秠	224	宐	234	㠯	245
聊	208	秨	224	益	235	置	245
郥	208	秩	224	突	236	罦	245
郯	208	秧	225	穾	236	帬	246

十画

席	248	俳	259	袌	269	島	297
帩	248	傷	259	衰	269	猇	297
帢	249	脩	259	被	269	崋	297
帠	249	俗	260	袨	270	峯	298
倩	252	倠	260	奎	270	岂	298
倓	252	值	260	耆	270	峨	298
倭	253	倦	260	毪	271	崁	299
健	253	倅	261	耗	271	庫	301
倞	253	倜	261	展	272	庮	302
倨	253	倒	261	辰	272	庪	302
俺	253	真	261	屖	272	厣	303
倬	253	眤	263	屛	273	厡	303
倗	253	殷	265	屐	274	厱	303
俶	254	衮	265	朕	274	厝	303
倫	254	衿	265	舫	274	厞	303
俱	255	袍	266	般	274	厰	304
倚	255	祇	266	挐	277	砮	304
倢	255	祛	266	覔	278	破	306
敉	256	祐	266	欯	279	砢	306
借	256	袘	266	欨	280	砧	306
候	256	袑	267	欭	280	豖	309
俾	257	袁	267	欲	281	豹	310
倪	257	被	268	欧	281	豺	310
倌	257	衾	268	欸	281	豻	310
倍	258	祖	268	弱	289	馬	312
倀	258	衷	268	髟	289	冤	319
倿	258	袡	268	卿	293	倏	321
倡	258	袒	268	冢	294	狷	321

臭	322	恕	343	浝	359	清	377
猁	322	恩	343	洹	359	凍	377
狻	322	悈	343	海	359	涸	377
狼	322	悟	344	涓	360	涵	377
狷	323	悛	345	涣	360	扇	389
能	324	悭	346	浩	361	扈	389
烈	325	恁	346	浮	361	宸	389
烝	325	悒	346	涌	362	甭	391
烥	326	悍	346	淀	362	闪	391
娃	326	悠	347	涅	363	耽	392
烘	326	悝	347	浥	363	珊	392
衮	327	悄	348	涘	364	耿	392
粜	327	恚	348	浦	364	聃	393
栽	328	悔	348	涞	365	聆	393
烤	328	羞	350	涔	367	配	394
威	329	悄	350	泿	367	拳	394
烙	329	恐	351	消	368	挚	395
浠	334	悑	351	涀	368	捘	395
委	336	耻	351	浼	369	挫	395
皋	338	恶	351	浚	369	挈	395
奘	339	悌	352	涒	370	挟	396
奚	339	浙	353	浴	371	捋	396
鸲	340	洩	353	涑	371	捋	396
立	341	涂	354	泰	371	捉	397
舭	341	涇	354	涕	372	抑	397
息	341	浪	354	浹	373	捊	397
悝	342	浯	357	邕	375	揭	398
恭	343	浿	358	浴	377	掣	399

十画

捀	399	娯	413	紃	435	畜	458	
振	399	娹	413	紙	435	畱	458	
捎	399	嬰	413	㡨	436	㽔	459	
挩	400	娷	414	紕	437	務	459	
挹	400	姷	414	素	437	勛	459	
挾	401	娄	415	絆	438	釘	463	
捄	402	娭	415	蚪	438	料	472	
挨	403	娟	416	蚖	439	軒	473	
捕	403	娱	417	蚯	440	軓	474	
捈	403	匿	421	蚚	440	軔	474	
挈	404	匪	421	蚩	441	軏	475	
挲	404	區	422	蛂	441	書	475	
捐	404	瓷	424	蚨	442	軑	475	
捌	405	㲋	424	蚵	442	陵	479	
脊	405	孫	426	蚑	442	陰	479	
姬	406	純	427	蚌	443	陸	479	
娠	407	紇	427	蚨	444	陬	479	
娣	408	紅	428	垻	452	陲	479	
娒	408	納	428	埒	452	陷	480	
娥	408	紡	428	垸	453	陼	481	
娧	410	紓	428	埌	453	陭	481	
娙	410	紊	429	埂	454	陚	481	
娯	411	紑	432	埃	455	陼	481	
娭	411	紘	432	逕	455	陳	481	
娓	411	統	432	埍	455	陶	481	
娍	412	紐	432	留	458	陧	482	
娑	412	紟	433	畔	457	陪	482	
娉	412	紛	435	畛	458	陣	482	

560

陲	482	琊	11	峇	24	啜	39
崘	482	琀	11	萌	24	啗	39
隄	482	菫	15	萋	24	唾	39
离	485	萁	15	華	24	啍	40
㧟	488	菂	15	萃	26	啥	40
羞	490	蓖	15	菸	26	問	40
辱	491	菊	16	菜	26	唯	40
酒	492	菁	16	菑	28	唱	40
酎	493	菔	16	菹	28	啞	40
配	493	萚	17	㳺	28	啈	41
酞	493	萇	17	草	28	啖	42
酌	493	萸	17	萎	29	啁	42
茜	494	菩	18	菲	30	啐	43
酏	494	菅	18	萊	30	唸	43
		萑	18	菉	30	啾	44
【十一画】		崮	18	落	30	啄	44
祭	3	弦	19	萄	31	唬	44
祡	3	莉	21	萩	31	售	45
祜	3	釜	21	菩	31	唳	45
裖	4	菌	21	菰	32	趄	46
裓	4	菽	22	菿	32	趑	46
㧾	4	菻	22	悉	35	趄	47
袱	4	菀	22	㸌	36	趏	48
球	7	菥	23	徐	36	逝	48
理	9	萋	23	將	36	過	52
珵	9	菁	23	牽	36	進	52
琄	10	菌	23	牾	36	遺	52
琅	11	萸	24	牼	37	徙	53

561

十一画

逮 53
逷 54
透 54
逯 54
逭 54
逦 55
逴 56
徬 57
得 58
徛 58
術 59
跐 63
距 64
跀 64
趽 65
趹 65
趼 65
跂 65
商 68
笱 69
斟 70
斛 70
許 70
訪 71
訦 72
畬 73
訢 73
設 73
訝 74
訥 74
詽 76
訮 76
訬 77
訟 78
訧 79
詎 80
訣 80
章 81
竟 81
異 83
靪 86
勒 87
埶 89
孰 89
谻 89
曼 91
䝼 91
彗 91
晝 93
堅 94
豉 94
殹 94
殴 95
將 96
專 96
啟 97
敏 97
敔 97
敞 97
敕 98
救 98
敚 98
赦 98
敗 98
寇 99
𢿍 99
敌 99
敘 99
教 100
庸 101
葡 101
爽 101
眼 102
眥 102
眮 103
遉 104
䀋 104
眷 105
眵 105
眯 106
眺 106
略 106
眭 107
眹 107
眸 107
習 109
翊 110
翏 110
翊 110
翣 110
翎 111
雀 111
堆 112
雉 112
奞 113
羚 114
羝 114
鳥 116
焉 121
舷 124
叡 125
叔 126
脣 129
脰 129
脬 130
脟 130
脢 130
脛 131
脫 131
脙 131
脪 132
隋 132

脯	132	曹	151	桴	183	圈	198
脘	133	桓	154	桷	184	貨	200
䏲	134	處	155	棟	184	責	201
脧	134	虗	155	梱	184	販	201
脛	135	虖	155	桯	185	貪	201
笏	135	彪	156	桱	185	貶	201
剮	135	盛	157	梳	185	貧	201
剪	135	盋	157	椴	186	鄭	203
削	136	旣	161	栖	186	扈	203
副	136	鈆	166	梯	187	郿	203
剨	136	啚	169	梲	188	鄆	204
朘	139	麥	170	梧	188	鄅	204
舩	140	桙	175	桶	188	鄈	205
筐	142	梅	175	桎	189	鄃	205
笨	142	羙	175	梁	189	鄭	205
范	143	桭	176	梜	190	鄄	205
符	143	梣	176	梡	190	鄋	206
笮	143	梓	177	械	191	鄂	206
笱	144	桜	177	桔	191	鄄	207
笯	145	梢	178	梟	191	鄘	207
笠	146	梣	178	梵	193	鄉	210
笭	146	梭	178	產	195	晢	211
笟	146	棼	179	隆	195	晤	211
筁	146	梾	179	巢	197	晛	212
答	146	梧	180	甹	197	晧	212
笙	147	梗	180	夵	197	晚	212
笛	147	梼	180	葉	197	晦	212
甜	150	根	181	國	198	晷	213

十一画

晞	213	窒	237	俫	252	袷	267
晙	214	窕	237	偲	253	袜	268
旌	215	窀	237	俟	254	袈	268
旎	216	窆	237	偓	254	袺	269
旋	216	疵	239	偕	255	裋	269
族	216	痒	239	侧	255	毬	271
䎱	218	痎	240	偊	256	扉	272
㫱	218	痔	240	假	256	屠	272
𢒟	219	痏	241	倩	257	船	274
贯	219	痍	241	偭	257	舳	274
移	223	痕	241	偞	257	舸	274
秳	224	痓	241	偋	257	兜	276
秶	224	痃	242	偡	258	视	277
梨	225	冕	243	偏	258	覎	277
粗	227	㒼	243	御	259	覛	278
粝	227	罜	244	偨	259	欲	279
粒	227	带	246	偃	259	欸	280
㲻	228	常	246	偶	260	欷	280
粕	228	㦲	246	停	261	欹	280
舂	229	帷	247	偵	261	软	280
麻	230	帳	247	匙	262	顶	283
庲	231	㡏	248	頃	262	脜	287
瓠	232	皎	249	䖘	262	彨	288
宿	234	敉	250	從	262	彭	289
𡩗	234	俾	252	虚	263	参	289
寄	234	偰	252	袤	266	彩	289
宷	235	傀	252	裹	266	艴	293
窒	236	偉	252	袎	267	匐	294

· 564 ·

匏	294	狉	308	圉	337	悴	350
赳	296	毅	308	奢	337	患	350
崞	297	舃	311	夋	338	悉	350
崟	298	象	311	莽	338	悼	351
崒	298	馬	312	規	339	惕	351
密	298	鹿	317	埩	340	惧	351
崛	298	逸	319	情	341	悱	352
崝	298	猢	319	惇	342	涷	353
崩	299	菟	319	悲	343	涪	353
崴	299	猈	320	惊	343	淹	354
崇	299	猗	320	惟	344	涫	354
崔	299	猝	320	惀	344	淇	355
崑	299	猨	320	悚	345	深	356
崙	299	奘	321	恓	346	淮	356
崖	300	猜	321	惫	346	淜	356
庚	301	猛	321	悰	346	凌	357
庱	301	猲	321	惎	347	菏	357
庇	301	焜	325	悸	347	渚	358
庠	301	焌	325	惏	347	渁	358
庶	302	烰	325	惛	348	淮	359
雁	302	羨	326	惆	349	淦	359
庾	302	尉	327	怅	349	湢	359
廊	302	焆	328	悽	349	淴	359
廞	304	炮	328	惜	349	涺	359
碧	304	焐	329	惔	350	淉	359
硈	305	恩	333	愍	350	渊	359
硾	305	赧	334	惀	350	淖	360
豾	308	執	337	悠	350	混	360

十一画

淲	360	液	370	掊	396	捻	405
减	360	淬	371	措	397	㩃	405
淪	361	淳	371	掄	397	婌	406
淙	361	淋	371	捽	397	娶	406
涳	362	萍	372	授	397	婚	407
淑	362	涯	373	接	397	婦	407
清	362	惑	375	掮	398	婉	407
渥	362	羕	376	据	398	婢	408
淫	363	谷	377	掉	399	娲	408
淺	363	扁	379	掀	399	婕	409
淖	363	雩	379	掇	400	婤	409
溜	363	魚	380	探	401	猫	410
渠	364	㘴	385	挼	401	婠	410
淆	365	鹵	388	掎	401	婉	410
溯	365	閈	390	掅	402	媒	410
淦	366	閉	391	掘	402	婆	410
凄	366	貼	392	掩	402	婧	411
涿	367	聊	392	掕	402	娶	411
涫	367	聆	393	捲	402	婚	412
涵	367	聃	393	捽	403	婊	412
涸	368	聅	393	捶	403	婣	413
涫	369	掊	395	撒	404	婼	413
渚	369	推	395	捧	404	婞	413
淅	369	排	395	捷	404	婹	413
淤	369	捡	395	掍	404	娾	414
淦	369	掤	396	掖	404	婺	414
涼	370	捨	396	掠	404	婪	414
淡	370	控	396	掐	404	婁	414

566

斐	415	紳	432	堂	452	釣	469
婕	415	組	432	埕	452	釧	470
婬	415	紴	433	埽	452	釵	470
婵	415	絨	433	埻	453	釿	472
婭	415	紘	433	埤	453	斛	472
戝	418	鉄	433	埱	453	斜	473
戛	418	組	434	埵	453	軸	474
戣	418	絇	434	堅	453	較	474
戚	419	絍	434	培	454	軓	474
望	420	絆	435	埩	454	軝	475
區	421	継	435	韭	455	軐	475
匭	422	絮	435	堋	455	軜	476
豊	422	紨	436	堀	456	報	476
瓠	424	絎	436	場	456	軒	477
弴	424	絣	437	菫	456	斬	477
張	424	率	438	野	457	陽	479
弸	424	蛁	439	畦	457	隅	479
紙	427	蚰	439	時	458	隗	479
給	428	蛄	440	略	458	隊	480
紹	428	蚯	440	黄	458	陻	480
細	429	蛅	441	勖	460	隄	480
紾	429	蛉	442	動	460	限	481
絅	429	蚕	443	勘	461	隃	481
終	430	蚓	444	釦	465	陾	481
紬	430	埴	451	釱	466	階	482
絀	431	基	451	釾	468	隊	482
紺	431	堵	451	釺	468	陝	482
紩	432	堀	452	釭	468	隍	482

馗	484	琟	10	葛	23	辈	37
离	485	琨	10	萋	23	翚	37
乾	486	琖	11	萸	24	犀	37
畧	487	琛	11	甚	24	犍	37
寅	490	琲	11	葉	24	喉	38
悟	491	琡	12	葩	24	喙	38
酣	493	堵	12	葰	25	喑	38
酌	493	葵	15	蕨	25	啾	38
酖	494	葙	15	萩	26	喤	38
		堇	16	嵐	26	喑	39
【十二画】		萱	16	落	26	喘	40
禄	2	菱	16	蕃	27	喟	40
祺	2	葰	16	葺	28	喔	41
祼	3	蒚	17	韮	28	啠	41
裯	4	萠	17	菌	29	喁	42
裪	4	菧	17	葰	29	戞	42
閏	5	萬	17	葀	30	嗞	43
琪	6	蒢	18	葦	30	嘅	43
瑛	7	蒷	19	葭	30	喝	43
琳	7	葍	19	曹	31	喈	44
琮	7	葛	19	葆	31	喔	44
琥	7	葴	19	萍	31	喁	44
琬	7	葭	20	舜	32	喫	45
琰	7	蒴	20	葬	33	罥	45
琫	8	葥	20	曾	34	單	45
琢	9	菟	20	番	35	甝	45
琱	9	葎	20	犅	35	喪	46
琚	9	萩	22	惊	36	超	46

越	46	徠	57	詔	72	歘	91
趁	46	循	57	詁	72	毃	92
趆	48	徥	57	証	72	筆	93
趇	48	徧	58	詠	74	畫	93
趄	48	徦	58	評	74	亞	94
趃	49	徰	58	詇	75	毇	94
㝎	49	禦	58	詑	75	殻	95
椒	49	街	59	詒	75	殴	95
登	50	衕	59	詛	75	弒	95
皆	50	㣟	61	詌	75	嫠	96
紫	50	躤	62	詄	76	敹	97
逾	52	跋	62	詇	76	敞	97
遄	52	跗	63	詐	77	敫	98
遇	53	跙	64	訴	78	敦	98
遐	53	跋	64	訶	78	敆	99
運	53	跌	64	詘	79	敎	99
遁	53	跛	64	詑	79	敓	99
違	54	跑	64	詞	79	鈙	99
達	54	跎	65	詆	79	敕	99
遂	55	艇	65	診	79	敝	100
遏	55	喦	65	善	80	甯	101
遍	55	喦	67	童	81	棥	101
逮	56	啟	68	美	82	夏	102
道	56	喬	68	軒	85	映	102
遑	56	博	70	靫	85	睅	103
逼	56	啻	71	軒	86	睍	103
遒	56	訣	71	靮	87	晚	103
復	57	詖	71	爲	89	睊	105

十二画

睇	105	矮	126	筋	135	喜	153
眼	106	殖	126	剀	135	尌	153
睃	106	殍	126	割	136	彭	153
睉	106	殟	126	剌	137	登	154
睗	106	殔	126	耲	139	甄	156
皕	109	殘	127	舺	140	虢	156
翕	110	殖	127	舩	140	虓	156
翔	110	殢	127	艐	141	铊	162
雅	111	欻	127	筍	142	飯	162
雄	111	肸	128	等	143	飩	162
雂	111	肶	129	筵	143	飱	162
雎	112	腎	129	筳	144	餠	166
雏	112	脾	129	筶	144	鉐	166
雁	112	腴	130	筶	144	躰	166
雇	112	腄	130	箜	144	短	167
雒	112	腓	131	筊	145	高	167
雄	112	腄	131	策	146	就	168
隽	113	腆	132	筴	146	覃	169
雀	113	腑	132	筞	146	舜	172
㸚	114	腒	133	筒	147	韌	173
羧	114	腤	133	筑	147	黎	175
犇	115	裁	133	筝	147	棠	176
舄	121	醃	134	異	149	棆	176
棄	123	散	134	奠	149	楷	176
幾	124	腏	134	臸	149	椆	176
惠	124	脂	134	猒	150	椏	176
舒	125	脊	134	晷	150	棪	176
阘	125	腔	134	粤	152	椋	176

· 570 ·

椅	177	椒	190	都	204	鼎	221
械	177	棺	191	廓	205	稀	223
椐	177	梛	191	鄔	205	稌	223
楛	178	棐	191	鄐	205	稃	224
棣	179	棽	192	鄭	205	程	225
楮	179	棼	193	鄖	205	稍	225
楧	180	森	193	部	206	稅	225
棨	181	棄	195	鄆	206	稍	225
榕	182	棘	195	鄂	206	程	225
棟	183	椷	196	鄧	207	黍	226
極	183	圍	199	鄒	207	臬	228
植	184	貢	200	鄐	209	酋	229
椹	185	賀	200	睹	211	椒	230
椑	187	貸	200	啓	212	奥	232
棚	187	貶	200	晹	212	寔	233
棧	187	貯	201	景	212	痓	233
棖	187	貳	201	晷	212	寏	233
槑	187	貫	201	晻	212	富	233
棓	188	貿	201	晼	213	寖	234
椎	188	費	201	暑	213	寓	234
棊	188	買	201	普	214	寒	234
棱	188	貶	201	晬	214	窩	236
棕	189	貴	202	旐	215	窒	236
棨	189	貺	202	遊	216	窖	236
椚	189	貼	202	晶	217	窘	237
楇	189	貽	202	期	217	寐	238
椓	190	郾	204	棗	221	病	238
棱	190	鄋	204	棘	221	痛	238

571

十二画

痛	238	傆	256	歆	281	廂	302
痒	239	傍	256	欹	281	厥	303
痄	239	傖	258	欺	281	厤	303
痤	240	傜	259	盜	282	硞	305
痙	241	傔	261	𰍒	282	硠	305
痰	241	衆	263	𤻈	282	確	305
痞	241	臮	263	頇	283	硪	305
痠	242	量	264	項	284	硌	305
𤻘	242	裁	265	順	285	硯	306
最	243	裕	268	須	288	鈇	307
㝡	244	裂	268	斐	289	狙	308
㫺	245	補	268	詞	291	猲	309
𠰿	245	裎	268	艵	293	貀	310
幅	246	裋	269	敬	295	貂	310
幃	246	裞	269	彭	295	貄	310
愉	247	毳	271	嵬	296	馭	312
揄	247	屌	272	嵎	297	馮	315
剻	247	屡	272	崵	297	㹴	319
悼	247	艇	274	崚	298	獨	320
幨	248	㲈	276	崼	298	猎	320
幣	248	覎	277	嵯	298	猩	320
黹	250	覐	278	𡽡	299	猥	320
傑	251	覘	278	嵏	299	㺪	320
傛	252	覗	278	嵌	299	猷	321
傲	253	欽	279	嵐	299	猶	322
偏	254	歃	279	嵇	299	猴	322
備	254	款	279	廁	301	猵	323
傅	255	欻	280	廂	302	猋	323

572

猩	323	慨	342	惎	351	湄	365
猰	323	愊	342	悃	351	渡	365
寮	325	愃	343	惢	352	湊	366
然	325	愫	344	惹	352	湛	366
閔	326	愙	344	惢	352	湮	366
敜	326	愔	344	湔	353	渨	366
焠	327	愫	344	温	353	湞	366
焞	328	恼	345	渭	354	湨	366
焯	328	愚	345	湟	354	漆	367
焜	328	愁	345	溠	355	渥	367
舜	330	愡	345	湘	356	渴	368
黑	330	愒	345	湞	356	湇	368
焱	333	慈	346	溉	357	湫	368
喬	336	愉	346	渦	358	湯	369
絞	336	惕	347	湳	358	澳	369
幅	336	惑	348	湝	360	溲	369
壺	337	愠	348	漳	361	湑	370
壹	337	惡	348	測	361	洒	370
壹	337	愨	348	湍	361	㴔	370
報	337	愷	349	浠	362	洇	370
靰	338	悶	349	渾	362	渫	371
弄	339	悲	349	湜	362	渾	371
竦	340	惻	349	淵	362	湅	372
竢	340	悠	349	滑	363	渝	372
竣	340	愘	349	渻	363	减	372
意	342	慾	349	滋	363	滁	372
惲	342	惴	350	溪	364	湲	373
惲	342	惶	351	湖	364	港	373

十二画

淼	373	揣	397	嫡	408	氅	423
焖	376	撑	397	媚	409	瓿	423
㝩	377	揣	398	媄	409	瓵	423
滕	377	搔	398	媞	411	瓶	423
滄	377	揹	399	媭	411	發	425
湮	377	擎	399	媅	411	弼	425
湺	377	揚	399	婷	411	统	427
雲	380	揭	399	媡	411	絓	427
䢵	388	揄	399	媛	412	絾	428
罣	388	揆	400	媟	412	統	428
扉	389	揎	400	媚	413	絕	428
閔	390	援	400	媮	413	結	429
閁	390	揠	400	媱	413	紙	429
開	390	搣	401	婆	414	給	430
閒	391	揮	401	媁	414	絩	430
閑	391	揹	401	媥	414	絢	430
閔	392	揹	402	嫉	414	絲	431
閱	392	揤	402	敞	415	絑	431
聑	393	揹	402	娛	415	絳	431
聑	393	探	403	媂	415	紫	431
掌	394	揙	403	媿	415	綖	432
揖	394	揾	404	戢	419	絙	432
撲	395	搜	404	戠	419	綺	433
握	396	換	404	琴	420	絛	433
提	396	媒	406	琶	420	絎	434
揹	396	媼	407	琵	420	絅	434
掾	396	媚	408	無	420	絭	434
插	397	嫂	408	匯	421	絿	434

絈	435	堩	451	鈃	468	軵	477	
絮	435	堨	451	鈨	468	軹	477	
絡	435	堘	451	鈏	468	阩	479	
欽	436	堨	452	鉄	469	阧	480	
絟	436	堪	452	鈔	469	陸	480	
經	436	墍	452	鈇	469	陳	481	
絜	436	堤	452	鉅	470	隔	481	
絣	437	堲	454	鈚	470	隙	482	
絲	438	場	455	鈍	470	隀	482	
蛕	439	塔	456	鉌	470	絫	483	
蜓	439	堯	456	鈲	470	禽	485	
蛭	439	畬	457	釿	472	祀	487	
蛞	439	晦	457	斯	472	辜	487	
戟	440	畯	458	斳	472	辠	489	
畫	440	甥	459	斝	472	屛	489	
強	440	勝	460	斛	472	疏	490	
蚌	441	勞	460	斞	473	畬	492	
蜊	442	勩	460	稂	473	酤	493	
蜂	443	飧	460	䩛	474	酣	493	
蛟	443	募	461	軡	474	酌	494	
蛤	443	剴	462	軫	475	酢	494	
蛻	444	鈃	463	軸	475	尊	495	
蚾	444	鈕	465	軹	475			
蛝	444	鈗	465	軱	475	【十三画】		
蛩	444	鈴	465	軥	475	禎	2	
蜑	445	鈞	467	軷	476	福	2	
蚰	446	鈀	467	軼	476	禔	2	
塌	451	鈁	467	軻	477	禋	2	

十三画

禘	3	蒻	18	蓾	30	趀	48
禖	4	蒿	18	蒿	31	赶	48
褶	4	蓨	19	蓬	31	赾	49
禓	4	蒐	20	蓄	31	趒	49
禁	5	蒹	21	蓉	32	硾	49
瑜	6	蒳	21	蓀	32	歲	50
稑	6	蓮	22	蓐	32	尟	51
瑐	6	蓍	22	詹	34	遝	52
瑗	7	蒉	23	嗌	38	遘	53
瑒	7	蓁	23	嗛	39	遞	53
瑁	7	蒟	24	嗹	39	遜	53
瑞	8	蓐	25	嗔	41	遣	53
瑤	8	蔭	25	嗂	41	遠	56
瑑	8	蒩	25	嗜	42	遙	57
瑳	8	蔽	25	嗑	42	微	57
瑕	9	蓁	25	嗙	42	徬	57
瑝	9	蒼	26	嗷	43	溪	57
瑀	9	蒔	26	嗝	44	衙	59
瑚	10	蓤	27	彀	44	衖	59
瑎	10	蓆	27	嗅	44	犓	61
瑰	11	葙	28	嗥	44	跟	62
瑚	11	蓋	28	嗚	45	跪	62
瑄	12	莘	28	趄	47	跧	62
菰	14	萩	29	趙	47	跨	62
萱	15	蒸	29	趖	47	跳	63
蓊	17	蒜	29	赿	47	跲	64
蒦	17	蓷	30	趁	48	跣	64
蒲	18	蒙	30	趑	48	路	65

576

枲	66	詎	78	敱	99	羥	115
嗣	66	誎	78	辈	103	羣	115
鉤	69	詰	79	睯	103	鳩	117
詵	70	詭	79	睮	103	敫	125
詩	71	誅	79	睒	103	殟	126
詻	71	誄	79	睨	104	睥	128
詳	71	詬	79	睹	104	朠	129
誉	72	該	79	睜	104	腸	130
誠	72	詢	80	睢	104	腹	130
試	72	業	81	睦	104	腳	131
詮	73	與	84	睯	105	腨	131
詥	73	晨	84	睗	105	腊	131
話	73	靯	85	睯	105	腫	132
詡	73	靶	86	督	105	腠	132
詷	73	靳	86	睡	105	腷	132
詣	74	靷	86	睞	106	臂	132
詶	75	靲	87	睩	106	腴	133
詨	75	靴	88	睚	107	腥	133
詿	76	嗀	91	喦	107	腺	134
詯	76	嫠	91	奭	107	嬴	134
訾	76	肅	92	奨	110	筋	135
誂	76	殿	94	雉	111	剺	136
誇	77	彀	95	雏	111	剽	137
誕	77	毀	95	雎	112	剎	137
誏	77	毾	96	翟	112	劍	137
訧	77	敫	98	瞿	112	耡	139
詿	77	斅	99	蒦	113	耤	139
詾	78	鼓	99	奠	114	耥	139

十三画

觔	140	飴	162	楒	178	楫	189
鮭	140	飵	163	楊	179	槎	190
觡	140	飵	163	楓	179	楄	190
觜	140	飿	163	槐	179	楅	191
解	140	飽	163	楝	179	框	191
觟	140	飵	163	榆	180	楬	191
筊	142	飣	163	搭	180	榀	192
節	142	餀	164	楨	182	楚	192
筿	142	餘	164	楹	183	楸	192
筮	143	僉	164	楷	183	琴	196
筻	143	會	164	椽	184	圓	198
筦	143	矮	167	楣	184	園	199
筝	143	稟	169	楯	184	賄	200
筤	144	亶	169	榎	184	資	200
箹	145	嗇	169	楣	184	賂	200
筩	145	愛	171	楔	185	賈	201
筰	145	睪	172	握	185	賃	201
筹	148	楸	175	械	185	貲	201
筠	148	楷	176	楎	186	鄙	203
號	152	樟	176	槩	186	鄂	203
鼓	153	栖	176	楢	186	鄘	203
愷	154	楯	176	械	186	鄌	204
登	154	樊	176	椎	187	鄒	204
豊	154	楀	177	椱	187	鄆	205
虛	155	櫻	177	援	187	鄞	206
虞	155	楸	177	楒	188	鄭	206
虝	156	椽	178	椮	189	鄔	206
夌	158	椴	178	楥	189	廊	206

鄞	207	稠	223	罨	244	傴	260
鄘	207	稗	223	罩	244	僂	260
鄣	208	秾	223	罪	244	僇	260
郯	208	稇	224	罧	244	像	260
戩	209	稞	224	叕	244	僧	260
鄡	209	稔	225	置	245	債	261
鄝	209	稘	226	署	245	裹	265
鄣	209	稑	226	罳	245	褋	265
鄧	209	梁	227	幣	246	袴	265
暘	212	粲	227	幊	247	裯	266
暉	212	索	234	嗛	247	裾	266
嘹	212	躬	235	幕	247	裔	267
暗	212	寊	235	幪	247	裨	268
暇	213	窠	236	飾	247	褐	268
暍	213	窣	237	媵	248	裝	269
暈	214	窞	236	幏	248	裹	269
旒	216	窣	237	皙	249	裺	269
盟	218	寐	238	傪	253	褚	269
夢	218	瘏	239	傭	254	裘	270
蓦	219	瘕	239	傒	254	毹	271
虞	219	瘀	239	傾	255	艅	274
槩	220	瘁	240	僅	256	覠	278
楅	221	痱	240	傳	257	歇	279
牒	221	麻	240	僞	258	歆	279
牖	221	瘺	240	僄	258	歃	280
牏	221	痹	240	僋	259	歅	280
稙	222	瘃	241	傷	259	歁	281
稑	222	瘍	241	催	259	歁	281

十三画

歆	281	崴	300	麀	318	菉	340
歃	281	廉	301	奠	319	谐	340
羡	282	廈	302	獄	320	裨	340
頌	283	厰	303	鼠	323	意	342
煩	284	厯	303	煦	325	慎	342
碩	284	碑	305	煨	326	愷	342
預	284	硵	305	煤	326	愿	342
頒	284	磬	305	煎	327	慊	343
頑	284	碎	305	煬	327	慈	343
頍	285	碓	306	煉	327	想	344
頞	285	碚	306	煣	327	愴	344
項	285	碏	306	煙	328	愍	344
頓	285	碌	306	煴	328	愯	344
頎	286	硾	306	照	328	慎	345
煩	286	硠	308	煒	328	慆	345
煩	286	豢	308	煜	328	愚	346
預	287	虜	308	煇	328	愁	347
髡	291	腴	309	煌	328	慊	348
剹	292	貈	310	煖	329	惷	348
辟	293	貉	310	煥	329	愫	349
魂	295	狟	310	煔	330	愴	349
魁	295	豹	313	觟	334	愸	349
傀	295	彝	313	艳	334	感	349
赘	298	馭	314	鑪	336	愯	350
嵩	299	馳	315	罩	337	愁	350
盦	300	馴	315	隶	340	惱	350
廧	300	駄	317	婷	340	意	350
崔	300	庽	317	靖	340	慟	351

滇	354	準	368	搏	395	媱	410
溺	354	滫	369	搞	396	嫛	411
溧	355	滓	369	摘	396	嫚	411
溱	356	滈	370	搯	397	嬰	412
溜	356	溢	370	搣	397	嫈	413
激	356	滌	370	搈	399	嫌	413
滍	356	滄	370	搪	398	媴	414
滇	356	塗	371	挐	398	嫢	415
溻	357	滅	372	摇	399	嫠	415
寖	358	溢	373	損	400	戣	418
滤	358	覛	376	掳	400	賊	418
湞	359	電	378	搯	400	戡	418
漠	359	電	378	搦	401	義	419
溥	359	零	378	搥	401	瑟	420
滔	360	魠	384	搰	402	匩	422
滂	360	陞	385	搔	402	匯	422
溶	362	銎	385	推	403	畬	422
溷	362	開	390	搒	404	甄	423
浻	363	閒	390	搢	404	瓿	423
溝	364	閘	390	嫁	406	甃	423
滃	366	閔	391	媲	407	甂	423
溟	366	聖	393	媸	407	觳	425
滈	367	聘	393	媾	408	彈	425
溦	367	徬	393	媛	408	綃	427
滛	367	搫	394	嫄	408	經	427
滙	367	掣	394	媰	409	綵	429
溓	367	捧	395	嫋	410	綈	430
滛	368	搯	395	娱	410	絹	431

十三画—十四画

缦	433	塗	452	鉏	466	隕	480
縶	434	填	452	鉛	466	障	481
綊	434	塢	453	鈷	466	際	482
綵	434	塞	453	鉗	466	斷	483
綆	435	塌	454	鈴	467	亂	486
綈	436	塏	454	鉦	467	皋	487
綌	436	毀	454	鉈	468	毂	489
綏	437	塋	455	鋱	469	香	489
練	437	墓	455	鈦	469	戠	494
豹	437	塗	456	鈿	470	喬	495
蛹	439	塤	456	新	472	酪	495
蛭	439	塘	456	魁	472	酩	495
蜀	440	畸	457	尌	472		
蛾	440	畹	457	猎	473	【十四画】	
嫏	441	畷	458	輧	473	禛	2
蛸	441	當	458	軾	474	褫	2
蜆	441	畺	458	輅	474	褶	3
蜊	441	甥	459	輈	475	禡	4
蜉	442	勠	460	衚	476	瑱	8
蜗	442	勎	460	叠	476	瑛	8
蜕	443	勤	460	載	476	瑲	9
蜃	443	勤	460	軭	476	瑣	9
蛸	443	勛	460	輊	477	瑢	9
颭	448	勢	461	輇	477	堅	10
黽	449	鉛	462	莘	477	瑪	10
塙	451	鉉	464	輀	477	碧	10
堾	451	鈢	465	蓥	477	瑶	10
塍	451	鈹	465	區	480	熏	14

冀	15	蒎	29	隨	52	諫	72
蓼	15	蒽	30	適	52	説	73
薩	15	董	30	遺	52	誡	73
藻	18	曹	30	遭	53	誧	73
菲	18	鄉	32	遷	54	誓	74
藍	18	犒	36	遯	54	誹	75
蔗	19	犖	36	遮	55	誕	75
黃	19	犍	36	遷	55	誣	75
蔓	20	犓	37	衛	59	詩	75
葦	20	犕	37	跑	62	誤	76
蔦	20	哮	39	踆	62	誺	76
菱	21	嘈	41	踊	62	誤	77
蔤	22	嘌	41	跻	63	誌	80
蔚	22	嘑	41	跶	63	誩	80
蔓	23	噙	41	跟	63	韶	80
蔣	23	嘜	42	踤	64	對	81
蕅	23	嘛	42	踔	67	僕	82
蔈	24	噴	43	舔	67	奭	82
蓨	25	嘆	43	鍚	67	鞄	85
蒔	25	嗾	44	舉	69	靼	85
蒂	25	趁	47	腵	69	韜	86
蓺	25	趕	47	語	70	靴	86
蔽	26	趙	48	誦	71	鞑	86
蒍	26	趨	48	誨	71	鞍	86
蔡	26	通	49	誠	72	靼	87
蘄	27	澀	50	認	72	鞅	87
蔎	27	達	51	誥	72	靴	87
蓴	28	邀	52	誓	72	敲	87

十四画

闵	90	翡	109	膈	133	嘗	153
韨	92	翠	109	膁	133	嘉	153
紧	94	翥	110	膊	134	夆	154
臧	94	翠	110	腐	134	盡	158
殼	94	雒	111	劃	136	朅	158
殼	94	雇	112	剠	137	監	159
靾	96	雌	112	罰	137	酯	159
肈	97	奪	113	劕	137	静	160
敱	97	蔑	114	耤	139	犖	160
敳	97	羧	115	箇	142	餅	162
敹	98	鳳	116	箸	142	養	162
敹	99	鳴	121	箸	142	餉	162
敷	99	麽	123	箋	143	牄	165
敲	99	寨	124	算	144	錇	166
爾	101	叡	126	箪	144	鍼	166
夐	102	叡	126	箸	144	錫	167
暖	103	蓦	126	箇	145	豺	170
暉	103	殞	127	箔	145	舞	172
睸	104	殪	127	篪	145	犛	172
睒	104	膏	130	箝	146	榛	177
晷	105	膀	130	箣	146	槐	177
睻	105	脐	131	筬	146	楷	178
睓	106	脞	132	管	147	樺	178
睃	106	䏾	132	箣	147	槭	179
戬	107	膊	133	算	148	樗	179
閽	108	膌	133	箕	148	穀	179
鼻	108	腯	133	覡	150	榮	180
翟	109	膜	133	寧	151	樱	181

· 584 ·

槙	181	樟	192	曑	213	實	233
榣	182	穦	196	暰	213	寬	234
槀	182	團	198	暨	215	寡	234
槖	182	圖	198	旗	215	寠	234
榑	182	賍	199	旖	216	窫	235
榔	183	賑	200	夥	218	窨	236
榦	183	賓	201	粿	219	窬	236
構	183	賒	201	夢	219	寤	238
模	183	賕	201	齊	220	寢	238
榿	183	賏	202	蕭	221	瘣	238
榰	184	鄥	202	鼐	222	瘍	239
槐	184	鄩	203	種	222	瘖	239
樕	184	鄭	203	概	223	瘕	240
榍	184	鄨	204	秧	223	瘧	240
槍	185	鄂	205	稭	224	瘺	241
榻	185	鄹	205	稠	224	瘦	241
槃	186	鄧	206	稭	224	瘌	242
樐	186	鄤	206	程	225	瘥	242
榼	187	鄱	207	穊	225	瘉	242
槤	187	鄾	207	稱	225	署	245
榺	187	鄲	208	稷	225	罭	245
榜	188	鄩	208	精	227	幫	246
榱	189	鄒	209	粺	227	幣	246
榷	189	鄥	209	粹	228	幘	246
榪	190	鄺	209	粻	228	幍	246
榭	192	䩱	210	粻	228	幔	247
槃	192	啤	212	康	233	幜	247
榻	192	皆	212	察	233	徼	247

十四画

幖	247	褕	265	歐	280	碭	304
幗	248	褘	265	歉	281	硾	304
僮	251	褙	266	頣	283	碣	304
僎	251	褓	266	領	284	碬	304
僕	252	裹	266	碩	284	碌	305
僚	252	褊	267	彰	285	碞	305
僨	253	複	267	頩	285	豧	308
僑	253	褆	267	頗	286	豩	308
僤	253	褽	267	彰	288	豨	308
僩	253	裴	267	髦	290	豪	308
僦	254	褊	267	髹	290	冪	309
僟	254	裏	269	喘	292	貍	310
僐	257	褐	269	餉	294	駁	313
僁	257	褪	269	匒	294	馭	314
僭	258	製	269	魁	295	駁	314
僞	258	壽	270	魄	295	馴	314
僖	259	氈	271	魅	295	駉	316
僛	259	乾	271	魃	295	罼	316
僨	259	毲	271	墮	298	馴	316
僔	260	屢	272	廣	301	馱	316
僢	260	覡	277	廎	301	獕	320
僰	260	覥	279	廣	302	獋	320
僥	260	歆	279	慶	302	獙	320
僦	261	歌	279	廑	302	葵	321
僧	261	歔	279	廖	302	毃	322
聚	263	歊	280	厲	303	獌	323
朢	264	歁	280	屪	303	獓	323
監	264	歊	280	厭	303	獄	323

・586・

熊	324	慢	346	灌	362	霁	380
煒	325	惰	347	滿	363	鮇	382
熇	326	慷	347	漘	364	臺	388
熄	326	慘	349	榮	364	閨	390
熬	327	愨	349	漥	364	閣	390
熛	327	慯	350	潢	364	閻	390
爄	328	恩	350	滴	365	閣	391
熨	329	慱	350	漊	367	閡	391
熙	329	愲	351	漬	367	閥	392
煽	329	惠	351	漚	367	聞	393
熇	330	慵	352	滯	368	聝	393
熒	333	慟	352	漮	368	摳	394
輕	334	漾	354	澆	369	摧	395
赫	334	漢	354	漉	369	鞠	397
戩	334	漆	354	漱	370	撕	397
端	340	漄	354	漱	371	撞	397
竭	340	漢	355	漕	372	摜	398
慤	342	漳	355	漏	372	摽	398
愿	342	漸	355	漙	372	摘	398
熹	343	過	356	漱	373	摺	398
慈	343	瀘	358	漱	374	摟	399
寨	343	滾	358	湫	374	擎	400
憀	344	漓	359	鄰	375	搯	400
慒	344	漆	360	斯	377	摹	402
慕	345	演	360	霆	378	搏	402
慓	346	漻	360	雽	378	摎	402
態	346	漂	361	稟	379	摖	402
慷	346	渗	362	需	379	撠	403

十四画

摼	403	餠	422	緄	432	輪	443
摷	404	廬	422	綏	432	蝸	443
搧	405	薨	423	緺	432	蜩	444
摴	405	甂	423	綸	432	蜮	444
嫛	407	甋	423	縱	433	蜗	444
嫗	407	彃	424	綱	433	蜼	444
嫡	409	彄	425	綫	433	閨	445
嫣	410	竭	425	緁	433	閬	445
嫙	411	緒	427	維	434	蜢	445
嫛	411	綜	428	緍	435	颭	448
嫡	411	綹	428	綌	435	颮	448
嫥	411	綷	429	緆	436	颱	448
嫧	411	緔	429	緉	436	墐	452
摯	412	暴	429	綢	437	墒	453
嫪	413	綝	430	緋	437	墊	453
嫭	413	綺	430	緻	437	墇	454
嫡	413	縶	430	綣	437	塹	454
嫠	413	綾	430	蜥	439	塲	454
嫖	414	綾	431	蕫	440	座	454
嫚	414	绿	431	蛤	440	塿	455
嬋	414	綪	431	蜑	441	墅	455
嫠	416	綰	431	蜨	441	境	456
硾	417	綪	431	蜙	442	墊	456
肇	418	絣	431	蜩	442	墜	456
斡	418	緇	431	蜺	442	堅	457
戩	418	繎	432	蜻	442	曘	457
匱	422	緂	432	蜡	442	蹂	457
匰	422	緌	432	蜑	443	瑳	457

588

锡	458	斛	473	璋	7	蔺	24
劈	459	轻	474	堊	8	蕤	25
勘	459	辄	474	莹	9	蒪	25
劂	459	辊	475	璊	9	蕉	26
勖	460	鞅	477	璞	10	蓥	26
银	462	辅	477	璀	10	蕰	26
铜	462	陞	480	璁	10	蕡	27
铣	463	隤	480	璀	12	蕝	28
铤	463	隩	481	瑞	12	蕩	28
铩	463	隳	481	塿	12	酷	28
铡	464	隔	481	蒲	17	尊	28
铫	464	缀	484	蕨	17	蕡	29
銎	465	暬	484	蕃	18	蒬	29
鉴	465	奜	488	蓷	18	蕉	29
铪	465	疑	489	蕁	18	蕫	30
铱	465	聊	492	蕕	19	蕨	30
铀	466	醅	492	覆	19	蓷	30
铵	466	酹	492	蕢	19	蕃	31
铨	466	酷	493	薁	19	蔬	32
铢	466	醡	494	蔽	20	蕆	32
铮	467	醒	494	董	21	惨	36
铤	468	酸	494	**蓃**	21	犛	36
铦	469	醛	495	蔼	22	犛	37
铬	469			蔳	22	氂	37
铭	470	**【十五画】**		蔦	22	噤	39
斯	472	荣	4	蔗	23	噍	39
斡	472	瑾	6	蕈	23	噘	39
斳	472	璜	7	蕣	24	嘽	39

十五画

嘘	40	選	53	闇	71	鞋	86
噂	41	遅	53	諏	71	鞏	87
噉	41	遁	54	論	71	鞍	87
嘽	42	遜	54	諗	72	靦	89
噎	42	遺	55	課	72	鬧	90
嘸	42	遷	55	調	73	豎	94
嘮	42	遼	55	諈	73	毅	95
噴	43	德	57	諉	73	毆	94
噘	43	徲	58	誼	73	鴼	96
嘵	43	齒	59	諓	73	導	96
嘴	43	踝	62	諍	74	徹	97
嘲	45	踦	62	諎	74	數	97
毂	45	踙	62	諛	74	敫	98
趣	46	踏	62	誹	75	敵	98
趙	46	踐	63	諂	76	褱	104
赵	46	踔	63	諸	76	磬	104
趣	47	踤	63	說	76	膽	104
趨	47	踞	64	瞢	76	瞋	105
趁	47	踣	64	調	77	瞎	105
赶	48	蹊	64	諕	77	瞑	105
趣	48	踴	64	諆	77	瞑	105
趣	48	跳	64	諠	78	瞢	106
赱	48	談	70	誶	79	瞌	107
趨	49	諒	70	誰	79	鼐	108
進	49	請	70	樊	83	魯	108
邁	52	諾	70	鞒	85	奭	109
遵	52	諸	71	鞏	85	甑	109
遷	53	諄	71	報	86	翟	109

590

翦	109	腰	132	篍	147	樣	177
翱	109	膘	132	箊	147	樅	178
撇	109	膊	134	蓥	154	樗	178
翬	110	膠	134	虢	156	械	179
翩	110	劊	136	盡	159	樠	180
雁	112	劌	136	瓷	162	樅	180
蕢	114	劈	136	舖	162	標	181
犛	114	剝	137	鋏	163	樛	182
瀚	114	劇	138	餇	163	槮	182
羯	114	耦	139	餘	163	樊	182
羺	115	舩	139	餓	164	樘	183
鳩	117	艊	139	餒	164	樀	184
魴	117	艎	140	餕	164	樞	184
鴈	119	箭	142	槖	165	樓	184
駄	119	篒	142	箮	168	槾	184
鋽	119	篆	143	膏	168	橢	187
鴉	120	篇	143	秧	170	楓	187
鴒	120	篁	143	麳	170	槽	188
鳩	121	策	143	麨	170	樂	189
鴑	121	篏	144	麵	170	槷	189
殤	126	箐	145	憂	171	樸	190
殖	127	箒	145	犛	173	櫃	191
骈	128	筬	145	碟	174	樻	191
骷	128	箱	146	植	175	椿	192
骸	128	箋	146	樘	176	賣	195
骹	128	箭	146	樕	176	觕	195
骼	129	篁	147	艕	176	皬	196
骶	129	箹	147	樟	176	稽	197

十五画

壺	198	稷	223	瘢	241	褒	266
賢	200	稻	223	瘜	242	褪	268
賚	200	穇	223	瘨	242	褫	271
賞	200	穐	224	畱	244	屧	271
賜	200	槀	225	罷	245	層	272
質	201	穃	225	罵	245	履	273
賫	201	穀	225	幡	247	艘	274
賤	201	勲	226	幝	247	艎	274
賦	201	糂	227	幠	247	覩	277
賓	202	糈	228	幘	248	覨	277
賭	202	糉	229	幢	248	覤	277
邕	204	熒	231	幟	248	親	277
邑	205	寫	233	幞	248	覭	278
鄰	205	寫	234	嶉	249	靚	278
鄺	206	寱	235	皚	249	歔	279
鄶	207	窯	236	皛	250	歎	280
鄴	208	窳	236	僾	252	歐	280
暫	213	寶	237	優	254	歑	280
暵	213	寮	237	僉	254	歔	281
㬊	213	瘨	239	僵	255	歙	281
執	214	瘞	239	儀	256	領	283
暮	216	瘨	239	儉	257	頗	283
槀	220	瘨	239	億	257	頜	283
牖	221	瘀	240	僻	258	頡	285
鼐	221	瘤	240	僵	259	頲	285
稼	222	瘥	240	價	261	頦	285
稈	222	瘅	240	僔	261	頻	285
積	223	瘥	241	徵	264	頤	285

頡	285	廠	303	獩	319	慰	344
頫	285	廨	303	獢	320	憪	346
頼	286	碾	304	獦	320	憃	346
頩	286	碩	305	獋	320	慾	347
頌	286	磕	305	獬	321	憧	347
髵	289	磋	306	獠	322	憰	347
髲	289	碼	306	獎	322	憤	348
髮	290	磊	306	獟	322	憎	348
髳	290	隷	307	熯	325	憒	349
髯	290	豬	308	熮	326	憯	349
髻	291	彙	309	熛	326	慭	350
甓	293	貓	311	頴	326	憚	351
嘗	297	豫	311	熜	327	熱	351
棧	298	駒	312	熷	328	慙	351
窰	298	駈	313	熠	328	憐	351
墜	298	駃	314	熱	329	憬	351
嶢	299	駕	314	羹	329	潼	353
嶙	299	駉	314	赭	334	潦	354
嶠	299	駙	314	畍	338	蕩	355
嶡	300	駛	314	暜	341	澽	355
廡	301	駒	315	鼡	341	潭	356
廚	301	駄	315	慮	341	潰	356
廢	301	駐	315	澄	342	潕	356
塵	301	駗	315	慧	342	潁	356
廢	302	駘	316	憭	343	潧	357
廟	302	駔	316	憋	343	澒	359
歐	302	駧	316	慶	343	漿	360
儀	303	廌	318	憮	344	潏	361

十五画

滕	361	震	378	撟	399	嬌	416
潏	361	霄	378	撥	400	嬋	416
澐	361	霖	378	擖	401	戩	418
澂	362	霓	378	撲	401	戮	418
潤	362	魴	381	撐	401	戭	418
澖	362	魵	382	擎	401	區	423
潯	362	魳	383	摩	401	甋	423
潰	363	魦	383	撞	401	彈	425
潢	364	魿	383	撝	401	緜	426
潄	364	魧	384	播	402	緬	427
澗	365	魺	384	撻	402	緒	427
澳	365	魮	384	撲	403	緯	428
潛	366	靠	385	撚	403	緷	428
澍	366	誾	390	撅	404	緇	428
潦	366	鬧	391	嫣	406	縒	429
澌	368	閱	391	嬈	406	縎	429
潕	368	聤	393	嫷	407	締	429
潤	368	擅	394	嫛	409	絹	430
潘	369	摯	395	嫽	409	練	430
漦	370	揮	396	嫵	409	緹	431
澆	370	撩	397	爐	410	縋	432
潷	370	撮	397	嫡	410	緣	433
潸	371	撓	398	嫺	411	緵	433
澒	372	撫	398	嬂	412	緟	433
潺	372	撝	398	嫶	413	緱	433
潔	373	摰	398	嫾	414	緱	434
潶	373	瘝	399	嬋	414	縋	434
霅	378	抁	399	嬈	415	緘	434

笔画检字表

編	434	蝦	444	銼	464	輦	477
緇	435	蝯	444	銷	464	險	479
緬	435	蝙	444	鉛	464	嶰	481
緝	436	蝠	445	鈕	466	罾	485
緦	436	蟊	446	銳	466	奰	488
緰	436	蟲	446	銲	466	醇	493
緪	436	螽	446	錉	468	醊	493
紂	436	螶	446	銀	469	醋	493
縕	437	颴	448	鋂	469	醅	494
緗	437	墺	450	鋪	469	醉	494
蝮	438	墣	451	鋸	469	醬	494
蝛	439	撩	452	鋓	470	醇	495
蝘	439	墀	452	蕗	473		
蛛	439	墨	453	輻	473	【十六画】	
蜻	440	墣	453	輬	474	禧	2
蝎	440	增	453	輣	474	禪	4
蝝	440	埋	454	輢	474	禫	5
螢	441	壇	455	輥	475	璬	6
蜩	441	瘞	455	輡	475	璠	6
蟄	441	墳	455	曓	475	璙	6
蝌	441	畿	457	範	476	璑	7
蚤	441	勲	460	輖	476	璣	8
蝟	442	劓	461	輩	476	璧	9
蝗	442	釜	462	縱	476	璿	10
蛤	442	鋻	462	輟	476	璒	10
蜿	442	銷	463	輪	477	璣	11
蜼	443	鋏	463	輗	477	蕨	15
蟖	443	鋞	463	輓	477	薇	15

十六画

藉	17	噫	39	蹉	65	謎	80
薊	17	噤	40	蹀	65	羃	82
蓼	19	噱	40	器	67	舉	83
肆	20	嘯	41	謂	70	興	84
薛	20	噷	42	謁	70	鞔	85
甄	20	噗	44	諷	71	鞅	85
薟	21	噲	45	諭	71	鞋	86
薜	21	趙	47	諜	71	鞘	87
甌	21	趨	47	諟	72	靦	87
廩	21	趣	48	諦	72	鞘	87
癀	21	趱	49	諶	72	虜	88
蕭	22	歷	49	諱	72	融	88
赟	25	還	53	謂	72	薷	88
薈	26	避	54	諫	72	翯	88
薉	26	邃	55	諴	73	闃	90
薄	27	邊	56	諧	73	整	97
薙	27	邂	56	諤	73	潄	97
薪	29	徼	57	諺	74	敵	98
薔	31	衛	59	諼	74	敲	99
蒜	31	踽	62	諭	76	憨	100
蓮	32	踰	62	謔	77	瞞	103
薅	32	踵	63	諠	78	瞟	104
憧	37	踏	63	諯	78	瞭	104
噘	38	踶	63	諢	79	鴟	105
嘱	38	跨	64	諳	79	瞥	105
噲	38	踼	64	謚	79	瞑	106
噬	39	踹	64	諜	79	矮	108
嗳	39	跶	64	諛	80	魟	108

翰	109	殨	127	箚	146	歟	170
翮	110	殫	127	篳	147	橘	175
翱	110	甈	127	箷	148	橙	175
翯	110	甇	127	篙	148	樺	176
閽	111	骹	129	磨	150	橦	176
雕	112	骸	129	羲	152	檖	176
錐	112	膳	132	憙	153	樿	177
雜	112	膫	132	虢	156	楕	177
奮	113	膴	133	獻	156	樻	177
雏	116	膮	133	鐬	156	樕	178
鴫	117	膩	133	觱	157	槭	178
鴉	117	膥	133	盧	157	橪	178
鴂	117	膆	133	盥	157	播	180
鴇	118	䐺	134	盦	158	樵	180
鴛	118	辨	136	盥	158	樹	180
鴦	118	劑	137	嘰	161	橤	181
駒	118	劒	138	餐	162	橺	181
鴟	119	賴	139	餳	162	橈	182
鴥	119	鰓	139	餞	163	樸	182
鴻	119	鯁	139	館	163	築	183
鶋	120	衡	140	餧	164	橑	184
鴥	120	觟	140	餫	164	樽	184
鴰	120	舡	141	餕	164	橦	185
鴞	121	箼	143	殼	165	橐	185
鶘	121	節	143	䰞	166	機	187
鴨	121	箹	144	螢	166	檾	188
叡	126	篝	144	章	168	橪	188
氈	126	篚	146	麩	170	橄	188

十六画

噪	188	穌	225	儒	251	歔	279
橋	189	黏	226	儐	254	歙	280
橙	189	糒	228	儕	254	潄	280
橫	190	糗	228	儜	258	歟	281
樵	190	粱	228	儔	258	頭	283
橌	191	糖	229	儕	260	頯	283
棘	192	毇	229	冀	263	頰	283
麮	197	縣	232	褸	265	頸	284
橐	198	瓢	232	褧	266	頵	284
圜	198	寰	235	褭	266	顈	284
圛	198	營	235	褰	266	領	285
賚	200	窻	236	褱	267	覦	287
賴	201	窵	236	鴻	267	酺	287
賵	202	窺	236	豫	268	鵨	287
鄝	206	瘴	239	禠	269	縣	288
鄘	206	瘵	239	褔	269	頮	288
鄭	206	瘲	239	禭	269	髳	290
曀	212	瘦	239	褧	269	髻	290
曉	214	癍	241	褱	269	髽	290
曈	214	癃	242	氅	270	髻	291
曇	214	瘳	242	毻	271	膊	292
曆	214	麗	244	氂	271	芻	294
翰	215	尉	245	覦	277	醜	295
穆	223	罹	245	題	277	篡	296
穄	223	幧	248	覬	277	嶧	297
穎	223	帮	248	艙	278	嶜	298
積	224	錦	249	鮸	278	皋	298
穇	224	粉	250	親	278	嶼	299

・598・

廎	301	塵	318	默	331	澺	356
廦	301	魯	319	燊	333	濰	357
廥	301	獪	319	皺	334	澶	357
磺	304	獩	320	螽	334	濁	357
磧	305	獫	320	奭	336	澥	359
磛	305	默	320	熰	336	瀟	360
磐	305	獯	321	冀	339	激	361
豭	308	獨	321	簿	340	澹	362
豨	309	獲	322	憲	342	澮	363
豷	310	齓	324	瘛	343	澤	363
豫	310	燔	325	憋	343	澁	365
駱	312	燒	325	憖	343	濆	366
駰	312	賸	326	意	344	濩	367
驨	313	燋	326	縶	344	濛	367
駽	314	燀	326	憺	345	濃	367
駞	314	熹	327	憸	345	潬	368
駢	314	燾	327	熏	345	澱	369
篤	314	燓	328	懭	346	澡	371
駕	315	燎	328	懈	347	渁	371
駧	315	燂	328	憿	347	濊	372
駭	315	熾	329	憬	347	霎	378
駓	315	燠	329	憨	348	霝	379
駹	316	燄	330	懆	349	霖	379
駮	316	嚳	330	憝	350	霑	379
駛	316	燅	330	懌	352	霎	379
駾	317	黇	331	澮	355	霓	379
薦	317	薰	331	潞	355	霏	380
麇	318	黔	331	澧	356	霎	380

笔画检字表

· 599 ·

十六画

霁	380	聱	394	縠	430	馎	443
鲐	380	撿	395	縑	430	螭	443
鲅	381	操	395	缟	430	螊	443
鲌	381	據	395	縉	431	蟆	444
鲋	381	擇	397	縝	431	蟲	446
鲑	382	擁	399	縬	432	颶	448
鲓	382	擭	400	縟	432	颼	448
鲇	382	擅	400	暴	433	蝦	450
鲐	383	擐	400	縝	433	墩	451
鲍	383	赢	406	縫	433	壁	451
鲏	383	嬡	409	縭	434	墼	452
鲍	383	嬛	410	縈	434	壇	455
鲐	383	嬐	412	縢	434	墾	456
鲕	384	嬗	412	縭	436	壒	456
鲖	384	**窸**	412	縐	436	醪	457
鲅	384	嬖	412	縯	436	甊	459
燕	384	擊	412	縊	437	勳	459
龍	385	嬰	415	緻	437	辨	461
臻	388	嬒	415	縡	437	錫	462
墼	388	嬙	416	縢	438	鋻	463
閶	389	戰	418	螃	438	錄	463
閤	390	匱	421	螟	439	錮	463
閣	390	舳	422	螕	440	錤	464
閾	390	辘	422	螗	440	鍵	464
閼	391	甌	423	蟹	441	錠	464
閹	391	彊	424	螋	442	錡	465
閣	391	縛	429	螵	442	錯	465
閝	393	縹	430	蝴	442	錍	465

錢	465	醋	493	蓋	17	趨	49
鋸	466	鰲	495	蓳	17	趕	49
錐	466	醰	495	鞍	18	壁	49
錙	467	醐	495	蘇	18	達	51
錘	467	醒	495	蓦	19	遍	55
銨	468	醍	495	蔓	19	澀	57
錞	468			薺	21	鴒	57
鋝	468	**【十七画】**		遴	21	衛	59
鋯	469	齋	2	薾	24	齔	59
鋙	470	禮	2	虉	25	蹶	62
鋼	470	髼	3	藊	25	蹌	62
錂	470	彛	3	藅	25	踢	62
輻	474	襘	4	藜	26	蹈	63
輎	474	禦	4	藉	27	蹓	63
輯	474	璵	6	蘋	29	蹟	64
輹	475	璐	7	藻	30	躊	64
輮	475	環	7	蘇	31	蹇	64
輻	475	璈	8	藏	32	龠	66
輳	475	璪	8	糧	36	謖	71
輸	476	璡	8	嚘	39	謨	71
隰	480	璲	10	嚌	39	謨	71
隱	481	璗	11	嚥	40	謐	73
睿	481	璩	11	趨	46	謙	73
餶	483	瑢	11	趕	47	謝	74
罵	485	璨	12	塞	47	講	74
辥	487	贇	16	趨	47	謄	74
醒	492	藍	16	越	48	營	74
醖	492	薰	17	趣	48	警	74

十七画

謓	75	瞷	104	髀	128	蕴	159
謗	75	瞡	105	髁	128	臃	160
謪	76	曋	105	骹	129	爵	161
谨	77	蒇	105	膽	130	奮	162
曓	77	睊	106	臂	130	餧	162
謓	78	斪	108	膻	131	餬	163
謏	79	翳	110	臑	133	餪	163
謚	80	翳	110	臊	133	餲	163
戴	83	蓳	113	膾	134	餼	164
鞠	86	舊	113	魼	139	餺	166
鞞	86	蟄	115	鮮	140	馨	166
鞜	86	羢	115	嗀	141	矯	166
鞡	86	鵑	117	篸	143	繒	167
鞦	86	鴒	117	蔣	143	牆	170
鞭	87	鳥	118	篔	143	燊	170
鞁	87	鵑	118	筵	144	雞	172
襕	88	鴿	118	簟	144	輾	172
燮	91	鴻	118	簍	144	韓	173
隸	93	鵖	118	簋	145	翳	173
隸	93	鮫	120	簐	145	檍	176
斂	98	鶒	119	筰	146	檟	177
斁	98	鴰	119	簧	147	樲	177
斀	98	鷔	120	簃	148	櫃	178
斅	99	鴬	120	虩	152	檗	178
闉	102	鴉	121	虣	155	檉	179
瞖	103	鵁	121	虞	156	檀	179
瞵	103	糞	123	盨	157	檞	179
瞧	103	殈	127	盪	158	檜	180

· 602 ·

笔画检字表

樫	180	鹹	218	阚	244	襦	268
橚	182	穜	222	罾	245	襖	270
樽	183	穄	224	幨	246	氊	271
橷	183	機	224	幬	247	履	273
檐	184	羹	225	幭	247	覸	277
櫛	185	黏	226	皢	249	覻	277
檃	186	黏	226	皤	249	靚	277
槃	187	縻	228	𪏽	250	覸	278
檢	189	糟	228	儳	252	覬	278
橄	189	糘	228	儴	253	覷	278
橾	189	鏾	231	儲	254	歈	279
穉	197	窾	236	債	256	歔	280
稽	197	寮	236	償	256	歌	280
橐	198	窩	236	優	257	歊	280
縢	200	窺	237	儡	260	歟	281
贅	201	竄	237	臨	264	頤	284
購	201	邃	237	瞖	264	頷	284
賽	202	䆓	238	褪	265	頤	284
赗	202	癇	239	襋	265	蘇	284
廊	204	癈	239	裂	265	穎	284
鄞	204	𤸇	239	襆	266	鎻	285
鄧	206	癔	239	褐	267	穎	285
嚁	212	瘴	240	禧	267	顀	286
曙	214	瘴	241	襢	267	顧	286
旞	216	癉	241	褺	267	頼	286
壄	217	癆	242	禫	268	頠	286
壘	217	翼	244	襄	268	頤	286
朦	217	曾	244	褻	268	顛	286

603

十七画

髽	291	睪	315	應	342	谿	376
髼	291	騋	316	簋	344	霝	378
舝	293	麗	317	懇	345	霛	379
魖	295	麋	317	懋	345	霥	379
魕	295	膺	318	懦	346	霉	379
嶽	297	麈	318	懠	346	霜	379
嶷	297	麁	318	懝	346	霂	379
巀	297	獷	321	懇	351	霞	380
嶸	299	獮	321	懇	352	鯚	380
嶺	299	豂	323	澶	355	鮪	381
磿	305	齡	324	濦	356	魱	381
磽	305	燬	325	濮	357	鮥	381
磻	306	燭	327	濕	357	鮦	381
磯	306	燥	329	濰	357	鯈	381
毇	308	燦	330	濟	358	鮆	382
㹱	308	燮	330	濡	358	鮮	383
獌	308	黜	330	濱	360	鮫	383
貔	310	黝	331	濞	361	鮨	383
貘	310	點	331	濫	361	鮝	383
駽	312	黔	331	灂	362	鮚	384
騃	313	黜	331	澤	363	鮡	384
駿	313	縠	334	濘	364	羴	388
騀	314	翰	334	泉	365	闇	389
騄	314	盦	337	濺	369	闉	390
騊	315	暴	338	潾	370	闊	391
駥	315	罺	339	濯	371	闌	391
騁	315	頞	340	濤	373	闈	391
駾	315	罾	340	谿	376	闋	392

闊	392	甓	423	螫	443	鍛	463
闋	392	繰	427	蟲	443	鍾	463
聯	392	繾	427	螵	444	鍍	464
聰	393	縱	428	蟄	444	鏊	464
聲	393	縮	429	蟖	444	鍱	464
臀	393	總	429	蠕	445	錨	465
擠	395	繃	429	蟋	445	鍼	465
擥	396	縛	430	螳	445	鍥	466
擿	398	縵	430	螽	446	鍰	466
擧	399	縹	431	鼂	446	鍠	467
擩	399	縷	433	颮	448	鍨	468
擬	400	繄	434	颶	448	鍛	468
擢	400	縿	434	黿	449	鋃	469
擘	401	徽	434	壎	452	鍒	470
擎	403	縱	435	壐	453	斛	473
擊	403	縻	435	壎	453	斜	473
擊	403	績	436	壙	454	輿	474
箈	403	縖	436	壓	454	輦	475
壓	409	繆	436	甑	455	轂	475
齋	411	螓	438	艱	456	轅	475
耀	411	螾	438	嶙	458	轄	476
嬪	412	螉	439	瞳	458	輾	476
嬰	412	蟫	439	鮨	459	轃	477
嬬	414	雖	439	鞋	459	隮	480
嬛	414	螻	440	劈	460	孺	489
嬭	415	蟥	441	勦	460	醱	492
戲	418	蟓	442	鍇	462	醢	492
匵	422	螢	442	鍊	463	醜	493

十七画 — 十八画

醛	493	藩	28	蹦	63	鞭	87
嚌	494	賣	31	蹙	65	鹭	88
黐	494	藜	31	嚚	67	瀇	88
醯	495	犧	36	聱	70	闓	90
醳	495	犢	37	謹	72	敫	99
		嚟	39	謳	74	斁	100
【十八画】		噴	40	謸	74	眼	102
燽	4	嚎	41	謿	74	瞫	104
襧	5	嚘	42	謾	75	瞍	104
璠	6	趣	47	謵	75	瞻	105
瓊	6	趯	48	謷	75	矇	106
璿	7	趨	48	謱	75	瞀	106
璧	7	趣	49	諺	75	瞼	107
璕	8	歸	49	譀	77	翹	109
璹	8	韙	51	謼	77	翻	110
璨	10	遺	52	謬	77	巂	111
瑾	10	邃	54	謟	78	雗	111
薡	16	邈	55	譖	78	雞	111
薛	18	邊	56	謫	78	雛	111
藷	18	衞	59	謹	79	離	111
蕩	19	觚	60	叢	81	雕	112
薔	19	斀	61	鞬	85	燔	115
嚚	20	蹡	62	鞣	85	羴	115
蔗	21	蹲	63	鞎	85	瞿	115
藷	23	蹙	63	鞤	86	雙	116
藘	23	蟄	63	鞰	86	鵝	118
藪	27	蹢	63	鞱	87	鵠	118
藥	27	蹜	63	鞭	87	鵠	118

606

鵝	119	饎	161	轊	215	禮	267
鴿	120	餾	162	璇	215	雜	268
駿	120	鎌	162	旛	216	屬	273
殯	126	鎰	162	旜	216	競	275
髃	128	鎧	163	穯	222	覲	277
臑	130	鎨	164	穫	224	覷	277
齋	130	鞢	172	穧	224	覿	278
斈	136	鞭	172	穭	224	觀	278
艨	140	鞮	173	馥	227	顏	283
觴	140	檸	178	糕	227	題	283
蕩	142	檏	178	糒	227	顒	284
簡	143	檵	179	檉	228	額	284
簊	144	檿	179	糧	228	纇	284
箫	144	檹	182	燊	230	顥	285
箪	144	檼	183	寱	233	顓	285
簠	144	檻	186	竅	236	頰	286
簋	145	横	187	鼠	237	魍	286
簝	145	欄	187	窮	237	頭	287
簦	146	檮	190	癃	241	頗	286
簿	147	檻	191	覆	246	顧	288
簻	147	櫂	192	敫	249	辯	289
竆	150	橐	198	儴	258	髽	290
蹈	153	甓	207	軀	264	髻	290
鼕	153	鄸	209	襄	265	髶	290
豐	155	鄶	209	繪	266	鬆	290
號	155	鄭	209	襜	266	鬈	291
虢	156	曠	211	襌	266	鬃	291
蠻	159	曝	213	襡	267	巀	297

十八画

廫	302	燹	325	濨	367	闌	390
礜	304	燕	325	濾	367	闓	390
礗	305	齋	327	瀂	368	闃	391
礤	305	穑	327	潘	370	闖	392
礎	306	奰	328	瀆	370	職	393
𦾔	308	燿	328	濣	373	聵	393
獮	308	燡	329	謬	376	聶	394
釐	309	燾	329	癙	377	擻	396
貙	310	黠	331	瀨	377	擵	396
貘	310	儵	331	竄	378	嬿	409
騏	312	黟	332	霢	378	嬸	412
騅	312	嚮	340	霖	379	嵒	417
騎	313	贏	340	實	379	繇	426
騑	313	麿	343	雷	379	繭	427
騒	313	厴	345	霦	379	織	427
騋	313	辦	345	鯀	381	繢	428
騎	314	鋕	347	鯉	381	繩	428
騑	314	懟	348	鯇	381	繎	428
騆	316	懣	349	鯁	381	繙	429
麿	317	簡	349	鯢	382	繚	429
麕	318	灃	352	鰻	382	繞	429
獵	322	濚	352	鯽	382	繰	430
甈	323	瀠	357	鮸	382	繒	430
齀	324	瀏	360	鯁	383	繹	432
𪘂	324	瀟	363	鹽	389	繐	432
齁	324	瀆	364	闐	390	繡	433
𪘚	324	瀨	365	闕	390	縳	433
齕	324	瀑	366	闔	390	繕	434

颍	435	蹶	458	醖	494	趣	46
缌	435	鏈	462	醫	494	趣	46
缡	435	鎔	463			趫	46
彝	437	鎬	464	【十九画】		趣	48
缴	437	鎣	464	瓃	8	趣	48
赩	438	鏇	465	瓅	10	邊	56
骚	439	鍛	465	壢	11	邋	56
螪	439	鎮	466	蘇	15	斷	59
螘	439	鎌	466	薑	15	齡	60
蟯	439	鎛	467	蘧	16	齦	60
蟬	439	鎗	467	蘆	16	蹻	62
蟜	440	鎮	467	蕙	16	蹴	62
蟘	441	鎽	468	蘄	18	蹶	63
蟠	441	鎧	468	蕑	18	蹲	64
蟬	442	鎦	470	蔎	19	躒	65
蟎	443	鎳	469	蘋	20	蹯	65
蠠	444	鎊	470	蕲	21	蹭	65
蟪	445	鎖	470	蘭	22	蹬	65
蟲	447	魭	471	龎	22	譔	71
颽	448	斷	472	擈	26	識	72
颸	448	轆	474	藤	28	藺	72
颶	448	轃	474	犢	36	警	73
颷	448	轉	476	犗	36	譜	74
竈	449	聱	476	辭	37	譊	74
蠅	449	聲	477	犨	37	譏	75
鼂	449	隴	481	鏊	37	戀	75
鼍	454	醪	493	嚨	38	譆	76
鏊	457	醬	493	嚴	45	譜	76

笔画检字表

· 609 ·

十九画

講	77	臝	115	馨	154	贊	200
讀	77	鵰	117	罋	154	贈	200
譌	77	雛	117	盫	157	賣	202
譎	77	鶻	118	鑒	157	竃	203
譖	78	鶏	118	醮	157	鄿	206
譙	78	鼇	118	鹽	159	鄙	207
證	79	鯢	119	䉾	161	鄭	207
誓	79	鯖	120	餘	162	酇	208
譜	80	殰	126	饉	164	鄤	209
韻	81	髆	128	馨	166	旗	215
靳	83	瘠	130	夒	171	簷	216
関	84	臘	132	韝	172	農	217
轑	85	劓	137	韜	172	疊	217
犖	85	臧	140	韝	172	辣	220
轏	85	觶	140	轉	173	牘	221
鞭	86	艤	141	櫟	179	穧	223
鞴	86	簵	142	樢	184	齋	223
轉	86	籢	142	槓	185	穫	223
韡	87	籀	143	櫌	186	穧	224
豰	88	簺	143	櫩	187	穩	226
瞕	103	簾	143	櫓	188	釋	227
辫	104	簶	146	欑	192	檗	227
瞎	104	簸	146	櫟	192	廮	230
瞰	105	簫	147	麓	192	鏊	231
翾	110	篷	147	樐	192	瓣	232
翻	110	簽	147	櫜	198	覬	233
雞	111	簸	148	賸	200	寵	234
離	112	誩	153	購	200	寁	234

竈	236	鬢	290	麗	318	靨	379
癟	242	髮	290	麗	318	鯁	382
羅	244	鬍	290	類	322	鯢	382
舋	245	鬏	290	獺	323	鮥	382
罷	245	鬐	290	豁	323	鯸	382
覈	245	魖	295	鼩	324	鯪	382
幰	248	辥	297	羆	324	鮦	383
憾	248	廬	300	爆	327	鯌	383
襽	250	龐	301	爍	329	鯕	384
儳	259	礙	305	懷	344	鯛	384
襏	266	礦	306	譓	348	鯟	384
襦	267	礪	306	繁	348	靡	385
襞	268	獭	308	懲	351	闢	391
羸	268	獰	308	瀬	356	關	391
積	276	獾	310	滾	358	閩	391
覲	277	騭	312	瀘	360	闖	391
覷	278	騶	312	瀉	363	闞	392
歠	280	駿	312	瀬	363	瞻	392
歟	281	騾	313	瀧	367	攘	394
顚	283	騎	314	瀞	369	攊	400
穎	283	騣	314	瀝	369	攄	404
顙	284	騳	315	潤	371	嬾	408
顡	284	驚	315	瀅	372	孃	409
頴	284	騷	316	瀘	372	嬿	414
願	284	騠	316	瀟	372	繹	427
贅	284	駿	317	瀛	372	繯	428
顗	286	麒	317	瀕	374	繾	429
額	288	麖	318	霣	378	繡	430

· 611 ·

十九画 — 二十画

繪	430	勸	460	鏻	478	嚦	39
繰	431	鏤	462	轍	478	嚶	44
繩	434	鏡	463	獸	485	趬	46
繮	435	鏒	463	辭	488	趲	46
繁	435	鏗	464	孼	489	趫	47
繋	435	鏘	464	醰	493	趯	47
繫	436	鏟	464	醮	493	趣	47
繾	437	鏇	465	醨	493	趕	47
瓈	437	鏨	465	醹	493	齁	60
繫	438	鑒	465	醲	495	齟	60
蠖	440	鏽	466			齠	60
當	441	鏝	466	【二十画】		齜	61
蠣	441	鏞	467	瓏	7	齡	61
蠃	441	鏓	467	襄	16	躅	63
蠓	442	鏜	467	蘭	16	龐	70
蠕	442	鏢	468	麇	16	譬	71
蠅	442	鏦	468	蕭	21	議	71
蟺	443	鏐	468	蘜	22	譣	72
蟹	444	鏑	468	蘆	22	護	73
蠡	446	鍚	469	蕙	23	譞	73
颿	446	墊	469	蕭	23	譽	74
蠱	447	鏃	469	蘸	24	警	74
鼃	449	鏉	469	蘫	28	譟	75
蠅	449	轔	474	釋	35	譭	76
黿	449	轐	475	犝	36	譏	77
壚	451	轒	475	犨	36	譟	77
壞	454	轒	477	犧	37	譴	78
壜	455	轑	478	礜	38	譯	79

· 612 ·

競	80	籃	144	賺	202	毳	271
響	80	籥	146	贍	202	臟	277
饀	80	籌	147	酆	203	覺	278
農	84	鼮	155	酂	208	額	286
鞺	85	聾	157	髇	210	顁	288
辮	96	巋	159	薔	212	髳	290
敫	100	巇	162	曨	214	髮	290
歡	112	餶	162	朧	217	鬈	290
隆	113	饋	163	穮	224	鬍	291
嬰	116	饗	163	䅻	226	髻	291
鶄	117	饒	163	馨	227	魖	295
鶂	117	饐	163	耀	228	魑	295
鶖	118	饑	163	糯	228	魔	296
鶍	118	曡	165	糵	230	巍	296
鶒	118	罌	165	龢	230	廮	301
鷗	118	獻	168	肇	231	礫	304
鶩	119	鏒	170	寶	233	礐	306
鶢	119	鏊	171	寳	236	騮	312
鶘	119	櫮	178	瀜	238	韄	313
鶪	120	櫸	178	瀯	238	騍	313
髏	128	櫼	180	爍	242	騯	314
髍	129	櫨	183	爧	247	蓦	314
臚	129	櫱	184	辮	250	䮃	314
觸	140	櫺	185	儷	254	騫	315
臂	140	櫪	191	襤	265	騾	315
鷟	141	櫳	191	襞	267	驉	316
籒	142	櫬	191	襯	269	騰	316
籍	143	贏	201	齋	269	騅	316

騵	316	瀸	363	霻	409	鐎	464	
騲	316	瀶	365	孃	410	鐙	464	
驛	317	瀷	368	嬧	411	鎌	464	
犕	317	瀹	370	孅	415	鉚	465	
鷹	317	瀺	370	甗	423	鐫	465	
麖	317	灒	371	瓐	424	鐩	466	
麕	317	瀼	372	鼇	425	鐥	466	
龎	318	霰	378	繼	428	鐃	467	
獻	322	霂	378	辮	429	鐘	467	
聊	324	鰌	381	纁	431	鐔	467	
燹	325	鮔	381	纈	431	鐏	468	
爔	327	鯁	381	繻	432	鐧	468	
爛	329	鯌	382	纂	432	鐸	469	
黿	331	鯛	383	纀	433	鏊	470	
黔	331	鯽	383	纊	435	轠	474	
黨	331	鰒	383	齋	440	轗	476	
黬	331	鰕	383	蠖	440	聲	477	
黥	332	鰲	384	蠗	444	籉	477	
繙	333	鰈	384	蠛	445	輾	477	
繚	333	糞	385	蠱	446	隮	479	
懇	342	鹹	389	飄	448	齟	483	
懽	345	闞	390	飋	448	醴	492	
灌	355	闠	390	爡	449	醲	493	
瀷	356	闡	390	壤	451	釀	494	
瀾	359	闥	392	骩	458	鹼	494	
瀲	361	攖	394	鐐	462			
瀞	361	攘	394	鐼	462	【二十一画】		
灏	362	攙	404	鐈	463	襄	4	

瑾	6	諛	79	顊	149	儺	253
瓊	10	憙	80	囈	153	儼	253
蘺	16	韗	85	黌	153	儹	255
蘇	27	鶯	88	麒	156	儷	257
蘴	31	鶿	88	簧	162	襱	267
叢	31	闌	90	籧	162	屬	273
趛	46	闓	90	餗	163	覽	277
趣	47	縣	102	饑	163	覦	278
邃	52	屝	115	饎	165	歡	279
邇	54	鶍	117	纇	170	顥	284
翟	57	鶌	118	鬢	170	顧	285
齔	59	鶴	118	夒	171	驎	285
齒	60	鸕	119	轞	172	顪	285
齦	60	鴿	119	權	179	顕	285
齣	60	鷁	120	櫼	180	䫀	286
齮	60	鶯	120	櫺	184	齰	287
齛	60	鶛	121	櫟	185	髼	289
齧	61	穀	121	櫻	192	夒	295
齙	61	鶱	121	鬆	197	巇	298
齟	61	殰	127	齊	200	麕	300
齯	61	髖	128	鄸	202	囍	306
躙	62	髖	128	鄺	209	爾	307
躋	62	髒	128	曩	213	驄	312
躍	62	臚	131	霸	217	驃	313
囂	67	艫	141	鞛	226	騶	313
譻	70	劗	143	轓	231	驂	314
譺	75	藩	144	豐	232	驅	315
譸	75	籔	144	禳	238	鷥	315

灈	317	鰆	381	鐸	467	龢	66
龎	317	鰇	382	鐿	469	讀	71
爁	326	鰝	383	鐣	469	譾	79
爃	329	鰩	384	轚	474	孌	83
爇	329	闍	390	轟	477	鞻	87
黯	330	闐	390	辯	488	䎱	88
賜	331	闒	392	醺	493	鬹	88
覼	331	攉	395	醖	493	囂	88
黜	331	攝	396	醮	494	矔	103
黔	331	攜	396	䤃	495	鼜	108
懼	344	覺	399			鷟	117
懾	347	嬻	414	【二十二画】		鷞	117
慴	350	孍	424	霝	11	鷯	117
灄	354	欒	427	虆	21	鷭	117
灈	356	顠	428	蘿	22	鷴	118
灘	357	續	428	虀	23	鷥	119
灈	358	纏	429	龐	27	鸓	119
灊	362	纍	434	蘸	32	鸅	119
灂	369	辥	438	囇	43	鵬	119
霩	379	蠻	441	趍	47	鷵	120
露	379	蠡	447	趨	48	鷺	120
霢	379	蠢	447	趯	49	鷔	120
鰍	380	飆	448	邊	53	鷸	120
鰋	380	朧	449	遷	56	鷾	121
鰌	380	鐵	462	邎	60	鷳	121
鰥	381	鑅	464	齬	61	觸	128
鰜	381	鏍	465	躔	63	體	129
鰱	381	鐲	467	躓	64	軆	129

• 616 •

笔画检字表

朧	131	籁	228	驛	316	龕	385
臊	139	竊	228	麇	318	龍	385
籩	144	癭	239	玃	320	聽	393
籠	145	癬	240	獾	321	聾	393
籚	146	懺	248	䪼	324	攫	398
籟	147	儻	261	甗	324	攤	405
籥	154	襲	265	爔	329	孏	410
聲	154	氍	271	甗	331	變	412
巎	154	屦	273	鼇	331	彎	424
饔	162	爐	274	臟	331	彅	424
饐	163	覿	278	爐	336	纕	436
饕	163	覼	278	懿	337	巒	438
糴	165	覰	279	灈	359	聾	440
鑛	166	霽	279	灑	371	螫	445
齋	170	歟	280	灒	371	螽	446
鞠	172	歡	280	蠰	375	蠱	447
欐	176	顟	284	霞	378	鑄	463
蘷	177	顫	286	霽	379	鑑	463
橐	181	鬢	290	霾	379	鑊	464
韡	196	髇	290	鷇	380	鑒	467
囊	198	戀	298	鰭	380	轢	476
贖	201	巖	298	鱄	381	孿	489
譽	204	驅	312	鰻	381		
龕	218	驍	313	鰻	381	**【二十三画】**	
糵	223	驊	313	鰼	382	襺	3
糵	220	驍	313	鰸	382	瓆	6
穰	225	驕	313	鱅	383	瓚	7
槃	227	驚	315	鱉	384	蘸	21

617

二十三画

蘋	28	鷸	121	禳	270	戁	342
懨	37	癰	127	㵵	279	欒	365
趨	47	髖	128	顯	286	灡	369
趮	47	髒	128	曆	287	灖	372
齱	60	鷟	141	鬟	291	籠	377
齯	60	籥	143	觀	295	靁	378
齮	60	籤	145	覿	295	鱒	380
齰	60	籣	145	麟	296	鰲	380
齱	60	籣	146	驎	313	鱓	382
齗	61	籤	146	驗	313	鱛	382
蘴	63	虠	155	鷽	314	鱖	382
儺	70	贊	157	驅	315	鱏	382
讕	74	鑥	166	驛	316	鱗	383
讐	76	罐	166	贏	316	聹	393
讎	78	轤	173	麟	317	攩	397
龔	83	欒	179	麢	318	攪	400
齌	89	欑	188	獾	322	攣	401
歔	97	巒	212	臚	323	攪	401
變	98	曩	213	躘	324	摩	404
雛	112	曬	213	蹂	324	貜	424
鷯	117	覶	216	鹻	324	纖	429
鷦	118	麆	226	麐	327	纔	431
鷸	118	戁	231	鷩	330	纓	432
鷸	119	癰	240	鯵	331	纕	433
鼉	119	癱	241	徽	331	纗	437
黴	120	髕	250	蹴	332	罐	439
鵬	120	儻	255	筠	337	蠲	440
鷹	120	襴	266	皾	338	蠰	441

笔画检字表

蠕	441	謹	77	贛	200	鱧	382
蠹	446	讒	78	癱	240	鯛	382
蠱	447	讓	78	羅	244	鱺	383
貔	449	譎	79	觀	277	鰾	383
鰲	449	贖	87	覷	278	鹽	389
鑠	463	齇	88	顱	283	鹼	389
鑠	463	鷺	89	顙	285	孀	411
鑼	466	鬥	90	鬢	289	繡	433
鑢	466	闌	90	鑒	289	蠣	444
鑵	469	彎	103	鬍	290	蠶	446
攣	473	蠳	108	鬚	290	蠹	446
		霍	116	礅	305	壺	447
【二十四画】		傕	116	礴	306	蠱	447
璐	7	鷸	117	貛	310	鼉	449
蘳	16	鵰	117	驟	315	籠	449
蔄	19	鴬	117	廬	318	鏡	463
蓳	48	鷺	118	廳	318	鑪	465
蘀	48	驟	119	毚	319	鏵	467
蘞	48	躃	119	爛	327	䯄	483
衢	59	鸚	120	羹	339	釀	492
齼	60	讖	120	灖	358	醫	493
齦	60	艫	139	灝	370	醑	493
齝	60	籩	145	灜	373	釀	494
醎	60	鬮	154	犛	374		
齰	61	鬘	154	靈	380	【二十五画】	
囂	67	齾	159	鱸	381	蘺	30
讖	71	齻	166	鱟	381	趲	47
讌	77	櫥	190	鰻	381	欟	60

齮	60	顱	283			鹽	421	
髕	60	顬	286	【二十六画】		蠱	446	
鱝	60	髽	290			鼉	446	
齠	61	鬣	290	蘩	17	蠹	447	
鱘	61	躚	323	齻	59	镶	463	
躤	62	鱠	330	齷	60	镗	469	
蹍	62	鱧	331	躩	64	镘	470	
籥	66	欚	336	齰	66	輾	475	
讟	76	灎	365	黌	84	醿	492	
讕	78	霹	378	鸑	88			
讛	78	鱨	382	鸒	88	【二十七画】		
轤	87	瀲	384	酆	89			
矚	103	鬮	391	闢	90	蘸	15	
鷟	116	闇	391	鹳	117	蘘	15	
镢	131	钻	428	鼹	118	蘻	19	
艫	140	镨	429	齺	120	趨	48	
篾	144	纆	430	鸆	121	躄	64	
簪	145	纙	432	籯	145	鲡	66	
篍	147	蠻	445	艩	156	讜	80	
饢	162	蠱	446	礜	229	轞	87	
欐	186	罡	449	觀	277	鹳	117	
欂	189	劂	459	顳	284	鼥	119	
櫼	190	镶	463	鸕	290	鱸	119	
糶	195	鐵	464	驌	313	饡	162	
攮	228	鐄	466	驥	313	鬤	173	
癵	238	厲	472	驢	316	黷	288	
觉	277	閩	485	靨	330	玃	310	
鱢	280			篡	331	驤	313	
				鳞	383	驦	314	

躝	315	奲	328	鸞	88	齾	483
鱀	330	鱺	330	齈	89	【三十四画】	
黷	331	戆	346	鸑	116		
蠹	376	蠱	447	籬	145	齾	181
鰤	382	圞	447	驫	316	【三十五画】	
鬭	391	鑿	465	鱷	381		
蠻	446	钁	465	【三十一画】		齾	60
黿	449					【三十六画】	
鑲	464	【二十九画】		齈	88		
鑽	466	黌	15	【三十二画】		齉	29
鑾	468	讟	80			龘	318
轣	476	虌	170	齾	61	【三十七画】	
		鬱	192	蘗	86		
【二十八画】		癱	240	籲	286	齉	88
鬫	90	黴	309	鱻	381	【三十八画】	
龕	116	驪	312	龘	385		
雞	120	廲	376			鞻	86
鸚	121	鱷	384	【三十三画】			
豔	155	蠱	447	鑵	116		
驦	156			廲	318		
鬱	161	【三十画】		鱻	384		
鷹	318	爨	84	龘	385		

今体字笔画检字表

【二画】

几　　124
儿　　275

【三画】

下　　1
卫　　59
与　　84
习　　109
个　　145
亏　　152
于　　152
干（榦）　183
乡　　210
亿　　257
尸　　272
广　　301
马　　312
飞　　385
门　　389
义　　418

才　　431
干（乾）　486

【四画】

历（歷）　49
订　　71
计　　73
讥　　75
仆　　82
为　　89
艺　　89
斗　　90
书　　93
专　　96
双　　116
凤　　116
乌　　121
丰　　155
仑（侖）　164
仓　　165
韦　　172
贝　　199

邓　　206
历（曆）　214
冗　　233
币　　246
从　　262
见　　277
丑　　295
冈　　298
仑（崙）　299
长　　306
云　　379
厄（厈）　389
开　　390
无　　420
区　　421
风　　447
劝　　460
办　　460
车　　473
队　　480
厄（陮）　481
以　　491

【五画】

礼　　1
兰　　16
叶（葉）　24
刍　　29
尔（尒）　34
叹（嘆）　43
归　　49
辽　　55
边　　56
术　　59
叫　　67
纠　　69
训　　71
议　　71
讯　　72
记　　74
讫　　74
讱　　74
讪　　75
讧　　77

讦	78	斥	302	庄	14	讵	80
讧	78	厉	303	芗	32	诀	80
让	78	冉	307	问	40	异	83
讨	79	汇(彙)	309	吃(吃)	42	农	84
业	81	冯	315	吃(喫)	45	兴	84
丛	81	匆	333	岁	50	巩	85
对	81	汉	354	迈	52	杀	95
尔(爾)	101	灭	372	过	52	凫	95
只	111	电	378	迁	53	寻	96
旧	113	龙	385	达	54	导	96
鸟	116	台	388	后	58	贞	100
节	142	闪	391	冲(衝)	59	兆	100
宁	151	圣	393	许	70	夺	113
号	152	扑	403	讽	71	毕	123
卢	157	击	403	访	71	争	125
饥(饑)	163	戋	418	论	71	朽	127
饥(飢)	164	汇	422	讳	72	则	135
乐	189	发	425	诉	73	刚	136
东	192	丝	438	设	73	创(剏)	138
匝	194	务	459	托	74	岂	154
写	234	劢	459	讴	74	尽	158
帅	246	叶	460	讶	74	创(剙)	160
仪	256	处	471	讲	74	饧	162
仙	260	轧	476	讷	74	会	164
弁	276			夸	77	全	165
叹(歎)	280	【六 画】		讹	77	权	179
头	283	玑	11	讼	78	朴	182
发(髮)	289	壮	12	讻	78	机	187

师	194	页	283	奸	416	阴(陰)	479
产	195	吁	286	戏	418	阳	479
团	198	屿	299	孙	426	阶	482
负	201	厌	303	纥	427	亚	484
买	201	帆	315	纪	428		
邬	205	驰	315	纤	428	【七　画】	
那	207	驯	315	纤	429	妖	4
凤	219	驮	317	级	429	闱	4
齐	220	尘	318	约	429	玙	6
伟	252	犷	321	纨	430	灵	11
伦	254	夹	334	红	431	芬	14
并(併)	255	乔	336	纰	433	苏	15
似	256	执	337	纫	434	苋	16
倪	256	并(並)	341	纣	435	芦	16
优	257	庆	343	犷	435	苌	17
传	257	冲(沖)	360	伞	437	芴	22
伥	258	决	365	虫	447	苍	26
伪	258	污	368	扫	452	芜	26
伤	259	汤	369	圹	454	折	29
伛	260	冰	377	压	454	苇	30
吊	260	阴(霒)	380	场	455	呙	44
价	261	闭	391	尧	456	呃	44
伦	261	关	391	动	460	严	45
众	263	闯	392	协	460	进	52
杂	268	扪	396	尖	464	运	53
邪	269	扬	399	灯	464	还	53
观	277	妇	407	军	476	迟	53
欢	279	妆	412	轨	476	违	54

今体字笔画检字表

连	54	弃	123	邮	203	岚	299
远	56	歼	127	邺	205	庐	300
应(應)	70	别	128	邹	207	庞	301
诐	71	体	129	村	209	库	301
识	72	肠	130	时	211	矶	306
诏	72	钊	137	旷	211	咒	311
诂	72	到	137	旸	212	驳	313
诙	73	饪	162	谷	225	驱	315
护	73	饭	162	汽	228	驲	316
诒	75	饫	163	灶	236	驶	316
诅	75	余	163	穷	237	驴	316
诈	78	佥	164	疗	242	丽	318
诃	78	来	170	两	243	状	321
诉	78	麦	170	罕	244	犹	322
证	79	忧(憂)	171	帏	247	炀	327
诎	79	韧	173	帐	247	灾	328
诃	79	杉	177	系(係)	259	灿	330
诋	79	杨	179	里	265	报	337
诊	79	条	181	补	268	应	342
译	80	极	183	求	270	怀	344
志	80	床	185	寿	270	忾	344
奂	82	花	196	层	272	闷	349
坚	94	园	199	欤	279	怅	349
启	97	围	199	饮	281	忾	349
彻	97	员	199	县	288	怆	349
陈(陣)	98	财	200	词	291	忧	350
鸡	111	贡	200	却	292	沅	356
鸠	117	邻	202	岛	297	闵	358

625

七画 — 八画

况	360	妪	407	亩	457	单	45
泛(汎)	360	妩	409	劲	459	丧	46
泛(氾)	361	驱	424	劳	460	征(徵)	52
沣	361	张	424	饬	460	迳	55
沦	361	纯	427	钉	463	径	57
沟	364	纬	428	针	465	齿	59
沃	365	纳	428	轩	473	诜	70
沉	367	纺	428	轫	475	诗	71
沤	367	纵	428	轭	475	详	71
沥	369	纾	428	陆	479	诚	72
沈	370	纮	432	坑	480	试	73
沧	370	纨	432	陉	480	诠	73
冻	377	纽	432	陇	481	话	73
卤	388	纶	432	陈(陳)	481	诩	73
闸	389	纲	433	际	482	诇	73
闵	390	纷	435	乱	486	咏	74
间	391	纼	435	忤	491	诤	74
闲	391	纸	435	医	494	诣	74
闶	392	系(繋)	436			诞	77
听	393	纻	436	【八画】		诖	77
声	393	纰	437	环	7	诘	79
抠	394	飑	448	玱	9	诡	79
抡	397	龟	448	参(蔘)	17	诔	79
抚	398	块	451	茑	20	诟	79
拟	400	坐	452	茏	22	该	79
扨	401	坏	454	茎	24	诛	79
抟	402	坟	455	炬	29	询	80
妫	406	坠	456	咙	38	闹	90

肱	90	籴	165	郭	204	侦	261
肃	92	瓮	166	郓	204	顷	262
画	93	享	168	郏	205	征(徵)	264
隶	93	奈	175	邻	207	制	269
殴	94	枫	179	眖	212	视	277
变	98	枞	180	县	214	欧	280
败	98	构	183	参(參)	217	顶	283
奋	113	枢	184	明	218	岳	297
鸢	120	枪	185	贯	219	峄	297
鸣	121	杯	186	虏	219	岩	298
殁	126	枨	187	函	220	岭	299
肤	129	枥	191	枣	221	昆	299
肾	129	枭	191	秆	225	厕	301
胁	130	郁	192	实	233	庞	301
肩	130	卖	195	宝	233	废(廢)	302
肢	131	图	198	宠	234	庙	302
肿	132	国	198	废(癈)	239	矿	304
胀	134	货	200	疠	239	砀	304
肯	134	贤	200	罗	244	驹	312
刽	135	贮	201	饰	247	驺	313
剑	136	质	201	帜	248	驾	314
列	136	责	201	杰	251	骃	314
剂	137	贩	201	备	254	驸	314
范(範)	143	贪	201	侪	254	驻	315
帘	143	贬	201	侧	255	驿	316
饴	162	贫	201	侠	255	驵	316
饱	163	购	201	侥	260	骆	316
钱	163	郑	203	侩	261	驿	316

驷	316	抽	400	录	463	屎	29
驶	316	瓯	423	炉	465	春	31
法	317	绎	427	炀	469	荪	32
狖	321	经	427	钓	469	荜	36
炜	328	织	427	钏	470	牵	36
幸	336	绐	428	钗	470	哈	38
规	339	绍	428	轭	475	哑	40
态	346	细	429	范(範)	476	哕	41
忩	347	绡	429	转	476	哓	43
怜	351	终	430	轮	477	咢	45
怿	352	练	430	斩	477	赵	48
泾	354	绀	431	轰	477	适	52
泺	357	绅	432	狒	485	逊	53
净(凈)	357	组	432			选	53
泽	363	线	433	【九 画】		复(復)	57
浅	363	绊	435	祢	4	退	58
泞	364	继	435	珑	7	咬	60
泷	367	绉	436	珠	10	钩	69
净(瀞)	369	绋	437	荤	16	语	70
泸	372	虮	439	荩	17	诵	71
鱼	380	虱	446	荨	18	海	71
茕	385	黾	449	荠	21	诚	72
闸	390	垆	451	荚	25	诰	72
舍	396	茔	455	荫	25	说	73
拍	396	垄	455	荟	26	诳	75
择	397	艰	456	荊(蕳)	27	诬	75
拥	399	畅	458	药	27	误	76
拨	400	势	460	荛	29	哗	77

误	77	养	162	郦	209	钦	279
响	80	饷	162	巷	210	项	284
饵	88	饶	163	昵	213	顺	285
哄	90	矧	167	昽	214	显	286
叟	91	畐	169	星	217	须	288
昼	93	面	170	胧	217	剃（鬀）	291
竖	94	柽	179	种（稙）	222	诱	296
将	96	栎	179	种（種）	222	峦	298
叙	99	荣	180	窃	228	峥	298
眈	103	树	180	院	232	峣	299
羿（羿）	110	标	181	疯	239	峤	299
鸨	119	栋	183	骂	245	砚	306
鸥	119	栌	183	带	246	耐	307
鸽	119	栉	185	俨	253	骆	312
鸠	121	栈	187	俭	257	骃	312
殇	126	栊	191	俪	257	骁	313
残	127	贡	200	俦	258	骄	313
胚	129	贺	200	侥	261	骈	314
胪	129	贷	200	临	264	笃	314
胆	130	贰	201	衿	265	骇	315
胫	131	贸	201	袂	265	骁	316
罚	137	费	201	复（複）	267	騳	316
剑	138	贱	201	袄	270	荐	317
尝	153	贵	202	毡	271	狯	319
恺	154	贬	202	览	277	奖	320
荡（盪）	158	贴	202	觇	277	独	321
恤	159	贻	202	觉	278	类	322
饼	162	郧	206	亲	278	狱	323

629

九画

烂	327	浇	370	娇	416	垩	452
炼(煉)	327	洒	371	战	418	垫	453
炽	329	洁	373	弯	424	垒	454
烁	329	浃	373	羿(弩)	425	垲	454
点	331	洰	374	茧	427	垦	456
荧	333	浍(巜)	374	统	428	厘	457
绞	336	脉	376	绝	428	界	457
恺	342	咸	388	总	429	勋	459
宪	342	闺	390	绕	429	胜	460
恽	342	间	390	结	429	炼(鍊)	463
恪	344	闾	390	给	430	钘	463
恢	345	阁	391	绚	430	钟(鍾)	463
怼	348	阂	391	绘	430	钮	465
恻	349	囡	392	绛	431	铃	465
恸	352	阀	392	继	432	钧	467
浐	354	闻	393	绔	433	钯	467
浍(澮)	355	拜	395	络	435	钟(鐘)	467
荡(蕩)	355	挤	395	经	436	钫	467
浈	356	挟	396	虽	439	铁	469
浊	357	挠	398	蚕	440	钞	469
济	358	举	399	蚁	440	钜	470
浏	360	拯	399	蚀	443	钝	470
测	361	挥	401	虾	444	斫	472
浑	362	挞	402	闽	445	钎	472
浔	362	娴	411	蚤	446	轺	474
浒	364	娄	414	虹	446	轻	474
荣	364	娆	415	飒	448	轸	475
浓	367	恼	415	飑	448	轴	475

轵	475	舐	67	眠	105	射	166
轹	476	谈	70	翅	109	爱（愛）	171
轶	476	谅	70	离	111	袜	173
轲	477	请	70	鸮	117	样	177
险	479	诺	70	难	118	栾	179
狭	480	诸	71	鸳	118	桧	180
峡	480	读	71	鸯	118	桡	182
陨	480	谆	71	鸲	119	桢	182
娈	489	阃	71	莺	120	桥	189
【十　画】		诹	71	鸱	120	桊	190
		谂	72	鸪	121	桩	192
祯	1	课	72	鸭	121	圆	198
秘	1	调	73	臭	127	赅	200
斋	1	诿	73	胼	128	资	200
莹	9	谊	73	唇	129	赆	200
珽	11	谀	74	脐	130	赂	200
珰	11	谄	74	疹	131	宾	201
莳	12	诽	75	胲	134	贾	201
莠	16	悖	75	脆	134	赁	201
莸	19	谇	79	胶	134	赀	201
莶	21	竞	80	笋	142	郸	205
莲	22	釜	88	艳	155	晋	211
莼	28	铼	88	脓	159	晔	212
莱	30	阄	90	盍	159	晖	212
牺	37	阅	90	饿	164	晒	213
唠	42	笔	93	袜	164	晓	214
逦	53	紧	94	瓶	166	晕	214
龀	59	敌	98	瑶	166	栗	220

十画

获(穫)	224	预	287	涢	356	捣	400
积	224	峰	298	涡	356	挛	401
称	225	砾	304	涞	358	娲	408
宽	234	砻	306	涟	361	贼	418
躬	235	砺	306	涠	362	钺(戉)	419
窍	236	础	306	涩	363	畚	422
鸢	236	狸	310	涧	365	悄	427
痉	241	骊	312	润	368	继	428
罢	245	骏	313	准	368	绨	430
帱	247	验	313	浆	370	绣	430
倾	255	骎	314	凉	370	绢	431
债	261	骋	315	涤	370	绠	435
脑	262	捡	320	浣	371	绤	436
监	264	获(獲)	322	涛	373	绤	436
袖	266	毙	322	流	374	绥	437
袅	269	烧	325	涉	374	致	437
耄	270	烛	327	原	376	蚓	438
屑	272	烬	327	凌	377	蚬	441
航	275	烟	328	盐	389	蚣	442
觊	278	烨	329	阆	390	蚕	446
颂	283	热	329	阅	391	蚊	446
颁	284	党(黨)	331	耸	393	蚍	447
顽	284	壶	337	聂	394	晁	449
颃	285	虑	341	捡	395	埙	452
顾	285	爱(恧)	344	挚	395	玺	453
顿	285	恶	348	拿	396	埘	453
项	285	耻	351	党(攩)	397	涂	456
烦	286	恳	352	损	400	铅	462

铁	462	琐	9	诫	73	笤	145
铄	463	琲	10	谐	73	笼	145
铉	464	菱	21	谚	74	觋	150
铲	465	菼	21	谖	74	馆	163
铢	465	菖	22	谝	76	萏	166
铍	465	萝	22	谑	77	矫	166
钱	465	萧	22	逸	78	庼	167
铍	466	菶	26	谍	79	啬	169
钳	466	盖	28	谙	79	麸	170
钻	466	犁	37	谀	80	梨	175
铍	466	啸	41	谜	80	粝	186
铃	467	喷	43	龚	83	盘	186
铮	467	随	52	晨(晨)	84	琏	187
铎	467	递	53	崞	84	检	189
铊	468	逻	56	鞁	96	梼	190
钺(鉞)	469	龁	60	敛	98	桀	195
铀	470	啮	61	羟	115	壸	198
轼	474	跄	62	鸾	116	赈	200
辂	474	跃	62	鹀	117	赉	200
辀	475	谓	70	鸽	117	赊	201
载	476	谒	70	鸿	118	商	201
轾	477	谕	71	鸹	119	赋	201
挽	477	谋	71	鸡	120	晨(晨)	217
盏	493	谌	72	鸷	120	梦(夢)	218
		谍	72	敢	125	康	224
【十一画】		谛	72	脚	131	鼓	231
祷	4	谞	72	蛆	134	寂	233
祸	4	谏	72	笾	143	营	235

十一画

窑	236	骐	312	渔	384	琳	430
梦(夣)	238	骓	312	龛	385	绮	430
帻	246	骑	314	圊	389	绫	430
帼	248	骈	314	阎	390	绿	431
皑	249	骏	314	阍	390	绾	431
偿	256	惊	315	阈	390	缁	431
偾	259	騧	316	阐	390	绲	432
偻	260	粗	318	阕	391	绶	432
望	264	猎	322	阉	391	累(纍)	434
躯	264	票	328	阊	391	绳	434
袭	265	焘	329	聃	392	萦	434
胪	274	烽	329	职	393	维	434
啜	282	悫	342	聋	393	绩	436
盗	282	惬	342	掬	395	绸	437
颅	283	惧	344	据	395	绯	437
颈	284	惨(憯)	349	掸	396	绻	437
领	284	惨(慘)	349	婳	410	绰	438
硕	284	惮	351	婴	412	蚺	438
颇	286	惭	351	淫	415	痒	443
悴	286	渐	355	婵	416	蛛	445
厢	302	渗	362	匮	422	蚱	445
硗	305	渊	362	弹	425	蛊	447
砲	306	渎	364	绵	426	蛇	448
猪	308	凑	366	绪	427	埠	454
毫	309	渍	367	综	428	堑	454
豚	309	淀	369	续	428	银	462
貀	310	减	372	绺	428	铜	462
猫	311	雪	378	绷	429	铣	463

铗	463			谣	73	腊	132
铡	464	【十二画】		谥	73	腱	135
铫	464	御	4	谦	73	觞	140
铲	464	琼	6	谢	74	筜	147
铩	465	婿	12	谤	75	喜	153
铪	465	答	15	奢	78	飧	162
铨	466	萱	16	谥(謚)	79	馈	163
铨	466	萎	20	谥(謐)	80	飨	163
铢	466	董	21	说	80	韩	173
铙	467	蒋	23	煮	89	棕	177
铮	467	蒂	25	敦	100	筑	183
铫	468	萁	29	睐	106	楔	185
铠	468	葱	30	睑	107	椭	187
衔	469	蒇	32	鲁	108	棋	188
铛	469	释	35	智	108	筏	189
铭	469	犊	36	翘	109	椴	192
铭	470	訾	38	翚	110	赀	200
断	472	喷	43	翔	110	剩	200
辄	474	啼	44	集	116	赏	200
辅	477	趋	46	鹄	118	赐	200
堆	478	遁	54	鹅	119	赎	201
堕	480	遗	55	雁	119	赋	201
隐	481	遍	58	鹈	119	赌	202
累(纍)	483	斯	59	鹇	120	暂	213
逮	484	龀	60	鸽	120	朝	215
缀	484	践	63	粪	123	晴	219
兽	485	疏	65	殚	127	粟	220
酝	492	谟	71	脔	131	朕	221

十二画

散	230	厥	302	阕	392	强(強)	440
窗	236	厦	302	阔	392	蛱	441
窜	237	鹗	312	阒	392	蛰	444
痫	239	骙	314	联	392	蛮	445
痨	242	骛	315	摄	395	鼋	449
裙	246	骚	316	搂	398	蛙	449
傩	253	絷	316	搅	401	蛛	449
储	254	骒	316	搀	404	蛴	455
傧	254	颏	326	婺	409	畴	457
袭	268	焯	326	愧	415	链	462
装	269	焦	328	戟	418	铸	463
臺	270	辉	328	强(疆)	424	销	463
屡	272	焰	330	缅	427	锉	464
属	273	替	341	赓	428	锅	464
靓	278	愤	349	缔	429	凿	465
觌	278	惩	351	缇	431	锄	466
渴	280	颍	356	缕	433	锐	466
羡	282	湿(濕)	357	缑	434	铹	466
颊	283	溃	363	缒	434	锋	468
颐	285	溃	364	缄	434	铜	468
颌	285	溇	367	编	434	银	469
颏	285	滞	368	缉	436	铺	469
颉	285	湿(溼)	368	缌	436	锁	470
颔	286	溴	373	缊	437	辐	473
颏	286	溪	376	缃	437	辌	474
嵘	299	鲂	381	缓	438	辊	475
厨	301	阐	390	蛴	439	辈	476
厩	301	阑	391	蛴	440	辍	476

锐	477	鹈	112	窦	236	滥（濫）	361
辇	477	鹉	117	窥	236	满	363
堤	480	鹊	120	瘅	241	滩	365
隘	483	雎	120	愈	242	源	376
尊	495	鹋	121	痴	242	雷	378
		媵	132	蒙	243	雾	379
【十三画】		腻	133	锦	249	鲅	381
蓝	16	触	140	媵	257	鲋	381
蒿	16	简	143	媇	259	鲍	382
蓟	17	签	146	裸	268	鲇	382
踅	51	筹	147	颊	276	鲐	383
龄	61	虞	156	觎	278	鲌	383
跻	62	碗（盌）	157	颙	284	鲍	383
谨	72	馐	162	颔	285	鲅	384
誉	74	禀	169	碛	305	阘	390
誊	74	楼	184	碍	305	阙	390
谩	75	概	186	骝	312	阖	390
谬	77	椋	191	骛	313	阗	390
谪	78	赖	201	蓦	314	辟	390
韵	81	赗	202	骞	315	阗	391
靴	87	叠	217	腾	316	颐	394
肄	92	盟	218	骚	316	携	396
数	97	稚	222	麂	318	摊	405
睫	102	颖	223	献	322	嫔	412
嗅	108	粳	223	暖	329	嫫	415
雏	111	稣	225	赪	334	滥（灆）	415
雍	112	粮	228	尴	336	碗（鋺）	423
鹆	112	寝	234	慑	350	缠	429

缚	429	镏	467	噍	78	夥	219
缣	430	锤	467	谰	79	稳	226
缟	430	锪	468	谱	80	粽	229
缙	431	锌	468	鹜	116	端	231
缛	432	辐	474	鹊	117	嫠	234
缝	433	辎	474	鸥	118	瘘	239
缡	434	辑	474	鹉	119	褛	265
缤	436	輮	475	鸷	119	兢	275
缢	437	毂	475	鹃	120	貌	276
蜷	438	辒	475	睿	126	靓	277
蜗	443	输	476	殡	126	愿	284
猿	444	罪	487	锷	135	颗	284
蛾	446	辞	488	箐	143	魅	292
蜂	446	酰	493	箪	144	寥	302
蜉	447	酬	493	箫	147	豪	309
飔	448	酱	494	僅	164	骢	312
飕	448			罂	165	骠	313
剿	460	**【十四画】**		墙	170	骡	316
锡	462	璊	9	辖(辇)	172	罴	324
锢	463	蔺	18	韬	172	慷	342
鉴	463	蔷	31	榛	175	潍	357
键	464	嘤	44	槚	177	漩	362
銎	464	鲜(尠)	51	槁	182	潇	372
锭	464	舣	59	槛	191	潴	373
错	465	龈	60	赘	201	霁	378
锜	465	蔼	72	赚	202	鲋	380
锯	466	谲	77	赛	202	鲔	381
锥	466	潜	78	赙	202	鲖	381

鲞	382	瘥	455	劈	108	履	287
鲜(鮮)	383	锴	462	鹤	118	稽	287
鲥	383	镂	462	鹏	119	髯	288
鲛	383	熔	463	鹞	120	膝	292
鲞	383	锻	463	鹜	121	魇	296
鲒	384	锤	463	瘠	131	霉	331
鲚	384	锚	465	觯	140	暴(暴)	338
鲜(鱻)	384	锲	466	篓	144	憨	343
碱	389	锾	466	僻	162	澜	361
阙	392	锽	467	糌	162	澄	362
撅	400	镁	468	糇	162	潜	366
嫱	416	銮	468	馔	162	凛	377
截	418	舆	474	糊	163	鲦	381
戬	418	辕	475	艘	189	鲤	381
缫	427	辖(轄)	476	樱	192	鲢	381
缩	429	酿	492	暴(暴)	213	鲫	381
缥	431	酷	492	稿	225	鲩	382
蔡	431			畜	231	鲍	382
缨	432	【十五画】		褴	266	鲨	383
褓	433	蕲	18	褒	267	鲠	383
缪	436	蕴	26	屦	273	聪	393
蝶	441	龉	61	觐	278	聩	393
蝉	442	踬	64	颜	283	嬉	407
蝈	444	谴	78	题	283	缭	429
蜜	446	鞋	86	额	283	缯	430
蜚	447	鞍	87	颠	284	缮	434
蝇	449	敷	97	颙	285	蝼	440
蜘	449	瞒	103	憔	286	蝶	441

十五画—十七画

蝻	445	糕	164	缱	437	鹡	118
飘	448	廪	169	魉	444	鹢	119
甊	461	橹	188	飙	448	壑	126
镕	463	赞	200	镜	463	膺	130
镐	464	赠	200	镨	464	臆	130
镌	465	穄	222	镟	465	赢	201
镇	466	薤	231	錾	465	赡	202
镈(鎛)	467	瘿	239	镘	466	臃	240
镈(鎛)	467	颠	283	镛	467	羁	245
镆	467	颡	283	镗	467	徽	247
镏	470	髭	288	镖	468	臀	272
		磨	306	镠	468	魏	296
【十六画】		獗	308	镝	468	骤	315
薛	18	獭	323	镞	469	黛	331
薏	18	濑	363	辚	478	懑	349
薮	27	濒	374	辙	478	鳊	381
蜺	60	凝	377	燧	483	鳋	382
螙	60	鲵	382	辩	488	鳅	382
醋	60	鲰	382			鲽	384
蹄	62	鲸	383	**【十七画】**		翼	385
噪	66	鲷	384	璨	7	繇	426
霍	116	鲯	384	邈	56	辫	429
鹭	117	阖	392	龋	61	缥	431
鹅	117	懒	414	蹑	62	缦	432
鹇	121	缳	429	瞬	106	繁	434
鹦	121	缲	431	膻	115	蟀	441
篮	144	缰	435	鸶	117	螳	441
馕	162	缴	435	鹩	118	螽	442

鳄	444	簪	275	骥	313	鼍	449
魍	444	颙	285	霭	379	镳	469
螽	446	鬈	317	鳗	381		
蟠	446	麋	330	鳋	382	【二十一画】	
孟	447	鳎	380	鳙	383	髓	128
镣	462	鳏	381	缵	428	赣	200
镫	464	鳒	381	鳌	449	麝	318
镡	467	鳐	384	疆	458	灏	370
镱	468	鳌	449	孽	489	颦	374
隳	480	镬	464			鳝	381
		镰	466	【二十画】		鳠	381
【十八画】		镯	467	瓒	7	鳢	382
藕	22			糯	223		
嚣	67	【十九画】		鬓	289	【二十二画】	
雠	70	藿	15	獾	310	蘸	227
鞯	87	藻	30	骦	314	镶	466
蘅	88	谶	71	耀	328		
鹰	112	羹	88	黪	331	【二十三画】	
鹭	118	髋	128	默	331	瘾	131
鹮	119	髌	128	鳟	380	麟	317
鹯	120	籁	147	鳜	382		
饕	163	髀	240	鳝	382	【二十五画】	
邋	202	颠	286	鳞	383	戆	346

音序检字表

A

唉	āi	41	愛（爱）	ài	171	揞	àn	212
哀	āi	44	瘝	ài	241	暗	àn	212
欸	āi	280	僾	ài	254	案	àn	224
挨	āi	403	礙（碍）	ài	305	岸	àn	300
埃	āi	455	恶（爱）	ài	344	犴	àn	310
皑	ái	60	懓	ài	346	駻	àn	313
敳	ái	97	閡	ài	391	黯	àn	330
殨	ái	127	壒	ài	456	洝	àn	369
皑（皚）	ái	249	隘（隘）	ài	483	闇	àn	391
噫	ǎi	39	諳（谙）	ān	79	按	àn	396
蔼（蔼）	ǎi	72	韽	ān	80	茚	áng	21
矮	ǎi	167	鞌（鞍）	ān	87	䀚	áng	85
霭（霭）	ǎi	380	雛（鹌）	ān	112	昂	áng	214
毐	ǎi	416	盦	ān	158	盎	àng	157
絠	ǎi	435	安	ān	233	枊	àng	189
艾	ài	20	侒	ān	255	聊	àng	314
薆	ài	28	罯	ǎn	245	醠	àng	493
譺	ài	75	頷	ǎn	285	圠	āo	456
簦	ài	147	濁	ǎn	359	鏊	āo	464
餲	ài	163	媕	ǎn	413	嗷	áo	43
			荌	àn	19	警	áo	74
			案	àn	186	翱	áo	110

· 642 ·

敖	áo	125	捌	bā	405	粺	bài	223
嗷	áo	194	鈀(钯)	bā	467	稗	bài	227
熬	áo	298	巴	bā	487	猈	bài	320
獒	áo	321	茇	bá	25	捧(拜)	bài	395
熬	áo	327	妭	bá	50	班	bān	12
遨	áo	356	跋	bá	64	瓬	bān	82
聱	áo	394	魃	bá	295	攽	bān	97
鼇(鳌)	áo	449	废	bá	301	萆	bān	123
芺	ǎo	19	犮	bá	321	瘢	bān	241
鴉	ǎo	118	炦	bá	326	頒(颁)	bān	284
襖(袄)	ǎo	270	拔	bá	400	辬	bān	289
抝	ǎo	405	妭	bá	408	蟹	bān	441
媼	ǎo	407	坺	bá	451	昄	bǎn	213
奥	ào	232	軷	bá	476	版	bǎn	221
傲	ào	253	把	bǎ	396	瓪	bǎn	424
驁	ào	284	钯	bǎ	487	阪	bǎn	479
驁(骜)	ào	313	靶	bà	86	半	bàn	35
燠	ào	329	霸	bà	217	辦	bàn	136
翱	ào	339	罷(罢)	bà	245	瓣	bàn	232
嫯	ào	415	鮍	bà	340	伴	bàn	253
墺	ào	450	鮁	bà	383	扮	bàn	339
隩	ào	481	白	bái	249	姅	bàn	415
			百	bǎi	108	絆(绊)	bàn	435
	B		柏	bǎi	180	辦(办)	bàn	461
			佰	bǎi	256	料	bàn	473
八	bā	34	捭	bǎi	403	邦	bāng	202
朳	bā	188	退	bài	54	榜	bǎng	188
豝	bā	308	敗(败)	bài	98	玤	bàng	9
馻	bā	312						

B

搒	bàng	57	瀑	bào	366	被	bèi	268
謗（谤）	bàng	75	鮑（鲍）	bào	383	憊	bèi	351
棓	bàng	188	鼙	bēi	23	鞁	bèi	383
傍	bàng	256	卑	bēi	92	狱	bèi	434
蜯	bàng	291	椑	bēi	128	軰（辈）	bèi	476
蚌	bàng	443	桮（杯）	bēi	186	奔	bēn	336
苞	bāo	20	顠	bēi	288	本	běn	180
郶	bāo	207	碑	bēi	305	畚（畚）	běn	422
襃（褒）	bāo	267	悲	bēi	349	笨	bèn	142
勹	bāo	293	錍	bēi	465	繫	bēng	3
包	bāo	294	鑼	bēi	466	嵭	bēng	42
胞	bāo	294	陂	bēi	479	崩	bēng	299
雹	báo	378	琲	bèi	11	繃（绷）	bēng	429
葆	bǎo	31	菩	bèi	18	絣	bēng	437
鴇（鸨）	bǎo	119	柿	bèi	36	琫	běng	8
飽（饱）	bǎo	163	犕	bèi	37	菶	běng	24
宲	bǎo	233	趩	bèi	63	啀	běng	41
寶（宝）	bǎo	233	誖（悖）	bèi	75	絣	běng	436
保	bǎo	251	鞁	bèi	86	迸	bèng	56
俘	bǎo	262	葡	bèi	101	埄	bèng	455
緥（褓）	bǎo	433	背	bèi	130	逼	bī	56
覤	bào	156	孛	bèi	195	皀	bī	161
裒	bào	266	貝（贝）	bèi	199	楅	bī	191
勽	bào	294	邶	bèi	204	陞	bī	385
豹	bào	310	精	bèi	228	蜌	bī	440
爆	bào	327	備（备）	bèi	254	鼻	bí	108
報（报）	bào	337	倍	bèi	258	鵖	bí	119
暴（暴）	bào	338	北	bèi	263	祧	bǐ	3

· 644 ·

彼	bǐ	57	詖(诐)	bì	71	敝	bì	250
筆(笔)	bǐ	93	鞁	bì	86	㣟	bì	252
敉	bǐ	99	敝	bì	99	焷	bì	262
髀	bǐ	128	狉	bì	103	祕	bì	268
箄	bǐ	144	茀	bì	109	襏	bì	268
啚	bǐ	169	畢(毕)	bì	123	髲	bì	290
柀	bǐ	177	臂	bì	130	㔾	bì	292
鄙	bǐ	203	贔	bì	141	卾	bì	292
秕	bǐ	225	箅	bì	144	辟	bì	293
粊	bǐ	226	篳(筚)	bì	147	躃	bì	293
疕	bǐ	239	箙	bì	148	廦	bì	301
仳	bǐ	247	畀	bì	149	庫	bì	301
俾	bǐ	257	飶	bì	163	庇	bì	301
匕	bǐ	262	韠	bì	172	馝	bì	314
比	bǐ	262	樺	bì	178	獘(獙)	bì	322
妣	bǐ	407	樽	bì	183	煏	bì	325
紕(纰)	bǐ	437	柲	bì	188	熚	bì	327
祕(秘)	bì	2	桲	bì	189	痺	bì	335
璧	bì	7	貢(贡)	bì	200	㲎	bì	339
珌	bì	8	贁	bì	200	愊	bì	342
碧	bì	10	邲	bì	205	泌	bì	360
薛	bì	20	鼈	bì	207	潷	bì	377
蔽	bì	26	腷	bì	221	魮	bì	384
苾	bì	27	柴	bì	227	閟	bì	391
必	bì	35	痹	bì	240	閉(闭)	bì	391
趩	bì	49	瘴	bì	240	婢	bì	408
壁	bì	49	幣(币)	bì	246	嬖	bì	412
避	bì	54	敝	bì	250	彈	bì	425

B

弼	bì	425	辡	biǎn	345	淲	biāo	360
繴	bì	430	抃	biàn	488	瀌	biāo	367
鷩	bì	435	釆	biàn	35	飆(飙)	biāo	448
壀	bì	451	徧(遍)	biàn	58	鏢(镖)	biāo	468
壁	bì	451	變(变)	biàn	98	鑣(镳)	biāo	469
坒	bì	452	昪	biàn	213	表	biǎo	265
陛	bì	482	覍(弁)	biàn	276	俵	biào	125
醔	bì	495	汳	biàn	356	鷩	biē	120
萹	biān	17	閞	biàn	390	虌	biē	434
趋	biān	47	抃	biàn	400	鼈(鳖)	biē	449
邊(边)	biān	56	揙	biàn	403	穴	bié	34
鞭	biān	87	辨(辩)	biàn	429	蹩	bié	63
籩(笾)	biān	145	緶	biàn	436	刐(别)	bié	128
篇	biān	145	辯(辩)	biàn	488	胉	bié	132
牑	biān	221	蔈	biāo	21	廪	bīn	155
砭	biān	306	藨	biāo	24	賓(宾)	bīn	201
猵	biān	323	彪	biāo	156	邠	bīn	203
鯾(鳊)	biān	381	標(标)	biāo	181	份	bīn	252
甂	biān	423	杓	biāo	186	豩	bīn	308
編(编)	biān	434	旚	biāo	216	汃	bīn	353
蝙	biān	444	穮	biāo	224	殯(殡)	bìn	126
扁	biǎn	66	熛	biāo	247	髕(髌)	bìn	128
貶	biǎn	102	儦	biāo	253	儐(傧)	bìn	254
匾	biǎn	197	髟	biāo	289	覛	bìn	278
貶(贬)	biǎn	201	驫(骉)	biāo	316	鬢(鬓)	bìn	289
窆	biǎn	237	猋	biāo	323	兵	bīng	83
褊	biǎn	267	熛	biāo	326	栟	bīng	177
砭	biǎn	306	勡(票)	biāo	328	仌(冰)	bīng	377

646

冰	bīng	377	撥（拨）	bō	400	駁	bó	316
掤	bīng	404	播	bō	402	狍	bó	321
鞞	bǐng	86	緂	bō	433	狛	bó	322
秉	bǐng	91	薄	bó	27	怕	bó	345
餅（饼）	bǐng	162	嚩	bó	39	搏	bó	395
稟（禀）	bǐng	169	趠	bó	49	暴	bó	433
柄	bǐng	188	迫	bó	52	勃	bó	460
邴	bǐng	207	鯆	bó	61	鎛（镈）	bó	467
屏	bǐng	272	跋	bó	63	鏄（镈）	bó	467
炳	bǐng	328	踣	bó	64	跛	bǒ	64
怲	bǐng	350	博	bó	70	簸	bǒ	148
鮩	bǐng	384	鞞	bó	86	廍	bǒ	336
丙	bǐng	486	鷺	bó	89	譒	bò	74
病	bìng	238	胈	bó	119	檗	bò	178
病	bìng	238	髆	bó	128	蘗	bò	227
併（并）	bìng	255	箔	bó	135	擘	bò	401
偋	bìng	257	簿	bó	147	逋	bū	55
并	bìng	262	亳	bó	167	誧	bū	73
屛	bìng	301	郭	bó	208	餔	bū	162
並（并）	bìng	341	礴	bó	226	轐	bú	475
夾	bō	50	尦	bó	231	哺	bǔ	39
剝	bō	136	帛	bó	249	卜	bǔ	100
盋	bō	158	伯	bó	252	驄	bǔ	118
帗	bō	246	僰	bó	260	補（补）	bǔ	268
袯	bō	269	襮	bó	265	探	bǔ	403
磻	bō	306	艴	bó	293	捕	bǔ	403
波	bō	361	穀	bó	308	荹	bù	29
鲅（鲅）	bō	384	駁（驳）	bó	313	步	bù	50

647

踄	bù	63	驂（骖）	cān	314	曹	cáo	30
䘯	bù	133	奴	cán	125	曹	cáo	151
篰	bù	143	殘（残）	cán	127	槽	cáo	188
錇	bù	166	殱	cán	127	棘	cáo	192
部	bù	204	慙（惭）	cán	351	褿	cáo	269
布	bù	248	摲	cán	398	漕	cáo	372
怖	bù	351	戔（戋）	cán	419	蠚（蟧）	cáo	446
拊	bù	396	蠶（蚕）	cán	446	艸	cǎo	14
瓿	bù	423	噆	cǎn	43	慅	cǎo	349
附	bù	480	昝	cǎn	150	䓎	cè	20
			黲（黪）	cǎn	331	蔾	cè	20
	C		憯（惨）	cǎn	349	萩	cè	29
赻	cāi	47	慘（惨）	cǎn	349	册	cè	66
偲	cāi	253	嬠	cǎn	414	敇	cè	100
猜	cāi	321	璨	càn	12	策	cè	146
豺	cái	170	謲	càn	75	晋	cè	150
材	cái	182	粲	càn	227	畟	cè	171
才	cái	193	燦（灿）	càn	330	側（侧）	cè	255
財（财）	cái	200	孱	càn	412	廁（厕）	cè	301
裁	cái	265	蒼（苍）	cāng	26	惻（恻）	cè	349
采	cǎi	190	鶬（鸧）	cāng	119	測（测）	cè	361
寀	cǎi	235	倉（仓）	cāng	165	簎	cè	403
彩	cǎi	289	滄（沧）	cāng	370	埑	cè	454
悇	cǎi	346	艙	cāng	377	岑	cén	165
蔡	cài	26	匡	cāng	421	梣	cén	176
菜	cài	26	藏	cáng	32	岑	cén	298
餐	cān	162	褿	cāo	269	涔	cén	367
傪	cān	253	操	cāo	395	鱏	cén	382

層（层）	céng	272	蠆（虿）	chài	440	孱	chán	489
驓	céng	340	延	chān	58	斺	chǎn	13
蹭	cèng	65	梴	chān	182	崭（巀）	chǎn	32
叉	chā	90	痑	chān	241	辴	chǎn	36
差	chā	149	襜	chān	266	調（谄）	chǎn	74
杈	chā	181	覘（觇）	chān	277	產（产）	chǎn	195
舌	chā	229	攙（搀）	chān	404	幝	chǎn	247
插	chā	397	姑	chān	410	獑	chǎn	320
婼	chā	414	婆	chān	410	燀（𤇆）	chǎn	326
鍤	chā	422	鉆	chān	466	滻（浐）	chǎn	354
鎈（锸）	chā	465	嚵	chán	39	闡（阐）	chǎn	390
詧	chá	72	躔	chán	63	繟	chǎn	428
槎	chá	190	儳（傇）	chán	78	繵	chǎn	432
秅	chá	226	劖	chán	137	虿	chǎn	442
察	chá	233	鄽	chán	207	鏟（铲）	chǎn	464
庈	chá	301	儃	chán	255	醆	chǎn	494
刹	chà	138	儳	chán	259	羼	chàn	115
妊	chà	406	廛	chán	301	顫（颤）	chàn	286
差	chāi	149	磛	chán	305	硟	chàn	305
釵（钗）	chāi	470	毚	chán	318	昌	chāng	213
柴	chái	3	天	chán	326	倀（伥）	chāng	258
虘	chái	59	澶	chán	357	倡	chāng	258
柴	chái	182	潺	chán	372	閶（阊）	chāng	389
儕（侪）	chái	254	嬋（婵）	chán	416	苌（苌）	cháng	17
豺	chái	310	纏（缠）	chán	429	腸（肠）	cháng	130
辈	chái	477	蟬（蝉）	chán	442	嘗（尝）	cháng	153
茝	chǎi	16	鑱（镵）	chán	466	常	cháng	246
瘥	chài	242	鋋	chán	468	償（偿）	cháng	256

音序检字表

· 649 ·

C

長（长）	cháng	306	車（车）	chē	473	邮	chén	207
鱨（鲿）	cháng	382	扯	chě	49	農（晨）	chén	217
場（场）	cháng	455	屮	chè	14	宸	chén	232
敞	chǎng	97	徹（彻）	chè	97	麎	chén	318
昶	chǎng	214	偢	chè	254	麈（尘）	chén	318
氅	chǎng	271	硩	chè	305	煁	chén	326
玚	chàng	7	聅	chè	393	忱	chén	344
蒀	chàng	25	坼	chè	454	沈（沉）	chén	367
唱	chàng	40	劋	chè	460	霃	chén	378
鬯	chàng	161	琛	chēn	11	填	chén	452
韔	chàng	172	謓	chēn	78	鈂	chén	465
悵（怅）	chàng	349	瞋	chēn	105	陳（陈）	chén	481
暢（畅）	chàng	458	膹	chēn	134	辰	chén	491
嘮（唠）	chāo	42	篅	chēn	143	踸	chěn	65
超	chāo	46	棽	chēn	192	龀（龀）	chèn	59
訬	chāo	77	梣	chēn	207	讖（谶）	chèn	71
怊	chāo	352	肜	chēn	274	櫬（榇）	chèn	191
弨	chāo	424	賝	chēn	278	疢	chèn	241
勦（剿）	chāo	460	綝（綝）	chēn	430	闖（闯）	chèn	392
鈔（钞）	chāo	469	苠	chén	16	琤	chēng	9
嘲	cháo	45	芢	chén	22	定	chēng	49
樔	cháo	190	諶（谌）	chén	72	爯	chēng	123
巢	cháo	197	訦	chén	72	檉（柽）	chēng	179
鄛	cháo	206	晨（晨）	chén	84	樘	chēng	183
漅	cháo	360	臣	chén	94	稱（称）	chēng	225
晁（晃）	cháo	449	陝（陈）	chén	98	窺	chēng	237
轈	cháo	474	鵙	chén	120	偁	chēng	256
鼂	chǎo	89	曆	chén	165	赬（赪）	chēng	334

泟	chēng	334	庱	chěng	302	匙	chí	262
鎗	chēng	467	騁（骋）	chěng	315	馳（驰）	chí	315
呈	chéng	41	吃（吃）	chī	42	沲	chí	358
誠（诚）	chéng	72	喫（吃）	chī	45	泜	chí	358
丞	chéng	82	齝	chī	60	漦	chí	360
胙	chéng	131	眵	chī	105	持	chí	395
盛	chéng	157	嗤	chī	110	弛	chí	424
乘	chéng	174	魑	chī	112	蚳	chí	440
橙	chéng	175	胵	chī	132	墀	chí	452
棖（枨）	chéng	187	笞	chī	146	坻	chí	453
打	chéng	190	郗	chī	204	哆	chǐ	38
酁	chéng	208	癡（痴）	chī	242	齒（齿）	chǐ	59
程	chéng	225	魖	chī	295	誃	chǐ	75
宬	chéng	233	摛	chī	396	豉（豉）	chǐ	231
裎	chéng	268	瓻	chī	424	侈	chǐ	258
騬	chéng	315	絺（绨）	chī	436	袳	chǐ	267
憕	chéng	342	蚩	chī	441	褫	chǐ	268
懲（惩）	chéng	351	螭	chī	443	尺	chǐ	273
澂（澄）	chéng	362	离	chī	485	卶	chǐ	292
承	chéng	397	荎	chí	23	廖	chǐ	301
塍	chéng	451	茌	chí	26	彖	chǐ	309
城	chéng	453	莛	chí	28	烾	chǐ	328
叠	chéng	476	赿	chí	48	恥（耻）	chǐ	351
成	chéng	486	趍	chí	48	妳	chǐ	408
酲	chéng	494	峙	chí	49	垑	chǐ	454
逞	chěng	55	遲（迟）	chí	53	鉹	chǐ	463
徎	chěng	57	鱁	chí	66	啻	chì	41
鞓	chěng	86	謘	chí	71	叱	chì	43

651

C

趗	chì	48	充	chōng	275	幬(帱)	chóu	247
趍	chì	48	惷	chōng	346	簹	chóu	344
彳	chì	57	憧	chōng	347	怞	chóu	344
敕	chì	98	忡	chōng	350	惆	chóu	349
眙	chì	106	冲(冲)	chōng	360	愁	chóu	350
翨	chì	109	轞	chōng	474	滁	chóu	371
翄(翅)	chì	109	種(种)	chóng	222	儵	chóu	381
刺	chì	137	崇	chóng	299	紬	chóu	430
饎	chì	162	燑	chóng	329	綢(绸)	chóu	437
尺	chì	188	緟	chóng	433	疇(畴)	chóu	457
瘛	chì	242	蟲(虫)	chóng	447	醻(酬)	chóu	493
忕	chì	255	寵(宠)	chǒng	234	杻	chǒu	191
鬽	chì	295	犨	chōu	36	醜(丑)	chǒu	295
庍(斥)	chì	302	瘄	chōu	106	丑	chǒu	490
熾(炽)	chì	329	瘳	chōu	242	蒩	chòu	25
赤	chì	333	搊	chōu	400	殠(臭)	chòu	127
愭	chì	349	妯	chōu	413	初	chū	135
懘	chì	352	晭	chóu	42	櫄	chū	176
洔	chì	359	雔(雠)	chóu	70	出	chū	194
澘	chì	362	訕	chóu	75	貙(䝙)	chū	310
墀	chì	388	殳	chóu	94	摴	chū	405
瘏	chì	399	敽	chóu	99	蒢	chú	18
扺	chì	403	嘼	chóu	108	藸	chú	23
飭(饬)	chì	460	雔	chóu	116	叙(刍)	chú	29
衝(冲)	chōng	59	籌(筹)	chóu	147	犓	chú	36
盅	chōng	158	椆	chóu	176	躇	chú	63
舂	chōng	229	鄩	chóu	206	雛(雏)	chú	111
罿	chōng	245	稠	chóu	223	耡	chú	139

652

篨	chú	144
廚(厨)	chú	301
豠	chú	308
滁	chú	372
媰	chú	407
鉏(锄)	chú	466
除	chú	482
齭	chǔ	61
楮	chǔ	179
杵	chǔ	186
楚	chǔ	192
齼	chǔ	250
儲(储)	chǔ	254
礎(础)	chǔ	306
処(处)	chǔ	471
琡	chù	12
苖	chù	19
⿰山叔	chù	49
亍	chù	58
觸(触)	chù	140
鄐	chù	204
俶	chù	254
歜	chù	280
欪	chù	281
豖	chù	308
黜	chù	331
怵	chù	351
絀	chù	431
埱	chù	453
処(处)	chù	471
⿱罒曰	chù	485
⿱算黑	chuā	331
揣	chuǎi	398
穿	chuān	236
川	chuān	375
遄	chuán	52
篅	chuán	145
椯	chuán	176
椽	chuán	184
傳(传)	chuán	257
船	chuán	274
喘	chuǎn	40
舛	chuǎn	171
歂	chuǎn	279
⿰⿱⺮貝攵	chuàn	100
鶨	chuàn	118
釧(钏)	chuàn	470
刅	chuāng	138
窻(窗)	chuāng	236
䚒	chuāng	278
囱	chuāng	333
鏦	chuāng	468
橦	chuáng	185
牀(床)	chuáng	185
幢	chuáng	248
瓾	chuǎng	423
刱(创)	chuàng	160
愴(怆)	chuàng	349
吹	chuī	40
吹	chuī	279
炊	chuī	326
箠	chuí	146
⿱垂缶	chuí	166
椎	chuí	188
𠂹	chuí	196
顀	chuí	284
鬌	chuí	290
捶	chuí	403
垂	chuí	456
錘(锤)	chuí	467
陲	chuí	482
籥	chuì	66
萅(春)	chūn	31
杶	chūn	177
栯	chūn	177
⿰車川	chūn	474
雓(鹑)	chún	112
脣(唇)	chún	129
𦎫	chún	168
奄	chún	335
漘	chún	364
淳	chún	371
純(纯)	chún	427
陙	chún	482

C

醇	chún	493	薺(荠)	cí	21	髭	cì	290
腪	chǔn	135	瓷	cí	25	廁(厕)	cì	301
偆	chǔn	257	茨	cí	28	欥	cì	436
惷	chǔn	348	鶿(鹚)	cí	119	载	cì	440
蠢	chǔn	447	鴜	cí	120	璁	cōng	10
啜	chuò	39	餈(糍)	cí	162	蔥(葱)	cōng	30
逴	chuò	48	詞(词)	cí	291	樅(枞)	cōng	180
辵	chuò	51	慈	cí	343	廰	cōng	301
逪	chuò	56	濨	cí	366	驄(骢)	cōng	312
踔	chuò	63	瓷	cí	424	怱(匆)	cōng	333
腏	chuò	134	垐	cí	453	聰(聪)	cōng	393
歠(啜)	chuò	281	辪(辞)	cí	488	總	cōng	431
龰	chuò	318	辭(辞)	cí	488	鏦	cōng	468
惙	chuò	350	玼	cǐ	8	琮	cóng	7
婼	chuò	412	越	cǐ	47	藂	cóng	31
媠	chuò	413	此	cǐ	50	叢(丛)	cóng	81
綽(绰)	chuò	438	佌	cǐ	258	賨	cóng	202
輟(辍)	chuò	476	嗭	cǐ	313	从	cóng	262
赼	cī	46	泚	cǐ	360	從(从)	cóng	262
趀	cī	48	莱	cì	20	悰	cóng	343
齹	cī	60	莿	cì	21	憁	cóng	344
雌	cī	112	諫	cì	78	淙	cóng	361
觜	cī	115	刺	cì	138	潨	cóng	364
骴	cī	129	賜(赐)	cì	200	湊(凑)	còu	366
疵	cī	239	束	cì	221	麤	cū	29
覰	cī	277	伙	cì	255	粗	cū	227
縒	cī	429	伺	cì	261	麤(粗)	cū	318
祠	cí	3	次	cì	281	徂	cú	52

殂	cú	126	翠	cuì	109	蹉	cuó	170
蔟	cù	29	脆(脃)	cuì	134	鄌	cuó	207
蹴	cù	62	膵	cuì	134	痤	cuó	240
蹵	cù	65	粹	cuì	228	瘥	cuó	242
誎	cù	72	敼	cuì	235	嵯	cuó	298
促	cù	259	竁	cuì	237	齹	cuó	388
厝	cù	303	倅	cuì	261	瘥	cuó	457
猝	cù	320	毳	cuì	271	髊	cuó	290
欰	cù	415	顇(悴)	cuì	286	莝	cuǒ	29
黿	cù	449	焠	cuì	327	遳	cuò	52
醋	cù	493	顇	cuì	344	剉	cuò	137
酢	cù	494	悴	cuì	350	㓨	cuò	171
欑	cuán	188	淬	cuì	371	厝	cuò	303
爨	cuàn	84	臎	cuì	439	挫	cuò	395
竄(窜)	cuàn	237	墫	cūn	12	措	cuò	397
篡	cuàn	296	皴	cūn	96	銼(锉)	cuò	464
榱	cuī	184	邨(村)	cūn	209	錯(错)	cuò	465
催	cuī	259	存	cún	489			
崔	cuī	299	刌	cǔn	136	**D**		
摧	cuī	395	忖	cǔn	352	荅(答)	dá	15
縗(缞)	cuī	436	寸	cùn	95	達(达)	dá	54
璀	cuǐ	12	鑹	cùn	166	靼	dá	85
趡	cuǐ	49	瑳	cuō	8	奎	dá	114
漼	cuǐ	362	蹉	cuō	65	笪	dá	146
澯	cuǐ	368	撮	cuō	397	炟	dá	325
嶵	cuì	3	簅	cuó	60	黖	dá	330
萃	cuì	26	脞	cuó	106	怛	dá	349
啐	cuì	43	瘥	cuó	155	妲	dá	416

D

打	dǎ	405	儋	dān	254	瘅(癉)	dàn	241
襾	dà	104	襌	dān	268	偡	dàn	253
大	dà	334	觇	dān	277	但	dàn	260
亣	dà	339	耽	dān	392	憺	dàn	345
汏	dà	369	聃(聰)	dān	392	怛	dàn	349
逮	dài	53	瞻	dān	392	惮(憚)	dàn	351
待	dài	57	媅	dān	411	澹	dàn	362
蹛	dài	63	匰	dān	422	淡	dàn	370
戴	dài	83	酖	dān	494	掸(撣)	dàn	396
隶	dài	93	膽(胆)	dǎn	130	蛋	dàn	445
棣	dài	93	亶	dǎn	169	醓	dàn	493
殆	dài	127	疸	dǎn	241	璫(珰)	dāng	11
贷(貸)	dài	200	黕	dǎn	331	噹(螳)	dāng	441
帶(带)	dài	246	黵	dǎn	331	當(当)	dāng	458
帒	dài	248	黮	dǎn	331	鐺(铛)	dāng	469
代	dài	256	抌	dǎn	403	讜(谠)	dǎng	80
岱	dài	297	紞(纮)	dǎn	432	鄧	dǎng	209
黱(黛)	dài	331	襌	dàn	5	黨(党)	dǎng	331
大	dài	334	萏(菡)	dàn	22	攩(党)	dǎng	397
怠	dài	347	啗	dàn	39	璗(瑽)	dàng	11
紿(绐)	dài	428	嘾	dàn	42	簜	dàng	142
軑(轪)	dài	475	啖	dàn	42	筕	dàng	145
單(单)	dān	45	诞(诞)	dàn	77	瀁(荡)	dàng	158
眈	dān	104	鴠	dàn	117	宕	dàng	235
殫(殚)	dān	127	膻	dàn	131	碭(砀)	dàng	304
箪(箪)	dān	144	觛	dàn	140	憻	dàng	346
丹	dān	160	旦	dàn	215	愓	dàng	347
鄲(郸)	dān	205	窞	dàn	236	荡(荡)	dàng	355

· 656 ·

潒	dàng	360	登	dēng	146	笛	dí	147
譡	dàng	423	簦	dēng	154	糴(籴)	dí	165
刀	dāo	135	鐙	dēng	271	樀	dí	184
裯	dāo	266	鐙(灯)	dēng	464	耀	dí	228
禱(祷)	dǎo	4	等	děng	143	玓	dí	254
裯	dǎo	4	蹬	dèng	65	覿(觌)	dí	278
蹈	dǎo	63	鄧(邓)	dèng	206	髢	dí	290
導(导)	dǎo	96	鐙(镫)	dèng	464	駒	dí	313
倒	dǎo	261	隥	dèng	480	狄	dí	322
島(岛)	dǎo	297	趆	dī	48	炟	dí	328
擣(捣)	dǎo	401	鞮	dī	85	滌(涤)	dí	370
堛	dǎo	454	羝	dī	114	嫡	dí	411
菿	dào	32	低	dī	261	鏑(镝)	dí	468
道	dào	56	衹	dī	266	牴	dǐ	37
纛	dào	110	衹	dī	335	呧	dǐ	42
稻	dào	223	煁	dī	336	扺	dǐ	54
翿	dào	225	滴	dī	365	詆(诋)	dǐ	79
儔(俦)	dào	258	紙	dī	427	柢	dǐ	180
盜(盗)	dào	282	隄(堤)	dī	480	邸	dǐ	203
燾(焘)	dào	329	苖	dí	19	底	dǐ	301
悼	dào	351	薂	dí	25	氐	dǐ	303
到	dào	388	迪	dí	53	抵	dǐ	395
德	dé	57	柚	dí	57	氐	dǐ	417
得	dé	58	踧	dí	62	堤	dǐ	452
㝵	dé	277	靮	dí	87	軧	dǐ	477
惪(德)	dé	342	敵(敌)	dí	98	阺	dǐ	480
璒	dēng	10	翟	dí	109	帝	dì	1
登	dēng	50	鸐	dí	120	禘	dì	3

D

玓	dì	10	敁	diǎn	97	彫	diāo	288
蒂(蒂)	dì	25	典	diǎn	148	貂	diāo	310
遞(递)	dì	53	титиьяь	diǎn	166	凋	diāo	377
遰	dì	54	耊	diǎn	270	鯛(鲷)	diāo	384
迬	dì	56	點(点)	diǎn	331	蛁	diāo	439
踶	dì	63	唸	diàn	43	扚	diǎo	224
諦(谛)	dì	72	殿	diàn	94	扚	diǎo	403
睇	dì	106	刮	diàn	137	藋	diào	17
弟	dì	173	簟	diàn	144	苃	diào	28
棣	dì	179	奠	diàn	149	鵟(鸢)	diào	236
杕	dì	182	窔	diàn	235	弔(吊)	diào	260
旳	dì	211	佃	diàn	258	掉	diào	399
懘	dì	343	屟	diàn	271	釣(钓)	diào	469
摕	dì	397	驔	diàn	313	跌	diē	64
娣	dì	408	飐	diàn	331	袋	diē	267
締(缔)	dì	429	澱(淀)	diàn	369	芙	dié	23
蝃(蝀)	dì	445	電(电)	diàn	378	咥	dié	40
地	dì	450	霸	diàn	379	迭	dié	54
鈦	dì	466	蜓	diàn	439	蹩	dié	63
軑(轪)	dì	475	坫	diàn	452	跌	dié	76
趙	diān	49	墊(垫)	diàn	453	諜(谍)	dié	79
蹎	diān	64	甸	diàn	457	眣	dié	106
槙	diān	181	鈿(钿)	diàn	470	殔	dié	117
瘨	diān	239	琱	diāo	9	胅	dié	132
顛(颠)	diān	283	鵰	diāo	105	眣	dié	214
滇	diān	354	雕	diāo	112	疊(叠)	dié	217
敁	diān	392	鴞	diāo	267	牃	dié	221
蕇	diǎn	30	祒	diāo	269	鲽	dié	231

褋	dié	266	峒	dòng	103	督	dū	105
耊(耋)	dié	270	筒	dòng	147	都	dū	202
趺	dié	307	棟(栋)	dòng	183	闍(阇)	dū	390
鰈(鲽)	dié	384	駧	dòng	315	毒	dú	14
昳	dié	417	洞	dòng	362	薄	dú	17
戜	dié	418	湩	dòng	371	犢(犊)	dú	36
絰(绖)	dié	436	凍(冻)	dòng	377	遺	dú	52
蜨(蝶)	dié	441	挏	dòng	398	讀(读)	dú	71
墆	dié	453	敳	dòng	410	讟	dú	80
垤	dié	455	崠(崬)	dòng	445	贛	dú	87
玎	dīng	9	動(动)	dòng	460	毐	dú	94
靪	dīng	86	吺	dōu	42	殰	dú	126
釘(钉)	dīng	463	篼	dōu	146	髑	dú	128
阞	dīng	481	兜	dōu	276	櫝(椟)	dú	185
丁	dīng	486	覴	dōu	278	牘(牍)	dú	221
鼎	dǐng	221	斗	dǒu	472	襡	dú	266
頂(顶)	dǐng	283	逗	dòu	54	裻	dú	267
酊	dǐng	495	鞊	dòu	86	獨(独)	dú	321
訂(订)	dìng	71	鬥(斗)	dòu	90	黷(黩)	dú	331
定	dìng	233	鬪(斗)	dòu	90	瀆(渎)	dú	364
鋌(铤)	dìng	463	脰	dòu	129	嬻	dú	412
錠(锭)	dìng	464	豆	dòu	154	匵	dú	422
苳	dōng	31	梪	dòu	154	隤	dú	480
東(东)	dōng	192	鈄	dòu	166	睹	dǔ	104
涷	dōng	353	郖	dòu	204	笃	dǔ	168
冬	dōng	377	竇(窦)	dòu	236	賭(赌)	dǔ	202
董(董)	dǒng	21	鋀	dòu	464	篤(笃)	dǔ	314
迵	dòng	54	斢	dòu	473	竺	dǔ	450

D—E

堵	dǔ	451	憝	duì	231	𨫼	duó	266
度	dù	92	倒	duì	260	頊	duó	283
敓	dù	99	兑	duì	275	掇	duó	400
殬	dù	127	碓	duì	305	鐸(铎)	duó	467
杜	dù	176	雈	duì	306	朵	duǒ	181
訑	dù	242	䜰	duì	340	椯	duǒ	188
渡	dù	365	憞	duì	348	鬌	duǒ	338
妒	dù	413	憞(怼)	duì	348	垜	duǒ	452
蠹	dù	447	霸	duì	380	埵	duǒ	453
剬	duān	136	錞(錞)	duì	468	鵽	duò	118
舳	duān	140	陮	duì	479	隋	duò	132
稖	duān	224	蹲	dūn	64	柮	duò	190
耑(端)	duān	231	敦	dūn	98	癉(瘅)	duò	241
褍	duān	267	惇	dūn	342	痑	duò	242
端	duān	340	弴	dūn	424	裰	duò	266
短	duǎn	167	遁	dùn	53	嶞	duò	298
躖	duàn	62	遯(遁)	dùn	54	墯	duò	298
段	duàn	95	盾	dùn	107	馱(驮)	duò	317
毈	duàn	173	笨	dùn	145	憜	duò	347
碫	duàn	450	頓(顿)	dùn	285	鱑	duò	380
鍛(锻)	duàn	463	庉	dùn	300	嫷	duò	409
斷(断)	duàn	472	鈍(钝)	dùn	470	媠	duò	413
敦	duī	98	咄	duō	41	鏅	duò	466
崔	duī	300	多	duō	219	陊	duò	480
錞	duī	470	敓	duó	98			
自(堆)	duī	478	奪(夺)	duó	113		E	
對(对)	duì	81	剫	duó	136	妸	ē	408
祋	duì	94	捖	duó	242	妿	ē	408

娿	ē	413	歺	è	126	而	ér	307
阿	ē	479	罰(锷)	è	135	洏	ér	369
莪	é	22	鮾	è	164	鮞(鲕)	ér	380
吔	é	43	餓(饿)	è	164	輀	ér	477
哦	é	45	鄂	è	206	珥	ěr	8
誐	é	73	瘧	è	241	薾	ěr	24
譌(讹)	é	77	頞	è	283	尒(尔)	ěr	34
鵝(鹅)	é	119	戹	è	300	邇(迩)	ěr	55
囮	é	199	鱷	è	324	餌(饵)	ěr	88
俄	é	259	惡(恶)	è	348	爾(尔)	ěr	101
額(额)	é	283	厃(厄)	è	389	毦	ěr	271
峨	é	298	閼(阏)	è	391	耳	ěr	392
硪	é	305	搗	è	396	聊	ěr	137
涐	é	353	搤	è	397	樲	èr	178
娥	é	408	姶	è	409	貳(贰)	èr	201
蠚(蛾)	é	446	蜑	è	443	佴	èr	255
釓	é	470	蟒(鳄)	è	444	姎	èr	409
厄	ě	292	堊(恶)	è	452	二	èr	450
騀	ě	314	軛(轭)	è	475			
閼	ě	391	阨(厄)	è	481	**F**		
啞(哑)	è	40	袗	ēn	327	發(发)	fā	425
蓓	è	42	恩	ēn	343	茷	fá	26
呝(呃)	è	44	饐	èn	163	乏	fá	51
骂(咢)	è	45	鞥	ēng	86	藅	fá	107
還	è	53	荋	ér	26	罰(罚)	fá	137
遏	è	55	胹	ér	133	橃(筏)	fá	189
詻	è	71	栭	ér	183	伐	fá	259
鞥	è	86	兒(儿)	ér	275	閥(阀)	fá	392

661

F

乏	fá	411	繙	fán	333	枋	fāng	178
灋（法）	fǎ	317	緐	fán	429	邡	fāng	206
髮（发）	fà	289	絻（繁）	fán	434	方	fāng	275
藩	fān	28	蠜	fán	441	匚	fāng	421
翻	fān	110	蟠	fán	441	坊	fāng	456
籓	fān	144	凡	fán	450	鈁（钫）	fāng	467
旛	fān	216	返	fǎn	53	肪	fáng	130
幡	fān	247	反	fǎn	91	魴（鲂）	fáng	381
颿（帆）	fān	315	軓	fǎn	474	房	fáng	389
瀿	fān	362	芝	fān	27	妨	fáng	413
璠	fán	6	范	fàn	30	防	fáng	480
蘈	fán	21	笵	fàn	143	訪（访）	fǎng	71
蘩	fán	31	飯（饭）	fàn	162	舫	fǎng	117
蕃	fán	31	梵	fàn	193	昉	fǎng	214
番	fán	35	販（贩）	fàn	201	仿	fǎng	254
樊	fán	83	奿	fàn	304	舽	fǎng	274
棥	fán	101	婏	fàn	319	瓬	fǎng	423
蹯	fán	115	犯	fàn	321	紡（纺）	fǎng	428
橎	fán	180	汎（泛）	fàn	360	趽	fàng	65
鐇	fán	204	氾（泛）	fàn	361	放	fàng	125
墦	fán	231	泛	fàn	366	靠	fēi	103
燓	fán	278	灓	fàn	375	毳	fēi	271
類	fán	285	嬔（娩）	fàn	407	騑	fēi	313
煩（烦）	fán	286	帆	fàn	474	騛（𫘪）	fēi	314
獙	fán	320	範（范）	fàn	476	霏	fēi	380
𧊳	fán	323	奞	fàn	492	飛（飞）	fēi	385
燔	fán	325	芳	fāng	27	非	fēi	385
樊	fán	328	雔	fāng	111	扉	fēi	389

妃	fēi	407	柿	fèi	190	鼢	fén	323
斐	fēi	415	費(费)	fèi	201	汾	fén	355
緋(绯)	fēi	437	穢	fèi	223	濆(渍)	fén	364
腓	féi	131	癈(废)	fèi	239	鲂	fén	382
肥	féi	134	屝	fèi	272	墳(坟)	fén	455
痱	féi	240	髴	fèi	291	鐼	fén	462
蜚	féi	441	廢(废)	fèi	302	轒	fén	477
菲	fěi	30	扉	fèi	303	粉	fěn	228
誹(诽)	fěi	75	沸	fèi	364	黺	fěn	250
翡	fěi	109	韭	fèi	455	扮	fěn	399
篚	fěi	146	閳(狒)	fèi	485	奮(奋)	fèn	113
餥	fěi	162	氛	fēn	12	糞(粪)	fèn	123
棐	fěi	191	岎(芬)	fēn	14	膹	fèn	133
朏	fěi	217	分	fēn	34	幡	fèn	248
斐	fěi	289	鼢	fēn	90	僨(偾)	fèn	259
悱	fěi	352	鳻	fēn	121	忿	fèn	348
芏	fěi	385	餴	fēn	161	憤(愤)	fèn	349
匪	fěi	421	衯	fēn	246	漢	fèn	368
蠡(蜚)	fěi	447	衯	fēn	267	坌	fèn	452
蒩	fèi	15	紛(纷)	fēn	435	坋	fèn	455
辈	fèi	37	蕡	fén	27	葑	fēng	20
吠	fèi	44	朌	fén	114	葑	fēng	57
跰	fèi	64	蕡	fén	153	豐(丰)	fēng	155
瀵	fèi	88	枌	fén	179	豐	fēng	170
費	fèi	106	枌	fén	180	夆	fēng	173
肺	fèi	129	棼	fén	193	楓(枫)	fēng	179
籢	fèi	141	幩	fén	248	丰	fēng	195
櫠	fèi	176	獖(獖)	fén	308	酆	fēng	203

663

F

豐	fēng	232	麩(麸)	fū	170	鳧(凫)	fú	95
峯(峰)	fēng	298	柎	fū	189	翇	fú	110
烽(烽)	fēng	329	桴	fū	204	髴	fú	119
蠭(蜂)	fēng	446	邽	fū	208	刜	fú	137
風(风)	fēng	447	稃	fū	224	符	fú	143
封	fēng	452	俘	fū	259	箙	fú	146
鏠(锋)	fēng	468	袱	fū	265	虙	fú	155
逢	féng	53	庯	fū	303	富(冨)	fú	169
漨	féng	209	豧	fū	308	复	fú	171
馮(冯)	féng	315	夫	fū	339	枎	fú	182
捀	féng	399	怤	fū	342	榑	fú	182
縫(缝)	féng	433	泭	fū	365	桴	fú	183
諷(讽)	fěng	71	鈇	fū	384	柫	fú	186
覂	fěng	245	鈇(铁)	fū	469	枹	fú	189
奉	fèng	82	福	fú	2	郛	fú	203
鳳(凤)	fèng	116	祓	fú	3	邑	fú	245
賵(赗)	fèng	202	瑞	fú	12	罦	fú	245
紑	fóu	432	蕧	fú	16	幅	fú	246
否	fǒu	44	覆	fú	19	幞	fú	248
剖	fǒu	135	菖	fú	19	市	fú	249
缶	fǒu	165	苐	fú	24	黻	fú	250
不	fǒu	387	荫	fú	27	佛	fú	254
否	fǒu	387	芙	fú	32	伏	fú	259
荂	fū	19	咈	fú	42	服	fú	274
荴	fū	25	趜	fú	48	髴	fú	290
尃	fū	96	踾	fú	63	匐	fú	294
敷(敷)	fū	97	孚	fú	89	由	fú	296
莩	fū	143	㠯	fú	91	弟	fú	299

燰	fú	325	俌	fǔ	255	複（复）	fù	267
烰	fú	325	頫（頫）	fǔ	285	髵	fù	290
烳	fú	326	酺	fǔ	287	復	fù	294
綠	fú	340	府	fǔ	300	駙（驸）	fù	314
怫	fú	347	拊	fǔ	396	毳	fù	319
涪	fú	353	撫（抚）	fǔ	398	鮒（鲋）	fù	381
浮	fú	361	綔	fǔ	435	鰒（鳆）	fù	383
沸	fú	364	斧	fǔ	471	婦（妇）	fù	407
泼	fú	377	輔（辅）	fǔ	477	縛（缚）	fù	429
扶	fú	395	衬	fù	3	蝮	fù	438
拂	fú	403	賁	fù	19	坿	fù	453
弗	fú	416	蕡	fù	19	鍑	fù	464
乀	fú	417	赴	fù	46	輹	fù	475
紼	fú	436	復（复）	fù	57	阜	fù	479
綍（绋）	fú	437	卧	fù	62	附	fù	481
蚨	fú	444	父	fù	91	餔	fù	483
蝠	fú	445	腹	fù	130			
蠹（蜉）	fú	447	榎	fù	187		G	
輻（辐）	fú	475	負（负）	fù	201	尬	gà	336
莆	fǔ	15	賦（赋）	fù	201	祴	gāi	4
黼（釜）	fǔ	88	賻（赙）	fù	202	荄	gāi	25
攵	fǔ	98	馥	fù	227	該（该）	gāi	79
甫	fǔ	101	富	fù	233	毅	gāi	95
脯	fǔ	132	覆	fù	236	胲	gāi	131
腐	fǔ	134	府	fù	240	核	gāi	187
簠	fǔ	145	覆	fù	246	郂	gāi	209
鄜	fǔ	209	傅	fù	255	晐	gāi	214
黼	fǔ	250	付	fù	255	侅	gāi	252

G

垓	gāi	450	赶(敢)	gǎn	125	港	gǎng	373
陔	gāi	482	秆(秆)	gǎn	225	矼	gǎng	458
改	gǎi	98	衦	gǎn	268	皋	gāo	23
攺	gǎi	99	感	gǎn	349	羔	gāo	114
绤	gǎi	435	鳡	gǎn	493	膏	gāo	130
蓋(盖)	gài	28	藖	gàn	18	篙	gāo	148
戤	gài	126	赣	gàn	19	櫜	gāo	153
槩(概)	gài	186	肝	gàn	103	餻(糕)	gāo	164
杚	gài	186	骬	gàn	128	高	gāo	167
溉	gài	357	榦(干)	gàn	183	槔	gāo	192
摡	gài	402	旰	gàn	212	櫜	gāo	198
匃	gài	420	斡	gàn	215	皋	gāo	338
玕	gān	11	戆	gàn	215	槁	gǎo	176
苷	gān	17	赣	gàn	334	槀(槁)	gǎo	182
迀	gān	55	淦	gàn	366	杲	gǎo	183
干	gān	68	绀(绀)	gàn	431	稾	gǎo	197
弇	gān	82	掆	gāng	35	槀(稿)	gǎo	225
肝	gān	129	剛(刚)	gāng	136	齐	gǎo	338
竿	gān	145	舡	gāng	140	臬	gǎo	339
甘	gān	150	笎	gāng	143	縞(缟)	gǎo	430
疳	gān	150	缸	gāng	166	告	gào	38
鄿	gān	209	杠	gāng	185	誥(诰)	gào	72
尲(尴)	gān	336	岡(冈)	gāng	298	郜	gào	207
忓	gān	345	亢	gāng	338	诰	gào	298
泔	gān	369	扛	gāng	399	鴿(鸽)	gē	117
戋	gān	418	綱(纲)	gāng	433	鴐	gē	118
乾(干)	gān	486	釭	gāng	468	胳	gē	130
玕	gǎn	96	埪	gǎng	338	割	gē	136

666

哥	gē	151	隔	gé	481	公	gōng	34
歌	gē	279	哿	gě	151	龏	gōng	83
菏	gē	357	舸	gě	274	龔(龚)	gōng	83
滒	gē	370	鉿	gě	315	厷(肱)	gōng	90
戈	gē	418	各	gè	44	攻	gōng	99
苢	gé	17	箇(个)	gè	145	觵	gōng	140
葛	gé	23	跟	gēn	62	工	gōng	149
諽	gé	79	根	gēn	181	宫	gōng	235
革	gé	85	頣	gěn	283	躳(躬)	gōng	235
鞈	gé	87	栚	gèn	191	恭	gōng	343
翮	gé	109	艮	gèn	262	弓	gōng	424
骼	gé	129	鬻(羹)	gēng	88	功	gōng	459
挌	gé	138	更	gēng	98	珙	gǒng	12
舥	gé	140	耕	gēng	139	廾	gǒng	82
虢	gé	156	搄	gēng	400	鞏(巩)	gǒng	85
格	gé	182	賡(赓)	gēng	428	巩	gǒng	89
柗	gé	185	緪	gēng	435	碧	gǒng	304
槅	gé	189	庚	gēng	487	怷	gǒng	351
鄵	gé	206	哽	gěng	42	拱	gǒng	394
彶	gé	248	骾	gěng	129	孯	gǒng	395
佮	gé	256	梗	gěng	180	拲	gǒng	404
假	gé	256	郠	gěng	207	贛	gǒng	19
匌	gé	294	鯁(鲠)	gěng	383	共	gòng	83
霠	gé	379	耿	gěng	392	箕	gòng	144
閤	gé	390	緈(绠)	gěng	435	貢(贡)	gòng	200
閣(阁)	gé	391	埂	gěng	454	贛	gòng	200
搚	gé	404	更	gèng	98	供	gòng	254
蛤	gé	443	鮆	gèng	381	贑	gòng	421

G

句	gōu	69	呱	gū	38	榖（谷）	gǔ	225
鉤（钩）	gōu	69	鴣（鸪）	gū	121	罟	gǔ	244
划	gōu	135	觚	gū	140	兂	gǔ	276
篝	gōu	144	箛	gū	147	淈	gǔ	362
鞲	gōu	172	机	gū	190	汩	gǔ	372
溝（沟）	gōu	364	罛	gū	244	谷	gǔ	376
緱（缑）	gōu	434	奆	gū	334	盬	gǔ	389
玽	gǒu	10	沽	gū	358	縎	gǔ	429
苟	gǒu	30	泒	gū	358	蠱（蛊）	gǔ	447
笱	gǒu	69	姑	gū	407	榖（榖）	gǔ	475
耇	gǒu	270	嫴	gū	412	崮	gù	18
狗	gǒu	319	蛄	gū	440	牯	gù	36
蚼	gǒu	444	辜	gū	487	故	gù	97
茩	gòu	21	孤	gū	489	梱	gù	189
遘	gòu	53	酤	gū	493	梏	gù	191
詬（诟）	gòu	79	古	gǔ	69	固	gù	199
雊	gòu	111	詁	gǔ	72	痼	gù	242
冓	gòu	123	鼓	gǔ	99	顧（顾）	gù	285
構（构）	gòu	183	瞽	gǔ	106	錮（锢）	gù	463
購（购）	gòu	201	殺	gǔ	114	昏	guā	44
覯（觏）	gòu	277	鶻（鹘）	gǔ	117	鴰（鸹）	guā	119
媾	gòu	408	骨	gǔ	128	骺	guā	128
姤	gòu	416	股	gǔ	131	劀	guā	137
彀	gòu	425	鼔	gǔ	153	刮	guā	137
垢	gòu	455	盬	gǔ	157	瓜	guā	231
毂	gòu	489	夃	gǔ	173	騧	guā	313
苽	gū	23	榖	gǔ	179	緺	guā	432
菰	gū	32	賈（贾）	gǔ	201	錇	guā	469

冎	guǎ	128	輨	guǎn	475	鬹（鬶）	guī	88
寡	guǎ	234	祼	guàn	3	巂	guī	111
詿	guà	75	瓘	guàn	6	桂	guī	139
詿（诖）	guà	76	遺	guàn	52	邽	guī	204
詿（诖）	guà	77	矔	guàn	103	鄶	guī	209
卦	guà	100	藿	guàn	113	傀	guī	252
挂	guà	403	盥	guàn	158	蘬	guī	284
乖	guāi	113	罐	guàn	166	騩	guī	312
巫	guāi	405	毌	guàn	219	廆	guī	318
𠂉	guǎi	113	貫（贯）	guàn	219	規（规）	guī	339
夬	guài	91	爟	guàn	329	閨（闺）	guī	390
叏	guài	219	悹	guàn	344	嬀（妫）	guī	406
怪	guài	346	懽	guàn	345	嬰	guī	411
莞	guān	18	灌	guàn	355	魄	guī	439
蕑	guān	18	涫	guàn	369	龜（龟）	guī	448
棺	guān	191	摜	guàn	398	圭	guī	455
冠	guān	242	俇	guāng	258	祪	guǐ	3
倌	guān	257	光	guāng	329	詭（诡）	guǐ	79
觀（观）	guān	277	洸	guāng	361	舭	guǐ	140
鳏（鳏）	guān	381	廣（广）	guǎng	301	簋	guǐ	145
關（关）	guān	391	獷（犷）	guǎng	321	柜	guǐ	180
絭	guān	438	獿	guǎng	339	晷	guǐ	212
官	guān	478	俇	guàng	94	宄	guǐ	234
夐	guán	102	桄	guàng	190	鬼	guǐ	295
輨	guǎn	86	徎	guàng	260	庋	guǐ	302
筦	guǎn	143	悹	guàng	347	厬	guǐ	303
管	guǎn	147	瑰	guī	11	恑	guǐ	347
館（馆）	guǎn	163	歸（归）	guī	49	洈	guǐ	355

669

氿	guǐ	364	緄(绲)	gǔn	432	咍	hāi	45
溎	guǐ	364	輥(辊)	gǔn	475	咳	hái	39
姽	guǐ	410	睴	gùn	103	趕	hái	47
蛫	guǐ	444	睔	gùn	103	骸	hái	128
垝	guǐ	454	馘	guō	88	頦(颏)	hái	286
匦	guǐ	465	墎	guō	168	海	hǎi	359
軌(轨)	guǐ	476	郭	guō	208	醢	hǎi	495
癸	guǐ	488	崞	guō	297	餀	hài	163
禬	guì	4	過(涡)	guō	356	夆	hài	173
跪	guì	62	活	guō	360	害	hài	234
贛	guì	85	渦	guō	367	駭(骇)	hài	315
劊(刽)	guì	136	聒	guō	393	恠	hài	351
刿(刿)	guì	136	蟈	guō	425	妎	hài	413
鱖	guì	164	蠁(蝈)	guō	444	亥	hài	496
桂	guì	176	虢	guó	156	鼾	hān	108
檜(桧)	guì	180	國(国)	guó	198	熯	hān	328
楓	guì	187	幗(帼)	guó	248	灛	hān	365
賵	guì	200	漍	guó	368	酣	hān	493
貴(贵)	guì	202	膕	guó	393	玪	hán	11
僓	guì	261	果	guǒ	181	含	hán	39
襘	guì	266	椁	guǒ	191	韓(韩)	hán	173
澮(浍)	guì	355	裹	guǒ	269	邯	hán	205
鱖(鳜)	guì	382	猓	guǒ	359	邗	hán	208
匱(匮)	guì	422	蠣(蜾)	guǒ	441	函(函)	hán	220
丨	gǔn	13	過	guò	52	寒	hán	234
稛	gǔn	198				顄	hán	284
衮	gǔn	265	**H**			齢	hán	324
鯀(鲧)	gǔn	381	蝦(虾)	há	444	涵	hán	367

涵	hán	377	閈	hàn	390	秏	hào	223
雪	hán	379	搟	hàn	401	顥(颢)	hào	285
厒	hán	423	扞	hàn	403	昇	hào	339
罕(罕)	hǎn	244	蛤	hàn	440	浩	hào	361
厂	hǎn	302	釬	hàn	468	滈	hào	367
獫	hǎn	320	远	háng	56	灝(灏)	hào	370
茵	hàn	22	肮(航)	háng	275	鰝	hào	383
蘸	hàn	30	航	háng	384	玫	hào	406
譀	hàn	77	杭	háng	403	皞	hào	417
敦	hàn	97	夋	hàng	338	鎬(镐)	hào	464
睅	hàn	103	沆	hàng	361	訶(诃)	hē	78
翰	hàn	109	蒿	hāo	31	巳	hē	151
鞿	hàn	111	薅	hāo	32	欲	hē	281
鶾	hàn	121	薨	hāo	127	抲	hē	401
旱	hàn	212	嗥	háo	44	蚵	hē	443
暵	hàn	213	諕	háo	77	荷	hé	22
马	hàn	219	号	háo	152	迨	hé	52
駻	hàn	220	號(号)	háo	152	齕(龁)	hé	61
骭	hàn	271	糕	háo	176	龢	hé	66
頷(颔)	hàn	283	鄂	háo	206	詥	hé	73
顄(颔)	hàn	285	豪(豪豪)	háo	309	敆	hé	98
鶾	hàn	313	嗥	háo	460	翮	hé	110
駻	hàn	315	好	hǎo	409	鹖(鹖)	hé	120
熯	hàn	325	璭	hào	10	曷	hé	150
悍	hàn	346	號	hào	155	盂	hé	158
漢(汉)	hàn	354	郝	hào	205	盇(盍)	hé	159
洦	hàn	367	皓	hào	212	合	hé	164
汗	hàn	371	暤	hào	212	萪	hé	170

H

榔	hé	183	垎	hè	453	仜	hóng	253
郃	hé	204	黑	hēi	330	哄	hóng	351
鄐	hé	209	報	hén	86	洪	hóng	359
禾	hé	222	痕	hén	241	浤	hóng	359
秙	hé	224	很	hěn	58	泓	hóng	361
覈	hé	245	詪	hěn	77	峮	hóng	377
隺	hé	249	恨	hèn	348	閎（闳）	hóng	390
何	hé	254	亨（享）	hēng	168	弘	hóng	424
磆	hé	306	珩	héng	8	紅（红）	hóng	431
貈	hé	310	胻	héng	131	紘（纮）	hóng	432
騅	hé	316	衡	héng	140	虹	hóng	445
豁	hé	323	横	héng	190	訌（讧）	hòng	77
河	hé	353	澋	héng	365	鬨（哄）	hòng	90
涸	hé	368	恒	héng	450	澒	hòng	372
闔（阖）	hé	390	匉	hōng	76	喉	hóu	38
纥（纥）	hé	427	殸	hōng	95	猴	hóu	109
蝎	hé	440	薨	hōng	127	餱（糇）	hóu	162
劾	hé	461	儚	hōng	258	侯	hóu	167
和	hè	40	烘	hōng	326	猴	hóu	322
嗃	hè	45	轟（轰）	hōng	477	鯸	hóu	384
鶴（鹤）	hè	118	玒	hóng	6	鍭（镞）	hóu	468
欱	hè	126	靬	hóng	86	吼	hǒu	291
臛	hè	133	翃	hóng	111	逅	hòu	56
賀（贺）	hè	200	堆	hóng	112	後（后）	hòu	58
郝	hè	203	鴻（鸿）	hóng	118	垕	hòu	169
褐	hè	269	粠	hóng	228	厚	hòu	169
熇	hè	326	宏	hóng	233	鄇	hòu	204
赫	hè	334	弘	hóng	233	郈	hòu	208

候	hòu	256	鶻(鹘)	hú	117	雇	hù	112
后	hòu	291	鵠(鹄)	hú	118	笠	hù	145
呼	hū	40	胡	hú	132	笏	hù	148
嘑	hū	41	縠	hú	141	楛	hù	178
謼	hū	74	餬(糊)	hú	163	栢	hù	189
譁	hū	74	隺	hú	168	鄠	hù	203
虖	hū	112	黏	hú	226	扈	hù	203
膴	hū	133	狐	hú	323	旿	hù	214
智	hū	150	㹌	hú	324	瓠	hù	232
乎	hū	152	煳	hú	327	罟	hù	245
虍	hū	155	餬	hú	336	岵	hù	297
虖	hū	155	壺(壶)	hú	337	居	hù	303
榾	hū	182	泘	hú	364	縠	hù	322
吻	hū	211	湖	hú	364	榖	hù	334
寣	hū	238	搰	hú	402	怙	hù	344
幠	hū	247	捐	hú	402	户	hù	389
獻	hū	279	弧	hú	424	姻	hù	413
魖	hū	295	觳	hú	430	妒	hù	413
暴	hū	309	斛	hú	472	譁(哗)	huā	77
莩	hū	338	醐	hú	495	芎(花)	huā	196
惚	hū	345	琥	hǔ	7	蘤	huā	340
忽	hū	347	虎	hǔ	156	䴥	huá	61
滹	hū	363	郦	hǔ	209	劃(划)	huá	136
圀	hū	422	祜	hù	2	欻	huá	170
颭	hū	448	苄	hù	21	茶	huá	185
瑚	hú	11	嚛	hù	39	華(华)	huá	196
鞬	hú	87	殼	hù	44	傀	huá	295
嚛	hú	88	護(护)	hù	73	滑	huá	363

H

姡	huá	411	讙	huān	77	緩(缓)	huǎn	438
蘳	huà	24	驩	huān	120	唤	huàn	45
話(话)	huà	73	貛	huān	208	逭	huàn	54
調	huà	77	歡(欢)	huān	279	噐	huàn	67
靴	huà	89	豲	huān	308	奐(奂)	huàn	82
畫(画)	huà	93	貛(獾)	huān	310	幻	huàn	125
舙	huà	140	驩	huān	313	肒	huàn	131
樗	huà	178	環(环)	huán	7	宦	huàn	234
稞	huà	224	瓛(㻣)	huán	7	豢	huàn	308
七	huà	261	萑	huán	30	焕	huàn	330
化	huà	261	還(还)	huán	53	患	huàn	350
華	huà	297	崔	huán	113	涣	huàn	360
鱯(鳠)	huà	381	桓	huán	185	瀚(浣)	huàn	371
鯶	huà	382	奂	huán	232	鯇	huàn	382
魤	huà	384	寰	huán	235	擐	huàn	400
挶	huà	404	鬟	huán	291	换	huàn	404
嬅(婳)	huà	410	戊	huán	301	輨	huàn	477
絓	huà	427	貆	huán	308	荒	huāng	26
㾕	huà	436	狟	huán	310	肓	huāng	129
韄	huà	459	禺	huán	312	衁	huāng	159
踝	huái	62	萈	huán	319	塃	huāng	218
槐	huái	179	狟	huán	321	㶞	huāng	225
褱	huái	266	查	huán	334	巟	huāng	246
裹	huái	266	洹	huán	357	駓	huāng	315
懷(怀)	huái	344	闤(阛)	huán	392	巟	huāng	375
淮	huái	356	縌	huán	432	巟	huāng	427
澴	huái	358	垸	huán	453	皇	huáng	5
壞(坏)	huài	454	鍰(锾)	huán	466	璜	huáng	7

674

音序检字表

瑝	huáng	9	徽（徽）	huī	247	喙	huì	38
喤	huáng	38	禈（祎）	huī	265	嘒	huì	41
遑	huáng	56	猦	huī	323	遳	huì	51
塠	huáng	110	灰	huī	326	誨（诲）	huì	71
篁	huáng	143	煇（辉）	huī	328	諱（讳）	huì	72
簧	huáng	147	恢	huī	343	詯	huì	76
雞	huáng	172	揮（挥）	huī	401	讀	huì	77
坣	huáng	194	撝（㧑）	huī	401	諴	huì	77
稙	huáng	225	麾	huī	404	彗	huì	91
艎	huáng	274	姼	huī	414	卟	huì	100
煌	huáng	328	徽	huī	434	翽（翙）	huì	110
惶	huáng	351	隓（隳）	huī	480	惠	huì	124
湟	huáng	354	隔	huī	481	會（会）	huì	164
潢	huáng	364	回	huí	198	橞	huì	178
蟥	huáng	441	洄	huí	366	槥	huì	191
蝗	huáng	442	蚘	huí	439	賄（贿）	huì	200
黄	huáng	458	毇	huǐ	229	晦	huì	212
鍠（锽）	huáng	467	烜	huǐ	325	瘣	huì	238
隍	huáng	482	燬	huǐ	325	慧	huì	342
詤	huǎng	77	悔	huǐ	348	恚	huì	348
櫎	huǎng	187	擊	huǐ	403	憓	huì	355
晄	huǎng	211	嬇	huǐ	415	洇	huì	371
怳	huǎng	347	虫	huǐ	438	濊	huì	372
譮	huī	78	虺	huǐ	439	闠	huì	390
睢	huī	104	毀	huǐ	454	嬒	huì	414
眭	huī	107	薈（荟）	huì	26	婎	huì	414
翬（翚）	huī	110	蔧	huì	26	繪	huì	415
暉（晖）	huī	212	卉	huì	29	匯（汇）	huì	422

675

繢	huì	428	秮	huó	224		J	
繪(绘)	huì	430	佸	huó	256	璣(玑)	jī	11
蟪	huì	445	頢	huó	285	芨	jī	17
鏸	huì	469	炣	huǒ	209	藄	jī	18
荤	hūn	16	裸(夥)	huǒ	219	嘰	jī	39
殙	hūn	126	火	huǒ	325	趚	jī	48
昏	hūn	212	禍(祸)	huò	4	迹	jī	51
惛	hūn	348	藿(萑)	huò	15	躋(跻)	jī	62
閽(阍)	hūn	391	貤	huò	104	譏(讥)	jī	75
婚	hūn	407	膗	huò	104	敧	jī	92
椲	hún	186	蔓	huò	113	殸	jī	94
棍	hún	190	霍(霍)	huò	116	卟	jī	100
倱	hún	252	楇	huò	189	雞(鸡)	jī	111
魂	hún	295	貨(货)	huò	200	幾(几)	jī	124
顐	hún	324	穫(获)	huò	224	肌	jī	129
渾(浑)	hún	362	殦	huò	282	朡	jī	129
韋	hún	451	獲(获)	huò	322	剞	jī	135
轋	hún	475	叜	huò	334	勼	jī	136
梡	hùn	190	惑	huò	348	筓	jī	143
圂	hùn	199	瀖	huò	360	笸	jī	143
俒	hùn	257	濩	huò	367	箕(其)	jī	148
䫥	hùn	284	烕	huò	375	丌	jī	148
恩	hùn	350	豁	huò	376	鑾	jī	159
混	hùn	360	捇	huò	401	饑(饥)	jī	163
溷	hùn	362	或	huò	418	飢(饥)	jī	164
掍	hùn	404	蠖	huò	440	檇	jī	178
豚	hùn	479	鑊(镬)	huò	464	机	jī	180
秳	huó	4						

676

枅	jī	183	踖	jí	64	急	jí	345
機(机)	jī	187	咠	jí	67	悈	jí	346
禾	jī	196	㗊	jí	70	湒	jí	366
稽	jī	197	卙	jí	70	漃	jí	370
齎(赍)	jī	200	鞂	jí	87	汲	jí	371
積(积)	jī	224	卂	jí	89	鮚	jí	384
稘	jī	226	及	jí	91	揤	jí	397
鐅(斋)	jī	231	雧(集)	jí	116	姞	jí	406
羇(羁)	jī	245	殛	jí	126	戢	jí	419
僟	jī	254	膌	jí	131	級(级)	jí	429
屐	jī	274	劇(剧)	jí	138	亟	jí	450
磯(矶)	jī	306	耤	jí	139	鏶	jí	464
激	jī	361	籍	jí	143	輯(辑)	jí	474
擊(击)	jī	403	即	jí	161	螱	jí	477
姬	jī	406	亼	jí	164	邔	jǐ	209
緝(缉)	jī	436	極(极)	jí	183	機	jǐ	224
基	jī	451	极	jí	189	屼	jǐ	297
墼	jī	452	楫	jí	189	麆	jǐ	318
畸	jī	457	槉	jí	206	㥍	jǐ	345
畿	jī	457	棘	jí	221	沵	jǐ	355
蓻	jí	25	疾	jí	238	濟(济)	jǐ	358
藉	jí	27	疲	jí	241	擠(挤)	jǐ	395
喋	jí	39	伋	jí	252	掎	jǐ	401
吉	jí	41	佶	jí	253	脊	jǐ	405
趌	jí	47	㑨(嫉)	jí	259	改	jǐ	409
赽	jí	47	襋	jí	265	戟(戟)	jǐ	418
伋	jí	57	覾	jí	278	給(给)	jǐ	430
蹐	jí	62	岌	jí	299	蟣(虮)	jǐ	439

J

几	jǐ	471	穦	jì	224	妓	jì	412
己	jǐ	487	宋(寂)	jì	233	紀(纪)	jì	428
祭	jì	3	寄	jì	234	繼(继)	jì	428
薊(蓟)	jì	17	寱	jì	238	繫(系)	jì	436
薺(荠)	jì	21	瘠	jì	240	绩	jì	436
虀	jì	21	闀	jì	244	繐	jì	437
芰	jì	21	伎	jì	258	垍	jì	453
蒺	jì	24	冀	jì	263	際(际)	jì	482
蕨	jì	25	臮	jì	263	曁	jì	487
嚌	jì	39	覬(觊)	jì	278	季	jì	489
唭	jì	44	忣	jì	279	珈	jiā	11
徛	jì	58	无	jì	282	茄	jiā	22
跽	jì	62	髻	jì	291	葭	jiā	30
詍	jì	72	苟	jì	294	迦	jiā	55
計(计)	jì	73	魀	jì	295	嘉	jiā	153
記(记)	jì	74	亟	jì	309	枷	jiā	186
鬾	jì	76	驥(骥)	jì	313	梜(梜)	jiā	190
劑(剂)	jì	137	齋	jì	327	家	jiā	232
迹	jì	148	悸	jì	347	痂	jiā	240
既	jì	161	忌	jì	348	佳	jiā	252
檕	jì	179	惎	jì	351	袷	jiā	267
櫅	jì	181	漈	jì	359	豭	jiā	308
檕	jì	187	瀾	jì	362	麚	jiā	317
鄩	jì	203	洎	jì	369	夾(夹)	jiā	334
曁	jì	215	霁(霽)	jì	379	浹(浃)	jiā	373
概	jì	223	鰶	jì	381	加	jiā	460
稷	jì	223	紫(鮆)	jì	382	莢(荚)	jiá	25
穄	jì	223	技	jì	401	唊	jiá	42

跲	jiá	64	蒹	jiān	16	瀸	jiān	363
鞈	jiá	85	菅	jiān	18	霙	jiān	378
䩑	jiá	119	兼	jiān	21	靎	jiān	379
㓤	jiá	138	瀳	jiān	31	鶼（鹣）	jiān	381
郏（郏）	jiá	205	犍	jiān	37	龖	jiān	385
稭	jiá	224	建	jiān	56	奸	jiān	415
袷	jiá	249	鹼	jiān	60	姦（奸）	jiān	416
頰（颊）	jiá	283	軒	jiān	85	戋	jiān	419
忦	jiá	350	鞬	jiān	87	縑（缣）	jiān	430
扴	jiá	398	韉（鞯）	jiān	87	緘（缄）	jiān	434
戛	jiá	418	堅（坚）	jiān	94	艱（艰）	jiān	456
蛺（蛱）	jiá	441	監	jiān	105	鑯（尖）	jiān	464
鋏（铗）	jiá	463	鵑	jiān	120	开	jiān	470
徦	jiǎ	58	殲（歼）	jiān	127	菚	jiǎn	22
瑕	jiǎ	69	肩（肩）	jiān	130	蹇	jiǎn	64
叚	jiǎ	91	箋（笺）	jiān	143	瞼（睑）	jiǎn	107
檟（槚）	jiǎ	177	械	jiān	186	翦	jiǎn	109
椵	jiǎ	178	兼	jiān	226	剪	jiǎn	135
瘕	jiǎ	240	搛	jiān	247	簡（简）	jiǎn	143
假	jiǎ	256	㦸	jiān	247	檢（检）	jiǎn	189
斝	jiǎ	472	監（监）	jiān	264	柬	jiǎn	197
甲	jiǎ	485	歟	jiān	280	棗	jiǎn	197
稼	jià	222	豜	jiān	308	儉（俭）	jiǎn	257
嫁	jià	248	麉	jiān	317	襇	jiǎn	266
價（价）	jià	261	煎	jiān	327	黶	jiǎn	288
駕（驾）	jià	314	熸	jiān	330	齻	jiǎn	290
嫁	jià	406	黚	jiān	331	薫	jiǎn	331
玪	jiān	9	湔	jiān	353	筒	jiǎn	349

J

灡	jiǎn	369	僭	jiàn	258	蔣(蒋)	jiǎng	23
減(减)	jiǎn	372	僴	jiàn	258	講(讲)	jiǎng	74
鹼(碱)	jiǎn	389	件	jiàn	260	篝	jiǎng	143
揃	jiǎn	397	見(见)	jiàn	277	桨(奖)	jiǎng	320
戩	jiǎn	418	薦(荐)	jiàn	317	趞	jiàng	47
繭(茧)	jiǎn	427	漸(渐)	jiàn	355	將(将)	jiàng	96
錢(钱)	jiǎn	465	澗	jiàn	363	洚	jiàng	359
葥	jiàn	17	澗(涧)	jiàn	365	滰	jiàng	369
蕲	jiàn	27	閒(间)	jiàn	391	匠	jiàng	421
荐	jiàn	27	螹	jiàn	444	弜	jiàng	425
趚	jiàn	49	鋻	jiàn	463	絳(绛)	jiàng	431
徤	jiàn	57	鑑(鉴)	jiàn	463	降	jiàng	480
建	jiàn	58	鍵(键)	jiàn	464	醬(酱)	jiàng	494
徤	jiàn	59	鐗(锏)	jiàn	468	茮	jiāo	24
踐(践)	jiàn	63	餞	jiàn	482	茭	jiāo	29
諫(谏)	jiàn	72	酱	jiàn	495	蕉	jiāo	29
諓(诶)	jiàn	73	薑	jiāng	15	噍	jiāo	41
劤	jiàn	135	蒋(蒋)	jiāng	23	嘐	jiāo	42
劍(剑)	jiàn	138	犟	jiāng	36	逪	jiāo	53
箭	jiàn	142	橿	jiāng	178	鷦(鹪)	jiāo	118
餞(饯)	jiàn	163	僵	jiāng	259	鮫(鲛)	jiāo	120
榗	jiàn	178	江	jiāng	353	䲠	jiāo	121
楗	jiàn	185	滫(浆)	jiāng	370	膠(胶)	jiāo	134
檻	jiàn	185	肝	jiāng	395	郊	jiāo	203
栫	jiàn	187	姜	jiāng	406	佼	jiāo	251
檻(槛)	jiàn	191	繮(缰)	jiāng	435	焦	jiāo	287
賤(贱)	jiàn	201	畺	jiāng	458	焦	jiāo	288
健	jiàn	253	疆(疆)	jiāng	458	驕(骄)	jiāo	313

音序检字表

燋	jiāo	326	灗	jiǎo	370	菨	jiē	23
爝	jiāo	327	撟	jiǎo	399	荄	jiē	25
爑（焦）	jiāo	328	攪（搅）	jiǎo	401	喈	jiē	44
交	jiāo	336	摷	jiǎo	402	街	jiē	59
憿	jiāo	347	狡	jiǎo	409	譗	jiē	74
澆（浇）	jiāo	370	玂	jiǎo	411	諧	jiē	78
鮫（鲛）	jiāo	383	蟜	jiǎo	440	皆	jiē	108
嬌（娇）	jiāo	416	勦（剿）	jiǎo	460	脂	jiē	131
蛟	jiāo	443	噭	jiào	38	楷	jiē	176
鐎	jiāo	464	噍	jiào	39	椄	jiē	188
璬	jiǎo	8	叫	jiào	43	痎	jiē	240
敫	jiǎo	98	徼	jiào	57	湝	jiē	360
脚（脚）	jiǎo	131	呌（叫）	jiào	67	接	jiē	397
剿	jiǎo	137	警	jiào	74	揭	jiē	399
角	jiǎo	139	訆	jiào	77	階（阶）	jiē	482
笅	jiǎo	145	教	jiào	100	卪	jié	34
溔	jiǎo	157	校	jiào	190	趌	jié	47
矯（矫）	jiǎo	166	窌	jiào	236	趨	jié	47
朴	jiǎo	182	窖	jiào	236	𧺮	jié	49
疛	jiǎo	239	欬	jiào	280	訐（讦）	jié	78
皎	jiǎo	249	㰦	jiào	280	詰（诘）	jié	79
皦	jiǎo	249	嶠（峤）	jiào	299	睫（睫）	jié	102
狡	jiǎo	319	爒	jiào	329	羯	jié	114
炂	jiǎo	326	漅	jiào	368	鶛	jié	117
敫	jiǎo	326	斠	jiào	472	鷞	jié	119
絞（绞）	jiǎo	336	㚟	jiào	489	刦	jié	137
憍	jiǎo	343	釂	jiào	493	節（节）	jié	142
湫	jiǎo	368	醮	jiào	493	桀	jié	174

681

J

桔	jié	177	解	jiě	140	玪	jīn	276
袼	jié	183	姐	jiě	407	津	jīn	365
楬	jié	191	玠	jiè	7	紟	jīn	433
稭	jié	224	藉	jiè	27	墐	jīn	453
傑(杰)	jié	251	芥	jiè	30	金	jīn	462
偞	jié	255	介	jiè	34	斤	jīn	471
祮	jié	269	犗	jiè	36	瑾	jǐn	6
虀	jié	290	誡(诫)	jiè	72	堇	jǐn	30
嶻	jié	297	戒	jiè	82	謹(谨)	jǐn	72
岊	jié	299	鷍	jiè	120	緊(紧)	jǐn	94
碣	jié	304	丯	jiè	138	蓳	jǐn	154
奊	jié	335	疥	jiè	240	饉(馑)	jǐn	164
竭	jié	340	借	jiè	256	錦(锦)	jǐn	249
潔(洁)	jié	373	价	jiè	257	僅(仅)	jǐn	256
鮚(鲒)	jié	384	届	jiè	272	廑	jǐn	302
拮	jié	402	髻	jiè	290	卺	jǐn	487
捷	jié	404	駴	jiè	316	醤	jǐn	493
婕	jié	409	奔	jiè	335	祲	jìn	4
截(截)	jié	418	尬	jiè	336	禁	jìn	5
結(结)	jié	429	悈	jiè	343	瑾	jìn	10
纈	jié	430	畍(界)	jiè	457	藎(荩)	jìn	17
絜	jié	436	璀	jīn	10	玪	jìn	37
硈	jié	439	聿	jīn	93	唫	jìn	40
蠽	jié	446	筋	jīn	135	噤	jìn	40
刦	jié	459	盡	jīn	159	進(进)	jìn	52
劫	jié	460	今	jīn	164	近	jìn	55
鉣	jié	469	巾	jīn	246	靳	jìn	86
子	jié	489	衿(衿)	jīn	265	摰	jìn	115

殣	jìn	127	璥	jǐng	6	瀞(净)	jìng	369
盡(尽)	jìn	158	警	jǐng	73	婧	jìng	411
賮	jìn	200	叡	jǐng	126	妌	jìng	411
晉(晋)	jìn	211	剄(刭)	jǐng	137	境	jìng	456
覲(觐)	jìn	278	井	jǐng	160	勁(劲)	jìng	459
妻(烬)	jìn	327	阱	jǐng	160	鏡(镜)	jìng	463
浸	jìn	358	邢	jǐng	205	冂	jiōng	167
搢	jìn	397	景	jǐng	212	駉	jiōng	314
播	jìn	404	儆	jǐng	254	駉(䮫)	jiōng	316
縉(缙)	jìn	431	頸(颈)	jǐng	284	扃	jiōng	389
墐	jìn	452	憼	jǐng	343	絅(䌹)	jiōng	429
菁	jīng	16	憬	jǐng	351	逈	jiǒng	56
荆	jīng	24	徑(径)	jìng	57	囧	jiǒng	218
莖(茎)	jīng	24	誩	jìng	80	窘	jiǒng	237
鶄(䴖)	jīng	120	競(竞)	jìng	80	裘	jiǒng	266
京	jīng	168	竟	jìng	81	熲(颎)	jiǒng	326
旌	jīng	215	脛(胫)	jìng	131	炯	jiǒng	328
晶	jīng	217	静	jìng	160	煛	jiǒng	329
秔(粳)	jīng	223	桱	jìng	185	泂	jiǒng	370
精	jīng	227	痙(痉)	jìng	241	啾	jiū	38
兢(兢)	jīng	275	惊	jìng	253	赳	jiū	46
驚(惊)	jīng	315	靚(靓)	jìng	278	丩	jiū	69
麠	jīng	318	頚	jìng	285	㿞	jiū	69
泾(泾)	jīng	354	彰	jìng	289	糾(纠)	jiū	69
坙	jīng	375	敬	jìng	295	鬮(阄)	jiū	90
鱷(鲸)	jīng	383	淨	jìng	340	鳩(鸠)	jiū	117
經(经)	jīng	427	靖	jìng	340	樛	jiū	173
蜻	jīng	442	净(净)	jìng	357	樛	jiū	182

J

杦	jiū	182	廄(厩)	jiù	301	駒(驹)	jū	312
勼	jiū	294	麔	jiù	318	狙	jū	322
湫	jiū	368	鯦	jiù	383	篃	jū	337
揫	jiū	398	柩	jiù	422	沮	jū	354
揂	jiū	399	舅	jiù	459	澽	jū	358
摎	jiū	402	琚	jū	9	岨	jū	359
玖	jiǔ	9	苴	jū	29	掬	jū	398
久	jiǔ	174	趄	jū	48	据	jū	398
韭	jiǔ	231	跔	jū	64	捄	jū	402
灸	jiǔ	327	拘	jū	69	尻	jū	471
玏	jiǔ	409	諏(诹)	jū	71	且	jū	471
九	jiǔ	484	臼	jū	84	蒯	jū	473
酒	jiǔ	492	鞠	jū	86	菊	jú	16
邀	jiù	52	䩞	jū	107	蘜	jú	21
舊	jiù	61	鵙(雎)	jū	120	蘜	jú	22
殷	jiù	95	腒	jū	133	局	jú	44
救	jiù	98	椐	jū	177	趜	jú	48
舊(旧)	jiù	113	耶	jū	203	趜	jú	48
鷲(鹫)	jiù	117	窭	jū	234	趜	jú	48
就	jiù	168	疴	jū	240	斝	jú	89
臬	jiù	228	疽	jū	240	鶋	jú	117
臼	jiù	229	罝	jū	245	鵙	jú	117
夊	jiù	234	俱	jū	255	鳥	jú	118
究	jiù	237	裾	jū	266	橘	jú	175
咎	jiù	260	居	jū	271	梮	jú	187
僦	jiù	260	蜀	jū	294	鄹	jú	206
僦	jiù	261	匊(掬)	jū	294	驧	jú	315
齀	jiù	294	岨	jū	302	臭	jú	320

鵴	jú	383	䀰	jù	107	钃	juān	440
挶	jú	395	瞿	jù	115	鐫(镌)	juān	465
鞠	jú	397	巨	jù	149	酮	juān	492
暴	jú	429	虡(虚)	jù	156	䞃	juǎn	133
鱳	jú	437	簴	jù	161	卷	juǎn	292
蜠	jú	444	粔	jù	228	臇	juǎn	447
暈	jú	475	寠(窭)	jù	234	埍	juǎn	455
䩱	jú	477	冣	jù	242	陖	juǎn	481
苴	jǔ	16	倨	jù	253	謖	juàn	79
蒟	jǔ	24	聚	jù	263	奔	juàn	82
咀	jǔ	39	祖	jù	268	睊	juàn	105
踽	jǔ	62	屨(屦)	jù	273	眷	juàn	105
筥	jǔ	144	虡	jù	308	罥	juàn	107
簨	jǔ	146	屏	jù	338	雋(隽)	juàn	113
枸	jǔ	178	懼(惧)	jù	344	䝄	juàn	154
柜	jǔ	179	怚	jù	346	桊	juàn	188
柷	jǔ	196	據(据)	jù	395	圈	juàn	198
耟	jǔ	393	嫭	jù	413	鄄	juàn	207
舉(举)	jǔ	399	堅	jù	453	羂	juàn	244
苣(炬)	jù	29	勮	jù	460	帣	juàn	247
岠	jù	49	鋸(锯)	jù	466	倦	juàn	260
遽	jù	56	鉅(钜)	jù	470	獧	juàn	321
齟	jù	60	醵	jù	494	狷	juàn	323
踞	jù	64	酤	jù	495	懁	juàn	346
距	jù	64	稍	juān	225	縳	juàn	430
句	jù	69	涓	juān	360	絹(绢)	juàn	431
詎(讵)	jù	80	捐	juān	404	券	juàn	460
具	jù	83	娟	juān	416	孿	juàn	473

685

J

勬	juàn	476	爵	jué	161	钁	jué	465
屩	juē	273	桷	jué	184	鈌	jué	469
撅	juē	404	爑	jué	188	較	jué	474
玦	jué	8	疾	jué	239	鵃	jué	483
珏	jué	12	瘚	jué	240	孒	jué	489
蕝	jué	28	佡	jué	259	君	jūn	40
蕨	jué	30	覺(觉)	jué	278	皸(皲)	jūn	96
噱	jué	40	崛	jué	298	麇	jūn	318
趹	jué	46	厥	jué	303	姰	jūn	412
赽	jué	48	獗	jué	310	均	jūn	451
趉	jué	48	駃(駃)	jué	316	鈞(钧)	jūn	467
赿	jué	48	臭	jué	319	軍(军)	jūn	476
蹶	jué	63	玃	jué	322	莙	jùn	18
跌	jué	65	憰	jué	347	菌	jùn	23
谷	jué	68	潏	jué	361	麕	jùn	96
譎(谲)	jué	77	決(决)	jué	365	㕙	jùn	120
訣(诀)	jué	80	抉	jué	398	箘	jùn	142
氒	jué	89	攫	jué	400	餕	jùn	164
欮	jué	105	掘	jué	402	郡	jùn	202
矍	jué	116	垩	jué	417	晙	jùn	214
鶌	jué	117	亅	jué	419	俊	jùn	251
鴂	jué	117	乚	jué	419	陖	jùn	298
鷢	jué	120	毃	jué	424	駿(骏)	jùn	313
矙	jué	128	絶(绝)	jué	428	燇	jùn	319
胐	jué	130	蜐	jué	441	焌	jùn	325
剧	jué	135	蚗	jué	442	竣	jùn	340
鷢	jué	140	蟨	jué	444	浚	jùn	369
鱖	jué	141	劈	jué	459	容	jùn	377

攈	jùn	400	凵	kǎn	45	栲	kǎo	177
畯	jùn	458	埳	kǎn	156	考	kǎo	270
陖	jùn	479	竷	kǎn	171	靠	kào	385
			欿	kǎn	281	珂	kē	11
K			歁	kǎn	281	薖	kē	23
開（开）	kāi	390	顑	kǎn	286	苛	kē	26
緒	kāi	427	惂	kǎn	350	楱	kē	187
剀（剀）	kǎi	135	侃	kǎn	375	柯	kē	188
愷（恺）	kǎi	154	坎	kǎn	453	科	kē	225
愒（愒）	kǎi	342	衎	kàn	59	窠	kē	236
慨	kǎi	342	崁	kàn	159	疴	kē	238
闓（闿）	kǎi	390	闞（阚）	kàn	392	顆（颗）	kē	284
垲（垲）	kǎi	454	穅（康）	kāng	224	磕	kē	305
鍇（锴）	kǎi	462	康	kāng	233	敤	kě	99
鎧（铠）	kǎi	468	歉	kāng	281	可	kě	151
嘅	kài	43	忼（慷）	kāng	342	瀫（渴）	kě	280
欬	kài	281	漮	kāng	368	渴	kě	368
磕	kài	305	閌	kāng	392	坷	kě	454
愾（忾）	kài	349	邟	kàng	205	軻（轲）	kě	477
稭	kài	473	伉	kàng	252	嗑	kè	42
看	kān	105	犺	kàng	321	課（课）	kè	72
刊	kān	136	炕	kàng	329	髁	kè	128
栞	kān	181	忼	kàng	342	刻	kè	136
龕（龛）	kān	385	抗	kàng	403	克	kè	222
戡	kān	418	尻	kāo	272	客	kè	234
戡	kān	418	祰	kǎo	3	騍	kè	270
堪	kān	452	攷	kǎo	99	磬	kè	305
勘	kān	461	丂	kǎo	151	愙（恪）	kè	344

K

溘	kè	373	佝	kòu	258	巧	kuǎ	173
勀	kè	460	滱	kòu	358	跨	kuà	62
齦(龈)	kěn	60	扣	kòu	404	踤	kuà	64
肎(肯)	kěn	134	釦	kòu	465	胯	kuà	130
豤	kěn	308	哭	kū	46	蒯	kuǎi	20
懇(恳)	kěn	352	殙	kū	127	儈	kuǎi	129
墾(垦)	kěn	456	刳	kū	136	噲(哙)	kuài	38
牼	kēng	37	鑿	kū	170	膾(脍)	kuài	134
岍	kēng	299	枯	kū	182	鄶(郐)	kuài	207
硻	kēng	305	頋	kū	286	邮	kuài	209
挳	kēng	403	堀	kū	452	旝	kuài	216
䪧	kēng	476	圣	kū	453	䅘	kuài	224
聲	kēng	477	窟	kū	455	會(会)	kuài	261
阬(坑)	kēng	480	堀	kū	456	廥	kuài	301
空	kōng	236	陪	kū	481	獪(狯)	kuài	319
涳	kōng	362	苦	kǔ	18	快	kuài	342
恐	kǒng	351	酷	kù	28	巜	kuài	374
孔	kǒng	387	嚳(喾)	kù	38	凷(块)	kuài	451
控	kòng	396	絝	kù	230	髋(髋)	kuān	128
摳(抠)	kōu	394	庫(库)	kù	301	寬(宽)	kuān	234
彄(弧)	kōu	424	焅	kù	329	款	kuǎn	279
口	kǒu	38	袥	kù	363	邟	kuāng	205
叩	kǒu	204	絝(绔)	kù	433	恇	kuāng	350
訅	kòu	76	酷	kù	493	洭	kuāng	355
寇	kòu	99	咼	kuā	44	匡	kuāng	421
敂	kòu	99	誇(夸)	kuā	77	誆(诓)	kuáng	75
彀	kòu	121	侉	kuā	259	狂	kuáng	322
殻	kòu	165	夸	kuā	334	軭	kuáng	476

軭	kuáng	477	骙（騤）	kuí	314	晘	kūn	246
貺（贶）	kuàng	202	奎	kuí	334	鯤	kūn	280
曠（旷）	kuàng	211	揆	kuí	400	顋	kūn	286
礦	kuàng	223	戣	kuí	418	髡	kūn	291
磺（矿）	kuàng	304	夔	kuí	440	崑（昆）	kūn	299
廬	kuàng	343	魁	kuí	472	焜	kūn	328
況（况）	kuàng	360	馗（逵）	kuí	484	蜫	kūn	446
纊（纩）	kuàng	435	跬	kuǐ	48	坤	kūn	450
壙（圹）	kuàng	454	頍（頍）	kuǐ	285	踦	kǔn	64
茥	kuī	18	頯	kuǐ	286	梱	kǔn	184
藆	kuī	31	黂（黂）	kuì	29	壼（壶）	kǔn	198
脆	kuī	107	喟	kuì	40	稇	kǔn	224
刲	kuī	137	殨	kuì	127	悃	kǔn	342
虧（亏）	kuī	152	膭	kuì	128	困	kùn	199
窺（窥）	kuī	236	饋（馈）	kuì	163	苦	kuò	20
覬	kuī	277	餽	kuì	164	适	kuò	53
頛	kuī	284	横	kuì	177	銛	kuò	61
悝	kuī	347	鬢	kuì	290	鞟	kuò	85
闚	kuī	391	憒	kuì	348	梧	kuò	188
葵	kuí	15	潰（溃）	kuì	363	栝	kuò	285
跻	kuí	64	聵（聩）	kuì	393	髻	kuò	290
夸	kuí	82	媿（愧）	kuì	415	懖	kuò	347
睽	kuí	104	匱（匮）	kuì	422	漷	kuò	357
夔	kuí	171	琨	kūn	10	霩	kuò	379
楑	kuí	176	蔨	kūn	23	闊（阔）	kuò	392
鄈	kuí	205	鵾	kūn	118	括	kuò	401
傀	kuí	257	翬	kūn	173			
頯	kuí	283	昆	kūn	214			

689

L

拉	lā	190	藍(蓝)	lán	16	莨	láng	23
垃	lā	303	蘭(兰)	lán	16	筤	láng	144
拉	lā	395	嵐	lán	26	稂	láng	181
瓎	là	6	蘫	lán	28	郎	láng	208
劙	là	60	讕(谰)	lán	79	宬	láng	233
臘(腊)	là	132	籃(篮)	lán	144	廊	láng	302
樃	là	178	籣	lán	146	硠	láng	305
刺	là	197	幱	lán	246	狼	láng	322
瘌	là	242	襤(褴)	lán	266	蜋	láng	441
邋	là	247	钄	lán	289	鋃	láng	469
來	lái	6	嵐(岚)	lán	299	粮	láng	473
萊(莱)	lái	30	厱	lán	303	朗	lǎng	217
鯠	lái	37	惏	lán	347	浪	làng	354
來(来)	lái	170	瀾(澜)	lán	361	閬(阆)	làng	390
秾	lái	223	灡	lán	369	牢	láo	36
騋	lái	313	闌(阑)	lán	391	撈(捞)	láo	354
淶(涞)	lái	358	闠	lán	391	勞(劳)	láo	460
睞(睐)	lài	106	婪	lán	414	醪	láo	493
籟(籁)	lài	147	覽(览)	lǎn	277	蒢	lǎo	28
賚(赉)	lài	200	顲	lǎn	286	橑	lǎo	184
賴(赖)	lài	201	擥	lǎn	396	老	lǎo	270
覰	lài	277	嬾(懒)	lǎn	414	潦	lǎo	366
瀨(濑)	lài	363	爛(烂)	làn	327	轑	lǎo	475
癩	lài	377	濫(滥)	làn	361	嫪(髝)	lào	242
鯻	lài	382	嚂(滥)	làn	415	嫪	lào	413
勑	lài	459	藍	làn	493	酪	lào	495
			琅	láng	11	墊	lè	9
			蓈	láng	15	扐	lè	70

音序检字表

勒	lè	87	陮	lěi	479	棃(梨)	lí	175
朸	lè	182	厽	lěi	483	柂	lí	185
樂(乐)	lè	189	絫(累)	lěi	483	邌	lí	204
泐	lè	367	垒	lěi	483	秜	lí	223
扐	lè	401	襰	lèi	3	勠	lí	226
阞	lè	479	莱	lèi	27	欚	lí	245
瓃	léi	8	肋	lèi	130	儷(俪)	lí	257
蠃	léi	115	邦	lèi	207	嫠	lí	289
樏	léi	181	頛	lèi	286	貍	lí	310
櫑	léi	187	頪	lèi	286	驪(骊)	lí	312
欙	léi	189	類(类)	lèi	322	謩	lí	348
儡	léi	260	纇	lèi	428	慈	lí	350
廬	léi	336	勩	lèi	460	鱺(鲡)	lí	381
靁(雷)	léi	378	酹	lèi	495	蔾	lí	416
纍(累)	léi	434	棱	léng	190	綟(缡)	lí	434
畾	lěi	20	冷	lěng	377	纙	lí	436
讄	lěi	79	蘺(蓠)	lí	16	釐(厘)	lí	457
誄(诔)	lěi	79	菫	lí	17	鑗	lí	463
鸓	lěi	121	蘿	lí	27	醨	lí	494
耒	lěi	139	藜	lí	31	禮(礼)	lǐ	2
藟	lěi	177	𥻦(犁)	lí	37	理	lǐ	9
儽	lěi	255	𤛫	lí	37	邐(逦)	lǐ	53
㟮	lěi	298	邌	lí	54	甅	lǐ	97
磊	lěi	306	謧	lí	76	㶊	lǐ	101
灅	lěi	358	嫠	lí	91	豊	lǐ	154
灖	lěi	358	離(离)	lí	111	李	lǐ	175
壘(垒)	lěi	454	雞	lí	112	欚	lǐ	190
鑘	lěi	469	劙	lí	136	郢	lǐ	206

L

俚	lǐ	253	棣	lì	178	砺	lì	366
裏(里)	lǐ	265	櫟(栎)	lì	179	瀝(沥)	lì	369
履	lǐ	273	櫪(枥)	lì	191	溧	lì	377
澧	lǐ	356	酈(郦)	lì	209	鱲	lì	383
鯉(鲤)	lǐ	381	曆(历)	lì	214	鷙	lì	425
鱺	lǐ	381	栗	lì	220	縭	lì	432
鱧(鳢)	lǐ	382	秝	lì	226	蠣	lì	443
蠡	lǐ	447	耩	lì	227	颲	lì	448
里	lǐ	457	粒	lì	227	力	lì	459
醴	lǐ	492	瘌	lì	240	轢(轹)	lì	476
吏	lì	1	癘	lì	240	酹	lì	492
琍	lì	6	詈	lì	245	廉	lián	21
琜	lì	8	儷(俪)	lì	257	蓮(莲)	lián	22
瓅(珕)	lì	10	例	lì	259	連(连)	lián	54
珕	lì	11	厯	lì	273	醴	lián	61
茘	lì	17	覼	lì	277	謰	lián	75
蒚	lì	18	巁	lì	298	簾(帘)	lián	143
荔	lì	30	厲(厉)	lì	303	簽	lián	145
犡	lì	36	厤	lì	303	鎌	lián	162
唳	lì	45	礫(砾)	lì	304	慊	lián	247
趢	lì	49	曆	lì	305	覝	lián	277
歷(历)	lì	49	礪(砺)	lì	306	鬑	lián	290
鬲	lì	87	麗(丽)	lì	318	廉	lián	301
鬻	lì	88	戾	lì	321	磏	lián	304
隸(隶)	lì	93	立	lì	340	燫	lián	328
鵖	lì	119	隷	lì	340	憐(怜)	lián	351
利	lì	135	溧	lì	355	㦁	lián	351
笠	lì	146	渗	lì	363	溓	lián	367

亷	lián	379	酿	liáng	495	鐐（镣）	liào	462
鰱（鲢）	lián	381	脼	liǎng	132	蓼	liǎo	15
聯（联）	lián	392	从	liǎng	165	鄝	liǎo	209
蠊	lián	443	网	liǎng	243	僚	liǎo	252
鏈（链）	lián	462	兩（两）	liǎng	243	燎	liǎo	328
鐮（镰）	lián	466	緉	liǎng	436	獠	liǎo	333
萰（苓）	liǎn	21	蜽（魉）	liǎng	444	憭	liǎo	343
斂（敛）	liǎn	98	諒（谅）	liàng	70	繚（缭）	liǎo	429
槏（琏）	liǎn	187	眼	liàng	106	了	liǎo	489
鄻	liǎn	204	悢	liàng	282	廖	liào	302
撿（捡）	liǎn	395	璙	liáo	6	寮	liào	325
潋	liàn	97	遼（辽）	liáo	55	旭	liào	336
楝	liàn	179	敹	liáo	98	料	liào	472
煉（炼）	liàn	327	鷯（鹩）	liáo	118	茢	liè	22
湅	liàn	372	膫	liáo	132	将	liè	36
變（变）	liàn	412	簝	liáo	145	迾	liè	55
練（练）	liàn	430	寮	liáo	236	迣	liè	55
鍊	liàn	463	瘵（疗）	liáo	242	曼	liè	125
椋	liáng	36	廫（寥）	liáo	302	脟	liè	130
良	liáng	169	獠	liáo	322	列	liè	136
椋	liáng	176	熮	liáo	326	栵	liè	178
梁	liáng	189	憀	liáo	344	栵	liè	183
梁	liáng	227	漻	liáo	360	裂	liè	225
糧（粮）	liáng	228	谬	liáo	376	儠	liè	252
量	liáng	264	聊	liáo	392	裂	liè	268
涼（凉）	liáng	370	撩	liáo	397	鬣	liè	290
飙	liáng	448	嫽	liáo	409	鴷	liè	315
輬（辌）	liáng	474	燎	liáo	452	獵（猎）	liè	322

693

L

烈	liè	325	轔(轔)	lín	478	柃	líng	186
鴷	liè	341	菻	lín	22	图	líng	199
洌	liè	362	亩(廩)	lín	169	鄝	líng	207
岁	liè	375	疄	lín	285	伶	líng	257
擸	liè	396	噷	lín	330	顲	líng	284
甄	liè	423	瘮	lín	377	鹿	líng	318
蛚	liè	442	藺(蔺)	lìn	18	泠	líng	355
蛚	liè	442	吝	lìn	43	凌(淩)	líng	357
颲	liè	448	遴	lìn	54	朕(淩)	líng	377
埒	liè	452	躙	lìn	65	需	líng	378
劣	liè	460	闟	lìn	111	零	líng	378
琳	lín	7	賃(赁)	lìn	201	鲮	líng	383
瞵	lín	103	閔	lìn	326	竉	líng	385
林	lín	192	圖	lìn	447	聆	líng	393
鄰(邻)	lín	202	疄	lìn	458	掕	líng	402
痳	lín	240	玲	líng	9	霎	líng	409
臨(临)	lín	264	靈(灵)	líng	11	瓴	líng	423
嶙	lín	299	苓	líng	19	绫(绫)	líng	430
麟	lín	317	淩(菱)	líng	21	蠕	líng	441
麐(麟)	lín	317	蓋	líng	23	蛉	líng	442
獜	lín	321	齡(龄)	líng	61	鈴(铃)	líng	467
粦	lín	330	翎	líng	111	輘	líng	474
潾	lín	365	笭	líng	146	陵	líng	479
淋	lín	371	菱	líng	158	領(领)	lǐng	284
鄰	lín	375	餕	líng	164	嶺(岭)	lǐng	299
霖	lín	379	鑪	líng	166	令	lìng	292
鰲	lín	380	夌	líng	171	塗	liú	8
鱗(鳞)	lín	383	檸	líng	184	珋	liú	11

694

音序检字表

闀	liú	90	竜(茏)	lóng	22	髏	lóu	128
鹠	liú	118	嚨(咙)	lóng	38	樓(楼)	lóu	184
蒥	liú	143	籠(笼)	lóng	145	僂(偻)	lóu	260
瘤	liú	240	礱	lóng	154	瘻	lóu	302
騮(骝)	liú	312	龑	lóng	184	鰷	lóu	381
鹨	liú	324	櫳(栊)	lóng	191	婁(娄)	lóu	414
瀏(浏)	liú	360	隆	lóng	195	螻(蝼)	lóu	440
漻(流)	liú	374	曨(昽)	lóng	214	簍(篓)	lǒu	144
蟉	liú	444	朧(胧)	lóng	217	塿(塿)	lǒu	455
飀	liú	448	龓	lóng	218	瘦(瘘)	lòu	239
璆	liú	457	癃	lóng	242	漏	lòu	372
留	liú	458	襱	lóng	267	扇	lòu	379
鏐(镠)	liú	468	礸(砻)	lóng	306	陋	lòu	421
镏(镏)	liú	470	瀧(泷)	lóng	367	鏤(镂)	lòu	462
柳	liǔ	179	籠	lóng	377	陋	lòu	480
罶	liǔ	244	龍(龙)	lóng	385	蘆(芦)	lú	16
綹(绺)	liǔ	428	聾(聋)	lóng	393	鸕(鸬)	lú	119
橊	liù	3	蠪	lóng	440	旅	lú	124
翏	liù	110	垄	lǒng	371	臚(胪)	lú	129
鷚	liù	111	垅	lǒng	452	簏	lú	146
鹨	liù	117	壟(垄)	lǒng	455	盧(卢)	lú	157
餾	liù	162	隴(陇)	lǒng	481	枦	lú	178
僇	liù	260	弄	lòng	82	櫨(栌)	lú	183
廇	liù	300	梇	lòng	180	鄽	lú	206
溜	liù	356	摟(搂)	lōu	399	艫(舻)	lú	274
霤	liù	379	蔞(蒌)	lóu	20	顱(颅)	lú	283
六	liù	484	邎	lóu	55	鱸	lú	290
瓏(珑)	lóng	7	謱	lóu	75	廬(庐)	lú	300

695

L

黸	lú	330	麓	lù	192	褸(缕)	lǚ	433
瀘(泸)	lú	372	赂(赂)	lù	200	葎	lǜ	20
攄	lú	404	录	lù	222	律	lǜ	58
臚	lú	422	稑	lù	222	哷	lǜ	125
纑	lú	436	麗	lù	244	膟	lǜ	132
壚(垆)	lú	451	覙	lù	277	慮(虑)	lǜ	341
鑪(铲炉)	lú	465	碌	lù	306	綠(绿)	lǜ	431
蕳	lǔ	19	鹿	lù	317	犘	lǜ	438
魯(鲁)	lǔ	108	潞	lù	355	勴	lǜ	459
樐(樐)	lǔ	188	漉	lù	369	鑢	lǜ	466
虜(虏)	lǔ	219	露	lù	379	孿	luán	17
膚	lǔ	301	娽	lù	412	虊	luán	75
鯆	lǔ	382	戮	lù	418	樊	luán	83
鹵(卤)	lǔ	388	垄	lù	451	鸞(鸾)	luán	116
鋁	lǔ	465	勠	lù	460	臠(脔)	luán	131
禄	lù	2	録(录)	lù	463	樂(栾)	luán	179
璐	lù	7	輅(辂)	lù	474	巒	luán	212
屴	lù	14	陸(陆)	lù	479	灓	luán	279
菉	lù	30	朡(媵)	lù	132	戀(峦)	luán	298
逯	lù	48	驢(驴)	lù	316	欒	luán	365
逮	lù	54	閭(闾)	lú	390	挛(挛)	luán	401
路	lù	65	梠	lǚ	184	鑾(銮)	luán	468
睩	lù	106	旅	lǚ	216	嫡	luǎn	410
鷺(鹭)	lù	118	吕	lǚ	235	卵	luǎn	450
墪	lù	118	侣	lǚ	261	敵	luàn	99
艢	lù	139	褸(褛)	lǚ	265	睯	luàn	125
簬	lù	142	屢(屡)	lǚ	272	亂(乱)	luàn	486
簏	lù	145	溇	lǚ	367	掠	lüè	404

696

蟟	lüè	442	落	luò	26	薶	mái	29
略	lüè	458	犖(荦)	luò	36	瞒	mái	105
鋝(铽)	lüè	466	鮥	luò	85	霾	mái	379
論(论)	lún	71	胳	luò	106	買(买)	mǎi	201
侖(仑)	lún	164	雒	luò	111	邁(迈)	mài	52
棆	lún	176	鵅	luò	118	講	mài	77
倫(伦)	lún	254	殩	luò	127	麥(麦)	mài	170
崙(仑)	lún	299	荟	luò	144	賣(卖)	mài	195
惀	lún	344	駱(骆)	luò	312	脈(脉)	mài	376
淪(沦)	lún	361	烙	luò	329	霡	mài	378
掄(抡)	lún	397	嬴	luò	340	勱(劢)	mài	459
綸(纶)	lún	432	洛	luò	354	趡	mán	48
蜦	lún	443	濼(泺)	luò	357	謾(谩)	mán	75
輪(轮)	lún	477	零	luò	378	鞔	mán	85
陯	lún	482	鮥	luò	381	瞞(瞒)	mán	103
抴	luō	396	纙	luò	429	樠	mán	180
蘿(萝)	luó	22	絡(络)	luò	435	兩	mán	243
邏(逻)	luó	56	鉻(铬)	luò	469	鬘	mán	289
贏	luó	134				懑	mán	347
羅(罗)	luó	244	**M**			鰻(鳗)	mán	381
覶	luó	277	麻	má	230	蠻(蛮)	mán	445
騾(骡)	luó	316	蟆	má	444	矕	mǎn	103
钂	luó	464	馬(马)	mǎ	312	晚	mǎn	103
菰	luǒ	14	禡	mà	4	滿(满)	mǎn	363
蠃(裸)	luǒ	268	鄢	mà	206	蔓	màn	23
砢	luǒ	306	瘍	mà	239	曼	màn	91
赢	luǒ	441	罵(骂)	mà	245	槾	màn	184
䂎	luò	472	蠚	mà	290	幔	màn	247

M

獌	màn	323	蝥	máo	441	懋	mào	345
慢	màn	346	蟊	máo	446	媢	mào	413
嫚	màn	414	矛	máo	473	禖	méi	4
縵（缦）	màn	430	茆	mǎo	17	瑂	méi	10
鏝（镘）	màn	466	茒	mǎo	31	玫	méi	11
鬘	màn	474	昴	mǎo	213	蘪	méi	16
芒	máng	25	夘	mǎo	243	眉	méi	107
牻	máng	36	卯	mǎo	490	脄	méi	129
哤	máng	43	瑁	mào	7	脢	méi	130
盲	máng	106	茂	mào	25	梅	méi	175
冇	máng	184	萺	mào	26	某	méi	180
邙	máng	204	芼	mào	26	枚	méi	181
厖	máng	303	蘇	mào	31	楣	méi	184
駹	máng	313	薔	mào	31	郿	méi	203
尨	máng	319	眊	mào	103	麋	méi	226
汒	máng	359	眊	mào	104	鷶	méi	244
壾	máng	371	瞀	mào	105	黴（霉）	méi	331
蟒	mǎng	32	楳	mào	184	湄	méi	365
莽	mǎng	33	楸	mào	192	媒	méi	406
貓（猫）	māo	311	貿（贸）	mào	201	座	méi	454
茅	máo	18	鄭	mào	205	鋂	méi	469
氂	máo	37	鄮	mào	207	每	měi	14
楸	máo	175	冃	mào	243	苺	měi	17
旄	máo	216	冒	mào	243	美	měi	115
毛	máo	270	袤	mào	266	浼	měi	368
覒	máo	278	薹（耄）	mào	270	媺	měi	409
髦	máo	290	皃（貌）	mào	276	妹	mèi	104
髳	máo	290	覓	mào	278	眛	mèi	106

698

韎	mèi	172	夢(梦)	méng	218	覛	mí	278
昧	mèi	211	冢(蒙)	méng	243	瓕	mí	307
寐	mèi	238	幪	méng	247	麛	mí	317
袂	mèi	266	騢	méng	316	麊	mí	317
顊	mèi	284	濛	méng	367	麋	mí	327
鬽(魅)	mèi	295	霂	méng	379	瀰	mí	373
妹	mèi	407	鯍	méng	381	彌	mí	424
媚	mèi	409	氓	méng	416	縻	mí	435
璊(璊)	mén	9	甍	méng	423	敉	mǐ	98
虋	mén	15	㽟	méng	446	眯	mǐ	106
毢	mén	271	盲	méng	458	芈	mǐ	114
頣	mén	286	醆	méng	492	米	mǐ	227
門(门)	mén	389	猛	měng	321	侎	mǐ	351
捫(扪)	mén	396	蠓	měng	442	灛	mǐ	362
懣(懑)	mèn	349	蜢	měng	445	洣	mǐ	370
悶(闷)	mèn	349	黽(黾)	měng	449	靡	mǐ	385
夢	méng	19	夢(梦)	mèng	218	麼	mǐ	393
茴	méng	23	癒(梦)	mèng	238	弭	mǐ	424
萌	méng	24	懜	mèng	347	絖	mǐ	431
蒙	méng	30	孟	mèng	489	祕(秘)	mì	1
朦	méng	106	迷	mí	54	蔤	mì	22
薨	méng	114	謎(谜)	mí	80	羃	mì	23
矇	méng	119	篃	mí	142	謐(谧)	mì	73
饛	méng	163	麋	mí	228	覓	mì	156
鄳	méng	206	𢎵	mí	228	㿺	mì	157
黽	méng	216	糜	mí	228	冞	mì	214
朦	méng	217	寐	mí	238	鼏	mì	222
盟	méng	218	冞	mí	244	宓	mì	233

M

冖	mì	242	湎	miǎn	370	烕	miè	329
幎	mì	247	鮸（鮸）	miǎn	382	懱	miè	346
幦	mì	248	緬（缅）	miǎn	427	滅（灭）	miè	372
密	mì	298	勉	miǎn	460	搣	miè	397
汨	mì	356	俛	miǎn	488	蠛	miè	445
澠	mì	356	麪（面）	miàn	170	珉	mín	10
覛	mì	376	丏	miàn	234	鴖	mín	118
糸	mì	427	面	miàn	287	旻	mín	211
蠠	mì	446	苗	miáo	26	罠	mín	244
塓	mì	456	鷚	miáo	118	鼨	mín	297
醚	mì	493	媌	miáo	410	忞	mín	344
瞑	mián	103	緢	miáo	429	愍	mín	348
臱（臱）	mián	108	邈（邈）	miǎo	56	暋	mín	398
芇	mián	113	眇	miǎo	106	民	mín	416
櫋	mián	184	篎	miǎo	147	緍	mín	435
宀	mián	232	杪	miǎo	181	鐕	mín	470
寡	mián	233	秒	miǎo	224	敏	mǐn	97
髳	mián	290	藐	miǎo	342	敃	mǐn	97
緜（绵）	mián	426	淼	miǎo	373	敄	mǐn	99
蝒	mián	441	廟（庙）	miào	302	笢	mǐn	142
蛸	mián	442	鱻	miè	88	皿	mǐn	157
鞔	mián	87	蔑	miè	105	愍	mǐn	349
眄	miǎn	106	莫	miè	114	潣	mǐn	362
冕	miǎn	243	蔑	miè	114	泯	mǐn	372
偭	miǎn	257	巀	miè	159	閔（闵）	mǐn	392
丏	miǎn	287	穫	miè	223	閩（闽）	mǐn	445
恌	miǎn	345	幭	miè	247	黽	mǐn	475
沔	miǎn	354	覕	miè	278	茗	míng	32

700

名	míng	40	嘆	mò	44	謀(谋)	móu	71
瞑	míng	105	旻	mò	91	瞴	móu	103
鳴(鸣)	míng	121	眜	mò	104	眸	móu	107
鄍	míng	204	脈	mò	104	犨	móu	170
冥	míng	216	苜	mò	114	繆(缪)	móu	436
朙(明)	míng	218	歿(殁)	mò	126	蟊(蠢)	móu	447
覭	míng	277	塻	mò	126	鍪	móu	464
溟	míng	366	餗(秣)	mò	164	蓩	mòu	17
洺	míng	372	末	mò	181	模	mú	183
姴	míng	410	蓦	mò	219	氋	mú	495
螟	míng	439	糢	mò	228	牡	mǔ	35
銘(铭)	míng	470	瘼	mò	239	拇	mǔ	394
佲	mǐng	235	頟	mò	285	母	mǔ	407
酩	mǐng	495	礳(磨)	mò	306	姆	mǔ	408
命	mìng	40	貘	mò	310	畮(亩)	mǔ	457
謬(谬)	miù	77	貉	mò	310	莫	mù	33
謨(谟)	mó	71	薺(薯)	mò	314	聱	mù	86
髍	mó	129	默	mò	320	牧	mù	100
膜	mó	133	沫	mò	353	目	mù	102
魔	mó	296	漠	mò	359	睦	mù	104
礳(磨)	mó	306	没	mò	366	木	mù	175
摩	mó	401	瀎	mò	369	柰	mù	189
摹	mó	402	嫼	mò	414	穆	mù	223
嫫(嫫)	mó	415	纆	mò	435	幕	mù	247
麽	mǒ	123	墨	mò	453	幏	mù	248
殁	mò	10	鏌(镆)	mò	467	嫪	mù	289
蓦	mò	20	侔	mōu	254	慔	mù	345
莫	mò	33	牟	móu	36	慕	mù	345

M—N

沐	mù	371	戁	nǎn	213	㠑	néi	248
霂	mù	378	赧	nǎn	334	餒	něi	164
坶	mù	451	戁	nǎn	342	内	nèi	165
墓	mù	455	圛	nàn	213	鑡	nèi	470
募	mù	461	囊	náng	198	能	néng	324
			蠰	náng	441	觬(觬)	ní	60
N			曩	nǎng	213	敜	ní	100
袈	ná	268	㺲	náo	6	胰	ní	133
拏(拿)	ná	396	呶	náo	43	鮨	ní	139
挐(拿)	ná	404	譊	náo	74	郳	ní	208
囟	nà	199	夒	náo	171	倪	ní	257
貀	nà	310	橈(桡)	náo	182	䶑	ní	263
魶	nà	380	猱	náo	297	尼	ní	272
納(纳)	nà	428	怓	náo	348	麑	ní	318
軜	nà	476	撓(挠)	náo	398	怩	ní	352
乃	nǎi	151	蟯(蛲)	náo	439	泥	ní	358
奈(柰)	nài	175	鐃(铙)	náo	467	霓	ní	379
佴	nài	212	匘(脑)	nǎo	262	鯢(鲵)	ní	382
鼐	nài	221	夒	nǎo	320	婗	ní	407
耏(耐)	nài	307	㛴(恼)	nǎo	415	蜺	ní	442
渿	nài	367	鬧(闹)	nào	90	輗(輗)	ní	477
訆	nán	76	臑	nào	130	禰(祢)	nǐ	5
鸐(难)	nán	118	淖	nào	363	薿	nǐ	25
枏	nán	175	婥	nào	415	闑	nǐ	90
南	nán	195	肭	nè	68	柅	nǐ	178
湳	nán	358	訥(讷)	nè	74	檷	nǐ	187
挼	nán	396	疒	nè	238	齵	nǐ	290
男	nán	459	瞖	nè	264	擬(拟)	nǐ	400

柅	nǐ	489	淰	niàn	359	闑（闑）	niè	390
逆	nì	53	燃	niàn	406	聶（聂）	niè	394
芇	nì	68	釀	niàng	15	蠥	niè	445
詇	nì	76	釀（酿）	niàng	492	鈮	niè	466
眤	nì	104	蔦（茑）	niǎo	20	轣	niè	476
膩（腻）	nì	133	鳥（鸟）	niǎo	116	甾	niè	478
暱（昵）	nì	213	裊	niǎo	269	陧	niè	480
翵	nì	226	嫋	niǎo	410	孽（孼）	niè	489
覞	nì	277	嬈（娆）	niǎo	415	嶷	níng	19
怒	nì	345	尿	niào	273	薴	níng	26
惄	nì	350	捻	niē	405	嶷	níng	45
伱	nì	366	建	niè	49	寧（宁）	níng	151
匿	nì	421	嚙（啮）	niè	61	嚀	níng	233
縊	nì	432	躡（蹑）	niè	62	冰（凝）	níng	377
拈	niān	396	喦	niè	65	甯	níng	446
黏	nián	163	讘	niè	78	甯	nìng	101
邲	nián	204	聿	niè	92	濘（泞）	nìng	364
年	nián	225	敜	niè	99	佞	nìng	413
黏	nián	226	爾	niè	146	牛	niú	35
鮎（鲇）	nián	382	臬	niè	188	蒟	niǔ	15
辰	niǎn	272	櫱	niè	190	耶	niǔ	209
淰	niǎn	369	齟	niè	195	狃	niǔ	321
撚	niǎn	403	糱（糵）	niè	227	汨	niǔ	368
嬗	niǎn	414	巀	niè	297	紐（纽）	niǔ	432
報	niǎn	476	馹	niè	315	鈕（钮）	niǔ	465
輦（辇）	niǎn	477	臬	niè	337	衵	niǔ	473
廿	niàn	70	涅	niè	363	肭	niǔ	490
念	niàn	342	齧	niè	372	飳	niù	162

農(农)	nóng	84	鴯	nuó	295	帊	pà	248
膿(脓)	nóng	159	㖃	nuó	304	怕	pà	345
襛	nóng	267	娜	nuǒ	410	拍	pāi	396
獽	nóng	320	諾(诺)	nuò	70	俳	pái	259
濃(浓)	nóng	367	觸	nuò	141	排	pái	395
醲(酿)	nóng	493	稬(糯)	nuò	223	㭆	pài	230
癑	nòng	241	懦	nuò	346	溿	pài	355
獳	nóu	321	搦	nuò	401	派	pài	364
浘	nǒu	359				㵦	pài	376
槈	nòu	185	**O**			紣	pài	429
獳	nòu	321	謳(讴)	ōu	74	汖	pān	83
笯	nú	145	毆(殴)	ōu	94	販	pān	103
袽	nú	304	鷗(鸥)	ōu	119	潘	pān	369
奴	nú	408	福	ōu	269	鞶	pán	85
弩	nǔ	425	甌(瓯)	ōu	423	瞥	pán	104
怒	nù	348	齵	óu	60	槃	pán	186
女	nǚ	406	滿(藕)	ǒu	22	幣	pán	246
朒	nù	159	髃	ǒu	128	般	pán	274
肭	nù	217	耦	ǒu	139	鬠	pán	290
恧	nù	351	偶	ǒu	260	鰠	pán	331
奻	nuán	415	歐(欧)	ǒu	280	擎	pán	400
煖	nuǎn	329	漚(沤)	òu	367	胖	pàn	35
㬉	nuǎn	369				叛	pàn	35
夒	nuàn	317	**P**			盼	pàn	103
虐	nüè	155	葩	pā	24	辦	pàn	104
瘧	nüè	240	舥	pā	249	袢	pàn	136
那(那)	nuó	207	杷	pá	186	衼	pàn	268
儺(傩)	nuó	253	琶	pá	420	泮	pàn	372

704

畔	pàn	457	碩	péi	284	弸	péng	424
滂	pāng	360	培	péi	454	輣	péng	474
霶	pāng	473	陪	péi	482	丕	pī	1
旁	páng	1	朏	pěi	217	邳	pī	208
膀	páng	130	邶	pèi	207	旇	pī	216
鄨	páng	206	斾	pèi	215	秠	pī	224
篣	páng	225	帔	pèi	246	伾	pī	253
龐（庞）	páng	301	佩	pèi	251	頯	pī	288
脬	pāo	130	崺	pèi	300	駓（䮘）	pī	313
橐	pāo	198	怖	pèi	348	魾（䱝）	pī	381
泡	pāo	357	浿	pèi	356	魾	pī	382
抛	pāo	405	沛	pèi	358	披	pī	399
咆	páo	44	浿（浿）	pèi	358	抷	pī	401
鞄	páo	85	轡（辔）	pèi	438	坏	pī	455
袍	páo	266	配	pèi	493	鈹（铍）	pī	465
匏	páo	294	噴（喷）	pēn	43	錍	pī	470
庖	páo	301	歕	pēn	279	蚍	pí	17
麃	páo	318	盆	pén	157	芘	pí	24
炮	páo	327	怦	pēng	36	皮	pí	96
麃	pào	96	亨	pēng	168	脾	pí	129
麭	pào	197	抨	pēng	402	膍	pí	132
奅	pào	334	芃	péng	25	辈	pí	153
胚（胚）	pēi	129	蓬	péng	31	魾	pí	165
伾	pēi	159	彭	péng	153	枇	pí	177
醅	pēi	494	棚	péng	187	椑	pí	184
郫	péi	203	倗	péng	253	椑	pí	187
裴	péi	205	騯	péng	314	郫	pí	206
裴	péi	267	搒	péng	404	疲	pí	241

P

貔	pí	310	澼	pì	371	剽	piào	137
羆(罴)	pí	324	闢(辟)	pì	390	僄	piào	258
魮	pí	341	媲	pì	407	驃(骠)	piào	313
鲏	pí	384	甓	pì	423	慓	piào	346
琵	pí	420	翩	piān	110	漂	piào	361
甂	pí	423	篇	piān	143	嫖	piào	414
蠯	pí	443	猵	piān	241	勡	piào	460
蟲	pí	446	偏	piān	258	瞥	piē	105
蠯(蚍)	pí	447	媥	piān	414	撆	piē	401
埤	pí	453	蹁	pián	64	丿	piě	416
陴	pí	482	骿(胼)	pián	128	鐅	piě	465
嚭	pǐ	153	楄	pián	190	嫳	piè	413
痞	pǐ	241	便	pián	256	闅	pīn	90
仳	pǐ	260	駢(骈)	pián	314	姘	pīn	415
顀	pǐ	286	諞(谝)	piǎn	76	玭	pín	11
嶏	pǐ	300	片	piàn	221	賓	pín	16
匹	pǐ	421	犥	piāo	36	響	pín	76
疕	pǐ	454	嘌	piāo	41	矉	pín	104
革	pì	28	趭	piāo	47	櫇	pín	178
譬	pì	71	旚	piāo	216	貧(贫)	pín	201
鸊(鹛)	pì	119	漂	piāo	361	顰	pín	295
副	pì	136	摽	piāo	398	瀕(濒)	pín	374
劈	pì	136	飄(飘)	piāo	448	頻	pín	374
癖	pì	240	瓢	piáo	232	嬪(嫔)	pín	412
僻	pì	258	瞟	piǎo	104	品	pǐn	65
屁	pì	303	膘	piǎo	132	牝	pìn	36
潷	pì	356	覤	piǎo	277	朩	pìn	230
濞	pì	361	縹(缥)	piǎo	431	聘	pìn	393

娉	pìn	412	嶓	pó	249	鋪（铺）	pū	469
俜	pīng	57	婆	pó	412	蒲	pú	18
粤	pīng	151	叵	pǒ	151	羹	pú	82
俜	pīng	255	駊	pǒ	314	僕（仆）	pú	82
艳	pīng	293	迫	pò	55	戹	pú	171
苹	píng	16	敀	pò	97	樸	pú	178
苹	píng	19	膊	pò	133	匍	pú	294
洴	píng	30	轉	pò	173	濮	pú	357
平	píng	152	朴	pò	181	纀	pú	433
缾（瓶）	píng	166	粎	pò	195	璞	pú	451
枰	píng	190	霸	pò	217	酺	pú	494
邢	píng	209	粕	pò	228	譜（谱）	pǔ	80
馮（冯）	píng	315	笤	pò	229	樸（朴）	pǔ	182
帡	píng	323	魄	pò	295	圃	pǔ	199
泙	píng	363	破	pò	306	普	pǔ	214
溯	píng	365	洦	pò	359	溥	pǔ	359
萍	píng	372	酗	pò	493	浦	pǔ	364
餅	píng	422	剖	pōu	136	暴（暴）	pù	213
蛢	píng	441	妴	pōu	414			
坪	píng	451	箁	póu	142	**Q**		
凭	píng	471	髻	póu	290	妻	qī	24
軿	píng	473	掊	póu	396	猗	qī	61
頗（颇）	pō	286	捊	póu	397	踦	qī	62
岥	pō	397	音	pǒu	159	諆	qī	77
坡	pō	451	攴	pū	97	欺	qī	117
鏺（钹）	pō	466	痡	pū	238	殪	qī	127
叵	pó	77	仆	pū	259	觭	qī	139
鄱	pó	207	撲（扑）	pū	403	栖	qī	179

Q

柒	qī	197	畁	qí	82	蚑	qǐ	442
郪	qī	205	齋(脐)	qí	130	睟	qǐ	457
郲	qī	208	其	qí	148	鈚	qǐ	470
期	qī	217	奇	qí	151	軝	qǐ	475
僛	qī	259	巭	qí	154	玘	qǐ	12
欺	qī	281	某(棋)	qí	188	荳	qǐ	15
顉	qī	286	郊	qí	203	芑	qǐ	31
敧	qī	304	祁	qí	205	启	qǐ	41
悽	qī	349	旗	qí	215	起	qǐ	47
慽	qī	350	旂	qí	215	啟(启)	qǐ	97
漆	qī	354	齊(齐)	qí	220	脊	qǐ	134
淒	qī	366	齎	qí	220	豈(岂)	qǐ	154
霋	qī	379	疧	qí	241	杞	qǐ	179
娸	qī	406	耆	qí	270	棨	qǐ	189
妻	qī	407	鬐	qí	291	邔	qǐ	206
戚	qī	419	虁	qí	295	啓	qǐ	212
緀	qī	431	騏(骐)	qí	312	稽(稽)	qǐ	287
七	qī	484	騎(骑)	qí	314	屺	qǐ	298
祺	qí	2	麒	qí	317	綺(绮)	qǐ	430
衼	qí	2	恓	qí	343	綮	qǐ	430
祈	qí	3	淇	qí	355	夥	qǐ	477
璂	qí	8	鮨	qí	383	气	qì	12
其	qí	15	鯕(鲯)	qí	384	芞	qì	17
蘄(蕲)	qí	18	齏	qí	411	葺	qì	28
菒	qí	19	綥	qí	431	咠	qì	41
芪	qí	22	蚔	qí	440	趣	qì	48
赾	qí	46	齏	qí	440	迟	qì	54
跂	qí	65	蚚	qí	440	迄	qì	56

器	qì	67	掐	qiā	404	嵌	qiàn	299
訖(讫)	qì	74	膒	qià	106	骞(騫)	qiān	315
暩	qì	104	刡	qià	138	慊	qiàn	347
啓	qì	105	硈	qià	305	汧	qiān	354
棄(弃)	qì	123	恰	qià	352	汘	qiān	359
肣	qì	131	洽	qià	367	浛	qiān	377
契	qì	138	搳	qià	398	攐	qiān	394
臮	qì	153	芊	qiān	32	掔	qiān	399
聲	qì	154	牵(牽)	qiān	36	搴	qiān	401
磬	qì	166	塞	qiān	47	婜	qiān	411
企	qì	251	趝	qiān	48	鉛(铅)	qiān	462
忮	qì	262	遷(迁)	qiān	53	阡	qiān	482
裧	qì	265	迁	qiān	55	赶	qián	49
屓	qì	272	千	qiān	69	前(前)	qián	49
屚	qì	272	謙(谦)	qiān	73	雈	qián	112
頪	qì	286	辛	qiān	81	箝	qián	145
磧(碛)	qì	305	羋	qiān	83	箱	qián	146
砌	qì	306	臤	qiān	93	虔	qián	155
契	qì	335	雃	qiān	112	鄔	qián	205
愒	qì	345	羥(羟)	qiān	115	黔	qián	331
憇	qì	351	籖(签)	qiān	146	黔	qián	331
汽	qì	368	僉(佥)	qiān	164	灊	qián	354
湆	qì	368	鄐	qiān	209	潜(潜)	qián	366
泣	qì	372	褰	qiān	266	拑	qián	395
揭	qì	399	覷	qiān	279	掮	qián	400
嫛	qì	412	欦	qiān	280	媊	qián	408
甈	qì	423	顅	qiān	286	錢(钱)	qián	465
亟	qì	450	髯	qiān	290	鈐(钤)	qián	465

Q

鉗（钳）	qián	466	羥	qiāng	362	翹（翘）	qiáo	109
乾	qián	486	戕	qiāng	418	樵	qiáo	180
掔	qiǎn	37	斨	qiāng	471	橋（桥）	qiáo	189
遣	qiǎn	53	蘠	qiáng	22	僑（侨）	qiáo	253
譴（谴）	qiǎn	78	牆（墙）	qiáng	170	顀（惟）	qiáo	286
槏	qiǎn	184	嶈	qiáng	299	喬（乔）	qiáo	336
淺（浅）	qiǎn	363	嬙（嫱）	qiáng	416	鐈	qiáo	463
繾（缱）	qiǎn	437	彊（强）	qiáng	424	巧	qiǎo	149
譽	qiǎn	481	強（强）	qiáng	440	悄	qiǎo	350
茜	qiàn	20	禒	qiǎng	265	譙（谯）	qiǎo	78
茨	qiàn	21	繈	qiǎng	428	鞘	qiào	87
槧（椠）	qiàn	189	勥	qiǎng	459	竅（窍）	qiào	236
倩	qiàn	252	嗆	qiàng	38	撽	qiào	403
倪（伲）	qiàn	256	趫	qiāo	46	陗	qiào	479
傔	qiàn	261	趞	qiāo	46	切	qiē	136
欠	qiàn	279	蹻	qiāo	62	姕	qiē	414
歉	qiàn	281	毃	qiāo	94	且	qiě	471
鎌（鎌）	qiàn	381	敲	qiāo	99	藒	qiè	17
綪	qiàn	431	墝	qiāo	100	麩	qiè	60
堅（埑）	qiàn	454	骹	qiāo	128	妾	qiè	81
瑲（玱）	qiāng	9	鄡	qiāo	205	朅	qiè	158
蹡	qiāng	62	幧	qiāo	248	竊（窃）	qiè	228
蹌（跄）	qiāng	62	顤	qiāo	284	疢	qiè	241
羌	qiāng	115	磽（硗）	qiāo	305	犽	qiè	321
腔	qiāng	134	繑	qiāo	433	愜（惬）	qiè	342
牆	qiāng	165	墩	qiāo	451	悡	qiè	350
槍（枪）	qiāng	185	荍	qiáo	17	浹	qiè	359
椌	qiāng	189	蕎	qiáo	30	鯜	qiè	382

挈	qiè	395	禽	qín	485	檾	qǐng	230
妾	qiè	415	蔓	qín	29	檾	qǐng	370
匧	qiè	421	趣	qǐn	47	磬	qìng	166
緁	qiè	433	赾	qǐn	48	窒	qìng	236
鍥（锲）	qiè	466	梫	qǐn	176	磬	qìng	305
窺	qīn	233	寑（寝）	qǐn	234	慶（庆）	qìng	343
侵	qīn	256	癢	qǐn	238	瀨	qìng	370
衾	qīn	268	蟫	qǐn	438	清	qìng	377
親（亲）	qīn	278	菣	qìn	22	鑿	qìng	467
欽（钦）	qīn	279	沁	qìn	355	营	qiōng	16
駸（骎）	qīn	314	濥	qìn	356	銎	qiōng	465
綅	qīn	433	青	qīng	160	瓊（琼）	qióng	6
芹	qín	15	傾（倾）	qīng	255	藭（劳）	qióng	16
芹	qín	20	頃（顷）	qīng	262	蔓	qióng	19
荃	qín	21	卯	qīng	293	趛	qióng	47
芩	qín	21	卿	qīng	293	閛	qióng	84
靲	qín	87	清	qīng	362	襄	qióng	104
敓	qín	99	輕（轻）	qīng	474	桏	qióng	176
秦	qín	225	陘	qīng	480	竆	qióng	203
瘽	qín	239	檠	qíng	188	邛	qióng	207
㾱	qín	303	姓	qíng	219	穹	qióng	237
鈐	qín	383	黥	qíng	332	窮（穷）	qióng	237
聆	qín	393	情	qíng	341	惷	qióng	350
捡	qín	395	鯨	qíng	381	焭（茕）	qióng	385
琴	qín	420	勍	qíng	459	蛩	qióng	444
堇	qín	456	馨	qǐng	70	肇	qióng	475
勤	qín	460	請（请）	qǐng	70	蓲	qiū	18
矜	qín	473	庼（庼）	qǐng	167	萩	qiū	22

711

Q

趥	qiū	47	毬	qiú	271	驅	qū	382
搝	qiū	118	恘	qiú	349	區(区)	qū	421
簌	qiū	147	汼	qiú	366	曲	qū	422
楸	qiū	177	絿	qiú	429	豐	qū	422
邱	qiū	209	蝤	qiú	440	蛐	qū	439
秋	qiū	225	虬	qiú	443	坥	qū	455
丘	qiū	263	蠡	qiú	447	驅	qū	480
鰌(鳅)	qiū	382	酋	qiú	495	阹	qū	482
緧	qiū	435	糗	qiǔ	228	璩	qú	11
球	qiú	7	苢	qū	28	蘧	qú	15
莱	qiú	24	苗	qū	29	邃	qú	16
艽	qiú	29	趨(趋)	qū	46	蘧	qú	47
叴	qiú	42	詘(诎)	qū	79	瞿	qú	57
逑	qiú	54	胠	qū	130	衢	qú	59
遒	qiú	55	胆(蛆)	qū	134	躣	qú	62
尳	qiú	80	邃	qū	144	翑	qú	110
鼽	qiú	108	厶	qū	158	鸜	qú	119
脙	qiú	131	袪	qū	189	鴝(鸲)	qú	120
肍	qiú	133	篛	qū	228	膒(癯)	qú	131
觩	qiú	139	但	qū	257	朐	qú	133
觓	qiú	141	虛	qū	263	郐	qú	208
梂	qiú	179	軀(躯)	qū	264	氍	qú	271
囚	qiú	199	袪	qū	266	鼩	qú	324
賕(赇)	qiú	201	屈	qū	273	濯	qú	356
郝	qiú	209	岨	qū	298	渠	qú	364
俅	qiú	251	驅(驱)	qū	315	鸜	qú	384
仇	qiú	260	焌	qū	325	絇	qú	434
裘(求)	qiú	270	魼	qū	380	蠷	qú	446

鼩	qú	449	佺	quán	254	卻（却）	què	292
劬	qú	461	髷	quán	290	碏	què	305
鑺	qú	470	泉	quán	375	礐	què	305
斪	qú	472	拳	quán	394	确	què	305
鴝	qú	475	捲	quán	402	碻	què	306
齲（龋）	qǔ	61	騹	quán	424	誰	què	340
取	qǔ	91	絟	quán	436	愨（悫）	què	342
竘	qǔ	340	罐	quán	439	潅	què	367
娶	qǔ	406	銓（铨）	quán	466	闕（阙）	què	390
趣	qù	46	輇（辁）	quán	477	関（阕）	què	392
去	qù	158	朐	quǎn	228	榷	què	403
麮	qù	170	犬	quǎn	319	塙	què	451
覷	qù	277	〈（甽）	quǎn	374	踆	qūn	48
屈	qù	389	綣（绻）	quǎn	437	逡	qūn	54
闃（阒）	qù	392	券	quàn	137	夋	qūn	171
蜡	qù	442	勸	quàn	173	囷	qūn	198
佺	quān	343	縓	quàn	431	麇	qún	98
悛	quān	345	綮	quàn	434	羣（群）	qún	115
鐉	quān	469	勸（劝）	quàn	460	宭	qún	234
荃	quán	28	缺	quē	166	帬（裙）	qún	246
栓	quán	36	猷	quē	168			
趣	quán	48	蹶	qué	64	**R**		
齻	quán	60	趡	què	46	蘸	rán	23
跧	quán	62	殼	què	94	嘫	rán	41
詮	quán	73	雀	què	111	肤	rán	134
牆	quán	139	鳥	què	121	顅（髯）	rán	288
佺（全）	quán	165	権	què	189	然	rán	325
權（权）	quán	179	青	què	243	燃	rán	428

R

蚺(蚦)	rán	438	惹	rě	352	艿	réng	30
䑳	rán	449	熱(热)	rè	329	訉	réng	72
橪	rǎn	178	人	rén	251	甶	réng	151
偒	rǎn	257	仁	rén	251	朲	réng	178
冄(冉)	rǎn	307	任	rén	256	仍	réng	255
染	rǎn	371	儿	rén	275	陾	réng	482
蒅	rǎn	379	壬	rén	488	遝	rì	55
姌	rǎn	410	荏	rěn	15	日	rì	211
燃	rǎn	411	苃	rěn	17	馹(驲)	rì	316
㬰	rǎn	495	羊	rěn	68	䇪	rì	388
禳	ráng	4	朲	rěn	181	茸	róng	31
蘘	ráng	16	稔	rěn	225	蓉	róng	32
籢	ráng	145	忍	rěn	351	鞋	róng	87
鄸	ráng	206	牣	rèn	37	融	róng	88
穰	ráng	225	訒(讱)	rèn	74	榮(荣)	róng	180
瀼	ráng	372	刃	rèn	138	容	róng	233
孃	ráng	415	飪(饪)	rèn	162	頌(颂)	róng	283
鑲	ráng	463	靭(韧)	rèn	173	髶	róng	290
朖	rǎng	131	朸	rèn	180	嶸(嵘)	róng	299
纕	rǎng	433	牣	rèn	246	駥	róng	317
壤	rǎng	451	仞	rèn	251	溶	róng	362
讓(让)	ràng	78	衽	rèn	265	搑	róng	399
攘	ràng	394	恁	rèn	346	戎	róng	418
荛(荛)	ráo	29	妊	rèn	407	甋	róng	423
憢	ráo	37	紝	rèn	428	鎔(镕)	róng	463
饒(饶)	ráo	163	紉(纫)	rèn	434	醀	róng	493
擾	rǎo	398	靱(韧)	rèn	475	冗(宂)	rǒng	233
繞(绕)	rào	429	扔	rēng	401	軵	rǒng	324

搑	rǒng	401	粫	rǔ	229	叡(睿)	ruì	126
軵	rǒng	477	嬳	rǔ	238	汭	ruì	360
鍒	róu	85	汝	rǔ	355	蜹	ruì	442
脎	róu	132	乳	rǔ	387	銳(锐)	ruì	466
柔	róu	182	擩	rǔ	399	犉	rún	36
粈	róu	228	辱	rǔ	491	睴	rún	104
腬	róu	287	醹	rǔ	493	甤	rǔn	271
蹂	róu	439	蓐	rù	32	閏(闰)	rùn	5
猱	róu	457	入	rù	165	胸	rùn	134
鍒	róu	470	溽	rù	363	潤(润)	rùn	368
騥(𫘬)	róu	475	澩	rù	367	捼	ruó	401
肉	róu	485	縟(缛)	rù	432	蒻	ruò	18
搙	rǒu	57	瞁	ruán	457	若	ruò	28
煣	rǒu	327	堧	ruǎn	24	腏	ruò	133
肉	ròu	129	甏	ruǎn	96	箬	ruò	142
茹	rú	29	偄	ruǎn	258	叒	ruò	194
翟	rú	112	碝	ruǎn	304	弱	ruò	289
挐	rú	209	耎	ruǎn	339	爇	ruò	325
帤	rú	246	媆	ruǎn	415	溺	ruò	354
儒	rú	251	緛	ruǎn	433			
襦	rú	267	蠕	ruǎn	442		S	
嚅	rú	295	蕤	ruí	25	靸	sǎ	85
濡	rú	358	桵	ruí	177	灑(洒)	sǎ	371
如	rú	411	狳	ruí	195	㸚	sà	57
嬬	rú	414	緌	ruí	432	趿	sà	63
絮	rú	435	鎣	ruǐ	352	卅	sà	70
孺	rú	489	瑞	ruì	8	樧	sà	228
鄏	rǔ	204	芮	ruì	26	馺	sà	314

S

洒	sà	369	薃	sǎo	21	霎	shà	370
颯(飒)	sà	448	嫂	sǎo	408	霎	shà	380
鈒	sà	468	埽(扫)	sǎo	452	籭	shāi	144
鳃	sāi	139	瑟	sè	8	筛	shāi	144
簺	sài	147	嗇(啬)	sè	31	曬(晒)	shài	213
賽(赛)	sài	202	翜	sè	50	珊	shān	11
塞	sài	453	窸	sè	150	芟	shān	27
三	sān	5	嗇	sè	169	苫	shān	28
慘	sān	36	梀	sè	192	蔎	shān	29
毵	sān	145	穑	sè	222	羴(膻)	shān	115
糁(糁)	sǎn	162	色	sè	293	脠	shān	133
糁	sǎn	227	塞	sè	343	删	shān	136
繖(伞)	sǎn	437	濇(涩)	sè	363	笘	shān	146
散	sàn	112	涑	sè	366	樹(杉)	shān	177
散	sàn	134	瑟	sè	420	邶	shān	209
栜(散)	sàn	230	轖	sè	474	店	shān	240
散	sàn	246	森	sēn	193	挻	shān	269
喪(丧)	sāng	46	僧	sēng	261	衫	shān	270
桑	sāng	194	殺(杀)	shā	95	彡	shān	288
顙(颡)	sǎng	283	椒	shā	179	髟	shān	289
喪(丧)	sàng	46	沙	shā	363	山	shān	297
臊	sāo	133	鲨	shā	383	潸	shān	371
傕	sāo	258	鍛(铩)	shā	465	霰	shān	378
騷(骚)	sāo	316	莲	shà	15	挻	shān	397
慅	sāo	349	窶	shà	110	姗	shān	415
鳋	sāo	383	翜	shà	110	纔	shān	431
搔	sāo	398	箑	shà	145	縿	shān	434
繰(缫)	sāo	427	歃	shà	280	睒	shǎn	103

覢	shǎn	278	蔏	shāng	88	邵	shào	292
獡	shǎn	320	殤(殇)	shāng	126	娋	shào	413
跕	shǎn	330	觴(觞)	shāng	140	紹(绍)	shào	428
夾	shǎn	335	鬺	shāng	167	劭	shào	460
閃(闪)	shǎn	391	賷(商)	shāng	201	賒(赊)	shē	201
㛪	shǎn	414	傷(伤)	shāng	259	奢	shē	337
陝(陕)	shǎn	481	慯	shāng	350	斳(折)	shé	29
禪(禅)	shàn	4	餯	shǎng	162	舌	shé	67
訕(讪)	shàn	75	賞(赏)	shǎng	200	揲	shé	395
善	shàn	80	上	shàng	1	蛇	shé	448
膳	shàn	132	尚	shàng	34	捨(舍)	shě	396
贍(赡)	shàn	202	莦	shāo	25	社	shè	4
鄯	shàn	203	箱	shāo	144	䛐	shè	27
疝	shàn	240	筲	shāo	144	設(设)	shè	73
偏	shàn	254	梢	shāo	178	赦	shè	98
僐	shàn	259	稍	shāo	225	舍	shè	164
狦	shàn	320	燒(烧)	shāo	325	躲(射)	shè	166
煽	shàn	329	捎	shāo	399	䏿	shè	172
汕	shàn	365	韶	sháo	80	麝(麝)	shè	318
鱓(鳝)	shàn	382	袑	sháo	181	懾(慑)	shè	350
扇	shàn	389	杓	sháo	186	涻	shè	359
擅	shàn	400	少	shǎo	34	渉(涉)	shè	374
嬗	shàn	412	㚻	shǎo	207	攝(摄)	shè	396
繕(缮)	shàn	434	哨	shào	43	揎	shè	405
蟮	shàn	442	卲	shào	100	蔘	shēn	17
壇	shàn	443	潲	shào	203	藻	shēn	18
墠(埠)	shàn	454	邵	shào	204	呻	shēn	43
商	shāng	68	袑	shào	267	詵(诜)	shēn	70

717

S

侻	shēn	91	痒	shěn	239	蛖	shēng	442
傪	shēn	97	弞	shěn	279	賸	shèng	187
胂	shēn	130	頤	shěn	285	賸(剩)	shèng	200
曑	shēn	181	沈	shěn	367	晟	shèng	214
槮	shēn	182	瀋(沈)	shěn	370	聖(圣)	shèng	393
甡	shēn	195	哉	shěn	418	勝(胜)	shèng	460
曑(参)	shēn	217	裖	shèn	4	蓍	shī	22
突	shēn	236	甚	shèn	24	詩(诗)	shī	71
侁	shēn	255	腎(肾)	shèn	129	妳	shī	97
伸	shēn	257	甚	shèn	150	師(师)	shī	194
侺	shēn	260	罙	shèn	244	邿	shī	208
身	shēn	264	欪	shèn	280	施	shī	216
兟	shēn	276	慎	shèn	342	尸	shī	271
屾	shēn	300	滲(渗)	shèn	362	屍(尸)	shī	272
駪(骁)	shēn	316	蜃	shèn	443	饣	shī	278
燊	shēn	333	牲	shēng	36	溼(湿)	shī	368
深	shēn	356	笙	shēng	147	失	shī	400
扨	shēn	400	生	shēng	195	纒	shī	430
姺	shēn	406	昇	shēng	214	蝨	shī	441
娠	shēn	407	聲(声)	shēng	393	螆	shī	443
紳(绅)	shēn	432	甥	shēng	459	蝨(虱)	shī	446
申	shēn	492	勝(胜)	shēng	460	鼀	shī	449
神	shén	2	升	shēng	473	鉈(铊)	shī	468
魆	shén	295	繩(绳)	shéng	434	釃(酾)	shī	492
宷	shěn	35	眚	shěng	105	祏	shí	3
諗(谂)	shěn	72	槯	shěng	186	十	shí	69
瞫	shěn	105	渻	shěng	363	識(识)	shí	72
弞(矧)	shěn	167	婧	shěng	413	篒	shí	147

718

食	shí	161	逝	shì	52	侍	shì	255
時(时)	shí	211	適(适)	shì	52	視(视)	shì	277
秲	shí	226	徥	shì	57	駛(驶)	shì	316
寔	shí	233	跮	shì	63	恀	shì	344
實(实)	shí	233	舐(舓)	shì	67	澨	shì	365
什	shí	256	世	shì	70	媞	shì	411
石	shí	304	諟(谥)	shì	72	氏	shì	417
鼫	shí	324	誓	shì	72	勢(势)	shì	461
湜	shí	362	試(试)	shì	72	銴	shì	468
拾	shí	400	謚(谥)	shì	79	軾(轼)	shì	474
蝕(蚀)	shí	443	事	shì	92	收	shōu	99
塒(埘)	shí	453	弒	shì	95	守	shǒu	234
芺	shǐ	15	眂	shì	103	百	shǒu	287
菌(屎)	shǐ	29	眎	shì	105	首	shǒu	287
史	shǐ	92	奭	shì	109	手	shǒu	394
駛	shǐ	161	鳾	shì	121	售	shòu	45
矢	shǐ	166	翥	shì	139	受	shòu	125
使	shǐ	257	筮	shì	143	瘦	shòu	241
豕	shǐ	307	式	shì	149	壽(寿)	shòu	270
駛(驶)	shǐ	316	曡	shì	161	狩	shòu	322
始	shǐ	409	市	shì	167	授	shòu	397
示	shì	2	柿	shì	175	綬(绶)	shòu	432
士	shì	12	貰	shì	201	鏉	shòu	469
蒔(莳)	shì	26	釋	shì	227	獸(兽)	shòu	485
釋(释)	shì	35	室	shì	232	蔬	shū	32
噬	shì	39	憴	shì	247	逌	shū	62
嗜	shì	42	飾(饰)	shì	247	疋	shū	65
是	shì	51	仕	shì	251	疏	shū	65

S

延（疏）	shū	65	秫	shú	223	庶	shù	302
叔	shū	91	朮	shú	231	恕	shù	343
書（书）	shū	93	塾	shú	456	沭	shù	357
殳	shū	94	數（数）	shǔ	97	澍	shù	366
杸	shū	94	貾	shǔ	201	漱	shù	370
殳	shū	95	睹	shǔ	211	戍	shù	418
舒	shū	125	暑	shǔ	213	鉥（铢）	shù	465
殊	shū	126	曙	shǔ	214	隃	shù	481
樞（枢）	shū	184	黍	shǔ	226	唰	shuā	39
梳	shū	185	署	shǔ	245	㕞	shuā	91
樔	shū	189	襡	shǔ	267	刷	shuā	137
鄃	shū	205	屬（属）	shǔ	273	瘵	shuāi	242
鄃	shū	209	鼠	shǔ	323	達	shuài	51
輸	shū	247	蜀	shǔ	440	衛	shuài	59
倏	shū	321	庶	shù	17	帥（帅）	shuài	246
儵	shū	331	述	shù	52	率	shuài	438
洙	shū	357	術（术）	shù	59	蟀（蟀）	shuài	441
淑	shū	362	豎（竖）	shù	94	腨	shuàn	131
抒	shū	400	數（数）	shù	97	膞	shuàn	292
姝	shū	409	尌	shù	153	篹	shuàn	477
毹	shū	409	豎	shù	156	孿（孪）	shuàn	489
紓（纾）	shū	428	柔	shù	177	雙（双）	shuāng	116
練	shū	437	樹（树）	shù	180	鷞（鹴）	shuāng	117
輸（输）	shū	476	束	shù	197	霜	shuāng	379
疏	shū	490	疢	shù	241	爽	shuǎng	101
璹	shú	8	侸	shù	255	誰（谁）	shuí	79
孰	shú	89	裋	shù	269	脽	shuí	130
贖（赎）	shú	201	荗	shù	270	水	shuǐ	353

睡	shuì	105	蕬	sī	21	枱(耜)	sì	186
鵻	shuì	112	虒	sī	156	枱	sì	186
說	shuì	164	榹	sī	186	柶	sì	186
税	shuì	225	私	sī	223	俟	sì	253
帨	shuì	246	罳	sī	245	佀(似)	sì	256
裞	shuì	269	司	sī	291	隶	sì	307
涗	shuì	369	厶	sī	296	燚	sì	309
吮	shǔn	39	澌	sī	323	罵(兕)	sì	311
楯	shǔn	184	虪	sī	323	駟(驷)	sì	314
揗	shǔn	396	思	sī	341	騃	sì	315
蕣	shùn	24	澌	sī	358	竢	sì	340
瞚(瞬)	shùn	106	漸	sī	368	泗	sì	357
舜	shùn	172	澌	sī	377	涘	sì	359
順(顺)	shùn	285	䨘	sī	378	洓	sì	364
鬊	shùn	290	總(緦)	sī	436	汜	sì	364
説(说)	shuō	73	絲(丝)	sī	438	四	sì	483
箾	shuō	146	颸(飔)	sī	448	巳	sì	491
槊	shuò	192	斯	sī	472	松	sōng	180
朔	shuò	217	死	sǐ	127	嵩	sōng	299
欶	shuò	280	祀	sì	3	娀	sōng	408
碩(硕)	shuò	284	蕼	sì	19	蜙	sōng	442
獡	shuò	320	薜	sì	20	竦	sǒng	340
爍(烁)	shuò	329	牭	sì	36	愯	sǒng	344
搠	shuò	394	嗣	sì	66	慫(怂)	sǒng	347
妁	shuò	406	寺	sì	96	㥜(耸)	sǒng	393
鑠(铄)	shuò	463	笥	sì	144	送	sòng	53
褷	sī	2	飤	sì	162	誦(诵)	sòng	71
玊	sī	10	秭	sì	170	訟(讼)	sòng	78

721

S

宋	sòng	235	梀	sù	184	歲（岁）	suì	50
頌（颂）	sòng	283	夙	sù	219	遂	suì	55
蒐	sōu	20	槊（粟）	sù	220	誶（谇）	suì	79
膄	sōu	133	宿	sù	234	轊	suì	172
艘（艘）	sōu	189	廬	sù	317	檖	suì	178
螋	sōu	205	潚	sù	360	旞	suì	215
獀	sōu	319	泝	sù	365	采	suì	224
涑	sōu	371	素	sù	437	穟	suì	224
搜	sōu	404	茜	sù	494	邃	suì	237
颼（飕）	sōu	448	狻	suān	322	襚	suì	269
藪（薮）	sǒu	27	霰	suān	378	碎	suì	305
嗾	sǒu	44	酸	suān	494	憓	suì	344
叜（叟）	sǒu	91	匴	suǎn	421	甀	suì	423
瞍	sǒu	106	祘	suàn	5	繀	suì	427
籔	sǒu	144	蒜	suàn	29	繐	suì	432
溲	sǒu	369	筭	suàn	148	繸	suì	436
蘇（苏）	sū	15	算	suàn	148	鐩	suì	463
穌（稣）	sū	225	荽	suī	16	䥲（燧）	suì	483
窣	sū	237	鞖	suī	87	蓀（荪）	sūn	32
俗	sú	257	奞	suī	113	飧（飱）	sūn	162
蓫	sù	21	夂	suī	171	孫（孙）	sūn	426
速	sù	52	倠	suī	260	膞	sǔn	133
訴（诉）	sù	78	雖（虽）	suī	439	筍（笋）	sǔn	142
謖（悚）	sù	88	隨（随）	suí	52	骫	sǔn	152
肅（肃）	sù	92	綏（绥）	suí	437	損（损）	sǔn	400
鷫（鹔）	sù	117	髓（髓）	suǐ	128	潠	sùn	373
楸	sù	176	祟	suì	4	莎	suō	30
橚	sù	182	夽	suì	34	趖	suō	47

722

傞	suō	259	嗒	tà	67	箈	tái	24
莎	suō	269	譶	tà	76	菭	tái	142
潒	suō	370	譅	tà	76	邰	tái	203
摍	suō	400	譋	tà	78	駘(骀)	tái	316
娑	suō	412	嘉	tà	80	鮐	tái	326
縮(缩)	suō	429	曘	tà	110	鮧(鲐)	tái	383
瑣(琐)	suǒ	9	沓	tà	150	臺(台)	tái	388
櫯	suǒ	170	馨	tà	154	孅	tái	414
索	suǒ	195	馨	tà	154	態(态)	tài	346
肻	suǒ	200	鈒	tà	166	汏	tài	369
索	suǒ	234	榻	tà	180	泰	tài	371
硰	suǒ	305	榻	tā	180	嘽	tān	39
惢	suǒ	352	榻	tà	192	貪(贪)	tān	201
溑	suǒ	359	毾	tà	271	灘(滩)	tān	365
鎖(锁)	suǒ	470	磴	tà	306	攤(摊)	tān	405
所	suǒ	472	猾	tà	321	蕁(荨)	tán	18
些	suò	50	大	tà	334	談(谈)	tán	70
膆	suò	133	濕(湿)	tà	357	箌	tán	146
			渣	tà	369	覃	tán	169
T			蹀(蹀)	tà	384	檀	tán	179
			齰	tà	385	橝	tán	184
它	tā	448	闒(闒)	tà	390	郯	tán	208
獺(獭)	tǎ	323	闒(闼)	tà	392	鄲	tán	208
鰨(鳎)	tǎ	380	搨	tà	402	曇(昙)	tán	214
塔	tǎ	456	撻(挞)	tà	402	禫	tán	228
少	tà	50	婼	tà	412	倓	tán	252
逤	tà	52	鎕	tà	469	獯	tán	310
蹋	tà	62	胎	tāi	129	燂	tán	328
踏	tà	63						

T

惔	tán	350	堂	táng	452	騊(騇)	táo	316
潭	tán	356	塘	táng	456	洮	táo	354
彈(弹)	tán	425	鏜	táng	470	鋽	táo	470
壇(坛)	tán	455	曭	tǎng	103	陶	táo	481
錟(锬)	tán	468	帑	tǎng	248	討(讨)	tǎo	79
菼	tǎn	21	儻(傥)	tǎng	261	特	tè	36
噆	tǎn	41	欆	tāo	36	貣	tè	200
肒	tǎn	134	慆	tāo	37	忒	tè	346
醓	tǎn	159	夊	tāo	91	忒	tè	346
襢	tǎn	267	饕	tāo	163	蟘	tè	439
緂	tǎn	432	韜(韬)	tāo	172	縢(縢)	téng	74
坦	tǎn	452	駣	tāo	314	䲢	téng	156
嘆(叹)	tàn	43	夲	tāo	338	䞚	téng	248
歎(叹)	tàn	280	慆	tāo	345	騰(腾)	téng	316
炭	tàn	326	滔	tāo	360	滕	téng	361
探	tàn	401	濤(涛)	tāo	373	縢	téng	434
撢	tàn	401	搯	tāo	395	䑳	téng	438
募	tāng	19	鼗	tāo	422	鷈(鹈)	tī	119
鼞	tāng	154	彂	tāo	425	剔	tī	138
湯(汤)	tāng	369	條	tāo	433	梯	tī	187
鏜(镗)	tāng	467	萄	táo	31	荑	tí	17
唐	táng	41	咷	táo	39	蒡	tí	23
踼	táng	64	逃	táo	55	嗁(啼)	tí	44
棠	táng	176	詢	táo	76	趧	tí	49
鄌	táng	209	鞀	táo	86	徲	tí	58
糖	táng	229	匋	táo	165	蹏(蹄)	tí	62
闛	táng	391	桃	táo	175	鵜	tí	119
螳	táng	445	檮(梼)	táo	190	禔	tí	267

題	tí	277	天	tiān	1	朓	tiāo	473
題(题)	tí	283	沾	tiān	355	蓚	tiáo	19
厗	tí	303	痶	tiān	459	芀	tiáo	22
騠(䭶)	tí	316	嗔	tián	41	苕	tiáo	31
鯷	tí	382	畋	tián	99	迢	tiáo	49
提	tí	396	甜	tián	150	迢	tiáo	56
綈(绨)	tí	430	寘	tián	237	調(调)	tiáo	73
緹(缇)	tí	431	恬	tián	343	條(条)	tiáo	181
鍗	tí	465	闐(阗)	tián	391	齠	tiáo	220
鍗	tí	470	紾	tián	432	髫	tiáo	290
醍	tí	495	填	tián	452	髻	tiáo	291
體(体)	tǐ	129	田	tián	457	儵	tiáo	381
薙	tì	27	鈿(钿)	tián	470	岧	tiáo	421
嚏	tì	40	琠	tiǎn	6	蜩	tiáo	442
逖	tì	56	殄	tiǎn	127	鋚	tiáo	462
睇	tì	104	腆	tiǎn	132	誂	tiǎo	76
髢	tì	129	栝	tiǎn	188	朓	tiǎo	132
倜	tì	261	靦	tiǎn	287	朓	tiǎo	217
禠	tì	267	忝	tiǎn	351	窕	tiǎo	237
鬀(剃)	tì	291	悉	tiǎn	351	篠	tiǎo	237
鬄(剃)	tì	291	銕	tiǎn	464	嬥	tiǎo	411
暜(替)	tì	341	瑱	tiàn	8	跳	tiào	63
惕	tì	351	酊	tiàn	68	眺	tiào	106
悌	tì	352	睼	tiàn	105	糶(粜)	tiào	195
洟	tì	371	挑	tiāo	5	覜	tiào	278
涕	tì	372	蓚	tiāo	19	絩	tiào	430
戾	tì	389	佻	tiāo	258	貼(贴)	tiē	202
摘	tì	398	挑	tiāo	398	聑	tiē	393

725

T

萜	tiē	87	通	tōng	53	偷	tóu	221
驖	tiě	313	佟	tōng	253	鍮	tóu	230
鐵(铁)	tiě	462	恫	tōng	259	頭(头)	tóu	283
飻(餮)	tiè	163	恸	tōng	349	投	tóu	398
帖	tiè	247	憧	tóng	37	緰	tóu	436
艼	tīng	23	衕	tóng	59	埲	tǒu	118
桯	tīng	185	調	tóng	73	鲀	tǒu	381
汀	tīng	368	童	tóng	81	妵	tǒu	409
聽(听)	tīng	393	毃	tóng	95	透	tòu	56
繩	tīng	428	筒	tóng	145	突	tū	237
綎(綎)	tīng	432	彤	tóng	160	秃	tū	276
町	tīng	457	桐	tóng	180	厸	tū	490
莛	tíng	24	曈	tóng	214	荼	tú	31
廷	tíng	58	痌	tóng	241	悇	tú	36
筳	tíng	143	同	tóng	243	迌	tú	52
嵉	tíng	159	僮	tóng	251	腯	tú	132
亭	tíng	167	赨	tóng	334	筡	tú	142
停	tíng	261	潼	tóng	353	鵌	tú	156
庭	tíng	300	鮦(鲖)	tóng	381	圖(图)	tú	198
霆	tíng	378	爞	tóng	449	鄽	tú	204
珽	tǐng	7	銅(铜)	tóng	462	鄐	tú	207
梃	tǐng	181	鈪	tóng	466	稌	tú	223
侹	tǐng	253	桶	tǒng	188	瘏	tú	239
壬	tǐng	263	統(统)	tǒng	428	屠	tú	272
艇	tǐng	274	痛	tòng	238	嵞	tú	300
頲(颋)	tǐng	285	恸(恸)	tòng	352	駼	tú	316
挺	tǐng	401	婾	tōu	413	涂	tú	354
姪	tǐng	415	殳	tóu	94	捈	tú	403

塗（涂）	tú	456	悇	tuì	345	馱（驮）	tuó	317
稌	tú	492	娧	tuì	410	沱	tuó	353
鵌	tú	495	蛻	tuì	443	鮀（鲀）	tuó	382
吐	tǔ	42	吞	tūn	38	鼉（鼍）	tuó	449
土	tǔ	450	啍	tūn	40	橢（椭）	tuǒ	187
兔	tù	319	焞	tūn	328	撱（萚）	tuò	26
貒	tuān	310	黗	tūn	331	唾	tuò	39
湍	tuān	361	涒	tūn	370	梟	tuò	182
蠾	tuān	458	篽	tún	146	柝	tuò	182
槫	tuán	28	屍（臀）	tún	272	檡	tuò	185
歂	tuán	120	豚（豚）	tún	309			
簨	tuán	144	軘	tún	474	**W**		
團（团）	tuán	198	託（托）	tuō	73	哇	wā	42
摶	tuán	288	脱	tuō	131	窐	wā	236
漙（㴠）	tuán	372	棁	tuō	188	窊	wā	236
搏（挓）	tuán	402	侂	tuō	260	歐	wā	281
疃	tuǎn	458	祏	tuō	266	洼	wā	364
彖	tuàn	309	涶	tuō	359	漥	wā	364
蓷	tuī	18	魠	tuō	382	媧（娲）	wā	408
推	tuī	395	捝	tuō	400	娃	wā	414
讙	tuí	77	拕	tuō	403	鼃（蛙）	wā	449
穨（颓）	tuí	276	跎	tuó	65	瓦	wǎ	423
魋	tuí	295	詑	tuó	75	喎	wà	42
隹	tuí	302	靴	tuó	87	韤（袜）	wà	173
隤	tuí	480	橐	tuó	198	聉	wà	393
僓	tuǐ	253	佗	tuó	254	聯	wà	393
復（退）	tuì	58	袉	tuó	266	䎿	wà	393
駾	tuì	315	驒	tuó	316	外	wài	219

W

颒	wài	284	玩	wàn	9	鰃	wēi	139
顡	wài	286	埦	wàn	10	楲	wēi	184
剜	wān	138	蔙	wàn	21	椳	wēi	185
登	wān	154	翫（玩）	wàn	109	倭	wēi	253
婠	wān	410	購	wàn	200	覣	wēi	277
彎（弯）	wān	424	鄤	wàn	206	巍	wēi	296
芄	wán	16	擘	wàn	394	羸	wēi	303
刓	wán	137	禺	wàn	485	危	wēi	304
完	wán	233	尣	wāng	336	煨	wēi	326
頑（顽）	wán	284	汪	wāng	360	娃	wēi	326
丸	wán	304	王	wáng	5	渨	wēi	366
忨	wán	347	莣	wáng	20	溦	wēi	367
汍	wán	372	亡	wáng	420	威	wēi	407
紈（纨）	wán	430	往	wǎng	57	隇	wēi	481
琬	wǎn	7	敉	wǎng	99	珲	wéi	10
莞	wǎn	22	枉	wǎng	182	薩	wéi	15
睆	wǎn	133	网	wǎng	244	蓶	wéi	25
盌（碗）	wǎn	157	蛧（魍）	wǎng	444	薳	wéi	32
妴	wǎn	171	廷	wàng	52	違（违）	wéi	54
晚	wǎn	212	誩	wàng	79	爲（为）	wéi	89
宛	wǎn	232	眭	wàng	213	敳	wéi	98
婴	wǎn	410	望（望）	wàng	264	隓	wéi	113
婉	wǎn	410	忘	wàng	347	薇	wéi	142
媛	wǎn	411	妄	wàng	413	韋（韦）	wéi	172
瓮（碗）	wǎn	423	望	wàng	420	囗	wéi	198
綰（绾）	wǎn	431	薇	wēi	15	圍（围）	wéi	199
畹	wǎn	457	逶	wēi	54	轊	wéi	220
鞔（挽）	wǎn	477	微	wēi	57	帷	wéi	247

728

幃(帏)	wéi	247	瓗	wěi	241	餧	wèi	163
散	wéi	256	偉(伟)	wěi	252	寪	wèi	195
褘	wéi	267	僞(伪)	wěi	258	尉	wèi	245
蘵	wéi	277	尾	wěi	273	債	wèi	253
嵬	wéi	296	頠(颛)	wěi	285	位	wèi	254
獮	wéi	308	户	wěi	303	製	wèi	265
覃	wéi	336	鯣	wěi	304	畏	wèi	296
惟	wéi	344	猥	wěi	320	巍(魏)	wèi	296
潍(潍)	wéi	357	煒(炜)	wěi	328	磑(硙)	wèi	306
潿	wéi	361	洧	wěi	356	㞥	wèi	309
潙(潙)	wéi	362	鮪(鲔)	wěi	381	黰	wèi	309
闈(闱)	wéi	389	闟	wěi	390	尉	wèi	327
婎	wéi	414	委	wěi	410	蕢	wèi	329
維(维)	wéi	434	娓	wěi	411	黰	wèi	330
蒍(芛)	wěi	22	緯(纬)	wěi	428	慰	wèi	344
芛	wěi	24	骩	wěi	459	懲	wèi	348
葦(苇)	wěi	30	鍡	wěi	469	渭	wèi	354
唯	wěi	40	隗	wěi	479	媦	wèi	408
韪(韪)	wěi	51	蔚	wèi	22	縎	wèi	430
諉(诿)	wěi	73	苿	wèi	23	雊	wèi	444
矮	wěi	126	萎	wèi	29	颹	wèi	448
觟	wěi	129	蘰	wèi	37	錯(锗)	wèi	464
樟	wěi	176	味	wèi	39	餗	wèi	475
轊	wěi	196	衛(卫)	wèi	59	未	wèi	491
寪	wěi	233	蘁	wèi	63	殟	wēn	126
瘧	wěi	239	謂(谓)	wèi	70	䁝(昷)	wēn	158
痿	wěi	240	矮	wèi	115	温	wēn	353
疧	wěi	241	胃	wèi	130	輼(辒)	wēn	474

729

W

閿	wén	102	貥	wò	106	鄔	wú	208
炆	wén	289	腛	wò	160	吴	wú	335
文	wén	289	楃	wò	185	浯	wú	357
馼	wén	314	偓	wò	254	毋	wú	416
聞(闻)	wén	393	卧	wò	264	無(无)	wú	420
蟁(蚊)	wén	446	鶩	wò	314	隖	wú	481
吻	wěn	38	渂(沃)	wò	365	瑦	wǔ	10
刎	wěn	138	渥	wò	367	趄	wǔ	47
穩(稳)	wěn	226	捾	wò	395	鵡(鹉)	wǔ	121
問(问)	wèn	40	握	wò	396	舞	wǔ	172
馈	wèn	163	擭	wò	400	舞	wǔ	245
汶	wèn	358	斡	wò	472	伍	wǔ	256
揾	wèn	404	誣(诬)	wū	75	侮	wǔ	259
紊	wèn	429	烏(乌)	wū	121	廡(庑)	wǔ	301
翁	wēng	109	巫	wū	150	憮(怃)	wǔ	344
箊	wēng	143	朽	wū	184	㦖	wǔ	344
鰞	wēng	382	鄥(邬)	wū	205	潕(沅)	wǔ	356
螉	wēng	438	屋	wū	272	嫵(妩)	wǔ	409
滃	wěng	366	敋	wū	279	武	wǔ	419
罋(瓮)	wèng	166	洿	wū	368	陚	wǔ	482
瓮	wèng	423	汙(污)	wū	368	五	wǔ	484
喔	wō	44	汙	wū	424	午	wǔ	491
跿	wō	64	璑	wú	7	忤	wǔ	491
渦(涡)	wō	356	蕪(芜)	wú	26	芴	wù	30
蝸(蜗)	wō	443	菩	wú	30	物	wù	37
婑	wǒ	410	吾	wú	40	誤(误)	wù	76
我	wǒ	419	梧	wú	180	误(误)	wù	77
晤	wò	105	鷡	wú	192	詻	wù	78

730

音序检字表

孜	wù	97	唏	xī	40	僖	xī	257
鋈	wù	114	吧	xī	43	俙	xī	259
鹜(骛)	wù	119	溪	xī	57	裼	xī	268
晤	wù	211	誒	xī	76	犀	xī	272
宻	wù	234	諿	xī	76	蚁	xī	280
寤	wù	238	誓	xī	79	欷	xī	280
痦	wù	239	莃	xī	99	歔	xī	280
剭	wù	274	瞎	xī	103	歙	xī	281
兀	wù	275	睎	xī	105	鬠	xī	290
悆	wù	299	翕	xī	110	郄(膝)	xī	292
勿	wù	307	鱚	xī	140	猰	xī	308
鹜(骛)	wù	315	兮	xī	152	豨	xī	308
悟	wù	344	羲	xī	152	膝	xī	324
雾(雾)	wù	379	虚	xī	155	熄	xī	326
扤	wù	402	醯	xī	157	熹	xī	327
婺	wù	411	榽	xī	177	熙	xī	329
务(务)	wù	459	析	xī	190	奚	xī	339
鋈	wù	462	撕	xī	191	息	xī	341
阢	wù	481	郹	xī	205	惜	xī	349
戊	wù	486	鄱	xī	208	澹	xī	361
			瞎	xī	213	淅	xī	369
X			昔	xī	213	谿(溪)	xī	376
禧	xī	2	夕	xī	218	西	xī	388
萧	xī	19	稀	xī	223	覀	xī	388
悉	xī	35	㐌	xī	237	扱	xī	402
犀	xī	37	㹢	xī	239	媳	xī	408
牺(牺)	xī	37	瘜	xī	240	娭	xī	411
吸	xī	40	晳	xī	249	錫	xī	436

· 731 ·

X

蜥	xī	439	喜	xǐ	153	洇	xì	356
螇	xī	442	憘(喜)	xǐ	153	戯(戏)	xì	418
蠵	xī	444	枲	xǐ	230	匸	xì	421
蟋	xī	445	屣	xǐ	303	系	xì	426
錫(锡)	xī	462	洒	xǐ	370	細(细)	xì	429
鑴	xī	463	纚	xǐ	432	綌(绤)	xì	436
蓆	xí	27	壐(玺)	xǐ	453	墍	xì	452
謵	xí	78	呬	xì	39	鈲	xì	468
習(习)	xí	109	咥	xì	40	鑂	xì	469
騺	xí	141	肸	xì	69	隙	xì	482
覡(觋)	xí	150	昬	xì	74	呷	xiā	41
榴	xí	176	諡(谥)	xì	80	呀	xiā	45
椸	xí	186	闃(阒)	xì	90	跍	xiā	64
檄	xí	189	盻	xì	106	鰕(虾)	xiā	383
郋	xí	206	虩	xì	156	祫	xiá	3
席	xí	248	蓋	xì	159	瑕	xiá	9
襲(袭)	xí	265	郤	xì	205	瑚	xiá	10
褶	xí	299	鄎	xì	209	遐	xiá	56
騽	xí	313	氣(气)	xì	228	齰	xiá	60
驨(骥)	xí	316	赩	xì	249	轄(辖)	xiá	172
鰼(鳛)	xí	382	係(系)	xì	259	輾	xiá	172
鸂	xí	449	霼	xì	279	柙	xiá	191
隰	xí	480	欯	xì	279	暇	xiá	213
徙	xǐ	53	歙	xì	280	俠(侠)	xiá	255
蹝	xǐ	64	歔	xì	281	厊	xiá	303
諰	xǐ	73	艵	xì	334	硖	xiá	304
謑	xǐ	79	忥	xì	348	夊	xiá	309
鞭	xǐ	85	愾	xì	349	騢	xiá	312

狎	xiá	321	毚	xiān	384	嫌	xián	330
黠	xiá	331	攕	xiān	394	慈	xián	346
叚	xiá	334	掀	xiān	399	憪	xián	346
霞	xiá	380	孅	xiān	410	慊	xián	348
揨	xiá	398	妗	xiān	410	鹹(咸)	xián	389
匣	xiá	422	嬐	xiān	412	閑(闲)	xián	391
蠱	xiá	446	纖(纤)	xiān	429	嫺(娴)	xián	411
鍜	xiá	468	馦	xiān	458	嫌	xián	413
轄(辖)	xiá	476	銛(铦)	xiān	465	娹	xián	414
陜(狭)	xiá	480	莑	xián	19	弦	xián	425
閜	xiǎ	390	嗛	xián	39	銜(衔)	xián	469
丅(下)	xià	1	咸	xián	41	尟(鲜)	xiǎn	51
罅	xià	166	唌	xián	43	跣	xiǎn	64
夏	xià	171	趆	xián	46	譣	xiǎn	72
廈(厦)	xià	302	誠(诚)	xián	73	毇	xiǎn	86
墟	xià	454	瞯	xián	106	㒸	xiǎn	213
袄	xiān	5	鵬(鹇)	xián	120	憪	xiǎn	248
蹮	xiān	65	胘	xián	132	毨	xiǎn	271
騫(骞)	xiān	121	賢(贤)	xián	200	顯(显)	xiǎn	286
枮	xiān	180	弓	xián	220	獮(狝)	xiǎn	320
臽	xiān	229	稴	xián	223	玁(狝)	xiǎn	321
韱	xiān	231	癇(痫)	xián	239	燹	xiǎn	325
僊(仙)	xiān	260	嵌	xián	248	洗	xiǎn	371
仚(仙)	xiān	260	伭	xián	258	銑(铣)	xiǎn	463
先	xiān	276	次	xián	282	險(险)	xiǎn	479
憸	xiān	345	駽	xián	312	莧(苋)	xiàn	16
思	xiān	345	麙	xián	318	睍	xiàn	42
鮮(鲜)	xiān	383	燂	xián	328	趪	xiàn	47

X

晛	xiàn	103	勷	xiāng	460	藃	xiāo	16
睍(睍)	xiàn	103	祥	xiáng	2	蕭(萧)	xiāo	22
胘	xiàn	134	詳(详)	xiáng	71	蔪	xiāo	25
梘	xiàn	181	翔	xiáng	110	曉(晓)	xiāo	43
睍(睍)	xiàn	212	夅	xiáng	173	哮	xiāo	44
僩	xiàn	253	栙	xiáng	188	逍	xiāo	56
羨(羡)	xiàn	282	庠	xiáng	300	囂(嚣)	xiāo	67
獮	xiàn	320	洋	xiáng	357	驦	xiāo	88
獻(献)	xiàn	322	巟	xiáng	423	鴞(鸮)	xiāo	117
鼸	xiàn	324	響(响)	xiǎng	80	膮	xiāo	133
憲(宪)	xiàn	342	饟(饷)	xiǎng	162	箾	xiāo	146
霰	xiàn	378	餉(饷)	xiǎng	162	簫(箫)	xiāo	147
鮨	xiàn	382	饗(飨)	xiǎng	163	虓	xiāo	156
綫(线)	xiàn	433	亯(享)	xiǎng	168	枵	xiāo	181
蜆(蚬)	xiàn	441	想	xiǎng	344	梟(枭)	xiāo	191
垷	xiàn	452	鱶	xiǎng	439	宵	xiāo	234
限	xiàn	479	珦	xiàng	6	痟	xiāo	239
陷	xiàn	480	鉌	xiàng	166	歊	xiāo	280
薌(芗)	xiāng	32	樣	xiàng	177	驍(骁)	xiāo	313
相	xiāng	105	醖	xiàng	210	獢	xiāo	320
箱	xiāng	146	巷(巷)	xiàng	210	獟	xiāo	320
鄉(乡)	xiāng	210	舃	xiàng	213	消	xiāo	368
香	xiāng	227	向	xiàng	232	瀟(潇)	xiāo	372
襄	xiāng	268	像	xiàng	260	霄	xiāo	378
廂(厢)	xiāng	302	豫	xiàng	268	綃(绡)	xiāo	427
驤(骧)	xiāng	314	項(项)	xiàng	284	蛸	xiāo	441
湘	xiāng	356	象	xiàng	311	蠨(蟏)	xiāo	442
緗(缃)	xiāng	437	鬨	xiàng	391	銷(销)	xiāo	463

毊	xiáo	95	頡	xié	87	噧	xiè	42
恔	xiáo	343	肵	xié	103	邂	xiè	56
洨	xiáo	358	脅(胁)	xié	130	齘(龄)	xiè	60
小	xiǎo	34	脥	xié	132	齛	xiè	61
謏(䅲)	xiǎo	80	偕	xié	255	謝(谢)	xiè	74
筱	xiǎo	142	衺(邪)	xié	269	爕	xiè	91
曉(晓)	xiǎo	214	褋	xié	269	敯	xiè	98
皢	xiǎo	249	歈	xié	279	㒹	xiè	108
鐃	xiǎo	463	頁(页)	xié	283	劈	xiè	136
芍	xiào	22	頡(颉)	xié	285	解	xiè	140
嘯(啸)	xiào	41	騞	xié	314	楔	xiè	184
唬	xiào	44	臾	xié	335	楔	xiè	185
效	xiào	97	艁	xié	336	械	xiè	191
敩(敩)	xiào	100	憪	xié	347	榭	xiè	192
肖	xiào	131	愶	xié	348	暬	xiè	214
笑	xiào	148	挾(挟)	xié	396	糏	xiè	228
皛	xiào	250	攜(携)	xié	396	廯(薤)	xiè	231
孝	xiào	270	拹	xié	398	㦂	xiè	247
歊	xiào	280	絏	xié	434	僁	xiè	252
獢	xiào	317	劦	xié	461	偰	xiè	254
畏	xiào	417	恊	xié	461	衸	xiè	266
歇	xiē	279	勰(鰓)	xié	461	襲(褉)	xiè	268
猲	xiē	320	協(协叶)	xié	461	眉	xiè	272
瑎	xiē	10	斜	xié	473	屑(屑)	xiè	272
鰡	xié	66	寫(写)	xiě	234	屎	xiè	272
諧(谐)	xié	73	魯	xiě	319	欻	xiè	280
講	xié	76	瀉	xiě	10	卸	xiè	292
鞵(鞋)	xié	85	薢	xiè	21	炧	xiè	327

X

燮	xiè	330	信	xìn	72	鉶（铏）	xíng	464
砬	xiè	335	豐（衅）	xìn	84	陘（陉）	xíng	480
懈	xiè	347	脪	xìn	132	省	xǐng	107
忞	xiè	347	囟	xìn	341	醒	xǐng	495
澥	xiè	359	阠	xìn	482	荇	xìng	23
渫	xiè	371	邾	xīng	68	腥	xìng	133
瀣	xiè	372	興（兴）	xīng	84	杏	xìng	175
閕	xiè	390	胜	xīng	133	夆（幸）	xìng	336
媒	xiè	412	觲	xīng	140	性	xìng	341
妎	xiè	415	曐（星）	xīng	217	悻	xìng	346
絬	xiè	434	騂	xīng	317	姓	xìng	406
絏（绁）	xiè	435	猩	xīng	320	嬹	xìng	409
蟹	xiè	444	鮏	xīng	383	婞	xìng	413
躨	xiè	481	蛵	xīng	439	綕	xìng	429
离	xiè	485	垶	xīng	451	訩（讻）	xiōng	78
薪	xīn	29	行	xíng	59	凶	xiōng	229
訢（䜣）	xīn	73	刑	xíng	137	兇	xiōng	229
昕	xīn	214	荆	xíng	160	兄	xiōng	275
馨	xīn	227	鍚（钖）	xíng	162	匈	xiōng	294
欣	xīn	279	邢	xíng	205	洶	xiōng	362
歆	xīn	281	煢	xíng	231	雄	xióng	112
廞（廒）	xīn	302	形	xíng	288	熊	xióng	324
心	xīn	341	榮（荣）	xíng	364	趚	xiòng	47
忻	xīn	342	洐	xíng	365	詗（诇）	xiòng	79
新	xīn	472	娙	xíng	410	脩	xiū	132
辛	xīn	487	型	xíng	453	休	xiū	191
鐔	xín	88	鉼（钘）	xíng	463	鬏	xiū	197
鐔（镡）	xín	467	銒	xíng	463	修	xiū	288

736

㣿	xiū	314	須(须)	xū	288	訹	xù	75
潃	xiū	369	魖	xū	295	敘(叙)	xù	99
羞	xiū	490	頊	xū	340	鷫	xù	117
歹(朽)	xiǔ	127	忷	xū	350	卹(恤)	xù	159
潃	xiǔ	369	需	xū	379	旭	xù	211
珛	xiù	7	鰰	xū	381	昫	xù	212
琇	xiù	9	揟	xū	402	𢦏	xù	239
齅(嗅)	xiù	108	嬃(媭)	xū	409	侐	xù	255
秀	xiù	222	繻(𦈢)	xū	432	㞎	xù	273
褎(袖)	xiù	266	蝑	xū	442	序	xù	301
岫	xiù	298	戌	xū	496	煦	xù	325
臭	xiù	322	徐	xú	57	惛	xù	344
繡(绣)	xiù	430	俆	xú	257	恤	xù	345
嘘	xū	40	褚	xǔ	4	洫	xù	364
吁	xū	43	珝	xǔ	12	潊(溆)	xù	373
謂(谓)	xū	72	許(许)	xǔ	70	鱮	xù	381
訏(讦)	xū	78	詡(诩)	xǔ	73	嬬	xù	409
旴	xū	104	𥁕	xǔ	157	緒(绪)	xù	427
胥	xū	133	栩	xǔ	177	續(续)	xù	428
吘	xū	152	鄦	xǔ	205	絮	xù	435
楈	xū	176	稰	xǔ	228	畜	xù	458
裻	xū	185	惛	xǔ	344	勖	xù	460
昫	xū	212	湑	xǔ	370	酗	xù	494
虛	xū	263	姁	xǔ	407	瑄	xuān	12
欨	xū	279	頨	xǔ	435	蕿(萱)	xuān	16
欻	xū	280	堉(婿)	xù	12	叩	xuān	45
歔	xū	280	藚	xù	31	趄	xuān	47
頊(顼)	xū	285	蓄	xù	31	諼	xuān	73

X

諼(諼)	xuān	74	鶱	xuǎn	277	嶨	xué	298
暖	xuān	103	愃	xuǎn	343	泬	xué	361
翾	xuān	110	衒	xuàn	59	臬	xué	365
轘	xuān	139	鞙	xuàn	87	紃	xué	433
舡	xuān	140	昡	xuàn	90	䨮(雪)	xuě	378
宣	xuān	232	夐	xuàn	102	茓	xuè	31
儇	xuān	252	眩	xuàn	102	謔(谑)	xuè	77
駽	xuān	312	縣	xuàn	102	旻	xuè	102
煖	xuān	329	旬	xuàn	104	血	xuè	158
嬛	xuān	410	贙	xuàn	157	窩	xuè	236
弲	xuān	424	楥	xuàn	187	狘	xuè	323
螺	xuān	442	袨	xuàn	270	颫	xuè	448
亘	xuān	450	炫	xuàn	329	熏	xūn	14
鋗(锔)	xuān	464	泫	xuàn	360	薰	xūn	17
軒(轩)	xuān	473	纗(缳)	xuàn	429	纁(纁)	xūn	431
璿	xuán	7	絢(绚)	xuàn	430	壎(壎)	xūn	452
玄	xuán	124	縼	xuàn	435	勳(勋)	xūn	459
檈	xuán	180	鉉(铉)	xuàn	464	醺	xūn	494
楦	xuán	186	鏇(镟)	xuàn	465	珣	xún	6
圓	xuán	198	薛(薛)	xuē	18	荀	xún	32
旋	xuán	216	鞾(靴)	xuē	87	趣	xún	47
縣(县)	xuán	288	削	xuē	135	巡	xún	52
漩	xuán	362	辥	xuē	487	循	xún	57
嫙	xuán	411	斅(敩学)	xué	100	訽(询)	xún	80
咟	xuǎn	38	翯	xué	110	㝷(寻)	xún	96
選(选)	xuǎn	53	鷽	xué	117	樳	xún	179
癬(癣)	xuǎn	240	觷	xué	140	郇(郇)	xún	204
翼	xuǎn	244	穴	xué	235	郯	xún	205

738

侚	xún	246	厭(厌)	yā	303	歅	yān	115
旬	xún	294	洼	yā	364	焉	yān	121
峋	xún	299	閘(闸)	yā	390	腌	yān	134
馴	xún	315	壓(压)	yā	454	猒	yān	150
恂	xún	344	鴉	yā	468	鄢	yān	206
洵	xún	359	芽	yá	24	郾	yān	209
潯(浔)	xún	362	牙	yá	61	猎	yān	320
蠹	xún	376	睚	yá	107	煙(烟)	yān	328
鱘	xún	382	堐	yá	111	懕(恹)	yān	345
紃(纽)	xún	433	枒	yá	179	淹	yān	354
蕈	xùn	23	崖	yá	300	鳽	yān	359
迅	xùn	53	厓	yá	303	閹(阉)	yān	391
遜(逊)	xùn	53	涯	yá	373	壓	yān	409
徇	xùn	58	啞(哑)	yǎ	40	嫣	yān	410
訓(训)	xùn	71	雅	yǎ	111	琂	yán	10
訊(讯)	xùn	72	疨	yǎ	301	曮	yán	43
巽	xùn	149	齾	yà	60	嚴(严)	yán	45
巺	xùn	149	訝(讶)	yà	74	延	yán	58
梭	xùn	178	圠	yà	236	言	yán	70
殉	xùn	252	亞	yà	245	訮	yán	76
愻	xùn	343	猰	yà	323	筵	yán	144
汛	xùn	371	閼	yà	391	箮	yán	147
卂	xùn	385	揠	yà	400	虤	yán	157
			軋(轧)	yà	476	檐	yán	184
Y			亞(亚)	yà	484	郔	yán	207
雅	yā	111	晋	yà	484	顏(颜)	yán	283
鴨(鸭)	yā	121	蔫	yān	26	顩	yán	284
窫	yā	237	咽	yān	38	嚴(岩)	yán	298

739

Y

喦	yán	298	奿	yǎn	215	唁	yàn	44
礛	yán	305	罨	yǎn	244	遃	yàn	55
崟	yán	305	儼(俨)	yǎn	253	讌	yàn	60
研	yán	306	偃	yǎn	259	跘	yàn	65
狠	yán	320	褗	yǎn	269	諺(谚)	yàn	74
炎	yán	330	掩	yǎn	269	虜	yàn	88
沿	yán	365	顉	yǎn	284	逭	yàn	104
潿	yán	371	魘(魇)	yǎn	296	雁	yàn	112
鹽(盐)	yán	389	广	yǎn	300	鷹(雁)	yàn	119
闇	yán	390	㸣	yǎn	330	鳫	yàn	121
閻(阎)	yán	390	厣(厴)	yǎn	330	豔(艳)	yàn	155
妍	yán	414	黶	yǎn	331	晏	yàn	212
埏	yán	456	黤	yǎn	331	薔	yàn	212
貼	yán	482	瀸	yǎn	332	宴	yàn	233
琰	yǎn	7	奄	yǎn	334	俺	yàn	253
合	yǎn	45	沇	yǎn	355	傿	yàn	258
唵	yǎn	45	衍	yǎn	359	彥	yàn	289
齞	yǎn	60	演	yǎn	360	厭(厌)	yàn	303
齴	yǎn	60	渰	yǎn	366	硯(砚)	yàn	306
弇	yǎn	82	鰋	yǎn	382	驠	yàn	313
眼	yǎn	102	撯	yǎn	397	驗(验)	yàn	313
暥	yǎn	105	掩	yǎn	402	狋	yàn	322
鶠(鹥)	yǎn	118	媕	yǎn	411	膥	yàn	326
剡	yǎn	135	戭	yǎn	418	熖	yàn	329
棪	yǎn	176	匽	yǎn	421	燄(焰)	yàn	330
檿	yǎn	179	甗	yǎn	423	焱	yàn	333
郾	yǎn	205	蝘	yǎn	439	䴏	yàn	339
郯	yǎn	208	隒	yǎn	481	燕	yàn	384

740

嬿	yàn	408	抰	yǎng	403	榣	yáo	182
晏	yàn	412	柍	yǎng	432	繇	yáo	232
醃	yàn	415	蛘(痒)	yǎng	443	窯(窑)	yáo	236
釅	yàn	494	坱	yǎng	454	傜	yáo	259
鴦(鸯)	yāng	118	詇	yàng	71	偠	yáo	259
殃	yāng	127	煬(炀)	yàng	327	僥(侥)	yáo	260
央	yāng	168	鍚	yàng	331	歊	yáo	280
秧	yāng	225	怏	yàng	349	顤	yáo	284
泱	yāng	366	恙	yàng	350	嶢(峣)	yáo	299
姎	yāng	414	漾	yàng	354	鰩(鳐)	yáo	384
楊	yáng	4	羕	yàng	376	摇	yáo	399
羊	yáng	114	祅(妖)	yāo	4	姚	yáo	406
楊(杨)	yáng	179	葽	yāo	23	媱	yáo	410
昜(旸)	yáng	212	要	yāo	84	䚽	yáo	424
瘍(疡)	yáng	239	幺	yāo	123	繇	yáo	426
痒	yáng	239	枖	yāo	181	垚	yáo	456
崵	yáng	297	夭	yāo	335	堯(尧)	yáo	456
昜	yáng	307	娯	yāo	413	銚(铫)	yáo	464
煬(炀)	yáng	327	妙	yāo	425	鞀	yáo	474
揚(扬)	yáng	399	瑶	yáo	10	齩(咬)	yǎo	60
颺(飏)	yáng	448	珧	yáo	11	宎	yǎo	103
鍚(钖)	yáng	469	蘨	yáo	27	鷕	yǎo	121
陽(阳)	yáng	479	嗂	yáo	41	杳	yǎo	183
鞅	yǎng	87	遥	yáo	57	皀	yǎo	212
養(养)	yǎng	162	蹂	yáo	63	㞕	yǎo	216
柍	yǎng	176	䚻(谣)	yáo	73	舀	yǎo	229
仰	yǎng	255	爻	yáo	101	窅	yǎo	232
卬	yǎng	262	肴	yáo	132	窔	yǎo	237

Y

窈	yǎo	237	曅(晔)	yè	212	悠	yī	349
藥(药)	yào	27	夜	yè	218	揖	yī	394
要	yào	84	僷	yè	252	嬰	yī	407
鷂(鹞)	yào	120	裛	yè	269	妷	yī	409
窔	yào	237	頁(页)	yè	283	繄	yī	434
靧	yào	278	厭(餍)	yè	287	蛜	yī	441
覞	yào	279	厉	yè	302	堅	yī	455
燒	yào	322	焆	yè	328	陮	yī	481
燿(耀)	yào	328	爗(烨)	yè	329	醫(医)	yī	494
旭	yào	336	液	yè	370	珨	yí	9
爚	yào	427	壓	yè	396	荑	yí	25
喑	yē	42	拽	yè	403	咦	yí	39
暍	yē	213	掖	yè	404	台	yí	41
苶	yé	22	堨	yè	452	迻	yí	53
邪	yé	208	鍱	yè	464	遺(遗)	yí	55
釾(铘)	yé	468	曳	yè	492	俤	yí	57
冶	yě	377	一	yī	1	詒(诒)	yí	75
也	yě	417	鷖	yī	119	羠	yí	114
野	yě	457	椅	yī	177	譺	yí	120
葉(叶)	yè	24	檹	yī	182	簃	yí	148
喝	yè	43	伊	yī	252	飴(饴)	yí	162
謁(谒)	yè	70	依	yī	255	欍	yí	176
業(业)	yè	81	月	yī	264	梩	yí	177
篴	yè	143	衣	yī	265	移	yí	179
饁(馌)	yè	162	猗	yī	320	椸	yí	192
葉	yè	191	黳	yī	330	貽(贻)	yí	202
皣	yè	196	黟	yī	332	鄿	yí	208
鄴(邺)	yè	205	壹	yī	337	瞦	yí	212

移	yí	223	矣	yǐ	167	啻	yì	71
宧	yí	232	檥	yǐ	183	議(议)	yì	71
宜	yí	234	旖	yǐ	216	誼(谊)	yì	73
痍	yí	241	倚	yǐ	255	詣(诣)	yì	74
儀(仪)	yí	256	儗	yǐ	258	詍(呭)	yì	76
虸	yí	261	佁	yǐ	258	譯(译)	yì	79
歋	yí	280	顗(颛)	yǐ	286	謚(谥)	yì	80
戾	yí	282	懿	yǐ	343	羿	yì	82
嶷	yí	297	乙	yǐ	387	异	yì	82
狋	yí	320	辰	yǐ	389	弈	yì	83
夷	yí	335	蛾	yǐ	440	異(异)	yì	83
怡	yí	343	螘(蚁)	yǐ	440	埶(艺)	yì	89
沂	yí	357	錡(锜)	yǐ	465	鷊(肄)	yì	92
匝(颐)	yí	394	輢	yǐ	474	殹	yì	95
胚	yí	394	轙	yǐ	476	毅	yì	95
姨	yí	408	乙	yǐ	486	役	yì	95
嫛	yí	411	㠯(以)	yǐ	491	斁	yì	98
乁	yí	417	瑛	yì	9	敭	yì	98
匜	yí	421	荑	yì	15	羿	yì	110
瓵	yí	423	薏(薏)	yì	18	翊	yì	110
彝	yí	437	薾	yì	21	翳	yì	110
圯	yí	456	藙	yì	28	雉	yì	112
疑	yí	489	嗌	yì	38	鷖	yì	119
酏	yí	494	囈	yì	39	鷁	yì	119
苢	yǐ	18	呭	yì	41	殪	yì	126
迤	yǐ	54	趨	yì	48	㽸	yì	126
齮(齮)	yǐ	60	齸	yì	61	肊(臆)	yì	130
敼	yǐ	87	跇	yì	64	剭	yì	137

Y

焬	yì	156
𫗧	yì	156
益	yì	158
饐	yì	163
餲	yì	163
檍	yì	176
樀	yì	177
杙	yì	177
槸	yì	182
圛	yì	198
貤	yì	200
邑	yì	202
晹	yì	212
噎	yì	212
窫	yì	233
寱	yì	238
瘍	yì	241
疫	yì	242
帟	yì	248
仡	yì	253
億（亿）	yì	257
伇	yì	258
佚	yì	259
傷	yì	259
佾	yì	261
裔	yì	267
衵	yì	268
欭	yì	281
归	yì	293
壁	yì	293
嶧（峄）	yì	297
廙	yì	302
屄	yì	303
豛	yì	308
豷	yì	308
豙	yì	308
希	yì	309
易	yì	311
駃	yì	315
驛（驿）	yì	316
逸	yì	319
熠	yì	328
亦	yì	335
懿	yì	337
睪	yì	337
奕	yì	339
意	yì	342
瘱	yì	343
薏	yì	344
怈	yì	345
悒	yì	346
忍	yì	348
怂	yì	351
懌（怿）	yì	352
潩	yì	355
瀷	yì	356
澺	yì	356
泄	yì	356
泆	yì	363
浥	yì	363
溢	yì	370
龔（翼）	yì	385
撎	yì	394
挹	yì	400
妷	yì	408
乂	yì	416
厂	yì	417
弋	yì	417
義（义）	yì	419
医	yì	421
匽	yì	422
亄	yì	425
竭	yì	425
繹（绎）	yì	427
縊（缢）	yì	437
投	yì	451
圪	yì	451
墿	yì	455
瘞（瘗）	yì	455
埸	yì	456
勩	yì	460
軼（轶）	yì	476
陭	yì	481
酏	yì	493

音序检字表

䄠	yīn	2	韽	yín	157	憖	yǐn	343
茵	yīn	29	訔	yín	168	瀙	yǐn	360
喑	yīn	39	鄞	yín	207	𢧐	yǐn	418
音	yīn	80	鄮	yín	209	𠃊	yǐn	420
因	yīn	199	夤	yín	218	引	yǐn	424
瘖	yīn	239	伩	yín	263	螾(蚓)	yǐn	438
殷	yīn	265	坙	yín	264	釔	yǐn	462
駰(䭲)	yīn	312	崟	yín	298	釿(𫓹)	yǐn	472
愍	yīn	349	厰	yín	303	輶	yǐn	475
濦	yīn	356	狺	yín	320	隱(隐)	yǐn	481
洇	yīn	359	犾	yín	323	𩾐	yǐn	492
湮	yīn	366	淫	yín	363	蔭(荫)	yìn	25
霒(阴)	yīn	380	霪	yín	379	胤	yìn	131
闉(闉)	yīn	390	婬(淫)	yín	415	檼	yìn	183
捆	yīn	401	蟫	yín	439	窨	yìn	236
姻	yīn	407	垠	yín	454	印	yìn	293
垔	yīn	454	銀(银)	yín	462	猌	yìn	321
陰(阴)	yīn	479	䘌	yín	472	憖(憗)	yìn	343
珢	yín	9	寅	yín	490	垽	yìn	417
黃	yín	19	酳	yín	492	坕	yìn	455
荶	yín	25	听	yǐn	40	酳	yìn	493
唫	yín	40	趣	yǐn	47	瑛	yīng	7
吟	yín	43	乁	yǐn	58	英	yīng	24
斯(䜣)	yín	59	靷	yǐn	86	嚶(嘤)	yīng	44
齦(龈)	yín	60	尹	yǐn	91	罃	yīng	70
嚚	yín	67	㬜	yǐn	125	鷹(鹰)	yīng	112
誾(訚)	yín	71	隱	yǐn	188	鶯(莺)	yīng	120
㱃	yín	156	歙(饮)	yǐn	281	鸚(鹦)	yīng	121

Y

膺(膺)	yīng	130	郢	yǐng	160	墉	yōng	453
罂(罌)	yīng	165	颖	yǐng	175	镛(鏞)	yōng	467
莺(鶯)	yīng	166	郢	yǐng	206	喁	yóng	44
樱(櫻)	yīng	192	颖(穎)	yǐng	223	鳙	yóng	119
贝	yīng	202	瘿(癭)	yǐng	239	顒(顒)	yóng	284
郢	yīng	209	廮	yǐng	301	鰫	yóng	380
褮	yīng	269	颖(穎)	yǐng	356	埇	yǒng	49
應(应)	yīng	342	湮	yǐng	364	踊	yǒng	62
嬰(婴)	yīng	412	撄	yǐng	403	詠(咏)	yǒng	74
嫈	yīng	413	膺	yìng	70	甬	yǒng	220
纓(缨)	yīng	432	映	yìng	214	俑	yǒng	252
瑩(莹)	yíng	9	俕(媵)	yìng	257	涌	yǒng	362
荥	yíng	26	鎣(鎣)	yìng	464	溶	yǒng	362
迎	yíng	53	庸	yōng	101	泳	yǒng	366
营	yíng	74	雍(雍)	yōng	112	永	yǒng	376
嵤	yíng	106	饔	yōng	162	蛹	yǒng	439
瀛	yíng	145	嗈	yōng	168	勇	yǒng	460
盈	yíng	158	廱	yōng	206	禜	yòng	4
楹	yíng	183	癰(癰)	yōng	240	用	yòng	100
贏(嬴)	yíng	201	傭	yōng	254	甯	yòng	494
營(营)	yíng	235	甬	yōng	259	嚘	yōu	42
熒(荧)	yíng	333	廱	yōng	300	呦	yōu	44
瀛	yíng	372	貐	yōng	310	攸	yōu	98
贏	yíng	406	慵	yōng	352	丝	yōu	124
縈(萦)	yíng	434	灉	yōng	357	幽	yōu	124
蠅(蝇)	yíng	449	邕	yōng	375	憂(忧)	yōu	171
塋(茔)	yíng	455	鱅(鱅)	yōng	383	櫌	yōu	186
鎣(鎣)	yíng	464	擁(拥)	yōng	399	郵	yōu	206

746

優(优)	yōu	257	壁	yǒu	11	狖	yòu	310
麀	yōu	318	莠	yǒu	15	鼬	yòu	324
怮	yōu	350	友	yǒu	92	忧	yòu	349
悠	yōu	350	羑	yǒu	115	姷	yòu	412
惪(忧)	yōu	350	槱	yǒu	191	菸	yū	26
泑	yōu	353	有	yǒu	218	迃	yū	56
漫	yōu	367	牖	yǒu	221	瘀	yū	239
蟉	yōu	443	歐	yǒu	280	尪	yū	336
蕕(莸)	yóu	19	敗	yǒu	281	淤	yū	369
茵	yóu	30	紑	yǒu	281	扜	yū	404
遊	yóu	52	庮	yǒu	302	紆(纡)	yū	428
訧	yóu	79	黝	yǒu	331	璵(玙)	yú	6
肬	yóu	131	鮪	yǒu	381	瑜	yú	6
卣	yóu	151	酉	yǒu	492	玗	yú	10
䍃(䍃)	yóu	166	祐	yòu	2	萸	yú	24
楢	yóu	176	蘍	yòu	19	余	yú	35
櫾	yóu	180	右	yòu	41	趦	yú	47
郵(邮)	yóu	203	趙	yòu	47	逾	yú	52
邮	yóu	204	又	yòu	90	衙	yú	59
斿	yóu	216	右	yòu	90	踰	yú	62
游	yóu	216	幼	yòu	123	諛(谀)	yú	74
甹	yóu	220	盒	yòu	157	諝	yú	77
覦	yóu	278	柚	yòu	175	舁	yú	83
猶(犹)	yóu	322	囿	yòu	199	靬	yú	86
油	yóu	356	宥	yòu	234	羭	yú	114
沋	yóu	359	疫	yòu	239	腴	yú	130
輶(䡞)	yóu	474	頛	yòu	286	竽	yú	146
尤	yóu	486	羑(诱)	yòu	296	亏(于)	yú	152

Y

虞	yú	155	灪（渔）	yú	384	寙	yǔ	236
盂	yú	157	擧	yú	399	俣	yǔ	253
餘（余）	yú	163	揄	yú	399	傴（伛）	yǔ	260
榆	yú	180	媀	yú	409	褕	yǔ	269
楰	yú	180	娛	yú	411	頨	yǔ	285
邘	yú	204	蝓	yú	442	崳（屿）	yǔ	299
旟	yú	215	蝓	yú	443	庾	yǔ	301
窬	yú	236	堣	yú	451	貐	yǔ	310
仔	yú	252	畲	yú	457	圄	yǔ	337
褕	yú	265	輿（舆）	yú	474	慁	yǔ	345
衧	yú	266	隅	yú	479	雨	yǔ	378
魛	yú	271	嵎	yú	492	雩	yǔ	379
俞	yú	274	瑀	yǔ	9	匬	yǔ	422
舻	yú	274	萬	yǔ	17	鋙	yǔ	465
觎（觎）	yú	278	嘆	yǔ	44	与	yǔ	471
欤（欤）	yú	279	齬（龉）	yǔ	61	斞	yǔ	472
歈	yú	281	語（语）	yǔ	70	禹	yǔ	485
崳	yú	297	與（与）	yǔ	84	禦（御）	yù	4
惥	yú	345	敔	yǔ	99	玉	yù	6
愉	yú	346	羽	yǔ	109	芋	yù	16
愚	yú	346	予	yǔ	124	奡	yù	19
渝	yú	358	籞	yǔ	147	菁	yù	23
澞	yú	359	楀	yǔ	177	蒮	yù	30
渝	yú	372	圉	yǔ	199	噢	yù	41
雩	yú	379	邚	yǔ	206	嚆	yù	43
魚（鱼）	yú	380	鄅	yǔ	207	遇	yù	53
鰅	yú	383	瓩	yǔ	232	遹	yù	54
䰲	yú	384	宇	yǔ	232	御	yù	58

裔	yù	68	昱	yù	281	鋊	yù	464
諭(谕)	yù	71	籲(吁)	yù	286	育	yù	490
譽(誉)	yù	74	預(预)	yù	287	醧	yù	494
弇	yù	82	飫	yù	294	菀	yuān	20
鬻	yù	88	禺	yù	296	遹	yuān	54
聿	yù	93	礜	yù	304	鞠	yuān	86
摯	yù	114	豫	yù	311	智	yuān	104
鷸	yù	117	驈	yù	313	蠿	yuān	116
鷸(鹬)	yù	119	麌	yù	318	鴛(鸳)	yuān	118
馭	yù	120	狖	yù	321	鳶(鸢)	yuān	120
鵒(鹆)	yù	120	獄(狱)	yù	323	削	yuān	136
篽	yù	144	煜	yù	328	羆	yuān	154
鬱	yù	161	戫	yù	331	帑	yuān	247
餘(饫)	yù	163	念	yù	346	冤	yuān	319
鋮	yù	166	淯	yù	354	悁	yuān	348
棫	yù	177	滅	yù	360	淵(渊)	yuān	362
鬱(郁)	yù	192	澳	yù	365	嬽	yuān	409
賣	yù	202	浴	yù	371	蜎	yuān	443
郁	yù	203	臮	yù	375	蜿	yuān	477
昱	yù	213	霱	yù	380	元	yuán	1
鹹	yù	218	閾(阈)	yù	390	芫	yuán	23
寓	yù	234	嫗(妪)	yù	407	蒝	yuán	25
瘉(愈)	yù	242	或	yù	418	赳	yuán	49
罭	yù	245	緎	yù	431	遵	yuán	56
償	yù	256	繘	yù	435	謜	yuán	71
裕	yù	268	蜮	yù	441	爰	yuán	125
歔	yù	279	蝛	yù	444	圜	yuán	198
欲	yù	279	颰	yù	448	圓(圆)	yuán	198

Y

園（园）	yuán	199	願（愿）	yuàn	284	籥	yuè	143
員（员）	yuán	199	愿	yuàn	342	籆	yuè	143
邧	yuán	207	怨	yuàn	348	箹	yuè	147
袁	yuán	267	掾	yuàn	396	粤	yuè	152
沅	yuán	354	媛	yuàn	412	樂（乐）	yuè	189
湲	yuán	373	緣（缘）	yuàn	433	月	yuè	217
厵（原源）	yuán	376	院	yuàn	482	𥥛	yuè	236
援	yuán	400	曰	yuē	150	窡	yuè	236
嫄	yuán	408	約（约）	yuē	429	䫁	yuè	284
蚖	yuán	439	喊（哕）	yuě	42	嶽（岳）	yuè	297
螈	yuán	440	衯	yuè	3	屵	yuè	303
蝯（猿）	yuán	444	蘥	yuè	21	爚	yuè	326
黿（鼋）	yuán	449	㹝	yuè	36	𤐫	yuè	331
垣	yuán	451	趯	yuè	46	瀹	yuè	370
轅（辕）	yuán	475	越	yuè	46	閼	yuè	391
阮	yuán	481	遹	yuè	48	閱（阅）	yuè	391
遠（远）	yuǎn	56	迷	yuè	55	捫	yuè	402
䛘	yuǎn	79	跀	yuè	62	妜	yuè	414
䫉	yuǎn	285	躍（跃）	yuè	62	娍	yuè	414
瑗	yuàn	7	䫂	yuè	64	戉（钺）	yuè	419
苑	yuàn	27	龠	yuè	66	絨	yuè	433
肙	yuàn	134	説（说）	yuè	73	繴	yuè	437
餰	yuàn	163	鸑	yuè	89	鉞（钺）	yuè	469
邑	yuàn	210	䀸	yuè	105	軏	yuè	475
夗	yuàn	218	鷟（鷟）	yuè	116	頵（頵）	yūn	284
奰（院）	yuàn	232	鴥	yuè	118	熅	yūn	328
倇	yuàn	256	敩	yuè	125	壹	yūn	337
顪	yuàn	283	刖	yuè	137	芸	yún	20

750

字	拼音	页码	字	拼音	页码	字	拼音	页码
縜	yún	139	運(运)	yùn	53	甾	zāi	209
筠	yún	148	韻(韵)	yùn	81	洅	zài	367
囩	yún	198	靻	yùn	85	縡	zài	437
貟	yún	199	餫	yùn	163	在	zài	452
鄖(郧)	yún	206	鄆(郓)	yùn	204	載(载)	zài	476
匀	yún	294	暈(晕)	yùn	214	酨	zài	494
惲	yún	350	瘨	yùn	239	兂(簪)	zān	275
溳(涢)	yún	356	覞	yùn	277	鐕	zān	466
沄	yún	360	惲(恽)	yùn	342	寁	zǎn	234
澐(沄)	yún	361	愠	yùn	348	儧	zǎn	255
雲(云)	yún	380	縕	yùn	428	瓚(瓒)	zàn	7
妘	yún	406	緼(缊)	yùn	437	饡	zàn	162
縜	yún	433	孕	yùn	488	贊(赞)	zàn	200
芸	yǔn	25	醖(酝)	yùn	492	鄼(酂)	zàn	202
啍	yǔn	38				暫(暂)	zàn	213
趣	yǔn	47	**Z**			瓒	zàn	371
齳	yǔn	60	帀(匝)	zā	194	孉	zàn	410
允	yǔn	275	雥	zá	116	鏨(錾)	zàn	465
預	yǔn	284	雜(杂)	zá	268	臧	zāng	94
碩	yǔn	305	哉	zāi	41	牂	zāng	114
夽	yǔn	334	栽(灾)	zāi	328	駔(驵)	zǎng	316
靭	yǔn	338	巛	zāi	375	葬	zàng	33
霣	yǔn	378	烖	zāi	418	奘	zàng	321
抎	yǔn	399	宰	zǎi	234	奘	zàng	339
鈗	yǔn	468	崽	zǎi	393	遭	zāo	53
阭	yǔn	479	齜	zài	89	糟	zāo	228
隕(陨)	yǔn	480	再	zài	123	傮	zāo	260
藴(蕴)	yùn	26	栽	zài	183	熷	zāo	328

751

Z

鑿(凿)	záo	465	擇(择)	zé	397	柤	zhā	185
璪	zǎo	8	嫧	zé	411	蒆	zhā	219
璅	zǎo	10	稭	zé	473	溠	zhā	355
藻(藻)	zǎo	30	昃	zè	212	扺	zhā	400
早	zǎo	211	仄	zè	303	札	zhá	189
棗(枣)	zǎo	221	矢	zè	335	霅	zhá	378
澡	zǎo	371	鯽(鲫)	zéi	383	閘(闸)	zhá	390
繰	zǎo	431	賊(贼)	zéi	418	眨	zhǎ	107
蚤(蚤)	zǎo	446	瑨	zēn	10	羜	zhǎ	326
草	zào	31	先	zēn	275	鮺(鲝)	zhǎ	383
趮	zào	46	譖(谮)	zèn	78	吒	zhà	43
造	zào	52	曾	zēng	34	詐	zhà	75
皂(噪)	zào	66	譄	zēng	76	詐(诈)	zhà	77
譟	zào	77	熷	zēng	167	栅	zhà	185
竈(灶)	zào	236	鄫	zēng	208	乍	zhà	420
燥	zào	329	罾	zēng	244	齋(斋)	zhāi	2
嘖(啧)	zé	43	鬵	zēng	327	摘	zhāi	398
迮	zé	52	憎	zēng	348	宅	zhái	232
齰	zé	59	繒(缯)	zēng	430	鄒	zhài	204
齚(齚)	zé	60	增	zēng	453	瘵	zhài	239
諎	zé	74	䰝	zèng	88	債(债)	zhài	261
則(则)	zé	135	贈(赠)	zèng	200	詹	zhān	34
筰	zé	143	甑	zèng	423	趛	zhān	46
簀(箦)	zé	143	齇	zhā	60	䪜	zhān	88
責(责)	zé	201	譇	zhā	75	占	zhān	100
幘(帻)	zé	246	叡	zhā	91	瞻	zhān	105
澤(泽)	zé	363	鰆	zhā	140	鸇(鹯)	zhān	120
渍	zé	365	樝	zhā	175	饘(馆)	zhān	162

752

旃	zhān	216	輾	zhàn	478	沼	zhǎo	364
氈(毡)	zhān	271	嫜	zhāng	7	召	zhào	40
驙	zhān	315	葦	zhāng	20	趙(赵)	zhào	48
惉	zhān	352	章	zhāng	81	詔(诏)	zhào	72
霑	zhān	379	鄣	zhāng	208	肈	zhào	97
鱣(鳣)	zhān	381	粻	zhāng	228	垗(兆)	zhào	100
蛅	zhān	441	彰	zhāng	288	罩	zhào	112
琖	zhǎn	11	麞	zhāng	318	旐	zhào	114
嶃	zhǎn	104	漳	zhāng	355	櫂	zhào	192
琧	zhǎn	149	張(张)	zhāng	424	旓	zhào	215
榐	zhǎn	176	长	zhǎng	89	罩	zhào	244
展	zhǎn	272	掌	zhǎng	394	照	zhào	328
颭	zhǎn	285	丈	zhàng	69	鮡(鮡)	zhào	384
嫸	zhǎn	413	杖	zhàng	188	庫	zhào	389
厴	zhǎn	446	帳(帐)	zhàng	247	肇	zhào	418
颭(飐)	zhǎn	448	嶂	zhàng	454	垗	zhào	455
鏟	zhǎn	469	障	zhàng	481	隉	zhào	482
斬(斩)	zhǎn	477	啁	zhāo	42	遮	zhē	55
醆(盞)	zhǎn	493	剑(钊)	zhāo	137	哲	zhé	40
蘸	zhàn	32	盄	zhāo	157	晢	zhé	75
虥	zhàn	156	昭	zhāo	211	譬(詟)	zhé	78
棧(栈)	zhàn	187	輖(朝)	zhāo	215	謫(谪)	zhé	78
襄	zhàn	265	佋	zhāo	260	謺	zhé	134
袒	zhàn	268	招	zhāo	398	磔	zhé	174
棧	zhàn	298	鉊	zhāo	466	桑	zhé	181
湛	zhàn	366	瑤	zhǎo	8	栨	zhé	187
戰(战)	zhàn	418	爪	zhǎo	89	毛	zhé	196
組	zhàn	434	叉	zhǎo	90	晢	zhé	211

Z

輒	zhé	248	趁	zhēn	46	畛	zhěn	285
屟	zhé	272	貞	zhēn	100	㐱	zhěn	288
猲	zhé	321	鑶	zhēn	120	駗	zhěn	315
悊	zhé	343	箴	zhēn	146	紾	zhěn	429
慴	zhé	351	亲（榛）	zhēn	175	疹	zhěn	458
耴	zhé	392	榛	zhēn	177	軫（轸）	zhěn	475
摺	zhé	396	楨（桢）	zhēn	182	跈	zhèn	63
摺（折）	zhé	398	偵（侦）	zhēn	261	診（诊）	zhèn	79
蟄（蛰）	zhé	444	真	zhēn	261	朕	zhèn	107
蚝（蚱）	zhé	445	砧	zhēn	306	鴆（鸩）	zhèn	121
輒（辄）	zhé	474	溱	zhēn	356	朋	zhèn	132
轍（辙）	zhé	478	湞（浈）	zhēn	356	栚	zhèn	187
者	zhě	108	遭	zhēn	357	賑（赈）	zhèn	200
赭	zhě	334	臻	zhēn	388	侲	zhèn	261
蔗	zhè	19	甄	zhēn	423	朕	zhèn	274
嗻	zhè	42	鍼（针）	zhēn	465	震	zhèn	378
鷓（鹧）	zhè	121	斟	zhēn	472	雨	zhèn	391
樜	zhè	178	轃	zhēn	477	拒	zhèn	397
柘	zhè	179	診（诊）	zhěn	79	振	zhèn	399
浙	zhè	353	殄	zhěn	94	紖（纼）	zhèn	435
蟅	zhè	442	夃	zhěn	95	鎮（镇）	zhèn	466
禎	zhēn	2	胗	zhěn	104	爭	zhēng	26
禛	zhēn	2	胗（疹）	zhěn	131	蒸	zhēng	29
珍	zhēn	9	枕	zhěn	185	延（征）	zhēng	52
葴	zhēn	19	稹	zhěn	223	延	zhēng	58
甄	zhēn	20	袗	zhěn	265	爭（争）	zhēng	125
蓁	zhēn	25	昣	zhěn	272	筝	zhēng	147
唇	zhēn	43	煩	zhěn	284	徵（征）	zhēng	264

754

崝(崢)	zhēng	298	知	zhī	167	慹	zhí	351
烝	zhēng	325	枝	zhī	181	瀒	zhí	363
浄	zhēng	357	榰	zhī	183	職(职)	zhí	393
絟	zhēng	434	栀	zhī	191	拓(摭)	zhí	400
紅	zhēng	434	之	zhī	194	姪	zhí	408
埩	zhēng	454	卮	zhī	292	直	zhí	420
鉦(钲)	zhēng	467	馶	zhī	314	埴	zhí	451
錚(铮)	zhēng	467	汥	zhī	364	壒	zhí	453
陼	zhēng	481	汁	zhī	370	祉	zhǐ	2
整	zhěng	97	戠	zhī	419	止	zhǐ	49
抍(拯)	zhěng	399	織(织)	zhī	427	只	zhǐ	68
正	zhèng	51	絺	zhī	428	詆	zhǐ	78
証	zhèng	72	鼅(蜘)	zhī	449	敱	zhǐ	99
諍(净)	zhèng	74	膱	zhī	493	旨	zhǐ	152
證(证)	zhèng	79	趣	zhí	47	夂	zhǐ	173
政	zhèng	97	齣	zhí	60	枳	zhǐ	179
鄭(郑)	zhèng	203	跖	zhí	62	秪	zhǐ	196
衹	zhī	2	蹢	zhí	63	疻	zhǐ	241
禔	zhī	2	躑	zhí	63	茝	zhǐ	250
芝	zhī	15	殖	zhí	127	襧	zhǐ	268
蒇	zhī	28	薾	zhí	170	咫	zhǐ	273
支	zhī	92	植	zhí	184	恉	zhǐ	342
隻(只)	zhī	111	樴	zhí	188	洔	zhǐ	363
雉	zhī	112	稙	zhí	222	汦	zhǐ	364
鳷	zhī	118	帙	zhí	247	沚	zhǐ	368
胝(肢)	zhī	131	值	zhí	260	指	zhǐ	394
胝	zhī	131	絷(絷)	zhí	316	扺	zhǐ	398
脂	zhī	133	執(执)	zhí	337	抵	zhǐ	403

Z

紙（纸）	zhǐ	435	穉（稚）	zhì	222	挃	zhì	402
坻	zhǐ	452	秩	zhì	224	摯	zhì	402
軹（轵）	zhǐ	475	寘	zhì	235	墊	zhì	412
趾	zhǐ	480	窒	zhì	237	袠	zhì	433
璏	zhì	8	痔	zhì	240	緻（致）	zhì	437
致	zhì	27	置	zhì	245	蛭	zhì	439
茝	zhì	28	幟（帜）	zhì	248	畤	zhì	458
噴	zhì	40	偫	zhì	254	銍（铚）	zhì	466
迣	zhì	55	製（制）	zhì	269	鷙	zhì	469
迟	zhì	55	庢	zhì	301	贄	zhì	476
䞓	zhì	61	庤	zhì	302	陟	zhì	480
躓（踬）	zhì	64	礩	zhì	306	阯	zhì	480
誌（志）	zhì	80	彘	zhì	309	中	zhōng	13
鞊	zhì	86	豸	zhì	310	苹	zhōng	19
矯（智）	zhì	108	鷙（鸷）	zhì	312	㥁	zhōng	246
雉	zhì	111	鷙	zhì	315	忪	zhōng	252
鷙（鸷）	zhì	120	廌	zhì	317	衷	zhōng	268
寘	zhì	124	猘	zhì	322	骔	zhōng	324
制	zhì	137	炙	zhì	333	忠	zhōng	342
觯	zhì	139	戠	zhì	334	汷	zhōng	359
觯（觯）	zhì	140	志	zhì	341	霚	zhōng	378
黹	zhì	155	忮	zhì	346	終（终）	zhōng	430
致	zhì	171	滍	zhì	356	螽（螽）	zhōng	446
櫛（栉）	zhì	185	滯（滞）	zhì	368	鍾（钟锺）	zhōng	463
桎	zhì	191	至	zhì	388	鐘（钟）	zhōng	467
櫍（榰）	zhì	192	摯（挚）	zhì	395	歱	zhǒng	49
質（质）	zhì	201	摘	zhì	398	徸	zhǒng	58
郅	zhì	205	抁	zhì	399	踵	zhǒng	63

腫（肿）	zhǒng	132	晝（昼）	zhòu	93	逐	zhú	55
瘇	zhǒng	241	胄	zhòu	131	躅	zhú	63
冢	zhǒng	294	籀	zhòu	143	竹	zhú	142
種（种）	zhòng	222	宙	zhòu	235	韛	zhú	172
仲	zhòng	252	胄	zhòu	243	櫡	zhú	186
衆（众）	zhòng	263	驟（骤）	zhòu	315	瘃	zhú	241
重	zhòng	264	甃	zhòu	423	舳	zhú	274
懂	zhòng	342	紂（纣）	zhòu	435	燭（烛）	zhú	327
周	zhōu	41	縐（绉）	zhòu	436	泏	zhú	363
冑	zhōu	45	酎	zhòu	493	孎	zhú	411
儔	zhōu	75	珠	zhū	10	厲	zhú	472
鸎	zhōu	88	藷	zhū	18	鬻（煮）	zhǔ	89
鵃（鸼）	zhōu	117	茱	zhū	24	丶	zhǔ	159
侜	zhōu	258	諸（诸）	zhū	71	主	zhǔ	159
舟	zhōu	274	誅（诛）	zhū	79	拄	zhǔ	186
匊	zhōu	294	築	zhū	146	宔	zhǔ	235
盩	zhōu	337	朱	zhū	181	罜	zhǔ	244
州	zhōu	375	株	zhū	181	褚	zhǔ	269
娳	zhōu	409	邾	zhū	206	屬	zhǔ	273
輖（辀）	zhōu	475	袾	zhū	268	麈	zhǔ	318
輖	zhōu	476	豬（猪）	zhū	308	渚	zhǔ	358
軸（轴）	zhóu	475	潴（潴）	zhū	373	陼	zhǔ	481
肘	zhǒu	130	絑	zhū	431	貯	zhǔ	483
疛	zhǒu	240	蠾（蛛）	zhū	449	祝	zhù	3
帚	zhǒu	247	銖（铢）	zhū	466	芋	zhù	17
喌	zhǒu	38	竺	zhú	17	遹	zhù	54
咮	zhòu	44	苃	zhú	23	眝	zhù	106
詛	zhòu	75	趢	zhú	47	殶	zhù	110

Z

羜	zhù	114	膞	zhuǎn	292	隹	zhuī	111
箸	zhù	144	竱	zhuǎn	340	雛	zhuī	117
筑	zhù	147	囀	zhuǎn	381	腄	zhuī	131
壴	zhù	153	闡	zhuǎn	391	騅(骓)	zhuī	312
虘	zhù	155	轉(转)	zhuǎn	476	錐(锥)	zhuī	466
宔	zhù	157	孨	zhuǎn	489	沝	zhuǐ	374
築(筑)	zhù	183	瑑	zhuàn	8	諈	zhuì	73
柱	zhù	183	譔	zhuàn	71	叕	zhuì	91
杼	zhù	187	篆	zhuàn	143	芮	zhuì	146
柷	zhù	189	籑(僎)	zhuàn	162	餟	zhuì	164
貯(贮)	zhù	201	赚(赚)	zhuàn	202	槌	zhuì	187
佇(伫)	zhù	261	僎	zhuàn	251	贅(赘)	zhuì	201
舝	zhù	313	俴	zhuàn	252	硾	zhuì	306
駐(驻)	zhù	315	傳(传)	zhuàn	257	惴	zhuì	350
狉	zhù	320	顓	zhuàn	287	娷	zhuì	415
注	zhù	365	叱	zhuàn	292	縋(缒)	zhuì	434
紵(纻)	zhù	436	轉(转)	zhuàn	476	墜(坠)	zhuì	456
助	zhù	459	隊	zhuàn	482	畷	zhuì	458
鑄(铸)	zhù	463	莊(庄)	zhuāng	14	轛	zhuì	474
宁	zhù	483	椿(桩)	zhuāng	192	綴(缀)	zhuì	484
筎	zhuā	146	裝(装)	zhuāng	269	隊(队)	zhuì	480
髽	zhuā	291	妝(妆)	zhuāng	412	屯	zhūn	14
耑	zhuān	78	壯(壮)	zhuàng	12	諄(谆)	zhūn	71
專(专)	zhuān	96	狀(状)	zhuàng	321	肫	zhūn	129
叀	zhuān	124	戇(戆)	zhuàng	346	窀	zhūn	237
顓(颛)	zhuān	285	撞	zhuàng	401	幒	zhūn	248
嫥	zhuān	411	崔	zhuī	18	準(准)	zhǔn	368
膞(胯)	zhuǎn	134	追	zhuī	55	埻	zhǔn	453

758

睶	zhùn	104	斀	zhuó	237	菑	zī	27
稕	zhùn	226	窑	zhuó	237	咨	zī	40
劚	zhuō	136	叕	zhuó	244	嗞	zī	43
棁	zhuō	176	襮	zhuó	267	孜	zī	97
梲	zhuō	188	磭	zhuó	306	兹	zī	124
穛	zhuō	227	酌	zhuó	324	觜	zī	140
倬	zhuō	253	灼	zhuó	327	盠	zī	157
卓	zhuō	262	焯	zhuó	328	資（资）	zī	200
頔	zhuō	285	濁（浊）	zhuó	357	貲（赀）	zī	201
灼	zhuō	325	浞	zhuó	361	鄑	zī	207
捉	zhuō	397	汋	zhuó	362	鼒	zī	221
拙	zhuō	402	涿	zhuó	367	齍	zī	223
鱡	zhuō	446	泏	zhuó	367	穧	zī	224
琢	zhuó	9	濯	zhuó	371	仔	zī	257
茁	zhuó	24	鯷	zhuó	384	齋	zī	269
嚼	zhuó	39	擢	zhuó	400	頾（髭）	zī	288
啄	zhuó	44	窭	zhuó	412	甾	zī	324
犖	zhuó	81	娺	zhuó	413	滋	zī	363
斀	zhuó	86	繁（缴）	zhuó	435	濟	zī	366
敪	zhuó	99	蠗	zhuó	444	霣	zī	379
斀	zhuó	99	鐲（镯）	zhuó	467	斐	zī	412
鷟（鷟）	zhuó	117	勺	zhuó	471	姿	zī	413
腩	zhuó	139	斫	zhuó	472	甾	zī	422
篧	zhuó	145	斱（斫）	zhuó	472	緇（缁）	zī	431
楉	zhuó	186	斮	zhuó	472	鎡	zī	465
椓	zhuó	190	叕	zhuó	483	錙（锱）	zī	467
穛	zhuó	197	酌	zhuó	493	輜（辎）	zī	473
穛	zhuó	224	兹	zī	25	孳	zī	489

Z

茈	zǐ	20	字	zì	489	鄒（邹）	zōu	207
莘	zǐ	28	薐	zōng	25	啣	zōu	208
呰	zǐ	42	緵	zōng	88	麀	zōu	230
胏	zǐ	50	奞	zōng	171	驄（骓）	zōu	316
訾	zǐ	76	椶	zōng	177	鯫（鲰）	zōu	382
皇	zǐ	134	稷	zōng	225	搊	zōu	404
笫	zǐ	144	宗	zōng	235	緅	zōu	437
梓	zǐ	177	艘	zōng	274	陬	zōu	479
牸	zǐ	195	崷	zōng	299	走	zǒu	46
秄	zǐ	224	猣	zōng	308	叴	zòu	292
秭	zǐ	226	駿（鬃）	zōng	317	奏	zòu	338
痄	zǐ	241	綜（综）	zōng	428	菹	zū	28
滓	zǐ	369	縱	zōng	433	葅	zū	28
批	zǐ	397	蝬	zōng	439	租	zū	225
姊	zǐ	407	堫	zōng	451	薛	zú	60
紫	zǐ	431	鞁	zōng	476	足	zú	61
子	zǐ	488	熜	zǒng	327	踤	zú	63
芓	zì	15	總（总）	zǒng	429	殧	zú	126
旹	zì	102	鏓	zǒng	467	蓛	zú	159
自	zì	108	椶（棕）	zòng	229	椊	zú	179
白	zì	108	瘲（疭）	zòng	239	族	zú	216
羕	zì	115	綜（综）	zòng	428	卒	zú	269
欼	zì	127	縱（纵）	zòng	428	猝	zú	280
戴	zì	133	掫	zōu	31	欶	zú	280
欥	zì	280	諏（诹）	zōu	71	崒	zú	298
恣	zì	347	齱	zōu	60	鏃（镞）	zú	469
漬（渍）	zì	367	齺	zōu	60	祖	zǔ	3
胔	zì	399	娵	zōu	190	珇	zǔ	8

菹	zǔ	15	晬	zuì	214	昨	zuó	213
詛(诅)	zǔ	75	最	zuì	243	稓	zuó	224
組(组)	zǔ	432	罪	zuì	244	捽	zuó	397
俎	zǔ	471	辠	zuì	250	酢	zuó	493
阻	zǔ	479	辠	zuì	298	酢	zuó	494
齟	zù	471	辠(罪)	zuì	487	广	zuǒ	92
鑽	zuān	86	醉	zuì	494	左	zuǒ	149
篡	zuǎn	145	遵	zūn	52	尨	zuǒ	336
鄼(酇)	zuǎn	202	鱒(鳟)	zūn	380	祚	zuò	5
纘(缵)	zuǎn	428	繜	zūn	433	胙	zuò	132
纂	zuǎn	432	鐏(镈)	zūn	468	飵	zuò	163
鑽(钻)	zuàn	466	奠(尊)	zūn	495	柞	zuò	178
朘	zuī	134	尊	zǔn	28	鑿	zuò	229
厜	zuī	303	噂	zǔn	41	伾	zuò	256
驤	zuī	313	劋	zǔn	137	作	zuò	256
纗	zuī	433	僔	zǔn	260	怍	zuò	351
觜	zuǐ	50	捘	zùn	395	坙(坐)	zuò	452
澤	zuǐ	363	莋	zuó	32	阼	zuò	482
檇	zuì	190	筰	zuó	145			

《国学典藏》丛书已出书目

周易 [明] 来知德 集注
诗经 [宋] 朱熹 集传
尚书 曾运乾 注
周礼 [清] 方苞 集注
仪礼 [汉] 郑玄 注 [清] 张尔岐 句读
礼记 [元] 陈澔 注
论语·大学·中庸 [宋] 朱熹 集注
孟子 [宋] 朱熹 集注
左传 [战国] 左丘明 著 [晋] 杜预 注
孝经 [唐] 李隆基 注 [宋] 邢昺 疏
尔雅 [晋] 郭璞 注
说文解字 [汉] 许慎 撰
战国策 [汉] 刘向 辑录
　　　　[宋] 鲍彪 注 [元] 吴师道 校注
国语 [战国] 左丘明 著
　　　[三国吴] 韦昭 注
史记菁华录 [汉] 司马迁 著
　　　　　[清] 姚苎田 节评
徐霞客游记 [明] 徐弘祖 著

孔子家语 [三国魏] 王肃 注
　　　　（日）太宰纯 增注
荀子 [战国] 荀况 著 [唐] 杨倞 注
近思录 [宋] 朱熹 吕祖谦 编
　　　[宋] 叶采 [清] 茅星来等 注
传习录 [明] 王阳明 撰
　　　（日）佐藤一斋 注评
老子 [汉] 河上公 注 [汉] 严遵 指归
　　　[三国魏] 王弼 注
庄子 [清] 王先谦 集解
列子 [晋] 张湛 注 [唐] 卢重玄 解
　　　[唐] 殷敬顺 [宋] 陈景元 释文
孙子 [春秋] 孙武 著 [汉] 曹操等 注

墨子 [清] 毕沅 校注
韩非子 [清] 王先慎 集解
吕氏春秋 [汉] 高诱 注 [清] 毕沅 校
管子 [唐] 房玄龄 注 [明] 刘绩 补注
淮南子 [汉] 刘安 著 [汉] 许慎 注
金刚经 [后秦] 鸠摩罗什 译 丁福保 笺注
维摩诘经 [后秦] 僧肇等 注
楞伽经 [南朝宋] 求那跋陀罗 译
　　　[宋] 释正受 集注
坛经 [唐] 惠能 著 丁福保 笺注
世说新语 [南朝宋] 刘义庆 著
　　　　[南朝梁] 刘孝标 注
山海经 [晋] 郭璞 注 [清] 郝懿行 笺疏
颜氏家训 [北齐] 颜之推 著
　　　　[清] 赵曦明 注 [清] 卢文弨 补注
三字经·百家姓·千字文
　　　[宋] 王应麟等 著
龙文鞭影 [明] 萧良有等 编撰
幼学故事琼林 [明] 程登吉 原编
　　　　　　[清] 邹圣脉 增补
梦溪笔谈 [宋] 沈括 著
容斋随笔 [宋] 洪迈 著
困学纪闻 [宋] 王应麟 著
　　　　[清] 阎若璩 等注

楚辞 [汉] 刘向 辑
　　　[汉] 王逸 注 [宋] 洪兴祖 补注
曹植集 [三国魏] 曹植 著
　　　[清] 朱绪曾 考异 [清] 丁晏 铨评
陶渊明全集 [晋] 陶渊明 著
　　　　　[清] 陶澍 集注
王维诗集 [唐] 王维 著 [清] 赵殿成 笺注
杜甫诗集 [唐] 杜甫 著 [清] 钱谦益 笺注
李贺诗集 [唐] 李贺 著 [清] 王琦等 评注

李商隐诗集 [唐]李商隐 著	词综 [清]朱彝尊 汪森 编
[清]朱鹤龄 笺注	花庵词选 [宋]黄昇 选编
杜牧诗集 [唐]杜牧 著 [清]冯集梧 注	阳春白雪 [元]杨朝英 选编
李煜词集（附李璟词集、冯延巳词集）	唐宋八大家文钞 [清]张伯行 选编
[南唐]李煜 著	宋诗精华录 [清]陈衍 评选
柳永词集 [宋]柳永 著	古文观止 [清]吴楚材 吴调侯 选注
晏殊词集·晏幾道词集	唐诗三百首 [清]蘅塘退士 编选
[宋]晏殊 晏幾道 著	[清]陈婉俊 补注
苏轼词集 [宋]苏轼 著 [宋]傅幹 注	宋词三百首 [清]朱祖谋 编选
黄庭坚词集·秦观词集	文心雕龙 [南朝梁]刘勰 著
[宋]黄庭坚 著 [宋]秦观 著	[清]黄叔琳 注 纪昀 评
李清照诗词集 [宋]李清照 著	李详 补注 刘咸炘 阐说
辛弃疾词集 [宋]辛弃疾 著	诗品 [南朝梁]钟嵘 著
纳兰性德词集 [清]纳兰性德 著	古直 笺 许文雨 讲疏
六朝文絜 [清]许梿 评选	人间词话·王国维词集 王国维 著
[清]黎经诰 笺注	
古文辞类纂 [清]姚鼐 纂集	戏曲系列
乐府诗集 [宋]郭茂倩 编撰	西厢记 [元]王实甫 著
玉台新咏 [南朝陈]徐陵 编	[清]金圣叹 评点
[清]吴兆宜 注 [清]程琰 删补	牡丹亭 [明]汤显祖 著
古诗源 [清]沈德潜 选评	[清]陈同 谈则 钱宜 合评
千家诗 [宋]谢枋得 编	长生殿 [清]洪昇 著 [清]吴人 评点
[清]王相 注 [清]黎恂 注	桃花扇 [清]孔尚任 著
瀛奎律髓 [元]方回 选评	[清]云亭山人 评点
花间集 [后蜀]赵崇祚 集	
[明]汤显祖 评	小说系列
绝妙好词 [宋]周密 选辑	封神演义 [明]许仲琳 编 [明]钟惺 评
[清]项絪 笺 [清]查为仁 厉鹗 笺	儒林外史 [清]吴敬梓 著
	[清]卧闲草堂等 评

部分将出书目

公羊传	水经注	古诗笺	清诗别裁集
穀梁传	史通	李白全集	博物志
史记	日知录	孟浩然诗集	温庭筠诗集
汉书	文史通义	白居易诗集	聊斋志异
后汉书	心经	唐诗别裁集	
三国志	文选	明诗别裁集	